HISTOIRE
DE
MAGDELAINE BAVENT

HISTOIRE
DE
MAGDELAINE BAVENT
Seconde partie

POSSESSIONS

DES

RELIGIEUSES DE LOUVIERS

RECUEIL

DE PIÈCES

SUR LES

POSSESSIONS DES RELIGIEUSES

DE LOUVIERS

ROUEN

—

1879

Rouen, de l'Imprimerie Léon Deshays.

PIÈCES
CONTENUES
DANS LA PREMIÈRE PARTIE

Histoire de Magdelaine Bavent, Religieuse du Monastere de Saint Loüis de Louviers, avec sa Confession generale & testamentaire, où elle declare les abominations, impietez & sacrileges qu'elle a pratiqué & veu pratiquer, tant dans ledit Monastere, qu'au Sabat, & les personnes qu'elle y a remarquées. Ensemble l'Arrest donné contre Mathurin Picard, & Thomas Boullé, brûlez pour le crime de magie, l'vn vif & l'autre mort. Et aussi trois Arrests du Conseil d'Estat donnez en faveur de la petite Mere Françoise de la Place Royale. Dediée à Madame la Dvchesse d'Orleans. — A Paris, chez Iacques le Gentil, ruë d'Escosse, à l'enseigne Saint Ierôme, prés Saint Hilaire, M. DC. LII.

PIÈCES
CONTENUES
DANS LA SECONDE PARTIE

I

Examen de la possession des Religieuses de Louuiers. — A Paris, M. DC. XLIII, in-4 de 18 pages, par le Docteur Yuelin (1).

II

Response à l'Examen de la possession des Religieuses de Louuiers. A Monsieur Leuilin (pour Yuelin). — A Eureux, par Iean de la Vigne, M. DC. XLIII, in-4 de 14 pages.

(1) Le nombre de pages indiqué est celui des éditions originales.

III

Cenfure de l'Examen de la poffeffion des Religieufes de Lou-uiers. — S. l. (Paris), M. DC. XLIII, in-4 de 38 pages.

IV

Apologie pour l'autheur de l'Examen de la poffeffion des Reli-gieufes de Louuiers. A Meffieurs L'Emperiere & Magnart, Medecins à Roüen. — A Paris, M. DC. XLIII, in-4 de 30 pages. Attribuée au Docteur Yuelin.

V

Refponce à l'Apologie de l'Examen du fieur Yuelin, fur la poffeffion des Religieufes de Saint Louys de Louuiers. — A Rouen, 1644, in-4 de 74 pages.

VI

Recit veritable de ce qui s'eft fait & paffé à Louuiers, touchant les Religieufes poffedées. (Extraict d'vne Lettre efcrite de Louuiers, à vn Euefque.) — A la fin : A Paris, par François Beauplet, en l'Ifle du Palais, 1643, in-4 de 8 pages.

VII

Recit veritable de ce qui s'eft fait & paffé aux Exorcifmes de plufieurs Religieufes de la ville de Louuiers, en prefence de Monfieur le Penitencier d'Eureux, & de Monfieur le Gauffre. — A Paris, chez Geruais Alliot, au Palais, prés la Chapelle S. Michel, M. DC. XLIII, auec permiffion, in-12 de 107 pages & 2 ff. préliminaires.

VIII

La Deffenfe de la verité touchant la poffeffion des Religieufes de Lovviers, par M. Iean Le Breton, Theologien. — A Evreux, de l'Imprimerie Epifcopale de Nicolas Hamillon, M. DC. XLIII, in-4 de 27 pages.

IX

Attestation de Messieurs les Commissaires enuoyez par sa Majesté pour prendre connoissance, auec Monseigneur l'Euesque d'Eureux, de l'estat des Religieuses qui paroissent agitées au Monastere de Saint Louys & Sainte Elizabeth de Louuiers. — S. l. n. d., 4 pages.

X

Procés verbal de Monsieur le Penitentier d'Evreux, de ce qui luy est arriué dans la prison, interrogeant & consolant Magdelaine Bauent, Magicienne, à vne heureuse Conuersion & repentance. — *A la fin* : A Paris, par François Beauplet, en l'Isle du Palais, 1643, in-4 de 7 pages, par Delangle.

XI

Lettre adressée à Monsieur D. L. V., Medecin du Roy, & Doyen de la Faculté de Paris, sur l'Apologie du Sieur Yuelin, Medecin. — Roüen, 1644, in-4 de 5 pages. (Pièce attribuée au docteur Maignart.)

XII

Traicté des marques des Possedez & la preuve de la veritable possession des Religieuses de Louuiers, par P. M. Esc. D. en M. — A Rouen, chez Charles Osmont, en la grand'ruë des Carmes, M. DC. XLIIII, petit in-4 de IV-94 pages. (Attribué à Simon Pietre, sous les initiales de son beau-père, P. Marescot, écuyer, docteur en médecine.)

XIII

Copie en forme de Recueil de ce qui se fait de jour en jour dans le Monastere des Filles Relligieuzes Saint Louis, dont la pluspart sont folles, maleficiez & tourmentez des Diables. En ceste année 1643. — (Bibl. Ste Geneviève, Mss H. F. n° 34.)

XIV

Pièces détachées extraites du manuscrit H. F. n° 34 de la Bibliothèque Ste Geneviève, formant suite à la pièce précédente, (Copie en forme de Recueil).

XV

Notice sur la Mere Françoise, Superieure des Religieuses de la Place Royale, au sujet de l'Histoire des possedées de Louviers. — In-4 de 2 pages. (La pagination de cette pièce fait suite, par erreur, à la précédente.)

NOTES BIBLIOGRAPHIQUES

ÉDITIONS DES PIÈCES CONTENUES DANS LA PREMIÈRE PARTIE

1. — *Hiſtoire de Magdelaine Bavent, Religieuſe du Monaſtere de Saint Loüis de Louviers, avec ſa Confeſſion generale & teſtamentaire, où elle declare les abominations, impieteʒ & ſacrileges qu'elle a pratiqué & veu pratiquer, tant dans ledit Monaſtere, qu'au Sabat, & les perſonnes qu'elle y a remarquées. Enſemble l'Arreſt donné contre Mathurin Picard, Thomas Boullé & ladite Bavent, tous conuaincus du crime de Magie. Dediée à Madame la Dvcheſſe d'Orleans.* — A Paris, chez Iacques le Gentil, rüe d'Eſcoffe, à l'enſeigne Saint Gerome, près Saint Hilaire, M. DC. LII, in-4º de 80 pages. — Nous reproduisons le texte de cette première édition en y ajoutant les Arrêts du Conseil d'Etat donnés en faveur de la petite Mère Françoise, de la deuxième édition. L'interrogatoire de Madelaine Bavent, de la troisième édition, ne reproduit en grande partie que les faits rapportés dans son histoire.

  NOTA. — L'Histoire de Magdelaine Bavent a été écrite par le R. P. Desmarets, Père de l'Oratoire et Sous-Pénitencier de Rouen.

2. — *Hiſtoire de Magdelaine Bavent, Religieuſe du Monaſtere de Saint Loüis de Louviers, avec ſa Confeſſion generale & teſtamentaire, où elle declare les abominations, impleteʒ & ſacrileges qu'elle a pratiqué & veu pratiquer au Sabat par pluſieurs & diuerſes perſonnes, tant hommes que femmes, & ceux qu'elle y a remarqueʒ. Enſemble l'Arreſt donné contre Mathurin Picard & Thomas Boullé, brûleʒ pour le crime de Magie, l'vn vif & l'autre mort, & auſſi trois Arreſts du Conſeil d'Eſtat donneʒ en faveur de la petite Mere Françoiſe de la Place Royale.* — A Paris, M. DC. LII, in-4º de 80 pages.

3. — *Hiſtoire de Magdelaine Bavent, Religieuſe du Monaſtere de Saint Loüis de Louviers, avec ſa Confeſſion generale & teſtamentaire, où elle declare les abominations, impieteʒ & ſacrileges qu'elle a pratiqué & veu pratiquer, tant dans ledit Monaſtere, qu'au Sabat, & les perſonnes qu'elle y a remarquées. Enſemble l'interrogatoire de Magdelaine Bavent. De plus l'Arreſt donné contre Mathurin Picard, Thomas Boullé & ladite Bavent, tous conuaincus du crime de Magie, l'vn brûlé vif & l'autre mort.* — A Paris, M. DC. LII, in-4º de 70 pages, plus 30 pages pour l'*Interrogatoire*.

Interrogatoire de Magdelaine Bavent, Religieuse au Monastere de Louviers, conuaincue du crime de magie & sortilege, par le Lieutenant general Criminel du Pont de l'Arche. — 1644, in-4º de 25 pages.

Cette pièce se trouve à la fin de la troisième édition de la Confession de Magdelaine Bavent.

Arrest de la Covr de Parlement de Roüen, contenant le procez & execution de Maistre Mathurin le Picart, Curé Dumenil Iourdain, & son Vicaire, accusé de Magie & Sortilege, lesquels ont esté bruslez, tous vifs au viel marché de Roüen, le vingt uniesme Aoust 1647. — A Paris, chez Clavde Morlot, au coin de la rüe de la Bucherie, vis à vis la rüe Sainct Iulien le Pauure, aux Vieilles Estuues, M. DC. XXXXVII, in-4º de 4 pages.

Arrest de la Covr de Parlement de Roüen contre Mathurin Picard, & Thomas Boullé, deuëment attains & conuaincus des crimes de Magie, Sortilege, Sacrileges, Impietez & cas abominables commis contre la Majesté diuine, & autres mentionnez au Procez. — Iouxte la coppie imprimée à Roüen, chez David dv Petit Val & Iean Viret, imprimeurs ordinaires du Roy, M. DC. XLVII. Auec priuilege de sa Majesté; in-4º de 8 pages.

ÉDITIONS DES PIÈCES CONTENUES DANS LA SECONDE PARTIE

Nº II. — On signale deux pièces portant le même titre :

L'une, sans date, 13 pages in-4º;

L'autre est indiquée par le P. Lelong dans la *Bibliothèque historique*. — Rouen M. DC. XLIII, in-4º de 44 pages. Elle est attribuée à Lampérière et Magnart, médecins à Rouen.

La première diffère de celle que nous publions.

Les mots A M. Levilin (pour Yvelin) ne figurent pas sur le titre de ces deux pièces.

Nº IV. — On connaît une autre édition de cette *Apologie*. — Rouen M. DC. XLIII, in-4º de 19 pages.

Nº VI. — Il existe une autre édition de cette pièce, même date et même nombre de pages, dans laquelle se trouvent quelques variantes et suppressions.

Plus une édition portant pour titre : *Recit veritable de ce qui s'est fait & passé à Louviers, touchant les Religieuses possedées, qui depuis ont esté amenées au Parlement de Rouen, pour faire leur procez extraordinaire. Avec la descouverte des malefices & charmes des Religieuses de Louviers. (Extraict d'vne lettre escrite de Louviers à vn Evesque.)* — S. l. n. d. (1643), in-4º de 12 pages.

Cette édition est augmentée du *Discours sur la descouverte des malefices des Religieuses de Louviers.*

No VII. — Une autre édition, avec le même titre, mais moins complète, a paru également en 1643 : *Avec permiſſion*. — A Paris, chez Laurens Fouquoyre, vis à vis des degrez de S. Iean en Greue, à l'Image Noſtre Dame. S. d., in-4° de 8 pages.

La pièce suivante se trouve dans le *Recit veritable* que nous reproduisons (pages 25 à 48 de l'original) : *Exorciſmes de pluſieurs Religieuſes de la ville de Louuiers, en preſence de Monſieur le Penitencier d'Evreux, & de Monſieur le Gauffre. Auec la deliurance d'vne fille poſſedée, ayant eüe vne des Reliques du B. Pere Bernard, en preſence de pluſieurs perſonnes. Et le paraphraſe de l'Aue Maria & du Sancta. A la fin* : Lecteur, tu apprendras par ces cayez, ſi tu es curieux, tu verras le Liure preſenté à la Reyne Regente, par Monſieur le Gauffre : Et ſe vendent chez Monſieur Alliot, au Palais, prés la Chapelle de S. Michel. — *Auec permiſſion*. in-4° de 7 pages.

No XIV. — Nous avons fait copier presque en entier le volumineux manuscrit de la Bibliothèque Sainte-Geneviève, et nous reproduisons les pièces qui nous ont paru les plus intéressantes, en laissant de côté environ 50 Exorcismes, lesquels sont dépourvus de tout intérêt.

AUTRES OUVRAGES

SUR LES POSSESSIONS DE LOUVIERS (1)

— *Continvation des Exorcifmes de plufieurs Religieufes de la ville de Louuiers, en prefence de Monfieur le Penitencier d'Eureux, & de Monfieur le Gauffre. Auec la deliurance d'vne fille poffedée, ayant eüe vne des Reliques du B. Pere Bernard, en prefence de plufieurs perfonnes.* — S. l. n. d. (vers 1643), in-4º de 8 pages, par le Gauffre.

— *Rapport de Meffieurs Lamperiere & Magnart, Medecins de Rouen, fur les preuves de la veritable poffeffion des Religieufes de Louuiers.* — Manuscrit de la Bibliothèque de M. A. Le Prevost.

— *Trois Queftions, touchant l'accident arrivé aux Religieufes de Louuiers.* — S. l. n. d., in-4º. Pièce signalée par le P. Lelong dans sa Bibliothèque historique.

— *La Pieté affligée, ov Difcovrs hiftoriqve & theologique de la poffeffion des Religieufes dittes de Sainéte Elifabeth de Louuiers. Divifé en trois parties. Par le Reverend P. Efprit de Bofc Roger, Provincial des RR. PP. Capucins de la province de Normandie.* — Roven, chez Iean le Bovlenger, M. DC. LII, in-4º de xxvi-458 pages in-4º, et 8 pages supplémentaires à la fin du volume, frontispice en taille douce.

— Une feconde édition in-12 a été imprimée à Rouen en 1700, sous la rubrique d'*Amfterdam, Pierre Schaier*.

— *L'Innocence opprimée, ou Defenfe de Mathurin Picard, Curé du Menil-Iourdain, par Ant. Laugeois, fucceffeur immediat du dit Picard.* — Manuscrit in-4º, Bibliothèque de Louviers.

---

(1) Nous ne faisons mention ici que de ceux qui ont paru au xviie siècle.

EXAMEN
DE LA
POSSESSION
DES RELIGIEVSES
DE LOVVIERS.

A PARIS,

1643

EXAMEN
DE LA POSSESSION
DES RELIGIEVSES
DE LOVVIERS.

Tiré d'vne lettre escrite par vne personne de croyance à vn sien amy.

MONSIEVR,

Comme il est tres-difficile, & presque impossible de donner auec certitude & satisfaction d'vn chacun, iugement sur le fait de la possession, tãt à cause de l'amour propre que l'õ a d'ordinaire pour son aduis particulier, que pour le peu de liberté que nous veulent laisser quelques Ecclesiastiques lesquels contre toutes reigles, & malgré les ordonnances de l'Eglise descriptes dans le Rituel Romain, s'en attribuent la cognoissance, & nous embarassent si fort l'esprit par tant de distinctions mal conceuës & si peu raisonnées, qu'il vaudroit beaucoup mieux pour eux, & pour la dignité de la Religion qu'ils ne s'en meslassent point, que d'enuelopper de tenebres la verité, & d'appuier leur pensees le plus souuent chimeriques sur des faussetez euidentes. Aussi à ce esté la raison qui iusques icy m'a empesché de vous rendre compte de ce qui s'est passé pendant quinze iours de temps que i'ay accompagné vn de mes amis à la ville de Louuiers, qui a l'hõneur d'estre cogneu de vous, & qui a eu cet aduantage dans la Profession de la Medecine, d'y estre enuoyé par fa Majefté pour iuger fans paffion de la poffeffion que l'on pretendoit eftre aduenue aux Religieufes de ce lieu là, & l'en informer à fon retour tres-particulierement apres auoir fait vne curieufe & exacte recherche de tout ce qu'il auroit iugé neceffaire en cette occafion. Encores n'aurois-ie pas iamais entrepris de vous mander ce que i'eftime que l'on en doit croire par les actions que i'ay peu y remarquer, n'eftoit que quelques perfonnes ayants entrepris de donner fur ce fubiet leur penfees au public, y ont laiffé gliffer des termes contre l'honneur de cet homme, dont la capacité & folidité de iugement, vous eft autant cogneuë, que la mauuaife volonté de ces efcriuains vous doit eftre fufpecte, & ce d'autant plus que leur principale intention eft de mettre leur reputation à couuert aux defpens de celle d'autruy, & fe guarentir par ce moyen du blafme que leur procedé ne peut euiter, donnants grand fubiet de fcandale aux infirmes, les moins clairuoyants pouuants apperceuoir qu'ils veulent faire feruir l'Eglife de theatre pour y produire leur paffions fous l'apparence de la piété qui ne leur fert que trop fouuent de mafque.

Ie vous confefferay que nulle autre affaire m'obligeoit à ce voyage que la curiofité, iointe à l'opinion que i'ay qu'il n'eft pas aifé d'impofer à ce mien amy en telles matières. Eftant donc party auec luy ces iours paffez pour aller treuuer Monfieur l'Euefque d'Eureux dans le Diocefe duquel l'affaire fe paffoit, & luy rendre la lettre de cachet & de croyance que fa Maiefté luy auoit fait l'honneur de luy efcrire fur ce fubiet, & ne l'ayant treuué à Eureux nous allafmes à Louuiers où nous apprifmes qu'il eftoit : de laquelle particularité ie ne vous rendrois pas compte fans le diuertiffement que nous apporta par le chemin la rencontre d'vn des principaux Officiers de ce Diocefe là, lequel fe monftra d'abord dans tous fes geftes & fes difcours fi grand Partifan de cette poffeffion, qu'il attribuoit aux malins Efprits tout ce qu'il luy arriuoit, iufques là qu'eftant monté fur vn petit cheual noir qui fe defferroit à chafque moment pour auoir la corne toute vfée, il nous vouloit perfuader que c'eftoit Leuiatan, Diable domicilié à Louuiers depuis que l'on luy a fait quitter Loudun, qui luy rendoit fouuent ce defplaifir à caufe qu'en l'exorcifant, il luy faifoit bien plus de peine qu'aux autres Diables fes affociez. Ce qui m'ayant fait iuger le perfonnage fort credule, ie me refolus de luy

en donner tout au long : Ie luy dis donc que ie cognoiſſois ce Léuiatan dont il auoit parlé pour l'auoir veu à Loudun lors qu'il
tourmentoit la Sœur Agnes, que i'eſtois auec vn Conſeiller de
Tours, dont ie luy dis le nom, qu'il nous dit des choſes fort ſecrettes qui nous eſtonnerent beaucoup ; ce que ie feignois ſans
autre deſſein que de faire le chemin plus gaiement, mais cette inuention eut vn ſuccez que je n'auois pas eſperé, car cet homme
entra auparauant moy au Conuent, & conta ſi preciſément ce que
ie luy auois dit que lors que i'y allay ie cogneus parce que me dit
Leuiatan par la bouche d'vne de ces Religieuſes, que penſant n'a-
uoir affaire qu'à vn fol, ie pourrois auoir encore en la meſme perſonne vn fourbe à combattre, car me prenant pour vn Chirurgien
(condition comme vous ſçauez fort eſloignee de la mienne) il me
dit les meſmes choſes de poinct en poinct comme ie les auois ra-
contees ſur le chemin, ie vous laiſſe à deuiner quelle penſee me fiſt
naiſtre ce Prelude en faueur de la poſſeſſion dont il s'agit.

Ie retourne à la commiſſion de mon ami. Pour s'en bien ac-
quitter & fonder vn ſolide iugement ſur tout ce qui ſe paſſeroit, il
conſidera le temperament de ces Filles, leur mouuemens que l'on
diſoit eſtre ſi eſtranges, & toutes leurs actions en deſtail, afin que
ſelon ſon art, il peut tirer des preuues infaillibles de la verité ou
impoſture de cette poſſeſſion : en ſuitte dequoy il m'aduoüa trois
iours apres que d'enuiron cinquante Religieuſes, les ſix que l'on
eſtime poſſedees, enſemble les dix-ſept autres qui paſſent pour ob-
ſedees ou charmees, ce ſont leur diſtinctions accouſtumees, eſtoient
biē habituees et reglees dans toutes leur fonctions naturelles, de
ſorte qu'il ne pouuoit ſoupçonner aucune indiſpoſition en elles :
que dans leur mouuements il n'y remarquoit rien d'extraordinaire,
eſtant aſſez naturel aux Filles quand on leur tient les mains & les
pieds contraints, & que l'on les tourmente, de remuer le cul & la
teſte, qui eſtoit leur agitation la plus ordinaire. Il examina enſuitte
les principaux ſignes de la poſſeſſion tels qu'ils ſont deſcripts
dans le Rituel Romain, que l'on prend des paroles, & des actions
des poſſedees :

Le premier eſt, de faire vn diſcours de ſuitte en langue eſtran-
gere, ſans l'auoir appris, ou tout au moins entendre celuy qui
parle en ce langage. C'eſt ce que dit Fernel en ſon ſecond Liure
des Cauſes occultes Chap. 16. & ce qui eſt remarqué par Sainct

Hierofme, en la Vie de Sainct Hilarion : Or on ne fçauroit dire auec verité qu'aucune de ces poffedees ait parlé aucun langage eftranger, bien eft il vray que quand on leur a dit quelques mots Latins qui auoient grande affinité auec la langue Françoife, elles ne pouuoient s'empefcher de tefmoigner qu'elles les entendoient, mais elles les expliquoient fort mal : lors qu'on dit à vne *veni ad locum præparatum*, elle expliquoit, ouy ouy, prepares toy, il y a long temps que ie fuis preparee : vne autrefois on l'exorcifoit, *ex parte Mariæ Virginis*, à quoy elle refpondit, qu'as-tu que faire de me parler du départ de la Vierge. I'en vis vne autre obeir à des commandemens faicts en Latin; mais il eftoit de Breuiaire, encore l'accompagnoit-on de fignes affez clairs pour les faire comprendre fans autre façon, comme pourroit faire vn chien à qui le bafton haut en la main on diroit ἄπιθι; car il s'enfuiroit fans doute, & pour cela on ne voudroit pas dire qu'il entendroit le Grec. Ce mien amy ne fe contentant pas de ces efpreuues, dit à ces Religieufes auec geftes de commandemens *Barbara celarent darij ferio, &c.* Vne d'elles luy dit qu'elle n'eftoit pas en humeur de luy refpondre, & qu'elle auait oublié fa Rhetorique. On nous a bien rapporté qu'vn iour, auquel les Exorciftes nous auoient dit qu'ils feroient bien aifes que l'Exorcifme fut fait cette aprefdinee là en la prefence des Preftres feulement, le Diable fut exorcifé en Grec, & qu'il auoit fait ce que l'on auoit fouhaitté de luy, mais outre ce que ie ne puis adioufter foy à ce que m'ont dit des perfonnes qui fe monftroient fort intereffez à perfuader cette poffeffion, ie n'ay peu deuiner la caufe pourquoy l'on defiroit noftre abfence pour efclaircir le doute que nous auions formé, ny pourquoy le Diable auroit pluftoft voulu fe cacher de nous que des autres, ioint que on ma affeuré que les Exorciftes de ce temps là ne fçauoient pas plus de Grec que de raifon. On dit encore que depuis noftre depart vn Pere Iefuifte commanda en Grec au Diable d'aller baifer la paulme de la main de celuy qui celebroit la Meffe, & que le Diable obeït, mais non pas d'abord : car il luy baifa le coude, & puis luy ayant efté dit que ce n'eftoit pas ce qu'on luy auoit cõmandé, & luy ayant rendu le figne plus intelligible, il fatisfit enfin : mais cela ne peut aucunemēt faire croire la poffeffiõ quand mefmes il ne fe feroit pas mefpris, puis que toutes les autres actions eftant fi efloignees du furnaturel, on peut auoir lieu de douter fi celle-cy ne

se feroit point par hazard. Il leur eſt plus ordinaire de ne rien reſpondre quand on les interroge en latin, & peu apres elles diſent
en François que le pact eſt ainſi entre le demon et le magicien :
iugez ſi ce n'eſt pas vn eſchappatoire, & s'il ne ſeur feroit pas auſſi
aiſé de reſpondre en ce temps-là, & en cette langue comme en vne
autre.

Le ſecond ſigne preſcrit dans le Rituel, eſt de deſcouurir & reueler les choſes eſloignées & cachées, comme cette femme de Saxe
dõt par le Melãcton, laquelle ſçauoit le Grec & le Latin, & qui
predit la guerre : or ie peus vous aſſeurer que ces filles n'õt en
aucune façõ approché de céte preuue. Si ce n'eſt que l'on mette
en ligne de compte la deſcouuerte des maleſices dont vous auez
deſia ouy parler. Ces filles diſent quãd on les exorciſe, que les
demõs ſont enuoyez dans leurs corps pour deceler les charmes qui
ſont dans leur maiſon, & qu'apres qu'ils les auront tous rendus,
ils s'en iront, & qu'il ne faut pas s'eſtonner s'ils ne font rien, hors
cecy, qui ne ſoit fort ordinaire, puiſque c'eſt le ſeul ſubiet de leur
miſſion : que leur poſſeſſion eſt bornée, & que Dieu ne leur a pas
permis de rien faire qui ne ſoit ſelon la force de la nature. Ils deſ-
criuent donc ces caracteres compoſez de papiers, cire, guenilles, poils
& autres choſes qui ne ſignifient rien, qu'ils diſent leur auoir eſté
donnez par perſonnes, d'eminête qualité dont on cognoiſt bien qu'ils
veulẽt rendre la memoire odieuſe à la poſterité, citent les moindres
particularitez qui s'y trouuent, donnent fort exacte cognoiſſance
du lieu de ces charmes, où l'õ les doit trouuer, & on les y rẽcon-
tre aſſez ſouuent tels qu'ils ont dit, ce qui pourroit ſans doute
donner quelque croyance qu'il y auroit quelque choſe de ſurnatu-
turel, ſi l'on auoit voulu eſclaircir vn peu d'auantage cette matiere,
& que l'on eut permis à quelques perſonnes qui ſoubçonnoient
qu'il y eut de la fourberie en tout ce myſtere, de faire quelque
choſe qu'ils auoient propoſé pour en oſter le doute, car à moins
que d'y apporter grande precaution ie vois toutes les apparences
de faire croire au peuple qu'il eſt fort aiſé à ces filles de parler de
ces charmes & d'en ſignifier le lieu. puis qu'elles peuuent l'auoir
appris de cette Magdeleine & de Picard dont il eſt parlé dãs ce
recit qui court, auec leſquelles elles ont eu de grãdes familiaritez : Elles peuuent meſmes le ſçauoir par la lecture que l'on dit
qu'elles ont faictes de certains papiers qu'vn nommé Dauid premier

Directeur de cette maiſon à laiſſé en mourant à Picard, qui leur en a donné peut-eſtre aſſez ſouuent la communication. L'on croit que ces papiers-là pourroient bien eſtre ces regiſtres par le moyen deſquels ils promettent dans peu de faire voir de grands miracles quand elles les rendront : on y treuuera vne liſte de ces charmes qui ſont encore cachez dans cette maiſon de Religieuſes, des noms de quantité de perſonnes que ces deux Preſtres vouloient perdre, en les faiſant paſſer pour ſorciers, & d'autres ſottiſes dont ils ſe ſont ſeruis dans la penſee qu'ils ont eu que ces compoſitions extrauagãtes pourroient auoir la vertu de les faire venir a bout de leur pretentions. Et pour monſtrer que ces charmes eſtoient peu efficaces il falloit que Picard monta ſur vne eſchelle pour entrer aux heures indües dans le Conuent, & y viſiter quelques Filles auec qui il viuoit aſſez familiairement, & meſmes auec tant de liberté que nous pouuons bien croire qu'il n'a pas manqué de leur dire tout ce qu'il faiſoit de plus ſecret. On dit que ces charmes ſe treuuent dans vne terre qui n'a iamais eſté remuee, mais ie ne crois pas que l'on puiſſe le verifier, ayant ſçeu des plus experimentes mineurs qu'il eſt impoſſible de deſcouurir ſi vne terre a eſté remuee meſme apres huiȼt iours, pourueu que l'on ait eu l'addreſſe & la force de la bien preſſer & rebattre apres l'auoir recouuerte. Et puis leur argument prouueroit trop, car bien que le Diable ait en ſoy la vertu de penetrer les pores les plus ſerrez des corps ſolides, il ne peut pas la communiquer aux autres corps qu'il y entraineroit auec luy.

Toutes ces raiſons & ces coniectures ſont aſſez puiſſantes ce me ſemble pour nous rendre cette maniere de prouuer vne poſſeſſion fort ſuſpecte, & ce d'autant plus qu'ils diſent qu'il eſt neceſſaire que la Fille deſcende dans la foſſe qu'elle a fait faire, pour mõſtrer elle meſme & tẽdre les malefices qu'elle dit y eſtre, car quelques eſprits vn peu moins credules ne pourroient-ils pas ſoupçonner que cette Fille les auroit caché en quelque endroit de ſes habits, ou ailleurs pour les faire paroiſtre adroictement aux yeux des aſſiſtans qui pour la plus part ſont rauis d'eſtre trompez en ces occaſions. Que s'il leur arriue de promettre de rendre ces charmes d'vne façon que l'on ne pourroit contredire, ils ne s'acquittent pas de leur promeſſe, ce que quelques perſonnes de condition ont fort bien ſçeu rapporter à leur retour : ils eſtoient allez exprés à Louuiers parce que l'on leur auoit efcrit que l'on feroit defcendre d'en haut vn papier dans les mains de Monfieur d'Eureux fans qu'il y eut apparence de tromperie, mais le Diable les trompa tous car il ne defcendit rien. Elles ont bien voulu fe mefler de predire l'aduenir, mais cela leur a tres-mal reüffi en mon endroit : Vne de ces Filles me dit, tu liras ce foir les informations faictes contre noftre bien-aimé Picard, mais tu feras fort malade cette nuict pour punir ta curiofité, ie vous aduoüe que ie ne paffay iamais la nuict plus doucement, le lendemain lors que celuy qui prefidoit aux Exorcifmes m'enuoya querir, ie priay celuy qui venoit de fa part de luy faire mes excufes & de luy dire que i'eftois refolu de me recompenfer fur iour du trauail que i'auois eu toute la nuict, & que i'auois efté malade. Et comme i'entray au Conuent l'apref-dinée, la mefme Fille qui m'auoit aduerty que ie ferois attaqué de mal, me dit que i'auois efté fort tourmenté la nuict & que fon Diable luy auoit reuelé. Iugez donc par le rapport de toutes ces circõftances fi l'on n'a pas trop libremẽt conclud la poffeffion, que l'on doit à mon aduis eftimer auffi fauffe que ce que ces Efcriuains mettent en auant que le corps d'vn excommunié ne pourrit iamais en terre fainête, ou bien il faut qu'ils aduoüent que celuy que l'on a exhumé en ce lieu la, fans implorer l'affiftance du bras feculier n'auoit pas le malheur d'eftre excommunié, puis que Monfieur le Baillif de Louuiers homme qui ne voudroit pas rien dire contre fa confcience, nous a affeuré qu'il penfa creuer de puanteur qui fortoit de ce corps en faifant vn Procez verbal fur cette exhumation. Ce qui nous fait voir quelle fidélité il faut attendre des Autheurs de ce recit en toutes autres chofes.

Vne autre preuue de defcouurir la poffeffion eft, d'eftre inftruit aux Sciences dont on n'a iamais appris les principal, comme on remarqua en vn ieune enfant qui eftoit à Bofleduc l'an 1574. ou bien quand on defcouure les fecrets les plus cachez de ceux qui fe prefentent aux poffedez. Ce que ie n'ay point veu que fes Filles fçeuffent faire. Car ie me mocque de ce qu'vne d'entr'elles dit à vn Gentilhomme (qui eftoit fans doute fort cognu puis que l'on luy permit l'entree dans le Conuent) qu'il auoit voulu auoir trois cornes & qu'il n'ẽ auroit que deux, en effet il auoit eu deffein d'eftre Iefuifte qui n'ōt que trois cornes à leur bõnet, & depuis eftoit en volonté de fe marier, c'eftoit bien vne gentilleffe d'efprit, mais non

B

pas vn miracle : cette liberté de parler ne laiſſa pas neantmoins de faire tel effet ſur l'eſprit de ce Gentil-homme, qu'il reſolut de ne paſſer pas plus outre à ſon mariage, iugeant que puis que le Diable auoit deuiné ce luy ſembloit qu'il auoit voulu eſtre Ieſuiſte, il pourroit auſſi eſtre veritable en la prediction de ces deux cornes, ainſi il fit mentir le Diable.

Pour ce qui eſt des actions des poſſedez, le Rituel veut que la marque de la poſſeſſion ſoit d'agir par deſſus les forces de l'aage ou de la condition des perſonnes, comme ſi elles s'eſleuoient en l'air quelque fois, ou qu'elles fuſſent emportees dans des lieux fort eſloignez, comme celuy dont eſt parlé en l'Euangile ſelon S. Luc, an 8. Chap. ou bien ſi elles faiſoient d'autres choſes decrites dans Fernel & Delrio, & que ie ne vous ſpecifie point parce que vous les ſçauez, mais on ne voit icy rien de ſemblable. Et ie m'eſtonne comme ces Meſſieurs peuuent tenir pour veritable ce que inuentay lors que le Medecin entendoit les Exorciſmes. Ie leur dis que i'auois veu cinq Religieuſes aller ſur de fort petites branches, & voler d'arbre en arbre comme des oiſeaux, & auoient touſiours eſté ſur vn fort gros meurier, encores eſtoit-il ſi facile d'y monter qu'vn petit enfant de trois ans y auroit grimpé ſans miracle.

Il y a encore d'autres ſecrets pour examiner vne poſſeſſion, comme ſi dans les mouuements qui ſont faits dans les Exorciſmes on ne remarquoit aucune alteration ny changement au pouls & à la reſpiration, or le Medecin apres auoir cogneu le pouls naturel de ces Filles, y a remarqué des changemens manifeſtes, & m'a aſſeuré qu'apres qu'elles ſe ſont beaucoup agitees, leur pouls & leur reſpiration ſont beaucoup frequens & eſleuez, reſpondans iuſtement à la violence de leurs actions, & qu'apres ceſſans de les exorciſer, elles ſont aſſez ſouuent ſi foibles qu'il a eu crainte pour elles beaucoup de fois de quelque funeſte accident : particulierement en l'Exorciſme d'vne Fille nommee Marie Cheron dicte du nom de ſon Diable, Grongade. Cette fille aagee de 15 ans ou enuiron d'vne complexion aſſez delicate fut exorciſee depuis neuf heures du matin iuſques à cinq du ſoir, pour l'obliger à faire quelque choſe qu'elle auoit promis, & qu'elle ne pouuoit ſans doute executer; Elle fut reduite en vn tel eſtat, qu'elle courut grande riſque de la vie, & le Medecin croit qu'elle ſeroit morte d'vne ſyncope qui luy ſuruint à cauſe de la grande diſſipation d'eſprits, ſi on ne les eut par ſon aduis promptement reparez par le vin. Encores Meſſieurs les Exorciſtes inſiſtoient que c'eſtoit vne inuention du Diable, pour ſe deliurer de l'exorciſme, & qu'apres que l'on auroit laiſſé la fille libre elle ſeroit auſſi alaigre qu'auparauant, mais on apperceut le contraire, quand on ſe vit obligé de la porter ſur ſon lit, d'où elle eut bien de la peine de partir plus de trois iours apres.

On croit encores que c'eſt vne marque de poſſeſſion, quand les corps des filles agitees ne ſe reſſentent d'aucun dommage apres l'Exorciſme, & i'ay ſouuent veu le contraire en celles-cy, & l'ay meſme appris par la confeſſion que m'en fit celle que l'on dit eſtre poſſedee par Anſitif : car elle ſe plaignit à moy, d'auoir la teſte toute pleine de boſſes pour l'auoir trop ſouuent & trop rudement remuée.

Ils cherchent des miracles par tout, en font vn d'vn cancer qu'ils diſent eſtre ſuruenu à la mammelle de Magdelaine Bauant, encores que le ſieur Braiant Medecin à Louuiers, qui en peut mieux iuger pour l'auoir touſiours veuë que les autres Medecins qui ne l'ont veuë qu'en paſſant, n'en demeure pas d'accord, & qu'il laiſſe par ſon diſcours vn grand ſoubçon que cette bonne Religieuſe ait entretenu cet vlcere pour s'exempter de l'auſterité des regles de ſa Religion, laquelle auſſi n'euſt pas pluſtoſt oſté la tente qu'elle y mettoit, qu'il s'eſt cicatriſé de luy-meſme, de laquelle cicatrice ils veulent faire vn autre miracle, en pouuant faire autant de tous les cauteres que l'on laiſſe fermer.

Les ſuppoſts de cette poſſeſſion voyants que tous ces ſignes eſtoient peu conuainquants, & pouuoient autant ou plus en marquer l'impoſture que la verité, me firent monter en vne des cellules de ces filles pour en voir vne extremement agitée, ſes poſtures me ſurprirent d'abord, elle auoit la gorge fort enflée & la reſpiration fort libre, mais le Medecin m'ayant dit que ceſtoit vn accez de mal de mere cette cauſe naturelle me ſatisfit : car pour ce qu'elle diſoit dans ſes mouuemens qu'elle ſe donnoit à tous les Diables, ie le pris pluſtoſt pour vn argument qu'elle n'eſtoit donc pas poſſedée par aucun deux.

Ie ne m'arreſteray point à vous remarquer que ſi ce ſont des Diables qui parlent en ces filles, ce ſont des Diables normands pour en auoir tout le langage, qui ne dépend point de la diſpoſition des

B ij

organes, à laquelle, lors que l'on s'en mocque, ces Diables rapportent la cauſe de l'Idiome & de l'accent par vn mauuois raiſonnement pour eux, qui deuroient eſtre plus ſubtils, & ſçauoir que c'eſt l'habitude ſeule de pronõcer ainſi, qui fait l'accent familier à chaque pays.

Ie ne veux pas attribuer tout ce deffaut à vne fourberie : ie crois qu'il y à de l'erreur dans l'imagination de quelques-vnes de ces Filles, dont l'eſprit eſt ſi foible, qu'ils font le Diable autheur du moindre accident qui leur arriue. Ainſi l'vne monſtrant au Medecin vne petite tumeur variqueuſe qui luy eſtoit ſuruenuë à la jambe, luy ſouſtenoit que c'eſtoit l'vn des yeux du bouc du Sabat, qui par ce moyen eſtoit deuenu borgne. Le moindre bruit qu'elles entendent vient à leur dire d'vn lutin ou de quelqu'vn de leur Diables domeſtiques, iuſques à leur ſonges de la nuit les eſpouuante le iour ſuiuant, & elles en font des apparitions d'eſprits : de ce genre eſt l'apparition de la Vierge, que ſœur Anne de la Natiuité demeure d'accord par ſes interrogatoires luy arriuer tous les iours, qui pourroit eſmouuoir de la riſée, ſi ce qu'elle y adiouſte n'eſtoit plus capable d'exciter l'indignation de toutes les ames Chreſtiennes, quand elle dit que cette ſacrée Mere de Dieu luy reuele tout ce qui ſe paſſe au Sabat. Auſquelles reſueries ne contribuë pas peu la confuſion d'eſpeces que leur conuerſation mutuelle & le recit qu'elles ſe font l'vne à l'autre de leur imaginations apporte dedans leur debile cerueau : de ſorte que ſi l'on ſuit auſſi peu l'aduis qu'a donné le Medecin, de les ſeparer, qu'on a fait tous les autres conſeils par luy donnez, afin de paruenir à vne exacte cognoiſſance de cette poſſeſſion, il y a grande apparence que toutes les autres Religieuſes courreront la meſme fortune que celles-cy.

Tout ce que ie leur ay veu faire de plus conſiderable, & qui auroit ſurpris & comblé d'horreur les plus hardis, ç'à eſté en les voyant ſe confeſſer & communier; car dans ce temps-là ils diſent des blaſphemes contre Dieu ſi horribles & ſi eſpouuentables, des paroles ſi ſalles & ſi eſloignees de l'honneſteté pour teſmoigner le meſpris et la repugnance qu'ils font & qu'ils ont au ſainct Sacrement de l'Autel, que n'eſtoit que les liures ſont pleins de tant d'hiſtoires pareilles, i'aurois bien de la peine à me perſuader que des Filles de bon lieu, eſleuees ſoigneuſement par leur parens &

inftruites de ieuneffe par des Religieufes, peuffent venir par folie ou malice en vn tel excez, & s'oublier iufques à ce point. Mais ie tiens mon iugement en fufpens, quand ie fais reflexion fur ce que rapporte Vuier, au Troifiefme liure des Impoftures des Demons, d'vne fille d'Vuerlen, fur ce qui arriua à Maubufe fur les l'ifieres du Hainaud, & quand ie confidere ce qui eft efcrit par le fieur de la Nauche, en fes diuerfes leçons liure 3, ch. 10. touchant les quatre vingt-neuf femmes & filles que l'on creut à Rome eftre poffedees durant quatre ans du temps du Pape Paul IV. ce que l'on lit dans l'Hiftoire de Marthe Broffier, & ce que l'on nous a fait croire de l'impofture de quelque Iacobins pour exercer leur vengeance qui furent bruflez à Berne de l'authorité du Pape, le dernier May 1509. tous lefquels en ont fait beaucoup plus, neantmoins fe font en fin trouuez exépts de poffeffion, d'où l'on peut apprendre que ces Filles Religieufes dont eft queftion, ne feroient pas les premieres qui auroient fait de fi horribles impietez. Et ie me fuis beaucoup de fois eftonné que l'on ait refufé de prendre les preuues propofees pour voir plus clair en vne affaire de fi grande confequence. On eftoit d'aduis de prefenter à ces Filles vne Hoftie non confacree, pour efprouuer fi elles feroient les mefmes contorfions, qu'elles ont accouftume de faire quand on les communie : Meffieurs les Theologiens dirent que cela feroit inutile, & que le Diable ne pouuoit pas cognoiftre fi les hofties eftoient confacrees ou non, puis qu'il ne iugeoit pas de l'intention du Preftre, mais que la feule penfee qu'elles le fuffent, eftoit la caufe pour laquelle il tourmentoit les corps qui fe mettoient en eftat de communier, & leur donnoit ces agitations pour tafcher de les diuertir de ce deffein. Laquelle raifon pourroit eftre receuë par ceux qui ne fçauroient pas que les mouuemens defreglez de ceux qui font veritablement poffedez, font excitez dans le téps de la cõmunion en vertu de la prefence du precieux & facré corps du Fils de Dieu : & quand on auroit effaié ce moyen, l'on n'auroit pas rendu fes Filles idolatres comme mirent en auant ces Meffieurs, puis que ils nous ont affeuré qu'elles ne preftent point de confentement à ce qui fe fait en ce temps-là.

Vne autre perfonne propofoit, que l'on prefentaft à ces poffedees des Hofties fans eftre confacrees, & que l'on leur dit qu'il y en auoit quelqu'vne qui l'eftoit, & qu'ils la choififfent, mais ces Mef-

B iij

fieurs iugeans peut eftre qu'elles ne pourroient pas faire cette diftinction, ne voulurent pas le permettre, & oppofoient de fi foibles raifons pour s'en deffendre, qu'il y auoit grande apparence de croire, qu'ils prenoient plaifir à fe laiffer tromper, ne pouuant pas me perfuader qu'ils vouluffent eftre d'intelligence auec ces Filles.

On oppofe pour cette poffeffion, qu'elles ont toutes vne pareille auerfion au fainct Sacrement, & qu'elles difent & font toutes mefmes chofes : à quoy il eft plus aifé de fatisfaire qu'il ne le feroit s'il y auoit de la diuerfité en leur actions, ayant appris fous mefmes maiftres, & ayant deuant leurs yeux l'exemple continuel les vnes des autres.

On adioufte qu'il y a du moins quelque merueille, a en voir fi grand nombre d'attaquees, & moy i'en treuue tout au contraire, en ce que, l'imitation eftant vn effet de l'imagination puiffante en ces Filles, leur conuerfation ordinaire cy deffus remarquee, n'a pas rendu femblables les actions de toutes les autres, noftre nature eftant tellement portee à la fingerie, que c'est la raifon pour laquelle on deffend aux enfans, de l'humeur defquels celle des filles n'eft gueres efloignée, de frequenter ceux qui ont mauuais geftes, ou vne prononciation vitieufe, qu'on imite encore beaucoup mieux que quelque chofe de bon.

Et ne fert de dire que vingt & trois filles ne pourroient pas garder le fecret, puifqu'vne partie d'entr'elles ne pefchant que par exemple ne croit pas faillir ; Et quant aux autres (fans offencer ces filles par cette comparaifon) il fe treuue bien plus grand nombre de filles & de femmes, que nous n'en eftimons pas plus chaftes, fous ombre qu'elles ne publient pas leur l'afciueté, y ayant mefmes plus de quoy s'eftonner lors que quelqu'vn allegue fa turpitude que quand il la cache.

De dire auffi quel aduantage elles receuroient d'vne t'elle fuppofition, cette obiection n'a point de lieu contre celles qui faillent par ignorance & par folie ; & il fe commet tous les iours plufieurs maux dont les autheurs n'obtiennent pas leur fin, laquelle mefme on ne fçait pas toufiours : Ce pouuant faire, qu'il y ait là des filles dont le iugement foit auffi erronné, comme celuy d'vne pretenduë poffedée à Loudun, laquelle fe plaignoit de ce que Dieu ne l'auoit pas treuué digne d'eftre poffedée, preiugeant fans doute que c'eftoit vne marque de faincteté, que les Religieufes affectent plus que chofe du monde.

Il ne reſte plus comme ie crois, pour vous ſatisfaire entierement qu'à reſpondre à l'authorité de Meſſieurs les Prelats qui ont teſmoigné approuuer cette poſſeſſion : ce que ie feray en diſtinguant l'honneur & la reuerence que nous deuons porter à leur dignité & à leur merites, d'auec cette eſclaue complaiſance, mal-ſeante aux perſonnes libres, & qui preferent touſiours la naïſueté de leur ſentimens à vne contrainte reprochable : Eſperant tant d'ailleurs de leur bonté & de la charité Chreſtienne qu'ils nous enſeignent, qu'ils ſe contenteront, d'abſtraindre notre croyance aux matières de la foy, ſans vouloir geſner noſtre raiſonnement en vn ſubiet tel que cettuy-cy, dont les Medecins ne ſont pas moins iuges qu'eux, au dire de leur Rituel meſme.

D'où vous pouuez iuger auec quelle raiſon les partiſans de cette poſſeſſion ont blaſmé le Medecin qui auoit ſuſpendu ſon iugement en vne matiere de telle importance, d'autant plus croyable qu'il a donné plus de temps à cette cognoiſſance que les autres qui ont eſté appellez apres luy, qui auoit vne plus legitime vocation qu'eux, y ayant eſté enuoyé par ſa Majeſté, comme ie vous ay dit, de qui il a l'honneur d'eſtre domeſtique, & les autres ſeulement mandez appuier l'aduis de ceux qui s'eſtoient deſia ouuertement declarez pour cette poſſeſſion, & choiſis par eux-meſmes. C'eſt ce que l'on ne peut à mon aduis non plus reuoquer en doute que la qualité de,

MONSIEVR,

De Paris ce.

Voſtre tres-humble ſeruiteur.

RESPONSE
A L'EXAMEN
DE LA POSSESSION
DES RELIGIEVSES
DE LOVVIERS,
A MONSIEVR LEVILIN.

A EVREVX,
Par IEAN DE LA VIGNE.

M. DC. XLIII.

RESPONSE A L'EXAMEN
DE LA POSSESSION
DES RELIGIEVSES DE LOVVIERS
A MONSIEVR LE VILIN.

ONSIEVR,

Ce n'eſtoit pas aſſez de m'auoir fait voir voſtre ignorance dans les entretiens que i'auois eu auec vous en particulier, touchant la poſſeſſion des Religieuſes de Louuiers, il falloit que tout le monde en euſt la cognoiſſance par la lecture de cet Examen, dont les Colporteurs nous ont rompu la teſte trois iours durant dans Paris, & qui ne s'en feroient pas chargez la ſeconde iournée, ſans que vous vous aduiſaſtes de leur donner vous meſmes des billets ſur le Pont-neuf, pour en aller prendre chez voſtre Imprimeur, apres leur auoir promis qu'ils l'auroient gratis, qui en obligea quelques-vns d'y courir : mais beaucoup d'entr'eux, aimerent mieux eſtre aſſeurez du gain d'vn ſol chanter les airs du Sauoyard, que d'eſtre au hazard de perdre leur temps au debit d'vne ſi mauuaiſe piece, le nom que vous luy donnez en pouuoit faciliter la vente le premier, & il eſtoit aſſez ſpecieux pour cet effet : mais dés que les ſçauans eurent cognu que le magazin ne reſpondoit pas à la monſtre, on publia tout haut que le nom d'Examen ne luy conuenoit non plus qu'à vous, celuy de grand Medecin que vous vous eſtiez voulu attribuer.

C'eſt tres iniuſtement que vous l'appellez Examen, dites moy ſi vous euſſiez bien examiné tout ce qui ſe paſſa dés le commencement que vous fuſtes à Louuiers, & que vous euſſiez obſerué les ſignes & les accidens par leſquels vous pouuiez tirer la preuue infaillible de la poſſeſſion, comme l'ont fait les ſieurs de Lamperiere & Magnard, de la ſcience & capacité deſquels vous ne pouuez douter, & meſme n'en deuez parler qu'auec reſpect & reuerence, ſans doute que vous euſſiez fait beaucoup pour vous, en conſeruant cette eſtime que vous auiez acquiſe dans la baſſe-cour du Louure, & vous fuſſiez acquitté de voſtre deuoir : & ne vous imaginez pas que la Lettre de cachet dont vous eſtiez porteur vous mette à couuert du blaſme que cét Examen vous fait naiſtre par tout, & que l'auantage que vous en tirez vous deffende de l'accuſation qu'on peut faire contre vous, de n'auoir pas apporté aſſez de ſoin à l'eſclairciſſement de la poſſeſſion, ny que le choix que vous dites que ſa Majeſté a fait de vous, doiue eſtablir voſtre reputation, quelque ſentiment que vous en ayez ; au contraire, elle vous fait reſſembler à ces ſinges, qui d'autant plus qu'ils ſont eſleuez, plus nous font voir la partie qui eſt en eux la plus laide, & nous donnent à remarquer les traits de leur difformité.

Il ſemble à voir la page 4. de voſtre diſcours, qu'il n'y auoit que vous capable dans l'eſcole, d'eſtre enuoyé à Louuiers, & que le choix que ſa Majeſté auoit fait de voſtre perſonne vous deuſt faire conſiderer au delà du merite des autres, ſi ce que vous dites eſtoit vray, que vous auez eu cét aduantage dans la profeſſion de la Medecine, c'eſt à dire qu'il n'y en a point au deſſus de vous pour informer tres-particulierement ſa Majeſté de ce qui s'y paſſoit, ſa Majeſté ſe ſeruiroit ordinairement de vous, & ne vous auroit pas renuoyé au commun de ſa maiſon, & ce ne ſeroit pas ſans raiſon, cela eſtant que cette fille poſſedée dont vous parlez, vous auroit pris pour vn Barbier, vous ſeriez trop glorieux. Conſiderez doncques la Lettre de cachet, vous donnoit bien le pouuoir d'entrer en conference auec Meſſieurs les Commiſſaires, mais ne vous rendoit pas plus habile dans voſtre profeſſion.

Ie trouue bon qu'au commencement de voſtre Lettre que ie n'entends point (non plus que ie ne puis trouuer le relatif du premier mot, ny où ſe termine la periode) que vous diſiez *qu'il eſt tres difficile, meſme impoſſible de donner auec certitude & ſatis-*

faction, d'un chacun iugement fur le fait de la poffeffion, &c. il eſt vray qu'il vous eſtoit impoſſible, au dire de cet eſcriuain, que vous accuſez d'auoir gliſſé des termes contre voſtre honneur, que voſtre ſcience & experience n'eſtoient pas de miſe, pour pouuoir penetrer vne affaire de telle importance, il m'a aſſeuré qu'il les y a mis exprez, auſſi qu'il ne ſçauoit pas voſtre nom, ny ne vous cognoiſſoit pas, mais comme il a veu qu'apres le premier cry de cette Lettre eſcrite à vn Eueſque, vous pareſſiez intereſſé dans ce paſſage dont vous vous plaignez, & que vous allaſtes vous meſmes chez l'Imprimeur pour en découurir l'Autheur, en ſuite dequoy vous preſentaſtes requeſte à Monſieur le Lieutenant Ciuil, dont vous euſtes autant de raiſon que de l'autre procedé, il entreprit de faire voir qu'il ne faut pas s'arreſter à voſtre Examen, touchant la poſſeſſion, ny à ce que vous en auiez publié, mais bien de donner eſperance au public de ce que nous en attendons du ſieur Lamperiere, lequel trauaille à nous faire voir le ſentiment qu'il en a, quoy qu'il n'ait eſté que deux iours à Louuiers.

Et ſur ce que vos amis vous dirent que vous ne pouuiez pas vous offenſer de cette Lettre, en ce qu'on ne vous nommoit point, vous leur fiſtes reſponſe qu'encore que ce qu'ils diſent fut vray, neantmoins vous y eſtiez depeint en original, on n'auroit pas ſceu quel eſtoit ce ieune Medecin, dont on auroit voulu parler, mais puiſque vous l'auez dit on le croid, & il feroit mal-ſeant d'en douter apres auoir fait voir voſtre Examen au public qui en eſt vn teſmoignage infaillible.

Ie ne ſçay pas où vous auez appris que les Eccleſiaſtiques ne doiuent point s'attribuer la cognoiſſance de la poſſeſſion, Les Energumenes auroient beaucoup à ſouffrir, ſi pour les deliurer de leurs agitations on les mettoit entre les mains des Medecins, c'eſt peut-eſtre ſur cette penſée que vous alliez ſi ſouuent dans les cellules des Religieuſes, où vous les entreteniez de diſcours peu honneſtes, & contre le reſpect que vous deuiez à leur habit, & à leur vœu, & receuiez comme de leur bouche, ce que les mauuais eſprits proferoient par leur organes, vous ſçauiez bien que la fin de voſtre miſſion n'eſtoit que pour donner voſtre auis pour les remedes de ces filles, au cas qu'elles euſſent eſté malades, c'eſt pourquoy vous aſſeuraſtes Meſſieurs les Prelats qu'elles eſtoient en bonne ſanté à l'eſgard du corps, & que voſtre ſcience

B

n'alloit point au delà. Et ce qui paſſoit tant ſoit peu la matiere de la maſſe vous eſtoit incognu, il faut que vous appreniez que les bons Medecins ont des ſecrets pour guerir les eſprits lors qu'ils ſont malades, mais vous n'auiez pas encore leu ce Chapitre, vous deuez ſçauoir que pour guerir les Energumenes, il eſt neceſſaire d'auoir l'eſprit de Dieu, & le Caractere de l'Egliſe, & par conſequent qu'il n'apartient qu'aux Eccleſiaſtiques de s'en meſler.

De quelle religion eſtes vous ? ie n'auray pas de peine à me perſuader que vous n'eſtes pas de la vraye, s'il faut prendre garde à ce que vous dites, *Que malgré les ordonnances de l'Egliſe deſcrites dans le Rituel Romain, les Eccleſiaſtiques s'en attribuent la cognoiſſance, & vous embaraſſent ſi fort l'eſprit, par tant de diſtinctions mal conceües, & ſi peu raiſonnées qu'il vaudroit bien mieux pour eux & pour la dignité de la Religion qu'il ne s'en meſlaſſent point, que d'enuelopper de tenebres la verité, & d'appuyer leurs penſées le plus ſouuent chimeriques ſur des fauſſetez euidentes.*

Ie ne puis m'imaginer que cét eſcriuain dont vous vous plaignez vous ait offenſé au point que vous bleſſez tout le Clergé enſemble : car du moins ſon diſcours ne pouuoit choquer qu'vn ieune Medecin qu'on ſçait bien n'eſtre pas du poids (i'entends du merite) des autres plus experimentez dans la poſſeſſion, & icy c'eſt tout vn corps que vous offenſez, & vn corps que nous deuons conſiderer comme celuy duquel nous ſommes dependans, & par conſequent auquel nous deuons reſpect & obeïſſance. Pouuez-vous dire vne plus grande iniure à vn Eccleſiaſtique, que de l'accuſer d'enuelopper de tenebres la verité, c'eſt l'offenſer & ſaper le fondement de ſa vocation, puiſque c'eſt à luy ſeul à qui Dieu a donné le pouuoir, & de la deſcouurir & de la preſcher.

Si vous ſçauiez bien ce que vous eſcriuez, vous n'auriez pas dit en termes ſi obſcurs & ſi peu raiſonnés, que celuy qui a fait debiter cette Lettre dont voſtre bile a eſté eſmuë, a voulu mettre ſa reputation à couuert, aux dépens de la voſtre, *& ſe garantir par ce moyen du blaſme que ſon procedé ne peut éuiter, donnant grand ſujet de ſcandale aux infirmes,* ie deffie Monſieur Roſſignol, quelque experience & quelque ſecret qu'il ait, à découurir les enygmes des Caracteres, de pouuoir déchiffrer cette Lettre, & la reputation de cét Efcriuain feroit de bas aloy fi fon luftre dependoit de l'obfcurciffement de la voftre, vous me direz peut-eftre que les beaux traits d'vne excellente peinture ne pareffent que lors qu'ils font releués par la rencontre des ombrages, il eft vray. Mais on ne peut pas remarquer les beautez que ces ombres font voir, que par l'interpofition de la lumiere, & voftre reputation eft fi tenebreufe, qu'elle n'a pas encore paru, nous efperons qu'auec le temps, nous en pourrons voir quelque chofe, mais faites moy la grace auparauant de me dire en françois de qui vous entendez parler, quand vous dites que c'eft donner *fcandale aux infirmes*, vous nous en donnerez l'efclairciffement au premier iour.

Ie laiffe à part ce conte ridicule que vous faites en fuite, croyant que vous auez eu iufte raifon de commencer de la mefme façon que vous auiez fait deffein de finir, fi voftre veuë eft affez bonne pour découurir de fi loing.

I'ay peine à me perfuader que vous foyez domeftique d'vne fi fage & fi chafte Reine. Si vous auez affez d'impudence que d'efcrire des paroles que tout le monde doit voir, & qu'on ne peut voir fans honte, en difant, *qu'il eft affez naturel aux filles quand on leur tient les mains & les pieds contraints, & qu'on les tourmente, de remuer le cul & la tefte, qui eft leur agitation la plus ordinaire,* vous pouuiez expliquer cette belle penfée par des termes vn peu plus honneftes, ce me femble, & qui fentiffent moins le cabaret, ou vn autre lieu, vous deuez fçauoir qu'il faut en efcriuant fe feruir d'vne maniere toute autre de s'exprimer que celle qu'vne mauuaife habitude nous a fait contracter en parlant, & vous venez apres à examiner les fignes de la poffeffion tels que vous auez oüy dire que le Rituel Romain les demande, il eft aifé à remarquer que fi vous en auez leu quelque chofe, que ce n'eft qu'à la table, qui eft voftre eftude ordinaire.

Il faut donc pour vous perfuader la poffeffion que ces filles parlent les langues eftrangeres, ou autrement on vous furprend, il eft bien aifé à voir que vous eftes bien opiniaftre dans la creance que vous en auez, lors que fans aucun fondement vous citez des paffages de Breuiaire mal expliquez, fi vous auiez fait voftre deuoir tant que vous auez efté à Louuiers, vous auriez veu des chofes furnaturelles, qui fe font paffez aux yeux de ceux qui les ont voulu voir, & lors vous auriez veu des filles de seize ans respondre & obeïr au Grec, & qui vous auroient estonné si vous eussiez eu, ou vn esprit desinteressé, ou vne attention telle que l'Eglise la desire, mais vous estes de ces gens qui veulent pour estre persuadez de la possession que les possedez soient tout vn iour suspenduës dans l'air à la veuë de tout le monde, encore direz-vous comme eux qu'il y auroit de l'illusion ou de l'enchantement.

Ie vous veux releuer d'vne peine où vous estes, de sçauoir pourquoy on desiroit vostre absence vn certain iour, & qu'on ne vouloit pas que vous assistassiez à vn exorcisme qui se deuoit faire sur le soir, ressouuenez vous que sur la plainte que receut Monseigneur d'Eureux, que vous alliez de chambre en chambre visiter les religieuses auec vn peu trop de liberté, accompagné que vous estiez d'vn certain personnage à perruque grise, qui se disoit estre **Physionomiste de la Reine**, que personne ne cognoissoit non plus que le tiltre, & la fonction de cette nouuelle charge, il vous fit dire que ces curiositez ne luy plaisoient pas, & que vostre profession & vostre charge n'alloit point à tenter la spiritualité de ces filles, ny de les interroger de la façon que vous faisiez auec des termes semblables à ceux dont ie viens de vous reprendre, en sorte que vous donnastes lieu à vne ordonnance par laquelle l'entrée de la closture fut interdite aux seculiers, dont toutesfois vous fustes excepté, en consideration, de la part dont vous estiez enuoyé, vous y parustes neantmoins si effarouché, que vous en quittastes la ville deux iours apres, sans auoir laissé aucune marque, ny vostre auis, ny autre chose par escrit par où on peut voir que vous auiez esté à Louuiers, & vous excusez vostre absence de cet exorcisme sur vne calomnie dont vous chargez les Exorcistes que vous dites ne pas entendre le Grec, appellez bien vostre memoire, & ressouuenez vous ie vous prie des Exorcistes qui y estoient lors, & sachez que le moindre de la troupe auoit enseigné deux cours de Philosophie auparauant que vous eussiez nom Pierre, & songez à leur faire reparation de les auoir offensez à ce poinct.

Vous auez bonne grace de nous donner vn exemple descrit par Melancton, vous sçauez bien que cét Autheur est d'vne religion suspecte, & qui ne s'accorde pas auec la nostre, & vous parlez de toutes les choses qui se sont passées à Loüuiers, comme vne personne

perſonne qui ſeroit en Angleterre, & qui en eſcriroit à Paris apres en auoir confuſément entendu parler, il eſt vray que vous n'en pouuiez eſcrire que de cette ſorte, mais ſi vous vouliez taire l'honneſteté de ces filles, du moins vous ne deuiez pas les accuſer comme vous faites dans la 8. page de voſtre Examen, d'auoir veſcu familierement auec Picard en ſorte que vous dites que ſouuent & aux heures induës il montoit par vne eſchelle, & entroit dans le Monaſtere pour viure auec elles en grande liberté; où auez vous appris ce conte, vous l'auez reſué, & c'eſt ce iour dont vous parlez que le diable vous auoit predit que vous paſſeriez vne mauuaiſe nuict, vous en auiez ſouuent de telles, & lors que les Exorciſtes vous enuoyerent querir, ils ſçauoient bien que vous ne viendriez pas, ayant eſté auertis que vous auiez tant beu de ſantez le ſoir precedent chez le Bailly, que la voſtre en pourroit eſtre alterée, & apprirent cét accident par vn eſtrange rencontre, & bien plaiſante, & par le moyen d'vn domeſtique de nos Prelats, lequel ayant eſté rencontré par vne Dame de la Ville, & luy ayant eſté demandé dans l'Egliſe en vn lieu obſcur, auec grande ciuilité, comment il auoit paſſé la nuit icy, encore qu'il ne la cognuſt pas il luy reſpondit que tres-bien, comment repartit elle eſt-il poſſible qu'apres vn ſi grand excez que celuy que vous ſçauez, vous ſoyez leué ſi matin, quoy qu'il fut deſia onze heures, alors voyant qu'on le prenoit pour vn autre, & ſujet à vne feblesſe dont il n'eſtoit point capable, ſe fit voir à lieu deſcouuert, & cette Dame lui fit excuſes, & luy dit, Monſieur pardonnez moy, ie penſois que ce fut Monſieur le Vilin, & commençois à m'eſtonner de le voir ſi matin, car iamais ie n'ay tant veu boire ny chanter qu'il fit hier, & ſachez donc que Meſſieurs les Commiſſaires n'ignoroient pas la cauſe de voſtre pareſſe, & qu'on s'attendoit bien à la reſponſe que vous fiſtes.

On ne s'eſtonnera pas de lire tous ces contes ridicules que vous faites dans voſtre Examen, & particulierement en la page 11. où vous parlez de la rencontre de ce ieune Gentilhomme, comme plus bas vous dites que vous inuentaſtes que vous auiez veu cinq ou ſix religieuſes voler de branche en branche comme des oiſeaux, qu'eſtoit-il beſoin d'inuenter, ces Meſſieurs ne vous demandoient pas à inuenter des choſes pour leur perſuader, ce que vous en vouliez croire, & il ne falloit point controuuer des choſes extraordinaires, pour faire voir qu'il y en auoit, & ce n'eſt pas vn miracle que de voir vne fille ſur vn meurier : mais ſi vous meſmes de la maniere dont vous eſtes chargé y eſtiez monté, on croiroit ſans doute qu'il y auroit du ſurnaturel.

Ie perdrois trop de temps à reſpondre à tous les autres articles, la marchandiſe n'en vaut pas le port, ils ſont de la meſme ſuite, & s'entretiennent de telle ſorte que leur liaiſon ſera touiours ridicule : mais ie veux vous dire en paſſant que puiſque vous auiez deſſein de faire voir au public voſtre ſentiment ſur la poſſeſſion de Louuiers, vous deuiez la determiner par vn raiſonnement continu, & faire voir ſi c'eſt folie, maladie, fourbe ou poſſeſſion, ne pouuant eſtre qu'vn de ces quatre accidens, & par là on euſt approuué voſtre Examen, & alors c'euſt eſté ſon veritable nom, deſia vous auez aſſeuré *page* cinquieſme que ces filles n'eſtoient en nulle façon malades, tant par leur poulx que par les autres accidens, par où les plus groſſiers Medecins iugent de la conſtitution des perſonnes, & dans la *page* 12. vous aſſeurez que ce n'eſt point fourbe; reſte donc à examiner ſi c'eſt folie ou poſſeſſion.

Il nous eſt aiſé de conſidérer ſi les diuiſions de la folie, ſe rencontrent en ces filles, & ſi c'eſt manie ou freneſie, ie ne vous dits point la definition de la manie vous la ſçauez, & que leur agitation ne procede pas de cette eſpece, ce ne peut eſtre freneſie qui n'eſt point ſans fievre, puiſque vous dites dans la *page* 5. qu'elles eſtoient bien habituées & reglées dans toutes leurs fonctions naturelles, & que vous ne pouuez ſoupçonner aucune indiſpoſition en elles qui procedaſt de la folie, ou fourbe, ou maladie, mais que leur imagination eſtoit bleſſée en imitant ce qu'elles voyoient faire aux autres, & l'auctorité dont vous appuyez voſtre argument, eſt de dire que nous ſommes tous naturellement portez à la ſingerie, cela eſt bon à ceux qui en ont les magues comme vous. Concluez donc, ſi vous dites, que ce n'eſt ny maladie, ny fourbe, ny folie, que c'eſt poſſeſſion, ie laiſſe aux plus ignorans de tirer cette conſequence de voſtre argument meſme.

Ie ne puis encore m'empeſcher de vous dire que vous auez bien peu examiner voſtre Examen, puiſque dans la *page* 12. vous dites *que vous auez grande peine à vous perſuader que des filles de bon lieu eſleuez ſoigneuſement par leurs parens, & inſtruites de ieuneſſe par des Religieuſes, peuſſent venir par folie ou maladie a un tel excez, & s'oublier iuſques à ce poinct.* Vous ne prenez pas garde que vous vous oubliez vous meſme, en diſant que ces filles vont à tel excez par folie ou malice, c'eſtoit aſſez de dire malice : car il eſt tres-impertinent de blaſmer les actions d'vne perſonne folle, mais bien ce qui ſe fait par malice, & apres auoir aſſeuré qu'elles ſont de bon lieu, & qu'elles ont eſté bien eſleuées & inſtruites, vous dites dans la *page* 8. que Picard montoit par vne eſchelle pour entrer dans le Monaſtere, y voir & viſiter quelques filles aux heures induës, auec leſquelles il viuoit aſſez familierement, or il faut de neceſſité que celles-là auec leſquelles il auoit cette familiarité ſoient les poſſedées, puiſque vous dites qu'ils leur monſtroit à expliquer les charmes, auoüez donc que vous vous contredites vous meſmes.

Il vous ſied fort mal de parler de la découuerte des charmes, n'en ayant veu aucuns, & ne l'ayant pas voulu voir, ſi vous euſſiez bien fait voſtre deuoir, c'eſtoit de demeurer à Louuiers le 29. Aouſt, pour voir & entendre dans vn Exorciſme promettre & faire la deſcription d'vn charme, qui deuoit eſtre rendu le 5. du mois ſuiuant, & lors vous en euſſiez parlé, & plus diſcrettement, & plus veritablement que vous ne faites dans voſtre Examen.

Meſſieurs les Commiſſaires voyans donc que vous negligiez les actions les plus importantes, reſolurent de mander Meſſieurs Lamperiere & Magnard, que tous ceux de voſtre profeſſion tiennent dans vne haute eſtime, & comme perſonnes qu'il n'eſt pas aiſé de ſurprendre, afin que conferant & raiſonnant tous les iours enſemble, ce que vous n'auez iamais fait, ils peuſſent tirer quelque iugement de l'affaire, & ſi vous vous en ſouuenez, vous partites le 30. du mois, & ne vouluſtes pas attendre la preſence de ces Medecins, autant dans la crainte que vous pouuiez auoir de ne leur pas rendre compte de ce que vous auiez deu voir durant voſtre ſejour de trois ſemaines, que pour la honte du blaſme que vous pouuiez encourir en ce deffaut.

Eſtans donc arriuez le lendemain trentieſme, que vous en fuſtes party, & ayant pluſieurs fois demandé la cauſe de voſtre depart, qu'on ne peut iuger autre, finon que les Matins ne s'accordent pas auec les Levriers, fe firent inftruire par Meffieurs les Commiffaires, des accidens qui eftoient les plus ordinaires en ces filles durant leurs agitations, & fur le foir furent introduits par Monfieur d'Evreux dans le Monaftere, pour vifiter les Religieufes & poffedées, & agitées, & obfedées, & ne dites pas que ce font là leur diftinction, ce le font des perfonnes qui ont le fens commun, fi ce n'eft que le voftre eftant rare il ne foit pas commun, & rendre leur iugement fur ce qu'ils deuoient voir : de plus s'informerent tres-particulierement de la conftitution de celles qu'on tenoit poffedées, voulurent les obferuer en leur repos, & les examiner en leurs agitations, en remarquerent en noftre prefence la fuite, & donnerent des raifons pertinentes des effects extraordinaires qu'ils virent, & le premier foir qu'ils y furent arriuez, donnerent efperance d'en dire dauantage de ce qu'ils verroient le lendemain, durant les communions où on difoit qu'elles eftoient fi horriblement tourmentées.

Il me feroit inutile de vous dire ce qu'ils virent le lendemain, i'efpere que Monfieur de Lamperiere vous l'aprendra, & repondra à cét Examen, que des Colporteurs ont femé iufques dans Roüen par voftre ordre, & parlera de ce qu'il a veu en termes & raifons fuffifantes pour vous conuaincre d'ignorance.

Mon deffein n'ayant efté en efcriuant cette lettre, que de refpondre à quelques poincts de voftre Examen, & afin qu'il fuft mieux examiné qu'il n'auroit pas efté, & la pitié que me fait voftre Imprimeur de ce qu'il ne le debite pas comme vous luy auiez fait efperer, ce n'eft pas qu'il n'en ait tiré grande quantite, mais pour les faire vendre, vous auez fait comme ces charlatans, qui le premier iour qu'ils entrent dans vne Ville, & montent fur le Theatre, iurent n'auoir qu'vne douzaine de boëtes de pomade à debiter, afin que les plus haftez ayent l'auantage : mais à la fin tout le monde en a, vous les auez donnez le premier iour ; au fecond on les a venduës deux fois, vous mefme dans le Palais Royal en auez vendu dix-huict deniers à vn Colporteur, & qui les penfoit auoir pour rien comme la premiere fois qu'il fut crié par les ruës : mais reffouuenez-vous que vous luy dites que le

bafts

bafts vous bleffoit, qui eft vn prouerbe de la porte Baudeft, &
qu'il vous refpondit qu'il penfoit que vous ne fuffiez que befte
à felle eftant Medecin, & depuis pour vous defcharger de la peine de les debiter vous mefme, vous renuoyez ceux qui en veulent auoir chez voftre camarade l'Apoticaire, qui les donne pour
vn fol marqué, afin que s'il ne debite pas tout, & qu'il fe trouue
chargé de quelques Exemplaires, il ait de la matiere toute prefte
à faire des cornets à l'efpice, eftant vn Apoticaire fans fuccre.

Il euft mieux valu pour vous & voftre reputation, de n'auoir
iamais efté à Louuiers, ou fi vous auiez vne fi forte demengeai-
fon d'efcrire & d'y faire imprimer, d'y employer vne perfonne
qui s'en demeflaft mieux que vous : car ie laiffe à vos meilleurs
amis de pouuoir rien comprendre dans l'article de la *page* 15. où
vous voulez vous excufer, de ce que vous ne croyez pas la poffeffion; le public a-t'il intereft que vous la croyez, & quand vous
la croirez, eftes vous capable de la perfuader, fi l'authorité de
Meffieurs les Prelats ne vous a peu arrefter à leur opinion, ce
n'eft pas vne preuue pour la verité de la chofe, de quelque cofté
que vous foyez, ou pour l'affirmatiue, ou pour la negatiue, que
voftre fentiment qui n'eft pas capable de determiner la poffeffion,
& puifque vous auez fait des contes fi plaifans, & que vous auez
dit du Latin, ie vous diray auffi *qu'vna hirondo non facit ver*,
& que l'opinion d'vn ieune Medecin ne refoud pas vne affaire de
cette confequence.

Mais vous voulez le faire trouuer bon, quand vous dites que
vous auiez vne plus legitime vocation, que les Medecins de Roüen,
parce que vous auiez efté enuoyé par fa Majefté, de qui vous
auez l'honneur d'eftre domeftique, on fçait bien que les Roys en
ont de toutes façons, fi vous ne prouuez mieux voftre fuffifance, vous eftes mal, & qu'entendez vous quand vous dites que
les Medecins de Roüen ont efté choifis par Meffieurs les Prelats ?
quoy ? eft-ce qu'ils ont efté corrompus pour figner la poffeffion ?
eft-ce qu'ils n'ont pas agy comme perfonnes libres ? vous en of-
fenfez trop à la fois, pour eftre creu dans voftre fentiment propre, refte maintenant à vous dire que ie ne vous veux point de
mal, feulement ie vous aurois fouhaitté au retour de Louuiers,

D

le Seigneur de Chatou fur fon Pont de bois, au refus de ne pas payer vn double, i'aurois efté vangé, ie crois que vous aurez de la peine à expliquer cet Enygme, ie vous en veux donner vn aifé à denoüer, c'eft ce qu'vn de nos Poëtes françois a dit de vous en fix vers :

> *Monfieur ie ne fuis plus en doute,*
> *De ce que vous n'auez veu goutte :*
> *Dans la poffeffion que l'on croid en tous lieux ;*
> *Puifque tout le monde m'affure,*
> *Que par vn deffaut de nature,*
> *Et de corps & d'efprit vous eftes chaffieux.*

CENSVRE
DE
L'EXAMEN
DE LA
POSSESSION
DES
RELIGIEVSES
DE
LOVVIERS

M. DC. XLIII.

CENSVRE
DE
L'EXAMEN
DE LA POSSESSION
DES RELIGIEVSES
DE LOVVIERS.

LA prouidence de Dieu à des conduites si cachées aux entendements des hommes, & souuent si differētes de nos † prouidences, trop incertaines, que beaucoup de choses que nous proposons, quoy qu'auec de bonnes intentions, succedent au contraire de nos desseins : Cecy est arriué, par la permission diuine, en l'affaire des Religieuses de Louuiers ; où Monsieur l'Euesque d'Eureux conspirant auec les pensées, qu'il n'auoit point encore leuës dans l'escrit qu'on luy a presenté depuis ; d'vne personne de grande prudence & dignité en l'Eglise, touchant la conduite des Energumenes, auoit creu que la sienne se pourroit passer dans vne grande discretion & silence perpetuel, qu'il conseruoit depuis deux ans, que les filles de ce Monastere commencerent d'estre affligées : Mais il est arriué, par quelque volonté de Dieu, peut estre, qui veut esprouuer cette maison de Religieuses, ou donner matiere d'exercice à la vertu de leur digne Prelat, ou faire esclatter quelque tonnerre de sa iustice : que l'ordre qu'il auroit donné sur un suiet important, n'ayant pas été executé ponctuellement ; Tout ce qu'il auoit voulu couurir, pour l'honneur du Sacerdoce, & la conseruation d'vne Congregation Religieuse,

† Sap 9. v. 14.

eſt venu en la connoiſſance du public, en vn temps qù il la penſoit eſtouffée : & comme depuis il à gardé en la direction des ames, & les exorciſmes des Demons, le plus grand ſecret qu'il eſtoit poſſible, cela à donné occaſion, à ceux qui iugent legerement des choſes, qu'ils ne cognoiſſent pas, & † blaſphement tout ce qu'ils ignorent ; & au vulgaire indiſcret, d'en faire des diſcours menſongers, qu'il auoit neant moins reiettez, comme vne rumeur de peuple meſpriſable, & n'auoit iamais tant rien apprehendé, que ſes filles ſe remarquaſſent dans les Gazettes, ou dans les feüilles du Pont-neuf. Cependant vne perſonne, dont il le deuoit moins attendre, picqué d'vn eſguillon de vaine gloire, & d'vn violent deſpit, à produit des premiers vn libelle, ſous le nom d'Examen, outrageux à la dignité de l'Egliſe, & à l'innocence de ces filles, plus dignes de compaſſion que de colere, & iuſque icy ie n'ay veu, n'y aucun qui approche de Monſieur d'Eureux, † cét eſcrit, dont l'auteur ſe plaint, comme du fuiet de ſon emotion ſi extrauagante, ce qui à obligé Monſieur d'Eureux de faire compoſer, & diſtribuer aux perſonnes de condition, & de doctrine, & à ſes amis vne deffenſe de la verité de la poſſeſſion, methodiquement & doctement traictée par vn Theologien, qui luy appartient ; de laquelle ie crois que tout homme ſage & iudicieux ſera conuaincu, & dont i'ay eu bientoſt vn exemplaire : où i'ay admiré autant d'erudition que de moderation, & en l'autheur, & en ce Prelat, qui luy a ordonné cét ouurage. Mais par ce qu'il s'eſt reſerré dans les choſes ſingulieres, qu'il à veuës de ſes yeux, & dans les loix eſtroittes d'vne diſpute Academique, où il ne s'arreſte pas à refuter les faits, qui ne ſont point de doctrine, fauſſement auancez en cét Examen ; le ſeruice que i'ay affectionnement voüé à Monſieur d'Eureux, & à cette maiſon de Religion, à contraint mon iuſte zele de prendre la plume, & de faire cette Cenſure de tout l'eſcrit, où ie feray voi le menſonge combattu par la verité, pure & claire comme le Soleil.

Commençons donc, & conſiderons qui en pourroit eſtre l'autheur. Certes ce ne peut eſtre vn autre que le ſieur Yuelin, ieune Medecin en la maiſon de la Reine, † qui ayant eſté enuoyé par ſa Majeſté premierement, auec vne lettre adreſſante à Monſieur d'Eureux, & derechef auec Monſieur l'Archeueſque de Thoulouſe, & Meſſieurs Charton Penitencier, & Martineau Docteurs de la

Faculté

† *Ep. Ind. v. 10.*

† *Pag. 4 de l'Examen.*

† *Pag. 4. de l'Ex.*

Faculté de Theologie de Paris, & Chanoines de noſtre Dame, & Monſieur de Morangis Conſeiller du Roy en ſon Conſeil d'Eſtat, à abuſé en toutes choſes de cét honneur qu'il auroit receu. Que ce ſoit luy, le ſtile le montre, car bien qu'il veuille faire paſſer cette piece † ſous le nom de Dubal ſon amy, qu'il introduit eſcriuant vne lettre, & faiſant l'Examen, cét homme eſt aſſez connu, pour n'eſtre point capable d'vn tel diſcours, ny des lectures de † S. Luc, † du Rituel Romain, de † Delrio, de † Fernel, de † Melanton, & d'autres liures, tant Latins que François, dont il allegue quelques penſées ou hiſtoires : ny des raiſonnemens, quoy que foibles & impertinents, dont il remplit ſon diſcours, qui ſont preſque les meſmes que le Medecin diſoit à Louuiers, par forme de diſpute, auec acquieſcement, & avec moins d'ouuerture de ſa malice, ny encore de ce ſeul petit mot Grec † ἄπιθι qu'il allegue dans vne comparaiſon de chaſſe-chien, pour montrer qu'il entend quelque choſe en cette langue, qui n'eſt pas connüe à ſon compagnon.

† *Pag* 3. *de l'Ex.*

† *Pag.* 10 *de l'Ex.*

† *Pag* 3.
† *Pag.* 10.
† *Pag* 6. & 11.
† *Pag.* 6.

† *Pag* 6. *de l'Ex.*

C'eſt encore vne preuue certaine de cette coniecture, que cét eſcriuain † perdant la memoire dans la chaleur de ſon eſcrit paſſionné, que ce n'eſtoit pas luy, mais ſon perſonnage emprunté qui deuoit parler, il s'emporte de parler de luy meſme en premiere perſonne, & commence, *Cela leur a mal reüſsi en mon endroit,* & pourſuit à raconter luy meſme de ſoy meſme, qu'il auoit fait vne fourbe au Demon (excellente inuention, fabuleuſe experience digne d'vn ieune Medecin) & qu'il auoit feint vne indiſpoſition tout le matin, pour le ſurprendre, & faire voir la fille poſſedée mentir artificieuſement, qu'il dit luy auoir predit le iour precedent, que s'il s'arreſtoit à lire vn procez verbal, que Monſieur d'Eureux luy auoit fait l'honneur de luy communiquer, et il en ſeroit malade, pour punition de ſa curioſité, & que cela luy donna ſuiet le lendemain de s'excuſer d'aller aux exorciſmes, quand il en fut conuié, par celuy qui y preſidoit, qui eſtoit Monſieur d'Eureux meſme, & qu'il fut enfin receu à la premiere occaſion, par la meſme fille, auec inſultation de ce qui luy eſtoit arriué. Si la maladie à eſté veritable ou non, ie m'en rapporte aux ſeruiteurs de l'hoſtellerie, ou à la creance que l'on a eüe, que la crainte continuelle, où il eſtoit des Demons, qu'il ne montroit pas en ſes actions croire ſi eſloignez de luy, comme il fait maintenant dans ſon fort, & à couuert, pouuoit auoir fait en luy, ce qu'elle produit

† *Pag.* 9 *de l'Ex.*

B

en des perfonnes lafches, et qui meurent de peur : Pour moi ie veux bien que ce foit vne fourbe de fon bel efprit, qu'il nous raconte, car il ne peut pas dire que ç'ait efté Dubal pour cette fois la, qui aye ioüé ce perfonnage, à qui Monfieur d'Eureux ne penfa iamais, de communiquer les procedeures fecrettes de fon affaire, ny de luy faire l'honneur de le conuier aux Exorcifmes, & qui luy veut mefme faire les excufes du Medecin, qu'au retour de cette precieufe fanté, il confirma de fa propre bouche auoir efté affligée. Que fi donc il doit bien paffer pour menteur, ayant dit à vn Euefque fi hardiment vn menfonge, dont il fe vante; Pourquoy maintenant, qu'il dit le contraire, & denie, ce qui peut eftre eftoit veritable, ne paffera-t'il pas pour vn infigne, & deliberé menteur, qui veut couronner toutes fes fourbes de celle-cy, & s'en feruir pour fa vengeance ? Car de tout ce que luy dit le Demon, foit qu'il luy fuft arriué ou non, cela fe doit attribuer à ces efprits malins, qui ont de couftume d'employer à la raillerie, tout ce qu'ils rencontrent dans l'imaginatiue, ou dás la mémoire de la créature qu'ils poffedent, ce qui n'eft point de l'intelligence de ce Medecin du commun. Quand il dit encore † que la fille poffedée d'Anfitif, fe plaignoit à luy des contufions, & bosses de fa tefte, † & qu'on le fit monter au dortoir, pour voir vne fille qui auoit la gorge enflée, & la refpiration empefchée, ou il faut que ce foit le Medecin qui parle de luy mefme, ou que fon compagnon foit menteur, car les filles qui le fuyoient ordinairement, n'auoient garde de s'adreffer à vn homme fi inutile en telles occafions, de forte que l'vn des deux ment, ou l'autre s'abufe.

† *Pag.* 11.
† *Pag.* 11.

La troifième caufe pourquoy l'on peut dire, que c'eft luy mefme qui continuë de mentir fon nom, ce fut le motif puiffant, dont il a laiffé entièrement preuenir fa raifon, & fon iugement, ce motif d'orgueil & de defpit, qui ne pouuoit eftre allumé que de l'efprit de fuperbe, & qui le fit creuer, & fe feparer de la Compagnie, dont il ne fe rendoit pas digne, lors que ces Meffieurs que la Reine auoit fait l'honneur & la charité d'enuoyer à Monfieur d'Eureux, aperceuans qu'il les importunoit de doutes impertinents, & de petites raifonnettes friuoles, qui n'eftoient point de fon art, & que le iugement des chofes naturelles qui fe paffoient, ne pouuoit pas eftre appuyé fuffifamment d'vne tefte fi mal faite, pour plus grande certitude, enuoyerent chercher † les deux Medecins

† *Pag.* 15 *de l'Ex.*

plus experimentez de la Prouince, ce qui fut arresté à l'insceu de Monsieur d'Eureux, & à la verité, sans auoir demandé aduis à Monsieur le Medecin, qui craignant d'entrer en conference auec des hommes dont l'aage, la sagesse, & l'experience le faisoient pasir, & dont le Grec & le Latin luy estoient aussi redoutables qu'aux Demons, il se resolut de se retirer sans autre congé que de sa propre passion, d'vne deputation qui n'estoit pas acheuée, & de faire esclatter, comme il à fait, son ressentiment, et descharger sa bile sur des personnes innocentes, dont il n'auoit receu que de l'honneur ; & † de s'attaquer iusques aux personnes sacrées, & autres de plus grande consideration, authorité, & sagesse que luy en toutes choses, condamner leur iugement, & faire valoir le sien au dessus de tous par toute la France, en son Examen publié à cette fin. † *Pag* 3. & 15 *de l'Ex.*

Or auant que d'entrer en la censure de cét examen, & de la manière, dont il conduit son ouurage, ie supplie le Lecteur de remarquer sa mauuaise conduitte, en vne commission si importante.

Sa premiere entrée fut vne offence incroyable contre la Majesté d'vne si grande Reine, qui l'enuoyoit, s'estant accompagné d'vn homme † qu'il fait se vanter d'auoir commencé par des fourbes, de l'auoir fait passer luy mesme, tantost pour Dubar, ou Dubal, tantost pour Chirurgien, & tantost pour Mareschal des logis en la maison de la Reine, dont l'vn ny l'autre n'est connu par deçà, en aucune façon : Mais qui plus est, & ce qui ne peut estre sans crime, de l'auoir fait passer aupres de Monsieur d'Eureux, pour enuoyé de sa Majesté, & en consequence introduit auec honneur dans la closture Religieuse du Monastère, qui ne luy eust pas esté ouuerte, & fait que les Religieuses ont souffert des indiscretions, & iusques à des effronteries contre la pudeur des vierges, ausquelles par vne tres-mauuaise intention, ou par vn dessein d'espion, & de fourbe tres mal reglé, il a fait des questiõs, & des propositions hõteuses & sacrileges (cõme entr'autres marques d'impieté, & d'impudence, & pour parler plus honnestement que luy) qu'il vouloit bien que leur Demon le possedast, si elles se vouloient donner en sa possession, ce qui fit autant de fois rougir ces tres chastes filles, et s'enfuir de la presence de ce vieux Bouquin, qui en apparence deuant Monsieur d'Eureux, & ses Ecclesiastiques & Religieux, disoit de † *Pag.* 5 *de l'Ex.*

leur modeſtie, de leur pudeur, & de leur ſimplicité, des loüanges tres-grandes, dont il promettoit de faire à la Cour des Panegyriques, & non pas des inuectiues ; qu'au deffaut de ſa ſuffiſance, on voit bien qu'il a promis à ſon amy de publier ſous ſon nom, comme plus proſtitué, &, s'il m'eſt permis de dire mon ſentiment, indigne pour ce ſuiet, de l'office dont il ſe vante. Si l'vn & l'autre auoient de la conſcience, ie n'en voudrois pas d'autres teſmoings que le leur propre, ayant appris ce que i'auance, des larmes de ces bonnes filles.

Le ſecond deffaut en la conduite du Medecin eſt, qu'il ne ſé preſenta point auec aucune diſpoſition de pieté, ny au premier, ny au ſecond voyage; auquel au moins il deuoit eſtre excité par l'exemple non ſeulement de Monſieur l'Archeueſque de Thoulouſe, de Meſſieurs les Docteurs, & autres Eccleſiaſtiques qui les accompagnoient, ou qui ont eſté introduits par leur aduis, pour de grands merites, & conſidérations, pendant le temps de cette commiſſion, qui paſſoient toutes les iournées dans de grandes ſerueurs de pieté, que cét inſolent eſcrit, ne prend en eux que † pour vn maſque d'hypocriſie : Mais encore de Monſieur de Morangis, & de M. de Montchal Maiſtre des Requeſtes, & frere de Monſieur de Thoulouſe, qui ne voulurent entrer qu'auec la preparation des Sacrements, qui les frequentoient continuellement, qui paſſerent tant de iournées iuſques à la nuict, preſque touſiours à genoux, en prieres, & par fois en larmes, en ieuſnes & aumoſnes notables, & qui donnerent cét exemple à leurs amis, & cette loy à tous leurs domeſtiques, & teſmoignerent par tout des ſentiments bien tendres, des choſes que les Demons eſtoient contraints par la force des exorciſmes, de dire à la gloire de Dieu, & à la loüange de la Religion Chreſtienne, & de la deuotion : au lieu que Môſieur le Medecin ſe faiſoit voir couuert dans l'Egliſe, touſiours aſſis, à peine à genoux, en l'eſleuation du corps de Ieſus-Chriſt, ſans aucune frequentation des Sacrements, ſans nul acte de deuotion, les yeux vagabonds, le geſte mal compoſé, en la preſence de Dieu, & comme s'il euſt eſté dans vne eſcole de Medecine, n'adorant que la nature : Comment auroit peu vn homme ſi eſloigné des diſpoſitions, que l'on doit auoir en de ſemblables rencontres : (pour ne faire pas maintenant, plus mauuais iugement de l'eſtat de ſon ame, que celuy qu'on peut tirer de ſes crimes ſuiuans, d'auoir traicté

† *Pag 4. de l'Ex.*

fi indignement des ames innocentes) : comment, difie, auroit-il peu faire vn iugement charitable, fain, & iufte, des chofes où il y a plus de furnaturel que d'humain, & en difcerner auec équité les differences, & donner quelque chofe à la lumiere de Dieu, qui à peu frapper fouuent fon cœur, & fon intellect ; au lieu de fuiure par tout comme il a fait les idées de fon art, où il eft trop nouueau, † de fon iugement trompeur, & de fes experiences trop petites. † *Hip.* 1. *Aph.*

I'ay defia touché le troifiefme manquement de fon procedé, qui fut de quitter fans congé de la Reine, ou de fon Confeil, tres-sage, & tres-pieux, qui luy auoit fait l'honneur de l'enuoyer, en vne affaire de cette importáce, ce qui feroit criminel en quelqu'vne d'autre nature, & pourquoy non en celle-cy? & de n'auoir pas efté retenu, ny par les prieres de Monfieur d'Eureux, ny par l'aduis qu'il luy en donna affez preffant, ny par ces Meffieurs, aufquels il auoit l'honneur d'auoir efté donné, pour eftre appellé par eux au Confeil des chofes corporelles, et qui eftoient de telle authorité dans l'Eglife, & dans les Confeils du Roy, que ce luy eftoit grande gloire, non feulement de leur eftre ioint : mais de leur obeyr, & de defferer beaucoup à leurs aduis, & à leurs iugements plus fages & plus reglez.

C'eft le quatriefme & principal defordre, qui renuerfe toute fa conduite, & d'où procedent toutes les fautes de fon Examen, † & par où il commence audacieufement de s'eftre perfuadé que de luy dependoit le iugement de toutes chofes : & parce que le Rituel Romain veut que l'on confulte les fages Medecins, pour les chofes qui peuuent eftre de la connoiffance de leur profeffion, et des effects naturels qui fe paffent par les corps, lefquels pourroient rendre vne poffeffion plus que douteufe, s'il n'y auoit aucun figne d'ailleurs, † il euft voulu que les Prelats, Ecclefiaftiques, & Religieux, incomparablement plus fçauants que luy, euffent depofé tous leurs iugements entre fes mains, qu'ils ne fe fuffent meflez que de prier Dieu, qu'ils n'euffent point embarraffé fon bel efprit de leurs raifons, & diftinctions, qui en furpaffent la portée, & que fon ignorance luy fait prendre pour des chimeres, & par vn efprit le plus approchant de la fuperbe des Demons, il † conclud opiniaftrement que le Medecin à autant de droit de iuger des Energumenes, que l'Eglife ; fecouë le joug de ces Prelats, appelle † *Pag.* 3 *de l'Ex.* † *Pag.* 4 *de l'Ex.* † *Pag.* 15 *de l'Ex.*

C

la fubmiffion qu'on leur doit rendre dans la connoiffance des chofes fpirituelles, & Ecclefiaftiques, vne efclaue complaifance, prefere fon entendement, conduit des feules regles de la Nature, à ces perfonnes efclairées des lumieres de la grace, de l'autheur de la Nature, & comme le premier efprit de rebellion, s'efleue au deffus de leurs trônes, où ils reprefentent la Majefté de Dieu, entreprend de mettre la faux, dans leur moiffon facrée; & encore que de tous les fignes qui nous donnent, & des coniectures, & des connoiffances de la poffeffion des perfonnes Chreftiennes, ceux qui paroiffent dans les operations corporelles, ne facent pas la plus grande partie, bien que la plus fenfible, & la plus apparente au vulgaire; & qu'il y en ait vn grand nombre d'autres, dont tout homme de iugement, de prudence, ou de lettres, peut mieux iuger que luy, & qui ne font pas de la fcience précife de la Medecine, & en fin que la plus haute fin, & la plus excellente partie de ces fignes depend de la Theologie, des Sacrements, des operations des Anges, de la direction des ames, de la connoiffance des confciences, & de l'information des mœurs; toutes lefquelles chofes le Medecin ignore, & ne fait pas profeffion de confiderer comme il n'en à pas le pouuoir : Nonobftant tout cela, comme fi c'eftoit fa profeffion, & non pas la Medecine, en tous les poincts de fon Examen, il ne traicte rien moins que les chofes corporelles, qui font de l'objet de fon art, & pour lefquelles le iugement des Medecins eft requis, & plus neceffaire : & par vne prefumption infupportable, fe mefle de iuger les intentions des cœurs, de l'interieur des ames, de la reuelation des chofes obfcures, de la procedure des intelligences toutes fpirituelles, de la verité ou fauffeté des iugements des Demons, des poincts de droict, de ce que peut la iurifdiction Ecclefiaftique, ou † le bras feculier, des operations de Dieu mefme dans les ames, des precautions, & ordres neceffaires en toutes les occurences qui ne font pas de fon meftier, & penfe en mieux iuger, que les Prelats, les Theologiens, & les perfonnes d'Eftat. Qui n'aura pas compaffion de cette conduite, de cette folie ? Quel droit a-t'il fur la Prophetie, & fur la reuelation des chofes obfcures? Comment pourroit-il faire diftinction de la vraye, d'auec la fauffe, fi difficile aux plus fpirituels, à qui † S. Paul donne pourtant le droit de iuger de tout ? Quelle connoiffance peut-il prendre des operations interieures des Demons, qui les agitent

† *Pag.* 9 *de l'Examen.*

† 1. *Cor.* 2. y 15.

autant qu'en l'exterieur? Eſt-ce ſon eſtude d'entendre leur nature toute intellectuelle, leurs procedez inuiſibles? Par quelle regle de ſon art ſçaura-t'il s'ils peuuent errer ou non, en leurs iugemens? s'ils peuuent deſcouurir les obiets ſurnaturels? ſi leurs coniectures ſont infaillibles, des choſes qui ne ſont pas naturellement euidentes? Car il faut eſtre Theologien, & ſçauoir tout cela, pour parler des choſes dont il eſt queſtion. Qui l'a commis pour informer des mœurs des Religieuſes? Quelle voye à-t'il pour lire dans leur conſcience? Quel diſcernemēt peut-il auoir des operations des Demons combattans la grace, & de la grace de Dieu reprimante leur malice dans les termes preſcrits, par celuy qui ſeul leur peut permettre les poſſeſſions? Quelle lumiere peut-il auoir pour coniecturer, auec quelque vray-ſemblance, les fins que Dieu pretend en cette poſſeſſion particuliere? & cependant il me ſemble que tout cela eſt neceſſaire pour en bien iuger: & toutes ces hautes conſiderations ont eſté peſées au poids du Sanctuaire, dans le Conſeil de Monſieur d'Eureux, & encore entre Meſſieurs de Thoulouſe, les Docteurs de Paris, & luy, & ſes aſſiſtans: & le petit conſeil priué de Monſieur le Medecin à examiné & iugé tout ſeul de toutes ces choſes, qui dependent de ces connoiſſances ſi neceſſaires, & de ce qui regarde ſon art, rien du tout: vous le verrez par la ſuitte de cette Cenſure, où nous allons traicter l'vne apres l'autre toutes ſes productions.

La première piece de reproche contre la ſinceritè des Officiers de Monſieur d'Eureux, & des Religieuſes, c'eſt vne malicieuſe & calomnieuſe relation, † du voyage de ces deux maiſtres fourbes, d'Eureux à Louuiers, auec Monſieur le Penitencier d'Eureux; par lequel il fait attribuër follement aux Demons la deſferrure de ſon cheual, ce que des perſonnes d'equité & de ſain iugement, auroient pris pour vne parole d'honneſte diuertiſſement du chemin, quand il l'auroit ditte, comme fauſſement ils la raportent: mais de cette raillerie paſſant à vne autre, pour premiere experience, que ces gens de grand & † ſolide iugement veulent faire de l'eſprit des Religieuſes, & pour le premier coup de meſtier d'vn excellent Medecin, concerté auec ſon camarade, qui vouloit auſſi paſſer en effect & en verité pour Chirurgien, & pour vn grand Phiſionomiſte, il employe vne fourbe, ou vraye ou contrefaite, impoſant à tout le monde beaucoup de choſes paſſées, entre luy & la fille

† *Pag.* 4 *de l'Ex.*

† *Pag.* 4 *de l'Ex.*

possedée d'vn Demon qui se nomme Leuiatan : Car on reçoit les noms qu'ils se donnent, pour tels qu'il leur plaist, sans se soucier de ce qui en est : Les Demons n'en ayans point en effect dans leur Republique, non plus que de corps & de figure, mais se seruans des vns & des autres selon leur volonté, pour agir auec les hommes, ce que l'examinateur ne sçait pas distinguer : deux differens Demons pouuant affliger les Religieuses à Loudun, & à Louuiers, sous vn mesme nom, sans que nous soyons tenus de croire des menteurs eternels, qu'ils soient les mesmes qu'ils nous disent, ny tous les contes qu'ils font çà & là : leur foy & leurs paroles sont tousiours douteuses, mais principalement tout ce qui se dit hors la plus grande force des exorcismes, où la puissance de Dieu les contraint, par les intercessions de sa saincte Mere, & des Saincts, par la force du S. Sacrement, & la vertu de l'Eglise, de dire plus souuent la verité en enrageant : ce que Monsieur le Medecin n'a pas esté capable de discerner d'auec les railleries & badineries, qu'ils disent à tout propos, ausquelles il s'est arresté, pour en for-

† *Pag.* 5 *de l'Ex.* mer ses folles imaginations : comme il fait † cette premiere de la declaration pretenduë de Leuiatan, à son compagnon Dubal, de l'auoir veu à Loudun, & de la reuelation des choses cachées de sa mauuaise conscience : Mais qui sçait si cela est point vray ? & pourquoy adiouster foy maintenant à vn homme, qui d'abord produit vne piece de mensonge, à des personnes veritables, & qui en fait gloire, & change peut-estre la verité, pour satisfaire à sa vanité : & quand Monsieur le Penitencier d'Eureux auroit dit simplement à quelqu'vne de la maison, d'auoir veu & amené vn hôme qui auoit esté à Loudun ; ce qui n'est nullement, & que Leuiatan, par la bouche de la plus humble, & la plus simple de toutes les filles du monde, luy eust dit vn mensonge, qu'est-ce que cela conclud, contre la sincerité de cette fille ? & contre la prudence & la pieté d'vn homme qui à l'honneur d'estre Penitencier tres-fameux, & Chanoine d'vne celebre Eglise Cathedrale, docte Predicateur, Docteur en Theologie de Paris, de bonne reputation en sa Faculté, Conseiller du Roy au Presidial d'Eureux, des plus iudicieux & plus employez, Prieur & Pere des pauures de l'hostel Dieu de sa ville, Directeur du plus celebre Monastere de Religieuses, d'vne des plus anciennes & honorables familles d'Eureux, & qui à t'il en tout cela, qui doiue donner la licence à cét effronté

de

de nommer fol, & fourbe vn homme qui outre ces rares qualitez, eſt plein de vertu & de pieté, & trauaillant inceſſamment à la vigne de Dieu ? Qui eſt-ce qui le croira ? & cette calomnie n'eſt elle pas digne d'vn chaſtiment exemplaire ?

 Apres cela il commence à vouloir faire le Medecin, & ſe fait repreſenter comme vn Eſculape, qui à conſideré † les tempera- † *Pag.* 5 *de* ments, & les functions naturelles, & toutes les actions des filles *l'Ex.* en detail : & d'vn ſi grand nombre d'extraordinaires qui leur arriuent, il n'en remarque † qu'vne par vne malice trop claire, qui † *Pag.* 5 luy ſemble la moins honneſte, & la plus ridicule, & qu'il veut *de l'Ex,* eſtre naturelle à toutes les filles, à qui l'on tient les pieds & les mains, ſans pardonner à la modeſtie des perſonnes chaſtes, qu'on n'a iamais veuës en cét eſtat : & par vne conſcience tres-meſchante & vn ſilence criminel, à vn homme enuoyé par vne ſi grande Reine, pour cognoiſtre vne verité importante, il taiſt frauduleuſe-ment leurs conuulſions, poſtures, & contorſions extraordinaires, leurs cris & agitations effroyables, leurs hurlements, tournoye-ments d'yeux, grincements de dents, crachements & tirements de langue non communs, roulements par terre, cheutes violentes & ſans leſion, leurs efforts pour ſe precipiter dans les puits, ſur les bords deſquels on les à trouuées les corps ſuſpendus & apuyé d'vn coſté ſur la teſte, & de l'autre ſur les pieds : & ſur tout les ren-uerſements de leur corps en arriere, en forme d'arcs, ſans s'apuyer des mains, ne touchans la terre que des talons, ou de la pointe des pieds d'vne part, & de l'autre non pas ſi ordinairement du ſommet de la teſte, comme du front meſme, ce que les baſteleurs de la foire de S. Germain, rompus & exercez dés leur enfance, ne font point, ny ſi aſſeurement, ny ſi ſouuent, ny auec ſi notable renuerſement, dans leſquels ils ne perſiſtent qu'à peine, l'eſpace de douze paroles, et ces filles agitées, iuſques à pres d'vn demy quart d'heure : toutes leſquelles choſes, le Medecin & ſon amy ont veuës de leurs yeux, & qui ſont marquées par tout, pour ſignes de poſſeſſions, bien plus apparens que ceux dont S. Chryſo-ſtome, au premier liure de la Prouidence, conſole le Moyne Stagirius, dans lequel il ne remarque que les contorſions des mains, tournoyemens d'yeux, vne bouche eſcumante, vne voix forte, & des paroles confuſes, tremblemens de corps, renuerſe-mens par terre, des deſirs de ſe precipiter dans l'eau, & autres

D

choſes, ou moindres, ou ſemblables à celles que ie viens de raconter : Mais pourquoy ne dit il point ce qui eſt arriué en ſa preſence, dés ſon premier voyage, à ſœur Barbe de ſainct Michel, poſſedée d'Anſitif, fille de parents tres-vertueux, & d'vne honneſte famille, que ie puis dire qu'elle honore d'vne vertu ſinguliere, & qui à eſté en admiration dans le Monaſtere, d'eſtre tombée dans vne roideur, & peſanteur tres-grande, depuis la teſte iuſques aux pieds, où elle paroiſſoit comme extaſiée et inſenſible, & ce qui luy à eſté aſſeuré par Monſieur d'Eureux, aſſez digne de foy, pour au moins le raporter ſur ſa relation, & celle de ſes aſſiſtans, & de Monſieur Briant Medecin de la ville, non pas ſi courtiſan, mais plus aagé, & plus experimenté que luy. C'eſt à ſçauoir qu'vn iour plus particulierement, le Demon d'vne autre fille poſſedée de Putifar, ſœur de celuy qui luy à fait l'honneur de le loger auec grande courtoiſie, & fille d'vn honneſte Preſident de l'Election, bien nourrie en la crainte de Dieu par ſes Parents, & victorieuſe des Demons, comme vne Iudith d'Holopherne, ayant demandé au Demon de celle dont ie viens de parler, s'il vouloit qu'il luy alaſt tenir compagnie, pendant que la chienne qu'il poſſedoit, (car c'eſt ainſi qu'ils parlent) diroit ſon office, (à quoy Dieu permet que les filles ne manquent iamais) & elle luy ayant donné ſon conſentement, auſſi toſt cette Barbe fut ſaiſie de cette meſme peſanteur : mais d'vne façon ſi prodigieuſe, qu'il n'y auoit point de forces humaines qui la peuſſent faire ployer, ou la leuer, ou la deſtacher du paué, ſur quoy Monſieur d'Eureux & ſes aſſiſtans, eſtans arriuez, & iugé neceſſaire d'enuoyer querir le ſieur Briant Medecin, & vn Chirurgien, & auant qu'ils arriuaſſent cét accident ayant ceſſé, & par apres en vertu du commandement de l'exorciſme, limité par Monſieur d'Eureux, ſous le bon plaiſir de la prouidence de Dieu, & à condition de ne produire aucun mauuais effect. Dieu permit que ce prodige recommença en leur preſence, pour auoir cette preuue d'vne action ſurnaturelle en ſoy, ou au moins en ſa production, & ſes circonſtances. Laquelle s'eſt paſſée derechef le ſecond iour de Septembre, en la preſence de ces Meſſieurs venus de Paris, & les Medecins de Roüen, en la meſme maniere ; celle que le Demon auoit quittée, eſtant demeurée libre & paiſible, comme à la premiere fois, pendant que l'autre eſtoit ſans vſage de ſes ſens, ſans mouuement d'yeux, & comme ſans reſpiration, dans vne roideur et pefanteur qui ne fe peut imaginer, ny ployer, ny leuer en façon du monde, & par tout le corps, ce qui n'arriue qu'en la partie fuperieure, en vne maladie à qui ce ieune Medecin en euft bien voulu attribuer la caufe ; & l'autre poffedée de Putifar, ayant efté reprife de fes agitations, auffi toft que le S. Sacrement fut mis par Monfieur d'Eureux, fur la poiɛ̃trine de Barbe, poffedée d'Anfitif, laquelle fortit de fon extafe, & retourna à fes contorfions & agitations, qui ne laifferent en elle, au fortir de là, aucune laffitude, ny alteration de fa fanté, qui deuroit s'enfuiure neceffairement d'vne conuulfion fi violente. Comment, dis-ie, eft-il poffible qu'il ait obmis des chofes fi remarquables, & qu'il à veuës en partie, ou qui luy auroiẽt auffi bien efté rapportées que les refponfes faites en Grec des Exorcifmes, † comme il fe raconte, finon parce que cela renuerfe le mauuais iugement qu'il vouloit faire, ou pluftoft trouble le fien extremement. C'eft auoir † des yeux, & ne voir pas, des aureilles & n'entendre pas, comme l'idole de Dagon, & eftre du nombre de ceux qui s'y confient, pluftoft qu'aux permiffions de la prouidence diuine. Pourquoy diffimule-t'il ce que ces Meffieurs, (dont iamais homme fage ne contredira les relations) auront peu luy faire entendre, par tant de bouches de Paris, qui le fçauent, & le publient, qu'vne ieune Religieufe, furnommée du Sauueur, extraordinairement agitée, par vn Demon qui fe dit Afmodée, à efté veuë par quelques vns d'entre eux, & de leur compagnie, tellement furprife en leur parlant, qu'auffi toft qu'elle fut renuerfée par terre, elle s'efleua fur la pointe d'vn pied, ayant l'autre en l'air, & demeura le corps ployé, & la tefte proche des talons, fans toucher à rien, quelque efpace de temps, qui eft prefque autant que de voler : & l'on à remarqué encore depuis, qu'elle s'eft ployée ainfi, non feulement en arc, mais en deux, la tefte & les talons, fort peu diftans l'vn de l'autre, eftãt portée fur le bras d'vne perfonne, fans toucher à terre de part ne d'autre, vn iour qu'elle fut arreftée, comme le Demon l'excitoit de fe precipiter, pour l'empefcher de defcouurir à Monfieur d'Eureux, les artifices dont il la combattoit interieurement, & les contradictions que la grace diuine y oppofoit, & operoit en elle.

   C'eftoit de toutes ces actions corporelles, & fi extraordinaires, que le Medecin deuoit iuger, & faire fon rapport, & nous dire fi c'eft vne fureur de la mere, ou quelque autre maladie, qui luy

† *Pag.* 6 *de l'Ex.*

† *Pfal.* 113. v. 13 & 14.

fuſt connuë plus qu'à nous, nous la prouuer par de bonnes raiſons & maximes de ſon art, & nous en offrir les remedes, & l'on l'euſt bien payé de ſes peines : ou bien ſi c'eſt vne folie, & qui en ſont les cauſes, où elle peut auoir ſon ſiege & ſon principe, ſi elle eſt incurable, ou ſi elle ſe peut guerir par quelque excellēt Ellebore, qu'il trouue dans ſa ſcience. Mais au contraire, prenant congé de Monſieur d'Eureux, il declara deuant luy, qu'il n'y trouuoit aucune eſpece de maladie, ny de folie, & que s'il eſtoit beſoin de deffendre cette propoſition, contre des Medecins contrediſans, qu'il retourneroit librement, s'il luy en donnoit aduis, & comme il n'y a trouué aucune marque de l'vn ny de l'autre, maintenant il celle infidelement celles qu'il auoit trouuées contre le cours de la nature, pour conuertir tous ſes iugemens à la fourberie, qu'il veut impoſer à des perſonnes ſinceres & innocentes, que par des ſignes ſi remarquables, il ne pouuoit euiter de confeſſer eſtre poſſedées, & paſſant legerement tout ce qui eſtoit preciſement de ſa cognoiſſance, où il trouuoit trop à dire, & rien à contredire, il ſe tourne aux matieres qui paſſent ſa profeſſion, & ſon intelligence.

Commençant donc à ſe meſler de ce qui luy peut eſtre commun auec pluſieurs, & qui ne luy eſt, peut eſtre, pas ſi commun, comme il veut qu'on le croye, qui eſt † l'intelligence des langues, dont il n'a donné aucune preuue en tout ſon voyage, ny en ſon Examen, que par ἀπιθι cy deſſus remarqué : il aſſeure hardiment, que les filles n'en ont aucune, ny donné aucun ſigne de cette cognoiſſance, que ie luy aduouë bien eſtre vne des marques de poſſeſſion, mais non pas neceſſaire.

† *Pag.* 6 *de l'Ex.*

Nous ne voyons point que les Demons chaſſez par noſtre Seigneur, & par les Apoſtres, donnaſſent ſigne d'entendre d'autres langues que celles de leur pays, & beaucoup moins ce poſſedé ſourd & muet, qui en auoit tous les organes bleſſez & incapables, auparauant le miracle de ſa guariſon.

Secondement les Demons font profeſſion de celer leur poſſeſſion, & de ſe rendre pluſtoſt ridicules, que de ſe monſtrer intelligens & raiſonnables, ſe cachent autant qu'ils peuuent, en tous les ſuiets qui deuroient la manifeſter, comme ſont les queſtions curieuſes de la Theologie, ou Philoſophie, & l'intelligence des langues, & ny a que la force de la verité, & de la vertu diuine & Eccleſiaſtique, ſous laquelle ils ſont contraints de ployer, qui leur face aduoüer

qu'ils

qu'ils font des Demons, & donner les autres preuues qui s'en voyent iournellement. C'est pourquoy ils disent souuent qu'ils ne le font pas, que les filles sont foles, ou malades, ou ignorantes, & qu'ils n'entendent point le Grec ny le Latin, ce que ie dis plus pour faire voir sincerement leurs ruses, & leurs procedures, que pour excuser ce deffaut, qui ne s'y retrouue point : Car souuent l'on leur à entendu faire des discours si pressants, des veritez de la Religion, & si esleuez au dessus de la capacité des filles, mesmes les plus exercées dans la meditation, que hors la sœur du S. Sacrement, possedée de Putifar, toutes les autres qu'on exorcise, & qui parlent, sont encore nouuellement Professes, ou Nouices ; ou seculieres mesme, & d'esprit si simple, & si peu accoustumé à parler, que c'est vn prodige de leur voir faire des discours si hauts, & si patetiques des mysteres diuins, & des mœurs des Chrestiens, que la petite Cheron, ieune seculiere, possedée de Grongad à raui quelquefois ses auditeurs de la delicatesse de son eloquence, & les autres de la force de leurs discours, qui ont tiré des larmes à des personnes d'vne capacité bien plus haute, & d'vne autre trempe que le ieune Medecin. S'il leur à ouy parler des operations des Anges (comme ie le croy) de quelle façon ils connoissent, non ce qui est dans le fond de l'ame, & des volontez libres : mais ce qui se passe par la fantaisie & les sens, comme ils se seruent quãd ils reuiennent de leurs diuertissemens ou sabats, de ce qu'ils trouuent imprimé dans l'imaginatiue de la fille, d'où viẽt que souuent ils disent, sans que la fille y pense ou consente, ce qui est raporté à la fille, de dehors, comme ils font passer par les sens internes, apres par les externes, & par les organes, qu'ils remüent les choses qu'ils veulent enoncer par les filles qu'ils possedent, & cent autres choses de cette nature, & encore plus grandes, ie croy que ç'ont esté choses nouuelles pour le Medecin, qui ne trouue pas cela dans ses liures, & moins encore dans son esprit, & qu'autant par ignorance que par resistence, il à voulu que cela ne fust pas dans sa memoire.

Il est vray encore que Monsieur d'Eureux, & ses assistans, ont euité de les entretenir d'aucunes curiositez, tant sur les sciences diuines & humaines, que sur les mœurs des hommes & autres subiets, & ne se sont appliquez qu'à descouurir les veritez necessaires à la deliurance des filles, fermants la bouche aux Demons

E

en toute autre matiere, & les preſſans plus ſouuent en François qu'en autres lãgues, pour ne pas perdre le temps, en la conteſtation qu'ils faiſoient d'y reſpondre, par ruſe, obſtination, & feinte de ne les entendre pas. Mais il eſt faux que l'on ne leur ait point parlé en Grec, & en Latin, le plus obſcur, & ſans aucuns ſignes exterieurs de ce qu'on leur commandoit : & le Grec, comme il le dit inconſiderement, n'eſtoit pas ignoré des Exorciſtes ordinaires, & on luy en euſt bien produit qui euſſent peu commander meſme en Hebreu, & en Arabic, y ayant dans ce nombre deux Peres Capucins, qui s'y exercent, pour vne miſſion où ils ſont deſtinez par ſa Saincteté, en la congregation de la propagation de la Foy, pour Trebiſonde, & de la en Tartarie : & encore auſſi faux que les Demons n'ayent pas obey, comme ils ont fait, non pas à des

† *Pag.* 6 *de l'Ex.*

paroles Grecques, & Latines, vainement proferées comme ſon † *Barbara celarent :* mais à tous les commandemens, qui alloient à la gloire de Dieu, ou à l'honneur des Preſtres, & de leur miniſtere, auſquels ils ont obey en vn grand nombre de rencontres, & qui eſtoient prononcées en langue Latine, non de Breuiaire, mais ou l'obſcurité & la rareté des paroles eſtoient affectées, & quand il le nie, il ment contre ſa conſcience, comme dans les exemples de mots qu'il pretend mal conceus par les Demons, où ie ſçay que luy meſme, auoit entendu de trauers, & auec alienation d'eſprit : Il ſeroit trop long de les produire, mais il y en à trente teſmoings, plus ſçauans & plus dignes de foy que luy : pluſieurs fois Monſieur de Thoulouſe fut obey punctuellement, commandant en Grec, où ce Prelat excelle autant qu'aucun de la Chreſtienté, quatre fois vn Pere Ieſuite, de grande pieté & doctrine, fut auſſi obey, en des commandemens faits en Grec, tres-difficiles & longs,

† *Pag.* 6 *de l'Ex.*

& particulierement en † celuy que cét ignorant contredit, où apres auoir commandé à celle qui eſt poſſedée de Putifar, de baiſer la paulme de la main d'vn tres-digne Preſtre de la compagnie, portant le corps de Ieſus Chriſt dans vne boëte d'argent, & non pas diſant la Meſſe, comme il impoſe, cette fille qui ne pouuoit entendre, ny la diction de baiſer, ny celle de la main, pluſtoſt que du pied, ny celle de la paulme, demanda (par yronie) s'il vouloit qu'vne fille baiſaſt vn Preſtre, & puis apres quelque reſiſtence, ſi donc elle baiſeroit la main : le Pere ſans changer d'action de viſage, ou de poſture, luy dit en termes Grecs, tout d'vne teneur, ie ne veux point la main, mais ie veux la paulme de la main du Preſtre, portant le corps de Ieſus Chriſt crucifié; en fin elle y fut côtrainte par l'Exorciſme, & s'adreſſant à celuy-la, luy renuerſa la main, pour luy en baiſer la paulme, comme elle fit, auec admiration des aſſiſtans, mais pour le † coude, comme il feint qu'elle fit l'eſſay, il n'en fut iamais rien, & par tout il ſe trouue mal informé, & deſguiſant artificieuſement la verité. † *Pag.* 6 *de l'Ex.*

 Son audace paſſe bien plus auant, & il nie vne grande & importante verité † de la reuelation des choſes obſcures, auſſi claires que le Soleil, & veut faire paſſer pour fourbe, vne action où les yeux de cent teſmoings eſclairez de flambeaux, comme en plain iour, n'ont remarqué que de la ſinceritê, & des precautions, & circonſtances pour l'appuyer, qui ne peuuent eſtre conteſtez, que par vne ame mal-veillante, & iniuſte en tous ſes iugemens. Il faut icy donner loüange à la prouidence de Dieu, lequel voyant du haut du Ciel tant de maux, preparez à cette maiſon, & tant de Demons deſchainez apres cette proye innocente de toute la ieuneſſe, la plus ſimple du Monaſtere, deſtinée par ces miſerables, non pour que les filles fuſſent poſſédées, mais tourmentées, comme l'eſtoit depuis deux ans ſœur Marie du S. Sacrement, qui des dernieres à eſté poſſedée de Putifar, auſſi toſt que pour ſoulager ces filles, on commença à faire quelques Exorciſmes de l'Egliſe, en fin à voulu par ſa bonté, que les Demons paſſant à la poſſeſſion, à laquelle il luy à pleu donner ces bornes, ils ayent parlé, & declaré leurs noms, & les fins de leur actuelle preſence, & que les choſes ayent eu le cours que l'on à veu depuis, & dans lequel, l'Autheur de l'Examen, ne ſe peut reſoudre, de reconnoiſtre & adorer cette bonté de Dieu, mais la veut eſteindre s'il pouuoit. Et partant, il ne faut pas s'eſtonner, s'il ne dit rien de cette grande & celebre reuelation, de toute la vie, & de toutes les horreurs de ceux, que l'on à raiſon de croire les autheurs du mal, encore qu'il ait eſté plainement informé par la connoiſſance des procedures, qu'on luy à fait l'honneur de luy communiquer fidellement en ſon premier voyage, pour le reſpect & l'information de ſa Majeſté : que les Demons en leurs premiers exorciſmes, ont dit hautement tant de choſes, qui ne pouuoient eſtre connuës naturellement, & qui ont eſté aduoüées par cette miſerable fille conuaincuë, que cela ſeul le deuroit conuaincre : car il faut auoir perdu le ſens, † pour penſer, & pour † *Pag.* 7 *de l'Ex.*

† *Pag.* 7 *de l'Ex.*

dire hardiment comme il fait, qu'elle ait iamais donné aucune connoiſſance dans la maiſon, de ſes actions dignes des flãmes, qu'elle à touſiours ſoigneuſement cachées, auec de grandes precautions & artifices, & qu'elle n'auouë encore qu'auec des ſubtilitez & deſguiſements, par leſquels elle penſe euiter le ſupplice : & en-
† *Pag.* 8 *de l'Ex.* core moins † que des hommes bien plus cachez, plus induſtrieux, & plus reſolus, ayent peu prendre en des filles, vne confiance ſi perilleuſe & mortelle, qui eſt ce que les plus grands penitens, & les plus aſſiſtez de Dieu, à peine ſe peuuent reſoudre, de confier au ſecret ſi aſſeuré de la Conſeſſion, principalement en cette nature de crime, où le Demon ferme la bouche plus fortement aux pecheurs, reſtreint tous les mouuemens de leur pauure cœur, & leur arrache les finderefes par mille inuentions. Il n'y euſt iamais de deſcouuerte plus claire, & plus verifiée, & plus apparemment deſtinée, & ordonnée de la iuſtice de Dieu, ou pluſtoſt de ſa miſericorde, ſur vne maiſon ſi affligée, à qui toutes les voyes humaines ne pouuoiẽt aporter de remede. Il ne faut pas douter que celle de tant de charmes & maleſices, mis dans le fond plus obſcur & impenetrable de la terre, pour y conſeruer eternellement vne vertu tres-maligne & tres-occulte, ne ſoit vn effet bien manifeſte de cette miſericorde de Dieu, lequel à voulu, à la confuſion des Demons, qu'ils ayent eux-meſmes deſcouuert les maleſices poſez par eux & leurs compagnons, ſelon le bon plaiſir des Sorciers ou Magiciens,
† *Pag.* 8 *de l'Ex.* & qu'ils les ayent monſtrez & liurez, † comme le Medecin ne le peut nier : mais ne l'oſant faire, il s'efforce tant qu'il peut d'en obſcurcir la verité, & la croyance, atteſtée par tant de perſonnes, que l'on n'a peu raiſonnablement euiter d'admettre à vne manifeſtation ſi celebre, où il à meſme eſté preſent : Ie luy pardonnerois de taire en deſcriuant ces maleſices, ce qu'ils contiennent de plus diuin, qui ſont les hoſties conſacrées, ſi cela n'eſtoit pas ſceu de
† *Pag.* 7 *de l'Ex.* tout le monde, & les meſlanges des impuretez ſacrileges, † qu'il deſcrit auec negligence, & non pas auec l'horreur qu'vn Chreſtien en doit conceuoir : Mais ie ne luy pardonneray pas ce qu'il aduance fauſſement, qu'en ces charmes y ait quelque choſe, qui vienne de perſonnes de grande qualité : comme à-t'il oſé forger vn ſi horrible menſonge, qu'il ne s'en trouuera iamais rien dans tous les procez verbaux fidellement recueillis, & la bouche à eſté ſi ſoigneuſement fermée, à tous les diſcours qui ont voulu mordre la reputation des

moindres

moindres du mõde, excepté des perſonnes qui d'ailleurs eſtoient ſuſpectes & accuſées, qu'il ſemble que Dieu en approuuant le procedé, aye en ce point impoſé aux Demons le reſpect & le ſilence, & iamais dans la vraye force de l'Exorciſme, il ne s'eſt rien dit de ce qu'il inuente, pour rendre les poſſedées odieuſes. Il taſche encore de les rẽdre ſuſpectes de fourbe, & de leur faire porter les charmes en leurs veſtemens, † cõtre les precautions, qu'il meſconnoit à tort, auoir eſté aportées en ſa preſence, & d'autres plus honorables & plus fideles teſmoings que luy, & non du vulgaire, & aſſez clair-voyans, pour ne ſe pas laiſſer tromper à des filles : qu'il faudroit eſtre des plus impudentes, & plus adroittes, que tous les charlatans du monde, pour auoir oſé entreprendre ſept fois, à la veuë de perſonnes qui eſpioient d'aſſez pres tous leurs mouuemens, & leurs actions, vne choſe en laquelle, ſi la malice euſt eſté deſcouuerte, elle euſt eſté punie, d'vn prompt & ſeuere chaſtiment, & où elles voyoient qu'on n'obmettoit rien pour obſeruer leurs pas, leurs pieds, leurs mains, leur viſage, leur contenance, & tous les momens de leurs actions, ſans les laiſſer approcher que de la longueur du picq, auec lequel elles trauailloient, & à la pointe duquel on à touſiours veu les maleſices ſortir de la terre dure, & ſeiche, comme d'vn rocher, & quaſi pouſſer & en ſortir comme des vers de la terre, auec ſurpriſe & horreur de ceux qui les ont pris auec leurs mains, qui ont touſiours eſté Eccleſiaſtiques d'honneur, de foy, & de pieté non ſuſpecte, tant entre les aſſiſtans de Monſieur d'Eureux, que de ceux meſme qui ſont venus de la part de la Reine, dont la pieté d'vn d'entr'eux, voulut bien en prendre la peine, pour rendre teſmoignage plus certain de cette verité. † De douter que les Sorciers aſſiſtez des Demons, ne puiſſent faire vne ouuerture aſſez prompte, pour les couler dans la terre où on les trouue, & la reparer auſſi ſoudainement, ou à la moindre ouuerture de ſa ſuperficie, les y faire entrer & enfoncer, non par penetration, mais par condenſation, ou autre maniere inconnuë aux hommes, c'eſt ignorer leur vertu naturelle, ce qui eſt pardonnable au Medecin, qui ne ſçait que les choſes palpables. † Que ſi les filles poſſédées y ſont appelées, pour la neceſſité & impoſſibilité de trouuer en vn ſi grand lieu, preciſement ce que l'on cherche, c'eſt auec contradiction de leur part, car auant que d'y eſtre reſignées au commencement, on les à veuës

† Pag. 8 de l'Ex.

† Pag. 8 de l'Ex.

† Pag. 8 de l'Ex.

F

sortir de leur closture, auec grande repugnance, & auec larmes, le Demon donnant cette liberté à leurs sentimens, pour ayder à la resistence qu'il fait tousiours de les rendre : † & quand à la terre, dont la profondeur & la qualité, marquent qu'elle n'a iamais esté remuée, & qu'il conteste par vne enqueste, qu'il dit auoir faite à des mineurs, qui luy ont dit eux mesmes, qu'il falloit qu'au moins, on eust eu le soing de la fouler & battre bien fort, ils ont esté iuges aussi ignorans que luy, par tous ceux qui ont de mesmes experiences, & qui ont veu celle cy, sa couleur, & sa qualité pressée, & dure comme du roc, resister aux instrumens, & qui en ont rendu vn tesmoignage plus authentique. Il faudroit certes que toutes les cinquante filles de la maison, eussent conuenu en vn prodigieux dessein, & dans la conspiration d'vne meschanceté bien noire, d'auoir en tant de lieux creusé des fosses si profondes, pour y mettre de si petits pacquets, & si larges comme il faut qu'elles soient, afin de vuider vn si grand amas de terre necessaire pour arriuer iusques là, comme tout le monde l'a veu, & luy mesme singulierement en deux lieux : Car cela ne se pourroit faire à l'insceu de toute la communauté, aux lieux où ils ont esté rencontrez : C'est à sçauoir, à la porte du chœur interieur, & du refectoir, sous le premier pilier du cloistre nouueau, à l'entrée du jardin, où elles passent toutes sans cesse, & il faudroit que les Confesseurs, & les Prestres, eussent esté consentans du mal, ou aueugles les iours qu'on les auroit mis sous l'Autel, deuant ses marches, en la Sacristie, & dans vne Chappelle de la saincte Vierge, au dehors de la maison, & que la closture (qui est gardée plus estroittement en ce Monastere, qu'en aucun autre du monde,) eust esté violée, du consentement des vns & des autres, par vn long espace de temps, qu'il faut à faire & refaire cét ouurage, dont mesme les seculiers eussent peu s'aperceuoir : Mais cette merueille luy desplaist en toutes ses circonstances, parce qu'elle conuainct. Reste la declaration, & reuelation qu'en font les Demons, ausquelles toutes les personnes qui auront assisté sans preoccupation, n'auront pas seulement esté edifiées des discours de pieté, que l'Exorcisme les contraint d'y mesler, parmy les rages qu'ils ont d'estre forcez, mais auront esté persuadez qu'il n'y à point d'esprit humain si vif, ny de memoire si fidelle, qui puisse, dans la plus paisible assiette, où l'ame se trouue, raconter si distinctement, tant de diuerses compositions de

† *Pag.* 8 *de l'Ex.*

papiers, lettres, caracteres, poils, poudres, grains, efpics, feuilles, cires; de leurs couleurs, qualitez, nombre, & figure, & de tant d'autres chofes facrées & impures, facrilegemēt meflées, des fins où elles font deſtinées, leurs fimboles & fignifications, & particulieres circonſtances, que ces filles, ou pluſtoſt les Demons defcourent tres clairement, dans des excez de fureur de corps & d'efprit, qui ne fe peuuent conceuoir, que de ceux qui les ont veuës. Ce qui feroit fuffifant de fatisfaire à l'accufation de l'Examinateur, qui penfe qu'elles peuuent auoir apris ces defcriptions, d'vn homme qui leur eſtoit familier, à caufe qu'il eſt accufé d'auoir monté vne fois dans le Monaſtere, par vne efchelle, des ouuriers qui y trauailloient, qui n'eſt pas fon plus grand peché, encore que tresblafmable, mais vne coniecture pour les autres, qui n'a produit, par la grace de Dieu, aucun mal de la part des filles, que la bonté de Dieu à conferuées : ou bien qu'elles les ont leuës dans les efcrits d'vn autre fon predeceffeur, laiffez par luy au Monaſtere en mourant; mais par tout, il eſt iuge iniuſte & ignorant, car, la fœur du S. Sacrement exceptée, qui en a rendu quelques vns, les autres à peine ont veu le dernier, & eſtoient dans les bras de leurs Nourrices, auant la mort du premier, & l'vn n'y l'autre n'euffent pas eſté fi traiſtres à eux mefmes, que de leur confier de fi damnables fecrets; & ce que le premier laiffa, n'eſtoit point des efcrits, mais vne caffette plaine de mauuais liures, aportez des pays eſtranges, qui ont eu cours en France, dont il fe feruoit comme d'vne doctrine rare & inouye, qu'il auoit deffein de faire couler dans les efprits de cette maifon naiffante, lefquels ont eſté defcouuerts incontinent, & bruflez par l'ordre de Monfieur d'Eureux, & comme morts auec leur teſtateur, dix huict ans auant que ces filles fuffent entrées au Monaſtere, mefme la fœur du fainct Sacrement, qui eſtoit pour lors encore petite fille, en fa maifon paternelle; mais d'efcrits, il n'y en eut iamais : fi ce n'eſt celuy plain de blafphemes, que la miferable confeffe auoir eſté laiffé par le premier à fon fucceffeur, peut eſtre pour n'auoüer pas qu'elle feule, auec luy, en foit coupable, comme les Demons le difent, & dont le recit à furpris en plain Exorcifme, toute la maifon, auffi bien que celuy du regiſtre, dont le Medecin parle encore en l'air, car perfonne n'en fçait rien que ce qu'on en à apris par les Demons, qui en ont attribué le recüeil au dernier tout feul, comme en effet, fi on leur doit croire, il ne contient que des actes de fon temps feulement, lequel, s'il plaift à Dieu faire defcouurir, comme il le faut efperer de fa bonté, pluftoft que de leurs promeffes, l'on verra, que s'il s'y trouue † des noms de Sorciers, ce n'eftoit pas auec intention de les perdre, comme il le deuine, mais de fe fortifier de leur vnion, pour mal faire : La verité paroiftra en plein iour, à la confufion de ceux qui la combattent, & on en fera encore plus affeuré s'il eftoit Sorcier, ou Magicien, que par les autres coniectures ou preuues, que l'on en peut auoir maintenant ; entre lefquelles on n'a iamais penfé, à cette fauffe imagination, † que les corps de ces gens là, foient exempts de pourriture, & ne fçay où il peut auoir apris cette belle doctrine, les Demons ayans dit au contraire, foit qu'il foit vray ou non, que leur intention eftoit de le conferuer, pour maintenir le mal qu'il auoit fait par des preferuatifs, plus rares que tous ceux que le Medecin pourroit produire. Ie conclus donc pour finir ce point d'accufation, qu'il n'y a que de l'infidelité, & dans la procedure des filles, nul deffaut de fincerité.

Apres les langues, & la Prophetie, ou reuelation, qui font les graces gratuites de Dieu dans les ames, & des dons naturels entre les Anges, mais dont la derniere eft fort incertaine entre les Demons, qui coniecturent fouuent auec erreur, par l'obfcurité de leur peché : † Il veut paffer aux fciences, dont il ne produit rien, n'y à l'aduantage, ny au defaduantage des poffedées, encore qu'il foit attefté & verifié (& qui à efté dit cy deuant) que fouuent elles ont parlé au deffus de la capacité d'vne fille la plus inftruite aux exercices fpirituels de la Religion, & tout d'vn coup il faute à la cognoiffance des fecrets cachez des hommes, que felon la vraye, & plus faine Theologie, les Demons ne peuuent lire dans l'interieur de leurs cœurs referué aux yeux penetrans de Dieu feul : mais tout au plus les peuuent defcouurir, quand par eux mefmes ils leurs font adreffez, ou en faire des coniectures, quand ils en voyent quelques fignes dans les fens, ou quelque impreffion dans l'imaginatiue, ou quelque apparence dans la conduite des mœurs, & les mouuemens fenfibles, & il voudroit pour verifier vne poffedée, qu'elle fouillat iufques au profond, & dans les penfées & les actions des hommes, les plus alienées de leurs Demons, & conneuffent leurs actions, auffi bien abfentes que prefentes, et qui ne font

font pas paſſées dans la ſphere de leur actiuité, & où ils n'ont eu aucune application ou aduertence, & qu'ils ſe haſtaſſent de les reueler de premier abord, & à l'arriuee de tous indifferemment, ce qui ne ſe peut pas : & † pour toute exaggeration de cette preuue, comme il ſe plaiſt à ſe ſeruir de la raillerie, faute de mieux : il raconte par menſonge, ce qui eſt vray en partie, qu'à l'entrée d'vn ieune Gentil-homme, de la maiſon de Laual, mais Eccleſiaſtique, aſſez connu dans le Monaſtere, par ce qu'il eſt neueu, c'eſt à dire, fils de la couſine germaine de Monſieur d'Eureux, & qui le ſuiuit dans la cloſture, par ce qu'il eſt Chanoine de ſon Egliſe, & tres-deuot : vne fille lui auoit dit, qu'il auoit voulu auoir trois cornes, par ce qu'il auoit eu quelque penſée d'eſtre Ieſuite, ce qui peut auoir du fondement, mais ignoré de la Religieuſe, puis qu'elle ne l'auoit iamais veu, & qu'il reuenoit de la Rhetorique de la Fleche : Mais qu'elle ait adiouſté qu'il euſt ſuiet de craindre de n'en porter que deux, ce n'eſt pas vne gentilleſſe d'eſprit de la fille, comme il dit, † mais vne ſotte & fabuleuſe inuention du ſien, qui doit plus raiſonnablement les apprehender, que ce ieune Eccleſiaſtique, qui n'auoit lors que vingt ans & cinq mois, ce que cette meſme fille luy dit punctuellement, & non autre choſe, ce qu'il s'empeſche bien de raconter, & qui ne ſongea iamais au mariage, ny a rompre ou reprendre le deſſein de la profeſſion, à laquelle il s'eſt deſtiné dés ſon enfance ; & s'en eſt retourné au meſme lieu, à ſes eſtudes de Philoſophie.

† *Pag.* 9 *de l'Ex.*

† *Pag.* 9 *de l'Ex.*

Il ſemble apres cela vouloir r'entrer dans la conſideration † des effects de la Medecine, mais qu'en dit-il ? qu'elles ne ſont rien au deſſus des forces de la nature, comme voller, paſſer en des lieux eſloignez, & autres choſes ſemblables, qu'il ne dit pas, & nous renuoye à Delrio, & à Fernel : comme ſi le Demon, qui à mille moyens de nuire, & peut traicter les poſſedées, encore en toutes autres diuerſes manieres, que celles du temps paſſé & du preſent, auoit eſté vniforme en toutes les poſſeſſions, comme ſi l'on n'auoit pas remarqué qu'elles fuſſent toutes differentes, comme ſi les poſſedez du temps de Ieſus Chriſt & de ſes Apoſtres, & autres des derniers temps de l'Egliſe, auoient donné tous ces ſignes, ſans en obmettre aucun, comme s'il ne ſuffiſoit pas, qu'il y en euſt de ſemblables à ceux que nous auons monſtrez, & comme ſi tout ce que l'on a veu cy deuant, n'eſtoit pas contre la nature, & digne de

† *Pag.* 10 *de l'Ex.*

G

† *Pag.*
10. *de*
l'Ex.

pareille admiration, † fans aller chercher des miracles fur les branches d'vn meurier, où l'on ne penfa iamais, que de remarquer l'extrauagante agitation du Demon, qui porte les filles à tant de chofes, contre leur modeftie, & leur timidité, & telles, que l'on à veu le Demon fe ioüant, en laiffer vne fur vn arbre, en plaine liberté, qui en fut fi furprife, que certainement auant que defcendre, elle eut beaucoup de peur, & refpandit bien des larmes.

† *Pag*
11. *de*
l'Ex.

C'eft leur ordinaire † & ce que le Medecin nie, contre l'experience de fon art, & la confcience, des chofes qu'il à veuës, d'auoir à l'impourueu d'eftranges changemens, non pas tant de poulx, comme de tout leur eftat & compofition interieure, & exterieure, paffant de l'extremité de leur agitation, par la force de l'Exorcifme, à vn eftat libre & paifible, & d'vne extreme hardieffe, furie, & infolence, à vne extreme douceur & modeftie exterieure, & de cét eftat fi tranquille, à des horreurs dignes de compaffion, & d'efpouuante, fans que leurs tourments, & agitations, laiffent à peine de la fueur, dans les plus ardentes chaleurs, ou de l'ardeur ou fiéure, telles qu'elles deuroient produire, ny aucune laffitude, douleur, foibleffe, ou infirmité, quelque chofe qu'il vueille dire ; & il n'en à pas iamais efté veu aucune, dans la plus horrible agitation, & la plus longue, qui peu de temps apres, ne foit prefte à faire des extrauagances, auec la mefme liberté, gayeté & difpofition, ou felon qu'elles font meuës du Demon, plus ou moins, que l'on n'ait veuë paroiftre incontinent, auec la tranquillité, la retenuë & modeftie, d'vne perfonne la plus faine, & la plus remife du

† *Pag.*
10. *de*
l'Ex.

monde : Car ce qu'il dit † de la deffaillance de cette ieune fille, poffedée de Grongad, eut bien quelque apparence, pour vn peu de temps, mais cela fut iugé en verité vne deffaite du Demon, pour acheuer fa tromperie, comme il auoit fait d'autres fois, qui peut mefme produire cette indifpofition, fi le medecin ne le fçait pas, pour faire fon effet, & qui ne laiffa pas d'incommodité confiderable, & qui fuft de durée, car elle fut veuë dés le foir, & toute la nuict, auffi faine & auffi actiue que de couftume : ce qui ne feroit pas naturellement arriué, apres vn Exorcifme de huict

† *Pag.*
10. *de*
l'Ex,

heures, † aduoué par le Medecin, qui ne luy donna pour tout remede que deux gouttes de vin, bien qu'il ait eu grand peur de leur fanté, à ce qu'il dit en de femblables occafions, faute de reconnoiftre ce qui eftoit de furnaturel : que fi elle ne parut pas le lendemain, ce fut l'affliction que la fille conceut, des peines que son Demon auoit données à l'assistance : Car ils ont coustume de prendre suiet, en beaucoup d'occasions de les abandonner à la tristesse, pour les maux qu'ils ont faits en elles, afin de les esprouuer en toutes sortes : & il ne faut point que l'on s'estonne qu'ils trompent, & qu'ils manquent à leurs promesses, † & qu'ils ayent souuent promis des charmes sans les rendre : Il est aisé à comprendre, & assez reconnu, qu'il y en à d'entr'eux destinez de l'Enfer, pour faire perdre le temps en de vains & mensongers discours, & abuser les Exorcistes d'esperances trompeuses, & pour broüiller tout ; & d'autres ordonnez de Dieu : comme l'on croit, pour aider & aduancer la deliurance de cette maison affligée : œuure digne de sa seule puissance, & des protections tant esprouuées de sa saincte Mere : mais † que ce qui fut promis par vne possedée, d'estre rendu visiblement, & qui fut vne deffaite du Demon trompeur, Exorcisé iusques à deux heures apres midy, aye comme il dit, attiré vn concours de personnes esloignées, cela est faux : car ce ne fut que du matin au soir, où il ne se montra pas plus veritable en ses promesses. †*Pag.* 8 *de l'Ex.*

†*Pag.* 9 *de l'Ex.*

Sur tout il veut persuader que tout soit naturel, hazardeux, ou artificiel, sans en rien monstrer : † que le mal de cette miserable fille conuaincuë, qu'elle à porté en la mamelle tant d'années, auec l'occupation de tant de Medecins, & Chirurgiens, & l'employ de tant de drogues, & si soigneuse delicatesse à le penser, & se faire excuser de tous Offices & seruices de la Religion, pour ce suiet, aye peu en vne nuict estre guery sans remede, par vn simple effect de la Nature, qu'elle mesme attribuoit diuersement à vn miracle, tantost de Dieu, & tantost des Demons, selon l'artifice ordinaire de son esprit, connu à Dieu seul, qui sera son iuge en l'autre vie ; & par ce que l'on à iugé, qu'il y auoit quelque chose de surnaturel, il le nie, † & dans vn autre accident, d'vne tumeur arriuée à la iambe d'vne autre fille, dont les Demons se sont raillez, & parmy la compassion du mal, qui est deuenu plus grand, ont appresté quelque suiet de rire, disant, que c'estoit l'œil de leur Bouc : il impose faussement, & malicieusement qu'on y a eu quelque croyance, & cherche vn miracle, où l'on n'a iamais pensé. †*Pag.* 11. *de l'Ex.*

†*Pag.* 12. *de l'Ex.*

S'il osoit, il accuseroit les filles de folie, mais par ce qu'il n'a sceu le monstrer à Louuiers, & qu'il n'y à point offert de remede,

† vag.
12. de
l'Ex.

& declaré le contraire : Il à recours † à la foibleſſe d'eſprit, aſſez naturelle au ſexe, mais qui ſe feroit trop hazardeuſement rencontrée, entre quinze filles & plus, en vn meſme temps, & quaſi en vn meſme ſuiet en apparence, mais auec des circonſtances bien differentes, principalement en ce qui ſe paſſe dans leurs cœurs, que les Demons à vne meſme fin, tentent & agitent pourtant en cent diuerſes manieres, qu'il ne cognoiſtra n'y ne comprendra

† vag.
12. de
l'Ex.

iamais. † Du nombre de celles-cy, il veut faire paſſer la ieune Nouice, Anne de la Natiuité, qu'il à veuë pourtant auſſi bien que les autres, en ſon eſtat libre, auec vn ſens ſi poſé & ſi modeſte, qu'il en reſſentoit de l'edification, quoy qu'il die, & de l'admiration : Mais il eſt fort mal inſtruit de ce qu'il dit d'elle, & à mal conceu la relation qu'elle à faite, aux Directeurs de ſon ame, auec grande retenuë, & humilité des choſes qu'elle à veuës en eſleuation d'eſprit, où l'on preſume, auec beaucoup de raiſon, que Dieu l'a eſleuée par le miniſtere de ſes Anges, ou autrement, pour voir en effect, ou par quelque vertu infuſe en ſon intellect, ou repreſentation intellectuelle, ou autre maniere à nous inconnuë, tous les proiets que les Demons faiſoient par l'aide des Magiciens au Sabat, & des perſonnes ſuſpectes, pour la ruine de cette maiſon, & toutes les graces que la bonté diuine y vouloit faire, & toutes les protections ſingulieres de la mere de Dieu, qui luy à ſouuent apparu, non pas comme luy reuelant tous ces mauuais deſſeins, qu'elle voyoit d'ailleurs, † ainſi que dit ignoramment, ou artifi-

† vag.
12. de
l'Ex.

cieuſement cét ennemy de la verité, mais les diſſipant par ſes interceſſions, & faiſant tomber ſur eux les foudres de la iuſtice de ſon fils : Ce qui eſt d'autant plus probable, que la fin de ces veuës, eſleuations, & viſions, eſt conforme à la bonté de Dieu ſecourant, que cela s'eſt trouué ſouuent veritable en ſon ſuccez, que le reſte n'eſt pas deſeſperé en ſon temps, & hors d'apparence, qu'il ne s'en eſt enſuiui que de bons effects, que la fille à eſgalement de la prudence & de l'humilité, qu'elle ſe laiſſe conduire auec vne grande ſubmiſſion, qu'elle paroiſt bien inſtruite, & des hommes & de Dieu meſme, à bien diſtinguer la vraye reuelation, ou viſion, d'auec la fauſſe, qu'elle reſiſte bien à celle cy, & s'abbaiſſe profondement, dans la cognoiſſance du peu qu'elle eſt en celle là, & ne donne que des marques de ſageſſe & de pieté, par tout où ſon ame agit dans la liberté : Ce qu'il faudroit que l'autheur

theur euſt mieux examiné, pour en bien iuger ; & il ſeroit bien eſtonné comme nous liſons de ſaincte Thereſe, que Dieu reuelant & manifeſtant ſes volontez, & ſes veritez, dans l'intime de l'ame, y laiſſe vne perſuaſion interieure & cachée, que c'eſt luy meſme, & non autre, qui en eſt l'autheur, mais cela eſt d'vne contemplation plus haute que la ſienne.

En fin pour ſe meſler de tout, † il parle de l'experience que l'on pouuoit faire, ſi ce ſeroient des Demons ou non, preſentant aux poſſedées des hoſties non conſacrées, par le diſcernement qu'elles en feroient, de celles qui contiennent le corps de noſtre Seigneur, preſuppoſant que les Demons ne le pourroient du tout ignorer : mais ſans m'arreſter à l'artifice de ces mauuais eſprits, qui en de telles occaſions pourroient feindre leur ignorance, comme ſouuent l'on voit qu'ils font en diuerſes choſes, il faut qu'il apprenne, qu'encore qu'ils reſſentent en l'actuelle Communion, la preſence de celuy, dont la puiſſance les bruſle dedans l'enfer, & qu'ils l'y peuſſent apperceuoir en s'y voulant appliquer : neantmoins en la preſence reelle & ſubſtantielle du corps de Ieſus Chriſt en l'Euchariſtie, ſon corps y eſtant d'vne maniere ſpirituelle, & ſurnaturelle, tant en ſoy, qu'en la maniere de ſa production, & qui n'eſt pas euidente à aucun entendement creé, il peut arriuer que le Demon, qui à couſtume de reconnoiſtre, & de croire cette preſence en l'Hoſtie, & ſous de telles & telles eſpeces, lors qu'elles feront preſentées, coniecture par inaduertence & precipitation, que ce ſoit le meſme Ieſus Chriſt, en vne Hoſtie non conſacrée, qui d'ordinaire y eſt donnée par les Preſtres, ſous cette figure, & qu'il ait les meſmes auerſions & horreurs, & les produire incontinent dans la poſſedée : Car c'eſt vne choſe certaine en la Theologie, qu'il y à cette difference entre la condition des Anges bien-heureux & glorifiez ; & celle de leur nature pure & ſimple, d'auec celle des Anges damnez, que les premiers ne peuuent iamais ſe tromper, & ne iugent iamais des choſes qui ne ſont pas euidentes, qu'ils n'en ayent puiſé la connoiſſance, & la clarté en Dieu meſme, par lequel ils attendent que leurs iugemens ſoient determinez : & que les ſeconds n'ayans que des coniectures probables, des choſes qui ne ſont pas euidentes, pourroient aucune-fois errer, quoy que rarement, d'autant que leur grande clarté & intelligence, feroient qu'ils ne donneroient iamais de iugement precipité, & ne ſe ietteroient pas

† *pag. 13. de l'Ex.*

inconsiderement dans l'erreur; mais les derniers, sont tellement agitez de la rage de leurs douleurs, & preoccupez de la fureur de leurs passions, qu'aux choses qui de premier abord ne sont pas si euidentes, comme l'Eucharistie, & dont la maniere de la production leur est incomprehensible, il peut arriuer qu'ils prendront par precipitation, comme i'ay dit, les hosties pour le corps de Iesus Christ, & qu'ainsi cette sorte de preuue, n'aura aucune certitude de possession. Laquelle toutesfois ne manque pas dans celle des filles de Louuiers, & ausquelles ayant esté presentées douze hosties, entre lesquelles il y en auoit vne non consacrée, la fille possedée de Putifar, l'a discernée par l'attouchement qui luy fut permis à cét effet, ayant retiré son doigt promptement, de celle qu'elle toucha la premiere, qui estoit consacrée, disant, c'est le corps de Iesus Christ, & ayant retiré du nombre des autres la seconde, aussi tost qu'elle l'eut touchée, laquelle n'estoit pas consacrée, asseurant que c'estoit celle-là : ce que d'autres ont fait aussi, s'y appliquans auec attention, & ie raporte les choses sincerement, comme elles se sont passées.

Apres tant de veritez si esclaircies, dittes moy, ie vous prie, les railleries, les fourbes, les calomnies, les sinistres & faux iugemens de l'Examinateur, tiendront ils encore le vostre † en suspens ? ou le pourront ils tirer du costé de ses foles imaginations ? ou plustost pourrez vous souffrir que les maux des Demons produisent, dans les personnes possedées, comme sont les discours indiscrets, les paroles sales, les blasphemes, les inuectiues contre les Saincts, la Croix, la Vierge, Iesus Christ, & Dieu mesme, que les filles ne peuuent retenir, & les repugnances si estranges contre le S. Sacrement, qui excite toutes leurs fureurs, & qui par tout sont marquées pour des signes de possession, en des personnes ingenuës, bien nées, & nourries de la crainte de Dieu, soient attribuées au contraire à ces ames innocentes & tres-vertueuses, comme † des crimes, sans autre fondement, que le soubçon & l'imagination de l'autheur ; & deux autres exemples d'vne fille seculiere & libertine, & d'vn Moyne Apostat, & d'autres Religieux Iacobins, calomnieusement acusez, & raportez par des Historiens Heretiques, & de nulle foy, d'vn nombre de femmes, de nulle reputation, & peut estre mal reglées, & de mauuaises mœurs, & en fin d'vne femme seule, suspecte de fourbe en nostre siecle, & comme quelques vns

† *Pag.* 13 *de l'Ex.*

† *Pag.* 13. *de l'Ex.*

le croyent, fans beaucoup de raifon, dont nous ne fçauons point d'ailleurs les fignes de poffeffion fi notoire, ny la verité de leur hiftoire, que fur la relation d'autruy, doiuent ils tirer en confequence, contre tant de fi Religieufes filles, ieunes, fimples, nées fi honorablement, inftruites fi religieufement, connuës & examinées fi foigneufement, par tant de perfonnes equitables? Eft-ce vne chofe tolerable, en vne Republique bien reglée, dans vn eftat tres-Chreftien, que fous vn nom feint & infame, vn homme aye l'audace d'accufer, par vn efcrit public, des perfonnes de cette condition, de crimes fi horribles? vouloir † qu'on leur en ait tenu efcole, & qu'elles ayent appris cét art de tromper fi facrilege, fous de mefmes maiftres, comme fi ce Monaftere, qui eft vne efcole de mortification, d'aufterité, de pauureté, d'hofpitalité, de pieté & fainéteté exemplaire, eftoit vn College de facrileges, d'abominations, & d'impietez? † Le fecret d'vne femme adultere, qu'elle celle faintement cacher, eft-il fuffifant pour conclure comme le Medecin, que cinquante filles puiffent s'accorder affez fidelement & conftamment à celer vne fi horrible confpiration, ce que les plus fages, & grands politiques du monde, n'ont peu faire, dans toutes les plus celebres confpirations de tous les fiecles : Ces horreurs pourront elles entrer dans l'imagination d'vne ame Catholique, ou raifonnable? Eut-il iamais vn iugement plus temeraire, vne accufation plus odieufe, vne calomnie plus fanglante, que celle que contient la teneur de cét Examen? y en eut-il iamais de plus digne des flammes? mais afin que mon zele s'arrefte, de plus digne de cenfure, de correction & de penitence?

† *Pag.* 14. *de l'Ex.*

† *Pag.* 14. *de l'Ex.*

Il ne me refte plus, Chreftiens & equitables Lecteurs, qu'à vous propofer dans vne iufte balance, d'vn cofté, vn Monaftere de cinquante Religieufes, des Meres exercées à bien inftruire les autres, quinze filles des plus ieunes, fimples innocentes, & de bon tefmoignage, preffées de tourments extraordinaires des Demons par ce que les tentations ordinaires eftoient inutiles, contre ces ieunes courages, triumphants encor tous les iours, dans ces rudes combats, où Dieu n'exerce pas la vertu † des perfonnes vulgaires, mais des ames choifies; En apres leurs tourmens, les agitations, contorfions, conuulfions, fincopes, extafes, arcs, ployemens de corps, pefanteurs, infenfibilitez, cy deuant defcrites, les reuelations des chofes profondément cachées, dans le centre du cœur des

† *Chryf. lib.* 1. *de Prouid.*

coulpables, & de la terre, qu'ils ont renduë complice de leurs crimes, l'intelligence des langues, la connoiffance des chofes releuées, les changemens foudains, & prompts de leur eftat interieur & exterieur, les affauts vifibles, ou fecrets des Demons, & les operations & refiftences de la grace de Dieu, les protections des Sainćts, & de la fainćte Vierge, l'affiftence continuelle de Dieu, le iugemēt & les penfées des Prelats, des Doćteurs, des perfonnes d'Eftat, de tant d'Ecclefiaftiques & Religieux, & de plufieurs graues fages anciens & experimentez Medecins, confpirans en mefmes fentimens : & de l'autre cofté vn ieune Medecin, d'vn commun en toutes fortes, pointilleux en fes raifonnemens, entreprenant de iuger au deffus de fon art, & de fon efprit enflé de vaine gloire, animé de defpit, accompagné en fon iugement d'vn feul amy, de nulle condition, qui doiue eftre confiderée, deftitué de toutes les parties neceffaires à donner fon aduis, en vne chofe de cette importance, ioüant le perfonnage d'vn fourbe, & d'vn railleur : Apres quoy, voyez laquelle doit auoir plus de poids, & l'emporter ? des deux quel parti vous aimerez mieux prendre ?

† *Pag.* 15. *de l'Ex.* auquel, fans † efclauage de voftre liberté, & fans flaterie, ou complaifance, vous aimez mieux croire, & donner voftre approbation ? I'efpere que vos oppinions & fentimens fuiuront ceux que ie penfe, & que vous aimerez mieux, s'il faut ainfi dire, errer auec ceux là, que d'auoir de bonnes penfées auec ceux cy. Au moins ferez vous exempts de legers foubçons, & iugemens temeraires, qui, en chofes de cette nature, ne peuuent eftre que criminels deuant Dieu & les hommes. Pour moy ie n'ay plus qu'a prier Dieu, qu'il pardonne à ces deux amis l'enorme peché, qu'ils ont commis en cét efcrit calomnieux, que la poffeffion des Demons, ne tombe iamais dans leurs familles, & qu'ils ne foient pas en Enfer les vengeurs de leurs fautes, & de leurs malices.

FIN.

APOLOGIE
POVR L'AVTHEVR
de l'Examen de la possession des Religieuses de Louuiers.

A

*Messieurs L'Emperiere & Magnart Medecins à
Roüen.*

A PARIS,
M. DC. XLIII.

APOLOGIE
POVR L'AVTHEVR
de l'Examen de la poſſeſſion des Religieuſes de Louuiers.

A *Meſsieurs L'Emperiere & Magnart Medecins à Roüen.*

MESSIEVRS,

Si cet iniuſte bon-heur, qui a voulu pour enrichir voſtre vanité, rauir la qualité de grands Medecins a tous les doctes Perſonnages qui en font auec vous la Profeſſion auec eſtime & approbation des mieux ſenſez, auoit permis que parmy les tenebres de l'ignorāce qui vous eſt commune, & malgré les diſgraces de vos eſprits, vous euſſiez eu aſſez de cognoiſſance de ce qui eſt eſcrit d'Epicharmus dans les Apophthegmes de Plutarque νῆφε καὶ μέμνησο ἀπιστεῖν· ταῦτα γὰρ τῶν φρενῶν ἄρθρα, vous n'auriez pas employé contre l'Autheur de l'Examen de la poſſeſſion des Religieuſes de Louuiers vn ſtile iniurieux que les Iuges ont banny de tout temps des Républiques cōme la cauſe de la corruption des mœurs, & vous auriez eſté plus prudens à determiner la poſſeſſion, en faueur de laquelle vous aportez dans vos reſpōces plus de fauſſetez que de raiſons pour attribuer les arguments puiſſans & les coniectures preſque conuainquantes qui se lisent en ces argumens. Et que nous deuons ballancer beaucoup auant que de resoudre vne affaire de grande importance & suiure le conseil des sages qui veulent que la difference soit necessaire en telle occasion, ne deuez vous pas confesser que vostre precipitation est blamable & vostre opiniatreté tout à cõdamner puisque vous n'auez iamais eu plus de besoin d'obseruer cette maxime qu'en ces rencontres icy où il s'agit de decider vne matière si considerable, si espineuse & de telle difficulté qu'il reste assez souuent apres toutes sortes de soins & de circonspections tant de scrupules & tant de doutes que les plus clairuoyans sont contrains d'aduouer encores leur peu de satisfaction. Cependant au lieu de pratiquer ces preceptes et quitter vostre passion interessée pour meriter ce titre de Iuges que vous vous attribuez auec si peu de iustice vous tranchez hardiment le mot de possession, (dont vous ne sçauriez en deux iours auoir bien examiné les signes) & apres quelques exemples inserez dans tout vostre discours auec l'artifice d'vn Rhetoricien des plus nouices, vous allez iusques à l'insolence, & ne vous suffit pas de contredire l'Examen, mais vostre rage s'en prend à l'Autheur mesme, & pour vous vēger d'vn affront imaginaire, elle vous porte à tel excez de medisance que l'vn de vous n'espargne pas la Maison de la plus grande Royne du monde. Si vostre aage l'Emperiere, & la furie de vostre impertinent Associé vous peuuent rendre encore susceptible de quelques bonnes impressions, vous apprendrez de moy ce qui a esté dit d'vn gentil Poëte Romain,

> *nempe pusilli*
> *Semper & infirmi est animi exiguique voluptas*
> *Vltio.*

Et qu'il est mal seant à vn homme qui fait profession de viure auec quelque honneur & reputation dans le monde, de se seruir d'inuectiues; les iniures & les reproches estans les infaillibles preuues de sterilité d'esprit, ou du moins de cõceptions passionnees comme la modestie est vne véritable marque de solidité de iugement.

N'attendez donc pas de moy de telles extrauagances, bien que nous lisions dans Salomon, que *Respondendum est stulto iuxta stultitiam suam ne sibi sapiens videatur,* i'ay d'autres armes pour reprimer vostre audace. Ie fais gloire en fait de repartie aux iniures,

iniures, de ne reſſembler point à cet Echo du Peloponeſe, qui au rapport de Suidas eſtoit appellé ἑκατονταφώνιον, parce qu'il reſpondoit cent fois. Et puis ie peus dire auec autant de verité que iadis Caton l'a prononcé, que i'aurois vn grand deſauantage dans le combat de la mediſance, n'eſtant point enclin ny dreſſé cõme vous autres à faire le meſme meſtier que ces inſolens qui voyagent ſur les riuieres, ou qui frequentent les brelans, qui ſont les lieux où l'vn de vous cherche moyen d'auoir de la pratique, & ſçait ſi adroitement perſuader à ceux meſmes qu'il n'a veu qu'vne fois, qu'ils ſont fort malades, & deuiennent phtiſiques s'il les entend vn peu touſſir, qu'il les contrainct à ſe ſeruir de ſes remedes qui ne luy reuſſiſſent iamais que quand *ad miraculum ſapere vult fortunæ temeritas.*

Ie me contenteray ſeulement de vous faire paroiſtre les ſentimens de celuy qui vous a explique dans ſon Examen les motifs qu'il a eu de vous contredire & de donner au public ſes penſees ſur ce ſuiect : mais ſur tout i'eſpere faire voir au peuple que l'amour du gain, l'ignorance & la flatterie vous ont ſeules perſuadé la poſſeſſion, & qu'eſtans entre les mains de ces trois Conſeillers infideles, vous n'auez ſceu rien prononcer d'equitable, ny deub pour authoriſer voſtre imprudence, intereſſer en vne ſi mauuaiſe cauſe tout le Clergé, faiſant d'vn cas particulier vne cauſe commune, encores moins exciter Meſſieurs les Prelats contre cet homme qui a touſiours agy ſans intereſt, & qui n'a donné à ces Meſſieurs aucun ſuiect de ſe cabrer contre ſes paroles et ſes actions, bien que leur procedé l'y euſt aſſez inuité. Ie reuere les perſonnes de ceſte condition iuſques à vn poinct qu'il croiroit eſtre indigne du nom de Chreſtien qu'il porte par grace particuliere du Ciel s'il s'eſtoit eſloigné du reſpect que l'on doit à ſes ſages Lieutenans de Dieu en terre : Ils ont trop bonne opinion de leur conduite pour prendre pour eux ce qu'il a dit de quelques Eccléſiaſtiques, & ils ont trop de bonté & de candeur pour le déſaduouer quand il aduance que quelques vns de ceſte profeſſion ne donnent pas touſiours les preuues d'vn eſprit modeſte, charitable & deſintereſſé. Ainſi mauuais Logiciens que vous eſtes vous tirez d'vne aſſertion particulière vne induction generale.

Vous pretendez auoir aduantage ſur celuy dont i'entreprends les deffences a cauſe de ſon retour de Louuiers a Paris peu au parauant que vous y vinſſiez. Ie vous apprendray la cauſe, & peut eſtre que voſtre vanité n'y aura pas toute la ſatisfaction qu'elle ſe promet. Vous ſçaurez qu'apres qu'il eut examiné dix ſept iours entiers toutes les cōditions eſſentielles pour iuger d'vne poſſeſſiō, & qu'il eut fait cognoiſtre aux Exorciſtes le regret qu'il auoit de ne pas y rencontrer les indices qui le peuſſent porter a quelque complaiſance pour eux il apprit que ces Meſſieurs de leur authorité propre auoient demandé d'autres aduis plus fauorables que le ſien, & qu'ils vous auoient nommé. Il creut que puis qu'ils y auoient procedé de la ſorte (eſtant ce luy ſembloit plus raiſonnable de luy laiſſer la liberté de nommer les Medecins, ou d'enuoyer à Meſſieurs du Conſeil du Roy pour en auoir ordre) il auoit iuſte ſuiect d'en informer auſſi toſt ſa Maieſté, & luy dire quelles perſonnes on auoit mandé, la faiſant reſſouuenir des conditions que doiuent auoir ceux qui ſont employez en ce miniſtere.

Il proteſte qu'il ne bleſſa point voſtre reputation & qu'il publia hautement l'eſtime qu'il auoit veu que le vulgaire faiſoit de vous, & pour recompenſer ce bien-fait, vous le ſacrifiez à voſtre ialouſie & le traittez auec toutes ſortes d'indignitez. Mettez la main à la conſcience tous deux & par une iuſte ſinderefe, aduouez voſtre crime, & vous repentez d'auoir peché contre le ſainct Eſprit, & contre les regles de la charité.

Admirez la bonté de ce perſonnage, qui apres ce traitement ne s'eſt point repenty d'auoir dit du bien de vous, que lors qu'il a veu que les gens doctes et vos eſprits luy en donnoient ſi ouuertement le deſmenty. Voſtre vanité ne vous perſuadera pas ſans doute que vous luy ayez de l'obligation, il eſt neantmoins tres-conſtant qu'il pouuoit vous perdre d'honneur en ce rencontre. N'eſt-il pas vray l'Emperiere, laiſſant à part la bonne opinion que vous auez de voſtre mérite, que vous n'eſtiez pas capable de cet employ qui eſt bien different de la routine de Medecine, laquelle ſeule vous a rendu recommandable en voſtre pays. Il ne faut pas eſtre de ſi legere croyance que l'on dit que vous eſtes pour bien reuſſir en telle matiere : vous deuriez mourir de honte, de vous laiſſer dupper en l'aage que vous auez & de vous ingerer d'vne affaire où vous eſtes ſi neuf à quatre vingts ans, que vous auez voulu faire exorciſer depuis peu des filles dedans Roüen les publiants poſſedées, bien que les autres Medecins de la ville teſmoignaſſent

qu'elles

qu'elles eſtoient ſeulement tourmentees de quelques deſreiglemens de la matrice, & qu'ils les ayent guary par les hyſteriques. C'eſt vne faute dont vous auez receu des reproches ſi publiquement, que ie ne veux pas employer le teſmoignage de Madame de ſainct Amant pour la verifier & puis les deffauts ſont quelquesfois excuſables, particulierement ceux qui viennent à la vieilleſſe par certain aueuglement qui luy eſt aſſez ſouuent naturel, mais pourquoy n'auez vous pas voulu reparer cette diſgrace par quelque meilleure inſtruction ? vous ne preuoyez pas ſans doute qu'apres ces equiuoques on vous deut encores employer en pareilles affaires.

Et vous Magnart digne neueu d'vn ſi digne oncle qu'elle excuſe nous donnerez-vous de vous eſtre meſpris dans le iugement que vous auez fait de la poſſeſſion. Alleguez de bonne heure voſtre ignorance, & dites que c'eſt vne ſuite du peu de doctrine & d'experience que vous auez fait paroiſtre dans Roüen depuis ſeize ans que vous eſtes aggregé au College des Medecins : autrement vous ne pourriez euiter le nom de γλωσσογάστωρ que donne Ariſtophane aux Aduocats qui ſouſtiennēt vne mauuaiſe cauſe pour de l'argent, puiſque deſia l'on murmure que l'eſclat de vingt eſcus d'or promis pour faire le voyage de Louuiers a peu corrompre voſtre ſuffrage. Aduouerez vous pas qu'ayant quitté Vernon faute de pratique, voſtre premier chef d'œuure fut de faire ſaigner mal à propos Madame la Preſidēte de Couruaudrō qui auoit la peſte à la gorge. Reſpōdez icy sās paſſiō ne fiſtes vous pas en continuant vos proüeſſes, ſaigner du pied Madame la Baronne de ſainct Sens eſtant groſſe, & ne fuſtes vous pas cauſe par cette mal heureuſe pratique de l'accident funeſte de la mère & de l'enfant ? N'auez vous pas forcé voſtre bon amy et parent à dire, *proprio non pepercit filio*, en vous proteſtant coupable de la mort d'vn de vos enfans que vous fiſtes baigner ayant la petite verolle ? N'eſtes-vous pas auſſi bon operateur que Medecin ? demandons-le aux parens du fils d'vn ſergent proche la croix de pierre, il vous exalte par tout pour luy auoir ouuert ſi dextrement vn abcez au rein, qu'auſſi toſt que vous luy euſtes enfoncé voſtre biſtory iuſques au manche, il mourut, criant Monſieur Magnart vous me tuez. Vous auez encores vne ſi parfaite cognoiſſance des ſignes de la groſſeſſe que vous ne ſçauriez vous y tromper, et n'eſtoit que mal-heureuſement Hyppocrate vous deceut en celle de Madame voſtre femme, ainſi

B ij

que vous auez adoué, vous n'auriez pas publié sa grosseffe à l'aage de cinquante deux ans, & n'auriez pas asseuré auec tant de hardieffe que vous auiez senty mouuoir l'enfant, cependant vous attendez encores son enfantement depuis quelques années ne sçachant pas qu'il n'est particulier qu'aux elephants de mettre bas apres auoir porté plus de huict ans, c'est ce qui nous fit protester de ne vous fier iamais à Hippocrate.

Ie ne veux pas vous faire à tous deux la honte entiere en deduisant de plus grandes particularitez : il suffit que l'on cognoisse apres ces tesmoignages de vos grands esprits l'estime que l'on doit faire de vos rapports & de vos responses à l'examen, qui ne sont pas tant des esclaircissemens de la possession, comme des effets de l'enuie, qui s'attachant tousiours à la vertu comme les Cantharides aux roses & aux plus belles fleurs, a poussé vos plumes venales & vos esprits alterés à attaquer la suffisance & probité d'vn homme, en qui l'esprit surpasse d'autant plus les années que les années surpassent l'esprit de ses aduersaires.

Deuant que de venir à examiner les fautes que vous faites en vos responses en voulant descouurir celles qui sont en l'examen ie vous asseureray de la part de son autheur qu'en escriuant sur la possession, des religieuses de Louuiers, son but n'a point esté de traicter *ex professo* de cette matiere reseruant cette occupation en vn temps où il aura plus de loisir & bien qu'il puisse dire auec Clement Alexandrin οὐκ οἶμαι τίνα οὕτως εὐτυχῆ γραφὴν ἡγεῖσθαι ἢ μηδεῖς ἀντερεῖ, il confesse neantmoins auec la modestie d'vn Chrestien qu'il n'a point eu d'intention de rendre l'Escriture menteuse, elle asseure que dedans les discours il y a tousiours quelques pechez, & que peut estre n'en est il pas exempt, mais que c'est assez qu'ils ne sont pas si grands que les vostres, & que deuant des Iuges plus equitables, il sera renuoyé absous. Il sçait fort bien que l'Eutrapelie qui est vne vertu, ailleurs est vitieuse dans des matieres lugubres & dignes *lacrimis Simonideis*, & que le plus ingenieux des Poetes s'est mis en prise pour auoir glissé dans la description du deluge cet hemistiche qui a quelque chose de raillard *nat lupus inter oues*, mais comme il n'a rien remarqué en la pretendue possession de vos Filles qui approchast de la dignité d'vn tel suiet, il n'a point creu deuoir bannir de son discours deux ou trois petites histoires gaillardes qui monstrent d'autant moins la possession qu'elles tirent

leur

leur origine de la folie & malice de ces filles, & des partifans de ce defordre.

Ie viens à la premiere atteinte que vous luy donnez qui n'eft pas pour le reprendre, mais pour auoir fubiect de vous efgayer fur la commiffion qu'il a eu de la Royne, dont vous croyez qu'il fait parade pour aduantager fes opinions, vous eftes fort ridicules, & plus encores quand vous dites que fa Maiefté l'a renuoyé pour la feconde fois à Louuiers pour n'en auoir pas efté fort fatisfaite la première, & qu'elle deuoit l'addreffer à Meffieurs Bouuard, Seguin, ou à quelques autres de ces barbes grifes qui ont vieilly dedans leur miniftere.

Il connoift qu'il est le moindre de la faculté de Medecine de Paris, & que fa Maiefté pouuoit faire vn plus loüable choix que celuy qu'elle a fait de fa perfonne, mais comme elle fçait que tous les Docteurs de cette Faculté font capables de tous emplois concernans la profeffion de Medecine, elle a voulu le confiderer pluftoft qu'vn autre à caufe de l'honneur qu'il a d'eftre son domeftique depuis dix ans à meilleur tiltre que vous ne le voulez perfuader au peuple, & auec affez de credit & de reputation pour fe faire efcouter, & affez souuent faire fuiure fes fentimens. A quel deffein parlez vous de Meffieurs Bouuard, Seguin, & de ces venerables Antiens de la Faculté de Paris. Vous croyez peut eftre l'Emperiere que voftre vieilleffe vous doiue faire refpecter comme eux, & que le breuet que vous dites auoir de Medecin du Roy, ioint au bon-heur d'auoir efté propofé pour auoir l'honneur de feruir la Royne, vous donne quelque prerogatiue & quelque fubiet de parallele auec eux, ie fuis obligé charitablement de vous detromper de cette croyance. Vn breuet *ad honores* eft vne felle à tous cheuaux, & ceux qui ont fceu de quelle façon vous fuftes propofé pour le feruice de fa Maiefté ont cogneu par le refus que l'on en a fait, la Iuftice du Roy & la prudence de fon Confeil. On n'en fait pas accroire ainfi. Vous fuftes fi peu confideré qu'apres auoir promis au fieur Pigny lors Medecin à Roüen & grand amy de feu Monfieur Heroard premier Medecin du Roy, vne maifon de prix fife proche la Cohue ou Bailliage de la ville, & de plus affeuré Monfieur Heroard de trois années des gages de la charge que vous ambitionniez, pourueu qu'ils moyennaffent voftre entree & vous fiffent aggreer, ils ne peurent apres tous les efforts, que leur firent faire ces offres, difpofer Meffieurs du Confeil du Roy à vous faire paffer pour honnefte homme. Et vous voulez tirer aduantage de voftre vieilleffe. Il faudroit que vous euffiez conferué comme nos Antiens parmy les iniures de l'aage la vigueur de cette Faculté qui donne le raifonnement, & que vous ne fuffiez pas du nombre de ceux contre qui l'on dit δὶς παῖδες γέροντες, vous m'obligeriez à goufter mieux vos raifons, & à taire voftre impertinence quand vous rapportez que le fecond voyage du Medecin deputé a Louuiers faict voir le peu de fatisfaction de fa Maiefté au premier, fi elle euft efté fi mal contente de luy que vous vous imaginez, eftes vous fi temeraire de croire que fa Maiefté, & Meffieurs du Confeil foient fi opiniaftres, & fi peu defireux d'eftre informez de la verité d'vne affaire de telle importance que de vouloir renuoyer la mefme perfonne qu'ils recognoiftroient n'eftre pas capable de ces employs : car ils fçauent mieux que vous *quid valeant humeri quid ferre recufent*. Voftre penfée eft trop criminelle pour n'eftre pas condamnée & vous auez obligation à la bonté de fa Maiefté fi vous n'en eftes pas punis.

Vous auez trauaillé fur de fort mauuais memoires, & vous auez peu d'adreffe à efquiuoquer vn coup qui doit eftre funefte à voftre pretendue poffeffion à propos de ces officiers d'Eureux & du voyage de Loudun, fi on vous auoit conté fidellement l'hiftoire vous auriez appris que les exorciftes de ce temps là (I'entends ceux qui n'eftoient point d'intelligence ne douterent plus de la poffeffion après le temoignage qu'ils croyoient en auoir par ce raport du voyage de Loudun, on les laiffa fur cette penfée admirant leur fimplicité & le beau fubiet de preluder fur la poffeffion. Ie fçais qu'en voie de fait chacun a la liberté de croire ce qui luy plaift & que vous n'auez garde de demeurer d'accort de ces deux hiftoires, elles font neantmoins auffi veritables qu'il eft vray que cet officier eftoit le Penitencier d'Eureux.

Vous parlez de la mauuaife mine du Medecin ou de fon ami (car vous n'auez pas concerté enfemble à qui vous voulez addreffer le paquet) & dites que elle fut caufe que le diable le cruft Chirurgien. Ingrats que vous eftes, oubliez vous fi toft les biens faits que vous auez receus dans Rouen des Chirurgiens à qui vous deuez voftre reputation & voftre pratique pour les taxer ainfi fans raifon. Vous ne prenez pas garde que faifant les diables fi mauuais phifionomiftes vous offencez celuy dont vous vous rēdez Aduocat: Meſſieurs du Clergé meſmes ont quelque part en ce reproche, car ils ne font pas tous d'vne mine ſi releuée qu'il n'y en aye entre eux de boſſus, de boiteux & de borgnes, que ſi vo'voulez faire entendre par cette ateinte que la mauuaiſe mine eſt vne marque d'vn eſprit fourbe & mal diſpoſé, comment défintereſſerez vous ceux là & particulierement ces derniers auſquels il eſt fort ordinaire de tromper, ie ne veux pas croire que ce ſoit à deſſein, mais ſeulement parce qu'eſtant moins clairuoyants il eſt aiſé de leur impoſer. Vous meſmes Magnart de qui l'on peut dire auec verité ce qu'vn Auteur Romain diſoit de l'Ecruellé *Vatinius, in quo deformitas corporis certat cum turpitudine ingenii* ne pouuez tirer de ce reproche aucune conſequence qui vous ſoit aduantageuſe, chacun ſçait que ſi les ſceptres & les couronnes ſe donnoient à la bonne mine εἶδος ἄξιον τυράννοδος comme veut Euripide vous n'auriez aucun droit d'y pretendre, la nature vous ayant eſté ſi peu libérale de ces faueurs que la difformité de voſtre viſage vous a fait meriter le ſurnom de Medecin des ialoux, & mis ſi fort dans l'horreur des femmes groſſes qu'elles vous fuient de peur que leur imagination bleſſee par le regard d'vn tel obiet n'imprime quelque choſe de monſtrueux à leur fruit.

Vous dites plus vray que vous ne penſez quand vous raportez qu'il ne faut pas eſtre Medecin pour iuger que ces filles deueroient eſtre exemptes de tous mouuemens violents puis qu'on les recognoiſt toutes bien habituees & biē reglées. Car c'eſt eſtre tout à fait deraiſonnable d'auoir de pareils ſentimens. La violence dans les mouuemens volontaires comme ſont ceux que l'on a remarqué en ces filles n'appartient qu'aux perſonnes biē ſaines & qui abondent en eſprit, qui ſont les inſtruments de toutes nos fonctions autrement il faudroit impertinēment conclure auec vous autres que tous les danceurs de corde, voltigeurs, tireurs d'armes & autres qui s'occupent à des exercices violents ne feroient iamais en bonne ſanté quand ils font addroitement leur meſtier.

Vous continuez à raiſonner de meſme quand vous ne pouuez comprendre que l'on puiſſe remuer le cul et la teſte ſans mouuoir les autres parties, n'ōt elles pas toutes des muſcles particuliers, & ainſi n'ont elles pas des mouuements volontaires diſtinguez les vns des autres : Et quand cela ne ſeroit pas, trouuez vous vn expedient

C ij

pour nous faire croire que l'on puiſſe s'aider des parties dont l'on retient les mouuemens auſſi bien comme de celles que l'on laiſſe libres d'agir ie ne voudrois mettre en auant que ces deux eſchantillons de voſtre ſuffiſance pour vous conuaincre d'ignorance & de peu de ſens.

Mais peut eſtre auez vous eſté plus exacts dans tout le reſte de voſtre ſatyre, examinons la à loiſir, et portons y noſtre cenſure deſintereſſée.

Vous eſtes deuenus bien modeſtes et bien ſerieux depuis la peur que vous auez eu des diables à Louuiers, que vo⁹ ne ſçauriez ſouffrir le mot de cul, nous attendons de voſtre politeſſe françoiſe vn meilleur mot pous ſignifier la meſme partie, & cependant ie ſouſtient qu'il n'eſt pas plus indecent de nommer cette partie que le nez ou le bras, & que c'eſt vne erreur qui s'eſt gliſſée inſenſiblement parmy ceux qui ſont chaſtes au moins par les aureilles.

Ie ne m'areſteray point à vous contredire ſur l'eſpece des mouuemens, vous faites des conuulſions à voſtre mode, vous inuentez des poſtures pour vous donner beau ieu, bref en cela cõme en beaucoup d'autres preuues de la poſſeſſion rapportée dans vos eſcrits, vous eſpargnés tellement la verité que l'on pourroit auec raiſon vous dementir.

Il eſt ce me ſemble plus à propos de vous conſiderer quãd vous entrez tout de bon en matiere & que vous debutez ſi bien par le doute que vous auez que l'Auteur de l'Examen ayt leu le Rituel Romain à propos de l'intelligence des langues, puis qu'il veut que celles que l'on croit eſtre poſſedées, parlent d'vn langage eſtranger, & vous ſouſtenés le contraire, & croyez eſtre maintenus par l'authorité de S. Hieroſme, peut eſtre ſerez vous confus quand vous lirez ces paroles du Rituel. *In primis ne facilè credat exorciſta aliquem à dæmone obſeſſum eſſe, ſed nota habeat ea ſigna quibus obſeſſus dignoſcitur ab iis qui vel atrabile vel morbo aliquo laborant. Signa autem obſidentis dæmonis ſunt ignota lingua loqui pluribus verbis, &c.* Si vo⁹ ſçauez le Latin vous cognoiſtrez que ce texte comprend trois choſes qui ſont tout a fait contre vous. La premiere, marque la difficulté de iuger d'vne poſſeſſion, & ſemble vous reprocher voſtre legere croyance & celle des Exorciſtes. La ſeconde vous aprend que les Eccleſiaſtiques ne doibuent point s'en attribuer la cognoiſſance : car qui peut eſtre iuge plus naturel en

cette

cette cause qu'vn Medecin, qui seul peut faire distinction des signes esquiuoques des actions des possedees, ou de ceux qu'vne bile bruslee ou vn humeur melancholique mal digeré portent à vn excez de manie, ou à quelques autres indispositions. Et par la troisiesme vous deuez croire qu'il veut si expressement que les possedees parlent d'vne langue incogneuë qu'il demande encore que ce soit *pluribus verbis*, & non pas qu'ils en disent vn mot ou deux comme font les vostres. Quant à l'authorité de sainct Hierosme vous la citez à faux. Il raconte au contraire qu'vn ieune homme Alleman estant tourmenté d'vn demon alla treuuer l'Hermite Hilarion pour en estre deliuré par ses prieres & assistances, & que le demon respondit premierement en langue Syriaque, & apres en la Grecque, bien que le ieune homme ne sçeut parler que sa langue maternelle & Latine. Les paroles de S. Hierosme sont *Syro quo interrogatus fuerat sermone respondit, videres de ore barbaro qui Francam tantum & Latinam nouerat, Syra ad purum verba resonare vt non stridor, non aspiratio, non idioma aliquod deëssetPalestini eloquij.*

On a mis en auant le Rituel pour vous combattre de vos propres armes, & non pas pour s'y rapporter tout a faict.

On sçait que la cognoissance des langues n'est pas receuë des doctes pour signe infaillible de la possession, puis qu'il est debattu par ceux qui croyent que naturellement le cerueau de l'homme & ses esprits peuuēt acquerir vne certaine trempe en la manie, phrenesie ou melancolie qui fasse parler Latin, Grec & autre langage, au grand estonnemēt des assistans, ils rapportent outre les raisons fort considerables, des experiences de personnes irreprochables sur ce subiet. Ie ne voudrois pas asseurer que cela fut, mais au moins est il vray que la melancolie peut faire dire des paroles d'vne langue estrangere par hasard en remuāt les organes de la voix & les inciter à prononcer tels ou tels mots que leur fourniront l'imagination troublée & les especes confusement agitees.

L'intelligence des langues pourroit mesmes estre tenuë suspecte, car qui m'asseureroit que celles que vous croyez possedees ne les auroient pas appris auparauant, ou au moins depuis qu'elles les contrefont : Et apres tout cela il resteroit encores ce scrupule pourquoy elles n'entendēt que quelques mots de la latine & de la grecque. Pour refuter ces argumens quelques vns des vostres difent que tous les demons n'entendent pas toutes fortes de langues, ains les apprennent en conuerfant parmy les hommes, mais cela ne fatisfait pas, car Tertullien dict, *quæ omnis fpiritus ales eft, hoc eft, Angeli & demonis, igitur momento vbique funt, totus orbis locus vnus eft illis quid vbique geratur tam facile fciunt quam enuntiant.* Eft il donc poffible que les diables de Louuiers ayent fi peu voyagé qu'ils n'ayent iamais efté à Mets ou en Auignon pour entendre parler les Iuifs, au moins s'ils ne vouloient pas aller fi loing ils pouuoient apprendre la langue Hebraique en plufieurs Efcoles plus proches où elle eft enfeignée. Il y en a d'autres qui pour excufer l'ignorance de ces demons refpondēt qu'il y a vn pact pour cela entre le magicien & eux : mais puis que par la vertu des exorcifmes ils detruifent & rompent tous les iours d'autres pacts, pourquoy ne peuuent ils rōpre cettui cy. Ils deuroiēt encore adioufter, que lors qu'on leur commande de faire quelque chofe de difficile, ils difent que leur pouuoir eft borné en ces corps, & que Dieu ne leur a permis de rien faire qui ne foit naturel. Ce qui n'eft qu'vne pure deffaicte, ou bien il faut qu'ils aduoüent, ou qu'ils peuuent faire toutes chofes àuffi bien qu'vne, ou que ce qu'ils ont fait eft purémēt naturel, & partant que vous n'auez eu aucun figne de la poffeffiõ.

Quand vous confidererez fans paffion ce qui est efcrit en l'Examen, vous fçaurez que son Autheur n'eft point de ces gens qui veulent pour eftre persuadez de la poffeffion que les poffedez foient tout vn iour fufpendus en l'air, mais qu'il maintient fort à propos qu'elle fera toufiours temerairement deffenduë quand on ne produira point d'actions non feulement extraordinaires (comme à des filles de dire quelques mots de Grec et de Latin, & en entendre vn ou deux entre cent propofez, de tirer la langue, de faire des contorfions & mouuemens violens, & autres rapportez à la fin de vos refponfes) mais du tout au deffus des forces de la nature en général. Et bien que nous peuffions colliger des Euangiles qu'il n'eft pas effentiel à vne poffeffion, qu'il y ait des actions miraculeufes, il eft pour tant neceffaire d'en voir en ce temps icy pour nous obliger à la croire, autrement pour vne qui fera trouuee veritable, on en iugera dix mille autres telles qui feront abfolument fauffes : & ainfi on impofera au peuple pour ne pas fçauoir diftinguer vn demoniaque d'auec vn atrabilaire, ou bien d'auec vn melancholique hypochondriaque, dont les actions ont de grandes affinitez & reſſemblances auec celles d'vn poſſedé.

De fait eſt-il croyable qu'en ce temps icy où nous n'auons plus beſoin de miracles pour eſtablir la fermeté de noſtre Foy, il ſe treuue en vne ſeule maiſon vingt-trois filles poſſedees, & que dedans les autres ſiecles, & du viuant de noſtre Seigneur Ieſus-Chriſt il n'en ſoit fait mention que de quatre, l'vn en ſainct Marc chap. 7. le ſecond au ch. 9. l'autre en S. Luc chap. 8. & le quatrieſme en S. Matthieu chap. 15.

Il eſt plus raiſonnable de penſer que ceux qui publient ſi hardiment les poſſeſſions ne ſçauent pas ce que peuuent ſur les corps vn humeur mélancolique bruſlé, ou la malignité d'vne ſemence pourrie & renfermée en ſorte qu'elle n'ayt point d'iſſue. Les Medecins en ce cas ont de grandes prerogatiues par deſſus les Eccleſiaſtiques, car ils ſçauent que ſi cet humeur melancolique croupit dans les hypochondres il s'en eſleuent des vapeurs & des vents de qualité aſſez maligne pour produire tous ces effets qui ſemblent ſi eſtranges & ſi extraordinaires, pour ce que la chaleur qui trauaille pour le dompter, eſmeut non ſeulemẽt les humeurs, & de là fait naiſtre les vapeurs, mais encore meſle les humeurs, les vapeurs & les vents en diuerſes ſortes, & ces meſlanges encore produiſent des effets tout differents ſelon les parties qu'ils attaquent. Et que ne feront ils pas ſi la vapeur d'vne ſemence pourrie dans la matrice vient à ſe ioindre a cet autre humeur, il n'y a preſque aucun mouuemẽt bigearre dans la nature qui ne puiſſe eſtre fait apres ce meſlange de ces deux matieres.

Les eſprits qui ſont les plus ſubtiles parties du ſang, & les vapeurs ou vents, πνευματα ψευδοπνευματα, ατμώδη, καπνώδη, φυσώδη, tous de nature ſubtile, aigue, penetrante, & comme animée, eſchauffez qu'ils ſont par la fermentation d'vne humeur melancolique, & de plus viuement pouſſez par l'actiuité de la chaleur d'vn corps viuant, s'inſinuent & paſſent en vn moment d'vne partie en l'autre, & s'il arriue qu'ils ſoient en fin arreſtez & enfermez en quelque partie, ils produiſent des mouuemens plus differents & plus puiſſants à proportion que les vents dans le grand monde. Ariſtote en ſon liure *de Mundo*, raporte diuerſes eſpeces de tremblement de terre cauſez par les vents qu'il appelle de diuers noms ſelon les diuers effects qu'ils produiſent, ἐπίκλιντai, χασματίαι, ῥῆκται, παλματίαι, etc..

mais toutes ces fortes de vents quoy que produits par la chaleur du Soleil, & de l'agitation de l'air, ne peuuent auoir vne action si puissante pour esbranler la masse de la terre, comme les esprits pour remuer nos corps en mille façons, depuis qu'ils sont fortifiez par la chaleur naturelle qui les eleue audessus de leur force, pour leur faire faire des actions esgales à luy mesme, esgales à sa forme qui est viuante.

C'est cette chaleur naturelle qui est immortelle & qui voit tout comme dit Hyppocrate, au liure *de principiis*, δοκέει δὲ μοῖ ὁ καλεόμενον θερμὸν ἀθχνατόν τ'εἶναι, καὶ νοεῖν πάντα, καὶ ὁρῆν, καὶ ἀκουεῖν, καὶ εἰδέναι πάντα καὶ τὰ ὀντὰ, καὶ τὰ μελλόντα ἔσεσθαι. C'est de ce passage d'Hippocrate qu'on peut expliquer tout ce qui se trouue d'admirable en nostre nature, & dire que la chaleur naturelle comme instrument de l'ame estant quelque-fois moins occuppée aux functions du corps faict les merueilles des Prophetes, les extases naturelles, les diuinations par les songes, fait dire des choses releuées aux plus ignorans & d'autres semblables effets qui pour estre rares semblent surnaturels.

Or si les esprits & les humeurs de nos corps participent de cette chaleur naturelle, comme il est vray, ils pourront esbranler nos corps par tremblemens & frissons, les tourner de costé comme les vents ἐπίκλινται, ils les porteront haut & bas, ils leur feront faire des contorsions & grimaces ou grincemens de dents, ils causeront des palpitations capables de rompe la poictrine, ils leurs feront faire des cris & hurlemens effroyables, mesmes par toutes les parties du corps, comme les ἐγγαστρίμυθοι, les στερνομανθεῖς, & les Pythoniques, ils pourront aussi enfler la gorge et faire tirer la langue extraordinairement.

De l'humeur melancholique selon qu'elle est temperee ou intemperee, se produisent les excellences prodigieuses d'esprits en quelques hommes, & la brutale stupidité en d'autres, de là viennent tant de natures monstrueuses de fols melancholiques, idiots, gauffres, maussades, malicieux, vitieux, capricieux, superbes, lunatiques, & toute autre sorte de gens qui sont μωρόκακοι, επιχαιρέκακοι, θρασύδειλοι, μισάνθρωποι, qui tous semblent estre demoniaques: au nombre desquels on peut rapporter les fanatiques des Anciens qui couroient aux Temples & là rendoient des oracles en sautant, & sur la fin de leur accez se pasmoient de rire, ou bien entroient en furie au rapport d'Ætius Medecin Grec. Nous deuons aussi y rapporter

rapporter les Lymphatiques qui estoient tourmentez de terreurs paniques. Or telles craintes peuuent beaucoup sur les esprits foibles, car l'imagination estant vne fois peruertie, leur represente lors tout ce qu'il y a de plus horrible, elle leur figure des dangers si pressans, que ces personnes sont capables de faire tant d'efforts par dessus leur force, que celuy qui n'en cognoistroit pas la cause, croiroit sans doute qu'il y auroit de la possession. Et apres ces effets qui sont beaucoup plus remarquables que ceux qui paroissent en vos possedées, & qui neantmoins ont leur causes naturelles, publiez encores plus hautement les prodiges du Demon en leur corps, & continuez à gagner les suffrages des vns & des autres, pour establir plus puissamment vos folies, *credat Iudæus apella non ego.*

Ce qui met en ceruelle Messieurs les Ecclesiastiques, est que ces filles icy dont i'ay parlé se faschent quand on les Communie, ou quand on commence à les Exorciser, ou bien quand elles sont touchées de la main d'vn Prestre, ou des Reliques de Saints, & de ce qu'elles obeyssent quelques fois à ce qu'on leur commande. Mais il me semble qu'il n'y a point tousiours de quoy se beaucoup estonner : Syluaticus au traicté qu'il a fait *de his qui morbos simulant*, dit que ces actions sont assez ordinaires aux melancholiques, si vous enmenez quelqu'vn à l'Eglise pour l'Exorciser, il fera l'enragé, il m'esprisera la Croix ; si vn Prestre le touche il grincera les dents, il fera tous ses efforts pour s'eschapper. N'est-il pas ordinaire aux Atrabilaires d'estre impetueux, impatiens, & de s'imaginer qu'ils sont ennemis de Dieu, qu'il n'y a point de Paradis pour eux, & qu'en vain on se sert des choses sainctes pour expier leurs fautes : quelquesfois au contraire, les melancholiques obeyssent & sont souples (car il n'y a rien de si inconstant) principalement quand ils sont menacez. Tous lesquels effets les Philosophes attribueront hardiment à la nature, puis qu'ils en cognoissent la cause naturelle, & la touchent nettement au doigt.

Ces raisons vous obligeroient en quelque façon à vous dedire, mais vous auez l'authorité du Reuerend Pere Ragon qui fortifie beaucoup la croyance que vous voulez que l'on ayt de vostre possession : ie defere tout au sentiment de ce Reuerend Pere, mais ie voudrois que vous eussiez esté presens à l'interrogatoire qu'il fit à ces filles, plustost que de vous, en rapporter à ceux qui disent

E ij

l'auoir entendu, vous fçauriez que la merueille ne fut pas grande, ny la refponfe de ces filles beaucoup confiderable; & tout ce que vous dites de ces deux commandemens faits, l'vn *ex parte Mariæ virginis,* & l'autre en ces mots, *barbara celarent darij ferio;* demandez confidemment à Monfieur l'Euefque d'Eureux, fi ce qui eft rapporté dans l'examen à ce propos n'eft pas trop veritable, il eft trop homme d'honneur pour ne pas l'auoüer, quand mefmes cela deftruiroit l'opinion qu'il a de la poffeffion.

Vous continuez à accufer de fauffeté celuy contre qui vous efcriuez, & vous le traictez fi fouuent de la forte, que prefque tout le refte de voftre discours eft vn dementy que vous luy donnez; fa prud'hõmie, fon ingenuité, & son efprit fans paffion me font voir le contraire de ce que vous auancez contre luy, & me perfuadent facilement que le feul defir de vengeance vous fait parler ainfi.

Vous auez de la peine d'auoüer que le Rituel donne pour fecond figne de la poffeffion la defcouuerte des chofes cachées, & la cognoiffance des efloignées, voicy les mefmes mots: *diftantia & occulta patefacere:* & l'on maintient que vos poffedées n'ont en aucune façon approché de cette preuue: Car les inftances que vous produifez au contraire, font des pures chimeres qui ne peuuent eftre receuës que de ceux qui font gloire de fuiure aueuglement voftre party. N'eftoit-il pas bien difficile de defcouurir où eftoit le corps de Picard puifque on fçauoit qu'il eftoit enterré dedans l'Eglife du Couuent: Et fi ces filles ont dit qu'il n'eftoit aucunement corrompu, & qu'il foit vray, donnez moy vne raifon pourquoy il fentoit fi mauuais en le tirant de la foffe, en prefence de Meffieurs le Baillif de Louuiers, Rauot, & d'vn autre qui prefta fon Cheual pour le tranfporter en cette marniere, qu'ils penferent creuer de puanteur, & ie vous diray en reuenche, que l'on ne doit point s'eftonner fi ce corps ceffa de pourrir pour quelque temps, puis que le lieu où on le ietta en fuite, auoit les deux qualitez qui refiftent puiffamment aux caufes de la pourriture. Il eftoit auffi tres-aifé à ces filles de reueler les charmes cachez dãs la maifon, la grande familiarité que Picard auoit auec Magdelaine, fes frequentes communications auec quelques Religieufes, les libertez qu'il prenoit auec elles, & l'amitié qu'elles luy teímoignoiẽt reciproquement, ne font-ce pas des coniectures affez fortes pour vous conuaincre de ſtupidité, ne pouuans pas croire qu'il leur deceloit ce qu'il faiſoit de plus ſecret. Quelques vnes d'entre-elles n'ont elles pas depoſé que les trois dernieres fois que Picard eſt entré dans leur Convent la nuit par vne Eſchelle (grande preuue de ſortilege) elles l'ont veu auec celles qui ioüent le perſonnage d'Anſitif, de Leuiatan, de Putifar, & de Dagon, ſe promener quatre ou cinq heures dans le Iardin, à l'entour & dedans la foſſe que l'on auoit faicte pour mettre la premiere pierre de ce Pillier, ſous lequel on a treuué les ſottiſes dont ils ont repeu les yeux de Meſſieurs les Commiſſaires. Le ſilence & les tenebres en ce temps là ne pouuoient ils point favoriſer le deſſein qu'il auoit de leur monſtrer ce qu'il cachoit dans cette foſſe? & apres ces veritez treuuez vous beaucoup extraordinaire de deſcrire ſi particulierement des choſes qu'elles ont veu compoſé & placé par l'induſtrie de cet homme qui auoit vn but que vous ne cognoiſſez pas. Si vous ſçauiez le deſtail de cette hiſtoire, comme on le ſçait, vous ne feriez pas paſſer ces artifices groſſiers pour merueilles. Picard auoit perſuadé à ces filles que le vray moyen d'agrandir leur maiſon & la rendre recommandable, eſtoit de s'eſtudier aux façons des poſſedées deſcrites dans des liures (dont on en a treuué quelques vns dans le Conuent,) ſoit qu'il creut qu'émouuant par ces ſtratagemes, les aſſiſtans à pitié, ils ſeroient auſſi excitez à faire quelques aumoſnes, ou bien que prenãs ces opiniõs de poſſeſſion pour marques de ſaincteté en elles, la viſite ſeroit plus frequente, dont elles pourroient retirer grand auantage : Tant y a qu'il les obligeoit à faire ces grimaces deuant luy pour les dreſſer à ce meſtier de Diable : il encheriſſoit par deſſus tout ceux qui monſtrent cet art, par cette declaration de charmes : mais le pauure Maiſtre eſt mort trop toſt pour leur profit, & ceux qui ont voulu ſuivre ſa piſte ont gaſté par leur imprudence tout le myſtere, & l'auroient abſolument decredité, s'ils ne vous auoient treuuez diſpoſez à ſeconder leur deſſein.

Vous n'auez pas bien conſideré ce que vous dites des mineurs, & ce que l'on en a dit dans l'examen deſquels vous ne faictes eſtat que lors que vous croyez qu'ils ſont de voſtre coſté, autrement vous les meſpriſez & bafoüez comme font ceux qui ont perdu leur procez lors qu'ils s'en prennẽt aux Iuges, prenez vn peu plus de ſoing de vous enqueſter d'eux quels ſignes ils ont pour cognoiſtre ſi la terre a esté remuée ou non, ils vous apprendront qu'il est impossible de le bien remarquer & que quelques fois l'addresse & la force de quelques personnes qui ont pressé la terre apres l'auoir ouuerte, leur a osté le moyen d'en bien iuger : Et puis vous imputerez cette action au diable seul, encore que les hommes la puissent faire?

Vous censurez mal à propos la pensée du Medecin lors qu'il dit que ces filles pourroient auoir caché dans leur robes ou ailleurs ce qu'elles exposent en public apres estre descendus dans la fosse, & l'inconuenient que vous y trouuez, est que leur tunicque *est inconsutilis, contexta per totum.* Voila bien debuter, la tunique *est inconsutilis*, partant on ne peut y rien cacher dessous, vostre raisonnemēt est biē grossier mes amis; Et moy voyant si peu d'aparēce de Demon en toute autre chose, & beaucoup de subiet de soubçon de malice, en tout, ie me deffierois d'elles quād biē elles y descendroiēt nues? Ce qu'elles font voir, occupe si peu de place qu'il pourroit estre plus aisément caché, qu'vne montre sonante que l'on sçait auoir esté treuuée dans Paris depuis peu en vn certain lieu secret, que la pudeur des Iuges ne permit pas que l'on visitast, & on n'auroit pas sçeu qu'elle y fut si par hazard la monstre n'eust sonné. Vous estes encores peu fins d'insister encores en demandant qui auroit donné à ces filles ces choses dont les charmes sont composez, puis qu'elles sont la plus part sacrées, & qu'elles ne les peuuent toucher que de l'œil. Qui vous a fait cognoistre qu'elles estoient sacrées, vous le sçauez parce qu'elles vous l'on dit, & vous n'en auez autre preuue. Si ce sont les filles qui parlent ainsi, qu'attendez vous de bon & de raisonable d'vne malicieuse ou d'vne folle? & si ce sont Diables qui parlēt en ces filles, qu'esperez vous de vray du pere de mēsonge? Au reste voulez vous faire passer pour Reliques & choses sacrées, du poil, du papier, du sang desseiché & mis en poudre, des feüilles, de la cire, & autres matieres de mesme veneration?

Vous dites en la page 15. de l'vn de vos escrits, que ces filles n'ont iamais manqué à faire voir les charmes qu'elles ont promis. Informez vous de Monsieur de la Haieaubert Conseiller au Parlement de Roüen, dont vous n'oseriez refuser le tesmoignage, s'il n'est pas vray qu'en la presence de Madame de Cossigni, femme d'vn Conseiller du grand Conseil, qui estoit venuë auec d'autres

Dames

Dames de conditiõ, pour voir quelques charmes que ces filles auoient promis de rēdre vn Mercredy matin en la Chapelle de Laurette, elles ne peurēt accōplir leur promeſſe; elles treuuerent bien vn petit caillou qui eſtoit là pour marquer que le charme deuoit eſtre deſſous en cet endroit, mais le reſte ne s'y rencontra pas, parce qu'on auoit foüillé vn demy pied plus qu'il ne falloit, encores que ces filles fiſſent leur diligences pour le deſcouurir, remuant la terre que l'on auoit oſtée, & la viſitant fort ſoigneuſement : que ſi c'euſſent eſté des Diables, ils n'auoient pas beſoin de ſe donner tant de peines pour ne rien treuuer. Vous pourrez encore ſçauoir de Monſieur l'Eueſque d'Eureux, ſi ces filles rendirent le ſoir les charmes qu'elles auoient iuré ſur le ſainct Sacrement de l'Autel de faire deſcēdre d'en haut dans ſes mains, lorſque le Medecin deputé les luy tiendroit. Sçachez ſi vous voulez de Monſieur Martineau, l'vn des Commiſſaires, ſi Marie Cheron rendit vn papier, comme elle auoit promis, apres l'auoir exorciſé huit heures entieres, & s'il n'eſt pas vray que celle que vous tenez poſſedée par Phaëton, taſchaīt par pluſieurs fois de faire gliſſer dans les mains de cette fille le meſme papier qu'elle auoit promis, & que Monſieur le Penitentier d'Eureux & le Curé de Vernon auoient aſſeuré auoir veu dans ſa bouche lors qu'elle communioit. Et apres toutes ces circonſtances, vous perſiſtez à calomnier celui qui a eſcrit l'examen, à cauſe qu'il ne peut ſouffrir ces impoſtures, vous eſtes ſans doute mal inſtruits de la verité du fait, ou bien vous affectez de paroiſtre fauſſaires; & en cette qualité vous deuez eſtre griefuement punis, apres auoir fait reparation d'honneur à celuy que vous outragez ſi criminellement, & qui proteſte deuant Dieu, & deuant la plus grande Royne du monde, qu'il n'a point veu en tout ſon voyage rien qui approchaſt des actions que vous mettez en auant : Il oſe meſmes aſſeurer que pas vne perſonne d'honneur, pourueu qu'elle ne ſoit point de facile croyance, ou engagée à maintenir la poſſeſſion, ne les ſçauroit publier auec verité.

Car pour ce qui eſt du Cancer de Magdelaine Bauant, on ſouſtient qu'il y a peu d'apparence que c'en fut vn apres ce qu'en a dit le ſieur Braiant, Medecin à Louuiers, qui n'a oſé en aſſeurer le Medecin deputé, & n'a ſçeu luy dire les ſignes d'vn Cancer. Et quand ç'en feroit vn, qui vous a dit qu'il eſt guary parfaitement ? il faut employer plus de deux iours pour bien cognoiſtre cette

F ij

guarifon. Vous eftes bien ignorans dans voftre meftier, fi vous niez que la crainte ayt affez de puiffance pour caufer vn retour d'humeur dedans le plus profond de quelque partie, qui auparauant y auroit entretenu vn vlcere en dehors, car apres ce tranfport de matiere, qui peut empefcher qu'ayant ofté la tente d'où elle eftoit, & l'humeur n'abordant plus en la fuperficie, la reunion de la peau foit faite, & la partie nous paroiffe faine tãdis que le mal prẽd de nouuelles racines en dedãs : c'eft vn effet que l'on remarque fi fouuent dans les experiẽces de la medecine en tant d'autres maladies, que rien n'en exclud la poffibilité en celle-cy. Mais dites vous, cette reunion feroit elle faite en vne nuit, ie le treuue à la verité affez difficile, auffi Monfieur l'Euefque d'Eureux vous affeurera que l'on a efté plus d'vn mois apres qu'elle fut en prifon, fans s'enquerir en quel eftat eftoit ce pretendu Cancer.

N'eftes vous pas encore vne fois ignorants quand vous opinez que cette fille qui fut vifitée par le medecin en fa cellule n'eftoit pas tourmentée de maux de matrice puis qu'elle parloit, veu qu'Hyppocrate dit qu'en ces accidens elle debuoit eftre ἄφωνος. Ie vous dements de la part de cet admirable perfonnage, & vous apprends que dans les liures où il a traitté de cette maladie, hors vne ou deux qu'il dit ne point parler en fes accez, il ne fait mention d'aucune qui n'euft la liberté de la parolle. Ie crois que vous auez iuré de ne rien dire de vray, vous auez cité S. Hierofme à faux, vous faites parler Hyppocrate autrement qu'il ne veut, & quand vous auez allegué la mauuaife mine du pretendu Chirurgien, vous nommez Agefilaus pour Philopemen, tant vous auez fait vœu de prendre en tout le contre pied d'vne Hiftoire.

Vous auez fi mauuaife grace à faire les bouffons quand vous parlez des Normans, & des Maillotins, que vous me faites pitié. L'argument rapporté en cette occafion par l'Autheur de l'Examen eft de la nature de ceux que les Logiciẽs appelent *ad hominem*. Il auoit demandé au diable foy difant pourquoy il auoit l'accent Normant, & parce qu'il refpondit pour raifon que le diable fe feruoit des organes des filles pour parler, il infifta fort à propos fur cette refponce, qu'il eftoit impertinent pour vn diable, de penfer que la conftitution des organes fut caufe de l'accent familier, pluftoft que l'habitude de parler ainfi. Et vous autres au lieu d'eluder ce raifonnement par quelques raifons de Philofophie, vous

vous egarez fi fort dans vos farces que l'on auroit fubiet de vous
inuiter à ce beau voyage d'Anticyre (dont fans doute vous auez
reffenty de bons effets puifque vous l'ordounez fi fouuent) n'eftoit
que vous auez comme cet autre dās Suetone *caput etiam tribus
anticyris infanabile,* Toutes vos railleries font fi fades, & auec fi
peu de fel, qu'elles ne peuuent bleffer l'honneur 'de la perfonne
que vous attaquez : Ce font des dars eflancez par la main de petits
enfans, *telumque imbelle fine iƈlu,* ou bien pour parler auec plus
de verité *edentatæ belluæ morfus.*

Il fait, dites vous, la poffeffion de ces filles comme l'efcu de
Bourgogne, il l'efcartelle en fauffe, en mal de mere, fourberie &
erreur d'imagination, vous croyez auoir fait la meilleure rencontre
du monde, mais vous faites voir voftre peu de fens. Si vous auiez
l'efprit de comprendre ce qui eft defcript dans l'Examen, vous
fçauriez que l'Autheur femble conclure neceffairement, & monftrer
que des vingt & trois filles pretendues poffedées ou tourmentées,
les vnes font folles, & les autres malicieufes & fourbes. Il reconoift
en ces filles des diuers motifs d'agitations, mais en differens fuiets,
bien qu'il ne voye point d'inconuenient de trouuer en vne mefme
perfonne, mal de mere, fourberie, & erreur d'imagination. Mais
repliquez vous pourquoy donc font elles libres la nuit, veu que
c'eft vne chofe ordinaire en l'imagination peruertie d'eftre plus
inquieté la nuit que le iour : qu'elle caution nous donnez vous de
cette aduance? fi ces deux faifons font indifferentes à la produƈtion
des effets des erreurs de l'imagination, comme il eft tacitement
infinué dans les Problemes d'Ariftote, & fort bien remarqué dans
Hyppocrate par ces mots, ὁκότε μὲν νυκτὸς, ὁκότε δὲ ἡμέρης, ὁκότε δέ ἀμ-
φοτερῃσιν τῇσιν ὥρῃσιν, ne nous faites vous pas voir voftre ignorance, & preiuger que la nuit ces filles, au moins celles qui sõt
fourbes, eftant fans temoins & laffées du tourmẽt volontaire du
iour precedent, font bien aifes de reparer leurs forces par le dormir
pour eftre mieux preparees le lendemain à d'autres ftratagemes.

Vous eftes bien nouueaux dans la cognoiffance des effets de
l'imagination bleffee. Ne fe peut il pas faire que par folie &
erreur d'imagination elles fe croient poffedees ne l'eftant pas, ie
crois cette penfée auffi facile comme à d'autres de s'eftimer Sainƈts
ou Rois, ou autre ainfi que l'on voit tous les iours. Mon deffein
n'eft pas à prefent de faire vn denombrement des folles & extra-

uagantes imaginations des melancoliques. Il suffira de vous remarquer qu'Auicenne escrit que quelques vns croient estre demons, & qu'Hyppocrate dit que dautres croient voir les diables, ὥστε παραφρονέειν καὶ ὀρῆν δοκέειν δαίμονας τινὰς ἐφ' ἑωυτῶν δυσμενέας. Cette pensée est aussi confirmée par Aëtius, τινὲς δὲ τῶν μελαγχολικῶν καὶ δαίμονας ἀπὸ γοητείων ἐχθρῶν ἐπῆχθαι αὐτοῖς ὑπολαμβάνουσι. Cela arriue fort souuent aux esprits disposez à folie, mais particulièrement aux filles & aux femmes ἀθυμωτέρη γὰρ καὶ ὀλιγωτέρη φύσις ἡ γυναικείη, si elles sont renfermées dans vn Conuent & s'embarrassent dans la meditation, & ce en plusieurs manieres, ainsi qu'il est curieusement examiné par vn Auteur de consideratiō. Premierement apres des ieusnes, veilles & profondes meditations des peines des enfers, des diables, de leurs artifices, des iugements de Dieu et autres semblables, & seroit à desirer que tels Esprits ne s'addonnassent point à la vie solitaire & Religieuse, car la frequentation des hommes leur pourroit seruir de preseruatif pour tels maux. Secondement vne parole de leur Confesseur bien ditte, mais mal interpretée, y pourroit donner occasion : car s'il leur disoit que tels ou tels mauuais desirs, comme de quitter le Conuent & se marier, qu'elles auroient eu, & dont elles se seroient confessées, viennent de la tentation & suggestion du Diable, les sentant souuent renaistre dans leurs cœurs elles pourroient entrer en opinion d'estre possedées. Tiercement vn Confesseur leur voyant dire & faire choses estranges, pourroit par ignorance & simplicité, croire qu'elles seroient possedées, ou ensorcelées, & en suitte le leur persuader par le pouuoir qu'il a sur leurs esprits. Or si telles pensées saisissent vne fois les esprits de deux ou trois d'entr'elles, elles s'estendent soudain, & se communiquent à toutes les autres, car les pauures filles adioustent beaucoup de foy à ce que disent leur Compagnes, & n'osent reuoquer en doute ce que disent leurs Superieurs : En suitte s'effroyans à force d'y penser iour & nuit, elles rapportent leurs songes pour visions, & leurs apprehensions pour veritez, & si elles entendent le bruit d'une souris dans les tenebres, elles croyent que c'est vn Demon, & si vn vn Chat monte sur leur lict, que c'est vn Magicien qui veut attenter à leur pudicité, tant il est vray que la foiblesse d'imagination cause des troubles extrauagans dans vn ceruau des-ia alteré, & preparé naturellement à ces desordres.

J'atteste le iugement d'vn homme desinteressé pour reg'er qui

de

de nous trois a plus de raifon, ou moy en defendant cette maxime d'Ariftote, que noftre nature eft portée à la fingerie, ou vous deux en la condamnant. Il eft vray femblable que quand le iugement eft bien formé, on n'eft iamais porté à imiter les chofes defagreables & de peu de profit. Mais qui m'affeurera que l'action de contrefaire la poffedée eft peu agreable, & ne doit point eftre profitable à celles qui f'en meflent. Comme nous ne fçauons pas toufiours la fin de toutes les actions, nous ne fçaurions bien iuger de celle-cy. Et puis comment me perfuaderay-ie que le iugement de ces filles, dont eft queftion, ayt cet auantage, puis que vous mefmes dans la page 30. recognoiffez en elles, outre les conuulfions, vne alienation d'efprit, & mille autres extrauagances, car comment vn iugement bien formé peut il compatir auec vne alienation d'efprit, ie le treuue auffi difficile comme il le feroit de voir vn Medecin habile homme, fuiure le fentiment d'vn Eccleftaftique vertueux, qui tafchaft d'abufer le peuple en voulant faire paffer vne fourberie pour vne verité.

Mais voicy paroiftre fur les rangs vn raifonnement de confequence, que vous referuiez pour l'arriere garde, & dont vous croyez remporter grand auantage. Pour folie, dittes vous, en peut-on cognoiftre en elles hors de leur accez? recognoiffent-elles pas que tout ce qu'elles difent, & font d'extrauagāt, elles le font forcées? l'aueu & le déplaifir de ces defauts, font ce des effets de folie? l'aymerois autant parler ainfi; A-t-on iamais veu des perfonnes fages quand elles ne font plus folles? & y a-il des folies qui prennent & reprennent par accez auec interualle notable de fageffe? On refpondroit, fi c'eft vn Medecin qui fait ces queftions, qu'il fçait fort peu fon meftier, puis qu'il ignore qu'entre les efpeces de manie il y en a beaucoup d'efcrites dans Galien, & particulièrement dans les confeils *de Baptifta Montanus*, où l'on remarque que l'imagination feule peut eftre detraquée, d'autres, où la faculté feule de raifonner eft peruertie, & d'autres, où la memoire feule manque, quelquesfois fans retourner à leur premier eftat, & quelquesfois auffi feulement en certain cas & en certain temps. De forte que fi vous ne voulez paffer pour mefchants efprits de cōtradiction, il faut conclure que vous eftes coupables d'vne ignorance tres groffiere en fait de Medecine, ou bien que l'aage vous a ofté ce que l'homme a de meilleur, qui eft la memoire & la raifon.

Ce font les acclamations que vous deuez efperer, & les fruicts que vous deuez attendre de ces glorieux trauaux en faueur de la poffeffion, qui auront bien de la peine à ruiner la reputation de celuy que vous voulez eftre encores couuert de la poudre des bancs de fon Efchole. Et bien y ayt plus de dix ans qu'il y ayt efté receu Docteur auec approbation vniuerfelle, que fes ennemis mefmes n'eurent point de repugnance à publier hautement fa capacité, Il n'a garde pourtant de contredire ce reproche qui luy eft trop glorieux pour s'en defendre. Cette pouffiere dont il eft honorablement faly, *Docto puluere fordidus,* eft vne marque qu'il n'a pas fuy les combats, & qu'il s'eft treuué dans des meflées dõt on ne remporte pas le prix de la victoire ἀκονιτὶ καὶ ἀνιδρωτί, mais auec beaucoup de peine & de fueur. C'eft là qu'il a fait voir comme vn autre Afcanius, que la Vertu n'attend pas toufiours le nombre des années. C'eft là qu'il a rendu tant de tefmoignages de fa doctrine, & s'eft fi auantageufement fignalé, qu'apres ces exploits vous eftes infolens de dire qu'il a efquiué voftre prefence comme luy deuant donner grande terreur : vn homme qui quitte apres quinze iours, & auec grande raifon, ne s'enfuit pas : il a parlé en des lieux où l'vn de vous a eu affez fouuent le filet, ou comme cet autre dans Athenee le hocquet, quand il falloit parler, qu'il fe fouuienne de cette belle Thefe de Amuletis, dans laquelle il les propofoit en l'Efcholle de Paris pour remedes tres-finguliers, mais auec de fi foibles raifons que l'on fut contrainct de le renuoyer expofer fes Coquilles ailleurs. Vantez vous apres de vos conqueftes *iure an iniuria ?* & publiez fi vous voulez qu'il n'eft pas digne de mefurer les poulces de ces grands Hommes qui feruent de pretexte à voftre paffion, il n'oferoit entreprendre cela par deffus vous, les poulces des Geãts n'eftoient mefurez que par des Satyres, mais prenez garde d'auoir des mefures de bõne longueur, s'ils ont les poulces de la grandeur de vos oreilles ; Et receuez en paffant pour inftruction de tout ce difcours, vn aduertiffement que ie vous donne, fi le caprice vous reprend de faire quelque autre piece, d'adoucir vn peu vos ouurages, d'eftre plus difcrets en vos paroles, plus fideles en vos allegations, plus menagers de vos iniures, & de ne perdre plus tant de temps à chercher des rencõtres impertinentes, afin d'auoir plus de loifir à prendre garde à ce que vous efcriuez, de crainte que faifant vn procez verbal fur des vetilles,

vous

vous ne faſſiez le procez à voſtre reputation : car comme la langue
bégaye en yurongne apres que le cerueau eſt eſbranſlé, ainſi les
eſcripts ne diſent rien en deſordre qu'apres celuy de l'ame de
l'Eſcriuain, Que ſi vous negligez ce ſalutaire conſeil, vous
contraindrez enfin Meſſieurs de la ville de Roüen à s'eſcrier au
Senat.

Solue Seneſcentem maturè ſanus equum, ne
Peccet ad extremum ridendus & ilia ducat.

Extraict d'vne Lettre escrite par vn Docteur en Theologie de la ville de Rouen, au Sieur du Bal.

MONSIEVR,

Ie vous remercie de l'Examen & Apologie que vous auez pris soin de m'enuoyer, ie n'auois pas besoin de ces deux pieces pour estre detrompé de la possession pretenduë, l'auanture que ie vais vous apprendre, & qui a malheureusement scandalisé tout le mystere m'ayant du tout desabusé. C'est que la nuict de la Conception de N. D., le demon qui long temps deuant auoit promis foy de diable de bien & d'honneur de descouurir à ce iour remarquable vn malefice d'importance, plusieurs personnes de condition de Rouen y furent expres, & arriua comme on faisoit fouyr au lieu indiqué pour le leuer, & ne se trouuant point, la fille possedee dit, qu'on ne le rencontreroit pas si elle mesme n'y trauailloit: Et de fait commandée pour s'y employer, & faisant feinte de le chercher, Monsieur de Busseroles Conseiller en la Cour des Aydes à Rouen, s'apperceuant qu'elle auoit le poulce & le petit doigt d'vne main serrez ensemble, luy saisit promptement la main, & fit voir à plus de quatre vingt personnes qu'elle tenoit entre ses doigts le malefice que l'on cherchoit, qui estoit vne hostie marquée de trois gouttes de sang, auec ces trois lettres vn D, vn M, & vn B, ce qui esmeut tellement l'Assemblee, que l'on cria tout haut qu'il falloit brusler le Conuent, les Filles & leur equipage, Monsieur d'Eureux mesme commençoit à se declarer detrompé, mais le Pere Esprit luy rasseura l'esprit, & appliquant vn emplastre à ce mal, dit que ce pouuoit estre vn artifice du diable, qui auroit voulu mettre ce malefice entre les mains de cette fille pour entretenir dans leur opinion ceux qui ne croyent point ceste possession. Ce qui n'empescha pas que l'on ne parlast hautement en faueur de la prudence & generosité de celuy qui est l'Autheur des pieces que vous m'auez enuoyees, qui veritablement le couronnent glorieusement d'vne louange immortelle, aux sentimens desquelles i'adhere puissamment sans crainte pour cela d'estre heretique. Voila Monsieur, la nouueauté de ces quartiers, iugez par là de tout ce qui s'est passé auparauant, *& crimine ab vno disce omnes.*

FIN.

RESPONCE
A
L'APOLOGIE
DE L'EXAMEN
DV SIEVR YVELIN,

Sur la possession des Religieuses de Saint Louys de Louuiers.

A ROVEN.

1644.

AV LECTEVR.

EN attendant vn ample Traitté de la nature, de la puiſſance, & des effects des Demons que tu verras eu bref, (cher Lecteur) tu auras agreable ceſte reſpōce à l'Apologie de l'Examen du Sieur Yuelin, que ie t'offre ſous ceſte proteſtation que c'eſt auec regret que ie la publie, & que ſi l'honneur de Dieu, la croyance de l'Egliſe, la verité & l'innocence de ces pauures Filles euſſent eſté hors d'intereſt, Ie luy euſſe tres-volontiers donné les miens, ſçachant bien qu'à Dieu ſeul appartient de venger les offences, & que ceux qui ſe font eux-meſmes la raiſon, entreprennent ſur ce qu'il s'eſt reſerué; mais ſon imprudence les ayant conioints, il a fallu que la deffence en fuſt commune. Que ſi le reſſentiment d'y voir toutes ces choſes ſi mal traitées, y a faict couller quelques paroles d'aigreur, accuſe la cauſe & non l'Autheur, le zele & non le deſſain, qui ſeroit pourtant tres-iuſte & raiſonnable quia læſit prius, mais contre mon inclination, qui ſera touſiours plus diſpoſée à luy pardonner qu'il n'aura volonté de m'offencer: C'eſt ceſte verité que ie te prie de croire, & d'excuſer ſi tu n'as en cette Reſponce pluſtoſt, voyant jà long-temps qu'elle eſt en eſtat ; mais autres œuures de plus d'importance que l'Imprimeur auoit ſur la preſſe a cauſé ce retardement, c'eſt touſiours aſſés toſt ſi aſſés bien. A Dieu.

C'EST vn axiome moral tres veritable, que les vices se suiuent comme les vertus, que l'habitude d'vn mal est vne disposition à l'autre ; & que les pechés s'acrochent par la queuë comme les atomes d'Epicure, tant qu'ils ayent rendu vn homme entierement vicieux, & fait passer en nature ces mauuaises habitudes *vt non amplius perhorrescat ad criminis nomen ipsa peccandi consuetudine securus.* La pratique s'en voit en l'autheur de l'examen de la possession des Religieuses de Louuiers & en l'Apologie que luy-mesme *vt canis mendico auxilians* a faite en sa faueur. Car encor qu'en son examen il se fust fait connoistre calomniateur, injurieux & imposteur, c'estoit neantmoins auec quelque retenuë, il auoit essayé de couler son venin sous le sucre & suffoquer la verité par des étouffemens emmiellés. Mais en l'Apologie, il fait passer ses fautes en crimes, ses injures en sacrileges & ses railleries en impietés ? Il fait gloire de sa honte, & les choses sacrées ne sont pas exemptes de ses indignités. Bref il se produit en vne si étrange posture, qu'elle a causé à tous les gens d'hõneur de l'horreur & du dédain, & a eu vne si mauuaise influẽce en naissant que ses partisans mesme l'ont blasmée. Ce mépris & rebut qu'en ont fait tous les gens de bien, seroit vne satisfaction suffisante à ceux qu'il y a offencés, mais le public y prenant part en la publication de tant d'impostures & faussetés, en desire vne particuliere. L'esponge est trop douce pour ces crimes, le colier de Lycambe ne seroit pas trop rude punition : On croyoit qu'ayant léché trois mois cet ours, l'ayant formé sur les memoires de ses complices, & sur les instructions des fauteurs de ses mauuaises opinions, on verroit quelque elixir de sa suffisance, que sa deffence seroit animée de bonnes raisons, bref que son esprit feroit quelque belle production; mais il n'a fait qu'vn monstre.

Πρὸς λεών ὀπισθὲ δράχωμεσσῃ δὲ χιμαίρα.

duquel si on ostoit les imperfectiõs, & les offences, il demeureroit nud comme la Corneille d'Horace, *furtiuis nudata coloribus,* encor s'eſt-il mis à la preſſe pour accoucher d'vn tel part, qu'on peut dire à bon droit illegitime, puis qu'il eſt fait de tant de Peres. Toutes ces choſes jointes aux differens aduis du ſage, qui tantoſt veut qu'on reſponde au fol en ſa folie, afin qu'il ne la prenne pour ſageſſe, & tantoſt qu'il veut qu'on ne reſpõde pas, ont fait balancer ma réſolution ſur le deſſain de luy reſpõdre. Et d'autãt qu'en tous les deux les inconueniens ſont preſque ſemblables, i'ay creu qu'il faloit faire comme aux maux ineuitables choiſir le moindre. Ceſte conſideration m'a fait reſoudre à luy reſpondre, & parce que i'ay creu auſſi que la charité m'y obligeoit, dont les deux premiers preceptes ſont d'enſeigner les ignorans, & corriger ceux qui faillent : Car comme il n'y a rien qui retienne les bons tant que l'amour de la vertu, auſſi n'y a-t-il rien qui redreſſe tant les méchans que la crainte de la punition & de s'imaginer que

tandem ſua pœna nocentem
Conſequitur paſſuſque ſapit tum denique ſtultus.

Mais comme aux maladies extrémes du corps il faut des remedes extrémes, ainſi en faut-il à ceux de l'eſprit, les ſiens eſtãt de meſme : ſon ſentiment pardonnera à mon zèle, ſi ie les fonde vn peu rudement. Ceux que la drogue ne peut guarir, le fer & le feu les guariſſent. Pour le corps il faut le bouton, pour l'eſprit il faut vn feu plus doux, comme celuy de la charité qui échauffe ſans bruſler, qui purifie ſans conſommer, bref qui illumine, inſtruit & edifie.

C'eſt auec ces armes que la verité & la iuſtice combattent : C'eſt auſſi celles que ie déſire employer, il faut dõc commencer à l'attaquer *bonis avibus*.

Il fait vn mauuais front à ce Liure, *in ipſa pagina liminari,* commettant vne inſigne falcité l'expoſant comme imprimé à Roüen, & on ſçait bien qu'il eſt enfant de Paris, & qu'il a eſté enuoyé par la poſte. C'eſt vne proſtitution qu'il fait de ſon honneur dés le frontiſpice, & s'engage dans la faute de ceux dont parle Horace *qui indecenter in ipſo limine deficiunt*. Mais comme la ſouſcription eſt fauſſe, la diſtribution qu'il en a fait faire eſt honteuſe par ſes proxenetes qui l'ont porté ſous le manteau. *Velut ſibarita per plateas aut tranſtiberini ambulatores qui pallentia ſulphurata fractis pernutant vitreis*, faiſans le meſtier du valet de la Poſte, émploy indigne de leur condition. Ie ne releuerois ces fautes ſi ce n'eſtoit pour faire voir que de ſi mauuais augures il ne peut reüſſir que de ſiniſtres éuenemens, & que le couuercle eſt comme le pot *dignum patella operculum.*

Dès l'entrée de ſon diſcours ſes conceptions s'embaraſſent de dãs vne confuſion de paroles qui expliquent auſſi peu ce qu'il veut dire comme ce qu'il veut dire eſt ſans raiſon. Le lecteur le iugera par ſon texte *ſi cet iniuſte bonheur qui a voulu pour enrichir voſtre vanité, rauir la qualité de grands Medecins à tous les doctes perſonnages qui en font auec vous la profeſſion, auec eſtime & approbation des mieux ſenſez, auoit permis que parmy les tenebres de l'ignorance qui vous eſt cõmune, & malgré les diſgraces de vos eſprits vous euſſtes eu aſſés de connoiſſance, de ce qui eſt écrit d'Epicharmus, &c.* Y a-t-il ſens, ſuite, liaiſon, ou oraiſon quelconque en ces paroles ? Eſt-ce pas là vn ſtile du ſieur des Viettes ou d'vn Secretaire de Saint-Innocent; I'auouë qu'il me faut vn truchement pour entendre ce qu'il dit, ie ſçay bien ce qu'il veut dire, mais c'eſt ce qu'il dit le moins.

Il fait bien voir qu'il n'y a rien qui deregle tant l'eſprit qu'vne paſſion violente qui met tout bois en œuure pour faire des traits à ſa fureur. Y voit-on pas vne acriſie manifeſte, vne contradiction formelle & vn manque de iugement, de mettre ceux qu'il accuſe d'ignorance en la medecine auec ces doctes perſonnages, qu'il dit auec eux faire ceſte profeſſion auec eſtime & approbation : S'ils ſont ignorans comme il dit, ils ne meritent pas d'auoir rang parmy ces grands hõmes ? s'ils le meritent, ils ne ſont point ignorans, & cependant il les fait l'vn & l'autre, voilà le premier trait de ſon beau iugement.

Il dit que les ſages ont de tout temps banny de leurs républiques le ſtile injurieux, il n'y euſt donc iamais peu auoir droit de bourgeoiſie, car tout le ſien eſt offenſif. *Totus erinaceus aſper,* ie tiens ceſte conſtitution fort raiſonnable, mais ſur la queſtion du fait, il mõſtre auoir peu leu l'hiſtoire s'il ne ſçait qu'en toutes les républiques les moins libres & plus ſerrées comme à Sparte, à Thebes, en Athenes, les ſatyres ont touſiours eſté permiſes, & de preſent à Rome les Seignors Paſquino & Morphorio ont les bras ouuerts pour receuoir tout ce qu'on leur veut apporter de ceſte nature, non pas comme les ſciences fauſſes & calomnieuſes, mais qui mettent les mauuaiſes actions en relief par quelques pointes d'eſprit qui picquent mais ne percent point, *& noſtri proaui laudauere* *sales,* mais ce n'est pas celuy d'Espagne qui est caustique & piquant pour ruiner l'honneur & reputation des gens de bien : mais celuy de Brouge, qui preserue de corruption. Ceste liberté d'accuser apporte la crainte de mal faire. C'est en ce sens que ce Romain qu'on aduertissoit d'auoir beaucoup d'ennemis, disoit que c'estoit ce qui l'empeschoit de mal-faire, pour ne leur donner pas de prise sur luy.

La suite de son discours est vn peu mieux digerée, mais aussi plus plaine d'offences & de calomnies. Il ne songe pas que les accusant de la sorte il fait luy-mesme son procés, estant coupable & cōuaincu de tout ce qu'à tort il leur impute. Il pratique l'artifice de ces femmes perduës qui preuiennent les femmes de bien, leur imputant tous les vices desquels elles les pourroient iustement accuser. Comme cet enfant qui disoit à sa mere qu'elle appelast sa voisine putain auant qu'elle l'y appelast.

Il se fait du jeu, leur obiectant, *qu'ils apportent plus de faussetes que de raisons pour affoiblir les argumens puissants & les conjectures presque conuainquantes de son examen.* Premierement, ceste objection est criminelle, puis qu'elle est fausse, & que ce qu'ils reportent à son examen est veritable, & que les fortes raisons qu'il dit sont comme les soldats naissans des dents de Cadmus qui se detruisent eux-mesmes, sans qu'il soit besoin d'artifice pour les ruiner. Car ce ne sont que des imaginations chimeriques qu'il veut faire valoir pour raisons, puis que luy-mesme met en paralelle auec des conjectures qui ne sont, comme il dit, que presque conuainquantes ; les conjectures les plus necessaires ne produisent iamais vne science asseurée, & laissent tousiours quelques doutes en l'esprit.

Ce sont des raisons qui ne peuuent souffrir la touche de la verité, qui defaillent par leur foiblesse, & que la simple lecture cōuainc d'erreur, & ces belles conjectures ne sont que *ludibria ingenȳ somniantis* qui se dissipent par le moindre air de la verité, comme les feuilles de la Sybille : mais celles de ses aduersaires sont de bonne trempe & portent les liurées de la verité. C'est son genre qui dedans les falsités *ut in mustaceo laurum querit* & comme telles sont conuaincuës à sa honte par le témoignage de tous les gens d'honneur que le zele ou la curiosité a attirés à Louuiers. Il a trop éuenté la mèche de ses supositions pour penser surprendre la

croyance

croyance, qu'il ceffe donc d'orefnauant de leur reprocher fa gloire.

Il plaide encor contre fes reliques comme on dit, les accufans d'auoir precipité leur iugement, en vne caufe de telle importance que la poffeffion ; puis qu'il a mis le premier le voile au vent, qu'il a publié fes erreurs & mauuaifes opinions pour en infecter le public, auant qu'ils euffent fongé à écrire : l'vn d'eux auoit bien vn autre œuure en main fur la nature & la puiffance des Demons fans fe diuertir à grabeler fes erreurs, mais fon mauuais genie la fait courir à fa honte & fa prefomption l'y a pouffé *finon fatis infaniat inftiga* au lieu de fuiure le confeil qu'Horace donne à ces écriuailleurs, il a voulu precipiter fes mauuaifes conceptions, pour ruiner la verité & les exprimer par de pires termes : la deffence de laquelle ils ont efté contraints de prendre comme conforme à leurs fentimens : Le lecteur donc iugera s'il luy plaift *quis iuftius induit arma.*

Il eft vray que les iugemens precipités tiennent toufiours du temeraire, mais les yeux de la raifon ont vne vertu oxydorchique, & font leurs actions bien plus promptes & certaines, que celles de la paffion, les iudicieux connoiffent par l'ongle le Lyon, & les ignorans fe laiffent brufler au flambeau auant que d'en voir la lumiere.

Les fignes de ces poffeffions font fi certains à ceux qui cõnoiffent les artifices des Demons, qui fçauent mettre difference entre les chofes de la nature & celles qui paffent fon pouuoir, qu'il ne faut que reflefchir vne confideration defintereffée fur les moindres actions de ces filles pour en auoir vne connoiffance certaine : Mais comme la prefomption fait la mëcreance, ainfi l'ignorance produit l'erreur.

Ils luy pardonnent librement vne tirade d'offences & d'injures qu'en vne demie page il leur fait, les accufant d'vne paffion intereffée d'injuftice, d'infolence, de rage, medifance, falfité, d'eftre nouices en rhetorique, & plufieurs autres dont il foüille le papier, felon que fa fureur & fa haine les fuggerent à fa paffion, qui tefmoignent qu'il a toutes les belles qualitez que le Pfalmifte attribuë aux detracteurs & aux enfants d'iniquité, *venenum afpidum fub labiis eorum* : & ailleurs, *linguis fuis dolofe agebat, iudica illos Deus,* & qui ne fe feruent point feulement de leurs leures & de leurs langues pour opprimer la verité, mais l'emprifonnent

B

dedans le gouffre relant de leurs gorges, *sepulchrum est patens guttur eorum,* & l'empoisonnent de leur vilaines expirations.

Ce qui tesmoigne encor la rage de la passion qui l'aueugle & qui anime sa mesdisance, est qu'il accuse le Sieur de Lemperiere de n'espargner pas en ses offences la maison de la Reyne. Y a-t-il homme si scelerat qui se vouluft seruir de tels artifices pour mettre de mauuaises impressions en l'esprit d'vne grande Reyne, qu'il adore pluftoft qu'il n'honore, pour sa grandeur, sa bonté, sa pieté, & toutes ses autres Royales vertus, en ayant rendu des tesmoignages publics en sa responce à l'Examen. Ce crime emporte ma patience & me fait luy dire pour luy, *Confuge in giaras & lachrimis eluas quæ peccasti iniquissimè:* & qu'il n'abuse plus d'vne si religieuse Maiftresse, qui hait autant les actions vicieuses qu'elle cherit passionnément la vertu, qu'elle a exercée par vn excez de charité en la commiseration qu'elle a euë de ces pauvres filles.

Quand il dit que les injures sont mal-seantes aux gens d'honneur, & que les reproches sont signes infaillibles de la sterilité d'vn esprit, il dit bien, mais il fait mal, puis qu'il s'y engage inconsiderément en cette Apologie, & que les fautes qu'il impose aux autres, le tiennent à la gorge; ce discours n'estant releué que d'injures, offences, inuectiues, impostures, calomnies, suppositions & fauffetez cõme de pieces de marqueterie: Ie luy en viens de faire voir vne douzaine en demie page, mais ce ne sont que les echantillons des autres, ce sont les enlumineures de son tableau qu'il diuersifie en autant de sortes que la bouquetiere Glycira faifoit ses fleurs.

Se feignant exempt de ces fautes, après de si fortes cõuictions qui l'en rendent coulpable, sa vanité se reflefchit sur vne protestation aussi peu veritable, Qu'on n'attende pas de luy de telles extrauagances, la suitte de son discours fera voir s'il est homme de parole: Il fait gloire de ne repartir point aux injures, il ne peut donc donner ceste qualité à ce qu'on luy objecte, puis qu'il y repartit, aussi ne le font-ils pas, c'est leur verité qui l'offēce, & parce qu'il se sent coulpable des ces accusations, il les veut rendre criminelles par vne injuste recrimination. Mais qu'il face le Theon & l'Archilocque, qu'il aiguise sa langue & sa plume sur la queux de sa medisance, tãt qu'il voudra, qu'il fascine les yeux de ses partisans, qu'il esquiue s'il peut la honte de tant de mauuaises actions par ſes artifices, il aura touſiours dedans l'ame des **geſnes** & des bourreaux, c'eſt-à-dire les ſynndereſes de ſes impoſtures & calomnies, *nemo nocens ſe iudice abſoluitur.*

Ce ſont armes trop foibles pour attaquer la verité, laquelle plus puiſſamment ſe releue qu'on penſe plus fort l'opprimer, *vidiſtis ne fluctum aliquem ad ſcopulum impingentem quantò violentius ſe inferat, tantò miſerius diſſipari :* ce ſont des lacettes émouſſées de ce chirurgien de mauuaiſe mine, & luy donne parole que dedans les combats de doctrine, d'honneur & de vertu, ils luy donneront les trois premieres touches, *ſunt illis Clypei teretes haſtæque rotundæ.*

Si ceſte Apologie ſe fuſt contentée de deffendre ſon Examen, de rapporter naïfuement le motif de ſes opinions, de les faire valoir leur prix, & de deſtruire celles des aduerſaires par des raiſons plus puiſſantes, meſme auec quelques pointes de ſon reſſentiment, ils l'euſſent receu à bras ouuerts & ſe fuſſent deffendus des meſmes armes

infeſtis obuia ſignis
Signa, pares aquilas, & pila minantia pilis.

Les hommes doctes s'entredonnent ces libertez, mais de proceder en ces combats d'honneur comme de Turc à More, de combatre comme les Parthes, fuyant la verité & la bleſſant par des traits tirez par derriere, c'eſt ſe rendre indigne de tenir rang entre les gens d'honneur, *non deſcendimus ad certamen litterarum ut arenarij, aut pretio conducti, aut ſupplicio coacti, ſed virtutis amore cuius pabulum eſt veritas,* mais ſa plus grande injuſtice eſt qu'eſtant coulpable de tous ces defauts qu'il a par nature & par inſtitution, il veut qu'on l'en croye totalement exempt, diſant qu'il n'eſt enclin n'y dreſſé à ce meſtier.

Il euſt mieux ajuſté ſon exemple ſur l'Echo de Charenton, qui repete ſept fois, que d'auoir frippé celuy du Peloponeſe du liure de Sainct-Germain, qu'il ſçait bien auoir eſté deffendu : comme auſſi ce qu'il rapporte de Caton, les actions ſont les vrayes critires des eſprits, & rien ne fait tant reconnoiſtre les hypocrites que les effets.

Pour trouuer vn traict à ſa meſdiſance, il fait vne digreſſion malicieuſe ſur la riuiere & le brelan, mais l'vn l'accuſe d'ignorance, & l'autre de meſchanceté : Le premier, en ce qu'il teſmoigne cognoiſtre peu les gens de mer, auſquels vn Poëte François donne ces belles qualitez,

Plus traîtres que la mer, plus mutins que le vent,

qui ont l'eſprit endurcy plus que le corps, & qui ne s'amuſent pas à diſſimuler ny médire, mais à frapper comme le Gaſcon

Qui vient bien-toſt des paroles aux mains.

 La meſchanceté, en ce qu'il appelle vne maiſon d'honneur de Roüen, le brelan, parce que beaucoup de gens de qualité & de merite s'y rencontrent quelquefois pour y prendre vn honneſte diuertiſſement, ou en la conference, ou à paſſer autrement vne heure de temps : & parce que l'vn d'eux, qui a l'honneur d'eſtre le Medecin du logis, s'y trouue auſſi quelquefois pour perdre le chagrin que la continuelle viſitation des malades laiſſe en l'eſprit : Pour ce il l'accuſe comme ſi c'eſtoit vn eſtalon de brelan & de ſe ſeruir de cét artifice pour attraper les pratiques des gens d'honneur qui s'y rencontrent, les effrayant de quelques maladies imaginaires; c'eſt eſtre exactement ſçauant en artifices, de les circonſtancier iuſques à ce point.

 Il paſſe de là à des offences d'vne autre nature, car il en a de tout plant, leur imputant que l'amour du gain, l'ignorance & la flaterie leur a perſuadé la poſſeſſion : Bon pour ceux qui ne ſe contentant pas de leurs appointemens & du profit de leurs charges, ſe jettent dans les parties pour s'enrichir de ce man d'iniquité, comme ils ont fait dedans la reuente du Domaine, & pluſieurs autres : Mais encor, quel gain y a-t-il à faire auec des Démons ? Ce ſont de fins Bohemiens, ils tirent touſiours le bon bout : Ces filles auroient-elles achapté leurs ſuffrages ? elles ſont ſi pauures, qu'il faut qu'elles ſe ſoient engagées enuers leurs bien-faiteurs pour ſupporter la deſpence que leur apporte cette miſerable poſſeſſion : il faudroit donc à ſon compte que ce fuſſent Meſſieurs les Commiſſaires qui les euſſent corrompus, & ie ne croy pas qu'il euſt l'effronterie ſeulement d'y ſonger, la ſeule penſée en eſt criminelle. Pour l'ignorance, ils y participẽt auec le reſte des hommes de lettres *ex aſſe,* & ſi le plus ſçauant des Grecs a auoüé ne rien ſçauoir, ce ſeroit preſomption de ſe dire ſçauans : mais à ſon reſpect, ils ſe peuuent dire du nombre de ceux que les eſcoliers ſont plus ſçauãs que tels maiſtres.

La

La flaterie eft encore plus efloignée de leur naturel, & qu'il apprenne que les Diables ne fe veulent point flater, il les faut traiter *in virga ferrea*. *Quis poteft effe amicus fermo,* difoit vn ancien Père, *Cum tam perditis hoftibus :* auffi tefmoigne-t-il à la fin de fon difcours, que ce n'eft pas au Diable qu'il en veut, mais fauflât toutes les loix d'honneur, que c'eft à ces Meffieurs, leur imputant de les auoir voulu corrompre *spe lucelli,* pour fe rendre deffenfeurs de la poffeffion : Calomnie digne de fupplice ; l'integrité, la probité & la candeur de ces Meffieurs en tout leur procedé à la gloire de Dieu, à la defcouuerte de la verite & à la deliurance de ces pauures filles, eftoient bien efloignez de ces mauuais projets & des moindres fufpitions de ces fautes qui leur fert à plats couuerts : l'inftante priere qu'ils leur firent à l'abord, conuainc bien fon impofture, les ayant priez d'apporter vn iugement libre & vne exacte obferuation de tout ce que leur Art eftoit capable pour cette defcouuerte, y allant de l'honneur, de la gloire de Dieu & de la charité : C'a efté auffi la confideration de ces trois chofes qui les a fait affeurer fi refolument la poffeffion, & la maintenir par les armes de la verité & de la raifon, ce qu'ils continueront tant que Dieu leur donnera la vie.

Il penfe pour faire vne diftinction captieufe amoindrir fon crime contre ces lumieres de l'Eglife, qu'il accufe comme *feducteurs du peuple, abufans de leurs miniftres, & empefchans par des voyes indirectes que la verité ne fuft cogneuë, qu'ils appuyent leurs penfées chymeriques fur des fauffetez euidentes, & d'auoir voulu faire feruir l'églife de theatre pour y produire leurs paffions, fous l'apparence de pieté, qui ne leur fert bien fouuent que de mafque,* font fes propres termes : mais comme il a veu que ces offences faifoient horreur, & qu'en la refponce à fon Examen, on luy a fait fentir puiffamment ce crime, il fait le chien couchant maintenant par vne exception ridicule, qu'il n'entend pas que ces offences portent à tous : mais qu'il apprenne que la fraude ne defoblige pas du crime, & qu'en vne caufe commune comme eftoit ce miniftere charitable, les offences font communes pour tous ceux qui y font employez ; encor ne peut-il s'excufer fans offencer, tant ce vice luy eft naturel, en ces paroles : *Bien que leur procedé l'y euft affez obligé.*

Pour donner quelque couleur à cette exception, il l'accufe d'eftre

C

mauuais Logicien, tirant d'vne affertion particuliere vne induction
generale : mais il eftoit en façon du monde Logicien, il fçauoit
que les propofitions indefinies valent autant que les generales, &
que les Iurifconfultes tiennent qui *vbi lex non diftinguit neque
nos diftinguere debemus*, auffi fon Examen les enfile tous à vn
cordon.

On luy objectoit en la refponce, que le foir ayant fçeu par
Meffieurs les Commiffaires que les Medecins de Roüen deuoient
arriuer le lendemain, fans prendre congé de la compagnie il auoit
tiré fes bottes de grand matin, & s'en eftoit allé comme le valet de
Marot, fans dire adieu : Le Lecteur jugera quelle confequence on
en pouuoit tirer, l'excufe qu'il en donne icy ne fert qu'à l'accufer
dauantage, ou de craintes que fes mauuaifes opinions ne fuffent
conuaincuës à fa honte, ou qu'il euft efté forcé d'auoüer fes
erreurs. Mais qui n'admirera fa prefomption, de vouloir que ces
Meffieurs en ce qui dependoit de leur commiffion priffent fes ordres, luy qui n'en eftoit pas ; car comme il auouë en fon Examen,
il n'eftoit venu que par curiofité ce fecond voyage, mais pluftoft
pour induire ces grands hommes par des fophiftiqueries artifi-
cieufes, à fuyure fes aduis ; & neantmoins fa vanité le porte à dire
qu'il eftoit raifonnable qu'ils luy laiffaffent le pouuoir & la liberté
de nommer des Medecins : mais qui ne riroit d'vne impudence fi
infolente, c'eft fans doute le defpit, qu'ils ayent choifi des hommes
qui ont defcouuert fes erreurs & fait voir fes impertinences.

La proteftation qui fait de n'auoir point bleffé leur reputation.
leur eft fort fufpecte, & en tout cas indifferente, mettant fes blaf-
mes & fes loüanges à mefmes prix, ce qu'il a efcrit en fon Examen
leur donnant grand fujet de croire le contraire, leur objectant
qu'ils eftoient venus feulement pour appuyer les aduis de ceux qui
s'eftoient ja declarez pour la poffeffion, & choifis par eux pour cet
effet, mais ayant defia fatisfait à cette calomnie, ie perdrois temps
de m'y arrefter.

Sa bonté eft grande à fon conte, puis qu'il veut qu'on l'admire,
mais voyons-en la raifon, d'auoir parlé de luy auec honneur à
Meffieurs les Commiffaires ; d'auoir donné fincerement leurs
aduis, fans auoir contredit les fiens ; au lieu de recognoiffance les
auoir accufez en fon Examen de conniuer au mal, d'auoir proftitué
leur reputation par complaifance, & fous l'efpoir du gain auoir

trahy la verité, car cét escrit porte toutes ces accusations : sont-ce pas là les effets d'vne bonté extresme ? Mais sa plus grande injustice est d'auoir vlceré son ressentiment par vne fausse opinion d'vn imprimé, que ses partisans de deça luy auoient fait croire venir de leur part. Ce qui est tres-faux, & à quoy ils n'ont iamais songé ; ce qu'ils protestent, non pour iustification *nam meruerat*, comme on disoit de Neron, mais pour détromper ceux qui le croyent, & aussi pour l'interest de la verité : Ce qui est party de leurs mains, est vne responce à son Examen, & les marques de la possession ; au premier on luy fait voir ses fautes, au second on explique les signes de cette possession, & les raisons qui leur font l'affleurer, sans parler non plus de luy que du Turc.

Mais admire plustost, Lecteur, vne imprudence plus que Cylicienne, lors que blanchissant le frain de sa vanité par l'escume d'vne outrecuidance perduë, il dit qu'il est tres-constant qu'il les pouuoit perdre d'honneur ; Qu'il se regorge tant qu'il voudra d'vn contentement imaginaire en cette sotte presomption, *tanquam aries cornibus lasciuiens :* mais poursuyuant ses accusations, il dit qu'il s'est laissé dupper en l'aage de quatre-vingts ans au iugement de cette possession : Il ne luy est liberal que d'vne douzaine, dont il le remercie, & de ce qu'il le dit si neuf en cette matiere, d'auoir voulu faire exorciser à Roüe vne fille qu'il croyoit estre possedée, comme d'aduis des autres Medecins, dequoy Madame de S. Amand peut rendre tesmoignage.

C'est icy où l'imposture & la falsité combatent de pareilles armes contre la verité, car pour l'auoir accusé de vieillesse, qui est la seulè benediction temporelle de laquelle Dieu recompense les actions de charité & l'antipelargie des enfans, ce n'est qu'imprudence & manque de sens : mais de luy imputer d'auoir voulu faire exorciser vne possedée, c'est la plus haute calomnie dont vn mauuais esprit eust peu s'aduiser, ayant tousiours rendu ses attestations contre ces trompeuses, sur lesquelles, & celle de feu Monsieur Brasdefer Medecin celebre en cette Ville, & son Collegue en la Cour, le Parlement a donné plusieurs Arrests portant condamnations corporelles contre elles, & banissement contre leurs meneurs, & qu'il tienne certain qu'en ces affaires il ne croit que sous bons gages : aussi plusieurs gens d'honneur en ces dernieres occurences, par la creance qu'ils ont en son integrité, ont dit publiquement que puis que le fieur de Lemperiere affeuroit cette poffeffion, qu'on la pouuoit bien croire.

Pour Madame de S. Amand, ayant apris par vn de fes proxenettes qu'il l'obligeoit à fa garantie, pour ce fait luy enuoya auffitoft le fieur le Brun Confeffeur de fa Maifon, l'affeurer que c'eftoit vne impofture, qu'il n'y auoit rien de fon fait en cette fauffeté qu'elle le defauoüoit, qu'elle rēdroit toufiours ce tefmoignage par tout pour la verité, auec celuy de fon reffentiment de l'offence qui luy auoit faite, l'employant comme garante d'vne fi fauffe allegation. Il fe peut affeurer, que depuis quarante-quatre ans qu'il a l'honneur de feruir la Cour, il n'y a eu occurence dependante de la Medecine, qu'elle ne luy ait fait l'honneur d'en vouloir auoir fon aduis, qu'il luy a rendu toufiours auffi fidellement que maintenant auec verité & cognoiffance certaine il affure cette poffeffion.

Il falloit encor que fon Satyre fift fentir fa corne au Sieur Maignard, par des offences beaucoup plus fignalées : il l'attaque d'abord en raillant, l'appelant digne nepueu d'vn tel oncle, & l'oncle digne d'vn tel nepueu, ou luy dit que tous les deux tiennent cefte parenté d'honneur, auffi eft-elle plus honorable que celle d'vn oncle paternel qu'il a à Roüen Tanneur de cuirs, & qui a porté la botte dans le plain jufques à la mort, qui eftoit pourtant le plus illuftre de fa famille ; & vn autre que pare tous les iours le pied des cheuaux Marefchal de fon meftier, il monftre fon beau iugement & fes attaques.

Ses offences font comme les Gruës, elles ne vont iamais feules, ce font des Geryons ou monftres à trois teftes ; l'accufant de peu de doctrine, d'experience & de iugement, & femblable aux Aduocats qui fouftiennent de mauuaifes caufes pour de l'argent, qu'il dit qu'Ariftophane appele γλωσσονάστωρ il ne fe contête pas de falfifier les chofes, il falfifie auffi les mots par vn erreur trop groffier & qui le conuainc d'ignorance en la langue grecque, il faut dire γλωσσογαστωρ mais cōme il faut au terme il faut encor à la fignificatiō, faifant croire à Ariftophane qu'il le prēd pour des Aduocats qui fouftiēnent vne mauuaife caufe pour de l'argent, & il fignifie feulemēt ceux qui par l'induftrie de leur langue gaignent leur vie, *qui lingua victum comparant*. Ce n'eft point de la langue que ce fait la medecine, c'eft du iugement, & pour ce fujet on l'appele *artem mutam*, mais celuy du mefme Ariftophane luy conuiēdroit

mieux

mieux γλωσσοχαριτουντες qui trompent par vne langue miellée, mais encor plus conuenablement cet autre γλωσχοπιδες langue d'afpic *quorum mortifera eft facundia.*

Il double cefte offence d'vne fignalée impofture, luy imputãt que 20 efcus d'or promis ont corrõpu fon fuffrage, on l'affeure qu'ils ont rendu fidelemẽt leur aduis fans auoir eu le foleil ny en la bouche ny en la bource ; mais il eft vray qu'eftans de retour chés eux Meffieurs les Commiffaires leur firent donner chacun cinq piftoles pour trois iours employés à leur voyage d'aller, de venir, & de fejour; fi cette fomme eft capable de corrompre l'integrité de perfonnes de leur naiffance & de leur condition, ie le laiffe à iuger : Mais on ne leur reprochera iamais qu'ils ayẽt extorqué cent efcus d'vne Nourrice qui auoit l'haleine puante & mal habituée pour la faire mettre pour nourrir vne petite Princeffe, laquelle fi on n'euft promptement changée, l'euft fait mourir, & ne nous euft laiffé vn fi beau rejeton du Lys : Ie fuis marry que fa calomnie m'oblige de luy reprocher vne verité qui luy doit faire participer à la honte de celuy qui a fait vne fi noire action.

Il l'accufe encor faucement d'auoir quitté Vernon faute de pratique, & elle luy venoit de huict lieües à la ronde : les inftantes prieres que luy ont reiterées les habitans du lieu pour y retourner monftrent affez le regret & le reffentiment qu'ils auoient de fa retraite, mais ayãt rendu quinze ou vingt ans de feruice au lieu de fa naiffance, fes amis le iugeant digne d'vn plus grand employ, l'obligerent de venir à Roüen ou il fait la medecine auec honneur & reputation.

Il eft faux fous correctiõ & plufieurs gens d'hõneur le témoigneront, qu'il ayt fait faigner feu Madame la Prefidente de Couruandon, ayãt vne pefte à la gorge, & qu'elle ait iamais eu pefte, & voilà que c'eft d'agir fur de faux memoires. Il eft vray qu'ayant efté appelé pour la vifiter, & la trouuant en fiéure continuë violente & ardante, de fon aduis & de ceux qui la traitoient elle fut faignée & la nature dechargée par cefte éuacation pouffa auffi-toft vn charbon dans la gorge, fi Meffieurs de voftre faculté ne font faigner tous les iours en pareilles occurences auec fuccès, & fi la faignée n'ayde à la fortie de toutes fortes d'eruptions, il auouë qu'il auroit tort.

Il eft faux tout de mefme, de dire qu'il eft caufe de la mort de

D

feu Madame de Sainct-Sens & de la perte de son enfant, mais il est vray qu'ayant esté appelé pour la visiter aux champs en vne inflammation de poitrine & suffocation de matrice furieuse, de son aduis & de ceux qui la traittoient, il fut resolu apres la saignée du bras de la saigner du pied, ce qui fut fait apres son retour, & arriua que plus de six semaines apres ces accidens augmentans, elle mourut & son enfant.

Voudroit-il bien s'obliger à la garantie de tous les accidens qui suruiennent aux malades, ou par la grandeur du mal, ou par la violence de ses symptomes, pourquoy diffame-t-il mal a propos *artis præsidia quæ multis saluti fuere* sçait-il pas bien que l'Hipocrate n'oblige les Medecins que   eust-il accusé deffuncts Messieurs Martin, Hautin & Duret, en la disgrace qu'il leur arriua en Madame de Lomenie, qui accoucha en leur presence sortant du bain qui luy auoient ordonné, d'ignorance ou de faute de iugement, qu'il sçache que les maladies comme les secrets de la nature ne se font pas tousiours connoistre *multa sacro inuolucro regit natura quæ nullis fas est scire mortalibus*, & si du petit nombre de malades qu'il a traités on luy representoit ceux qui sont morts entre ses mains, on luy pourroit dire auec Homere

πολλας δ'ιφθιμους ψυχας αιδι προιαψεν.

combien en a-t-il enuoyé là bas sous son passeport.

Il luy objecte encor la mort de son fils, l'ayant fait baigner ayant la verole, cela est aussi tres-faux & calomnieux, il est vray que cet enfant estoit sujet à la nephretique & qu'estant lors trauaillé d'vne douleur excessiue de reins auec vomissemens & autres accidens qui suiuent ce mal, apres plusieurs clysteres il le mit au bain ou la douleur cessa, mais non la fiéure, laquelle deux iours apres poussa la verole, penseroit-il persuader que ceste verue calomnieuse qu'vn Medecin versé en toutes les parties de la medecine, mais pere & pere d'vn seul enfant, fust si aueugle de mettre son enfant au bain ayant la verole *parcius ista viris obijcienda memento* sont criminations trop absurdes & éloignées de la raison, mais qu'il croye qu'ils n'estiment point de plus grande vitupere pour eux que sa recommandation.

Il entreprend particulierement de Lemperiere, sur sa bonne opinion qu'il dit qu'il a de luy *non nouit simonem* il ne le connoift pas & a de tres-mauuais memoires fur ce fujet, ny ayant aucun qui mette à fi bas prix, fi peu de graces que Dieu luy a faites, qui font pourtant plus grandes qu'il ne merite, les hommes que Dieu a obligés de quelques faueurs doiuent faire comme les épies, lefquels plus ils font chargés de bled, plus ils baiffent la tefte, rendant par vne fubmiffion exterieure l'adueu de leur imbecilité, & luy dit ingenuëmēt *qui fperem me ceteris anteire eiufdem imbecilitatis fobolem & alumnum inftitutione.*

Il l'accufe encor que fa connoiffance n'eft qu'en la routine de la medecine, s'il prend la routine pour la pratique, il luy dit qu'il y a prefque cinquante ans qu'il l'exerce auec honneur ; mais que c'eft à luy ce qui manque le plus, l'Image d'Efculape en fon temple d'Epidaure eftoit reprefenté auec vne grande barbe, pour monftrer que l'aage & la longue experience fait le Medecin, & fans faire tort à ceux qui s'acheminent par les degrés de la fcience à ce point, on dit ordinairement jeune Medecin, Cimetiere boffu, & qu'il fçache que les deux bras de la medecine font le iugemēt & l'experience, ce n'eft point dans les cajoleries de la Cour qu'on l'apprend, où les plus grandes occupations font de calciner le Talcq, blanchir le Mercure, de plomber le blanc, viuifier le cynabre pour nourrir le teint, derider la peau, deroüiller les dents, gommer les fourcils, il ne parle pas pour les hommes celebres qui y viennent chargés de fcience, de merite & de reputation, qui les fait choifir cōme πολλων ανταξιους ανδρων, pour remplir ces places d'honneur ; il prend donc cefte accufation pour loüange.

La legereté dont il l'accufe encor, eft auffi éloignée de la raifon, les hommes d'aage ne croyent gueres de leger, mais cet efprit de girouëtte capable de toutes impreffions & qui auroit befoin du plomb de Philette *me direperetur a ventis,* luy reproche fa gloire, il en fait voir les effets & l'inconftance de fes opinions en fon Examen, rapportant les actions de ces Filles à neuf ou dix caufes toutes differentes, & maintenant faifant banqueroute à toutes, les referant à la maladie : Son pere l'euft grandement obligé s'il euft peu trouuer en fa fpagirie quelque fel affés puiffant pour luy fixer l'efprit.

Cet efprit inconftant qui n'a rien que des aifles,
Luy reproche fa gloire & l'appelle leger.

Suiuant l'ordre de fes faux memoires, il fait encor vne fauffe accusation, que Maignard auoit ouuert vn abscez aux reins à l'enfant d'vn Sergeant qui estoit mort entre ses mains, & cela est aussi peu veritable que les memoires qu'on luy a dõnés sont vrays. A Roüen les Medecins ne font point les Chirurgiens, ils gardent mieux l'honneur de leur profession; mais ils luy disent qu'on n'a iamais voulu jetter aucun d'eux par les fenestres pour auoir causé la mort d'vn Prince du sang, l'ayant traité d'vn mal pour vn autre, contre l'aduis de plusieurs Medecins de la Cour & de la Faculté; ce qu'ayant esté reconnu en l'ouuerture du corps, ceste ignorance auerée anima tellement ses domestiques presens, que perdant tout respect, ils se jetterẽt sur le Medecin, & l'eussent déchiré en pieces comme les Romains firent Arcbuto au champ de Mars pour la punition de ses bourreleries, n'eust esté Monsieur d'Espernon qui les en empescha, il en fut quitte pour garder quelque temps la chambre & ne s'oser monstrer.

Il continuë encor ses calomnies sur la grossesse de sa femme, il luy fait trop d'hõneur de l'appeler Madame, elle n'est que Mademoiselle de bon lieu. Premierement, il ment en l'aage, luy en donnant plus qu'elle n'en a (il est fort liberal quand il ne luy couste rien) mais bien plus en l'histoire. Il est vray qu'elle auoit tous les signes de grossesse: la retenuë de ses ordinaires, le dégoust, la grosseur du sein, le poupeau agrandi & noirci, le mamelon douloureux, vne blancheur laitteuse exudante du bout des papiles, le mouuement au temps ordinaire & augmentant tous les jours, c'eust esté auoir *stipitem pro animo* ne la juger pas grosse auec tous ces signes, s'en peut-il trouuer de plus certains dans l'Hippocrate ny en tous les autheurs gyneciens! & le mesme dit-il pas que *peritioribus etiam similitudo imponit* & plus aux grosses qu'en tous autres accidens.

Il faloit encor qu'il accompagnast toutes ces calomnies de son peu de cõnoissance, disant que les Elephans portent plus de huict ans: on ne luy dit pas que *ex duobus tria sed ex tribus duo videt:* Il deuoit dire qu'ils portent dix ans, qu'il consulte tous les naturalistes, Pline entr'autres luy enseignera, les Comiques mesme le sçauent, Plaute *In Sticho*

> *Auditur sæpe vulgo a multis dicier*
> *Solere Elephantum grauidam perpetuos decem*
> *Esse annos, eius ex femine hæc certo est fames.*

Bien

Bien que l'Aristote tienne qu'ils ne portent que deux ans, il imiteroit à vn besoin (car ie voy bien qu'il est homme d'accommodement) ce Charlatan, qui pour sauuer l'honneur de sa commere, persuada à son mary que si elle auoit veu vne asnesse, le jour qu'elle en chargeoit qu'elle pouuoit porter quatorze mois, comme on dit que les asnesses portent.

Ayant fait vn pot pourry de toutes ces offences, il en sert vn excelent mets, qu'il ne faut point auoir égard à leurs raports, ny à la responce à l'Examen, & que ce n'est pas la verité mais l'enuie qui a poussé leurs ames venales & leurs esprits altiers, bref il les chauffe à sa forme, ayant jugé ceste possession selon son caprice & sa passion iointe à la haine qu'il a conceuë contre ces pauures Filles, par ce que leurs Demons luy ont dit la verité :

Conscia mens vt cuiq; sua est ita concipit intra
Pectora.

Aprés auoir paradé, il tire un coup de toute sa force, repetant que l'enuie qui s'attache tousiours aux actions vertueuses, comme les Cantharides aux roses (cestuy-là est encor de Saint-Germain) a asseuré ceste possession. Ils luy repartent qu'ils ne reconnoissent rien en luy qui merite l'enuier, ce qu'il auouëra s'il fait vne reflection desinteressée sur la vanité

Omnibus inuideas liuide nemo tibi.

Que s'il fait comparaison de luy aux roses, il faut que ce soit à celles d'Eglantier, qui n'ont ny odeur, ny vertu. C'est bien plustost sa cacozilie qui ressemble aux guespes & à ces mauuais moucherons qui ne font que picquer & point de miel, & qui ne pouuant tenir pied sur les glaces polies, de dépit y déchargent leur ventre.

Tout ce qu'il peut auoir d'honneur & de recommandation est de seruir le cōmun de la Reyne. Les Palais des Roys sont en quelques choses semblables aux asiles, mais en cela differens, qu'en ceux-cy le vice cōme la vertu est asseuré, *hæc ara tuebitur omnes*, mais en ceux-là, il n'y a point d'accès pour les crimes, ains seulemēt pour la Iustice & pour la vertu, comme disoit l'Empereur Theodose de leurs basiliques Βωμος ρρτιν τοις αγαθοις ελεως και σωτηριας : elles sont comme le Temple de Diomedes, duquel certains oyseaux inconneus deffendoient l'entrée à tous autres qu'aux Grecs, c'est à dire aux gens de bien, d'honneur & de vertu, lesquels cōme leurs charges les honorent, aussi honorent-ils leurs charges, que s'il auoit acquis la fienne par merite il s'en pourroit preualoir, mais la Reyne qui affectionne extrémement les fiens, luy a continuée par la remife de fon père en faueur de fes feruices, il doit fçauoir

> *Auos & proauos & quæ non fecimus ipfi*
> *Vix ea noſtra voco.*

Bref ces Palais font cõme les maifons d'Egypte qui eſtoiët marquées du fang de l'Aigneau auquel l'Ange exterminateur n'ofoit toucher, mais il ne faut pas qu'ils en abufent, & que cõme l'Afne qui portoit l'effigie d'Ifis, ils fe morguent de l'hõneur de leurs charges, ou il obligeroit de lui dire *non tibi fed religioni*.

Son excufe eſt tres-impertinēte quãd il dit, qu'écriuãt de la poffeffiõ des Religieufes de Louuiers, fon but n'eſtoit point de traîter ceſte matiere : il a fait comme ces mauuais Archers qui donnent par tout fors que là ou ils vifent, qu'il biffe dont le titre de fon Examen auquel il a mis fon efprit à la preffe pour luy fournir de fi mauuaifes raifons pour la deſtruire, ou il a fait comparoiſtre le Rituel Rommain pour la deffence, & maintenant produit vne apologie qui le rend pluſtoſt criminel enuers Dieu & les hõmes, qu'elle ne iuſtifie fes mauuaifes opinions : Ceſte exception euſt eſté bien plus raifonnable pour excufer vne fi temeraire precipitation

> *Ablatum eſt medijs opus incudibus iſtud.*

Il eſt vray qu'il a apporté plus de foin à inuenter des injures, à les ranger en efcadrons, & en faire des chiliades, qu'à faire voir des raifons qui peuffent feruir à fon deffain. Bref ceſte apologie eſt tout ainfi qu'vne vieille, qui pour parõiſtre vn peu plus jeune renduit fon teint moify & bazané du blanc de plomb, qui la rend encor plus laide par vn mauuais affortiffement de couleurs. Et pour fon grec de Clement Alexandrin, qu'il nous en monſtre la conſtruction s'il veut qu'on l'entende, mais il en a laiffé la clef en fa poche.

Encor s'il expliquoit fes mauuaifes excufes par quelques bons termes, la façon releueroit l'eſtoffe. Il n'a point eu dit-il l'intention *de rendre l'écriture menteufe,* elle luy a vne grande obligatiõ de l'auoir ainfi épargnée, car il luy eſt naturel d'impofer à tous : Et que pourroit faire le plus fcelerat & impie que de la faire mentir elle qui eſt la parole de Dieu, le Teſtament fidelle du Seigneur.

Mais en quoy approuue-t-il la verité, *que dedans les difcours il y a toufiours quelques péchés :* voilà vn grand témoignage de la verité de l'écriture. Cefte verité qu'il dit par apres eft bien plus certaine qu'il n'en eft pas exempt, c'eft pour vray quelque bonne infpiration qui luy a fait rendre cet adueu, mais il euft dit encor plus vray s'il s'en fuft recõnu coupable, parce que *adeo funt lacunofa fua conuitia vt expléda fint animi moderatione & patientia non vulgari.*

Il femble qu'il cherche de la gloire à faillir, car quel autre que luy à jamais dit que l'Eutrapelie fuft vne vertu, c'eft vne vraye parole de libertin, & que fi ceft axiome eft vray que   , il pourroit donner fujet de douter qu'il ne croit non plus de Demons que de poffeffion comme le Berger Mantoüan.

*Daphnis mon cher foucy
Ne croit point de Demons ni de Charmes auffi.*

Il n'y a celuy qui ne face quelque faute en écriuãt *& habet quifq; fuos nævos,* mais il n'y a que les mefchans qui y commettent des crimes par leurs medifances, calomnies & impoftures, pour ruiner l'honneur & la reputation d'autruy.

Donner vn titre de vertu à vn liure condãné, cenfuré par l'Eglife & que i'ay veu brufler par Arreft en la place de fainte Geneviefue à Paris il y a cinquante ans.

Il a pris vn exemple conforme iuftement à fon humeur aux larmes de Simonides, d'autant que par fon imprudence & fa fottife il caufa la mort à fes compagnons, ayant irrité Scopas qui les traitoit, par vn pœme indifcret & offenfif qu'il auoit recité deuãt luy, au lieu de luy rendre des compliments de fa bien-veillance, il a par deftin de rencontrer toufiours ainfi bien.

Il fomente encor l'incredulité de cette poffeffion par des difcours & des effets fuppofés, difant qu'il n'a rien remarqué qui approche de la dignité d'vn tel fujet ; c'eft parlé peu correct pour vn courtifan, quel terme pour expliquer l'horreur d'vne poffeffion. Y a-t-il vne grande dignité à eftre poffedé du Demon ? il y a toufiours eu aux chofes de religion des opiniaftres, des cœurs endurcis : Et Sainct Paul difoit que le Chriftianifme aux vns eftoit folie & aux autres fcandale. C'eft ainfi que le Roy Egiptien endurciffoit fon cœur contre les fignes & les miracles que faifoit Moyfe en fa prefence, & luy diray charitablement que c'eft vn commencement d'infidelité, que c'eſt endurciſſement & reſiſtance opiniaſtre contre la verité connuë. Telles gens tombent ſouuent en ſens reprouué, qui fait que *videntes non videant & audientes non audiant.* Si ſes bouffonneries euſſent eſté iointes à la verité, elles euſſent eſté en quelque ſorte excuſables, parce que *ridendo nihil vetat dicere verum,* mais faire valoir le menſonge par la bouffonnerie, c'eſt doubler de meſme drap.

Ayant fini ſes preludes par de ſi belles conceptions, il entre en jeu, & dit qu'il vient à la premiere atteinte qu'ils luy donnent. Il faut dont qu'il s'en reconnoiſſe bleſſé, car tous coups ne portent pas, il n'y a que ceux qui font attainte qui ayent effect. Voyons dont ſi ces premiers porteront coup. C'eſt ſur la commiſſion de la Reyne ou il dit qu'ils ſont ridicules, il fait cõme ce bon rompu, qui pour paroiſtre hõme de bien n'oſoit confeſſer que des peccadilles, & retenoit les gros péchés. Il prend deffence d'vne choſe qu'õ ne luy impute qu'à honneur, on l'eſtime d'eſtre à la Reyne, mais on luy reduit la vanité qu'il en prẽd à ſa juſte valeur; il fait cõme ceux qui font trois plats couuerts d'vne ſardine, ſi c'eſt eſtre ridicule de faire valoir les choſes leur prix, ils auoüent ſon injure raiſonnable, en la reſponce à l'examen on luy auoit fait trop d'honneur, parce qu'on croyoit que la Reyne l'euſt renuoyé pour la ſeconde fois, & qu'il fuſt employé en la Commiſſion auec les autres Meſſieurs les Commiſſaires; mais on a depuis reconnu le contraire. Il ne pouuoit donc eſtre en ce ſecond voyage en autre conſideration que de particulier, & neantmoins ſa preſomption luy perſuade que ces Meſſieurs ne pouuoient rien faire que par ſes ordres, & meſme au premier voyage toute la Commiſſion & ſon pouuoir conſiſtoit en vne lettre de cachet.

La bonne opinion qu'il a de luy auroit trop d'extrauagance, s'il penſoit s'aiuſter auec Meſſieurs Bouuard & Seguin, qui ſont deux lumieres brillantes de leur profeſſion, & qui ont eſté choiſis par leur mérite, l'vn pour eſtre premier Medecin du Roy, & l'autre premier de la Reyne, & ne croit pas luy auoir fait tort en leur adjugeant la preference, il l'eſtime pour ce qu'il eſt, & ne veut pas diſſimuler quelques bonnes parties qu'il peut auoir *ſunt bora quædam* ἐσθλα δε πολλα *ſed mala multa* mais il faut qu'il prenne d'autres voyes pour les faire valoir.

Il faut qu'il change de route s'il ſe veut rendre capable de conſidération,

dération, qu'il confidere ce precepte de Ciceron, qu'il ne faut iamais *alterius nominis ruina fibi iter facere ad gloriam*: & qu'il quitte cefte mauuaife maxime qu'il a tenuë iufques à préfent σωδμος ἢ πονηρια que l'improbité eft compendieufe, & que la calomnie & la médifance font deux échelons tres infideles, pour monter au fefte d'vn honneur vray & legitime.

Mais pourquoy veut-il rendre de Lamperiere (car c'eft à luy à qui il s'adreffe maintenant) coupable de fa prefomption, luy imputant qu'il croit que fon aage le doit faire refpecter comme ces deux Meffieurs, il eft vray que la vieilleffe donne toufiours quelque aduantage, qu'il confulte les loix de Lycurgue il verra ce que l'on doit aux vieillards, mais qu'il en face compte pour s'en preualoir, il fe trompe fort, principalement pour en venir en concurrence auec ces Meffieurs, lefquels il honore, l'vn pour fes merites, l'autre pour auoir appris fans luy fes premiers principes de la medecine.

Pour riuer le cloud de fa vanité qui le faifoit éleuer à fon préjudice pour eftre Medecin du commun de la Reyne, de Lamperiere luy difoit qu'il auoit eu l'honneur d'auoir eu vn Breuet de Medecin du feu Roy il y auoit vingt ans, & depuis d'auoir efté choify par fa Majefté pour eftre le premier de la Reyne : Il repart que le Medecin du Roy *ad honores* eft vne felle à tous cheuaux. C'eft parlé dignement de fa profeffion, & de l'eftime que le Roy fait de ceux aufquels il confere cet honeur : Mais il faut qu'il auoüe que le Roy ne dône les Lettres de referue qu'à perfonnes de mérite, de fcience & d'experience ; & qui font reconnus tels par Meffieurs les Premiers Medecins qui les reçoiuent & leur font prefter le ferment, leur en deliurent Lettres qui font enregiftrées en la Chambre aux deniers : Il y en a d'autres qui par quelque faueur prennêt des Lettres d'vn Secretaire d'Eftat, & nomme-t'on celles-là *ad honores*, de Lamperiere a efté receu de la premiere forte, mais de plus, prefenté au Roy & agreé par fa Majefté; lequel du depuis a toufiours témoigné auoir de l'inclination pour luy ; en eftoit-ce pas vne preuue certaine de l'auoir nommé, eftant abfent, entre tant de concurrens pour eftre Medecin de la Reyne & l'auoir mandé pour ce fujet, & puis qu'il l'oblige à tout dire, Il peut fçauoir, puis qu'il eftoit en Cour, que deuât que le Roy fift fon voyage en Languedoc, il auoit efté refolu de l'enuoyer querir, fur quelque difgrace que

F

fans fujeƈt pourtant, on auoit fait fentir à Monfieur le premier; & auffi en la derniere maladie du Roy qui l'auoit demandé, il a pour témoins des Officiers de la Couronne, & plufieurs perfonnes celebres qui eftoient lors prés de fa Majefté ; il l'oblige à faire mettre fur le papier ces verités qu'il n'a jamais fait connoiftre, eftant par nature & par inftitution éloigné de toute vanité.

Ce qu'il fait fuiure en fon difcours eft la plus infigne & effrontée impofture qui fut iamais, mais fi ridicule, que le moindre fens en peut reconnoiftre la fourbe, difant auoir promis à feu Monfieur Pigny qui eftoit grand amy de Monfieur Heroard premier Medecin du Roy, vne maifon de grand prix qu'il auoit prés le Bailliage de Roüen, pour fe porter à le faire Medecin de la Reyne, & outre qu'il auoit promis trois années de fes gages audit fieur Heroard : Cefte effronterie m'oblige à rapporter le fait naïfuemēt, & prier le Leƈteur de n'auoir cefte digreffiō defagreable pour faire voir combien grande eft fa calomnie. Au voyage que fit à Roüen, le deffunƈt Roy d'heureufe memoire, feu Monfieur de Villeroy eftant demeuré malade d'vne hargne complette & violente, de Lamperiere fut appelé en confeil auec Mōfieur Heroard, la Framboifiere & plufieurs autres Medecins de Cour, Berald operateur du Roy, & Philipes premier Chirurgien, lequel comme le plus jeune ayant rapporté le mal, déduit les caufes, fait fon prognofticq & dit fon aduis fur les remedes empiriques qu'on luy auoit enuoyés, fon aduis fut approuué de toute la compagnie, & particulierement de Mōfieur Heroard qui luy fit dire au fortir par le fieur Philipes, qu'il l'allaft voir & qu'il defiroit le connoiftre : ce qu'il fit l'aprefdinée, ou il luy rendit toutes fortes de témoignages d'vne bonne volonté, & qu'il ne fe prefenteroit iamais occafion qu'il ne luy en fift cōnoiftre les effets, & qu'eftoit fort ayfe de fa connoiffance, & depuis le dit fieur l'employa en quelques affaires au Parlement de Roüen, qui reüffirent à fon contentement. En 1619, de Lamperiere eftant obligé de faire vn voyage à Tours ou la Cour eftoit, il alla rendre fes deuoirs audit fieur, lequel le remercia de ce qu'il auoit fait pour luy à Roüen, & lui reconfirma fa bonne volonté, mefme le mena voir auec luy feu Monfeigneur du Vair Garde des feaux qui eftoit demeuré malade, & auffi voir pencer feu Monfieur de Beaumont, auquel dedans le parq du pleffis en la prefence & fort prés du Roy, vn fufil auoit creué aux mains qui luy auoit fracaſſé tous les os du carpe & metacarpe, & prenant congé de luy pour Roüen, luy auroit dit qu'il falloit le tirer à la Cour : A ſon retour la peſte eſtant furieuſe à Roüen qui luy donnoit plus de loiſir, il fait vn traicté de la peſte qui luy dedia, & luy ayant eſté preſenter à Paris, le dit ſieur le mena chés le Roy, le preſenta à ſa Majeſté, & lui rendit tous les témoignages qu'on peut d'vn homme de bien & bon Medecin, le ſupliant de luy donner la premiere charge vacante de Medecin ſeruant, & en attendant luy fit dõner vne Lettre de Medecin du Roy en reſerue, de la façõ que i'ay dit cy-deuant : Du depuis le Roy ayãt donné aduis audit Sʳ Heroard qu'il vouloit donner congé au Sʳ Riberé premier Medecin de la Reyne & qu'il falloit remplir ceſte charge, il luy fit reſouuenir de Lamperiere, comme auſſi fit celuy qui poſſedoit lors l'affection du Roy qui luy vouloit du bien, & deſlors commanda audit ſieur Heroard de le mander & qu'il vint *incognito,* ce qu'il fit luy enuoyant auſſi-toſt vn vallet de pied ſans luy mander le ſujet, mais ſeulement qu'il vint en diligence : s'eſtant donc rendu à Paris & l'ayãt eſté trouuer, il luy dit le ſujet & qu'il demeuraſt ſans ſe faire voir juſques à ce qui luy euſt fait ſçauoir les ordres du Roy, qui fut que le iour d'apres il ſe trouuaſt à la porte du Cabinet des Liures à dix heures que l'Huiſſier du Cabinet l'y feroit entrer, & que le Roy deſiroit parler à luy ſeul, ce qu'il fiſt, où le Roy ſeul eſtant entré, luy fit ſçauoir ſa volonté & lui donna ſes commandemens, & qu'il ſçauroit le reſte par la Reyne ſa Mere qui luy feroit ſçauoir ſes ordres, Ce qu'elle fit le l'endemain par Monſieur Vautier ſon premier Medecin, il eſt homme d'honneur & viuant, il atteſte ſa legalité, ſi ie dis rien qui ne ſoit veritable, qui fut qu'il ſe trouuaſt le l'endemain au ſortir de ſon diſner à ſon grand Cabinet & qu'elle deſiroit luy parler en particulier, ou s'eſtant rendu, le meſme Sieur Vautier, luy dit de la part de la Reyne Mere qu'elle ne pouuoit pour le iour, d'autant que Madame d'Elbeuf eſtoit auec elle qui l'accompagneroit de ſa chambre au Cabinet, ce qu'elle ne deſiroit pas, parce qu'elle pourſuiuoit ceſte charge pour Monſieur Riolan & que ce feroit pour le l'endemain à meſme heure, où s'eſtant rendu, le meſme ſieur Vautier le fit entrer au grãd Cabinet où ſa Majeſté entra auſſi toſt, & luy dit ce qu'elle croyoit eſtre neceſſaire pour la dignité de ceſte charge, luy commanda de la part du Roy de reuenir promptement en Normandie dõner ordre à ſes affaires, pour eftre de retour dãs la huictaine que la Cour deuoit partir pour Bologne à la conduite de la Reyne d'Angleterre, & que le Roy vouloit qu'il fit le voyage : Auant que partir de Paris, ayant appris que la Reyne auoit grãd peine à fe refoudre qu'õ luy oftaft Ribere, ce qu'elle auoit fait connoiftre au Roy, il penfa deflors que d'entrer à fon feruice par la difgrace & la ruine d'vn feruiteur qu'elle affectionnoit, ne luy pourroit pas donner grand accés à fa bonne volonté : Il eft vray que cela luy donna de grandes inquietudes, auec ce qu'on luy manda que le Roy auoit accordé à fa Majefté que Ribere feroit le voyage auec elle, à joindre quelque petite difgrace qu'euft Monfieur Heroard, tout cela fit qu'il fe refolut n'aller point en Cour qu'il n'euft vn commandement de rechef : le Roy entre temps eftant demeuré malade, & Monfieur Seguin ayant efté appelé en confeil & fait le voyage de Compiegne auec fa Majefté; eftant de retour, fut propofé pour mettre auprés de la Reyne, à quoy on difpofa la volonté du Roy, il fçait bien par quels moyẽs, quoy que fa Majefté euft cõmandé qu'õ mandaft celuy de Roüen à qui il auoit donné fa parole; Ceux qui l'empefcherent penfant le defobliger luy rẽdirent vn bon office, fa liberté & franchife n'eftant nullement propres aux humeurs de Cour, & outre que la Reyne a gaigné au change de forte que par deftin chacun a eu fatisfaction, Le lecteur excufera s'il luy plaift cefte longue digreffion fous cefte proteftation qu'elle ne contient rien que de veritable, & de quoy ceux qui font encor en Cour de ce temps peuuent parler certainement.

Quelle tranchée d'efprit donne à cet homme, fa mauuaife volonté de faire vne farce fi ridicule entre les fieurs Heroard, le Pigny & de Lamperiere, pour vne maifon de grand prix qu'il dit effrontement qui luy auoit promis, & au fieur Heroard trois années de fes gages, n'ayant iamais eu & n'y ayãt de prefent aucune maifon à Roüen au lieu qu'il défigne, ny le fieur Pigny, ny fes héritiers, le fieur Pigny ayãt vefcu auec trop d'eftime & de reputation parmy tous les gens d'honneur qui l'ont conneu pour faire des fripponneries.

Mais quelle impudence à luy d'offencer la memoire d'vn fi homme d'honneur & de probité qu'eftoit feu Monfieur Heroard, que toute la France a reconneu pour tel, qui a receu le Roy naiffant, & fidellement feruy jufques à la mort, riche de biens & fans enfans,

de

de luy imputer d'auoir par vne ſtipulation honteuſe & reprochable au moyen de trois années de gage trahi par vne infidelité infigne la creance que le Roy auoit eüe de ſa probité & de ſon affection, mettant auprés de la Reyne en vne charge ſi importante vn homme auec les mauuaiſes conditions qu'il luy donne, ceſte accuſation fait-elle pas manifeſtement reconnoiſtre ſon peu de ſens.

Il veut bien qu'il croye, qu'oſté l'honneur que ce luy-euſt eſté de ſeruir vne ſi grande Reyne, que le reuenu de ſon employ paſſe les gages & appointemens qui eſtoient lors en ceſte charge : Il dit en continuant ſes impertinences qu'il ne fut pas poſſible au ſieur Heroard de diſpoſer Meſſieurs du Cõſeil de le faire paſſer pour hõneſte hõme, & iamais ſon affaire n'a eſté propoſée au Conſeil, elle ne dépendoit que de la parole & franche volonté du Roy, bon pour les premiers Medecins du Roy que ſa Majeſté choiſit en plain Cõſeil, ceſte offence touche encor en quelque façon ces Meſſieurs de manque de iugement, de ne prendre pas pour honneſte homme vn à qui tant de gens d'honneur & de ſcience rendent de ſi bons témoignages, ſi on leur en euſt demandé leur aduis.

Il fait comme ces animaux qui ruminent, il ronge derechef ſes offences pour l'aage, l'accuſant du vice de ces vieillars decrepits δυς παιδες qui comme on dit reuiennent en enfance, mais il prend mal ſa hauteur, l'aage ne luy ayant apporté aucune alteration aux actions du corps ny de l'eſprit. *Illi eſt viridis & cruda ſenectus,* Dieu ne luy fera peut-eſtre la faueur de venir à cet aage, mais qu'il ſache que *leonis ſenecta præſtantior eſt hinnulorum iuuenta* & s'il ne fait meilleure prouiſion de doctrine & de probité, s'il vient iamais vieil, ce ſera de ceux que Diogene appelle απορος.

Et pour le ſecond voyage de Louuiers on luy a deſià donné contentement s'il ne luy plaiſt qu'il chante, il ſuffit qu'il ſoit veritable & que le peu de ſatisfaction que la Reyne eut du premier, fut cauſe qu'elle ne le fiſt pas employer en la Commiſſion du dernier, pour éuiter ce qu'on dit ordinairement

> *Qui ſe plaint a grand tort des rigueurs de la mer*
> *Qui contre vn meſme rocq fait vn ſecond naufrage.*

Mais quelle effrénée impudence eſt-ce à luy d'engager l'integrité de la Reyne en ſes mauuaiſes procedures, & de dire qu'ils ont obligation à sa bonté, s'ils n'en sont pas punis, la punition présupose la faute qui ne se trouuera iamais de leur costé, mais c'est luy qui meriteroit punition, d'auoir eu la hardiesse d'imposer à sa Majesté, luy auoir représenté des impostures & des falcités pour des verités, & s'estre butté par vne opiniastreté aueugle contre le iugement de tant de braues doctes & religieux personnages, & contre les signes certains & manifestes de ceste possession qui augmentent journellement.

Il remet encor sur le tapis la fourbe qu'il dit auoir faite aux Exorcistes pour les Possédées de Loudun, qui seroit suffisante pour faire le premier acte d'vne Comedie, qu'il explique par de si mauuais termes, que pour le conuaincre tout à fait de Cacologie, il ne faudroit que le faire continuer de parler, de mesme que disoit Socrate chés Platon de Charmides *sine loqui Charmidem vt eum videam* & si on juge des actions par les paroles λογὸς εἴδωλον τῶν ἔργων disoit Solon, elles meritent de grandes reprehensions.

Ils l'asseurent qu'ils n'ont point trauaillé sur memoires; ils ont rapporté fidellemēt ce qu'ils ont veu, si ceux qu'on luy a enuoyés estoient aussi vrais que ce qu'ils ont écrit de la possession, il n'eust pas acquis la qualité de fourbe & d'imposteur.

Mais que leur importe-t-il, ny à ces Filles s'il a esté à Loudun ou non, cest entretien auec le Demon estoit-il de sa commission, fait-il consequence pour le iugement de la possession : C'a esté en ces bagatelles qu'il a passé quinze iours de temps qu'il a esté à Louuiers & à faire des pourmenades au Pont de larche & ailleurs, au lieu d'obseruer curieusement d'vn œil & d'vn esprit non préoccupé les actions de ces Filles, jusques aux moindres circonstances, pour en faire vn rapport veritable. En vn mot si les Diables de Loudun luy ont fait d'aussi beaux complimens que ceux de Louuiers, il n'a pas grand suject d'estre satisfait des vns ny des autres : Ces Diables ont d'estranges connoissances, ils sçauent ce qui se fait entre quatre murailles, entre quatre rideaux, ils voyent de fort loin sans lunettes de Hollande, en passant on luy dit qu'il explique ce qu'il entend par ceux qui n'estoient point d'intelligence, car s'il prend ce terme en sa signification il dit tout le contraire de ce qu'il prétend dire.

Pour la mauuaise mine du Medecin, puis qu'on le prit pour vn Chirurgien, il n'y a rien à épiloguer; mais la peur & la crainte l'auoient tellemēt rendu pale, que cefte mauuaife couleur aida bien à leur creance; Car il y a beaucoup de Chirurgiens de bōne mine, mais qu'il prenne comme il voudra, ou pour Pylade ou pour Orefte, il eft certain qu'il falut qu'il fortift pour tomber de l'eau, comme il arriue aux grandes apprehenfions. En fon examen & en fon apologie il fait reuiure la Métempfycofe *quandoq; mus-quādoq; auis,* tantoft c'eft le Medecin, tantoft c'eft le Chirurgien, tantoft c'eft fon amy, tantoft c'eft du bal, bref il change plus fouuent que ne faifoit le *Doctor Syuely* d'habits fur fon theatre. On dit que pour connoiftre vn tailleur on prend garde s'il a du cal aux doits qui manient le cifeau, vn tainturier, s'il a les doits jaunes ou rouges; & les hommes doctes & prudens par leurs raifonnemens.

Comme il fait de tout bois traict pour les offencer, il prend fuject de les accufer d'ingratitude enuers les Chirurgiens, pour recompence des pratiques qui leur ont données : On luy demande fi à Paris les Chirurgiens baillent les pratiques aux Medecins ou les Medecins aux Chirurgiens? font-ils fes regrateries fordides pour plumer l'oyfon par complicité? que cela eft indigne en la bouche d'vn Medecin. Ils l'afleurent que cela ne fe fait point à Roüen; chacun garde l'honneur de fa profeffion, ils n'entendent point ce courtage; ils laiffent la liberté aux malades de choifir les Medecins, & les Medecins les Chirurgiens *vino vendibili non opus eft hedera.* Mais parce qu'il a gaigné les bōnes graces de quelques Apotiquaires & Chirurgiens par les prefens qu'il a fait à leurs femmes, il croit que les autres en font de mefme : mais les couftumes font particulieres, & les vfages font municipaux, & ces loix ne paffent point le territoire.

Il allonge fon cordon pour enfiler quelques-vns de Meffieurs les Ecclefiaftiques de Louuiers en fon offenfe, par vne impofture nompareille, difant qu'il y en a d'entre eux de boffus, de borgnes, & de boiteux, ce feroit pour faire vn beau ballet : Il eft vray que l'impudence n'a point de bornes de foüiller le papier d'vne menterie fi éuidente.

La mauuaife mine n'eft pas toufiours jointe au mauuais ieu, Socrate, Efope & plufieurs autres ont fait faillir cefte regle : La laideur de l'efprit n'eft pas toufiours compagne de la deformité du corps, l'efprit n'eft pas toufiours comme la guaine, bon pour ces teftes de citroüille cōme la fienne, qui le fait hagard & injurieux :

Car son cerueau n'eſtant là logé à l'ayſe, gronde touſiours contre le fourrier : il fait vne queuë à ceſte impoſture, mais il la recroche pour la penſer cacher, pour offencer particulierement vn de ces Meſſieurs, auquel il dit que comme moins clair-voyant il eſt ayſé d'impoſer. Ils luy diſent que celuy qu'il pretend offencer, a vne vertu oxydorchique aux yeux du corps & de l'eſprit qui luy fait voir fort clairement ſes calomnies, ſes impoſtures, ſes fauſſetés & mauuaiſes procedures, & qu'il voudroit bien qu'il fuſt moins clairvoyant.

Il entraine auſſi au courant de ſes injures le ſieur Maignard, il ne ſe contente pas de l'auoir ſi outrageuſemẽt offencé, le comparant à l'écroüellé Vatinius, il luy eſt fatal de tirer ſes exemples sur gens de la ſorte, Vatinius ayant eſté le plus impudent des hõmes ie luy dõne Seneque pour temoin *Vatinius inquit aſſiduo conuitio depudere didiſcerat* & lequel ſans l'eloquẽce de Ciceron qui le deffendit par deux actions puiſſantes, il euſt eſté capitalement puny : Pouuoit-il mieux rencontrer pour luy, non pas pour le ſieur Maignard qu'il accuſe de mauuaiſe mine & de deformité, qui fait qu'on luy a donné dit-il le nom de Medecin des jaloux, & dont les femmes groſſes pour ce ſujeƈt ont crainte de ſe ſeruir ; voilà des offences bien digerées, il deuroit luy-meſme faire faire le procés à ceux qui luy ont baillé ces memoires : Car pour luy il ne le connoiſt que de veuë comme diſoit le ſieur Gaullard, il ne le vit iamais, il ne parle qu'à leur relation qui l'accuſe d'imprudence ou de méchanceté de croire de ſi faux témoins, & d'écrire des choſes que la verité & tous ceux de Roüen conuainquẽt d'impoſture & de fauſſeté, mais ſans que les belles qualités qu'il luy donne le puiſſent prejudicier. Il luy dit qu'il ſçache gré à ſa modeſtie s'il ne luy repart comme il meritoit ſur ce point. Si par le droit ceux qui ſe ſeruent de faux inſtrumens, & ceux qui les baillent ſont coulpables du même crime, luy & ſes proxenetes doiuent être également punis.

Mais quelles fadaiſes à coucher ſur le papier, Hipocrate au liure *de medico & de decenti ornatu* s'eſtoit dõné la peine d'aiuſter le Medecin en tout ce qui luy eſt neceſſaire, pour le rendre agreable & deſirable aux malades, en ſon habitude, en ſes veſtements, en ſa couleur & en ſa mine, mais plus particulierement en ſes mœurs : que s'il euſt eu la modeſtie, la douceur & l'affabilité qu'il requiert

ſur

sur toute chose, il se fust bien gardé de souiller son apologie de tant d'offences, Hipocrate ne veut point de ces Damerets *Cincinnatulos tota die stantes ad speculum, ferro vexantes comas & in cute curanda plus operatos,* lesquels au lieu de feüilleter leurs liures s'amusent à friser leurs perruques *sint procul à nobis iuuenes ut fœmina compti* en vn mot le sieur Maignard n'a aucune deformité ni le moindre defaut de ceux qu'il lui objecte : Mais il ne songe pas qu'aux extrauagances de son esprit, il offence toutes les personnes de qualité qu'il traite, lesquels, n'estoit l'honneur qu'il a d'estre à la Reyne, luy trencheroient sa plume d'vn autre canif.

Que ce bel Adonis a bonne grace de reprocher la deformité aux autres, ie croy qu'il a les vingt-deux perfections qui forment la beauté, & que lors de sa côception sa mere auoit en l'imaginatiõ ce portrait de Zeuxis, qui estoit vn racourcy de toutes les beautés de la Grece, vne teste pelée qui a laissé son poil à la chãbre de iustice pour faire vne tresse à ceste Venus que les Romains appeloient *Caluam*, à laquelle il auoient érigé vn temple & ordonné des sacrifices pour l'appaiser de ce qu'ils auoient coupé les cheueux aux dames Romaines pendant le siege du Capitole : Ceste *Charabella* qu'il auoit voulu espouser en ce lieu d'honneur, de laquelle son pere à tant employé d'amis & d'argent pour le dégager, luy auoit fait cette faueur qui le rendoit capable d'estre le quatrieme Prestre de Cybele, on nous dit qu'il est encor dans l'erreur de Messire Macé.

Qu'vn iour ce poil luy soit rendu
Le trouuant où il l'a perdu.

C'est vne habitude qu'il ne peut perdre, d'acheter à la ville ce qui se vend en sa maison : mais qu'il se garde d'aller la teste nuë de peur de l'inconuenient d'Æschile, Hipocrate au liure
refere ce defaut *ad deformitaten,* mais il est aussi souuét pour punitiõ du vice ; Esaye disoit *deus decaluauit verticem filiarum Sion* pour leurs fornications : C'a esté à ce glux qu'il a laissé sa plume, qu'il ne reproche donc plus la deformité aux autres, & qu'il considere que

Turpe pecus mutilum, turpis. Sine gramine campus
Et sine fronde frutex & sine crine caput.

On luy donne aussi aduis de se prendre garde des pois de la Chyne du nez de son pere, ou plustost de ses grenas de Sylene, ou que les oyſeaux ne luy viẽnent becquer les raiſins de ce Peintre qui ont donné lieu à ce rencontre l'echeuin par Yuelin.

C'eſt icy qu'il luy faut vn bõ poignard pour ſe deffendre, mais il trouue mieux ſon compte à eſquiuer vne conſequence neceſſaire de laquelle on le preſſoit, ayant dit en ſon examen que ces Filles eſtoient bien habituées & reglées dedans toutes leurs fonctions naturelles, en ſorte qu'il ne pouuoit ſoupçonner quelque indiſpoſition en elles, on inferoit qu'il ne faloit donc pas qu'il rapportaſt ces contortions, conuulſions violentes, & autres mouuemens contre nature, qui ſont maladies ou ſymptomes de maladies, preſupoſé qu'il les tenoit extrémement ſaines, ce qui eſtoit luy ſerrer le bouton & tirer de ſes antecedens des conſequences formellement contraires à ſa pretẽtion, encor ne le croira-t-il pas, ſi on ne luy ſert vn ſyllogiſme en forme, Les conuulſions, les contractions ordinaires ſont maux ou effets de maux qui rendent ceux qui les ſouffrent malades : Or ces Filles, comme il veut, ſont extrémement ſaines, & par conſequent elles ne peuuent auoir ces contortions, ny conuulſions maladiues, or elles les ont actuellement, & partant il faut neceſſairemẽt qu'elles viẽnent d'vne autre cauſe : Il penſe échaper par vne exception ſophiſtique qui le plonge plus auant en l'erreur, faiſant comparaiſon des mouuemẽs naturels & actions qui ſe font par la vigueur & la force de la nature jointe à la dexterité & à l'habitude qu'vn artifice volõtaire a appris & acquis, à la continuë aux funãbules, ſaltinbanques & voltigeurs de cordes, actions que l'on appelle προαιρέτικαι à celles qui ſont forcées, violentées ; & qui arriuent contre l'ordre de la nature que l'on nomme απροαιρετικαι.

Mais craint-il point d'irriter les manes d'Hipocrate par vn Cacodoxe contre ſes principes, que les Conuulſions ſe facent par vne abondance d'eſprits & force de la chaleur naturelle, & croit-il illuder les lecteurs par ceſte defaite, il faut qu'il croye que ſes aduerſaires connoiſſent bien mouches en laict : Il eſt vray que pour couurir ſa honte il ſe ſert auantageuſement de ceſte excuſe *dolus an virtus quis in hoſte requirat* qu'il ne baille donc plus de tels changes par vne fauſſe ſuppoſition, que les mouuemens de ces Filles ſoient volontaires.

Il ſe jette encor de cul & de reſte ſur vne propoſition ridicule qu'il auoit faite du cul de ces pauures Filles, diſant qu'on ne peut remuër le cul & la teste sans remuër le reste du corps, voilà vn grand argument pour insicier la possession, & neantmoins faux, on luy objectoit qu'il estoit sçauant en postures d'en expliquer si bien les diuersités, & icy on luy dit qu'il semble qu'il ait quelque inclination pour ceste partie, puis qu'il en parle si reueremment, on dit qu'on parle souuent de ce qu'on ayme, qui oblige de luy faire le reproche qu'on faisoit à ces Scatophages,

Dum lingo culo merdam agrotante cacatam
Non ementito merdicus ore vocor.

Si sa passion rendoit son esprit capable d'instruction, on luy apprendroit la diuersité des mouuemens & leurs causes, desquels il se monstre fort ignorant, il est vray que chaque partie à ses muscles qui font leurs mouuemens particuliers & volontaires, mais il doit auoir appris chés Galien au liure *de motu musculorum* qu'il y a des muscles qui seruent au mouuement de plusieurs parties, les muscles de l'epigastre à la compression du ventre & à la respiration & plusieurs autres, Mais outre qu'aux mouuemens inuolontaires, aux conulsions generales, aux epilepsies, tous les muscles à la fois mouuent inordinément, qui est l'écholier en Medecine qui ignore ces maximes, est-il en la puissance d'aucune partie de s'en exempter quãd le principe est generalement affecté *ad motum totius mouentur singulæ partes*, or les conuulsions de ces Filles sont conuulsions generales, d'où il resulte que toutes les parties se mouuent en mesme temps s'ils estoient conuulsions ordinaires & volontaires, quelques parties se pourroiët mouuoir sans les autres, mais en celles-cy non, & est impossible naturellement *ut aliqua resistat dum cœperit impelli*. Il est bien vray que quelquefois le Demon se retire en vne partie du corps comme au doigt, & qu'il n'excite la conuulsion qu'en ceste partie, cela se voit journellement ; mais autre chose est des conuulsions generales : Ce luy doit estre honte d'estre ainsi ignorant en sa profession, aussi son esprit ne connoit aucun mouuement parfaitement que celuy de *Trepidation* qui le rend ainsi inconstant.

Il a bonne grace de donner le nom de satyre à la Responce qu'on a faite à son Examen, qui n'est qu'vn aduertissement charitable qu'on luy donne de ses fautes : Il pratique ce que disoit Saint Basile *sunt quidam qui officiis fiunt agrestiores, cùm canes educatione mansuescant :* Ce n'est pas que son Examen ne meritast le foüet des Eumenides pour tant de fauffetés & impoftures dont il eft plain, mais la charité foüette pluftoft la robbe que le corps, & fe contente de faire voir les defauts *ut homo qui erranti comite, monftrat viam.*

Il reuient encor au cul duquel il fait le paranymphe, feroit-il bien du naturel du freflon qui fe nourrit dedans l'ordure, qu'il fe rende profeffeur de l'æcoatrie ou qu'il faffe des Commentaires fur celles de Landré tant qu'il voudra, qu'il fe rende s'il veut intendant des fellateurs, mais qu'il ne nous engage plus dans fes ordures, au moment on luy donnera place.

Inter socrateos turpiffima foffa Cynœdos.

Mais fauoure vn peu le nectar de fon eloquence, *vous eftes deuenus* (dit-il) *bien modeftes & bien curieux depuis la peur que vous aués eu des Diables à Louuiers, que vous ne fçauriés fouffrir ce mot de cul :* Confidere vn peu s'il faut de la curiofité pour ne pouuoir fouffrir ce mot de cul, & fi la peur des Diables peut caufer cefte curiofité, il eft croyable que fon efprit n'eftoit point chés luy en écriuant ces inepties.

Il incidente encor fur les conuulfions & mouuemens violens que font ces Filles, qu'il dit qu'ils reprefentent à leur mode il fe trompe, c'eft felon la verité, & en ont fait encor du depuis de plus eftranges, qu'il faut, s'il luy refte quelque front, qu'il aduoüe extraordinaires ; puis mefmes qu'il reconnoit en fon examen que leur violéce à l'abord le furprit & qu'ils furpaffent le pouuoir de la nature : fe tenir en l'air renuerfées & portées feulement fur les talons, faire l'arcade fans toucher à terre que par ces parties pofte-rieures, & là faire de mefme anterieurement portées fur le nombril comme fur vn point ? S'il trouue ces fortes de conuulfions dedans les Autheurs on luy facrifiera vn coq blanc comme à vn nouueau Æfculape, ie fçay bien qu'Areteus fait vne efpece de conuulfion courbée, mais auffi éloignée de celles-cy que le Sud du Nord.

Il paffe de là a l'intelligence des langues & les fçauoir parler qu'il iuge neceffaire pour affeurer la poffeffion, on la recognoit pour vn figne, mais non abfolument neceffaire quand les autres s'y rencontrent : En la poffeffion il faut garder le mefme ordre qu'aux preuues *quæ abundant non vitiant.*

Plus

Plus il se trouue de signes concurrens plus la preuue est certaine, & quand on en remarque à suffire, le deffaut de cestuy-là ne l'inficie pas; mais ie luy dis plus, qu'il n'est pas necessaire qu'on les parle, c'est assés qu'on les entende & qu'on le témoigne par responces pertinentes aux interrogatoires, où en effectuant ce qui leur est commandé en ces langues, & c'est vne obseruation qu'ont fait tous les Exorcistes depuis cinquante ans que les Demons se contentent de faire connoistre qu'ils les entendent, mais ne les veulent pas parler, soit qu'ils craignent que cela ne serue à leur cōuiction, ou qu'ils n'y soyent obligés *ex pacto,* ou que pour quelque autre cause qui nous est inconnuë ils ne le veulent pas; l'intelligēce estant bien plus certaine que la parole : qu'il parcoure l'histoire de cent ou six vingts Energumenes qui ont esté exorcisez depuis cēt ans, il ne s'en trouuera pas huict ou dix au plus qui les ayēt parlez : on luy disoit aussi que le Diable muet qui fut chassé par nostre Seigneur n'auoit garde d'estre reconnu par ce signe. D'apporter pour témoignage le texte du Rituel Romain, c'est *in re non dubia testibus uti non necessariis,* car on en demeure d'accord, mais non pas des consequences qu'il en tire, on ne doute non plus de la difficulté qu'il y a à reconoistre exactemēt la possession, parce que le Demon *fallendi vias mille ministrat,* mais que ce texte les accuse de legereté c'est ce qui n'est pas : On luy demande si la curieuse obseruation de toutes les actions, paroles & deportemens de ces Filles depuis vn an entier par des personnes d'honneur, de science & de probité peuuent estre accusez de legereté, si dix ou douze signes certains concurrens n'en sont pas preuues suffisantes, si ces Messieurs les Prelats & d'autres dignités Ecclesiastiques enuoyés par sa Majesté pour ce seul sujet, sont accusables d'vne legere creance en l'attestation veritable qu'ils en ont donnée à la Royne & au public qu'il verra à la fin de ceste Responce comme la derniere piece de son procés, la reconnaissance mesme des Demons par la force des Exorcismes. De croire tout disoit l'Aristote c'est bestise, mais ne croire rien c'est extrauagance.

La seconde est tres fausse, en laquelle il dit *que les Ecclesiastiques ne doiuent point s'attribuer la connoissance des possessions,* le propre texte du Rituel qu'il cite le conuainc qui porte *ne facile credat Exorcista* l'Exorciste est-il Ecclesiastique ou Medecin, qu'il

I

face vn peu abbattre les tayes de fon efprit pour voir cefte ignorance ; Les Medecins ont-ils pouuoir de connoiftre l'interieur des confciences, de voir le fecret des penfées, faire le fcrutin exact de l'ame des énergumenes, fçauoir fi les poffeffions font volontaires, & cependant font ces chofes qui donnent la plus grande lumiere à cefte connoiffance : Les Demons refpondent-ils aux Medecins ? obeïffent-ils à leurs commandemẽs, cefte propofition ne peut proceder que de l'impieté qui rend toutes chofes profanes : Il eft vray comme on luy a dit en la Refponce à l'Examen, que l'interuention du Medecin eft neceffaire pour recõnoiftre les actiõs exterieures & mettre difference entre celles de la nature, symptome & des maladies & celles qui paffent les fpheres de leurs actiuités, c'eft en quoy ils font neceffaires, parce que cefte connoiffance n'eft point de la competence Ecclefiaftique, le propre texte du Rituel qu'il cite prefcrit-il pas ce qui eft du diftric du Medecin, *fed nota habent ex figna quibus obfeffio dignofcitur ab ijs qui vel atrabile vel morbo aliquo laborant*, Au raport duquel texte on luy pardonne deux follecifmes *(nota habent) ex signa* qu'il ne comprend point aux fautes d'impreffion.

La troifiéme eft auffi fauffe, en ce qu'il dit que ces Filles en difent vn mot ou deux, il difoit en fon examen, qu'elles ne le parloient point du tout, & maintenant il dit qu'elles en difent vn mot ou deux, fait-il pas voir icy vne contrarieté manifefte & que iamais fon efprit, fa memoire & la verité ne font d'accord, qui eft le *proprium quarto modo* des menteurs.

L'authorité de Saint Hierofme eftoit pour iuftifier la difionctiue de parler, ou d'entendre & refpondre pertinemment qu'il tient en ce lieu indifferens parlant de la nature des Demons & de leurs effects, on luy en fera voir des exemples de l'vn & de l'autre, les Autheurs qui ont traitté *de energumenis & correptitiis* en font plains.

Confidere icy, s'il te plaift, lecteur la plaifante deffaite d'vn chicaneur, il dit qu'il a raporté l'authorité du Rituel pour les combattre, mais non pas pour s'y raporter tout à fait, on luy peut dire *bis interimitur qui fuis armis perit*, ne ruine-t-il pas par vn manque de iugement en ces paroles la preuue qu'il en tire pour inficier la poffeffion, en ce qu'il dit que la connoiffance & le parler des langues n'eft pas tenu pour figne infaillible de la poffeffion.

Primo, ceste proposition est fausse, car s'en est vn signe des plus certains. *Secundo,* s'il la tient incertaine, pourquoy en fait-il force pour reprouuer la possession ; Il est vray que quand ie voy tant d'impertinences, de contrarietés & d'inepties *pudet me suscepti & pœnitet progressionis,* sçait-il pas bien qu'en droit il faut prendre les confessiõs & dépositions des témoins entieres, estant vne regle des Iurisconsultes *cuius fidem eligisti eum amplius reprobare non potes* il faut croire le témoin qu'on a produit ; il fait comme les Procureurs des parties aduerses qui approuuent les Inuentaires autant que seruir leur peuuent.

L'histoire qu'il rapporte de ce Courtisan de l'Empereur Constantin duquel Saint Hilarion chassa le Diable est veritable au raport de Saint Hierosme, mais il a falsifié les termes pour ce qui est des langues qu'il parloit.

Leuinus Lemnius luy a fourny ceste exception des phrenetiques & melancoliques, qui quelquesfois prononcent quelques mots des langues estrangeres qu'il rapporte pour inficier ce signe certain de la possession, mais la responce que luy fait le pere Tyracus est pertinente *quo modo in ore est quod non est in mente & quo modo in mente est quod non prius fuit in sensibus,* la difference est que ces esprits extrauagans peuuent rencontrer sur quelques dictions des langues estrangeres, mais fortuitement & par hazard sans les entendre, comme l'ay vu arriuer à beaucoup en ces extases melancoliques ; Et c'est dont nous tirons vne raison tres forte contre luy, que ce n'est pas tant le parler que l'intelligence de la langue qui témoigne la possession, parce que hazardeusement on peut parler quelques paroles, mais de l'entendre & y respondre pertinemment, c'est vne preuue assurée, ou d'vne sciéce infuse, ou que c'est le Démon qui agit : Or ces Filles ayant tant & tant de fois rendu des preuues de ceste intelligéce, en peut-il rester encor quelques doutes aux esprits desintéressés : C'est aussi mal-parlé Medecin, de dire que la melancolie fait remuër les organes de la voix, ce n'est pas la melancolie, c'est l'imagination qui porte ses especes qui les font mouuoir.

Il essaye encor d'infirmer le parler & l'intelligence des langues pour signes de la possession, parce dit-il, qu'on les pourroit auoir apprises, ne sçait-il pas que ceste condition *(sans les auoir apprises)* est necessairement attachée à ce signe pour le faire valoir :

Car quelle merueille y auroit-il de les parler ou entendre de ceſte façon, la reminiſcence de Platon n'a plus de credit, mais bien plus, les Theologiens tiennent que lire, écrire & chanter la Muſique ſans l'auoir appris, auſſi bien que toutes les autres choſes de la nature, ſont tous témoignages du Démon caché.

Ce qu'il fait dire à quelques-vns des noſtres, que le Démon apprend les langues en conuerſant par le monde, eſt ridicule, auſſi leur impoſe-til, car les Démons n'auroient ny priuilege ny aduantage ſur les hommes qui forment leurs connoiſſances en voyageant comme des Vlyſſes. Il eſt certain que les Démons ont ceſte connoiſſance par leur nature, & l'ont eüe dés l'inſtāt de leur creatiō, c'eſt pourquoy on les a appelés daimons, c'eſt à dire ſçauãs, & cōme la ſcience eſt de leur eſſence, auſſi ſont l'agilité & la ſubtilité, paſſant en vn moment de l'Orient à l'Occident, du Midy au Septentrion, mais le moyen eſt ineffable, & ne peut tomber ſous nos ſens.

Il ſe mocque de vouloir rendre les Diables écholiers, s'il ne ſe vouloit rendre Principal en ceſte pœdagogie. Pour le pact qui pourroit les empeſcher de parler, encor que par la depoſition des Sorciers & Magiciens nous apprenons qu'ils ſont fort ſoucieux de l'entretenir, afin d'obliger dauantage ceux qu'ils ſeduiſent de ſe fier aſſurement à eux neantmoins ie ne luy dis pas que ce ſoit ce qui les empeſche : A ce qu'il dit, qu'ils pourroiēt rompre ce pact comme ils font beaucoup d'autres choſes par la force des Exorciſmes, on luy reſpond que l'experience fait cōnoiſtre tous les iours aux Exorciſtes qu'en beaucoup de demandes, principalement en celles qui ne regardent point l'hōneur ny la gloire de Dieu, ny des choſes ſacrées, mais ſont comme indifferentes, il eſt tres-dificile de les faire parler : Comme ſi on leur commandoit de reſpondre en Grec ils s'en moquent, parce que cela n'eſt pas à la gloire de Dieu, c'eſt aſſés qu'ils reſpondent à ce qu'on leur demāde de quelque ſorte que ce ſoit.

Mais aux choſes eſſentielles qui vont à l'honneur & à la gloire de Dieu, ou à la reuerence des choſes ſacrées, il faut qu'ils parlent, & c'eſt ce qui les fait enrager, eſtans contraints par la vertu de la parole de l'Exorciſte de reſpondre & d'obeïr : Ce qu'ils ont témoigné pluſieurs fois diſant, faut-il que nous qui ſommes d'vne nature toute diuine & celeſte ; ſoyons forcés par ces chiens d'hommes

mes qui ne font que boüe & pouffiere : Cela s'eft veu en celle que poffede Putiphar, laquelle apres auoir proferé plufieurs blafphemes contre la Sainɛte Vierge, l'ayant contrainte par la force de l'Exorcifme à dire ie vous adore Marie, l'ayant encor forcée de le dire en Latin par ces termes *dic latinè*. apres plufieurs contraintes dit enfin *adoro te Maria*, parce qu'il y alloit de l'hõneur & du culte deu a la Vierge.

Il impofe a la verité quãd il dit que lors qu'on force ces Démons de faire quelque chofe de dificile, ils refpondent que leur pouuoir eft borné en ce corps, & que Dieu ne leur a permis de faire rien qui ne foit naturel; Pour ne faire rien fans la permiffion de Dieu, cela eft tres-veritable, & le témoignage du Démon n'y eft point néceffaire, que fi leur pouuoir n'eftoit limité, ils joüeroient de beaux jeux; mais l'Ange de Dieu les a enchainés de chaifnes de fer au pied de la Croix; c'eft a dire les a rendus comme les Lyons d'Heliogabale fans dens & pouuoir de nous mal-faire que fous congé. L'hiftoire de Iob nous apprend affés cefte verité, & lors que Dieu leur en donne le pouuoir foit pour fa Gloire ou pour noftre punition.

Mais admire icy Lecteur vn traict excelent de fa Logique, il y a plufieurs fignes de la poffeffion de ces Filles, on luy en a repreſenté dix ou douze affeurés, & de tous ceux là il ne difpute en tout ce difcours que le parler des langues, quand on luy accorderoit tout ce qu'il en a dit & qu'on en demeureroit d'accord, il ne pourroit auoir effect que particulièrement pour ce figne, & neantmoins il conclud vniuerfellement, *Et partant vous n'aués aucun figne de poffeffion*, la conclufion feroit bien plus directe, & partant il le faut renuoyer à l'échole aprendre les modes & les figures.

Les efprits raifõnables ne demãdent point de miracles pour croire la poffeffion cõme il veut en fon examen & icy; ils fe contentẽt d'en voir les fignes certains, ce font les ames impies qui ne croyent rien que ce qui tombe fous leurs fens, & comme les Pharifiens *fignum querunt & fignum non dabitur eis*, l'Eglife a definy les fignes par lefquels on les peut connoiftre, pourquoi en veut-il d'autres. *Parrhafius ex linea nouit Apellem*, & a cet efprit maceré au fel de l'opiniaftre vne douzaine de marques certaines ne fuffifent pas, & par vne malice affectée les tort, les tourne, les infirme & les rebute autant que l'artifice peut luy fuggerer de peruerfes inuentions, pour en ofter ou diminuer la force.

En voicy la preuue, difant *que les actions de ces Filles ne font au deffus de la nature, & qu'il n'y a rien d'extraordinaire,* Ie m'eftonne que les dents ne luy couppent la langue, difant des paroles fi fauffes, on luy pourroit juftement dire |γλῶσσα ποι πορένη; *lingua, quo vadis*? ne confirme-t-il pas cefte prefomption que tout luy eft prophane, & qu'il ne reconnoift point de caufe fuperieure que la nature : Voyés en quels inconueniens fon inconfideration l'engage ; la lifte de leurs actions furnaturelles, mais mefme impoffibles à la nature qu'on luy a fait voir à la fin de la refponce de fon examen, le rend coulpable & le conuainc de toutes ces fauffetés.

Il auroit befoin que quelqu'vn luy attachaft de la fyfmachée au col, cõme on fait a ces cheuaux hargneux pour l'accorder auec luy. Qu'il fe defille & qu'il voye fi ces deux contradictoires qu'il fait fuiure peuuent eftre veritables. *Il n'eft pas effentiel* dit-il *en vne poffeffion de voir des actions miraculeufes. Il eft pourtant neceffaire en ce temps d'en voir :* Et deux lignes aprés : *En ce temps-cy nous n'auons plus befoin de miracles :* Eft-ce pas souffler le chaud & le froid, il faut croire que le Satyre l'euft bien-toft quitté : Et en vn mot puis qu'il luy faut des miracles pour croire, il ne fera iamais damné pour croire trop : Eftant de ceux dõt il eft parlé en l'Euangile *tardi corde ad credendum.*

Il eft vray que la reffemblance impofe aux plus habiles, & qu'il y a quelques accidens aux atrabilaires & melancoliques qui approchent de ceux des Energumenes : C'eft pourquoy on appelle ces humeurs le bain du Diable ; mais bon pour les efprits vulgaires qui n'ont qu'vne connoiffance confufe des chofes qui ne voyent que *per conuoluta periftromata*, & qui les confiderent feulement *per tranfennam* ceux qui les pefent *ad libram critola*, ne font pas aifement furpris, il ne faut point de miracles pour affermir leur croyance ; les hommes de iugement connoiffent les diffemblances des chofes femblables, & la reffemblance des chofes diffemblables par la critire de la raifon.

Il argumente *ab impoffibili* auec vn eftonnement de Taumafte, eft-il croyable dit-il, qu'en ce temps où nous n'auons plus befoin de miracles (refouuiens toy Lecteur de ce qu'il vient de dire) qu'il fe trouue en vne feule maifon 23 Filles poffedées, & que dedans les autres fiècles & du viuant de Noftre Seigneur il n'en foit fait mention que de quatre ? Croit-il que le grand nombre de demoniacles fuft pour eftablir noftre religion ? Ce feroit bien pluftoft pour la ruiner, de voir en vne Maifon Religieufe ou l'obferuance, le culte de Dieu & les actions Religieufes fe pratiquent plus qu'en autre lieu, le Diable auoir tant de puiffance & d'y poffeder tant de creatures : Les Theologiens tiennent bien que la caufe pour laquelle en la naiffance du Criftianifme Dieu donna puiffance à fes Apoftres de chaffer les Diables, fut afin que les hommes voyans qu'ils auoient vn fi grand pouuoir fur les Démons que de les chaffer, ils fuffent portés auec plus d'affection à fuiure leur doctrine & fe faire Chreftiens.

Ce raifonnement inepte eft encor accompagné d'vne fauffeté, difant *que dedans les autres fiecles & du viuant de Noftre Seigneur il n'en eft fait mention que de quatre.* 1° Qu'encor qu'il n'y en ayt que quatre hiftorialement rapportés, l'ecriture monftre qu'il y en a eu beaucoup d'autres, qui dit, *Exhibant demonia à multis* qui importe vn grand nombre, & les Iuifs les prefentoient *In plateis* comme les autres malades pour eftre guaris : C'eft pourquoy auffi Saint Iean dit que tous les miracles faits par Noftre Seigneur ne font pas écrits dans les Euangiles. Saint Pierre, Saint Paul, Saint Iean en Ephefe, & Saint Philippe en ont-ils pas chaffé ? Il a fort peu leu les hiftoires Ecclefiaftiques, Saint Clement Abdias & les autres Peres de la primitiue Eglife luy feront connoiftre fon erreur : Et ceux defquels les Apoftres fe vindrent plaindre à Noftre Seigneur qui ne vouloient point fortir pour leurs commandemens eftoient-ils de ces quatre. Auant la venuë de Noftre Seigneur dés le temps de Saül & de Salomon, il y en auoit nõbre, du temps mefme d'Hipocrate il y auoit des Charlatans qui couroient par les Villes pour les exorcifer, mais depuis la venuë de Noftre Seigneur vous ne voyés autre chofe dedans la vie des Peres que des Demoniaques & des Démons chaffés : Trente d'vn feul corps, vne legion d'vn autre, Saint Hilarion n'en a-til pas chaffé ? le bon Theodorit Archimandrita qui pour ce fujet a efté appelé demonomaftix en a chaffé plus de cinquante : Saint Benoift, Saint Bernard, Saint Remy, en ont auffi chaffé plufieurs. Mais afin de le conuaincre par les témoins mefmes qu'il a produits, le Sieur de la Nauche rapporte-til pas en ſes diuerſes leçons que du Pontificat du Pape Paul quatrieſme, en quatre ans il ſe trouua quatre vingts tant femmes que filles poſſedées, & du Conſulat de Claudius Marcellus & Valerius Flaccus à Rome, cent ſoixante & dix ſept tout en vn an de ſorciers et de poſſédés, on luy en fera voir l'Inuentaire de plus de douze cens depuis le temps des Apoſtres par bonnes hiſtoires & veritables. L'autre témoin qu'il auoit produit en ſon examen pour la fourberie en ſon traicté de *Præſtigiis* dit-il pas qu'en pluſieurs Monaſteres d'Allemagne, comme en Nazaret a Coulongne, à Vuertel au Conté d'Horne, a celuy de Zentrop au Conté de la Marche, il s'en trouua vn ſi grand nombre que cela eſt incroyable, juſques aux Cuiſinieres elles eſtoient poſſedées. On voit donc comme il eſt peu veritable de dire qu'aux autres ſiècles & du viuant de Noſtre Seigneur il ne s'en eſt veu que quatre, & qu'il ceſſe de conclure l'impoſſibilité de ceſte poſſeſſion pour en auoir 23. de poſſedées en vne meſme maiſon, & Dieu veuille dans ſa bonté que le nombre n'augmente point.

Ils ſçauent mieux que luy par la longue experience qu'ils ont de ces maux juſques ou peuuent aller les extaſes melancoliques, quels effects peuuent produire les fumées atrabilaires, quels déſordres peut apporter l'infection d'vne ſemence pourrie, les violences d'vne fureur vterine : Comme ils deprauent la raiſon, peruertiſſent le iugement, broüillent l'imagination par des illuſions phantaſtiques : mais qu'ils ayent rien de ſemblable auec les horreurs, les execrations, les actions deſordōnées de ces Filles, & rien de commun que le déréglement, cela eſt trop viſible : Ceſte connoiſſance eſt particulière aux Medecins, & en peuuent prononcer au prejudice des Theologiens, mais il faut que ce ſoit ſincerement & auec integrité, ne baillant pas leurs balotes au gré de leur paſſion. Le pot pourry qu'il fait des humeurs, des vapeurs, & des vents, eſt vn effect de la confuſion de ſon eſprit, vn vray manteau de Gueux fait de pluſieurs pieces, pour couurir la nudité de ſes mauuaiſes raiſons, & tout cela vne fripperie du traicté de *Sennius de occultis* & n'y a rien du ſien que la verſion, encor l'a-til infecté en le tournant, mais qu'il nous diſe en conſcience s'il a iamais veu de la ſemence pourrie en la matrice d'vne fille de traize ans, qui eſt l'aage de quelques vnes de ces poſſedées : prend-il des Medecins pour duppes pour les penſer emballonner de ces erreurs.

Il est admirable en l'œconomie de ces vents, vapeurs & humeurs, faisant des vents en nostre corps de tant de sortes, qu'il en animeroit bien tous les jeux d'orgues de la Sainte Chapelle : Mais il confond ignoramment les vents auec les vapeurs qui conuiennent bien *in genere remoto,* mais different entierement d'especes, il doit sçauoir cela de la Physiologie : Il est fort honteux à vn Docteur d'obliger de le renuoyer à l'échole.

Ils sçauent fort bien que l'Aristote appelle la matrice ζῶον επιθυμητικον, animal concupiscible ; ζῶον ἐν τῷ ζώῳ, vn animal dedans vn autre animal, par ce qu'elle a des mouuemens extraordinaires excités par ceste concupiscence, mais ils s'appaisent facilement, vn peu d'huile iettée dedans les plus furieux boursoufflemens de la mer les accoise,

Certamina tanta
Pulveris exigui iactu compressa quiescent.

Les conuulsions mesmes excitées par ces vapeurs fraudulentes & malignes sont fort faciles ; ce qu'on luy a monstré de l'authorité d'Hipocrate en la responce de l'Examen. De voir des Filles de 13. a 14. ans, des années entières en des suffocations ou resueries de matrice, comme disoit son proxenete, presque continuelles cela est tellement ridicule, qu'il faudroit estre stupide & ignorant pour le croire. Tout ce que peut produire la fureur vterine, la pourriture de la semêce, l'aigreur de l'atrebile est tellement au dessous des effects de ceste possessiõ, & aussi different que le iour est de la nuict : Vn peu de castor, de gayet, de camphre, de corail, d'assefœtide, huile de ruë & d'estain à la raison de tous ces maux, ou pour les Dames qui sont plus delicates vn peu de zivette. Il faudroit bien de plus puissans remedes pour faire sortir l'erreur de son esprit, & pour le purger vn plus fort sternutatoire, on void souuent que par l'ayde d'vn clystère hysteric ce Démon fuit par le trou du vent.

Son esprit venteux par quelque analogie s'emporte encor sur les aisles du vent, mais il temoigne assez clairement qu'il ne connoist pas ces postillons, & que son volatil est bien different du leur : Faisant vne nouuelle fricassée de ces vents, esprits & vapeurs, où il se monstre aussi mauuais Medecin qu'il s'est monstré mauuais Physiologiste, y ayant de tres-notables differences entr'eux ce qu'il auouë sans y penser; appelant selon Hipocrate les vents ψευδοπνευματα,

L

faux efprits, & neanmoins fon inconfideration les fait auffi bien les plus fubtiles parties du fang qu'eux.

Il doit fcauoir que les efprits font les premiers miniftres de l'ame, les directeurs de fes actions, ce font ces archees interieurs qui rendent les parties difpofées à l'effect de fes facultés, font eux qui en font l'œconomie & maintiennent la fanté; & les vents la peruertiffent, deftruifent, ruinent & deprauent les actions, mettent partout le defordre, caufant des douleurs intolerables, ce qu'il reconnoit luy même inconfidérement, difant *qu'ils font plus de mal au corps que les vents ne font au grand monde, & mefme que ceux du monde n'ont point des effects fi mauuais en la maffe de la terre qu'ils font en nos corps,* voilà des paroles bien differentes des chofes qu'il pretend rendre femblables.

On ne luy peut pardonner deux erreurs qu'il fait comme Medecin, le premier en ce qu'il attribuë tous les mauuais effects qu'il rapporte, aux efprits, & ils font effects des vens ou de quelques mauuaifes vapeurs, qui en font bien differens comme nous venons de faire voir. Et le fecõd qu'il fait la chaleur naturelle caufe efficiente de ces vicieux mouuemens. Il doit fcauoir que les efprits demeurans en leur nature ne peuuent faire que des actions & productions naturelles, dont les mouuemens qu'il dit font eloignés, & quand ils paffent hors de leur nature qu'ils ne font plus efprits: Qu'il apprenne cefte belle doctrine d'Hipocrate & de Galien que *pars, dum fana eft, abundat fpiritu, dùm fit ægra flatu*, ce ne fera donc plus l'efprit, ce fera le vent. Pour l'autre erreur de la chaleur naturelle qu'il dit fortifier les efprits pour remuër noftre corps en mille façons, les eleuant au deffus de leurs forces pour luy faire faire des actions égales à luy mefme, égales à fa forme qui eft viuante, fa comparaifon eft fort inepte, difant que les vents enfermés dedans la terre qui en caufent les tremblemẽs, ne font tant de defordres que ces efprits pour remuër nos corps. S'il auoit remarqué dedans les Autheurs les fubuerfions des villes entieres qu'ont fait ces terre-trembles il changeroit de difcours; mais quel galimathias de paroles y a-t-il rime ny raifon, voicy l'erreur, Si les actions que cefte chaleur naturelle fait faire font égales à elle mefme ou égales aux efprits, car on ne fçait lequel il veut dire, elles feront naturelles & par ainfi il n'y aura rien de violent ny d'extraordinaire, mais qu'il dife de grace qui eft la forme de cefte chaleur naturelle qui est viuante ? Ce n'est pas la forme qui est viuante, c'est l'homme ou l'animal qu'elle informe, la forme d'vne chose substancielle est necessairement substance, ceste chaleur naturelle est vne qualité, & partant accident : Voila donc à son compte vne substance qui informe vn accident, quelle honte a vn homme qui se veut faire croire sçauant de tomber en tels precipices d'ignorance & d'erreur, qui donneroient prise sur luy à de petits Physiciens de trois mois.

Qu'il apprenne encor que la chaleur naturelle ne peut esleuer les esprits au dessus de leur force, car elle les violenteroit ; or le violent & le naturel sont directement opposés, ceste chaleur donc quand elle violente les esprits n'est plus naturelle, & tant qu'elle demeure telle, elle ne violente pas, qu'il consulte l'Hippocrate il verra qu'il appelle ceste chaleur naturelle φιλὸν καὶ κρίνον & la non naturelle πολέμιον καὶ κτεῖνον, hostile & détruisante, qui est lors que ceste chaleur naturelle se rend ignée & bruslante d'vn feu plus *qu'œtnean*, & c'est lorsqu'elle produit ces desordres, enflammans les esprits, peruertissant leurs actions, & lors *non amplius audit currus habenas*, que cet esprit extrauagant rentre vn peu dans sa cocque & cache les cornes de sa presomption apres de si grandes absurdités.

Et sa page 18. cōbien son peu de iugemēt couplé auec son ignorance produit-il de mōstres ? Premierement il prēd authorité d'vn Liure d'Hippocrate, qui par le témoignage de tous les autheurs ne fut iamais de luy, soit qu'il l'appelle περι αρχων ou περι σαρχων. 2° Qu'il rapporte de la chaleur naturelle ce que ce Liure dit de la chaleur celeste & elementaire, qu'il appelle æthereenne & qu'il loge *In æthere* ces termes le conuainquent και ονομηται μοι αὐτὲ δοκεουσιν οι παλαιοί αἰθρα Ce que nous appelons chaleur, dit-il, auparauāt a esté mis au lieu que nous appelons æther, la terre en la partie inferieure, l'eau sur la terre, & l'air au milieu ; où est il parlé là de la chaleur naturelle, & cependant il impose effrontement à Hippocrate, qu'il entend de nostre chaleur naturelle, qu'il dit estre immortelle & qui voit tout. Feroit-il Hippocrate si ignorant de dire ceste chaleur naturelle, en quoy consiste nostre vie, & l'extinction de laquelle cause la mort, immortelle, les hommes donc seroient immortels, puisque ceste chaleur seroit immortelle, par ce que tant qu'elle nous echauffe nous viuons, & que nous ne mourons que par son extinction. Son principe donc eftant faux, toutes fes inductions le feront auffi neceffairement. Auroit il l'efprit perclus jufques la de dire que cefte chaleur naturelle fuft immortelle ? qu'elle euft vne intelligence de toutes chofes ? qu'elle oüift, qu'elle veid & entendift, & conneuft toutes les chofes prefentes & futures. Mais quand bien on luy accorderoit toutes ces perfections feroit-elle des propheties, des extafes, des rauiffemens, des deuinatiõs par les fonges. Cefte pfeudo-Theologie fent l'atheifme & qu'il fçache que la prophetie eft vn don particulier de Dieu, & que toutes fortes de deuinations font condamnées par l'Eglife comme effects des Démons par paction explicite ou implicite.

Ce qui fuit en cefte mefme page eft vn vray pyrrhonifme *Si les efprits & les humeurs de noftre corps participent de cefte chaleur naturelle, comme il eft vray, ils pourront ébranler nos corps par tremblemens & friffons, tourner de cofté en autre, porter de bas en haut, faire des contorfions, grimaces, grincemens & palpitations, enfler la gorge & tirer la langue extraordinairement,* d'ou tire-til cefte confequẽce, C'eft pour vray du Puis de Democrite. Voy Lecteur ie te prie, par ce que les efprits & les humeurs de nos corps participent de cefte chaleur naturelle, ils feront toutes ces actions qui font entierement contre nature, cela merite-il pas la ferule ou pluftoft d'eftre enuoyé *ad molam trufatilis afelli.*

Il s'ajufte vn peu mieux a la fin de cefte page, fur l'humeur melancolic de la temperature ou intemperature duquel il dit que les efprits viennent excelens ou ftupides & brutaux, idiots, gauffes, mauffades, malicieux, vicieux, capricieux, fuperbes, lunatiques & fanatiques, cela me fait croire qu'il tient quelque chofe en arriere fief de cet humeur : Car dedãs le dénombrement de ces perfections il s'en trouuera encor beaucoup de la forte, mais cela ne fe doit entendre que de l'humeur atrabilaire ou du melancolic grãdement intemperé, par ce que l'humeur melancolic demeurant en fa temperature rend les hommes ingenieux & fpirituels, comme a fort bien monftré Ariftote aux problemes.

Il erre bien fort, quand il dit que les Engaftrimantes & les Sternomantes viennent des efprits & de la chaleur naturelle, il en aura les gands, car iamais cela n'a entré en autre efprit qu'au fien, les Engaftrimantes ou Euricleens eftans de certains Démons qui rendoient leurs refponces & oracles par le ventre ou la poitrine, &

puifqu'il

puifqu'il ne connoift pas ces differens Démons, il n'a garde de parler certainement de la poffeffion.

Il joint à l'erreur l'ignorance, quand il dit, que la crainte reprefente tout ce qu'il y a de plus horrible, & fait faire des actions qui femblent eftre de démoniaques : Au contraire il n'y a rien qui rauale plus l'efprit, qui rabatte plus les fougues de l'imagination, que la peur & la crainte, elles gellent & glacent le fang, c'eft bien loin de les éleuer, les porter haut & bas, & leur faire faire des actiōs furieufes, qu'il life vn peu l'Ariftote en fes traités de l'Hiftoire des animaux, s'il y trouuera que les animaux craintifs facent aucunes actions de violence & de furie, les feuilles les font trembler, & comme la fureur eft vn mouuement qui fe fait εισώ ἐξώ, la crainte fe fait ἔξω εισώ.

Gelidufque per ima cucurrit offa tremor. Or la crainte eftant vn des apanages de l'humeur melancholic, qu'il ceffe de referer à cet humeur les conditions de l'atrabile.

Aux chofes qui ne font pas neceffaires de croire c'eft vn crime de tyrannifer les ames, qu'il croye ce qu'il voudra, fa croyance eft fort indifferente, fon fuffrage ne peut valoir qu'en gros, rien ne le rend confiderable, mais c'eft crime de vouloir faire croire aux autres fes mauuais fentimens par des fuppofitions, fauffetés, impoftures & autres tels mauuais artifices ou il fe monftre ingenieux, il fuffit que ce qu'il ne veut pas croire foit veritable, & confirmé par tant de perfonnes d'honneur, de merite, de probité & de doctrine, ils luy pardonnent de ce qu'il appelle leurs refolutions fi exactement concertées, folies, par ce que cōme dit faint Paul les folies deuant les hommes font fageffe deuant Dieu, & qu'il faut entendre tout ce qu'il dit par antiphrafe.

Il pince icy vne corde qu'il ne déuroit pas toucher, auffi ne le fait-il que du bout du doigt, difant qu'il ne faut pas beaucoup s'eftonner des actions de ces Filles qui fe fafchent quand on les communie, appelle-til fafcherie ou fimple repugnance des extrauagances, des mouuemens violens, imprecations, execrations, & blafphemes qu'elles font en la Communion, ou quand on leur fait faire quelque acte de religion ; pourroit-on voir fans eftōnement l'horreur de ces actions en des Filles de 13. 14. ou 15 ans, que des hommes les plus forcenés ne pourroient faire. Il eft fort refolu & neantmoins au moindre mauuais vifage que luy monftra

M

le Démon à son arriuée, il pensa mourir de peur : Il ressemble à ce vaillant soldat par tout hardy fors qu'au danger, ceux qui le virent lors croyoient qu'il fust au froid d'vn accés de fiéure tant il disoit la patenostre du Singe de bonne grace, & il fait le Rodomont sur le papier, mais qu'il accorde ce qu'il dit icy qu'il n'y a point de quoy s'estonner en toutes les actions que font ces Filles lors de leur Communion, auec ce qu'il dit en son Examen, *ce qui est de plus considerable & qui auroit surpris & comblé d'horreur les plus hardis c'est en les voyant communier : car lors elles disent des blasphemes si horribles contre Dieu & si epouuantables, qu'il est bien difficile qu'ils peussent venir par malice en tel excés*, si on donnoit de l'argent pour se contredire il ne sçauroit mieux faire.

Il impose a Siluaticus de dire que toutes les actions qu'on vient de representer soient ordinaires aux melancoliques, il est trop bon Medecin pour ne sçauoir pas distinguer les actions des possedés d'auec celles-là, & ceux qui ont esté employés en ce ministere ont assés de iugement & d'experience pour reconnoistre leur difference, Ils luy ont jà dit qu'ils en auoient fait punir plusieurs qui trompoient le peuple par des artifices si subtils, que son diagnosticq, ainsi preoccupé eust eu bien de la peine à decouurir, on luy a dit aussi que l'excelence du iugement est au critere des choses à ne prendre point des quintes pour des octaues, de considerer les causes, & y rapporter les effects, d'examiner les circonstances, concerter les difficultés, & ne prononçer pas en Dictateur comme il a fait en vne chose ou l'esprit de l'homme ne void que par vn faux iour

Vt stat & incertus qua sit sibi nescit eundum,
Dum videt ex omni parte viator iter.

Sa Philautie luy dōne trop bonne opinion de ses mauuais rasonnemens, les croyans assés forts pout les faire dédire ou resilier de leur aduis, il est uray qu'il faut prendre la verité de toute main,

Cœcus etiam si monstret viam tamen aspice

& croyent que c'estoit vne superstition aux Atheniens de faire prononcer les bons aduis que donnoient de mauuais hommes, par la bouche d'vn homme de bien : Les hommes ne communiquent pas les infections de leur esprit à leurs bonnes opinions, c'est le precepte de Nostre Seigneur, fay ce qu'ils disent, ne fay pas ce qu'ils font, mais en luy c'est le contraire : Car ses mauuais raisonnemens, ses raisons si deraisonnables, ses inductions si ridicules, ses suppositions si visibles leur cōfirment encor plus les verités de leur aduis : Et plus encor les interrogatoires du Reuerend pere Ragon, au premier desquels ils n'eurent pas l'honneur d'assister, mais bien au second ; il pense comme ces joüeurs de passe-passe par ses intrigues en eluder la verité, mais leurs yeux ne s'ebloüissent pas de si faibles illusions *sunt oculati testes ;* il doit sçauoir que

Segnius irritant animos demissa per aurem
Quam quæ sunt oculis subiecta fidelibus.

Ce qu'ils ont reparty a son Examen à la falsité de ce terme *ex parte Mariæ Virginis* & de *Barbara celarent darij ferio baralipton* est sur le temoignage fidelle de plus d'vne douzaine de gens d'honneur & de bien *& omni exceptione maiores*, & duquel ils font plus d'estat que d'vne douzaine de tels que luy, & si tout cela n'est que pour abondance de droit.

Il les accuse de luy imputer à tous momens le crime de fausseté ; ils l'asseurent que c'est auec regret qu'ils sont forcés d'vser de ce terme qui est fort odieux aux gens d'hōneur, mais ils n'en ont point d'autre pour expliquer les crimes contre la verité, & puis les Normands sont si grossiers qu'ils appellent toutes choses par leur nom, que pour dire la verité ils ne sçauent point de periphrase, & le prient de ne le reputer à aucune mauuaise volonté, mais au seul zele de la faire reconnoistre & faire voir qu'il la traite trop mal.

Pourquoy juge-til si sinistrement de leurs intentions : qu'ils ont peine d'auoüer les signes que le Rituel donne de la possession, qui est la découuerte des choses cachées & la connoissance des éloignées ; c'est leur imposer trop hardiment ; Y a-til aucun qui doute de ce signe, en ont ils pas fait voir la preuue en ces Filles : Tous les signes que rapporte l'Eglise de la possession ne sont pas tous conjointement necessaires pour la iuger, il n'en faut qu'vn qui soit certain, mais c'est que sa prudence en vn fait si important a voulu que les preuues abondassent plustost qu'elles defaillissent : Ce qu'il dit que les preuues de ces deux choses manquent en ces Filles est faux & calomnieux ; Qui auoit reuelé à ces Filles ce qu'elles luy dirent à son arriuée, qui luy a causé tant de tranchées d'esprit ; ceste connoissance *Illi mouit inuidiam* : C'a esté le Taon qui luy a picqué le flanc & qui luy a fait ioüer depuis toutes ces tragedies : Qui est-ce qui leur auoit dit que ce Gentilhomme auoit voulu porter trois cornes qu'il auoüa veritable : Qu'eſt-ce qui leur auoit dit l'Hiſtoire du Diurnal du Pere Bernard, & qui leur a dit que pluſieurs perſonnes que la curioſité a portées à les aller voir eſtoiët de la Religion : Qui leur a donné cohnoiſſance de ſaize charmes qu'ils ont enſeignés & les lieux ou ils eſtoient, & les choſes dont ils eſtoient compoſés : Qui leur auoit dit le iour de deuant qu'il partiſt de Louuiers que le Medecin du Commun s'en iroit le lendemain mal ſatisfaict d'elles, & qu'il en viendroit deux de Roüen, i'en ferois vne liſte, mais ie me contente de ceux qui luy ſont plus conneus.

Il incidente, mais malicieuſement, ſur le ſait du Picard, qu'il détourne de ſon ſens ; diſant qu'il n'eſtoit pas difficile d'en faire trouuer le corps, par ce qu'il eſtoit enterré dedans l'Egliſe : Ce n'eſt pas du lieu dont il eſt queſtion pour ceſte preüue, mais de ce qu'vn corps enterré depuis vn an n'auoit receu aucune corruption : Ces Filles auoient-elles des eſprits Hypogeens pour ſçauoir ſi ce corps eſtoit entier ou pourry : Il falloit neceſſairement que ce fuſt le Démon qui auoit trop a cœur la conſeruation d'vn ſi bon ſeruiteur.

Il penſe inficier la reuelation de ces Filles, diſant que lors qu'on porta ce corps à la marliere il puoit, mais on luy demande qu'il diſe legalement ſi en le tirant de terre il auoit aucune ſenteur, & s'il en auoit, pourquoy n'en auroit-il du depuis en la marliere où on l'auoit jetté, car il auoüe que lors il ceſſa de pourrir ; Il penſe en referer les cauſes à la nature du lieu où on le jetta, mais il ne dit point quelle eſtoit la nature de ce lieu, de peur d'eſtre conuaincu ; Qu'il ſçache s'il eſt Philoſophe que nous auons en nous meſmes les cauſes & les principes de noſtre corruption, qui quelque fois peuuent eſtre aydées des cauſes exterieures ; la reſponce de Diogenes auquel on demãdoit pourquoy il ne vouloit pas eſtre enterré, qu'il luy eſtoit indifferent *vtrum in aere aut in terra putreſceret*, luy deuroit auoir donné ceſte connoiſſance.

Il paſſe de la aux charmes dont la decouuerte eſt vn des plus grands temoignages de ceſte poſſeſſion, par ce qu'ils frappent d'vne pierre deux coups ; le premier, faiſant reconnoiſtre qu'elles ont connoiſſance dès choſes cachées, & le 2. que ces actions ne ſe peuuent faire que par le Demon : Pour l'éluder il dit qu'il eſt fort aiſé à ces Filles de les reueler, mais les raiſons qu'il en donne

tefmoignent

tefmoignent la foibleffe d'vne telle allegation, pour la fouftenir il fait des fuppofitions aüffi ridicules que peu veritables fur lefquels puis qu'il a fenty la verge du Cenfeur en la refponfe à fon Examen, ce feroit perdre temps de luy porter vne feconde touche, mais feulement luy dire que cefte grande familiarité qu'il dit que le Picard auoit auec Madelaine leur eftoit inconnuë, qu'il n'auoit point de communication auec les Religieufes qu'a la Confeffion & à la Grille ou elles font toufiours deux, l'vne qu'on voit, & l'autre cachée, ne leur temoignant rien que des actions & penfées d'vne Ame tres-deuote & religieufe, C'eft pourquoy elles l'eftimoient & l'honoroient ce qu'elles ont continué jufques à fon décés : ayans efté ainfi traitreufement trompées par l'hypocrifie de ce mauuais Preftre, tant qu'apres fa mort fes méchancetés ayent efté découuertes par vne Nouice que cefte Madelaine vouloit débaucher.

C'eft vne méchanceté la plus noire & plaine d'impofture qu'on pourroit excogiter que quelques-vnes de ces Filles, comme il dit, ayent depofé *que les trois dernieres fois que le Picard eft entré dans le Conuent la nuict par vne échelle, elles l'ont veu auec les poffedées, d'Anfitif, de Leuiathan, de Putiphar & de Dagon, fe pourmener quatre ou cinq heures dedans le Iardin, autour de la foffe ou on deuoit mettre le premier pillier fous lequel on a trouué ces fottifes qui ont repeu les yeux de Meffieurs les Commiffaires ?* Au contraire il eft tres-certain qu'il ne les voyoit, il y a plus de deux ans, qu'au trauers de la toille, & qui n'a entré au Conuent depuis ce temps qu'auec Monfieur d'Eureux ; que Picard n'y eftoit point lors qu'on mit cefte premiere pierre, qu'il eft faux auffi que iamais il ayt entré la nuict au Conuent par vne échelle, mais vne feule fois en plain iour par l'échelle des Maçons au confpect de toute la Communauté ; Il eft auffi tres-faux que iamais le Picard ayt fait ces pourmenades auec ces Filles, n'ayant iamais veu qu'vne feule fois la poffedée de Leuiathan, Anfitif & de Dagon qui eftoient Nouices lors de fa mort, Celle de Leuiathan l'eftant encor de prefent : Mais ou eft fon fens de dire que le Picard leur euft communiqué qu'il vouloit mettre des charmes en leur maifon pour les liurer à la puiffance du Démon, c'eft à dire leur faire fouffrir toutes les miferes & tourmens imaginables : Eft-il croyable que des Religieufes cloiftrées, couchant en dortoir, peuffent faire la nuict ces échappées fans que les autres fœurs en ayant eu connoiffance, n'en euffent donné aduis à la Superieure, euffent elles peu faucer la clef ou forcer la porte du dortoir fortant ou reuenant fans qu'on en euft de connoiffance, mais encor n'a-ton trouué des charmes que fous le pillier? Il eft conftant qu'on a trouué 14. de ces charmes en plufieurs endroits de la maifon aufquels iamais le Picard n'a entré, a huict, dix ou douze pieds dans terre; & pour leuer tout foupçon d'intelligence ou de fourberie dont plufieurs de fa farine les ont accufées en la decouuerte du 16. de Décembre, Eft il pas vray qu'elles en ont monftré quatre au bout d'vne gaule de quinze pieds, dedans des foffes tres-profondes fans y defcendre, ou elles auroient peine de trouuer de fi petits pacquets quand elles viendroient de les y mettre, de la mefme couleur ou peu differents de la terre : Mais qui pourroit paffer fans le releuer, que Meffieurs les Commiffaires ont repeu leurs yeux de ces fottifes, C'eft bien vne plus grande fottife a luy d'vfer de ces termes à ces Meffieurs.

Ses dents deuroient tronçonner fa langue, quand elle pouffe hors de fi mechantes & abominables conceptions, *que le Picard auoit perfuadé a ces Filles que le moyen d'agrandir leur maifon, de la rendre recommendable, eftoit de s'eftudier aux façons des poffedées decrits dedans les Liures, dont on a trouué quelques vns dedans le Conuent.* Falfité infigne, ayant efté le premier foin de la prudence de Meffieurs les Commiffaires d'en faire la recherche : Et a cefte fin Monfieur d'Eureux & Monfieur Martineau vn des Commiffaires firent vne exacte vifite dedans le Conuent : Cefte impofture arrache cefte exprobration de mon zele contre ma volonté, pardône-le moy s'il te plaift Lecteur, *O fcordalum, o prœligatum pectus* de croire que des Religieufes fe vouluffent rendre efclaues du Diable, ou d'en faire les actions pour enrichir leur Maifon, C'eft bien pluftoft le moyen de les appauurir; en quelle Theologie a-til appris que les Diables peuuent enrichir les hommes, & n'y a rien qui ruine cefte pauure Maifon qui commençoit à s'augmenter que cefte demonomanie, Mais ce qui fuit arrache la patience, que ce Picard leur apprenoit à faire ces grimaces deuant luy, pour les dreffer a faire le meftier du Diable; Y a-til Diable qui peuft auoir des conceptions plus endiablées. I'auois dit au commencement de ce difcours que le collier de Lycambe n'eſtoit pas trop rude punition, mais maintenant que le Vautour de Promethée ou la rouë d'Ixion ne pourroit pas vallablement expier ſes offences, diſant que des hommes qui ont donné ſincerement leurs aduis ſelon leurs conſciences, ſecondent les deſſains de ceux qui ont mis ces maleſices dans leur Conuent, qui les ont renduës eſclaues des Diables, leurs font reſſẽtir chaque iour mile tourmẽs, qui leur ont appris à ſe faindre demoniaques, & a faire des grimaces, pour les dreſſer à ce meſtier diabolique, c'eſt a dire, qu'ils ſont partiſans du Démon, fauteurs de ces méchancetés & pire que Démons : I'ay dit ce qu'il meriteroit, mais pourtant ils luy pardonnent, comme on doit faire a ceux qui ne ſçauent ce qu'ils font.

Il reuient encor ſur la reconnoiſſance des terres pour faire valoir l'ignorance de ſes mineurs ; Il n'y a ſi chetif creuſeur de Puys ou tireur de marle qui ne luy porte le dementy : Il a pour vray pris le témoignage de quelques gaſtadours au lieu de mineurs, qui ne remarquent point de lignes differentes aux matieres, Il faut le renuoyer inſtruire au Liure d'Hippocrate *de aëre, aquis & locis* ou il rapporte aſſés curieuſement la difference des terres, Ie luy diray auſſi que ces artiſans Hypogeens appellent les terres qui n'ont point ſenty le pic ny la beſche, terres vierges.

Il eſt touſiours naturel aux méchans de penſer du mal d'autruy, & meſurer les autres a leur aulne ; Il ſe figure que ces Filles cachent ces maleſices en leurs robbes, comme ſi ce leur eſtoit aduantage de ſe tromper en trompant les autres, on luy diſoit que leurs robbes n'ont ny fronçeure ny replis, & qu'elles ſont inconſutiles toutes d'vne venuë, Il dit que quand elles ſeroient toutes nuës, qu'il les ſoupçonneroit, il ne faut plus agir par raiſon auec vn homme qui ne defere pas au ſens, & comment pouuoir tromper tant d'argus, des yeux de Lynx ſi clair-voyans ; C'eſt trop decouurir ſa paſſion & ſa mauuaiſe volonté, a quel propos rapporter l'exemple de ceſte Monſtre ſonnante qu'on auoit cachée dans ce lieu ſecret qui ſe fit reconnoiſtre par le ſon. C'eſt bien rentré.

On ſçait bien qu'aux athées tout eſt prophane, ie ne le tiens pas tel, c'eſt pourquoy ie luy veux apprendre la difference des choſes ſacrées pour ne s'y plus tromper, les choſes ſacrées ſont telles de leur nature, ou par la Conſecration, ou comme ſignes des choſes vrayement ſacrées : en ceſte ſignification les Theologiens definiſſent le Sacrement *Sacræ rei ſignum* elles ſignifient auſſi les lieux ſacrés *ſacer eſt locus extra meito* & par antiphraſe auſſi on abuſe de leur acception, cõme quand on dit *auri ſacra fames, homo ſacer proſcelerato* : Ils luy diſent dõc que ces charmes pour la plus grãde partie ſont compoſés ou de l'Hoſtie ſacrée, ou du Suaire ſacré, ou du Cierge beniſt, qu'il ne ſçauroit deſauoüer pour ſacrés s'il eſt Chreſtien. Ils meſlent beaucoup d'autres choſes auec, qu'on ne tient point pour telles, mais il n'y euſt iamais vray charme qui ne fuſt meſlé de quelque choſe ſacrée ; & c'eſt en quoy eſt la gloire du Diable *diuinis aduerſus Deum nephariè vti*, & cela ſeruira pour reſponce à ce qu'il demande, qui vous a fait connoiſtre qu'elles ſont ſacrées par ce qu'elles vous l'ont dit, & on ne peut auoir rien de certain des fols ou malicieux, ou ce ſõt les Diables ; & quelle verité peut on attendre du pere du menſonge : On luy dit qu'ils ne tirent leur creance ny de l'vn ny de l'autre, mais du témoignage de tous les Exorciſtes & de la confeſſion des Magiciens & Sorciers, qui dedans les queſtions ont reconneu, que iamais charme ne ſe fait ſans choſe ſacrée : Premierement pour les prophaner, & apres contrequarrer Dieu, & faire ſeruir les choſes au mal que Dieu à deſtinées au bien : C'eſt pourquoy ils ſont ſi curieux d'attirer a leur cordelles les Preſtres, afin que par leur moyen ils puiſſent auoir commodement ces choſes.

S'il prend le temps pour la choſe, on luy auoüe que quelques fois ils ont manqué à faire voir ce qu'ils auoiẽt promis, mais touſiours l'ont ils fait, & il n'en ſçait pas la cauſe, pour ne ſçauoir pas la police des Démons leſquels, comme ils ſont de differents ordres, les vns ſont ſupérieurs, les autres ſont inférieurs, ſi les ſuperieurs promettent ils l'effectuent, mais non pas les inferieurs : qui ne peuuent ſans le conſentement des ſuperieurs : On a veu le procés entre Leuiathan qui eſt le ſuperieur, & Putiphar pour ces eſcrits qu'il auoit promis rapporter. Mais il eſt faux que Monſieur le Penitentier ait parlé du billet de Marie le Cheron, & que Monſieur de Vernon l'ayt veu à la Communion, & encor plus faux que celle qui n'eut iamais le nom de Phaeton ait voulu lui couler vn billet dans la main ; Il apprendra encor qu'il eſt de la police des Démons que quand Lucifer les enuoye pour prẽdre poſſeſſion d'vn corps, il leur baille ſes inſtructions comme on fait à ceux qu'en enuoye en Commiſſion, qu'ils n'oſeroient outre-paſſer & ſi

quelquefois

quelquefois par la force des exorcifmes ils y font cõtrains, ils font punis en la Synagogue, cela eft raporté par plufieurs Magiciens qui fe font reconnus.

Il leur reproche qu'ils affectent de paroiftre fauffaires, ou eft fon efprit de croire que ce crime doiue donner de l'affectation, il refembleroit a celui qui brufla le Temple d'Ephefe, il luy feroit indifferent d'eftre confideré par de mauuaifes actions, qu'il y cherche fa gloire tant qu'il voudra, ce n'eft pas la leur; ils deteftent autant la fauffeté comme il témoigne la cherir, & fi tous fes crimes eftoient punis, il meriteroit multiplicité de peines, de fauffaire, calomniateur & impofteur, de tous lefquels il eft cent fois conuaincu en cefte apologie.

Il demande reparation d'honneur avant que de decerner la punition, de laquelle il dit qu'ils font dignes pour l'auoir offencé, *priufquam maclaris excorias,* mais c'eft luy qui eft obligé en cõfcience de faire vne amende honorable pour les offences qu'il a fait à la verité à Meffieurs les Commiffaires, à ces pauures Filles, & aux Medecins qui l'ont fi charitablement aduerty de fes fautes, on tient les maux incurables qui s'aigriffent contre les remedes, fon efprit en eft de mefme, s'irritant contre les bons aduertiffemens.

Son mal va toufiours en empirant, il referue pour la fin les plus grands crimes, abufant de l'honneur de Dieu? de la grandeur de la Reyne & les rendans témoins d'vne proteftation la plus fauffe qui fut iamais, Difant qu'il n'a point veu en tout fon voyage chofe qui approchaft des actions qu'ils mettent en auant. Croit-il fe iuftifier de tous ces crimes par ce facrilege, Dieu qui eft le fcrutateur des cœurs, le vray cardiognofte qui voit les vlceres de fon ame, vangera fes offences, & fera connoiftre la verité, affirmant fi folemnellement vne chofe que fes ecrits conuainquent de faux, & que fa propre reconnoiffance condamne, eft-ce pas eftre impudẽt au dernier point : Oferoit-il defauoüer leur auoir veu faire toutes les contorfions, mouuemens violens & extraordinaires qu'ils rapportent & qu'il a reconnus en fon examen : Pourroit-il denier les execrations, les blafphemes qu'elles font en Communiant, & il auoüe que cela luy a donné de l'horreur : Sçait-il pas bien qu'elles ont appelé plufieurs perfonnes par leur nom en fa prefence, qu'elles n'auoient iamais veus : Reconnoit-il pas luy mefme qu'elles entendent le Latin & quelques paroles eftrangeres, & en

a-til pas veu fe battre fort long-temps la tefte de toute leur force
contre le plancher, & ne fentir aucun mal, n'y n'eftre refté aucune
marque ny contufion ; Il excipe pour vne, mais contre verité, &
vne infinité d'autres actions qui ne font pas feulement approchantes, mais les mefmes chofes qu'ils difent, & penfe-til qu'on puiffe
croire cy apres quelque chofe qu'il puiffe dire, ayant fait des pro-
teftations fi folemnelles au contraire de ces verités.

Apres s'eftre ainfi engagé en vne proteftation fi criminelle, il
paffe au chancre de cefte Madelaine, ou il reüffit encor plus mal,
fignalant fon ignorance de falfités, de fuppofitions & d'impoftures,
car ces trois chofes font toufiours en complicité auec luy & n'a-
bandonnent non plus fes paroles que l'ombre fait le corps : On
luy reprefente en la refponce a l'Examen, qu'eftant au point d'vne
cure defefperée, il auoit efté guery en trois iours, ce qui ne pouuoit eftre que par vne cure miraculeufe, quand Dieu dône χαρισμα
τῆς ὑγειας, Comme il a fait aux Sainéts ou par le Démon, à quoy il
ne peut repartir, mais fa mauuaife foy le fait [efquiuer difant qu'il
y a peu d'apparence que s'en fuft vn : s'il la veu il témoigne fon
ignorance, s'il ne la pas veu, veut-il qu'on croye fes imaginations
au prejudice des perfonnes differentes qui l'ont veu & traiéteé au
parauant mefme qu'elle fuft en la religion, au prejudice d'elle-
mefme qui la reconneu par fa propre confeffion en fon interrogatoire. Il impofe auffi au fieur Breant Medecin de Louuiers,
difant qu'il ne la ofé affeurer, & qu'il ne luy a fçeu dire les fignes
du Cancer : C'eft faire vn affront à la verité, & trop mal iugé de
la fuffifance d'vn homme qui fait la Medecine depuis vingt ans
auec reputation, de ne fçauoir pas les fignes d'vn Cancer : Au
contraire & luy & les Chirurgiens qui l'ont traitée en ont baillé
leurs atteftations precifes & certaines à Meffieurs les Commiffaires,
& elle mefme la reconneu & auoüé aux Medecins de Roüen qui
l'ont vifitée en la prefence de Monfieur de Morangis Confeiller du
Roy en fes Confeils d'Eftat, & Cõmiffaire de fa Majefté en cefte
part, Et comme il fçait en fon ame qu'il eftoit chancre, le fynderefe
le picquant pour cefte neance, il efquiue, difant *que quand s'en
feroit vn, qui vous a dit qu'il eft guary parfaitement,* l'œil & le
toucher en vn moment donnent cefte connoiffance.

En la deduction de ce fait, il proftitue trop miferablement fa reputation, i'appelle les manes d'Hippocrate, & tous ceux qui font

obligés à sa doctrine par serment, s'il y a ignorance pareille à celle dont son discours le conuainc, & pour le faire voir clairement, ie poseray le fait, vne fille aagée de 38. ans a esté trauaillée depuis douze ans d'vn chancre en la mammelle, du commencement en tumeur, & depuis quatre ou cinq ans vlceré, mais d'vlceres si profonds qu'ils receuoient des tentes de la longueur du doigt, comme elle a reconneu deuant Messieurs les Commissaires & les Medecins de Roüen. Ce chancre a esté guary en trois iours bien que desesperé, & en l'extremité ou il estoit, en sorte qu'il ne paroist en ce sein ny cicatrice, ny dureté, ny inegalité, sa figure rõde, la peau aussi blanche & polie que s'il n'y auoit iamais eu mal, le poupeau comme celuy d'vne fille, petit, rond, & de bonne couleur, restant seulement vne petite cauité au dessous fort bien cicatrisée pour mettre vn petit poix : voila l'estat du mal & de la guarison. Il dit *que la crainte a eu assés de puissance pour faire vn retour d'humeur en l'interieur d'vne partie qui auoit entretenu l'vlcere en dehors, & qu'apres le transport de matiere ayant osté la tente, la reünion de la peau s'est faite.* Mais examinons vn peu l'impertinence de ceste exception, posé premierement ceste maxime d'Hippocrate que les chancres vlcerés ne se guarissent iamais, si ce n'est par l'amputation de la partie chancreuse, les moins experimentés Medecins sçauent ce que peut l'Antiperistase & les translatiõs critiques ou symptomatiques, que quelquesfois les erisipeles ou leur matiere rẽtre du dehors au dedãs & cela peut arriuer aux humeurs qui sont encore en mouuement que les Medecins appellent ρεῦμα ὁρμώμενον; mais d'vn mal consistãt en vne partie, & encor d'vn chancre tumefié & puis vlceré, où la meilleure partie de la substance & de l'humidité radicale est cõsommée, ou la partie tombe en mortification, en trois iours voit ceste renouation, il est impossible de toute impossibilité : Ce recours d'humeurs rendroit il a la partie sa figure, sa consistence, sa substance & toutes les conditions naturelles qui se voyent maintenant en ce sein ; Mais Dieu quelle cause de ce retour, la crainte, dit-il, qui fait plustost le recours des esprits que des humeurs, aussi la verité le prenant à la gorge, il est contraint de dire qu'il trouue cela assés difficile, non pas seulement difficile mais impossible, & contre toutes les regles de la medecine, qu'il donne donc les mains & qu'il reconnoisse ingenuëment que ceste cure si prodigieuse ne peut proceder que du Démon, qu'il tire luy mesme le reste de la consequence.

Il penfe encor couurir vne autre ignorance, mais d'vn fac moüillé, ayant dit que cefte Fille qu'il auoit vifitée en fa Cellule, dont les violens mouuemens l'auoient furpris, eftoit trauaillée de fuffocation de matrice, qu'il approuue en paffant que les fuffocations ne donnent iamais de mouuemens fi violens, mais feulement des groullemens de ventre, des borborigmes & des meteorifmes, & quelques mouuemens de trepidation, il pafferoit pour des conuulfions de matrice, mais non pas pour de fimples fuffocations, aufquelles quand elles font parfaites, les femmes & filles demeurent comme demy-mortes, & a-ton peine à reconnoiftre la vie par les glaces qu'on leur oppofe, pour auoir quelque témoignage de leur refpiration : Et cependant il dit que cefte Fille crioit qu'elle fe donnoit au Diable, on luy obiectoit d'Hippocrate qu'en cet eftat la femme eft ἄφωνος, fans parole, il n'oze nier tout à fait Hippocrate, mais qu'il n'a parlé que d'vne ou de deux ; quand Hippocrate dit ἄφωνος γυνὴ γίνεται, ce n'eft point vne hiftoire, c'eft vne decifion ou theoreme, & comme feroit il poffible qu'elles peuffent crier, qu'elles ne peuuent pas feulement refpirer, faut-il point d'air pour la voix, & elles n'en peuuent tirer & ne fubfiftẽt que par trâfpiration ἄδηλον διαπνοη, en forte qu'on a mis au cercueil plufieurs qu'on croioit mortes, qui pourtant n'eftoient que fuffoquées.

Il les accufe de citer Saint Hierofme à faux, de faire parler Hippocrate autrement qu'il ne veut, & de prendre Ariftarque pour Philopœmen. De tous ces trois Chefs il en doibt eftre condamné aux defpens & à l'amende comme d'vne fauffe accufation. Pour Saint Hierofme, qu'il produife le lieu, il n'a garde il le fairoit rougir : Pour l'Hippocrate on luy vient de faire voir fon erreur, & pour Ariftarque pour Philopœmen il ne void pas que luy mefme fault plus lourdement, prenant Ariftarque pour Agefilaus qu'il dit que de Lamperiere a pris pour Philopœmen. Cette faute feroit plus excufable en vn homme de 80. ans comme il dit qu'il a, y ayant plus de cinquante ans qu'il n'a veu d'humanitez, qu'a vn ieune homme d'vne memoire prodigieufe comme luy; mais il erre en l'vn & en l'autre : Il luy dit qu'il entend d'Agefilaus & non de Philopœmen, auquel il eft vray que fon hofteffe fit fendre du bois penfant que fe fuft vn valet, & dit a fes gens qui le trouuerent en cet eftat, qu'il portoit la penitence de fa mauuaife mine : Mais il l'entend d'Agefilaus qui eftoit d'vne face fi defa-
greable

greable, boiteux, de petite stature, *& forma despicabili,* comme disent les Autheurs, de sorte que Diapethés le Deuin fit tout ce qu'il peust à cause de cette mauuaise mine pour empescher qu'il ne fust esleu Roy ; & comme il demandoit à vne femme de Sparthe pourquoy elle le hayssoit, à cause de ta mauuaise mine dit elle, & que tu ne nous engendreras que des Roytelets, ce qu'ils reprouuoient tellement que les Spartains condamnerent en amende Archidamus, parce qu'il auoit espouzé vne femme fort petite & mal faite, Car pour Philopœmen il estoit très-beau comme rapporte Plutarque, & se voit manifestement par son pourtraict qui estoit en Delphe, mais par ce qu'il estoit tousiours mal vestu, ceste femme de Megare luy faisoit fendre du bois pesant que ce fut vn valet. Ce n'estoit donc pas sa mauuaise mine comme son Chirurgien, mais son mauuais habit qui le fit méconnoistre, & comme la mauuaise mine d'Agesilaus, voilà que c'est de parler de choses qu'on ne sçait pas.

Ils luy auoüent librement qu'ils ont mauuaise grace a faire les bouffons, ce n'est pas leur jeu, ils luy laissent ceste perfection ; mais pour les Diables Normands dont il parle, qu'il croye qu'ils sont aussi mauuais que les François, ils leur ont autrefois fait sentir leurs griffes, c'est pourquoy ils en craignent encor la fureur, mais maintenant ce sont pauures diables ils n'ont plus d'argent caché : Qu'il voye en la monarchie diabolique d'Algazel si les François & les Normands sont de differentes especes : On se reserue au traicté promis de luy faire voir s'ils parlent d'eux mesmes ou s'ils sont contraints de parler par les organes de ceux qu'ils possedent : ou il trouuera plus a apprendre qu'a bouffonner.

Il les enuoye en Anticyre, mais il sera le patron de la barque, & si on craint que l'Elebore n'ayt point assés d'effect pour luy, par ce que son mal *non est medicabilis herbis,* l'Euphorbe ne feroit pas sortir ce Demon de son esprit *nec quidquid in tota nascitur Anticyra* s'il n'y trouuoit quelque autre Melanpe qui le guarist comme il fit la folie des filles petides.

Ils luy auoient representé en la response a l'examen pour témoignage d'vn esprit irresolu en ses opinions & qui ne sçauoit à qui s'arrester, qu'il attribuoit les accidens de ces Filles tantost à leur imagination peruertie, apres que ce n'estoit que fourberie, tantost pure imposture, tantost y temoignant quelque deference, tantost

P

que c'eſtoit mal de mere, après que ces poſſeſſions eſtoient fauſſes, tantoſt qu'il les falloit rapporter à l'impieté, & puis à des ſuppoſitions, tantoſt à vne conuerſation contagieuſe, & enfin a ignorance & folie. Ce ſont ſes propres termes dedans tant de variations, qui ſera le plus indulgent qui ne le prenne pour vn Chameleon, qui ne peut trouuer dedans le vague de ſes conceptions vn point pour l'arreſter : On comparoit ceſte cõfuſion de ſon eſprit à l'eſcu de Bourgongne qui n'eſt que quartelé ? Il a raiſon d'accuſer ceſte comparaiſon, il le falloit prendre ſur quelque choſe qui euſt douze changemens, & faire vn Zodiaque de ſes douze opinions comme de douze eſtoilles errantes : Mais quel emplaſtre met-il ſur ce mal, il dit que de ces 23. Filles les vnes ſont folles, les autres malicieuſes, c'eſt à dire que toutes ces belles conditions ſe retrouuent *in ſenſu compoſito*, & qu'il y a diuers motifs & diuerſes agitations en elles, & c'eſt ce qui eſt abſolument faux, tous les ſignes de ceſte poſſeſſion eſtant vniuocques en toutes, differentes ſeulement du plus au moins, & leurs agitations, extrauagances, & execrations ſemblables : ceſte exception donc ne veut rien dire.

Pour faire voir l'erreur de ſon imagination croiant que ceſte poſſeſſion fuſt imaginaire, outre pluſieurs autres raiſons plus puiſſantes, on luy diſoit auec l'Ariſtote que la nuiƈt pour l'horreur des tenebres, qui formẽt vne varieté de ſpeƈtres, pour l'eleuation des fumées noires de l'humeur melancholic, qui domine en ce temps deuroit dauantage peruertir leur imagination : & au cõtraire c'eſt lorſqu'elles ont plus de repos & de tranquilité. Il penſe eſquiuer ceſte verité, pour dire qu'eſtant laſſées du tourment du iour precedent, elles ſont bien ayſes de ſe reparer par le dormir, pour eſtre preparées le lendemain a d'autres ſtratagemes : Voila des raiſons extrauagantes. Celles qui feroient incõmodées par imaginations peruerties, comme il veut, ou malade de la matrice, auroient elles puiſſance de faire chommer ces maux la nuiƈt, commanderoient elles les maux à diſcretiõ, voila vn beau iugement d'homme : Qu'il apprenne que la cauſe de ce plus grand repos eſt que leurs Démons les quittent en ce temps pour faire leur comparence & aller rendre raiſon de leur fait à la ſynagogue c'eſt à dire au ſabat.

Il leur impute qu'ils ſont bien noueaux en la connoiſſance des effets de l'immagination bleſſée : il eſt vray en la ſienne, Car celle qu'il prefche eft toute nouuelle mais erronée, ridicule & impertinente, & s'eftonnent comme elle peut trouuer place en fon efprit : Il fait l'imagination contagieufe & communicable : Cefte doctrine eft indique non feulement d'vn Philofophe, mais d'vn homme de fens : Sçait-il pas cette axiome de Philofophie que *Noftrum fcire noftrum cogitare nihil ponit in re*, qui ne fçait pas que l'imagination peruertie eft capable de toutes fortes d'extrauagances, que tout ce qui eft de plus eftrange en la nature luy peut feruir d'obiect, biē plus qu'elle peut imprimer en l'imagināt l'efpece qu'il aura puiffamment imaginée, fi nous en croyons Auicenne qui dit que *fortis imaginatio facit cafum*, ce fens meftif gourmande la raifon : C'eft ce cheual noir comme difoit Platon qui emporte le blanc ; mais que les chofes imaginées puiffent faire impreffion ou caufer vn femblable effect en vn autre, c'eft erreur & ignorance. Quelque faux object pourroit bien reprefenter en l'imagination de deux differētes perfonnes mefmes efpeces, Yuelin fe peut imaginer qu'il eft vn grand & habile homme & Turlupin tout de mefme, mais que l'imaginer de l'vn puiffe fe communiquer à l'autre, C'eft vne herefie en Phyfiologie ; Ils auoüent qu'on peut fe perfuader par l'erreur de l'imagination qu'on eft poffedé encor qu'on ne le foit pas, parce que cefte fauffe efpece la peut illuder comme vn autre faux object, mais que l'imaginant puiffe produire vne pareille imagination en vn autre qu'ils appellent *ad extra*, cela eft faux : les vns ont leur imagination peruertie fur vn object, les autres fur vn autre μῶρια ουκ πασιν ομόια.

Mais en quel Lexicon trouue-til que αθυμώτερη και ολιγωτερη φυσις ἠ γυναικείη fignifie que les femmes & les filles foient difpofées à la folie, il fignifie bien qu'elles ont peu de courage & peu de force, il feroit bon truchement, il rapporteroit fort fidelement les chofes.

Il eft vray que la retraite, la folitude, les meditations, les veilles, l'aprehenfion des iugemens de Dieu, & quelques-fois les tentatiōs diminuent la vigueur du corps, cōfomment la chalevr naturelle, & affoibliffent les efprits : & que ceux qui s'occupent aux abftractiōs, cōtentions d'efprit, applications, vnions (qui font les plus puiffantes actions des Religieux) dérobent au corps ce qui deuroit eftre employé à fes actions ; mais que pour cela ils viennent fols ou demoniaques, il n'y a pas de raifon ; Dieu affifte de fes graces celles que le zele de le feruir attire à la religion, il porte la moitié du joug, & rend l'autre moitié douce & fuaue, leur donne des graces à fuffire pour fupporter toutes les incommodités, & la genereufe refolution des bons Religieux, eft qu'ils peuuent tout en la force & l'affiftance de celuy qui les conforte, & fi ils ne viennent point fols pour cela.

Mais quelle impieté à la fuite d'vn fi mauuais difcours, de dire que la frequentation des hõmes leur pourroit feruir de preferuatif pour tels maux, y a-til Proagogue ou Courtier de chair qui peuft donner de plus mauuais confeils à des Filles Religieufes de fe proftituer, de fe feruir des hommes, fon autre confeil ne vaut pas mieux, qui eft de quitter le Conuent, c'eft a dire les faire apoftafier, tromper Dieu, fauffer leurs vœux, faire banqueroute au voile & au froc, qu'il voye vn peu dedans Saint Ambroife *ad virginem lapfam* quel crime c'eft que *Carnem polluere virginem*, mais de faire feruir leurs confeffeurs cõme de proxenettes de ces impudicités, ie croy que ces bons confeils font des effects de la puiffance que les Démons ont jà fur fon efprit, pour auoir fi bien plaidé leur caufe.

I'ay honte d'exagerer dauantage ces crimes, ie ramaffe mes efprits pour l'aduertir charitablemẽt de les expier par vne recõnoiffance de fes fautes, & par vne proteftation de s'en abftenir d'orefnauant. Et encor pourquoy vouloir regler les confeffions de ces Filles à fa mode, leur faire dire qu'elles ont enuie de fe marier, ou de quitter le Conuent, & toutes leurs miferes, tous leurs tourmẽs n'ont pas eu la puiffance fur elles, à l'inftante priere de leurs parens fous la permiffion des fuperieurs, de les faire fortir, excepte vne ou deux que les incommodités de quelques maladies ont fait fortir contre leur volonté, mais pour obeïr à la volonté de leurs parens, pour changer d'air, n'ayans iamais efté poffedées ny obfedées, mais pour y trouuer quelque remede à leurs maux.

Apres ces paroles d'horreur, il reuient à la fingerie, mais ie m'eftonne qu'ayant efté fi bien releué en la reponfe à l'examen, il luy prend enuie d'en parler; Il veut faire valoir le prouerbe *fimia femper fimia*, mais c'eft vn finge trafuefty en Lyon, il eft vray que c'eft de ces Lyons d'Heliogabale qui faifoient peur fans mal, qui pourtant s'effaye des dents & des ongles de dechirer l'honneur & la reputation des gens de bien, mais voyons les effets de fa fingerie pour faire paffer fon erreur pour vne verité, comme vn fin Ioüeur de gobelets. Il eft vray que l'initiation eft vn effect de noftre vo-

lonté,

lonté, qui nous porte en vn defir de reffembler à ceux dont nous eftimons les vertus, la fcience ou le courage, les trophées de Miltiadés excitoient le courage de Themiftoclés pour luy faire reffembler en generofité, mais l'imitation n'eft pas la fingerie qui n'eft qu'vne action vile & abjecte, ou par des poftures indecentes & trompeufes, ou par d'autres actions ridicules & mal-feantes aux perfonnes d'honneur ou de confideration, proprement vn badinage, & feulement propre aux enfans ou aux Farceurs.

Il fait comme ceux qui font hors du chemin, plus ils le continuent plus ils fe fouruoyent, qui a iamais dit, que luy, que l'action de contrefaire les poffedées foit agreable & profitable à ceux qui s'en meflent, il luy faudroit dōner la punition pour ces Cacodoxes, de celui qui nyoit le feu eftre chaud, luy faire fentir, car cefte imitation ne cauferoit pas l'anaftifie aux parties cōme elle fait à ceux qui font veritablement poffedés : Il verroit quel plaifir c'eft de fe froiffer la tefte tout vn iour contre un ais ou la paroy & fe detordre les membres par des conuulfions fimulées, c'eft ainfi qu'il faut contraindre ces mauuais efprits à la reconnoiffance de la verité, fuiuant l'aduis du Prophète *auec le mors & la gourmette, le caneffon & la baguette, In chamo & freno maxilas eorum conftringe.*

Tout ce qu'il dit au refte de cefte page ne font que paroles fans folidité *& fine mente fonus* que nous ne fçauons pas toufiours la fin de nos actions ; C'eft ce que les hommes de iugement doiuent faire fuiuant cet axiome de philofophie *quod eft vltimum in executione, illud eft primum in intentione,* c'eft la caufe finale qui meult l'efficiente, & nous ne deuons point faire d'action qu'en confiderant la fin laquelle fe doit conuertir auec l'object, c'eft pourquoy on appelle la fin τελος ψ à laquelle toutes chofes doiuent eftre referées ; C'eft cefte belle maxime de laquelle l'Ariftote cōmence fon traité de mœurs, & cela principalement pour les actions *quæ funt ad extrà* comme parlent les Theologiens.

En cefte derniere claufe, fans y fonger, il figne fa condamnation, Car puis qu'il dit que nous ne fçauons pas toufiours la fin de nos actions, & que nous ne fçauons bien iuger de celles de ces Filles, pourquoy trompe-til le public par des affertions abfolument negatiues de leur poffeffion ; il reconnoift qu'il n'en peut pas iuger abfolument, & il veut qu'on prenne fes opinions chimeriques pour veritès, Comme fi Dieu parloit d'vne machine *Tanquam* θεος απὸ μιχανη, ie luy confeille s'il veut qu'on le croye d'orefnauant qu'il obtienne des lettres en la Chancellerie pour fe faire releuer de cefte confeffion, puis qu'elle luy fait perdre tout à fait fa caufe.

L'autheur de la refpõce pour luy faire perdre la creance de la folie qu'il imputoit à ces Filles, luy auoit dit que hors de leurs accés elles reconnoiffent l'horreur de leurs blafphemes, que tout ce qu'elles difoient eftoit contre leur volõté, que c'eftoit par des violences & cõtraintes aufquelles elles ne pouuoient refifter, en temoignoient des deplaifirs & contritions extraordinaires, lauoient ces fautes de leurs larmes, & le proteftoient en leurs confeffions : Comment dit-il vn iugement bien formé peut il compatir auec vne alienation d'efprit, voila conclu en Philofophe du port au foing : On luy dit qu'il confidere le temps & qu'il accordera les ecritures : Il eft très vray que deux contraires extrefmes ne peuuent eftre *fimul & femel* en vn mefme fujeɛt & en vn mefme temps encor que cefte maxime reçoiue exception pour les chofes eterogenes & pour les contraires qui font feulement εν δυναμι en puiffance, mais ne peuuent-ils pas eftre fucceffiuement, vn mefme fujeɛt ? peut-il pas receuoir le chaud & le froid l'vn apres l'autre ? & fon efprit peut-il pas receuoir l'impreffion de la verité en quelque autre fujeɛt, & en ceftuy-cy il n'en reçoit que de fauffeté & de menterie ? & s'il fçauoit quelque chofe en droit, il verroit qu'il eft permis aux fols qui ont des interuales de tefter, qui eft vne aɛtion de prudence & de iugement par deffus toutes les aɛtions humaines. On luy dit plus, que les mauuaifes aɛtions de ces Filles & celles de leur recõnoiffance ne font pas aɛtes de contrarieté, parce que les contraires doiuent eftre d'vn mefme fujeɛt, or les refipifcences font aɛtions de la volonté de ces Filles, & les mauuaifes aɛtions font les effeɛts du Démon, & partant il n'y a pas relation de contrarieté. On le prie de confiderer fi ces raifons font d'vn homme qui radote, & qu'il s'afleure que l'aage ne luy a rien diminué du jugement, en voicy vn effeɛt, tirant de fes paroles vne confequence toute contraire à fon deffein ; vn jugement bien formé, dit-il, ne peut compatir auec vne alienation d'efprit par l'ordre de la nature, or le iugement de ces Filles & l'alienation de leur efprit fubfiftent (ie parle felon fon fens) & partant ce ne peut eftre par la nature, il faut donc que ce foit par miracle, ou par le Démon.

Il fait voir icy comme les fautes continuées en forment vne habitude. En voicy vne preuue en sa belle similitude, *Ie le trouue aussi difficile*, dit il, *comme de voir vn Medecin habile homme, suiure les sentimens d'vn Ecclesiastique vertueux qui tascheroit d'abuser le peuple, voulant faire passer vne fourberie pour vne verité.* Ie suis ennuyé de luy representer si souuent ses acrisies, mais ceste-cy est inexcusable. A-til veu des Ecclesiastiques vertueux qui taschassent d'abuser le peuple, voulant faire passer des fourberies pour des verités? ces choses sont-il compatibles? de quoy n'est point capable l'esprit humain quand il est demonté.

Il est tousiours luy mesme à la fin comme au commencement, c'est a dire secõd en suppositions. Pour faire voir que la folie (qu'il pretend estre en ces Filles cause de toutes ces violentes actions) estoit vne vraye chimere de son esprit, on luy demandoit s'il auoit reconneu aucune action de folie aprés estre hors de leurs accés? Il repart, *a-ton iamais veu des personnes sages apres qu'elles ne sont plus folles :* Il faut le renuoyer estudier les differences de l'habitude & de la disposition, de la faculté & de l'action; l'homme est animal raisonnable, c'est la faculté & l'habitude : Il ratiocine, c'est l'action & l'effect, cet effect ne rapporte pas tousiours a la faculté, car encor que nous ratiocinions mal, nous ne laissons pas d'estre animaux raisonnables : C'est ce que ie luy disois, il y a peu de lignes que les fols dans leurs interuales peuuẽt tester, parce que lors ils ont le iugement bon, & leurs folies sont periodiques cõme les autres maux qui recidiuent & nous attaquent successiuement. C'est en ce sens que l'Hippocrate nous enseigne que les melancolies sont plus ordinaires au Printemps & en Automne, qu'aux autres saisons : Il faut donc que ceste folie soit relatiue à la sagesse comme contraire priuatif en vn mesme suject, sçauoir en l'esprit de l'homme, ou en son imagination : Or il n'en est pas ainsi en ces Filles, parce que lors qu'elles font ces extrauagances elles sont aussi sages comme quand elles en sont dehors, *quantum ad esse* comme disent les Theologiens *sed non quantum ad operari* : Aussi ce ne sont pas elles qui les font, sont leurs Demons par elles : Elles sont comme la Lyre que l'archet fait jouër, mais ceste philosophie est vn peu delicate pour luy, il est plus practic en l'eutrapelie ou en l'alienation du domaine.

Il n'estoit point besoin d'appeler Montanus pour garant de la difference des actions melancoliques, mais qu'il ne prenne point melācolie pour manie où Galien le prendra à partie, & qu'il croye que l'vne ny l'autre n'approche point des extrauagances demoniaques.

Il replie les voiles de ses conceptions égarées sur la fin de ceste Apologie, & sa philautie le chatoüillant d'vne vaine complaisance de ses loüanges, anime son esprit & le fait s'expliquer en meilleurs termes, mais plus indignes de gens de courage ausquels *laus proprio sordescit in ore.* Il a conjuré toutes les puissances de son esprit pour luy fournir de quoy se releuer & deprimer les autres, mais par des mensonges & calomnies suiuant sa coustume ; *Il les accuse d'ignorance & de meschanceté, leur disant que ce sont les acclamations qu'ils doiuent esperer de leurs trauaux en faueur de la possession.* Il luy disent que la recompense d'vn bien-fait est de l'auoir fait, c'est ceste satisfaction qui les contente ; parce qu'ayant veu la verité si mal traitée en son examen, tant de crimes contre l'honneur & la gloire de Dieu, côtre la croyance de l'Eglise, tant de blasphemes contre la religion, tant d'irreuerence contre les Prelats, tant d'injures contre l'innocence & la debonnaireté de ces Filles, (Ils ne mettent point en compte les leurs, ils les luy pardōnent de bon cœur) il n'eust pas esté possible à la modestie mesme de les dissimuler ; c'eust esté trahir laschement le party de la verité, & par vn silence honteux authoriser le mensonge. Dieu qui est le seul iuge entr'eux & luy, connoist la sincerité de leurs desseins & l'integrité de leurs actions.

Le mepris ou approbation de sa suffisance qu'ils pourroient faire, ne le doit point toucher ; Parce qu'il dit que l'vn n'est qu'vn vieil radoteur, & l'autre vn ignorant : & qu'on ne peut pas attendre grande recommandation de telles gens. Que sa vanité le porte par dessus l'epicicle de la Lune, qu'il se face Iupiter comme ce fol de Menecrates, ils luy feront la mesme repartie que luy fit Philipe de Maced. *Menecrato dianoiam* santé d'esprit a Yuelin qu'il acheue de perdre ce qui luy en reste dans l'anthousiasme des bonnes opinions qu'il a de luy, qu'il se vante tant qu'il luy plaira d'estre sorty de ceste palestre academique comme ce glorieux soldat de Plaute, mais plustost comme ce Capitan *Vinciguerra,* plain de la poussiere du camp & du sang des ennemis qu'il n'auoit veu que par la guerite : Ils ne luy enuient point, & luy disent que ceste cefte pouffiere de laquelle il veut qu'on croye qu'il foit forty glorieux n'eft point cette là qu'on appelle *Eruditum puluerem quem nunquam attigit,* ou bien celle du Pouffol de laquelle comme raporte Seneque les Romains fe feruoient *In alindefi* pour nettoyer les tafches, & la craffe du corps, mais celle dōt parle Ciceron aux Tufculanes qui fe conuertit auffi toft en boüe & de laquelle on ne fe peut retirer fans ayde : tant y a qu'ils le laiffent courtifer fes bōnes opinions, de la conionction illegitime defquelles auec fon amour propre, il a engendré deux mōftres δοξοποιιαν και κενοδοξιαν, mais la Cadette en a produit vn pire δοξομανιαν, voila les belles productions de la vanité.

Après s'eftre ainfi fatté comme vn chat de fa queuë, Il dit qu'ils font infolens de dire qu'il a efquiué leur prefence, qu'elle autre raifon vray-femblable peut-il dōner de fa retraite ? auoit-il deffain ou parloit-il de s'en aller, le foir dōt il partit le lendemain ayant fçeu qu'ils arriueroient le matin ? eftoit-il pas importāt pour fon hōneur de concerter auec eux fes raifons, & leur faire connoiftre les motifs de fon opinion : de quelque caufe qu'il veüille couurir cefte retraite fi foudaine, elle le décrie & fait vn grand tort à fa reputation ; il fe trompe s'il croit, qu'ils facent gloire de cefte fuite ; parce que la victoire ne s'acquiert que par le combat, & le triomphe par la victoire.

Il a parlé dit-il *fouuent en des lieux ou l'vn d'eux a eu fouuent le filet, ou comme celuy d'Athenee le hocquet :* Il reffemble a ce fat de foldat qui reprochoit a fon Capitaine qu'il auoit efté en des lieux aufquels il n'auroit ozé aller, auquel comme il vouloit faire bailler l'Anguillade pour cefte impudence, il l'appaifa, luy difant que c'eftoit au bordel & au cabaret, ou il fçauoit bien qu'il ne voudroit pas aller, pour l'vn il y a fait vn cours ; pour l'autre l'exemple le conuie. Il connoit fort mal les defauts de celuy qu'il accufe, *luy imputant le manque de parole ;* il l'affeure qu'elle ne luy a fait iamais faux-bond, & qu'il l'a trés à l'aife ; mais il fait comme ceux qui faute de bien reconnoiftre la place qu'ils affiegent, l'attaquent par le plus fort endroit. Qu'il s'affeure qu'en quelque endroit qu'il aye parlé, iamais les paroles ny les conceptions ne luy ont manqué, & qu'il ne s'eft iamais prefenté occafion de deffendre l'honneur de fa profeffion, la reputation & les priuileges de leur College, qu'il ne s'y foit porté auec courage & n'en foit forty auec honneur & effect, & deuant Monseigneur le Chancelier, & en plusieurs actions au Parlement; Messieurs ses Confreres luy ayant tousiours fait l'honneur de le charger de ces commissions.

Il luy a obligation de le rappeler de ceste extréme vieillesse qu'il luy donne, au temps que tant de brillantes lumieres en faisoient voir l'éclat dedans les Escholes il y a cinquante ans, & de luy faire resouuenir de ceste These non pas *de amuletis* comme il dit, mais *de Periaptis,* qu'il y souftint auec honneur, & luy acquist de la reputation, & l'affection de ceux qui luy firent la faueur d'y assister, entre lesquels estoient feu Monseigneur le Cardinal de Guise & Monseigneur le Cheualier son Frere, & vn nombre infiny d'autres gens d'honneur; que la nouueauté des points qui y estoient traités, & qui n'auoient iamais esté proposez aux Escholes y auoit appelés : Il est vray qu'il la deffendit sans l'aide de son President, parce qu'il n'estoit pas de ses aduis, & à la fin de l'acte, deffunct Monsieur de Monantheuil & plusieurs autres Docteurs des plus celebres de l'Eschole hautement l'en congratulerent. Il m'a forcé de rapporter pour luy ceste histoire, qu'il prie le Lecteur de ne luy point imputer à vanité : Ce jeune homme estoit encor pour lors bien auant dedans le roulleau du temps.

Il finit par vn aduertissement mais tres injuste, aussi falloit-il que la fin fust comme le commencement; on luy auoit dit que son discours estoit vn monstre à trois testes du Dragon, du Lyon & de la Chimere, c'est a dire l'injustice; leur imposant vne loy qu'il fait gloire de violer ; c'est vn precepte moral

Patere legem quam ipse tuleris.

Après auoir fait le Theon en toute ceste Apologie, apres auoir dechiré leur reputation par mille médisances & calomnies, enchery par dessus tous les artifices injurieux d'Archiloque, inuenté mille fourbes pour les offencer, les vouloir obliger de garder la modestie en leur responfe, ce peut il trouuer vne plus capitale injustice, Tant d'offences *etiam Cercophyto bilem mouerent,* & il veut qu'ils rebouient leur eau, qu'il sçache que *multum sibi adijcit lacessita virtus,* & neantmoins la charité les eust obligés de trahir leurs ressentimens iusques au point de deferer à ses aduertissemēs, n'eust esté deux falsités insignes qu'il a commises depuis son Apologie publiée, sur ce que le sieur Maignard s'estoit plaint à Monsieur de la Vigne Doyen de la faculté de Medecine de Paris, que le fieur Yuelin fans luy en auoir donné aucun fujeƈt, luy auoit fait tant d'indignités en fon écrit : Il a falfifié deux Lettres dudit fieur de la Vigne les a fous-criptes de fon nom, comme de refponces faites par luy, du mefme ftyle de fon Apologie, c'eft a dire offenfiues & inieurieufes, & pour publier dauantage ces falfités, les a fait imprimer, & en a enuoyé plufieurs copies à fes partifans de deçà, ayant efté fi mal aduifé d'en écrire vne de fa propre main, de forte qu'il a verifié ce prouerbe *forex iudicio fuo capitur*, ne fe fouuenant pas qu'il y a quelque temps qu'il leur auoit refcript auec toute forte d'honneur & de defference, & que l'vne pourroit verifier l'autre; dequoy le fieur de la Vigne ayant eu aduis, a défauoué lefdites Lettres & témoigné le reffentiment de l'offence que cefte falfification luy faifoit. Cefte fuppofition eft vrayement criminelle, mais tres honteufe entre les gens d'honneur; & fait voir que *Citius œthiops mutaret pellem* qu'vn homme accouftumé à ces crimes s'en empefchaft ; & comme on doit faire eftat de toute la piece par cet échantillon, cela les oblige a en donner aduis au public, & particulieremēt à Monfieur le Cenfeur de la Faculté de Medecine de Paris, comme de chofe importante a l'honneur & reputation de l'Efchole pour luy en faire telle reprimande que de raifon. Cependaut ils prieront Dieu qu'il abatte les catharaƈtes des yeux de fon efprit, qu'il diffipe les fumées de la paffion qui les trouble, afin qu'il puiffe reconnoiftre la verité qu'il a fi mal traiƈtée, & qu'il luy fatisface par vn defaueu public de tant de fuppofitions, impoftures, & falfités dont il l'a offencée, ou autrement qu'il s'affeure que là bas *ultrix accincta flagello Thifiphone infultans torvofq; finiftra intentans angues tantorum fœva malorum Supplicia expendet,* & qu'il fe reprefente auec Theocrite, Εν τε τελει ὁρε θεος το αλιτρὸν. que Dieu trouue enfin les méchans.

FIN.

Responce à la Lettre au Sieur du Bal.

JE ne repartirois à ceste Lettre qu'il a attachée à son Apologie comme vne épiphyse de ses suppositions, n'estoit que la qualité imaginaire qu'il y prend pourroit causer quelque scrupule en l'esprit de ceux qui sont encor en doubte de la possession. Il feint ceste Lettre écrite par vn Docteur en Theologie au Sieur du Bal, pour ce du Bal il luy a tousiours seruy de second, mais cet autre ayde de camp n'auoit point encor paru : ce Docteur nouuellement imprimé dont le bonnet est comme le bouclier d'Vlysse, *in fuligine* & l'effet de sa plus haute Theologie est d'accorder l'*Ens rationis* auec les premieres intentions qui se battent dedans les espaces imaginaires de son cerveau ; C'est sa Scholastique & Positiue, & la chaire pestilente des erreurs de l'examen, sont les bancs ou il a pris la contagion de ses mauuaises opinions, qui luy font acquerir en ceste Lettre les qualités de menteur & de bouffon. Le premier rapportant ce mistere (qu'il falsifie en toutes ses circonstances) du iour de la Conception, & ce fut le 16. de Decembre, & l'autre faisant jurer le Diable, foy de Diable de bien & d'honneur : Mais afin que quelques ames credules ne soient pippées par cet oyseleur, ie rapporteray ceste histoire fidellement. Le Diable aux precedens exorcismes ayant promis de rendre vn charme ce iour là, mais qu'il y auroit fourbe, plusieurs personnes de condition s'estant renduës à Louuiers, les vns par zele ; les autres par curiosité à l'heure de la decouuerte qui est ordinairement la nuict apres les Prieres accoustumées : Monsieur d'Eureux, les Exorcistes, ceste Fille qui est possedée par Leuiathan, & toute la compagnie se rendirent au lieu ou il se deuoit trouuer : La Fille estant lors libre & hors de l'agitation de son Demon, elle est exactement visitée, Monsieur d'Eureux luy tenant les mains ouuertes & estenduës dedans les siennes, l'exhortant à monstrer precisemment le lieu ou il estoit : Pendant ce temps, deux personnes de condition prierent Monsieur d'Eureux de leur permettre de descendre à la fosse, ce qui leur accorda ; & ayant fait creuser

jusques

jusques au lieu ou il deuoit estre, & ne le trouuant pas, emplirent le chapeau du Maçon de la poussiere de ce lieu, & la firent vuider sur le bord de la fosse; & lors Monsieur d'Eureux prenant encor les mains de la Fille, ouuertes & estenduës entre les siennes, au conspect de plus de cinquante personnes qui obseruoient toutes ses actions, & auoient les yeux attachés sur ses mains; Luy commanda de monstrer ou estoit le malefice, elle luy repond en ces termes qu'il luy venoit en la pensée qu'il pouuoit estre dedans ceste poussiere, & à l'instant ayant adjuré le Demon de le rendre: Il se saisit aussi tost d'elle & la renuersa par force & la roulla dessus, ayant dit auparauant à Monsieur le Brun Doyen de Nostre Dame de la Ronde de Roüen qui estoit proche de là, qu'il alloit voir fourber, & continua à la tourmenter & l'agiter quelque temps sur ceste poudre, & se releuant, vn de ceux qui auoient descendu dedans la fosse luy voyant les deux doigts de la main courbes les luy voulut ouurir de force, ce que le Démon ne voulant pas, il l'entraina deux ou trois pas, tant qu'il fut cōtraint de demāder de l'ayde, & a force, luy ouurirent la main qui luy firent saigner, & luy osta-t'on ce malefice qui estoit sous ces doigts: Voilà naifuement l'histoire sur la quelle fait à considerer que ceste Fille auoit esté curieusement visitée, qu'elle auoit tousiours tenu les mains ouuertes & estendues pēdant ceste action & mesme lors que le Demon la renuersa sur ceste poudre que la main ou fut trouué le malefice, n'auoit aucunement touché la poudre, qu'elle auoit tousiours esté ententiuement cōsiderée de plus de cent yeux, qui eussent bien veu si elle eust eu quelque chose en la main, Puis qu'aussi-tost qu'elle l'y eust, ils le reconneurent que si elle eust eu dessain de fourber ou qu'elle eust eu le charme, elle le pouuoit mettre dedans ceste poussiere pour n'en estre pas trouuée saisie, mais elle se trouua aussi estonnée de le voir en sa main, comme les autres de l'y trouuer; Il faut donc necessairement croire que le Demon ait fasciné les yeux de tous ces argus, & qu'inuisiblement il luy ait mis en la main, & c'est la fourbe qu'il auoit promis de faire: Il est vray qu'a l'instant cela dōna quelque scrupule a ceux qui se prenoient a l'effect sans en considerer la cause, mais aussi-tost on remarqua manifestement que c'estoit vne fourbe du Demō, pour se mocquer de ceux qui croyoient que leurs yeux fussent aussi subtils que ses artifices; Et les plus iudicieux se confirmerent dauantage en la croyance de la possession,

S

sçachant que ceste action de faire passer inuisiblement vne chose qui a corps, en la main d'vne personne qui est regardée de cent yeux ne ce pourroit faire que par le Demon; C'est le mercure interal αργει νοιτηφ, qui eblouit cent argus,

Centum fronte oculos centum ceruice gerebat
Argus & hos omnes sœpe fefellit amor.

Et s'il est permis de faire iugement, ie croy que la trop grãde curiosité des assistans a esté cause de le faire fourber; Mais afin que la raison donne vne plus forte touche à nos incredules; Est il pas vray qu'aux choses douteuses la verité se connoist par le passé & le futur : Or il est constant qu'aux quatorze malefices qui ont esté rendus auant cestuy-cy, on n'a iamais remarqué ny fourbe ny supercherie, & que les quatre derniers qui ont estés trouués, ç'à esté sans que la Fille en approchast de plus pres que de la longueur d'vne gaule de douze ou quinze pieds, auec laquelle elle designoit seulement le lieu; Et aux deux derniers qui ont esté trouués en la Chapelle de Nostre Dame de Laurette le 2. de Ianuier depuis celuy dont il est question, elles n'en ont plus approché plus prés que de la longueur d'vne gaule de quinze pieds, l'vn ayant esté découuert par Putiphar, & l'autre par Acharon, lequel en ceste découuerte a fait des discours a rauir, si sublimes, si releués, & d'vne si haute Theologie, qu'ils ont donné de l'estonnement à tous ceux qui les ont oüys : Que reste-t'il à douter après cela; il fait tort à la resolution & à la croyance certaine que Monsieur d'Eureux a de ceste possessiõ, de la vouloir faire vacilante & en necessité d'estre soustenuë par le Pere Esprit : Il doit croire qu'ils sont tous deux en concurrẽce de certitude, mais c'est que ce Docteur à courtes manches s'est voulu faire jeu; Cõme il suppose aussi faussemẽt qu'on cria qu'il falloit brusler le Conuent, les Filles, & leur équipage. Or si ces bagatelles sont capables d'éleuer la prudence & generosité de l'autheur de ces deux belles pieces qu'il dit, pour le couronner glorieusement d'vne loüange immortelle, ie le laisse au iugement du Lecteur, mais bien plustost d'vne couronne enchantée cõme celle de Creon, qui luy mette le feu en la teste, & reduise toutes ses vanités en poudre pour estre éparses en l'air,

Ut turbata volant rapidis ludibria ventis.

Et si ce mot αιρεσις se prend en sa signification generale, il doit croire qu'il est veritablemēt heretique, puis que sans raison & par vne opiniastreté pertinace il soutient de si mauuaises opinions.

FAVTES SVRVENVES EN L'IMPRESSION

Page 9. lisez, χρεισσωνες. Page 13. lisez, admettre. Page 26. lisez, falcitez. Page 27. lisez, l'espée. Page 29. lisez, par. Page 30, lisez, προαιρετικας & απροαιρετικας. a la mesme page, lisez, contre nostre volonté. Page 31. lisez, des maladies & de leurs symptomes. Page 38. lisez, Lysimachie. Page 44. lisez, en auoir. a la mesme page, lisez, vne partie. Page 57. lisez, Abatel. Page 59. lisez. ceux. Tu excuseras les autres.

RECIT VERITABLE DE ce qui s'eſt fait & paſſé à Louviers, touchant les Religieuſes poſſedées.

Extraict d'vne Lettre eſcrite de Louviers, à vn Eveſque.

MONSEIGNEVR,

Puis que vous me commandez de vous deduire de poinct en poinct ce qui s'eſt paſſé à Louviers depuis que i'y ſuis, permettez-moy de vous dire que ce que i'y ay fait depuis mon arriuée en ce lieu, eſt d'auoir apris l'origine de la miſere en laquelle i'ay veu ces pauures Religieuſes de ſainct Louys de cette ville, qui ſont d'autant plus à plaindre, en ce que leur mal eſtant caché, le remede en eſt tres-difficile à trouuer ; mais la confiance qu'elles ont en Dieu, & la force des prieres de l'Egliſe leur fait eſperer la deliurance des malins eſprits dont ils ſont tourmentées : & ie vous diray en peu de mots ce qui s'y paſſe, & ce qu'on y void tous les iours. Vous ſçaurez donc, Monseignevr, que ces bonnes filles furent fondées à Louuiers il y a enuiron vingt ans, elles ſont du tiers Ordre ſainct François, ſous la protection de ſaincte Elizabeth, comme celles qui ſont à Paris deuant le Temple ; mais Hoſpitalieres, non pas par leurs Statuts, mais leur charité les y a engagées : elles y furent eſtablies par Madame d'Orſay, dont elles ont le cœur dans leur Egliſe, & y furent conduites ſpirituellement par vn Preſtre de ſainct Iean en Gréve choiſi à cét effet pour ſa grande vertu & ſa vie exẽplaire, lequel ſous les apparences d'vne ſaincte vie auoit ietté les ſemences d'vne pernicieuſe doctrine qu'il appelloit des Illuminez. Il ne m'eſt pas beſoin de vous deſcrire icy les Statuts & les principes de cette tenebreuſe illumination, c'eſt vn titre pareil à celuy & ſpecieux, ainſi que nos Huguenots ſe ſont dõnez celuy de Reformez dans noſtre Egliſe. N'ayant pas trouué de diſpoſition dans les eſprits de ces filles pour receuoir vne doctrine fi contraire à celle de leur Profeſſion, il ſe contenta de ſuiure vne autre voye, mais pas moins dangereuſe, & autant diabolique que la premiere : la rencontre qu'il fit dans ce Monaſtere d'vne Tourriere, laquelle auoit eſté inſtruite dans la ſcience des Sorciers par vn Cordelier nommé le Pere Bontemps, lequel depuis eſt mort Apoſtat, apres auoir eſté chaſſé de ce ſainct Ordre comme vn membre pourry & capable d'infecter par ſa contagion quelques-vns du meſme Ordre, luy donna de grands auantages pour continuer ſes deſſeins, les ſecrettes intelligences qu'il auoit iournellement auec le diable, & la part que cette Tourriere y prenoit luy donnoit vn grand ſecours : elle ſe nomme Magdelaine Bauent, natiue de Roüen, fille d'vn Marchand groſſier demeurant dans la ruë Eſcuyere.

Ce Pere Dauid ſur la fin de ſa vie fit vn voyage à Paris au commencement du Careſme de l'année 1628. & voyant que la mort eſtoit preſte, ſe fit ramener en cette ville le Lundy de la Semaine Saincte. Vous remarquerez qu'auant ſon depart il auoit donné à garder à Magdeleine Bauent vne Caſſette, auec deffenſes de la faire voir aux Religieuſes, ny d'en faire ouuerture. Eſtant arriué de Paris, il fut receu auec grande conſolation de ces pauures filles, qui le conſideroient comme leur Pere veritablement, puis qu'il les auoit eſtablies en cette ville : & ſe voyant preſſé de maladie, il pria Magdeleine d'auertir Mõſieur Picard Curé du Meſnil Iourdain de le venir voir, diſant : Tenez, Magdeleine, donnez ce papier à Monſieur Picard, mon frere, & mon bon amy, ie vous en prie, c'eſt vn papier de conſequence dont on verra des merueilles : nous ne ſçauons pas ce que contient ce papier, ſinon que c'eſt dit-on vn papier plein de blaſphemes, ſi que par quatre Athées dont vous me diſpenſerez de vous dire les noms, car peut-eſtre cela n'eſt-il pas : vn peu auant que mourir il enuoya prier la Mere Superieure de vouloir permettre que ſon corps fut inhumé dans leur Chappelle, ce qu'elle ne peut conſentir, parce qu'il falloit pour cela la permiſſion de Monſeigneur l'Eueſque d'Eureux, lequel n'eſtoit pour lors a Louuiers, & fut enterré dans l'Egliſe de cette ville, vis à vis la Chappelle ſainct Sebaſtien, il ſe fit enterrer auec vne robbe de Capucin, & dans vne eſtime de ſaincteté.

Maiſtre Mathurin Picard luy ſucceda dans la direction des Ames de ces bonnes filles auec tant de ſuccéz que tout chacun en estoit edifié, tant à cause de ses Predications que des Liures qu'il mettoit en lumiere, dont nous auons grand nōbre sans les manuscrits qu'il a laissez en quantité de volumes. Neantmoins quelques personnes voyoient bien les priuautez qu'il prenoit auec cette Magdelaine Bauent, qu'encore que leurs actions fussent frauduleuses : la bonne reputation dans laquelle il estoit, faisoit oublier & negliger les auis qu'on en donnoit. (D'ailleurs, que dans la petite ville la sterilité est grande de Directeur & de Confesseur pour les Religieuses.)

Pour donc mettre à fin le dessein qu'il auoit de remplir cette maison de Sorciers, fit tant auec les Religieuses que Magdeleine de Tourriere qu'elle estoit au dehors, fut admise dans la maison pour y prendre le voile, & y faire Profession dans le temps : & d'autant qu'elle eust esté obligée de suiure la Reigle comme les autres, & de vacquer aux Exercices de la Religion : & partant, elle auoit fort peu de temps à faire ses abominations, & les meschancetez dont ie vous parleray cy-après. Le Démon qui s'estoit rendu son familier nommé Lucifer le Rebelle, depuis abysmé ainsi que nous l'auons veu par les Exorcismes, luy fit venir souz la mammelle gauche vn cancer, qui parut à tous les Medecins incurable. Or ce mal luy fut donné, afin que dans les establissemens qu'on eust fait de cét Ordre, Magdeleine souz pretexte d'aller prendre l'air aux villes, & de consulter son mal aux habiles Medecins, eust semé ses malefices & ses charmes comme elle a fait dans le Monastere de cette ville, dont nous en auons veu découurir déja quantité, auec estonnement de tout le monde.

Vous me direz que par ce moyen le Diable, ou vn Sorcier peut gaster vne maison & y causer du desordre : Ce n'est pas à nous à penetrer pour quelle fin Dieu a permis que cette maison ait esté ainsi affligée, outre que cela est au-delà de nostre esprit. Nous en attendons la fin & les personnes de qui s'en meslent, & y trauaillent, qu'auec la perseuerance, les Prieres, le Ieusne, l'Oraison & la confiance en la bonté de Dieu.

Il y a beaucoup de personnes qui quoy qu'elles n'ayent pas la grace de rapporter en ont l'impatience, quand ils disent : Mais que fait donc l'Eglise qu'elle ne chasse les Démons ? C'est la mesme plainte que les Apostres firent à Dieu : Seigneur ; (Dirent-ils) Nous auons coniuré les Démons en vostre nom & ils n'ont point quitté.

La refponfe qui leur fut faite comme par Prophetie à nos impatiens ; Perfeuerez auec le Ieufne & l'Oraifon.

Pour reprendre la fuitte de mon difcours & fuiure de point en point, comme les chofes ont efté dans cette maifon : Vous fçaurez, Monfeigneur, qu'il eftoit invtile à Picard que Magdelaine demeuraft au-dehors de la grille, puis qu'elle luy rendoit tant de feruice dans la maifon, en donnant lieu à tous les charmes. Et qu'ils fe voyoient tous les iours au Sabat, y ayant telle vnion entre ces deux miferables perfonnes, qu'elle luy a donné vne promeffe par laquelle elle fe donne tout à luy, confent de fuiure fa fortune, en toutes rencontres, que elle trouue bon de viure s'il vit, de mourir, s'il meurt, d'eftre fauuée s'il eft fauué, & d'eftre damnée s'il eft damné. Les termes de cette promeffe vous eftonneront : Mais ie l'ay veuë, & a efté par elle reconnüe par fon interrogatoire deuant l'Official d'Evreux.

C'eft auec horreur que ie vous mande les abominations & de quelle façon les chofes fainctes ont efté profanées par eux. Ie vous diray feulement fans vous fpecifier le détail des execrables mefchancetez qu'ils ont mille & mille fois meflé le fainct Sacrement & le Corps de noftre Seigneur fous les deux efpeces de chair & du fang avec chofes vilaines que ie ne vous puis nommer fans fremir : Ne pouuant pas m'imaginer qu'vn Preftre fe foit tant oublié que d'auoir autant de fois abufé du Corps du Fils de Dieu, qu'il l'a tenu dans fes doigts, & qu'il n'a iamais fait vne communion vtile ; I'aime mieux que vous fçachiez ces particularitez par vn autre.

C'eft affez de vous faire fçauoir, que toutes ces profanations ont efté cachées aux yeux du monde : Mais Dieu qui donne vne borne aux méchantes actions, ne pouuant plus fouffrir ces impietez ; & laiffans neantmoins au pecheur le temps de fe conuertir, enuoya à Picard vne maladie de huict iours, pendant laquelle il auoit le loifir de fe cognoiftre, & de faire penitence ; mais fon cœur endurcy, ou l'ame de Iudas fe defiant de la mifericorde diuine, fe trouua tres-malade la veille de la Natiuité Noftre-Dame de l'année 1642. & enuoya demander aux Religieufes permiffion d'eftre enterré dans leur Eglife au Chœur exterieur vis à vis de la grille de Communion : Ce que ces fainctes Ames n'ozerent refufer à cét homme pour reconnoiffance des foins qu'il auoit pris pour leur Maifon : Et le iour de la Natiuité lendemain que cette priere

luy

luy fut accordée. Il enuoya prier Magdelaine de le venir voir eſtant luy pour lors en cette ville en vn logis qu'il y auoit, la prie de ſonger à luy : & luy dit, qu'aprés ſa mort, on verroit des merueilles dans la Maiſon, & luy donna vn papier, la priant de le garder pour l'amour de luy : C'eſtoit vn papier plein de poil, que depuis elle a bruſlé. Auant que de mourir il fit ſon teſtament plein de lays pieux, donnant ſes Liures aux Religieux Penitens & Iacobins d'Evreux, & à d'autres Monaſteres, auec vne infinité d'autres diſpoſitions toutes ſainctes. Ie vous en enuoyray vne copie à part. Aprés comme dans la primitiue Egliſe il fit vne Profeſſion de Foy, veſtu de ſes habits de Preſtre, demandant pardon aux aſſiſtans, & ſur les neuf heures & demie du ſoir, on penſoit qu'il fuſt decedé : Mais par l'Exorciſme du iour de la Natiuité derniere, qui fut fait ſur Putifar, il dit que l'ame de Picard ne fut pas ſeparée du corps qu'à vnze heures & demie du ſoir, & depuis neuf heures & demie iuſques là il fut dans vne ſuſpenſion d'eſprit pendant laquelle le Regiſtre (dont ie vous manderay le particulier) fut ſeellé au Sabat où ſon eſprit fut tranſporté. Et le lendemain il fut enterré auec ceremonie vis à vis la grille des Religieuſes, où le deſordre commença de telle ſorte qu'il fut impoſſible de pouuoir communier, y ayant des reſiſtances ſi puiſſantes que l'impoſſibilité y eſtoit toute entiere, outre d'autres bruits qu'on entendoit dans la maiſon ; en ſorte que dés ce temps là pluſieurs filles ſe ſentirent tourmentées interieurement & exterieurement, par des viſions de Sorciers qui les viſitoient toutes les nuicts : Ce qui les obligea de redoubler leurs prieres ; En fin voyant que ce mal augmentoit, elles furent conſeillées d'en donner advis à Monſieur l'Eueſque d'Eureux, la probité duquel vous eſt autant connuë que ſa capacité nous eſt recommandable, lequel quittant tous ſes deuoirs, ſe rendit en cette ville, où il proceda auec tant de prudence pour couper ce mal qui tous les iours croiſſoit, qu'aprés auoir veu que les remedes humains eſtoient inutiles, & voyant qu'il y auoit du ſurnaturel, proceda contre Magdelaine & contre Picard, & donna Sentence par laquelle il ordonna que le corps de Picard ſeroit exhumé, ce qui fut fait, au mois de Mars dernier, Magdeleine Bavent dépouillée de ſes habits de Religieuſe, & condamnée dans la priſon au pain de douleur.

Cette Sentence à l'eſgard de Picard fut executtée ſecrettement de peur de ſcandale, neantmoins comme Dieu veut que les crimes les plus cachez foient découuerts & fa Prouidence s'y conduit par des voyes inconnuës aux hommes : En forte que ce corps ayant efté jetté dãs vn puits appellé le puits Crofnié, fix mois aprés fa fepulture, fut reconnu fain & entier, qui eftoit vne marque de Sainčteté : Mais les Diables apprirent par les Exorcifmes, que la chair des Excommuniez ne pouuoit pourrir en terre faincte. Dont les parens ayans efté aduertis, auffi-toft s'addrefferent au Parlement de Roüen demandans permiffion d'informer contre Monfieur d'Eureux de cette exhumation : Ce qui leur fut accordé, & le fieur de la Haye Aubert, homme de grande probité vint fur les lieux, lequel y proceda. Monfieur d'Eureux qui fe voyoit troublé & dans le deffein de deliurer cette maifon, & qu'on l'alloit engager en fon nom, & en vne affaire de tres-grande importance, dans laquelle fa reputation pouuoit eftre alterée parmi les perfonnes qui n'auroient pas eu vne affez grande connoiffance de fon procedé, fe trouua obligé d'en écrire au Roy & à la Reyne Regente, laquelle luy a enuoyé Monfieur de Morangis Confeiller d'Eftat, pour informer de l'affaire : Et de fon Confeil de Confcience, Monfeigneur l'Archeuefque de Thoulouze, affifté des Sieur Charton Penitentier de Paris, & de Monfieur Martineau Chanoines & Docteurs en Theologie, pour voir fi l'authorité de l'Eglife n'eftoit point engagée en cette affaire : Au cas que ce ne fuft point poffeffion. Et depuis fa Majefté y dépécha vn ieune Medecin du Commun de fa Maifon : Mais parce que fon experience & fa fuffifance n'eftoient pas de mife pour pouuoir penetrer en vne affaire de telle importance : Ces Meffieurs y appellerent Meffieurs Lamperier & Magnard, grands Medecins à Roüen, lefquels ont figné & affeuré la verité de la poffeffion.

Ie crois, Monfeigneur, que ie fuis obligé de vous mander ce qui s'eft paffé en l'affaire : Depuis que ces Meffieurs y font arriuez, tant aux procedures qu'ils ont fait, que ce qui s'eft paffé dans le Monaftere parmi les Religieufes. Ie ne vous puis en mander que ce que i'en ay appris par le recit des perfonnes qui y ont entrée : Car les Seculiers n'y entrent point ; Cette affaire eftant conduite fi iudicieufement, & auec tant de prudence, que beaucoup de perfonnes de qualité y font venuës fans y pouuoir rien apprendre que par relation. Ie vous diray auffi que l'affaire de Loudun a ferui d'exemple en cette occafion, & qu'il n'y a de Spectateurs que ceux qui y ont esté enuoyez, & dont le Ministere est vtile à l'Eglise & pour son aduantage.

La premiere marque de possession est que ces filles, répondent aux langues Estrangeres, & obeïssent aux commandemens qui leur sont faits en Grec, ne pouuant pas Delaville(?) parler ces langues, parce qu'ils sont bornez dans ces corps n'y estans attachez que par les charmes & malefices iettez dans la maison, dont ie vous ay enuoyé à part vn procez verbal de la découuerte d'vn charme.

La seconde raison que nous en auons est, que la vie de ces Filles est si saincte & reguliere, qu'elle est admirable, & témoignent tant de repugnance à la Communion que c'est vne marque infaillible, qu'il y a du Démon.

Vous m'auez demandé l'expression des agitations qu'elles ont: Ie vous asseure qu'elles sont tout à fait extraordinaires: Vous les auez veu par ma derniere lettre; Reste maintenant à vous dire quelles sont les Religieuses possedées & tourmentées. La Sœur Marie du sainct Sacrement, fille du President de l'Ellection du Pont de l'Arche est possedée par Putifar, le Démon de Picard.

Sœur Marie du S. Esprit par Dagon Démon de Magdeleine Bavent.

Sœur Anne de la Natiuité Novice, par Leuiathan.

Sœur Barbe de S. Michel, par Ancitif.

Sœur Louise de Pinteville, fille du Procureur General de la Cour des Aydes de Normandie, par Arfaxat.

Sœur Anne de Sainct François, tourmentée.

Sœur Magdeleine de saincte Therese Liesse, possedée.

Sœur Françoise de S. Bonauenture, possedée.

Sœur Marie de sainct Ierosme.

Sœur Catherine de sainct Alexis tourmentée.

Sœur Magdeleine de saincte Scholastique.

Sœur Catherine de saincte Anne, tourmentée.

Sœur Marthe de la Resurrection.

Sœur Anne de sainct Augustin tourmentée de Gonsague.

Sœur Marie Cheron, possedée de Grongade.

Sœur Marie de Iesus, possedée de Phaëton.

Sœur Elizabet de sainct Sauueur, possedée d'Asmodée.

Sœur Françoise de l'Incarnation; possedée de Calconix.

Vous voyez, Monseigneur, le nombre de ces filles tourmentées

qui ſont toutes Religieuſes du Chœur : Ce qui apporte vn grand
deſordre dans le Conuent : Car il faut à chacune de ces poſſedées
vne Religieuſe pour les garder & en auoir ſoin ; Voyés donc comment elles ſont à plaindre : Or de tous ces Démons on n'en exorcize
que trois ; ſçauoir, Dagon, Putifar, & Leviatan, parce que ce ſont
les principaux. Durant que ces Meſſieurs les Commiſſaires ont eſté
ici il s'eſt meu vne queſtion, ſçauoir, ſi on permettroit à Putifar
de ſe ſaiſir du corps de Picard mort, & qu'alors il parleroit toutes
ſortes de langues : Mais aprés auoir conſulté l'affaire, il a eſté iugé
que le Diable ne deuoit iamais eſtre obey ; & qu'il ne demandoit
iamais à bonne intention, que la fin de ſes actions eſtans touſiours
mauuaiſes : Il y auoit du hazard de luy accorder ce poinct.

I'oubliois à vous dire que ſur la conteſtation des parens de Picard
la Cour de Parlemēt de Roüen ordōna que ce corps ſeroit mis en
depoſt dās la priſon de Louviers, où il eſt encor' : & parce qu'il
n'auoit point eſté corrompu dans la terre ſaincte, la putrefaction
commença de le faire ſentir ſi fort, que ſur la requeſte du Geolier,
il fut ordonné qu'il ſeroit couuert de ſable iuſques à la fin du
procez.

Voilà Monſeigneur, vn peu trop de diſcours pour vne lettre,
mais trop peu auſſi pour vous entretenir de toute l'affaire, & de
vous perſuader la poſſeſſion : I'eſpere que ie vous en confirmeray
la creance que vous en aués, dés que Monſeigneur d'Evreux aura
cōferé les Ordres dans ſon Dioceze où il eſt à preſent, ayant quitté
cét exercice, pour vn autre qui ne ſe peut faire par d'autres, ſon
zele eſtant ſi grand, tant dans l'œconomie des graces de l'Egliſe,
qu'il diſpenſe à preſent à Evreux, que ſa ferueur pareſt dans les
Exorciſmes qui ſe font à Louviers en ſa preſence, qu'il faudroit vn
Liure tout entier pour vous mettre par eſcrit auec quelle prudence
& quelle ſageſſe il procede en l'vn & en l'autre. C'eſt aſſez de vous
dire ce que vous en ſçauez, que c'eſt vn Eueſque : La proſcription
de Mante eſt la pierre de touche de ſon merite.

Ie ſuis

Monſeigneur,

Voſtre tres-obeiſſant Seruiteur.

A PARIS, Par François Beauplet, en l'Iſle du Palais, 1643.

RECIT
VERITABLE

De ce qui s'eſt fait & paſſé aux Exorciſmes de pluſieurs Religieuſes de la ville de Louuiers, en préſence de Monſieur le Penitencier d'Eureux, & de Monſieur le Gauffre.

A PARIS,
Chez Gervais Alliot, au Palais,
pres la Chapelle S. Michel.

M. DC. XLIII.
AVEC PERMISSION.

A LA REYNE REGENTE.

MADAME,
La Reyne des Cieux m'ayant donné l'inspiration de faire le voyage de Louuiers (ainsi que les Demons ont esté contraints d'aduouer) ie croy aussi qu'elle a donné à la plus grande Reyne de la terre (V. Majesté) celle de me faire le commandement de mettre par escrit les choses que i'ay veuës & entenduës pendant mon sejour. Mais V. M. me permettra de luy dire, que les choses Diuines different des choses naturelles; en ce que celles-là ne s'insinuent en nostre cognoissance, & ne font impression sur nos esprits que par le moyen des oreilles, qui sont les organes de la Foy, & que ces dernieres se comprennent beaucoup mieux par les yeux, que par tous les autres sens. De sorte que le Recit que i'en feray à V. M. quoy que tres-fidelle, perdra de sa force & vigueur, & descherra de la verité, comme vne coppie de son original. Car les gestes & actions extraordinaires: les peines & souffrances, les contorsions de corps, & agitations d'esprit; les paroles & pensées extrauagantes; les contrarietez en vn mesme suiet, de blaspheme & de loüange, d'impieté & de deuotion, d'outrages & reparations faites à la Diuine Majesté; de l'ignorance & simplicité de ces filles, & de la suffisance, capacité & superbe de ces Demons, qui touchent les plus hauts points de la Theologie : Toutes ces circonstances dije, MADAME, aident beaucoup à conuaincre nos esprits rebelles à la verité, lors que nous voyons de nos propres yeux, ce que d'ailleurs nous aurions peine de croire par escrit. Ne vous estonnez pas pourtant, MADAME, si plusieurs en reuiennent plus incredules qu'ils ny estoient allez; la raison est, qu'estans possedez du demon de leurs mauuaises habitudes, & du peché qui regne dans leurs cœurs, ils ne trouuent rien d'extraordinaire en ces pauures filles; ausquelles (ce malin esprit ne pouuant rien tirer d'elles par consentement) fait produire exterieurement, & malgré elles, ce qu'ils operent interieurement en ceux-cy, & de leur pleine volonté. De sorte que le pouuoir de ces Demons estant borné à ne rien faire dans les corps de ces Religieuses que de naturel, se seruans de leurs organes; c'est la cause pourquoy ceux qui les vont voir pour remarquer quelque

chose de surnaturel (que Dieu ne permet pas pour les punir de leur curiosité) sentans en eux-mesme vn principe qui les pousse à faire & dire de pareilles choses, que celles qu'ils voyent & entendent: Je mocquent & ne croyent rien de cette possession; tant s'en faut, sont les trompettes des Demons pour aller publier par tout que c'est fourbe & tromperie: & ainsi suiuans leur boutade & la preuention de leur esprit, decreditent grandement la cause de Dieu, & les desseins qu'il auoit d'en tirer sa gloire & le salut des ames. Enfin M. telles gens ne demeurent d'accord d'vne veritable possession, qu'autant qu'ils sont forcez d'aduouër que le Diable est plus sçauant qu'eux, & qu'il parle Grec & Latin. Mais s'ils ressentent au fond de leur ame autant de disposition & de volonté de mal faire, & de mieux blasphemer que le Diable mesme; alors ils tournent tout ce qu'ils voyent en railleries, & disent hautement qu'ils en feroient encore d'auantage, ne s'apperceuans pas que le tout procede d'vn mesme principe, & qu'il y a seulement cette difference, & que le Demon se cache en eux, & se descouure en ces filles, & opere interieurement en leur ame, ce qu'il fait exterieurement par les organes de ces pauures Religieuses. Car de croire que ce soit maladie ou malice, le recit de tant d'actions extraordinaires qui ont esté veuës par Messieurs les Commissaires que V. M. y auoit enuoyé à ce dessein, & de celles que i'ay depuis veuës & entenduës, pour asseurer V. M. du contraire. Outre qu'il n'y a guerres d'apparence que de petites ames innocentes, de condition, esleuées dans la modestie & la deuotion, nourries dans les austeritez, & fortifiées par les Sacremens, se portassent à telles extrauagances & blasphemes qui font trembler tous les assistas, & dresser les cheueux à la teste. Il ne faut pas tant de raisons pour conuaincre vne ame toute Royalle comme celle de V. M. & qui a de si bons sentimens de la Religion. C'est pourquoy i'en demeure là pour obeyr à vos commandemens en qualité.

DE V. MAIESTE'

Tres-humble, tres-fidelle, tres-obeïssant sujet,

LE GAVFFRE, Succeff. du P. BERNARD.

RECIT
DES CHOSES
ARRIVEES EN MON
VOYAGE DE LOVVIERS.

Stant arriué à Louuiers vn Mardy au soir, iour de S. Michel, on refusa de nous loger en dix ou douze hostelleries, à cause qu'vne foire auoit attiré dans la ville tous les villages des enuirons. La nuict venant, ie meditois d'aller à vn petit bourg pour nous mettre à couuert, mais la prouidence de Dieu qui se cache tousiours dans les embarras du monde à ceux qui s'y appuyent, en auoit autrement ordonné; car lors que nous perdions esperance, elle nous fit trouuer vn lict pour Frere Iean & pour moy dans vn petit cabaret vis à vis du Monastere de ces bonnes Religieuses affligées. La commodité du lieu (pour estre proche d'elles) fit que ie n'en voulu sortir pendāt tout mon sejour, reconnoissant clairement que Dieu l'auoit ainsi permis, afin de voir plus facilement les choses dont i'entreprens de faire le recit à Vostre Maiesté.

Le lendemain ie fus saluër Monsieur le Penitēcier d'Eureux Docteur de Sorbonne, personnage d'vne signalée vertu, d'vne foy ardante & vigoureuse, & qui merite pour recompense de ce trauail extraordinaire qu'il rend auec tant de zele depuis sept mois à ces bonnes Religieuses, que i'en donne ce tesmoignage à Vostre Maiesté.

Il me fift fçauoir (quoy qu'à regret) les ordres expres de Monfeigneur l'Euefque d'Eureux, de n'y laiffer entrer perfonne; j'auois plus de peine à le confoler, qu'à me refoudre à mon retour fans le voir, car ne m'y eftant laiflé conduire que par la Prouidence, & non par l'efprit de curiofité, ie la laiffois auffi agir fans beaucoup m'en tourmenter.

Neantmoins il s'aduifa d'enuoyer promptement à Mondit Seigneur d'Eureux luy demander permiffion : Cependant, ne croyant pas contreuenir à fes ordres, l'aprefdinée il me conduifit à vne petite Grille où il fit venir la Mere Superieure auec Sœur Marie du S. Sacrement poffedée du Demon Putifar. Monfieur le Penitencier luy demanda fi elle eftoit paifible, elle répondit qu'oüy. En mefme temps ie luy prefentay vne image de la fainčte Vierge, où eftoit l'Oraifon du *Memorare,* qu'elle refufa auec mefpris, & tefmoigna y auoir grande auerfion, car paffant les bras autrauers de la grille pour la defchirer, ce Demon commença à l'agiter extraordinairement, difant, Ie n'ay que faire de ces bigoteries là moy, ie ne me foucie point de cela, ce font des niaiferies de ces petits hõmes, & roüillant les yeux & tirant vne langue noire comme de l'ancre, s'adreffa à moy, & me dift : Tu euffe bien mieux fait, chien de Preftre, de demeurer à conuertir les petits hommes, que de venir icy nous tourmenter ; & faifant des geftes effroyables vouloit s'enfuir, mais fut retenuë par mondit fieur le Penitencier, qui luy commanda de demeurer ; elle luy dift, Laiffe-moy aller chien de Penitencier, ie ne fçaurois plus demeurer aupres de ces bigots-là, ie ne les fçaurois fouffrir ; & en fe debattant eftrangement, mettoit les pieds contre la grille, fe renuerfoit fur le dos, la tefte en bas, fans toutefois defcouurir la fille, puis retournant la tefte s'aprochoit de ladite grille, ouurant la bouche démefurément, la mordoit & la ferroit de telle façon qu'on ne pouuoit la détacher ; je commençay à le mefprifer, l'appellant infame, mot qui le fit enrager, car auffi toft il repartit, Qui nous a amené icy ce chien de Preftre, ce chien de fucceffeur du Pere Bernard, c'eft vn chien que nous n'auons point voulu : Tu euffe bien mieux fait chien de demeurer en ta premiere cõdition que Dieu t'auoit dõnée, fans changer ta vie comme tu as fait; que tu es niez de t'occuper à toutes ces bigoteries, qu'auois-tu à faire de venir icy, quel deffein as-tu chien de Preftre ? Ie luy répondis, j'y suis venu pour apprendre de toy l'humilité en voyant ta superbe. Le Demon repartit, O que ces petits hommes sont ignoras! ô qu'ils sont niez! ils pensent en faisant des bigoteries s'humilier, mais ils sont bien trompez, car n'estant que boüe & poussiere, où peuuent-ils se mettre plus bas? mais moy qui ne suis point d'vne nature si rauallée, ie veux estre grand. En mesme temps arriua la Sœur Anne de la Natiuité possedée du Demon Leuiatam auec vn visage furieux, iurant & disant plusieurs salletez, s'adressant à moy; Qui t'a fait venir icy chien de Prestre, si ie te tenois ie t'aprédrois à nous venir tourmenter, & s'approchant de la grille s'efforçoit de la rompre, grinçant les dents, & passant les mains autrauers, me vouloit frapper, & disoit, Qui t'a fait venir icy? Ie luy dis d'vn ton de vois assez mesprisant, Va infame Demon, tu souffriras à iamais les peines eternelles de ton orgueil. Leuiatam ne pouuant souffrir ce discours, s'enfuit, & dit en criant, Ie ne sçaurois escouter ce chien là, c'est le successeur du Pere Bernard, ce chien qui nous fait tant de peines. Entra en suitte la Sœur Marie du S. Esprit possedée du Demon Dâgon auec des gestes superbes, vne teste éuenté, les bras ouuerts, & vne démarche presomptueuse, me disant, Bonjour Monsieur le Gauffre, cõme tu es fait Monsieur le Gauffre, ie ne te sçaurois voir ny souffrir, & en se retirant crioit, c'est Monsieur le Gauffre. Putifar vouloit se retirer aussi, mais Monsieur le Penitencier le retint auec deux doigts par la ceinture, il se debattoit estrangement, tirant la langue; & se renuersant sur le dos, disoit, Voicy vne malheureuse maison, on n'y voit que des bigots, Voila quatre bons chiens de bigots, Qui nous a fait venir icy ces bigots : & estant tombé par terre, crioit d'vne voix effroyable, Haye, haye, haye, que ces bigots là me font souffrir, frapant des pieds & des mains contre terre, faisoit vn bruit espouuentable; & en se releuant vn peu la teste, disoit, je resisteray à celuy d'enhaut, ie veux estre grand moy, ie ne feray rien volontairement, ie suis gaillard, ie me rebelleray. Ie luy dis, O infame! tu sentiras bien tost la peine de ta rebellion. Au mesme temps il retomba, & d'vne voix lamétable disoit, Haye, haye, haye. On le laisse en cet estat pour aller faire l'Exorcisme, où ie n'entray pas ce iour là, ny le suiuant, parce que la permission de Monseigneur l'Euesque d'Eureux n'estoit pas encore arriuée.

Du Ieudy.

LE Ieudy premier iour d'Octobre Monsieur le Penitencier estant à l'Eglise pour confesser & communier les Religieuses, fut auerty qu'on le demandoit. Estant sorty il me rencontra dans la cour où ie m'entretenois auec vn bon Pere Capucin, il nous dist par forme de plainte, qu'il estoit apres vn Demon, lequel depuis vne heure luy joüoit d'estrages tours. Ie n'en puis venir à bout, disoit-il, car il ne veut point permettre à la fille de se confesser : Ie luy fis le recit de ce qui s'estoit passé à Reims en la personne d'vne fille possedée, par l'application du Dieurnal du B. Pere Bernard, & luy dis que i'auois vn Reliquaire où il y auoit de son cœur, & du sang du B. François de Sales, & de la vraye croix, qu'il me pria de luy bailler. Rentrant dans l'Eglise il fit vn acte de foy, & crût que par l'application de ces Reliques Dieu opereroit quelque chose pour sa gloire. Il cacha ce Reliquaire en sa main, & approcha de cette fille possedée par le Demon Cismond. Elle estoit par terre dans vn assoupissement estrange, ayant les yeux fermez sans aucun mouuement, on luy remüoit les bras & les jambes côme si c'eust esté de la laine, & n'en pouuoit-on tirer aucun mot. Le diable la retenoit en cet estat pour empescher sa confession ; Monsieur le Penitencier luy appliqua ce Reliquaire sur la teste : aussi tost reuenant comme d'vn profond sommeil tout éperdu, ressentant la vertu de ces sainctes Reliques, ouurit les yeux, & dist, Oste-moy cela de dessus la teste chien de Penitencier, que tu me fais souffrir, ie n'en puis plus. Ledit Sieur repartit, Qu'est-ce que tu sens qui te fait tant de peine ? Le Demon répondit, Sont les Reliques de Monsieur Bernard, le chien, le chien, il me fait enrager. Monsieur le Penitencier luy dit, Tu le crains bien. Ie le crains comme les Saincts du Paradis. Il est donc Sainct. Le Demon repartit, Oüy il est Sainct, oüy il est Sainct, & ie suis forcé de te le dire. Monsieur le Penitencier voyant qu'il ne parloit point des autres Reliques, mais continuoit à dire, qu'on luy ostat de dessus la teste celles du Pere Bernard, luy demanda en vertu desquelles il estoit pressé de la sorte. Ie ne te le diray pas chien, car en ayant éleué vn, ie ne veux pas abaisser les autres. Alors prenant de là sujet de s'adresser au B. Pere Bernard, il luy

dit

dit : Grand feruiteur de Dieu & de la fainɔ̃te Vierge, que vous appelliez voftre tres-chere Maiftreffe, & les loüanges de laquelle vous publiez par tout, obtenez qu'elle face paroiftre prefentement fon pouuoir fur ce rebelle Demon. Au mefme temps la fainɔ̃te Vierge parut en la Chapelle de Lorette, & le Demon en reffentant le pouuoir, s'efcria horriblement, Haye, haye, haye, ie n'en puis plus, il faut que ie cede, ie vois Mariete qui me force & me contraint de me retirer, & en effet il laiffa la fille paifible, qui fut benie, confeffée & communiée.

Le foir la permiffion d'entrer eftant arriuée, on vint fur les neuf heures aduertir que la Fille poffedée par Dâgon eftoit en furie & fe tourmentoit extraordinairement, parce que ce diable eft d'vne grande puiffance, & fe rencontre dans vn corps où il a moyen de faire paroiftre fa force. Nous y allafmes, on le tenoit à fix, & apres auoir vomy toutes les rages & blafphemes contre ia fainɔ̃te Vierge, demanda (n'en pouuant plus) qu'on donnaft à boire à cette fille, & qu'il ne pouuoit plus fe feruir de fes organes qui eftoient tous deffeichez. On luy apporta vne grande taffe d'eau qu'il aualla tout d'vn coup, & recommença de plus belle : luy appliquant les Reliques du Pere Bernard, cela le fit rentrer en furie, & enfin fut obligé apres les amendes honorables faites à la fainɔ̃te Vierge, de quitter la fille.

Du Vendredy.

LE Vendredy vne Religieufe poffedée par le Demon Cifmond, fut conduitte à l'Autel pour y communier, mais ce Demon refifta & s'écria horriblement, il fe renuerfoit en arriere, & fe retiroit tant qu'il pouuoit, enleuoit le corps de la fille de terre, puis le laiffoit tomber rudement fur le marche-pied de l'Autel, & en criant blafphemoit contre le fainɔ̃t Sacrement, difant, Ce n'eft pas là vn Dieu, c'eft vne idole, c'eft vn morceau de pain. Conjuré par le corps & le fang de IESVS-CHRIST de reconnoiftre & d'adorer fon Createur, il repartit, Comment veux-tu chien que ie le reconnoiffe maintenant fous ce pain, puifque ie ne l'ay point voulu reconnoiftre s'eftant fait homme. Ie luy refifteray, ie luy refifteray. Conjuré derechef par la vertu du Dieu viuant & de fa tres-facrée Mere, dift, Ne me parle point de cette Mariette, car i'enrage, ie ne fçaurois fupporter les peines qu'elle me fait fouffrir.

B

Puis s'efcriant horriblement, & auec vn vifage affreux, profera cet execrable blafpheme, Que maudit foit l'idée que Dieu a eu de toute eternité de creer cette Mariette, faut-il qu'il ait crée vne creature fi noble contre l'ordre de la nature. Les affiftans entendans cela s'écrierent tous : A infame, qu'as-tu dit ? qu'as-tu dit malheureux ? O abominable ! tu en feras chaftié eternellement, tu te dediras de cela : Il repartit, Oüy Dieu a créé cette Mariete contre l'ordre de la nature, c'eft ce que nous ne pouuons conceuoir ; il ne pouuoit donner de plus grandes marques de fa puiffance que ce qu'il a fait en elle ; oüy c'eft ce que nous ne pouuõs conceuoir nous autres qui fommes d'vne nature Angelique, fi noble, fi pure & fi parfaite ; & en s'écriant difoit, Haye, haye, haye, faut-il que ces petits hommes, par l'affiftance que Mariete leur fait, foient efleuez fi hautement, c'eft ce qui me fait enrager. Ha Mariete, fi ie t'auois veuë vn moment ie ferois content, ie ne fçaurois conceuoir comme celuy d'enhaut t'a preferuée : & en difant cela il crioit, j'enrage quand ie penfe à cela, laiffe-moy chien de Penitencier, car ie fouffre plus que tous les diables enfemble. Puis luy appliquant les Reliques du B. Pere Bernard, il s'écria, Ofte-les moy chien de Penitencier, ie ne les puis fouffrir, i'enrage, ie n'en puis plus, il faut que ie cede & que ie reconnoiffe que tu es iûfte Dieu, & que iuftement tu m'as abyfmé. O Vierge facrée ie me dédis de tout ce que i'ay proferé contre toy, ie reconnois ta puiffance fur tous les diables & fur les enfers, ie reconnois que Dieu eft iufte, & que iuftement il m'a abyfmé. Ce Demon ayant quitté la Fille, elle adora noftre Seigneur, & le receut deuotement.

L'aprefdinée Meffieurs le Penitencier, Mariage & moy entrans en l'Eglife pour faire l'Exorcifme, comme nous approchions de la Chapelle de Noftre Dame de Lorete, on entendit la voix d'vne perfonne qui souffroit grandement, & crioit d'vne horrible façon. C'eftoit la petite Sœur Louife qui eftoit au jubé proche de ladite Chapelle. Monfieur le Penitencier & moy y allafmes promptement pour la fecourir, où apres plufieurs conjurations de la part de Dieu & de la fainéte Vierge, ie luy mis au col les Reliques du B. Pere Bernard. Ce Demon fe debattant & tempeftant, difoit, Ofte-moy cela, ie ne le fçaurois fouffrir. Conjuré au nom de Dieu & de la facrée Vierge de dire ce que c'eftoit, répondit, Ce font les Reliques du Pere Bernard. Conjuré de dire pourquoy il les redoutoit tant,

C'eſt parce qu'il n'eſt pas des noſtres, Interrogé où il eſtoit, diſt, Il n'eſt pás en enfer. Conjuré de la part du Dieu viuant, & par ſa ſacrée Mere de dire où il eſt, & en ayant fait refus pluſieurs fois, enfin forcé, criant horriblement, diſt, Il eſt en vn lieu où ie n'entreray iamais, il eſt en la terre des viuans, il eſt en la terre des viuans. Monſieur le Penitencier commanda au Demon de le ſuiure & de deſcendre en la Chapelle de Lorette pour reïterer ce qu'il auoit dit deuant tous ceux qui y eſtoient. Eſtant deſcendu il reſiſta fort à le dire. Enfin apres pluſieurs conjurations, luy appliquant derechef leſdites Reliques ſur la teſte, ſe renuerſant ſur le dos & ſe debattant, cria & diſt, je reïtere ce que i'ay dit, le Pere Bernard eſt en la terre des viuans. Monſieur le Penitencier luy commanda, que pour marque que cela eſtoit veritable qu'il quittaſt la Fille, ce qu'il fiſt auſſi toſt.

En ſuitte fut amenée la Sœur Anne de la Natiuité poſſedée du Demon Leuiatam, qui ne voulut point reſpondre quelques conjurations qu'on luy pûſt faire, diſant, Ie ne reſpondray point à ces chiens de Preſtres, ie veux auoir des Eueſques moy, ie ne diray mot ſi ie ne vois des Eueſques, & ne voulut iamais reſpondre, l'ayant abandonnée il s'enfuit chantant & ſautant d'aiſe.

En apres fut amenée la Sœur Marie du S. Sacrement poſſedée par Putifar, qui ſe dit le Demon du Magicien Picard. Il ne voulut point répõdre nonobſtant toutes les conjurations les plus preſſantes qu'on luy puſt faire. Monſieur Mariage Preſtre luy appliqua les Reliques du B. Pere Bernard ; le Demon s'écria, & diſt, Chien de Mariage, oſte-moy cela de deſſus la teſte, & ie répondray. Monſieur le Penitencier repartit au Demon, Cela y demeurera pour te cõtraindre de parler. Le Demon inſiſtant touſiours qu'on es luy oſtaſt, crioit, Ie ne ſçaurois ſouffrir cela, haye, haye, haye, ie n'en puis plus. Enfin apres pluſieurs prieres faites à la ſainᶜte Vierge & à ſon ſeruiteur le B. Pere Bernard, le Demon eſtant tombé par terre, renuerſé ſur le dos, regardant en haut, comme s'il euſt aperceu quelque choſe, diſt d'vne voix forte & horrible, Chien de Penitencier que tu me tourmẽte par cette proceſſion & neufuaine que tu fais, où tu me cõtrains d'aſſiſter : Eſt-ce pas choſe eſtrãge & cruelle que la Croix que ie redoute le plus, & qui me fait tant endurer, qu'il faille que Putifar la porte, & en criant, diſoit, Haye, haye, haye, i'enrage quand ie penſe à cette maudite proceſſion ; que maudit ſoit celuy qui en a eu la premiere penſée : & s'eſtant teu, Monſieur le Penitencier le conjura de continuer. Enfin contraint par la ſainƈte Vierge, diſt, Ie te declare que Mariete n'a que faire que nous te rendions les maleſices pour deliurer cette maiſon, car elle a aſſez de puiſſance pour le faire, & criant, diſoit, Haye, haye, haye, qu'elle me fait ſouffrir, les diables qui ne ſont point icy ne le peuuent conceuoir, ie voudrois eſtre hors de ce corps, commande-moy d'en ſortir, & d'aller dans celuy du Picard, ie le feray & te diray tout ce que tu voudras. Non, ie ne le permettray point, repartit Monſieur le Penitencier, nous ne voulons pas que tu ſortes que ſous le bon plaiſir de Dieu, nous ne te demandons que ce que nous croyons qu'il veut que tu nous die. Conjuré de découurir où ſont les maleſices, ſpecifia ſix ou ſept lieux de la maiſon où ils eſtoient, mais ne voulut deſigner clairement le lieu. Conjuré d'auoüer s'il n'auoit pas commandemẽt de la ſainƈte Vierge de le dire, n'en voulut riẽ faire, diſant, Chien ne t'ay-je pas dit que Mariete ne veut point ſe ſeruir de nous pour la deliurance de cette maiſon : puis s'écriant, diſoit, Haye, haye, haye, que ie redoute Mariete, & ceux qui l'ont honorée. Monſieur le Penitencier luy repartit, Tu crains donc bien ſon ſeruiteur le Pere Bernard, Ie le crains comme Dieu, ie le crains comme Dieu meſme : puis s'écriant, Haye, haye, haye, chien de Penitencier que ta proceſſion me tourmente, mais, mais ie me rebelleray, ie reſiſteray. Monſieur le Penitencier repartit, Ha, malheureux, la ſainƈte Vierge te va forcer preſentemẽt à nous dire les cõmandemens que tu as receu d'elle, nous ne voulons rien ſçauoir que les choſes qui te ſont commandées de nous dire pour le bien de cette maiſon, pour la gloire de Dieu, & pour noſtre edification. Le Demon reſſentant la puiſſance de la ſainƈte Vierge, s'écria horriblement, renuerſant le corps de la fille auec des contorſions de membres eſtranges, roüillant les yeux d'vne façon horrible, & diſant, Haye, haye, haye, faut-il que ie cede à cette Mariete, & que Putifar vn des premiers princes des Enfers ſoit confus par la puiſſance de Mariete ? qu'il faille que i'obeiſſe à ces petits chiens d'hommes. Ie te dis donc, chien de Penitencier, que ie demeureray en ce corps à ma confuſion & pour y ſouffrir des peines inconceuables, ie n'y pourray plus faire aucune fonƈtion de diable, ie ne pourray empeſcher de communier la fille, & crioit : Haye, haye, haye, Putifar où es-tu reduit ? ie ne

ſens

sens plus de forces. Conjuré de dire si les autres ne seroient pas le mesme, il repartit, Ils sont maintenant plus grands que moy, Dâgon qui fait bien le fendant se trouuera aussi empesché que moy, & aussi foible, Haye, haye, haye, que Mariete me fait de mal. Enfin estãt six heures du soir, on alla faire la procession auec le S. Sacrement, l'encens & l'eau beniste par toutes les cellules de la maison. Retournez à la Chapelle de Lorette pour y châter les Litanies, & y faire les prieres, Putifar portant la Croix, on le voyoit souffrir de grandes peines, tournant les yeux & faisant vne mine horrible, se plaignant & gemissant d'estre reduit en cet estat. Apres que tout fut acheué, ce Demon s'écria en se renuersant par terre, & se debattant des pieds & des mains d'vne estrange maniere, Haye, haye, haye, faut-il que ie sois la risée de tous, & que ces petits hommes me commandent de la façon? moy, moy, qui ay esté si éleué au dessus d'eux; ie ne souffriray plus cela, ie me rebelleray, ie resisteray. Monsieur le Penitencier luy mettant le pied sur l'estomach, repartit, Ha infame! tu obeyras à la saincte Vierge, & nous diras le iour auquel ce que tu as declaré arriuera, car elle le veut. Le Demon repartit, Ie n'en diray pas d'auantage, ie creue, i'enrage, ie n'en puis plus. Monsieur le Penitencier luy demanda si ce seroit le Dimanche ensuiuant à la fin de la Procession & de la neufuaine, il s'escria derechef, Chien de Penitencier ne me parle point de cela, car i'enrage qu'il faille que i'obeisse à ces petits hommes. Conjuré de quitter la fille, il obeyt, & elle demeura paisible.

Du Samedy.

LE Samedy fut amenée au Confessional vne fille possedée par le Demon Gonsague, qui ne vouloit la laisser confesser, & faisant de grandes resistances, disant d'vn ton de voix insupportable, Ie ne suis pas vn tel moy. Cõjuré de dire quel il estoit, répondit, I'auois enuoyé trois diables icy, mais Dâgon ne les trouuant pas assez forts, m'a fait venir moy-mesme, & i'y demeureray. Conjuré plusieurs fois de la part de Dieu & de la saincte Vierge de se retirer, & de laisser confesser & communier la fille, resistoit tousiours fortement. Enfin pressé par les prieres qu'on faisoit à la saincte Vierge, se met à crier, Dâgon, Dâgon, ie n'en puis plus, vins à mon secours. Dâgon y accourt, on le conjure de se retirer:

il n'en voulut rien faire. On le conjure d'obeyr, il s'en mocque, & dit, Ie n'obeiray point à l'Eglife, ie ne me foucie point de l'Eglife, ie fuis gaillard moy. Cependant on faifoit les prieres à la fainɛte Vierge. Alors Dâgon s'écriant effroyablement, dift, Haye, haye, haye, ie n'en puis plus, & tombant par terre, fe trouua la tefte contre celle de Gonfague, & fe fentant proche l'vn de l'autre, tiroiët tous deux la langue d'vne maniere efpouuentable : il fembloit voir deux gros mâtins halletans l'vn deuant l'autre, qui faifoient mine de fe vouloir mordre & defchirer, tournant les yeux & la tefte, faifans des geftes effroyables. Dâgon fe releue, Gonfague demeure par terre qui faifoit retentir l'Eglife à force de crier. On redoubla les prieres à la fainɛte Vierge, & à fon feruiteur le B. Pere Bernard ; Auffi-toft ce Demon, en fe debattant eftrangement des pieds & des mains, ayant decoiffé la fille, faifoit roûler fon corps comme vne boulle, luy leuant la tefte, puis la laiffant retomber fur le paué, faifant des tours & retours qui ne fe peuuent imaginer ; actions qui nous tenoient dans vn fi profond filence que nous n'auions des yeux que pour contempler cet horrible fpectacle. Enfin ce Demon prit le chemin de la Chapelle Noftre Dame de Lorette, efloignée de plus de vingt pas, toufiours roûlant & fe traifnant comme vn Serpent, où eftant deuant l'Autel il renouuella fes cris effroyables, fe traifna le ventre contre terre derriere ledit Autel, & fe mit fous les pieds de l'image de la fainɛte Vierge tout de fon long renuerfé fur le dos, eftendant les bras & les efleuant vers l'image & regardant en haut, s'écriant, Faut-il que ie face ce que iamais ie n'ay fait, haye, haye, haye, que tu as de pouuoir Mariete, que tu as de pouuoir, tu me fais fouffrir plus que ie n'ay iamais fouffert ; quelle confufion, vn Demon des plus grands de l'Enfer, reduit à cette extremité. Dâgon eftoit dans l'Eglife, lequel entendant les cris & les plaintes de Gonfague accourut en la Chapelle de Lorette, & regardant pardeffus l'Autel Gonfague en cet eftat, entra en furie, renuerfa tout l'Autel, prit le Calice, & le iette d'vne force eftrange contre la muraille, & ne pouuant faire pis s'enfuit. Monfieur le Penitencier conjura Gonfague de quitter la fille, il obeït, la laiffa confeffer & communier paifiblement & deuotement.

La Sœur Bonnauenture poffedée du Demon Arfaxa, vint me demander à fe confeffer à moy, difant ne vouloir aller à d'autre. (Eft à remarquer que ce diable a eu toufiours enuie de me parler.)

Comme i'en fis refus, ie luy demanday en quel lieu de la fille il estoit, il me dist au pied. Prenant de là aduantage, ie luy repliquay, qu'il estoit où il meritoit, & que c'estoit vn lieu de mespris, il commença à enrager, & se mist à crier contre les Reliques du Pere Bernard que ie luy appliquay, disant que cette maison estoit assistée de ses prieres; Qu'il auoit fait son possible, & tous ses compagnons, à ce qu'on creust folie tout ce qui s'estoit fait depuis la mort dudit Pere Bernard, & empesché qu'on ne trauaillast à ses miracles. Que Monsieur l'Euesque de Belley (l'apellant chien d'Euesque) receuoit de grandes graces, pour auoir le premier escrit ses actions, ce qui auoit fait enrager les diables. Que le Pere Bernard intercedoit pour luy aupres de sa chere Maistresse, afin de le defendre des calomnies, qu'il en receuoit de grandes recompenses.

En suitte ie me mis à genoux deuant ce Demon, luy disant, que mon dessein ayant esté de venir confondre ma superbe par celle des diables, & d'aprendre d'eux malgré qu'ils en eussent l'humilité; Ce Demon, qui enrageoit de me voir en cet estat, me dist, qu'il auroit receu commandemēt de me preuenir. Et comme ie continuois à m'abaisser, il en voulut tirer auantage, & me dist, c'est que tu m'adore. Ie repliquay, Tu es trop infame, vilain, ie te considere comme la creature de mon Dieu & l'objet de sa colere, c'est pourquoy ie me veux soufmettre à toy quoy que tu ne le merite pas, & tout à l'heure ie vais te baiser les pieds. Le Demon surpris de cette action m'en empescha. Là dessus ie le conjuray de me faire connoistre autāt qu'il luy estoit possible la volonté de Dieu, ou que ie les luy baisasse, ou qu'il baisast les miens, il me respondit, Tu sçais quel mouuement Dieu te donne, suy-l'ay, ie me iettay aussi tost à terre, & les luy baisay, dont il enrageoit : puis luy commanday par les Reliques du B. Pere Bernard de baiser les miens, ce qu'il fist auec grande promptitude. Ie demeuray en suite à genoux deuant luy l'espace d'vn demy quart d'heure assez recueilly interieurement, il me dist, regardant au Ciel, que le Pere Bernard en pareil temps estoit en cette posture deuant Mariette; que ie n'estois venu là que par l'inspiration de Dieu, maudit celuy qui me l'auoit donnée, & dist qu'il auroit fait tout son possible aupres ce chien d'Euesque d'Eureux, afin qu'il ne me permist l'entrée. Retourne-t'en promptement, disoit-il, on t'attend à Paris; que tu es fot d'auoir quitté ta premiere condition. Depuis que tu as eu la volonté de venir, nous auons efté extraordinairement tourmentez : m'aperceuant bien qu'il me vouloit donner de la vanité, ie le fis taire. Il reprit fon difcours, & me dift, Que depuis la mort du Pere Bernard plufieurs auoient augmenté la deuotion à Marie, mais qu'il n'y auoit pas pureté d'intention : & me voyant à genoux pendant tout ce difcours, il me dift, Tu me fais enrager, leue-toy : Que les Breuiaires du Pere Bernard faifoient creuer l'Enfer. Ie fus tout furpris d'entendre parler des Breuiaires du Pere Bernard, quoy que ie compriffe à plus prez ce qu'il me vouloit dire : Neantmoins parce que c'eftoit chofe fi peu connuë, ie le conjuray de la part de Dieu, & pour fa gloire, de me declarer ce qu'il auoit à me dire fur ce fujet, & plus il me faifoit de difficulté, plus ie le preffois par le merite de fes Reliques ; Tu le fçais bien chien, me repliqua-il, ie n'ay que faire de te le dire, c'eft vn chien de Preftre comme toy, c'eft vn bigot qui a chaffé vn de nos compagnons auec vn de fes Breuiaires. Et fe mift à crier, chiens de Breuiaires, chien de Bernard, tu nous perfecute par tout, les diables n'auront plus de pouuoir puis que Bernard s'en mefle. Ie pris fujet (ayant efté fuffifamment inftruit par ce Demon) de le coniurer par le merite des Reliques du Pere Bernard, de quitter tout prefentement la fille, & la laiffer confeffer & communier, ce qu'il fift ; mais peu apres m'eftant retiré dans vn coin de l'Eglife pour marquer quelque chofe fur mes tablettes de ce coloque, ce Demon m'y vint trouuer en furie, me difant, Que veux-tu faire chien, tu veux donc efcrire ce que nous difons, ie t'en empefcheray bien.

Il eft à propos, MADAME, fur le fujet desdits Breuiaires (eftant vne des chofes des plus remarquables que i'aye veu à Louuiers, & des plus conuainquante d'vne veritable et reelle poffeffion) que ie die à VOSTRE MAIESTE' ce que Monfeigneur l'Euefque du Puys luy pourra confirmer, puis que c'eft à luy à qui cét affaire s'eftoit adreffée deux iours auant que ie partiffe pour aller voir lefdites Religieufes. Vn Chanoine de l'Eglife de Reims menant vne vie affez licentieufe, & fort efloignée de celle d'vn Ecclefiaftique ; ainfi que luy mefme l'auouë, eftant interieurement touché des merueilles qu'il aprenoit tous les iours de la Sainéteté du Pere Bernard & de fes miracles, eut recours à luy & demanda que par fon interceffion Dieu luy fift la grace de fe conuertir, ce qui arriua peu de temps apres,

apres, en forte qu'on vit en cet homme vn changement fi manifefte, que tous ceux de fa connoiffance en furent furpris ; & vous diray, MADAME, par experience mefme (les Demons l'ont auoüé) que le Pere Bernard trauaille plus à la conuerfion des ames, qu'à la guerifon des corps, qui font les veritables miracles, mais qui ne viennent à la connoiffance que de ceux qui en profitent, car ce font lettres clofes, neantmoins ce font ceux-là qui font enrager les diables ie foucians peu des autres. Ce bon Chanoine voulant en remercier Dieu fur le Tombeau de fon interceffeur le Pere Bernard, vint en cette ville à ce deffein il y a enuiron fix femaines, où par mefme moië l'ëuic luy vint de me voir & de me tefmoigner les grandes obligations qu'il auoit au pere Bernard, que pour ce fuiet il me prioit de luy en donner quelques Reliques : ie le renuoiay à frère Iean qui eut l'infpiration, quoy qu'à regret, de luy donner le Dieurnal du pere Bernard : ce bon Chanoine s'en eftant retourné en fa ville auec ce petit threfor (car il l'eftimoit tel) eftant vn iour à l'Hoftel Dieu de Reins pour y faire fes exercices de charité, fut auerty qu'vne fille eftoit là poffedée à ce qu'õ crioit du malin efprit, car elle en dõnoit toutes les aparences : il s'y fait conduire, la confidere, & faifant mine de luy apliquer fur le frõt des Reliques, enuelopa fecretement fon Dieurnal dans du papier, & le ietta dans fon giron : auffi toft cette fille fe leue en furie, crie d'vne voix épouuentable, Tu me brufle Bernard, tu me brufle, tu me brufle Bernard, ie n'en puis plus ; & fe fecouãt fit tomber le Dieurnal ; auffi toft la fille demeura paifible & en repos, ce qui fut veu par fept ou huict Religieufes & par deux ou trois Preftres ; ce bon Chanoine connoiffant Mõfeigneur l'Euefque du Puys luy en efcriuit auffi toft vne lettre qu'il me fit voir deux iours auãt que i'alaffe à Louuiers. Voila, Madame, l'intelligẽce de ce que me vouloit dire ce diable touchant les Breuiaires du Pere Bernard qui faifoient des merueilles, & depuis huict iours on a enuoyé à mondit Seigneur l'Euefque du Puys le procés verbal de ce que deffus, fait par M^r l'Official de Reins, que i'ay entre mes mains.

Laprefdinée Sœur Marie du fainct Efprit poffedée du demon Dâgon, fut amenée à l'exorcifme où elle demeura prés de trois heures fans vouloir rien dire, toufiours bouffonnant & fe mocquant de toutes les conjurations : on luy apliqua les Reliques du

Pere Bernard, & dit à Monſieur le Penitēcier, Oſte moy ce chien de Bernard & ce gibet, elle entendoit la vraye croix, & crioit de tout ſō effort, Ie m'en vais, ie ne puis plus demeurer icy, cette Mariette ayme bien ſes ſeruiteurs, diſant d'horribles blaſphemes contre Dieu & contre la ſaincte Vierge, & ne voulut iamais ſe deſdire : il en dōna la raiſon, à ſçauoir qu'on luy demandoit choſe contre ſa nature, & que leur propre maintenant eſtoit de iurer & blaſphemer, ne pouuant plus faire autremēt : C'eſt pourquoy chien, diſoit il, ne me demande plus de reparation, ie n'en feray point ; on le quitta pour aller faire la proceſſion, luy enioignant de la part de Dieu d'y eſtre auec vne grande modeſtie, & à la fin d'icelle de venir faire amande honorable & ſe deſdire des blaſphemes qu'il auoit dit : il aſſiſta à ladite proceſsion, & reuint à la Chapelle de Lorette, où Monſieur le Penitencier, tenant le Tres-Sainct Sacrement, luy diſt, viens infame Dâgon adorer ton Dieu, & luy faire amande honorable & à ſa Saincte Mere, des blaſphemes que tu as faites auiourd'huy : il répondit : Ie ne le feray pas, ie ne le feray pas, ie me rebelleray, ie reſiſteray, ie ne cederay point, ie n'obeïray point : on fait les Prieres, on les reïtere pluſieurs fois, on inuoque le ſecours de la Saincte Vierge, il deuient plus furieux que deuant, ſe met en vne poſture la plus orgueilleuſe qui ſe puiſſe imaginer, hauſſe & eſtēd les bras, & ouure les mains vers le Ciel, proferant ce blaſpheme execrable, Ie voudrois qu'il n'y eût point de Dieu, ie ne ſerois pas tourmēté cōme ie le ſuis, ſi ie le pouuois deſtruire ie le deſtruirois, & me ferois adorer ; Que maudit ſoit le moment de la cōception de cette Mariette : il prononçoit ces paroles auec vne voix & des geſtes horribles, diſant, Ie n'obeïray point à vne fille, reïterant pluſieurs fois, ie n'obeïray point à vne fille, moy, moy, qui ay bien reſiſté à vn Dieu, ie me rebelleray, ie n'obeïray point à l'Egliſe, ie me mocque de tous ces chiens de bigots-là, ie n'obeïray point, ie ſuis en vn eſtat qui n'obeïs iamais, ie reſiſte touſiours, ie ne fais iamais rien volontairement, ie ſuis gaillard moy, ie ſuis gaillard. Putifar ayant voulu ſortir de la Chapelle en fut empeſché, & en ſe debattant & tempeſtant furieuſement, crioit & diſoit, Haye, haye, haye, ie ne ſçaurois reſiſter en ce petit chien de corps comme fait Dâgon dans le ſien, & creuoit de voir Dâgon qui reſiſtoit mieux que luy, & en diſant, ie n'en puis plus, ſe laiſſa tomber par terre. On redoubla les prieres, ie priay Monſieur le Penitencier de m'enjoindre quelque penitence pour les blaſphemes qu'auoit fait cét infame Dâgon, il m'ordonna d'aller derriere l'Autel ſoubs les pieds de l'Image de la ſainɔte Vierge y dire trois *Aue Maria*. Dâgon ſe ſentant forcé & preſſé de la Sainɔte Vierge, s'eſcria horriblement, haye, haye, haye, Putifar, Putifar, ie n'en puis plus, ie creue, i'enrage. Putifar répondit, Ha chien de Dâgon ie ſuis pire que toy, laiſſe-moy chien : & au meſme temps entra dans vn aſſoupiſſement eſtrange, les yeux fermés, le corps ſans aucun mouuement & comme ſans vie : on luy remuoit les bras comme ſi c'euſt eſté de la laine, & demeura ainſi vne heure ou plus. Dâgon criant touſiours ſe laiſſa tomber par terre à la renuerſe tournant la teſte horriblement, roüillant effroiablement les yeux, regardant vers le haut de la Chapelle, s'eſcria en diſant, Ie vois vne fleur, ie vois vne fleur, que tu es cruelle Mariette, de me preſſer de la ſorte ? que ne fais-tu point pour ces petits hommes, ces petits hommes creez de pouſſiere ? que ne fais-tu point pour eux ? ils ont offenſé & on leur a pardonné ; ils offenſent touſiours & ſe moquent de Dieu, & il leur pardonne touſiours ; & moy qui n'ay offenſé qu'vne fois, point de pardon, point de miſericorde, moy qui ay eſté creé d'vne nature ſi releueé, ſi pure & ſans imperfection, pour vn ſeul peché me voir reduit en cet eſtat le plus miſerable qui ſe puiſſe conceuoir ; i'enrage, ie creue, ie n'en puis plus, ie ſuis poſé en ce chien de corps, où ie ne puis exprimer par ces chiennes d'organes ce que ie voudrois : ie ne puis me faire entendre, ie creue, i'enrage. Et aprés pluſieurs cris voulant encore reſiſter, Monſieur le Penitencier luy mit le pied ſur l'eſtomach, & d'vne main tenant le S. Sacrement, le coniura de l'adorer : Ce demon ne pouuant ſuporter la preſence de Ieſus-Chriſt au S. Sacrement, diſoit, Chien de Penitencier oſte moy cet object-là, oſte moy chien cet objet-là, ie ne le ſçaurois ſouffrir : on redoubla les prieres à la ſainte Vierge, & fut coniuré derechef de ſe deſdire : alors ſe releuant tout doucement & s'agenoüillant deuant l'Autel, baiſſé contre terre, s'eſcria, Vierge ſacrée ie vous reconnois la Maiſtreſſe des demõs & des enfers, ie me deſdits de tout ce que i'ay vomy contre Dieu & contre vous, ie côfeſſe voſtre puiſſãce & voſtre pouuoir ſur les diables : Et en ſe releuãt faiſoit mine de changer de pẽſée, & dit, Ie reſiſteray, ie me rebelleray : Mr le Penitẽcier luy dit, Infame & malheureux, la

S. Vierge te fera biē toſt ſentir ſon pouuoir; nous recōmençaſmes les prieres à la ſainčte Vierge, il tomba derechef par terre, criant horriblement, & diſant, j'enrage, i'enrage, tu me force Marie, & regardant en haut teſmoignoit voir quelque choſe par les ſignes qu'il faiſoit, diſant, Tu me pourſuis de ſi prés que ie n'ay pas vn moment de relaſche : ſe debattant & ſe cachant la teſte crioit & diſoit, haye, haye, haye, faut il que ie cede à ton pouuoir ; faut il que ie recōnoiſſe ta force & ta puiſſance, cela me fait enrager : Diantre que ces petits hommes ſont heureux d'eſtre ſous ta protećtion, ils ne peuuent perir. Apres quoy nous crûſmes auoir receu aſſez de ſatisfaction de ce demon, auquel on commanda de quitter la fille. En ſuitte de cecy Monſieur le Penitencier tenant le ſainčt Sacrement s'adreſſa à Putifar qui auoit rendu la fille comme immobile, & luy dit, Ie te coniure par le Dieu viuant, par le corps & ſang de Ieſus-Chriſt, & par la tres-Sacrée Mere de Dieu, qu'en quelque part du monde que tu ſois, en quelque lieu des enfers, ie t'éuoque & commande de paroiſtre & de me répondre ; tout auſſi toſt les yeux de la fille s'ouurirent, & le demon parut, diſant, Que veux-tu chien, diantre tu me fais enrager, ie ne puis pas reſiſter comme a fait Dâgon, il a fait courageuſement diantre, il s'en va bien glorieux, tu ne luy as pas fait dire ce qu'il auoit commandement de te dire : Monſieur le Penitencier luy repartit Dy-lay toy ; Ie n'en feray rien, ie n'en feray rien : Ie te coniure par le corps & ſang de Iéſus-Chriſt de le dire : & luy ayant mis le pied ſur la gorge, & ayant reïteré cecy pluſieurs fois, dit, forcé par la vertu du tres-ſainčt Sacrement, en s'écriant haye, haye, haye, mal-heureux Putifar faut-il que tu ſois reduit en vn lieu ſi horrible comme tu es ; Tu es poſé en vn petit chien de corps, toy qui es des premiers Princes de l'Enfer. Ah Belſebut ! tu me fais icy creuer, ha que ie ſouffre, haye, haye, haye, que ne ſuis-ie dans le plus profond cachot des abyſmes, & voulant ſe taire pour ſe plaindre, Monſieur le Penitencier le coniura & luy commanda de dire ce qu'il auoit à dire de la part de la ſainčte Vierge, répondit, Ie ne le puis, c'eſt Dâgon qui le ſçait & qui a commandement de le faire. Enfin forcé par la ſainčte Vierge & par ſainčt François, qui parut aux pieds de la ſainčte Vierge, dit, Diantre ce niés de François, cet ignorant me contraint de dire par la ſuplication qu'il faičt à Mariette que demain ie ne pourray empeſcher la fille de communier ; diantre il y a

deux

deux mois que ie fais tout mon poſſible pour le faire, ie ne l'ay peu encor obtenir, ie ne ſuis en ce corps que pour empeſcher les communions, mais diantre ie n'ay encores rien gaigné, ha ſi ie pouuois gaigner trois iours, diantre ie ſerois bien gaillard. Coniuré de dire ce qui luy auoit eſté commandé de la part de la ſainɕte Vierge, apres auoir répondu qu'il n'auoit rien à dire, nous redoublaſmes les prieres à la ſainɕte Vierge : alors il teſmoigna ſouffrir eſtrangement, & en s'écriant, Maudit ſoit l'heure, dit-il, & le moment de ma creation, faut-il que ie cede a de petits hommes, haye, haye, Putifar ou es tu reduit; que de confuſions tu reçois auiourd'huy : ie ne puis faire ce que ie voudrois en ce petit chien de corps faut-il que Magdelaine (c'eſt la Magicienne qui eſt en priſon) nous tienne pour des coüards, & qu'elle ait plus de force que nous; oüy ie n'oſerois paroiſtre au Sabat, elle eſt touſiours à me reprocher que ie n'ay rien executé de ce qu'elle m'a dit. Interogé ſi elle va au Sabat, diſt, Elle y va accōpagné de quatre diables. Interrogé comme elle peut ſortir de ſon cachot, diſt, Par de fauſſes clefs qu'vn de nos ſerruriers a faiɕtes. Interrogé ſi c'eſt d'eſprit ou de corps diſt de corps & d'eſprit, vn diable tenant ſa place. Interrogé comme elle reuient, Par la vertu de celuy qui commande à touts. Conjuré de quitter la fille & de la laiſſer repoſer, obeyt, & fut la fille benie.

Du Dimanche, Feſte Sainɕt François.

Vtifar ne voulant laiſſer confeſſer la fille apres pluſieurs commandemens, a eſté preſſé par l'interceſſion de S. François, & du merite de la Feſte; ſur la reſiſtance qu'il faiſoit ie m'approchay, & luy appliquay les Reliques du Pere Bernard, où il y en a du Bien-heureux François de Salles, alors il eſt entré en furie, & a dit, Voila vn autre François qui me preſſe auec le premier. Sçachant ce qu'il vouloit dire à cauſe de la Relique qui y eſtoit, ie le preſſay à la gloire de Dieu de declarer ce qu'il entendoit. Tu le ſçais bien, c'eſt ce François de Salles : & puis il y a vn autre Eueſque François qui me preſſe, i'enrage preſſé de le dire, c'eſt ce chien de François Eueſque d'Eureux, pour lequel les deux François prient inceſſamment : Ie n'en puis plus, i'enrage. En fin apres auoir vomy quantité de blaſphemes, par les prieres de ces Sainɞts a efté forcé de quitter la fille, laquelle conduitte à l'Autel pour y communier, le demon a recommencé de plus belle, & apres quantité de rages en fin fit amende honorable à la fainɞte Vierge, contre laquelle il auoit vomy mille outrages.

Ce matin Monfieur l'Abbé de Chandenier y entra par la permiffion de Monfeigneur l'Euefque auec vn gentilhomme, & tous deux en grande deuotion & eftonnemēt ont veu & entendu tout ce qui fe paffa ce iour.

Arphaxat, qui par fa confeffion eft le demon de la fuperbe, empefchoit la fille de communier, ie le pris par les Reliques du Pere Bernard, & a dit cecy en prefence du fainɞt Sacrement, d'vn air & d'vn gefte fuperbe : Ha! grand Dieu, tu me forces à m'humilier contre ma nature, ie t'ay outragé par mes blafphemes, ce m'eft vn defplaifir fenfible qu'en prefence de ces petits hommes ie fois obligé à me retraɞter, moy qui les induis tous à la fuperbe : C'eft moy qui fomente les herefies, qui donne du mefpris pour la Religion, qui fais croire à ces Huguenots qu'ils ont raifon, qui feme les fcrupules & les mefcreances aux Catholiques, qui enfle les cœurs de fuperbe, qui remplit l'Eglife de profanations : car il eft vray qu'il n'y a pas cent Autels en France où l'on ne profane le corps de Iesvs. Et s'addreffant à Monfieur l'Abbé de Chandenier : Efcoute Abbé, Dieu me force pour ton edification, qui es le dernier venu, à dire que ces petits Beneficiers fe couurent d'vn grand manteau & du pretexte de feruir Dieu, mais c'eft pour auoir des Benefices, ce font nos amis : Dieu a permis que nous foyons en cette maifon pour fa fanɞtification, & pour l'inftruɞtion des peuples; & quoy que l'on croye que les diables ne difent iamais que menfonges, il eft vray qu'ils ne difent rien que pour tromper & feduire les ames : mais quand ils font forcez de la part de Dieu, ils difent verité : oüy ils difent verité. Il eft venu icy de petits cadets de Paris par curiofité, mais ils n'ont rien veu : nous euffions bien voulu qu'on euft laiffé entrer tout le monde, ce nous euft efté vn diuertiffement & entretien; fi Dieu nous donnoit la liberté nous obfederions ces petits efprits qui font venus icy pour fe rire : il n'y a point à rire. S'addreffant à moy qui le preffois : O que fi tu voyois ce Dieu comme ie le voy ? hé que fi tu le voyois ce Dieu dans fa Iuftice, combien tu l'adorerois ? Ces petits hommes ne le cognoiffent pas, il leur fait plus de graces qu'ils ne meritent : il eft tout preſt encore à mourir pour eux, & à ne rien faire pour nous : il enrageoit & eſcumoit diſant cela. Oüy on ne le reſpecte pas : car encore qu'il ſe ſoit humilié, c'eſt en cela que ſa grandeur paroiſt, ie le dis à ma confuſion : vne petite imperfection arriuée dans les Exorciſmes & à vne Communion fortifie vn diable pour ſix ſep-maines. En fin preſſé par les prieres du Pere Bernard & de ſainct François il s'eſt humilié, a laiſſé la fille, qui a communié paiſible-ment, a entendu la Meſſe, où elle a dit pluſieurs choſes deuotes.

L'apreſdinée au retour de la Proceſſion Monſieur le Penitencier fit vne coniuration à tous les demons de quitter les filles, & à Pu-tifar en particulier, & luy fit commandement, en vertu du Sainct Sacrement qu'il tenoit en ſes mains, d'executer ce qu'il auoit pro-mis aux derniers Exorciſmes touchant les commandemens de la Saincte Vierge, & de nous dire ce qu'elle vouloit de ſon obeïſſance : A quoy Putifar a reſpondu, ce qu'elle m'a commandé tu le ſçais chien : mais ie ſuis plus fort que iamais, & ie proteſte à Lucifer & à Belſebut de renoncer à toute eternité à cette Mariette, & à tous ceux qui ſe confient en elle : & regardant en haut comme s'il euſt veu quelque choſe, crioit, maudite iournée, Dâgon me laiſſeras-tu ? c'eſt ton intereſt, il y va de ton honneur, me laiſſeras-tu : Mariette, maudite Mariette, chiens d'hommes de terre, poudre, & cendre : & crioit diſant cela, haye, haye, haye, d'vne voix plaintiue. A ces paroles Dâgon ſe leua tout en furie voulant battre tout le monde, mais on l'arreſta auec deffenſe de luy preſter force. Putifar dit, Chien, chien, ſi ie te diſois les commandemens abominables de cette nuictée ; cruel Dieu, cruelle Mariette, Dieu injuſte, injuſte Mariette, ie ne luy obeïray pas, car elle eſt cruelle. Y-a-il choſe au monde ſi pitoyable que de voir vne nature Angelique ſoubs les pieds des petits hommes de terre ? Dâgon, Leuiatam, & tous les Diables m'abandonnent ; c'eſt encore vn effect de la puiſſance de Mariette : Oſte tes pieds de deſſus moy, chien de Penitencier, moy qui regis & gouuerne les aſtres, qui gouuerne les prouinces, de me voir reduit ſoubs les pieds d'vn petit homme de terre & de pouſ-ſiere ; c'eſt moy qui dois faire les commandemens & non pas les receuoir de vous autres, reduits dans cette maudite maiſon comme des chiens. Quand on parlera d'vn Dâgon, d'vn Putifar, d'vn Le-uiatam, & d'vn Anciſi, on dira que ce ſont des Diables qui n'ont point de puiſſance : & ce qui me faſche le plus, c'eſt que cette maudite Mariete me dit qu'elle ne m'a pas enuoyé, & que i'y fuis venu de ma bonne volonté : ie n'y fuis pas venu on m'y a enuoyé, fi ce n'eft-elle c'eft vn autre. Commandé de dire qui, a refpondu c'eft ce maudit Picard, il eftoit Preftre du Sabat, il eftoit Prince du Sabat. On luy a demandé comment on aura des marques de le conuaincre pour tel, a refpondu, Chien, ie t'ay tant donné de charmes & de caracteres, cela ne fuffit-il point ? ie t'ay tant parlé d'vn Liure, fi tu le voyois tu le recognoiftrois bien : On luy commanda de l'apporter fur l'Autel, & de le faire voir, a refpondu ; Chien, oüy il faut que tu le voye, il eft raifonnable : ie te dis que ie n'ay point de commandement de Mariette de rendre le Regiftre : Chien, chien, que ie te die les volontez de Mariette, demande les luy à elle mefme, & ne les apprends point de la bouche des Diables ; puis regardant en haut difoit d'vne voix plaintiue, Marie, Marie, c'eft encore là vne des tiennes, moy ie fuis tout feul, & tous les iours i'ay icy fi bonne compagnie, elle m'a ofté tous mes chiens de camarades, (eft à remarquer que toutes les filles poffedées eftoient prefentes, & toutes libres fans dire mot) Putifar continuant : Ce Dieu injufte prend plaifir à nous voir tourmentez, & à nous faire tourmenter par vne fille. Haye, haye, haye, ie n'en puis plus : changeant de voix plus arrogante difoit, Ie me rebelleray, Mariette, iamais ie n'obeïray à tes commandemens : Puis reprenant fa voix plaintiue, difoit en criant, ie n'en puis plus, chien, il y a huict iours que ie fus renuerfé par elle, elle me fit vne menace bien terrible. s'eft-il iamais veu diable traitté de la forte ; i'enrage chié, chien cette nuict huictiefme iour de l'octaue il ne m'en a pas efté fait moins, elle ne m'a pas fait des menaces mais des commandemens : hé, chien, il m'a efté fait vne deffenfe fur cette chienne d'Eglife au retour du Sabat où i'eftois allé pour y prendre des forces : mais i'y ay efté mené d'vne terrible façon ; ie te dis qu'il n'y faut plus aller pour proietter rien contre les chiennes de Religieufes, ie ne dis pas feulement de ce Conuent, mais de toutes celles de ce Diocefe ; nous eftions allez pour proietter encores quelques chofes contre cette maudite maifon, & ce Dieu a paru & nous a tous foudroyez ; ie te dis que ce n'eft plus vn Sabat, mais vn combat, tous s'en font enfuis, & moy feul ait efté pourfuiuy de cette Mariette, & i'ay efté contraint d'efcouter fes commandemens, ie n'en puis plus : fi tu fçauois, ô chien d'homme,

que

que c'eſt d'eſtre diable, & d'eſtre reduit comme cette Mariette nous reduit; chien il m'a eſté fait vne deffenſe de iamais inquieter la chienne que ie tiens & les autres filles aux Sacremens : chien, chien, ie ne ſçaurois dire le reſte, i'eſtois venu pour les deſtruire & cependant ie les ay reſtablies : car depuis deux ans que ie ſuis venu dans cette maudite maiſon, les chiennes communient preſque tous les iours, & auparauant elles ne communioient que deux fois la ſepmaine; quelle rage que penſant deſtruire vne choſe ie l'aye eſtablie; Chien, elle me veut contraindre de demeurer en ce chien de corps, que i'aymerois mieux ſouffrir à toute eternité les peines d'Enfer que d'y demeurer; chien conjure moy d'en ſortir. Apres cette Mariette m'a dit : Infame Putifar ie ſçay bien les abominations que tu as faites & fait faire dans la maiſon, ie ſçay bien l'infamie où tu l'as reduite, tu ſçais bien combien tu y as profané les Autels, tu y es venu de ta bonne volonté, & moy ie t'y mets de ma puiſſance, pour y ſouffrir les humiliations des Religieuſes; i'enrage de ce que ces petits hommes que ie hais tant, que i'ay tant en horreur, te feront aller, te feront parler, meſmes iuſques aux petites filles te feront parler & aller comme elles voudront; chien elle m'a dit qu'il viendra vn iour que i'y feray bien autrement, que i'y feray reduit par vn petit homme, vn petit homme de terre : elle m'a dit, Vois-tu ce petit homme, il eſt grand, il te confondra & te liera; que ie ſeray reduit dans vn corps ſans pouuoir agir ny paroiſtre en aucune façon de diable. Commandé de declarer ce petit homme, a reſpondu, ha chien c'eſt ce maudit Eueſque de ce Dioceſe; ie te dis que depuis que cette maiſon eſt en affliction il a fait des actions qui ont tant pleu à cette Mariette, que ce fera la cauſe d'vne grande perfection à cét Eueſque; ie te dis qu'elle m'a encore reduit dans vne ignorance que ie ne ſçauray rien de ce qui ſe paſſera dans la maiſon; elle m'a dit qu'à cauſe que ie ſuis infame, & que i'ay tant fait de mal à la maiſon, qu'elle ne veut point que i'aye l'honneur de faire quelque choſe pour elle. Tu ſçais bien, il eſt vray il y a vn Regiſtre, il y a des charmes, mais s'il y a des diables qui rendent quelques choſes, ce feront ceux qui n'ont point eſté employez au mal qui a eſté fait à la maiſon. On luy a commandé de dire comment ſe fera cela qu'il demeurera dans le corps de la fille; a reſpondu, chien ie te dis que cette Mariette entend à ma confuſion, que

F

quoy que cette fille ſoit vn petit eſprit, & ſujet à peché, que i'auray pourtant liberté de la tenter, mais que iamais ie ne la pourray vaincre ; ie ne veux point de ce pouuoir là, car elle m'a reproché, cette Mariette, les confuſions que la chienne m'a fait depuis deux ans ; l'Eueſque m'oſtera mon pouuoir par Mariette, les demons qui ſont de ma ſuitte n'oſeront plus tourmenter les filles aux Sacremens. Chien ce n'eſt pas mon vray nom que Putifar c'eſt vn nom que i'ay pris. Ie n'ay garde de dire mon nom en vne maiſon où ie n'ay point de pouuoir. La Mere Ieanne n'a pas vn demon formé, c'eſt la force du charme. Les charmes ne vont point ſans demons, ſon demon n'eſt pas dans elle, le nom de ſon demon eſt Arſaloth. Cette pauure petite Marotte, frappant ſur le corps, eſt vne fille que ie voudrois qu'elle ne portaſt point les noms qu'elle porte, i'aurois bien de la priſe ſur elle, ce ſont les deux noms que l'on nomme ſi ſouuent, MARIE de IESVS, elle eſt poſſedée d'vne terrible façon, elle a malefice & poſſeſſion, elle eſt plus trauaillée en l'eſprit qu'au corps, le demon s'appelle Aperat : L'autre eſt trauaillée au corps & en l'eſprit, cette fille eſt Louyſe de l'Aſcenſion, le nom de ſon demon eſt Arphaxat, elle a vn charme des plus puiſſans, diantre il eſt en vn terrible endroit, que ie ne penſe pas que iamais elle en gueriſſe, c'eſt vne poudre entre les deux yeux, c'eſt ſon petit pere Picard qui luy a baillé : Le diable qu'elle a eſt cauſe que ſœur Louyſe de l'Aſcenſion a vne douleur à l'eſpaule gauche, c'eſt que nous ne touchons iamais les perſonnes qu'au coſté gauche. Il y a encore vne petite Martillonne, c'eſt la petite Marthe du Val, il y a encore la ſœur qui eſt decedée, le petit Pere les a bien accommodées toutes deux, il a fait ce qu'il a peu à la troiſieſme. Le diable de Marthe n'a point de nom, c'eſt vn petit porteur de bonnes nouuelles, vn petit rodeur. On n'auoit point enuie de luy bailler de diable, on ne luy vouloit faire que du mal, elle a auallé ſon malefice par vne benediction qui a eſté donnée ſur vn broüillon. Il n'y en a plus, tous les autres diables ſont de Dâgon. Iniuſte Dieu, en ſe plaignant repetoit touiours, iniuſte Dieu de donner tant de pouuoir à vne fille, ie te dis que les petites creatures quand elles ont du pouuoir, ce Dieu les fait agir auſſi promptement que lui meſme. Le S. Sacrement eſtant ſur ſon eſtomach il a dit, Oſte-moy cet objet, ie ne puis penſer à l'amour que ce Dieu porte à ſes creatures, il ſe fait pain pour elles ; ie ne puis penser à ce que Dieu a fait pour ces petits hommes, & que s'il nous eust fait la moindre des graces qu'il leur a faites, nous eussions esté admirables à obseruer ses Loix. Miserables que nous sommes, nous auons des confusions pour les petits hommes, & pour Iesvs-Crist mesme, car quand il n'y auroit qu'vn homme qui eust peché, ce seroit tousiours vne confusion pour les hommes, de ce que l'homme a esté ingrat & mescognoissant : ie iure sur le sainct Sacrement, que tout ce que i'ay dit est vray. On luy a demandé, si les demons de sa suite ne s'en iront pas quand il sera lié, il a répondu ie n'en sçais rien. On luy a demandé s'il n'auoit pas commandement de se retirer; il a répondu, ie l'ay, mais ie n'en sortiray pas. On a faict vœu en mesme temps de dire cinq *Pater* & cinq *Aue*, presentez par la saincte Vierge à Dieu, pendant lesquels Putifar crioit, Maudite iournée, maudite iournée, ô chien tu me presente tousiours vn obiect qui m'est si déplaisant, maudits soient ceux qui ont inuenté cette chienne d'affaire; Marie, Marie, disant cela elle faisoit des contorsions estranges; Marie, Marie, faut il que ie confesse que tous les pouuoirs de toutes les creatures ne sont rien en comparaison des pouuoirs que Dieu donne à cette Marie, Prodigieuse Marie, creature la plus admirable qui aye iamais esté. On luy a commandé de sortir du corps, & de souffler la chandelle pour marque, il a répondu chien i'en voudrois bien sortir, mais tu sçais ce que ie t'ay dit. Puis n'a plus dit mot, & la fille est demeurée comme en extase, la teste panchée toute platte, où elle a tousiours esté pendant cet Exorcisme, & auoit le visage fort agreable. Le Demon euoqué a dit, Chien, ie te dis que ie n'ay point eu de commandement de faire de signe exterieur, car la fille peut faire cela; quand i'en aurois à faire, ce ne seroit pas à cette heure, ce n'est pas la derniere execution de Marie. Puis ayant bien demeuré vne heure sans dire mot, faisant feinte de n'y estre plus, apres estre reuenu afin de iurer s'il auoit satisfaict aux commandemens de la saincte Vierge, on luy a commandé que pour marque de cela qu'il allast auec la fille souffler le cierge qui estoit sur l'Autel, & qu'il fist vne Croix sur le paué auec sa langue; mais resistant à le faire, contre le sentiment de toute la compagnie, & mesme de Monsieur l'Abbé de Chandenier, qui croioient tous que c'estoit exceder nostre pouuoir, & demander chose contre la volonté de Dieu, Monsieur le Penitencier & moy poussez d'vne secrette inspiration, & échauffez d'vne ferme confiance, nous le pressames vigoureusement à satisfaire à ce commandement, pour asseurance & confirmation que tout ce qu'il auoit dit estoit veritable, (cet exorcisme estant vn des plus importāt que nous eussions encore ouy) le demon se rendant rebelle plus on le pressoit, car il creuoit de depit de se voir obligé à faire vne action si lasche & si seruile, nous prismes resolution d'y passer plutost la nuict que de le quitter. Enfin, apres plusieurs prieres redoublées par toute la compagnie, apres vn vœu que ie fis d'vne neufuaine, à mon retour, à l'Autel de la saincte Vierge, & autres penitences qui furent eniointes anx vns & aux autres, pour obtenir de Dieu l'effet de nos iustes demandes, que nous croions estre à sa gloire, & à la confusion de ce demon; ce miserable Putifar n'en pouuant plus fut contraint de se leuer & d'aller comme vn cibilot sautelant deuant ce cierge, tournant tantost à droit, tantost à gauche, faisant mine de le souffler, puis le soufflant à demi se renuersoit aussi-tost en arriere, faisoit des gestes & des postures à faire creuer de rire; se plaignoit de cette lascheté; & de l'affront qu'on luy faisoit, prenoit resolution de n'en rien faire du tout, puis reuenoit à mesure que nous redoublions nos prieres, enfin, dis-je, nous ayās mené iusques à neuf heures, se sentant forcé & violenté par vne vertu d'en haut qui auoit desiré cela de nostre perseuerance, il fit la Croix sur le paué, telle qu'vn peintre ne la sçauroit mieux faire, puis vint souffler ledit cierge, & quitta aussi-tost la fille.

Du Lundy matin.

PEnsant partir ce matin i'eus la pensée de celebrer la saincte Messe à la Chappelle de Lorette, où vne partie des possedées vinrent l'entendre. Pendant laquelle ils ne firent que se plaindre & maudire celuy qui m'auoit donné l'inspiration de la dire. Dequoy t'és tu auisé chien, crioient-elles tout haut, nous pensions bien que tu t'en irois sans dire la Messe en cette chienne de Chapelle, qui nous faict enrager. Elles venoient me tirailler par le bas de mon Aube, par le Chasuble; disoient, il n'y a pas moyen de le faire rire ce chien, il est trop attentif à ce qu'il faict; proferant les paroles Sacramentales crioient, ces chiennes de paroles nous font enrager, dis-en d'autres. Deux ou trois passerent

derriere

derriere l'Autel, & me regardoient en face, car la feparation n'eſt que d'vn chaſſis, en ſorte qu'on voit à trauers, elles faiſoient mille ſingeries & s'auiſoient de mille extrauagances. Pour vous auoüer frãchement, Madame, i'eus bien de la peine à m'empeſcher de rire, & ie ne peus ſi bien faire, qu'apres la ſainᵭte Communion (continuant leur artifice, diſant, il eſt de belle humeur, & d'vne nature riante, il rira, & rioient les premieres) qu'elles n'euſſent quelque priſe ſur moy, car i'eu beaucoup de peine à acheuer la Meſſe, ayant deuant & derriere ces demons qui me tentoient, en ſorte que ie n'oſois me tourner pour ne pas commettre par foibleſſe quelque indecence. Enfin, la Meſſe acheuée ie voulu faire vne penitence publique des diſtractions que i'auois eu, & des fragilitez où i'eſtois tombé par leur induſtrie, ie m'en confeſſay publiquement à Monſieur le Penitencier; i'en fis auſſi la Penitence publique, apres laquelle ie m'adreſſay à tous ces demons, leur commanday de venir ſatisfaire à Dieu de leur inſolence, & de la mauuaiſe edification dont ils auoient eſté cauſe, ce qu'ils refuſerent de faire l'eſpace d'vne demie heure, diſant que c'eſtoit leur propre de tenter les hommes, qu'ils auoient pouuoir ſur les ſens, & qu'ils n'auoient fait que ce qu'ils auoient deu; Nonobſtant ie les preſſay derechef, & par la preſence du Corps & Sang precieux de Iesvs, ils vinrent fondre à mes pieds, ſe proſternerent en terre, la baiſerent par commandement, & demanderent pardon.

Apres cette action, nous nous adreſſames à Dâgon, qui eſt le plus preſomptueux, le plus ſuperbe, & le plus fort diable de la maiſon, il ne fait rien de bas & d'abjeᵭt, parle peu, eſt touſiours à la teſte des autres, & les conſidere comme de ſa ſuite; il n'entre pas ſouuent en furie, faiſant meſpris de tout, meſme des Exorciſmes, mais quand il y eſt, il fait tout trembler, & ne fait que tourner la teſte, & ſouffler d'vne horrible & eſpouuentable façon: quand il ſe ſent le plus preſſé, c'eſt lors qu'il paroîſt plus gaillard, & qu'il recouure de nouuelles forces, & ſe rend ſi rebelle aux demandes qu'on luy fait, & aux commandemens qu'on luy enioint, qu'il s'en moque, & tourne tout en raillerie. La raiſon qu'il nous en a donné eſt belle. Ie veux bien que tu ſçaches, Penitencier, que les diables ne ſont pas ſi deſobeiſſans à ce Dieu comme tu penſe, il faut qu'ils obeiſſent au premier commandement qui leur eſt fait; il ne tient donc pas à moy ſi ie ne te reſponds pas, & s'il

G

semble que ie fois opiniaftre aux Exorcifmes que tu me fais. Mais ie dépends de Magdeleine, oüy ie dépends de ma petite Magdelaine qui eft plus rebelle à Dieu que moy, elle ne veut pas confentir que ie réponde, elle eft plus forte que moy, i'aurois defia fatisfaict il y a long-temps, car Dieu me le commande, mais il ne peut forcer Magdelaine qui a fa liberté ; ô petits hommes rebelles à vn Dieu, ô petits vers de terre ! ô creature de neant ! qui dans la méconnoiffance des bienfaits, receus de fa main liberale, oublient par vne ingratitude infuportable, l'obeiffance & le refpect qu'ils luy doiuent ; Enfin ce demon continuant toufiours à dire des chofes fort ferieufes, nous mena par fes difcours & refiftances, iufques à trois heures apres midy, fans difner ; Ie m'auifay pour ne pas manquer de perfeuerance, Que Noftre Seigneur en l'Euangile auoit eu pitié de ce peuple qui le fuiuoit à la campagne depuis trois iours, & qui n'ayant dequoy manger, y pourueut auffi-toft à leur neceffité, auffi le voyant expofé fur l'Autel lors qu'on exorcifoit ce demon, & iugeant qu'eftans employez à fon feruice, nous auions befoin de fubuenir à nos infirmitez naturelles. Ie dis tout haut, ça nos Freres, plutoft que de quitter ce diable rebelle, Que ces bonnes Religieufes nous apportent ici à difner, noftre Maiftre le treuuera bon, puifque c'eft luy qui nous le donne, & que les Chreftiens doiuent faire toutes leurs actiõs en fa prefence. On executa auffi-toft cette penfée, dont ce demon enragea. Le difner vint qui fut beny par noftre Seigneur mefme, & auec grand refpect, ayant pris noftre petite refection, nous reprifmes au colet ce demon, qui ne voulut iamais fouffrir que la fille prift vn boüillon pour la fortifier, neanmoins ne pouuant auoir raifon de ce vilain, nous nous contentames de quelques fatisfactions pour les biafphemes qu'il auoit proferé.

Le foir croyant partir le lendemain de bonne heure, ie leur diftribuai des Chapellets, Memorare, & Reliques du B. Pere Bernard, & apres auoir fait les prieres, & offert à les feruir & pour le fpirituel & pour le temporel, ie pris congé de toutes, dans la creance de part & d'autre de ne nous plus reuoir. Neãmoins la penfée me vint qu'il valloit mieux que ie diffe la Meffe auant que partir, ie r'entre dans le Monaftere à ce deffein, & fus infpiré de defirer que trois des plus poffedées qui auoient defia receu grand foulagement par l'interceffion du P. Bernard vinffent communier à ma Meſſe, ſçauoir Dâgon, Putifar, & Arfaxa; l'on me fit réponſe qu'elles dormoient encores toutes, i'auois peine à les faire éueiller, ſçachant le tourment qu'elles ſouffrent tout le iour; Mais Monſieur le Penitencier pouſſé de pareille penſée que moy, dit qu'il les falloit auoir. Les voila donc qui arriuent l'vne apres l'autre, ſans contrainte & ſans agitation, ſe preſenterent de leur bon gré à la communion qu'elles receurent de ma main. Il n'y en eut que trois qui témoignerent auoir ordre de me parler, & me dire ce qui ſuit. Deux deſquelles Arfaxa, & Grongat entrerent en furie auant que de communier, & s'adreſſant toutes deux à moy, me demanderent qui m'auoit donné cette chienne d'inſpiration de dire encore ce matin la Meſſe, qu'elles auoient fait leur poſſible pour ne me pas parler, mais qu'elles y eſtoient forcées, & s'appellant l'vn l'autre par leur nom, declarerent qu'elles auoient commandement de me dire,

Arfaxa, ie te dis que ton Pere Bernard eſt vn Sainct, & par ſon credit auprez de Mariette, il faut que nous delogions, il nous force, c'eſt lui qui nous preſſe, nous n'en pouuōs plus; depuis ton arriuée que nous apprehendions tant, nous n'auons point eu de pouuoir, & en aurons moins à l'aduenir; Tu és venu ici, chien, par l'inſpiration de la Vierge, n'en ſois plus en peine. C'eſt elle qui te l'a conſeillé par les prieres de ſon ſeruiteur Bernard, ce n'a point eſté la curioſité qui t'y a amené, tu le ſçais bien, c'eſt ce qui nous fait enrager, nous auons fait tout noſtre poſſible auprés de ton chien de Directeur, afin qu'il t'en diſſuadaſt, mais nous n'auons iamais peu, tu ne fais rien ſans ſon conſeil, chien de Directeur tu ruine nos deſſeins, nous auions apporté tous les empeſchemēs imaginables à ton voyage, meſme auprez ce chien d'Eueſque, nous luy ſouffions aux oreilles qu'il ne te donnaſt pas permiſſion d'entrer.

Leuiatam eſtant ſuruenu, diſt qu'il auoit fait auſſi ſon poſſible. Ie le coniurai de me faire connoiſtre quel empeſchement apparent il auoit apporté à mon voyage; il me répondit, Ie te iure qu'à la premiere hoſtellerie où tu as logé, i'auois preparé vn breuuage qui auoit eſté compoſé dans notre ſabat, afin de t'empoiſonner, mais cette Mariette m'en a empeſché, & ma fait retirer auec confuſion. M'eſtant mis à genoux tenant le Sainct Sacrement pour l'en remercier. Arfaxa reprit la parole, & me diſt, chien de ſucceſſeur, dequoy

t'és-tu auifé de fuiure ce Bernard, que ne demeurois-tu en ta premiere condition où Dieu t'auoit mis, fans faire ce que tu fais, nous apprehendions ta venuë, car Bernard prie inceffamment pour toy, & à l'heure que ie parle il eft à genoux deuant la fainɕte Vierge pour t'obtenir des graces; Bernard tu me tuë, Bernard tu me tuë, ouy Bernard tu demande à Dieu pour fon fucceffeur; nous auõs fait noftre poffible qu'il n'y euft point de fucceffeur, qu'il n'y euft point vn homme dans Paris qui euft foin des Pauures affligez, mais ie te dis, Ah faut-il que ie parle contre moy, i'enrage, ie te dis que nous auons efté confondus, car il fut arrefté que tu aurois auffi vn fucceffeur & qu'il y aura toufiours vn homme dans Paris qui tiendra la place de ce Bernard. Alors ce diable entrant de plus en plus en furie, fe laiffa tomber auec des violences efpouuentables, & s'adreffant à fon compagnon tefte à tefte comme deux beliers, tirans la langue luy dit, tu fçais que nous auons reçeu cõmandement tous deux de dire cecy à ce chien auant qu'il s'en aille. Alors ie le coniuray de quitter la fille, mais il recõmença à dire, Voila le Chapelet que tu luy as baillé hier qui a touché les Reliques de ton Bernard, i'ay fait mon poffible toute la nuiɕt de l'ofter des mains de la fille, elle l'a toufiours tenu par la Croix auec deux doigts, & mon impuiffance a paru, n'ayant peu luy ofter. Dequoi t'és-tu auifé chien de leur donner ces Chapelets & ces Reliques, nous n'auõs plus de pouuoir fur elles, va-t'en. L'ayant coniuré par les Reliques du B. P. Bernard que ie luy appliquay apres de grands cris, il laiffa la fille, qui communia fort paifiblement. Son compagnon Grongat recommençant de plus belle à dire méfme chofe, à me menacer qu'il me feroit niche, qu'il empefcheroit bien que ie n'affiftaffe ces pauures affligez, & qu'il l'auoit defia fait par plufieurs pieces qu'il m'auoit ioüées, & me dift qu'il s'oppoferoit aux conuerfions que ie pretendois faire, que ie fortiffe de la chienne de maifon de Bernard, qu'il enrageoit de ce que i'y eftois; pourquoi és-tu venu ici chien, il faut que ie te die que c'eft le Pere Bernard qui t'a obtenu cette grace de la fainɕte Vierge, laquelle a voulu fe feruir de toy & s'en veut feruir à l'auenir pour le foulagement de cette maifon qui fera vn iour vne des plus celebres, car Dieu tirera fa gloire de tout ceci, car faifans noftre poffible pour la decrier nous n'y gagnerons rien, elle fera plus en eftime que iamais, non pas feulement dans le Diocefe,
mais

mais par toute la Frāce. Cette affaire ne regarde pas feulement cette maifon, mais tout Paris, car plufieurs fe conuertiront fçachant la verité. C'eft pourquoi Dieu a voulu que tu y fois venu pour le publier, tu nous vas faire enrager dans ta chienne de Charité, & ne crois pas perdre ton temps d'eftre ici, car encores que l'on t'attende à Paris, & que tes fonctions t'y appellent, fçache que la charité eft auffi biē faite ici que là, & que Dieu t'y demande à préfent, & que c'eft faire la charité que de faire la volonté de Dieu ; ie te dis de la part de la Vierge, & te le iure par tous les attributs diuins, & par ce qu'il y a de plus fainct en Paradis, que Dieu veut que tu y reuienne, que tu en fçache toute l'hiftoire pour la publier, que nous en fortirons dās peu, que le Pere Bernard en a pris la protection, que tout le Ciel eft en prieres pour cela, que nous n'en fortirons pas par des voyes humaines, mais que le Ciel combat pour ces chiennes de Religieufes. Preffé de dire quand & quel figne il en donne, Ie te dis que nous en fortirons, & biētoft, & tu y feras chien, & tu verras fi ie te dis vray, ie le iure fur le S. Sacrement de l'Autel, & pour preuue, c'eft qu'il y en aura qui porterōt des marques, comme fur la main, *Iefus, Maria, S. Iean Baptifte*. Il fe fera des bruits cōme tonnerres, tempeftes & broüilleries en l'air qui feront entenduës ; & ie te dis que ceux qui auront efté employez à la deliurance de cette Maifon, receuront des graces infinies de Dieu en recompenfe. Et s'adreffant à moi, ouy c'eft la Vierge qui t'a enuoyé ici, c'eft elle qui t'a procuré ce bonheur, car fouuiens-toi qu'apres cela tu receuras de grandes benedictions, & Dieu fe veut feruir de toy & tu le verras, il eftoit expedient que tu fuffe de la partie, car cela te feruira pour conuertir quātité d'ames qui te croiront. En entrant en rage fur ce fujet fe tourmentant, enfin ie lui dis pour preuue que ce que tu dis eft vray, ie te coniure par les prieres du Pere Bernard que tu laiffe la fille, afin qu'elle communie. Ce qu'elle fift fort paifiblement, & tout confus d'auoir entendu tant de chofes, à quoi ie ne m'attendois pas, & de remarquer la Prouidēce de Dieu qui forçoit ces demons a me declarer tout ceci, auāt que partir ie donnai à la fille mon Chapelet que ie tenois fort cher.

H

Exorcifme des plus remarquables.

Toutes chofes paroiffoient paifibles & les filles eftoient en vn grand repos, il ne reftoit plus à communier que celle qui eft poffedée par Cifmond, mais ce demon nous donna bien de l'exercice, & nous retint trois heures d'horloge en l'Exorcifme qu'on luy fift. Ce qu'il nous dift meritoit biē cette peine, puifque par fa propre confeffion, fon inftruction eft fuffifante de conuertir cent mille ames, les placer dans la gloire à l'Eternité.

Pour donc en faire le recit à V. M. ie vous dirai, Madame, que Mʳ le Penitencier fift venir cette fille pour fe confeffer, le demon refifta fort & ferme, fe rebella contre les coniurations; & comme on fe feruoit de tout ce qu'il plaifoit à Dieu infpirer pour le faire obeïr, Mʳ le Penitencier s'auifa de lui mettre vn Meffel fur la tefte, auffi-toft il le prift de furie & le ietta contre Frere Iean, qui par commandement le raporta fur ce demon, lequel fe debatant pour l'ofter, fe laiffa tomber en criant haye, haye, haye. Alors Mʳ le Penitencier le coniura de quiter la fille au nom de Dieu, & de fon feruiteur le B. Pere Bernard. Le demon s'écria horriblement, ne me parle point de ce chien la, ie ne puis entendre parler de lui, c'eft vn chien qui me fait enrager. Et en difant cela fe traifnoit vers l'image de la fainčte Vierge. Ne nous aperceuans pas encore de fon deffein, nous retenions la fille de toutes nos forces pour l'empefcher de fe tourmenter. Nonobftant noftre refiftance nous fûmes traifnez auec elle fous les pieds de l'image de la fainčte Vierge, où le demon s'écria plus horriblemēt qu'il n'auoit iamais fait. Que tu es cruelle, Mariette, i'enrage, i'enrage, ie vois ce petit hôme aux pieds de Mariette, ie vois ce chien de Bernard qui lui demande le rétabliffement de cette Maifon. Et criant effroyablemēt, haye, haye, haye; c'eft moi qui eftois à fa mort pour le furprendre de vanité. Elle luy donne pouuoir de me cômander de dire fes dernieres parole, de dire le dernier mot qu'il a dit; mais ie ne le diray point, ie refifterai à ce petit hôme, à ce petit chien d'homme. Coniuré de la part du Dieu viuāt, par le corps & fang de Iesvs-Christ, & de fa tres-facrée Mere, & de fon feruiteur le B. P. Bernard, de dire les dernieres paroles de ce grand feruiteur de Dieu, dift, Ie refifteray à ce chien de Bernard, moy, moy qui fuis vn Seraphin, obeir à ce petit homme, ie ne le ferai point, ie me rebellerai, ie ne cederai point. Et d'vne voix plus douce & plus baſſe, diſoit, Ie ſuis gaillard moi, ie ſuis gaillard. On redoubla les prieres diſant le *Memorare*, il entre en furie, & crie ie reſiſterai, ie ne dirai point ce mot qui me fait enrager quand i'y penſe. Coniuré derechef de le dire, s'écria plus horriblement, tu me force Bernard, Bernard tu me contraint & me preſſe ſans relaſche, il faut que ie cede au pouuoir que tu as receu de Marie, Marie t'a donné tout pouuoir ſur moy, ô diuin Bernard ! ô cœur tout amoureux ! ô amour du prochain ! ô amour des pauures, ô charité que tu me fais ſouffrir, criant haye, haye, haye. Coniuré de dire ce dernier mot, s'écria ô Bernard qui as donné ton ſang pour le prochain, ô amour que tu me fais endurer ! Cependant il agitoit le corps de la fille, que quatre à peine pouuoiēt retenir. L'enleuant de terre la laiſſoit retomber ſur le paué pluſieurs fois, en ſorte qu'il ſembloit qu'elle fuſt toute briſée, ayant le viſage tout de trauers, les yeux affreux, & la bouche écumante de rage. En ce meſme temps ſuruint Grongat, bouffonnant & raillant de voir ſon compagnon ainſi traité, & ſe moquant lui diſt, Chien de Ciſmond, que ne dis tu ce dernier mot, ou bien me laiſſe aller, car tu me lie ici, ie ne puis me retirer, i'ay encore à parler à ce ſucceſſeur. Alors Ciſmond s'écria d'vne voix épouuentable, ha chien, ha chien, ſi tu ſçauois ce que i'endure, & ce que i'endurerai pour ce mot, mot d'amour, haye, haye, haye, ie n'en puis plus, tu ne me preſſerois pas de le dire. Grongat repartit, dy, dy, chien, ou me laiſſe aller. Coniuré de la part de Dieu de le dire, ne pouuant plus reſiſter, diſt, Il faut que ie le die Penitencier, mais pourtant ie me rebelleray encore, commande-moy chien de ſortir pour iamais de ce corps, & de retourner ès cachots eternels, car i'ayme mieux ſouffrir toutes les peines des damnez & des diables, que de dire ce chien de mot ; mot d'amour, ô amour que tu me fais ſouffrir. Monſieur le Penitencier repartit, nous ne voulons point, que tu ſorte que ſous le bon plaiſir de Dieu, nous ne demandons point de ſçauoir les dernieres paroles de ſon ſeruiteur, qu'entant que nous croyons que c'eſt ſa volonté pour ſa gloire, noſtre edification, & le ſalut de noſtre prochain. C'eſt ce qui me fait enrager ; car ce chien de ſucceſſeur le publiera dans la Charité, & ce mot ſera la cauſe de la conuerſion & du ſalut de pluſieurs perſonnes, non pas feulemēt à prefent, mais à l'auenir. Il y a long-temps que ie voudrois te l'auoir dit, mais Dieu ne permet ce retardemēt que pour ton inftruction, & pour faire d'autant plus connoiftre l'importance de cette parole; car fi ie te l'auois declarée tout d'vn coup, tu n'en aurois pas fait beaucoup d'eftat. Combien de fois l'as-tu formé en ton efprit, & toy & plufieurs autres fans fruict, & tu ne l'as iamais gouſté. Mais parole diuine, parole d'amour, parole qui fait trembler les enfers, & fait ouurir les Cieux, c'eſt à mon grand regret que i'aye efté forcé de l'aprendre à ces petits hommes, afin qu'ils l'aillent enfeigner aux autres, puis que par vne telle parole il n'y a point de peché qui ne s'efface, & le plus determiné de la nature fe peut fauuer s'il le peut former en fon cœur. O parole que ie ne puis fouffrir, faut-il qu'vn diable parle contre foi-mefme? mais i'ay efté forcé par ce Bernard, auquel ie n'ay peu refifter, c'eſt ce qui me fait creuer. Redoublant fes agitations plus furieufement qu'il n'auoit encor fait, nous penfions qu'il s'efforçoit de fortir & qu'il ne pouuoit, car il donna de fi grandes contorfions à ce petit corps de la fille, qu'il fembloit qu'il eftoit moulu & brifé par tout. Eftans donc allentour pour receuoir dās nos cœurs & grauer dans nos memoires ces paroles de fi grande importance, qu'il auoit eu ordre de declarer auant que ie partiffe de là. Nous redoublâmes à cet effect nos vœux & nos prieres à Dieu & à la faincte Vierge, n'oublians rien afin d'obtenir de Dieu ce que nous iugions, par la refiftance de ce demō eftre neceffaire de fçauoir pour fa gloire, & pour le falut des ames. Dans ce retardement ie n'auois qu'vn feul déplaifir de voir tourmenter cette pauure fille de la forte. Ce qui m'obligea de m'adreffer au Pere Bernard, & luy dire, que comme il auoit efté tres-charitable en ce monde, & l'eftát encore incomparablement plus en l'autre, qu'il euft pitié de cette fille, et la foulageaft de ces tourmens, que nous iugions (à voir telles agitations) eftre infuportables; le demon me repartit, ne fçais-tu pas chien que ce corps ne fouffre point, mais que c'eft moy qui fouffre en ce corps tous les tourmens qui fe peuuent imaginer, ne t'en mets pas en peine dauantage, il n'y paroiftra pas quand ie l'auray quittée. Coniuré donc de dire ce dernier mot apres en auoir encor fait refus, dift en s'écriant, Tu me force Bernard, tu me force, il faut que ie cede à la puiffance que tu as receuë de Marie, commande-moy donc Bernard, ce que tu veux que ie die le dernier mot,

mot, c'eſt que tu t'eſtimois indigne de iouyr du Paradis, & tu t'offrois à deſcendre és enfers, & à ſouffrir les peines eternelles, en ne deſiſtant pas pourtant de l'amour que tu auois pour Dieu, parole qui épouuenta tous les diables qui eſtoient lors preſens; mais ce qui nous fiſt encore enrager, c'eſt qu'il obtint de Dieu la conuerſion d'vne ame que ie tenois deſia en mes mains qui luy fut accordée en ſuite de cet acte d'amour, & eſt morte vn an apres ſon deceds bien-heureuſe; c'eſt le premier miracle de ce grand ſeruiteur de Dieu & de Marie, qu'il appelloit ſa chere Maiſtreſſe, laquelle auſſi-toſt receut entre ſes bras l'ame de Bernard, & la porta dans le ſein de ſon Pere Eternel. Coniuré de dire qui eſtoit cette perſonne conuertie. A reparty qu'il ne le diroit point, mais que ie l'aprendrois ſur le tombeau du B. Pere Bernard; car ie te dis que ce miracle eſt de ſi grande importance, que lors qu'il plaira à Dieu de manifeſter la Sainteté de ſon ſeruiteur, que ce ſera vn de ceux qu'il fera le plus éclatter : d'autant que comme il aura eſté entre tous le plus caché, auſſi ſera-il le plus connu de tout le mõde; & quand le temps en ſera venu, alors tu aduoüeras qu'vn diable t'a dit la verité. Coniuré de dire cette derniere parole, car nous penſions que ce deuoient eſtre quelques mots articulez, il reſpondit à Monſieur le Penitencier, Ne ſçais-tu pas bien chien, que la parole eſt l'image de la penſée, & que c'eſt vn diſcours interieur & vn colloque auec Dieu; ie n'en ay point d'autre à te dire, tu dois bien en eſtre content. Conjuré (que pour aſſeurance que ce qu'il auoit dit eſtoit vray) de rapporter le dernier mot qu'on auoit entendu du Pere Bernard, répondit; ie n'ay que faire de cela, ce chien là, parlant de moy, le ſçait bien, ne me preſſe pas dauantage ſur ce ſujet. Neantmoins M^r le Penitencier continuant à le vouloir aprendre de luy, ce demon repliqua, Songe bien à toy, ta demande n'eſt pas ſans curioſité; & en effet M^r le Penitencier me l'auoüa depuis. Conjuré de quitter la fille il obeït auſſi-toſt, & la laiſſa confeſſer & communier.

Apres cét Exorciſme, Grongat qui auoit déclaré auoir encore quelque choſe à me dire, me ſuiuit iuſques aupres du grand Autel, ſe plaignant qu'il m'attendoit il y auoit long-temps; qu'il eſtoit ſorty ſix fois, & auoit eſté forcé de reuenir me parler, pour me dire les volontez de Mariette, Ie le conjuré de depeſcher promptement, parce que ie faiſois eſtat de partir ce iour là; il commença

I

en cette forte : Ecoute, ie te declare que la Sainte Vierge qui t'a conduit icy, n'eft pas encore fatisfaite de ce que tu y as fait, mais qu'elle attend que tu y reuienne pour voir terminer cette affaire, elle veut que tu fois Confeffeur, afin que fçachant l'interieur de ces filles & leur innocence lors qu'elles feront deliurées par fon moyen, toy qui eft perfonne publique, tu la puiffe publier & faire connoiftre à tout le monde : Ouy, ie te dis qu'elle veut que tu fois Confeffeur. Comme ie faifois femblant de ne pas conceuoir ce difcours, i'appellay M`r` le Penitencier pour y eftre prefent, & dis à ce Demon, va, tu ne fçais ce que tu veux dire, ie ne comprend pas cela ; fi tu as à me faire fçauoir quelque chofe parle plus clairement, & luy tournois le dos par forme de mefpris, & à deffein de m'en aller promptement ; Ce Demon (chofe admirable, au lieu qu'il faut preffer les autres de parler, nous forçoit à l'entēdre, comme eftant expreffément chargé de me dire cecy) commença d'vne voix claire & nette. Ie te dis encore vn coup de la part de la Vierge, qu'elle veut que tu reuienne en cette Maifon pour confeffer ces Religieufes, afin que tu fçache & aprenne voyant le fond de leur ame, que ce n'a pas efté par leur faute & par punition que nous auons efté enuoyez icy ; Ie luy repliquay que ie n'en croyois rien, parce que ie n'eftois pas capable de confeffer ne l'ayant iamais fait, & mefme le Pere Bernard ne s'en eftant pas meflé de fon viuant ; il me répondit, Ne te mets pas en peine, la Sainte Vierge te donnera toutes les conditions neceffaires pour cela ; ie te le iure fur le Saint Sacrement de l'Autel, & fur tous les attributs diuins ; ie ne t'en dis pas dauantage, va t'en maintenant, tu aprendras fur le tombeau de ton Pere Bernard tout ce que tu dois faire pour cette Maifon.

Ie vous auoüe, MADAME, que i'eftois tellement confus d'entendre tant de chofes, que ie ne fçauois où i'en eftois, & fouhaiterois de bon cœur qu'au recit que i'en ay fait à Voftre Majefté par fon commandement, l'on y peût adjoufter l'efprit, qui eft la force, vertu, & énergie de la viue voix, qui penetre bien auant dans l'ame de ceux qui écoutent & voyent, & laiffe de fi fortes impreffions qu'on ne peut prefque douter de la verité. Ie ne doute pas, MADAME, que fi ce difcours eft veu par d'autres perfonnes que V. M. qu'elles n'y trouuent beaucoup à redire, & particulierement és chofes que i'ay (par fimplicité, & pour eftre fidele en mon rapport) dites de moy, s'imaginans peut-eſtre que ie me ſuis formé vne occaſion pour faire parler de moy, mais Dieu le ſçait, auquel ſeul ie me ſens obligé de rendre raiſon de mes actions pour ce qui regarde le ſpirituel. Outre que ie n'ay rien rapporté à voſtre Majeſté qui n'ait eſté entendu mot pour mot de plus de quinze perſonnes, auſquelles ie me ſouſmets de la faire ſigner, ſi voſtre Majeſté me le commandoit, pour confondre l'incredulité de ceux qui doutent encore de la reelle poſſeſſion de ces pauures Religieuſes, & n'ont autre obiection à faire, ſinon qu'elles ne parlent pas Grec & Latin. Mais ces meſmes perſonnes en doiuent les premiers loüer Dieu, car elles auroient ce deſplaiſir de ne les pouuoir entendre.

Il ne me reſte qu'vne penſée, de tirer quelque fruit de tout ce long recit. Vous me permettrez donc, Madame, de dire à V. Majeſté, que Dieu fait toutes choſes pour noſtre profit & vtilité, & n'a pas permis que ces Demons vinſſent tourmenter ces pauures filles que pour en tirer ſa gloire & noſtre inſtruction. Nous ſommes à vn temps, Madame, où iamais on n'a veu tant de malices noires, tant de crimes enormes, & tant de deſſeins formez pour deſtruire & abolir le culte de Dieu. Auſſi n'a-t'on iamais veu tant de diſpoſitions au bien, tant de ſaintes ames (eſchauffées interieurement du zele de ſon diuin amour) ſe porter ſi courageuſement à vouloir eſtablir ſon Royaume dans tous les coins de la terre. Ces pieuſes entrepriſes, & ces eſcadrons qui s'vniſſent de part & d'autres pour vn ſi genereux deſſein, que celuy de la conqueſte des ames, & du reſtabliſſement de l'Empire de Iesvs-Christ dans les cœurs, qui luy ſont conſacrez par le Bapteſme, ſont deſia trembler les Demons, leur faiſant reſſentir de loin la puiſſance de celuy duquel ils reſſentent tous les iours la iuſtice ; Sur lequel (nonobſtant ſon pouuoir, & leur foibleſſe) ils ont ſi tyranniquement empieté ſon empire, que l'on peut dire auec verité, qu'il reſte peu de choſe à Iesvs-Christ de tout ce bas monde, & que tout preſque eſt entre les mains, c'eſt à dire ſouſmis à la puiſſance des Demons. Iugez, Madame, s'ils n'ont pas raiſon de prendre l'allarme, de ioüer de leur reſte, & faire leurs derniers efforts pour ſe reſtablir s'ils peuuent, & ſe conſeruer dans les places qu'ils ont de ſi long-temps vſurpées. C'eſt ce qui fait, Madame, que ces Eſprits auſſi fins que meſchants, font bonne mine à mauuais jeu, mettent de tous coſtez des armées du vice ſur pied pour paroiſtre bien puiſſants : C'eſt ce qui fait que depuis Votre hevrevse Regence, vous auez entendu parler de crimes qui n'eſtoient iamais venus à voſtre connoiſſance, ſans ceux qu'on ne vous dira iamais de peur de vous effrayer. C'eſt ce qui entretient ſi longuement la guerre entre les couronnes Chreſtiennes, afin que nos petits eſprits s'attachans plus aux choſes de la Terre, qu'à celles du Ciel, n'ayent le loiſir que de ſonger à leurs intereſts humains, & auiliſſent ceux de Dieu. C'eſt en fin, Madame, ce qui nourrit & entretient le vice dans Paris, les blaſphemes, les vilenies, les yurongneries, l'impureté, l'etheiſme, le Iudaiſme, les abominations, la corruption, & le meſpris de la Religion. Voila la ſource de nos maux, & ce qui fortifie les Demons, qui n'ont que trop de partiſans & de ſuitte. Mais Dieu quoy que tout-puiſſant ne voulant ſe ſeruir de ſon bras pour les combattre vne ſeconde fois (ſe contentant de la premiere) nous laiſſe quelques occaſions de ſignaler noſtre courage, & de remporter des victoires ſur ces ennemis, & veut ſe ſeruir de nous-meſmes en telles rencontres, & particulierement des Princes & des Roys; mais pluſtoſt de vous, Madame, qui en tenez la place, afin que la pitié & deuotion, le zele de l'amour de voſtre Createur, joint à la puiſſance qu'il vous a mis en main, ruine cette tyrannie des Demons, rembarre leurs derniers efforts, & faiſant regner Iesvs-Christ, prepare vn floriſſant regne à noſtre Roy; lequel par la Saincteté de voſtre vie, plus que par tous les conſeils Politiques, par la Paix que par la Guerre; par les prieres, que par les canons; trouuera toutes choſes paiſibles, & par ce moyen fera gouſter ſous ſon Sceptre vn ſiecle d'or, c'eſt à dire, vn Regne tres-Chreſtien. Ce ſont les ſouhaits, Madame, de tous vos bons ſujets, qui offrent tous les iours à Dieu leurs prieres & leurs vœux à ce deſſein : Et de moy particulierement, qui ſuis,

DE V. MAIESTE',

Tres-humble, tres-obeïſſant,
& tres-affectionné ſujet,

LE GAVFFRE.

LA DEFFENSE DE LA VERITE'.

TOVCHANT LA POSSESSION DES RELIGIEVSES DE LOVVIERS

Par M. IEAN LE BRETON, *Theologien.*

A EVREVX,

DE L'IMPRIMERIE EPISCOPALE,
DE NICOLAS HAMILLON.

M. DC. XLIII.

AV
IVDICIEVX ET
SCAVANT
LECTEVR.

AYANT receu commandement de Monseigneur l'E-
uesque d'Eureux, d'exposer à vostre iugement,
celuy que i'ay fait de la possession des Religieuses
de Louuiers, sur ce que i'en ay veu, & tres-exacte-
ment remarqué, pendant vn mois que ie luy ay fait
compagnie : Ie luy ay obey, d'autant plus volontiers, qu'en ce
faisant i'ay creu rendre vn service d'importance à la Religion
Chrestienne, au public, à beaucoup de gens d'honneur, & de condition, & à ces pauures filles affligées. A la Religion Chrestienne,
en mettant au iour vne verité qni nous confirme dans celles
qu'elle nous enseigne ; Au public, en le desabusant de l'erreur où
l'à mis vn escrit passionné, qui à couru dans Paris, depuis quelque
temps, sous le tiltre, D'Examen de la possession des Religieuses
de Louuiers, A beaucoup de gens de sçauoir, de vertu, & de
condition, en parant au coup, que ce libelle diffamatoire porte à
leur reputation, lors qu'il s'efforce d'immoler leur iugement &
leurs procédures à la risée publique ; Et à ces sages & vertueuses
Vierges, en protégeant leur innocence, contre la malice du mesme
libelle, qui entreprend de faire passer vne partie d'entr'elles pour
fourbes, & le reste pour folles, ou pour enragées. Quant à la
methode que i'y obserue, elle est purement Académique, comme la

plus propre à l'esclarcissement des Questions, de la nature de celles que i'y traitte, & la plus particuliere aux iudicieux & sçauants esprits, pour qui seuls i'ay mis la main à la plume. Examinez donc soigneusement ce discours, iugez-en equitablemen, & soustenez-en genereusement la verité, contre tous ceux qui l'à voudront combattre, s'il s'en trouue desormais aucuns si téméraires que de l'entreprendre.

TROIS

TROIS QVESTIONS METHODIQVEMENT TRAITTE'ES TOVCHANT L'ACCIDENT ARRIVE' AVX RELIGIEVSES DE LOVVIERS.

LA PREMIERE.
S'IL Y A QUELQUE CHOSE DE furnaturel en leur faiſt.

§. I.

IL faut remarquer auant toutes choſes; Que nous entendons icy, par le mot de Surnaturel, vne action procedante extraordinairement, d'vn principe releué au deſſus de toute la nature corporelle. Ie dis, extraordinairement, car pour le regard des actions qui procedent ordinairement de tels principes, elles ne ſont, ny ne doiuent eſtre iugées ſurnaturelles. Comme la Creation ordinaire des ames raiſonnables, qui procedent de Dieu ſeul; le mouuement ordinaire des Cieux, qui procede des Anges; & beaucoup de tentations, qui ne procede aſſez ſouuent en nous que des Demons; Telles actions (dis-je) quoy que procedantes de Principes releuez au dessus de toute la nature corporelle, ne sont pourtant pas estimées surnaturelles, d'autant qu'elles sont dans le cours ordinaire de la nature.

§. II

IL faut remarquer en second lieu, qu'il y à de certaines actions surnaturelles en elles mesmes, telles que sont la Creation du monde, la Resurrection d'vn homme mort, et autres semblables, lesquelles considerées selon leur propre nature, & en quelques circonstances que vous les mettiez, ne peuuent proceder que d'vn Principe surnaturel; & qu'il y en à d'autres qui ne sont surnaturelles, qu'à raison de leurs circonstances; telle que fut la production de cette grande multitude de grenoüilles, qui firent tant de peine à Pharaon; la guerison de la femme hemorrhoisse, & des Lepreux, que nostre Seigneur guerit; & autres semblables actions, qui n'estoient surnaturelles, qu'à raison de leurs circonstances. Car encore qu'absolument parlant, la production des grenoüilles, ny la guerison du flux de sang, ny de la lepre, ne surpassent pas les forces de l'art, ou de la nature corporelle, si est-ce que dans les circonstances, & dans la maniere dont ces operations furent produites, à sçauoir en vn instant, ou d'vne seule parole, ou en touchant la frange d'une robbe, elles surpassent sans doute la plus haute portée de l'art, & de toute nature corporelle. Or quand nous demandons icy, s'il y a quelque chose de surnaturel, dans les actions des Religieuses de Louuiers, nous l'entendons au moins de la seconde sorte de surnaturalité, que nous venons d'expliquer.

§. III.

IL faut en troisiesme lieu remarquer & supposer pour veritables, tous les faits suiuans, comme estans attestez par plus de cinquante personnes d'honneur & de merite, qui en ont esté tesmoins oculaires, & fort circonspects; & entre autres de Monseigneur l'Archeuesque de Thoulouse, de Monsieur de Morangis Conseiller d'Estat, de Monsieur Charton, Grand Penitencier de nostre Dame de Paris, & de Monsieur Martineau, Chanoine de la Mesme Eglise, & tous deux Docteurs en la Faculté de Theologie de Paris, lefquels ayans efté enuoyez à Louuiers, par la Reine, pour y examiner foigneufement toute cette affaire, & luy en faire leur rapport, y ont demeuré enuiron vn mois, pendant lequel ils ont efté, auec plufieurs gens d'honneur, tefmoins de tout ce que nous dirons en ce §. Et mefmes de plufieurs autres actions, autant ou plus merueilleufes, que celles que nous allons defduire, & lefquelles pourtant ie ne produis point, à raifon que ie ne les ay point veuës moy mefme, comme i'ay veu & fort exactement examiné en mefme temps que ces Meffieurs, tous les faits fuiuants. Dont le premier eft; Qu'il y à enuiron quinze filles Religieufes, dans le Conuent de Louuiers, qui fe difent depuis fept ou huict mois grandement trauaillées des Demons, interieurement, & de la vie & mœurs defquelles toutes les autres Religieufes du mefme Conuent, non trauaillées, rendent de grands tefmoignages de fageffe, d'ingenuité, & de pieté. Et iusques là mefme, que dans la confrontation que l'on à faite d'elles auec vne autre fille, qui à demeuré depuis plufieurs années auec elles, dans le mefme Conuent, & qui a efté par elles accufée de Magie, & de les auoir maleficiées; cette pretenduë Magicienne, n'a rien eu à leur reprocher, mais au contraire les à toutes reconnuës, pour tres dignes Religieufes, comme il fe voit encore à prefent par le procedes qui en à efté fait; & telles qu'auffi elles paroiffent encore maintenant durant leurs interualles, à tous ceux qui les confiderent, & particulierement à ceux qui gouuernent leurs confciences, & entr'autres à ces Meffieurs Ecclefiaftiques fufnommez, enuoyez par fa Majefté, qui ioignirent à leur examen exterieur, celuy de l'interieur de toutes ces filles, en les confeffant durant tout le temps qu'ils furent à Louuiers, felon la priere que leur en fit Monfeigneur l'Euefque d'Eureux. Le fecond fait eft; Que ces quinze filles tefmoignent maintenant, dans le temps de leur Communion, vne horreur eftrange du S. Sacrement, luy font la grimace, luy tirent la langue crachent contre luy, & le blafphement, auec vne apparente impieté extreme. La troifieme eft; Qu'elles blafphement & renient Dieu plus de cent fois le iour, auec une audace & imprudence effroyable. Le quatriefme eft; Que plufieurs fois le iour, elles tefmoignent de grands tranfports de fureur & de rage, durant lefquels elles fe difent Demons, fans offenfer neantmoins perfonne, & fans bleffer mefmes les doigts de la main des Preftres, lorfqu'au

plus fort de leurs rages, ils les mettent en leurs bouches. Le cinquiefme eft; Que durant ces fureurs & ces rages, elles font deftranges conuulfions & contorfions de leurs corps, & entr'autre fe courbent en arriere, en forme d'arc, fans y employer leurs mains, & en forte que tout le corps eft appuyé fur leur front autant ou plus que fur leurs pieds, & tout le refte eft en l'air, & demeurent long-temps en cette pofture, & la reïterent sept ou huict fois: & apres tous ces efforts (& mille autres, continuez quelquefois quatre heures durant, principalement dans les Exorcifmes, & durant les plus chaudes apres difnées des iours caniculaires) fe font au sortir de là, trouuées auffi faines, auffi fraifches, auffi temperées, & le poulx auffi haut & auffi efgal, que fi rien ne leur fut arriué. Le fixiefme eft; Qu'il y en à parmy elles, qui fe pafment & s'efuanouyffent durant les Exorcifmes, comme à leur gré, & en telle forte que leur pafmoizon commence lors qu'elles ont le vifage le plus enflammé, & le poulx le plus fort; & durant cét efuanouyffement, qui dure quelque fois demie heure & plus, l'on ne peut remarquer ny de l'œil, ny de la main, aucune respiration en elles. Et elles reuiennent de cét efuanouyffement, fans que l'on y employe aucun remede, & d'vne façon encore plus merueilleufe que n'en à efté l'entrée; car c'eft en remuant premierement l'orteil, & puis le pied, & puis la iambe, & puis la cuiffe, & puis le ventre, & puis la poictrine, & puis la gorge; mais ces trois derniers, par vn grand mouuement de dilatation; & tous ces sept mouuemens produits & entrefuiuis en auffi peu de temps, que l'on en mettroit à reciter l'Aue Maria; le vifage demeurant cependant toufiours apparemment interdit de tous fes fens, lefquels en fin il reprend tout à coup en grimaceant & hurlant, & la Religieufe retournant en mefme temps, fes violentes agitations, & contorfions precedentes. Le feptiefme fait eft; Qu'il s'en eft trouué deux parmy elles, dont les pretendus Demons receuans commandement de Monfeigneur l'Euefque d'Eureux, l'vn de fortir du corps de l'vne de ces deux filles, & d'aller dans le corps de l'autre fille, s'y vnir à fon compagnon, pour produire enfemblement, & tout à coup, en ce fecond corps, vne roideur & pefanteur furpaffantes les forces de la nature, ainfi qu'ils l'auoient defia fait, de leur propre mouuement, quelques iours auparauant; le corps de la premiere fille parut tout à coup fans Demon; & dans le mefme
instant

inftant l'autre fille fut iettée à la renuerfe, fans aucune bleffure, mais auec vne roideur & pefanteur extréme, & iugée de tous les affiftans, & particulièrement de ces Meffieurs, venus de la part de la Reine, & de deux celebres Medecins, entierement furnaturelle. Et laquelle venant à ceffer, l'on vit au mefme inftant l'autre fille retourner à fes agitations precedentes, qui furent attribuées par tous les fpectateurs, à fon Demon, qui reuenoit de l'autre corps. Le huictieme fait eft; Qu'elles ont obey aux commandemens qui leur ont efté faits, par ces Meffieurs enuoyez de la Reine, en langue Latine, la plus exquife, & la moins approchante du François, fans qu'ils accompagnaffent leurs commandemens d'aucun gefte de la main, ou figne de l'œil qui peuft aider à les faire entendre. Et vne entr'autres obeyt, en leur prefence à quatre diuers commandemens, qui luy furent faits en Grec, par le Pere Ragon Iefuite, furuenu là par occafion; Pour ne rien dire icy de plufieurs autres commandemens, que leur fit auffi en Grec Monfeigneur l'Archeuefque de Thouloufe, & aufquels elles obeyrent, en prefence de plufieurs perfonnes de marque, mais en des temps & des lieux, où ie ne me rencontray pas. Le neufiefme eft; Que parmy ces quinze filles, il y en à trois des plus celebres, que l'on Exorcife couftumierement, & qui durant les Exorcifmes font voir aux perfonnes qui connoiffent le naturel des Demons, par la lecture des efcritures fainctes, vn naturel tout pareil à celuy-là, par mille rufes, fourberies, menfonges, hypocrifies, endurciffements, impudences extrefmes, inquietudes continuelles, rages & fureurs eftranges. Le dixiefme eft: Que ces filles preffées par les Exorcifmes, reuelent des malefices ou charmes cachez bien auant en terre, font des defcriptions tres-exactes, de toutes les pieces dont ils font compofez, quoy que fort differentes & bigearres, & de leurs figures, & du lieu où ils font, en marquant vn paué, fous lequel perpendiculairement, elles difent que ce malefice ou charme doit eftre trouué, à tant de pieds precifement en terre, laquelle on fouyt, en prefence de bons tefmoins, le iour auquel elles le doiuent rendre, felon le commandement qu'elles difent en auoir receu de Dieu, ou que leur en fait l'Eglife ; Mais terre qui eft iugée par les experts, & qui paroift manifeftement n'auoir iamais efté remuée, au moins iufques à trois ou quatre pieds pres du lieu où fe doit trouuer le charme, & qui ne le pourroit auoir efté à l'infceu de toute la communauté des filles, tant poffedées que non poffedées; à raifon que c'eft en des lieux, les plus publics, & les plus frequentez de la maifon, tels que font l'entrée du refectoir, du chœur des Religieufes, & des marches du grand Autel, & du iardin; & que pour y fouyr, iusques au lieu où fe trouuent les charmes, il leur auroit falu leuer & remettre plus de cent pauez, & plus de quatre tomberaux de terre. Il faut auffi remarquer que ces lieux où fe doiuent trouuer ces malefices, ne font enuironnez d'aucunes cauitez foufterraines, qui ayent peu donner moyen à ces Religieufes, de les y couler fans fouyr la terre, quoy que fans la fouyr, ces charmes ayent peu facilement y eftre mis par les Demons, fans que l'on s'en foit apperceu, en leuant, la nuict, & en vn moment, vn paué & la terre qui eft au-deffous, de la largeur feulement du charme qui eft petit, & iufques au lieu où ils le veulent cacher, & puis remettant ce peu de terre fi dextrement, que perfonne ne s'en apperçoiue; & d'autant moins qu'il n'y aura aucun fuiet d'y prendre garde, ou mefme d'y penfer. Enfin l'heure s'approchant, à laquelle chacun de ces charmes fe doit trouuer, & les ouuriers qui creufent la terre, eftans arriuez iufques enuiron deux pieds pres du lieu où le pretendu Demon à dit qu'eft ce charme, apres que l'on à bien fecoüé tous les habits de la fille, & qu'elle à mefme ofté fa ceinture, & fait mille agitations de fon corps, & de fes iambes, qui leuent tous les ombrages de ceux qui pourroyent foupçonner qu'elle tint ce charme ferré ou caché en quelque partie de fon corps, on la fait defcendre dans la foffe, au bas de laquelle il y a deux ou trois flambeaux, & trois ou quatre hommes prudens & vertueux, qui confiderent la fille, & l'efclairent auec tous les foins, precautions et circonfpections imaginables, outre plufieurs autres perfonnes de merite, qui enuironnent la foffe en haut, & à chacun defquels il eft permis de propofer des affeurances, que l'on prend à l'heure mefme. Et puis preffée qu'eft cette fille par les Exorcifmes, & par les feruentes prieres de tous les affiftans, apres mille refiftances, elle fouyt elle mefme de la pointe du pic; Et apres auoir remué la terre, iufques au lieu où eft le malefice, quoy qu'il n'y paroiffe encore rien, elle dit à ceux qui l'affiftent, qu'ils cherchent euxmefmes de la main dans cette terre qu'elle vient de fouyr, & qu'ils y trouueront le charme. Ce qui arriue punctuellement comme elle dit, mais en forte que fi le plus ruzé, le plus expert, & le plus effronté

Charlatan du monde, auoit luy mefme caché trois iours auparauant ce charme en vn lieu recreufé par autruy, & tout enuironné de monde, qui l'empefchaft, principalement en pleine nuict, de remarquer attentiuement les lieux circonuoifins de la foffe (dont les bords fe trouueroient de deux ou trois pieds plus haut que la tefte de ce Charlatan, quand il feroit defcendu dedans, comme ceux-cy fe trouuent encore de beaucoup plus hauts que la tefte de la fille, lorfqu'elle y eft) vne telle profondeur s'oppofant encore à cette remarque, & l'vniformité de la couleur, & de la maffe de la terre, luy permettant encore moins de recognoiftre immediatement le lieu où il auroit mis ce charme; Vn tel Charlatan, dis-ie, dans de telles circonftances, ne pourroit, ny fi certainement, ny fi précifement, ny fi hardiment le retrouuer, comme ces filles le trouuent, elles qui ne peuuent l'y auoir mis (comme il fe recueillera manifeftement cy deffous, de ce que nous auons dit, & de ce que nous dirons) & moins encore qu'aucune autre, celle qui fe dit poffedée de Leuiatan, nommée fœur Anne, encore Nouice, l'vne de celles qui defcouurent ces charmes.

§. IV.

Toutes ces chofes eftant ainfi prefuppofées comme certaines & tres-authentiquement atteftées, ie maintien que toutes les actions que ie viens de defduire, ou pour le moins la plufpart, font furnaturelles, de la feconde forte de furnaturalité que nous auons expliquée dans le § 2. Et ie le prouue premierement, par ce que tel à efté le iugement qu'en ont fait les fages, içauans, & vertueux personnages, que Monfeigneur l'Euefque d'Eureux à employez à l'examen de cette affaire, depuis fon commencement iufques à prefent; l'vn defquels eft le Pere Efprit du Bofc-Roger Capucin, cy deuant Profeffeur en Theologie, & maintenant Definiteur de fon Ordre, & Gardien du grand Conuent des Peres Capucins de Roüen : l'autre eft le Pere Ignace auffi Capucin, Predicateur & Definiteur de fon Ordre; le troifiefme eft, Monfieur de l'Angle, Docteur en Theologie de la Faculté de Paris, & grand Penitencier de la Cathedrale d'Eureux; le quatriefme eft, Monfieur le Curé de noftre Dame de Vernon, bon Pafteur, zelé Predicateur, & perfonnage de rare pieté, le cinquiefme eft Monfieur Briant, Medecin de Louuiers; & quelques autres perfonnes de merite. Secondement ie prouue le mefme par le iugement qu'en ont fait ces Meffieurs fufnommez, qui furent enuoyez par fa Majefté, pour confiderer & examiner foigneufement cette affaire, & lefquels apres auoir demeuré enuiron vn mois fur les lieux, à examiner le tout, auec la prudence & circonfpection que l'on pouuoit attendre de telles perfonnes, en ont à leur retour tefmoigné à fa Majefté leurs fentimens tres-auantageux & conformes à la propofition que ie mets en auant; & que ie prouue en troifiefme lieu par le tefmoignage efcrit & raifonné de Meffieurs l'Emperiere & Magnard Docteurs en Medecine, & les deux plus fçauans, plus experimentez, & plus fameux Medecins de toute la Normandie, que ces Meffieurs, venus de la part de fa Majefté, enuoyerent querir à Roüen, pour examiner cette affaire, & en confulter meurement auec Monfieur Yuelin, auffi Medecin, enuoyé par fa Majefté lequel pourtant ne fe trouua pas à leur confulte, eftant retourné à Paris, fur quelque mefcontantement; Nonobftant quoy, les deux autres ne laifferent pas d'examiner prudemment le tout, & d'en laiffer leur aduis par efcrit, entre les mains de ces Meffieurs, conforme à la propofition que i'ay mife en auant. Et que ie prouue en quatriefme lieu, par le tefmoignage du Père Ragon Predicateur celebre, & Recteur du College des Peres Iefuites de Roüen, & du Pere Annibal Sequeran, Predicateur, de la mefme Compagnie, lefquels ayant fait à l'improuifte l'efpreuue des quatre commandemens en Grec, dont nous auons defia parlé, & quelques autres experiences, fortirent tout perfuadez de la verité que ie fouftiens, & en rendirent du depuis de grands tefmoignages dans Roüen.

Et ie la prouue en fin par cét argument inuincible. Si toutes les actions fufdictes eftoient naturelles, il faudroit qu'elles procedaffent, ou de maladie, ou de folie, ou de fourberie. Or eft-il que ce ne peut eftre maladie, eftant impoffible aux plus habiles Medecins du monde, de nommer & expliquer auec la moindre apparence de raifon, aucune maladie, qui puiffe produire tous les effets defduits dans le precedent § en mefme temps, en quinze Religieufes d'vne mefme maifon, qui paroiffent toutes fort faines; & maladie dont nulle autre fille ou femme feculiere ou Religieufe, de tout ce qu'il y en à iamais eu dans le monde, ait iamais efté atteinte, en forte que l'on fçache de fcience certaine, que ce n'ait efté que maladie. Ce n'eft pas auffi folie, tant à cause d'vne raifon
femblable

semblable à la precedente, que parce que ces filles n'extrauaguent nullement, non pas mesme dans leurs plus violentes saillies, mais au contraire, tiennent alors des discours, qui marquent en elles vn meilleur sens que iamais ; qu'à raison encore que toute folie à son principe dans la force ou foiblesse trop grande de l'imagination, ou dans le desreglement de quelque humeur, ou dans quelque blessure, ou dans quelque accident exterieur : Or est-il que pas vn de ces principes ne s'apperçoit en ces filles : Outre que quand bien ils s'y rencontreroient tous quatre ensemble, ils ne pourroient pas leur faire produire des actions de la nature des six ou sept dernieres, que nous auons declarées. Et en fin l'on peut encore moins dire ou soupçonner raisonnablement, que ce soit fourberie, tant par ce qu'il est moralement impossible que quinze Religieuses, dont la vie & les mœurs, ont vne approbation si authentique, que celle que nous auons marquée, soient deuenues si tost capables de tant & de si horribles meschancetez, prophanations, blasphemes, sacrileges, reniements de Dieu, & autres abominations semblables ; que par ce que s'il y auoit de la fourberie, il y auroit du complot entr'elles, attendu la correspondance de leurs actions ; Et mesmes entr'elles, & les trente ou trente cinq autres Religieuses du mesme Conuent, qui ne paroissent point trauaillées, à raison que celles-cy ne pourroient ignorer la supercherie de celles-là, dans ces grandes euacuations de terre, qu'il faudroit qu'elles eussent faites à leur veuë, pour y cacher ces pretendus charmes. Or que cinquante filles puissent tenir ce complot si long temps secret, & que cinquante Religieuses ayent ensemble conspiré à vne ionglerie si criminelle, & qu'elles n'en ayent du depuis conceu, ou n'en ayent tesmoigné aucuns scrupules, à leurs Directeurs de conscience & Peres spirituels, & que ces Messieurs enuoyez de la part de la Reine, n'ayent peu durant vn mois d'examen exterieur & interieur de toutes ces cinquante filles, ny ces prudens & sçauans hommes, employez par Monseigneur d'Eureux, n'ayent, durant sept ou huict mois descouurir aucun vestige d'vne telle fourbe, ce sont quatre ou cinq choses absolument impossibles. Et en fin par ce que au moins en particulier, l'obeyssance à des commandemens faits en Grec & en Latin, l'egalité de leur poulx & de leur forces apres de si violentes, & de si longues agitations & contorsions, durant les plus chaudes apres-disnées des iours

Caniculaires, & la decouuerte des charmes à poinct nommé, & particulierement par la sœur Anne encore Nouice, ce ne peuuent estre là des effects de malice. Et ainsi n'y ayant ny fourberie, ny folie, ny maladie, ny par consequent aucun principe naturel en leur fait, d'où puissent proceder ces operations circonstanciées, en la maniere que nous l'auons fait voir, ne s'ensuit-il pas manifestement qu'elles sont surnaturelles, & leur principe surnaturel, qui est ce que nous auons à conclure, sur le subiect de la premiere question.

§. V.

A Quoy si l'on obiecte le libelle diffamatoire, qui à couru depuis peu dans Paris, sous le tiltre, d'*Examen de la possession des Religieuses de Louuiers*, Ie responds premierement, que quand bien l'autheur de ce libelle auroit demeuré dans Louuiers, durant tout le temps que demeurerent les Messieurs enuoyez par sa Majesté, & qu'il y auroit examiné soigneusement auec eux, tout ce qui s'y passa en la personne de ces filles; & qu'il procederoit auec sincerité, & sans passion dans son escrit, son tesmoignage neantmoins deuroit estre fort peu considerable, en comparaison de tous les quatre ensemble, que i'ay produits à l'entrée du §. precedent, conioinctement pris auec la demonstration que i'en ay faite.

Ie responds en second lieu, que la pluspart des actions desduites dans le §. troisiesme, furent faites par ces filles, depuis son depart de Louuiers. Ie responds en troisiesme lieu, que pour le regard de celles, dont il à peu estre tesmoin, plusieurs personnes d'honneur, qui ont esté sur les lieux, au mesme temps que luy, m'ont asseuré qu'il ne les rapporte pas fidelement, mais selon que le luy suggere le ressentiment de l'offense qu'il pretend, & qu'il dit luy mesme dans son escrit auoir receuë, & l'auoir meu à le publier.

Et en fin ie responds; Que quand mesmes tous les faits qu'il met en auant, seroient veritables, l'on n'en pourroit rien conclure contre ma proposition, d'autant que pour la destruire, il ne suffit pas de produire des actions qui ne soient que naturelles; Il faudroit de plus faire voir que celles que i'ay mises en auant, ne sont pas surnaturelles. Ne plus ne moins que si toutes les actions, ou paroles sottes, impertinentes, ou fourbes, que l'autheur de ce libelle attribuë à ces filles, se remarquoient en vn homme, lequel on vit d'ailleurs voler, & s'esleuer iusques aux nuës, sans aucune assistance extérieure visible, l'on ne l'aisseroit pas de iuger, qu'il y auroit quelque chose de surnaturel en son fait. Et ainsi cette obiection qui comprend toute seule, toutes celles qui se peuuent faire contre ma proposition, est reduite à neant.

SECONDE QVESTION.

QUEL EST CE PRINCIPE SURNA-
turel, de qui procedent les actions de ces filles.

§. I.

L faut remarquer en premier lieu que ce principe furnaturel, ne peut eftre que Dieu, ou vn Ange, ou vn Demon, ou vne ame raifonnable, feparée de la matiere.

§. II.

IL faut remarquer en fecond lieu ; Que les ames raifonnables, feparées de la matière peuuent connoiftre, ou faire, ou dire par la bouche d'autruy, beaucoup de chofes qu'elles ne pouuoient connoiftre, ny faire, ny dire, lors qu'elles informoient leurs corps, à caufe que leur maniere d'agir; eft toute autre, & plus releuée qu'elle n'eftoit auparauant. Ainfi que l'enfeigne la plus commune Philofophie & Theologie.

§. III.

IL faut remarquer en troifiefme lieu ; Que les Demons font fouuent empefchez de la part de Dieu, de connoiftre, de faire, ou de dire beaucoup de chofes qui ne furpaffent pourtant point leurs forces, ou capacitez naturelles ; Ainfi que la Theologie nous l'enfeigne, & que l'experience nous le fait voir aux Demons, qui pourroient et voudroient bien nous caufer fouuent de grands dommages, qu'ils ne nous caufent pourtant pas, d'autant que Dieu les en empefche, foit par la feule fouftraction de fon concours, fans lequel ils ne peuuent agir, foit en d'autres manieres.

§. IV.

CEs choses estans donc supposées comme certaines, ie soustiens premierement; Que ce n'est ny Dieu, ny vn Ange, ny vne ame saincte, qui soyent le principe des actions que nous auons desduites dans le cinquiesme §. de la question precedente; d'autant que la saincteté de ces trois principes les rend incapables de commettre les blasphemes, les reniements de Dieu, les sacrileges, & les autres crimes abominables, qui se commettent par les organes de ces pauures filles.

§. V.

IE soustiens en second lieu; Que les Principes de ces actions, ne peuuent estre que des Demons, ou des ames damnées, qui soient entrées dans les corps de ces filles. Cette proposition s'ensuiuant manifestement, de ce que ie viens de dire dans le precedent §; Et de ce que i'ay fait remarquer dans le § premier de cét article, elle n'a besoin d'aucunes autres preuues.

§. VI.

IE soustiens en troisiesme lieu; Qu'encore qu'il ne soit pas bien euident, si ce sont des Demons, plustost que des ames damnées : neantmoins il y à plus d'apparence que ce sont des Demons, ce que ie prouue, premierement par les quatre auctoritez, alleguées sur le suiect de la premiere question, lesquelles ont absolument conclu que c'estoient Demons. Ie le prouue en second lieu, parce que d'vn costé il est inouy que des ames damnées ayent iamais possedé aucuns corps humains; Là où l'Histoire sacrée & prophane, nous tesmoigne que ce n'est que le propre des Demons. Outre que les ames damnées ne sont point les executrices ordinaires des ordres de Dieu, comme le sont les bons & les mauuais Anges. Et par consequent l'experience faisant voir que les Esprits qui possedent ces filles, sont employez de Dieu, pour la descouuerte des charmes cachez en cette maison, il y à beaucoup plus de raison de dire que ce sont des Demons, que des ames damnées. Et en fin mille circonstances de cette affaire, concluant plustost pour ceux là que pour celle-cy, il faudroit estre trop desraisonnable pour y contredire.

E

§. VII.

Vant à l'obiection que fait l'autheur de l'Examen ; Que si c'estoient des Demons, ils ne paroistroient ny si foibles, ny si ignorans, ny si Normans en leur langage ; Ie réspons premierement, que c'est autre chose, que d'estre, & de paroistre, & que les Demons peuuent auoir mille sinistres desseins, qui les portent à contrefaire les foibles, les ignorans & les Normans, quant ce ne seroit que pour eluder la vaine curiosité de ceux qui veulent faire les fins auec eux, ou pour affoiblir tant qu'ils peuuent la creance de leur veritable possession, à cause qu'ils voyent qu'elle confirme en la foy Chrestienne ceux qui croyent cette possession, & qui en sont persuadez, par les marques que Dieu les contraint d'ailleurs d'en donner. Mais ie respons en second lieu ; Que comme c'est vn effect digne de la bonté de Dieu, en nostre endroit, que de contraindre ces Demons de nous donner des marques de leur possession, qui soient dans vn degré d'euidence, suffisant à tout homme sage, pour luy persuader que ce sont des Demons, & pour confirmer nos esprits dans la foy ; aussi est-ce vn effect digne de sa Prouidence, de pouruoir à ce que ces marques ne soient pas si excessiues en leur multitude, & en leur euidence, qu'elles soient capables de ruyner la liberté de la foy Chrestienne, en la necessitant à croire des Demons, quoy que pourtant elles necessitent l'esprit à iuger, que leur principe est surnaturel, ainsi que nous l'auons fait voir, en la premiere question. Conformement donc à ce sage dessein, ne peut-il pas facilement arriuer que Dieu fasse icy, ce que nous auons fait remarquer dans le § troisiesme de cét article, qu'il fait souuent ; qui est d'empescher les Demons de sçauoir, de faire, ou de dire beaucoup de choses, qui n'excedent pourtant point leurs facultez naturelles, qui se trouuent icy par ce moyen restraintes & limitées, à la portée naturelle de ces filles ; horsmis toutesfois, quand il s'agit d'executer les ordres de Dieu, comme en la descouuerte des charmes, ou de donner les autres marques de leur possession, qu'il à resolu de leur faire donner ; Car alors l'experience nous fait voir, que leurs connoissances, & leurs forces excedent notablement celles de ces filles, ainsi que nous l'auons prouué dans la premiere question. Ie responds en troisiesme lieu ; Que si cette objection concluoit contre nous, elle concluroit auſſi, qu'il n'y auroit point de Diablerie en vn homme, qui reniant & blaſphemant le nom de Dieu, tranſporteroit vne montagne d'vn lieu en vn autre, ſi tant eſtoit qu'en toute autre choſe, il paruſt ignorant, foible, & Normand. N'y ayant donc pas plus de ſubiect de conclure l'vn que l'autre, l'on voit par là, combien cette objection nous eſt inutilement propoſée.

§. VIII.

Ve ſi l'on demande, pourquoy Dieu ne ſe ſert pas pluſtoſt de ſes Anges que des Demons, pour la deſcouuerte de ces charmes. Ie reſponds premierement; Qu'il nous doit ſuffire d'eſtre certains, que ce ne ſont pas des Anges, mais des Demons, & que nous deurions adorer d'ailleurs les deſſeins, quoy qu'à nous inconnus, qui le determinent à ſe ſeruir pluſtoſt d'eux, que de ſes Anges en cette occaſion. Mais ie reſponds en ſecond lieu; Que nous pouuons meſmes reconnoiſtre en cette procedure la ſageſſe, & la iuſtice diuine, qui ne veulent pas permettre à ces Demons de ſortir de ce Conuent, auant que d'y auoir fait eux-meſmes la reparation des dommages qu'ils y ont faits, & auant que d'en auoir arreſté le cours, par la deſcouuerte de leurs charmes; & cependant y ſouffrir les tourmens que les Exorciſmes leur y font endurer.

TROIS-

TROISIESME QVESTION.

QVELLE EST L'IMPRESSION DES
Demons sur ces Religieuses.

§. I.

L faut remarquer en premier lieu, que leur impression, sur ces filles, ne peut estre qu'obsession ou possession, n'y en pouuant auoir aucune autre dans le fait present.

§. II.

IL faut remarquer en second lieu : Que l'esclaircissement de cette question, n'importe à rien dans le suiet present, qu'à la satisfaction de la curiosité assez raisonnable de plusieurs esprits, qui demandent si c'est obsession ou possession ; Car laquelle que ce soit des deux, tousiours sera-ce Diablerie, & ces pauures filles ne deuront passer, ny pour malades, ny pour folles ; ny pour fourbes.

§. III.

IL faut remarquer en troisiesme lieu : Que la principale difference d'entre l'obsession & la possession, consiste en ce que dans l'obsession, le Demon agit seulement sur les personnes obsedées, quoy que d'vne maniere extraordinaire, comme seroit en leur apparoissant souuent, & visiblement, malgré qu'elles en ayent, en les frappant, en les troublant, & en leur excitant des passions, & des mouuemens estranges, & surpassans notablement la portée de leurs complexion, ou dispositions, ou facultez naturelles, là où dans la possession, le Demon dispose des facultez, & des organes de la personne possedée, pour produire, non seulement en elle, mais par elle, des actions que cette personne ne pourroit produire d'elle mesme, au moins dans les circonstances où elle les produit.

§. IV.

Ces choses ainsi presupposées comme certaines, & indubitables; Ie maintien que l'impression des Demons, sur ces Religieuses est vne possession; & non vne simple obsession. Ce que ie prouue briefuement, d'autant que les Demons n'agissent pas seulement en elles, mais par elles : en produisant par leurs organes, les actions declarées dans le §. troisiesme, de la premiere question, lesquelles nous auons prouué proceder d'eux. Et par consequent ils ne les obsedent pas seulement, mais ils les possedent.

§. V.

Que si l'on obiecte : Qu'elles ne donnent pas les marques de possession, specifiées dans le Rituel & dans Fernel, & dans Delrio; Ie respons premierement, que les marques de possession specifiées en ces lieux-là, y sont bien declarées suffisantes, mais non pas à l'exclusion de toute sorte d'autres; autrement il faudroit dire, que les possedez gueris par le fils de Dieu, n'auroient pas esté veritablement possedez, d'autant qu'ils n'auoient aucunes des marques que l'on nous allegue. Mais ie respons en second lieu, que les plus illustres d'entre les marques de possession, specifiées dans le Rituel, & dans Fernel, & dans Delrio, se trouuent en ces filles, à sçauoir l'intelligence des langues estrangeres, la connoissance & descouuerte des choses secrettes, & la pesanteur & roideur surnaturelles; Comme nous l'auons fait voir en la premiere question.

§. VI.

Que si l'on demande pourquoy l'Eglise, qui à receu du fils de Dieu, la puissance de chasser les Demons des corps qu'ils possedent, n'en chasse pas ceux cy, par les premiers commandemens qu'elle leur fait de se retirer. Ie responds à cela; Que non seulement lors que le fils de Dieu à dit, *In nomine meo*

Dæmonia eijcient, Il n'y à pas adiousté *Illicò*, mais que mesmes en parlant ailleurs à ses Apostres, des Demons en particulier, qui possedent les corps, il leur dit, Que, *Hoc genus Dæmoniorum non eijcitur nisi in oratione & ieiunio,* & encore ne declarant pas combien de temps il vouloit qu'ils priassent, & ieusnassent pour en venir à bout : il nous fait entendre par là, que nous deuons perseuerer constamment en l'vn & en l'autre (comme le font aussi fort bien les Exorcistes de Louuiers) pour en venir à bout, quand il auisera bon estre.

Soit donc conclu generalement, que les actions des Religieuses de Louuiers, sont surnaturelles, à raison pour le moins de leurs circonstances. Et que les principes, dont ces actions procedent, sont des Demons ; & Demons qui possedent ces pauures filles.

FIN.

ATTESTATION DE MESSIEVRS LES

Commissaires enuoyez par sa Majesté pour prendre connoissance auec Monseigneur l'Euesque d'Eureux, de l'estat des Religieuses qui paroissent agitées au Monastere de Saint Louys & Sainte Elizabeth de Louuiers.

NOVS Charles de Montchal Archeuesque de Thoulouse, Iacques Charton Penitentier & Chanoine de Nostre Dame de Paris & Docteur en Theologie, Samuel Martineau Chanoine de ladite Eglise de Paris & Docteur en Theologie, Nous estans rendus en cefte Ville de Louuiers dés le Lundy 24. d'Aoust dernier, auec Monsieur de Morangis Conseiller du Roy en ses Conseils, & Maistre ordinaire des Requestes de son Hostel ; Nous aurions fait entendre le lendemain à Monseigneur l'Euesque d'Eureux, comme sur sa tres humble suplication la Reyne nous auroit enuoyés pour prendre connoissance auec luy de l'estat des Religieuses qui paroissent agitées au Monastere de Saint Louys & Sainte Elizabeth, & l'aurions prié de nous en informer, ce qu'il auroit fait, par le rapport de tout ce qui estoit arriué de plus remarquable dans ledit Monastere depuis la fondation ; & afin que nous conneussions de nous-mesmes la cause du trouble & agitation desdites Religieuses, il nous auroit priés d'entrer en leur Closture, et les considerer à loisir ; mais y estant entrés auec ledit Seigneur Euesque, & ayans veu les conuulsions & contorsions extraordinaires, les cris & agitations desdites Filles, nous aurions creu que quelque indisposition ou maladie les pourroit causer, & aurions inuité le sieur Yvelin Medecin ordinaire de sa Majesté, qui depuis quelque temps auparauant auoit consideré la disposition desdites Religieuses, de les traiter & leur appliquer les remedes de la medecine & purger leurs corps ; mais n'ayant trouué en elles aucun signe de maladie ou autre indisposition corporelle à laquelle on peust attribuer leur agitation, Nous avons veu que lefdites Religieufes approchans de la Confeſſion & Communion en auoient horreur & averſion, & entroient dans leurs conuulſions proferans pluſieurs blafphemes, injures, & paroles fales, quoy qu'eſtans en leur naturel, elles nous femblaſſent fort ſimples, fages, ingenuës & modeſtes, & éloignées de ces extrauagances & fureurs, & incapables de faintiſe & de malice ; ce que nous aurions reconneu en les interrogeans en particulier, les voyans en communication de leurs troubles ou en Confeſſion, & nous informâs de toutes les autres Religieufes du Monaſtere, qui font au nombre de cinquante-deux, de leur naturel & conduite ; Nous aurions auſſi remarqué que pendant les Confeſſions & Communions & Exorciſmes deſdites Filles, aufquelles nous aurions touſiours aſſiſté pendant noſtre féjour audit Louuiers, pluſieurs mouuements & agitations ſurpaſſoient la force & le naturel deſdites Filles, car elles courboient leur corps en derriere en forme d'arc fans s'apuyer des mains, ne touchant la terre que des tallons & du front, & demeuroient vn temps notable en ceſte poſture. Et le vingt-feptiéme d'Aouſt, Nous aurions veu vne deſdites Filles, nõmée fœur du Sauueur ſurprife de fon agitatiõ en nous parlant, laquelle s'eſtãt renuerſée par terre, fe feroit tout d'vn coup vn peu éleuée, en forte qu'elle ne touchoit terre que du tallon du pied droict, ayant le corps renuerſé en arc, la teſte quaſi juſques aux tallons, ce qui auroit duré l'efpace d'vn *Ave Maria* : Et plus, nous auriõs auſſi remarqué qu'encor que leurs agitatiõs fuſſẽt fort pénibles, & que les Exorciſmes qui duroient quelque-fois quatre & cinq heures fuſſent capables de leur donner de grandes laſſitudes, elles en ſortoient néantmoins fans alteration ny incommodité, & s'eſtans données auec fureur des coups fort violens de la teſte cõtre terre ou contre les murailles, ou eſtant tombées de leur hauteur à la renuerfe la teſte cõtre le paué, il n'y auoit aucune marque de bleſſeure ni de meurtriſſeure, & bien que hors l'agitation elles n'ayent aucune intelligẽce des langues Latine & Grecque, ayant fait diuers commandements à quelques vnes deſdites Filles esdites langues y affectant mefme l'obſcurité, Elles nous auroient obey & témoigné de les entẽdre, & auroient fait diuers difcours aux Communions & Exorciſmes qui furpaſſoient leurs capacités naturelles ; Elles auroient auſſi donné pluſieurs témoignages de connoiſtre ce qui eſtoit occulte & caché comme dans la découuerte de cinq ou fix malefices rendus audit Seigneur Euesque d'Eureux par quelques vnes des poffedées auant noftre arriuee ; lefquels nous ayant efté reprefentés le Vendredi 28. d'Aouft fe feroient trouués conformes aux déclarations qui en auoient efté faites dans les Exorcifmes, ce qui nous auroit efté plainement confirmé par la découuerte d'vn maléfice promis & expliqué par vne defdites Filles en l'Exorcifme du Samedy 29. Aouft, & trouué en nos prefences le Samedy cinquième de Septembre precifément à huict heures du foir & l'Angelus fonnant, neuf pieds dans terre, et deux au deffous de la pierre fondamentale du baftiment ; et par cõfequent en terre ferme qui n'auoit jamais efté remüée, le tout conformément à la promeffe & defcription qu'en auoit fait l'vne defdites Filles : En laquelle découuerte nous aurions, non feulement fait vifiter exactement la Fille qui montroit le lieu du malefice, auant qu'elle defcendit dans la foffe faite pour cet effect, mais encor nous aurions empefché qu'elle n'aprochaft du lieu ou ledit malefice auoit efté trouué, de la longueur du picq dont elle trauailloit, eftant affife entre l'vn de nous & vn autre Ecclefiaftique qui la veilloit & la tenoit ; & le papier dans lequel eftoit le malefice ayant paru blanc & entier au fortir de la terre, feroit deuenu falle, moite & tout vfé auffi-toft qu'il euft pris l'air, comme ayant efté long-temps dans la terre. Outre toutes ces chofes, nous aurions encor obferué que lefdites Filles, de l'extremité de leur agitation par la force des Exorcifmes & des cõmandemens faits aux Demons de les laiffer libres, reuenoient incontinent en vn eftat tout different, d'vne extrefme furie et infolence, en vne tres-grande douceur & modeftie exterieure, & de cet eftat tranquille, en fe Confeffant & Communiant, en priant ou communiquant de l'eftat de leurs ames, elles eftoient fi fubitement furprifes de leurs agitations que cela nous auroit femblé tout à fait impreueu & fans affectation de leur part, & pour juger auec plus de certitude des chofes qui paroiffoient à nos yeux, Nous aurions mandé dés le Dimanche 30. Aouft les fieurs de Lempériere & Maignard anciens & fameux Medecins de Roüen, pour conferer en nos prefences auec le fieur Yuelin Medecin de fa Majefté, touchant les conuulfions & contorfions defdites Filles ; mais ledit fieur Yuelin n'ayant pas jugé néceffaire de les attendre, ils n'auoient pas laiffé de confidérer durant vn jour & demy lefdites Filles dans leurs agitations & hors d'icelles,

& particulierement la conuulſion extraordinaire & vniuerſelle ar‑
riuée en leur preſence a vne deſdites Filles nommée ſœur Barbe
de Saint Michel, lors qu'apellant à ſon ſecours le Demon qui tra‑
uailloit l'vne des autres Filles agitées, & ledit Seigneur Eueſque
d'Eureux luy ayant permis d'y aller ſi c'eſtoit la volonté de Dieu;
au meſme inſtant la Fille qu'il agitoit demeura libre, & la conuul‑
ſion de l'autre redoubla, en ſorte qu'elle tomba à la renuerſe tout
à coup eſtendüe par terre ſans aucun mouuement ny vſage des ſens,
auec telle peſanteur & roideur que perſonne ne luy peut leuer la
teſte ou les pieds, & auſſi-toſt qu'elle fut exorciſée et que ledit
Seigneur Eueſque euſt fait commandement aux Demons de la
laiſſer, ſa conuulſion ceſſa, & elle demeura ſans laſſitude ny dou‑
leur; & celle qui eſtoit demeurée libre r'entra au meſme inſtant
dans ſon agitation : Surquoy ils auroient donné le deuxiéme Sep‑
tembre leur aduis par écrit contenant que leſdites agitations ne
pouuoient eſtre attribuées ny à maladie ny à folie, ny à artifice, &
qu'ils jugeoient que cinq deſdites Filles qu'ils ont plus particulie‑
rement conſiderées eſtoient veritablement poſſedées. Nous au‑
riõs encor remarqué depuis aux Exorciſmes & aux Communions
que leſdites Filles eſtoient comme abſorbées & priuées de leurs
ſens durant vn temps notable. C'eſt pourquoy ayant meurement
conſideré toutes leſdites particularitez et accidens, auec les mar‑
ques que l'Egliſe donne des Energumenes, Nous auons tous iugé
d'vn commun aduis en nos conſciences que leſdites Filles ſont,
les vnes vrayement poſſedées, & les autres obſedées et maleficiées.
Faict à Louuiers ce Ieudy dixième Septembre mil ſix cens qua‑
rante trois.

PROCE'S VERBAL DE M^r
le Penitentier d'Evreux, de ce qui luy est arrivé dans la prison, interrogeant & consolant Magdeleine Bavent, Magicienne à vne heureuse Conuersion & repentance.

Magdeleine Bavent dite de la Resurrection, nous a dit, qu'elle desiroit nous declarer ce qui luy estoit arriué du depuis qu'elle estoit dedans le cachot de cette prison, qui deux iours aprés qu'elle fut arriuée icy : Le Diable Dagon estoit venu à elle en vne forme bien horrible, sçauoir, la moitié du corps de la partie d'enhaut en homme, ayant les cheueux leuez comme des cornes & estincelans, le visage fort noir, & aux deux coudes deux couëttes de poil noir, enuiron vn demi pied de long chanvre, & tout nud, & la partie d'en-bas dudit Diable estoit d'vne beste comme d'vn serpent tors & fort noir, sans poil ny apparence de parties honteuses & sans lumiere, sinon celle qui sortoit de ses yeux, lequel luy dit, qu'elle estoit la bien-venuë là, & que les autres Diables luy auoient tramé cette besongne là, par laquelle il deuoit la soliciter, & qu'il apportoit de la liqueur à prendre & que si elle ne la vouloit prendre d'amitié qu'il luy feroit prendre de force, auquel elle resista grandement : Et quand il vid celà auec ses compagnons, il la prit luy tenant la bouche vers haut, & de force luy firent aualler, & comme elle l'aualloit d'autres Diables auec leurs griffes par dehors luy tenoient la gorge, en fin elle l'aualla auec grande peine. Cette liqueur estoit aucunement endurcie quand elle l'aualla, elle estoit de couleur comme verde brune, & quãd elle l'eut auallée il la quitta & ses compagnons luy disant, que le Penitentier alloit venir pour sa Confession generale, mais que ce qu'elle auoit pris estoit pour la faire mourir auparauãt, & que son ambition estoit d'auoir son ame, ce qui la fit malade, & fut du depuis 8. iours sans manger ny rien prendre, ne sçachant au vray

A

fi c'eſtoit pour la nourrir ou non. Eſtant arriué le Ieudi au ſoir au cachot, elle croid que cela luy fut donné le iour enſuiuant : Et dés l'heure que cela luy fut donné par Dagon elle tomba malade, & tous les iours ledit Dagon la viſitoit iuſques au iour de la renonciation qu'elle a fait entre nos mains, qui fut à l'iſſüe de la Confeſſion generale, lequel luy diſoit, qu'il eſtoit là pour empeſcher qu'elle ne fit ſa Confeſſion, & changea ſouuent de forme, mais neantmoins Diabolique. Elle ſe ſouuient que le Dimanche ſuiuant, ie la vins voir au cachot pour la diſpoſer à la Confeſſion, & lors que ie fus party d'auec elle Dagon & ſes compagnons eſtoient venus à elle luy diſans, qu'ils ne demeureroient point de delà luy ny ſa trouppe, pour empeſcher qu'elle ne ſe confeſſaſt des pechez les plus grãds qui pouuoient ſeruir à damner ſon ame : Et ſont leſdits Diables au nombre de huict auec Dagon, ſe mirent dans ſon lit auec elle, & ſe tindrent là iuſques aprés ſa Confeſſion qui fut faite le ſoir & la renonciation ; Pendant lequel temps ils luy rapportoiẽt les pechez les plus grands qu'elle euſt commis, luy faiſans voir que ſa Confeſſion ſeroit invtile, & qu'ils auoient vne obligation ſignée de ſon ſang. Dagon eſtoit en forme de beſte hideuſe, debout contre les ais de ſa main gauche, vis-à-vis de moy, & les autres Diables eſtoiẽt à l'entour d'elle & ſur ſes eſpaules elle eſtant couchée, ayant les petits Diables des formes d'hommes, dont les vns auoient des griffes, des aiſles & des crochets, & la teſte en forme de celles de petits lyons, & les autres auoient des formes fort approchantes d'icelles, leſquels Diables demeurerent auec elle iuſques à mon arriuée, ſur les quatre heures du ſoir, où comme ie commẽçois à luy faire faire ſa Confeſſion generale Six Diables tous nouueaux, arriuerent & ſe meirent à l'entour de moy, les vns faiſans des grimaſſes derriere moy, comme s'ils euſſent voulu me deuorer, & les autres des menaces : Ce qu'elle n'oza me dire de peur d'eſtre troublée dans ſa Confeſſion, & qu'elle me celaſt des pechez, de peur de rendre ſa Confeſſion nulle : Outre auſſi qu'elle eſtoit auſſi diuertie partie par l'apparition de Dagon qui lui monſtroit des parties honteuſes, qui la deſtournoient & luy donnoient du trouble dedans l'eſprit, ſans qu'elle euſt aucune eſmotion charnelle, bien que ces parties honteuſes luy euſſent paru comme celles d'vn homme, elle ſçait bien que de ſix Diables qui m'enuironnoient, il y en auoit vn qui eſtoit fait comme vn chien noir,

& les autres comme des petits lyons, & les autres comme Diablotins auec griffes & aifles qui me couuroient la face, lors que ie l'informois de quelque poinct important pour fon falut, elle fe fouuient que Dagon qui eftoit contre la paroy, regardoit les Diables d'entour de moy, auec menaces contre moy, elle dit que ce fut elle qui prononça de bon cœur & de bonne ame & de bonne affection la renonciation que i'efcriuis pour lors dont les Diables enrageoient, faifans de grands tintammarres à l'entour d'elle, & elle regardoit vers moy, fi ie ne les entendois pas, & lors que ie luy baillé ladite renonciation pour figner, Dagon commença à luy dire; Si ce n'eftoit le Penitencier, i'aurois le papier & le mettrois auec la cedule du fang de ton cœur, & auffi toft qu'elle euft figné, & que i'eus repris le papier : Tous les Diables tant ceux d'alentour d'elle que de moy, s'en allerent auec vn grand bruit : Elle fe fouuient qu'aprés la renonciation écrite quelque temps aprés Dagon auec fes compagnons reuinrent auec formes horribles, pour la faire renoncer tout de nouueau à la renonciation faite entre nos mains, aufquels elle fit de grandes refiftances, & la prirent ayant ouuert la baffe foffe, luy meirent la tefte en-bas & les pieds en-haut l'efpace de trois heures, auec mille & mille fecouffes qu'ils luy firent, & voyans lefdits Diables qu'ils ne luy pouuoient rien faire pour la faire renoncer à la renonciation & à la Confeffion faite : L'auroient iettée fur la place de fon cachot fi rudement qu'elle croyoit eftre morte, & auoir la tefte caffée : car ce n'eft pas auoir affaire à du cotton, qu'auoir affaire à ces beftes là : Et la quitterent voyans qu'ils ne gaignoient rien, & le lendemain elle fe fouuient que ie reuins la voir où verbalement ie luy fis reïterer la renonciation faite en la prefence du fainct Sacrement, que i'auois porté pour la Communier comme ie fis pour lors, dont elle receut beaucoup de confolation en l'efprit & au corps; ayant vfé la fainéte Hoftie facilement, & fans empefchement : Ce qui ne luy eftoit arriué il y auoit plus de huict mois, ne pouuoit pendant ce temps là vfer la fainéte Hoftie, reffentant vne ligature au col qui l'empefchoit de l'aualler, qui eftoit caufe que bien fouuent elle eftoit prife, & croid que c'eftoit par des Sorciers, les Diables n'ozans y toucher, & ayans commencé du depuis ce temps là à fe mieux porter, & mefme n'a efté vifitée d'aucun Diable, finon qu'au temps que i'eftois à Louuiers exorcizant Lucifer le Rebelle, dont eſtoit trauaillée Sœur Marie du ſainct Eſprit, lequel ie forçois de rendre la cedule, comme Dagon luy auoit dit dedans le cachot, luy diſant le Penitēcier fait du bruit à Louviers, il veut faire rendre la cedule : Mais il ne la fera rendre que par toy à qui ie l'ay fait faire, mais ie l'en empeſcheray bien : Car ie te feray mourir auparauant qu'il vienne, & elle a ferme croyance que ce Diable eſtoit Dagon ; Et de fait, elle eſtoit deſeſperée de ne receuoir aucune conſolation dans ſon cachot, & aimoit mieux mourir que de viure. En ſuitte dequoy où vn Ieudy pendant mon ſejour à Louviers, la nuict entre le Mercredy & Ieudy le Diable Dagon eſtoit venu à elle luy diſant : (qui luy apportoit dequoy la nourrir,) & de fait, le Ieudy au matin ſur les quatre heures, il eſtoit venu à elle, luy apporter du verre pilé & mis en poudre dedans ſes deux mains, eſtant en forme de Diable comme elle en a parlé la premiere fois qu'il luy en apparut dans le cachot, luy diſant : qu'elle priſt celà, & que c'eſtoit pour la faire mourir ; A quoy elle ne fit pas grande reſiſtance, eſtant au deſeſpoir, & ayant pluſtoſt enuie de mourir que de viure. De ſorte que le Diable prenant de la mie d'vne miche qu'on luy auoit apporté le iour auparauant & l'ayant meſlé auec ledit verre, luy auroit fait prendre, & comme elle en eut la premiere bouchée dans la gorge, elle commença à dire qu'elle ne vouloit pas aualler, & qu'elle ſe vouloit Confeſſer auant que de mourir, & alors Dagon ſeul l'a prenant de violence, luy fit aualler, diſant, qu'il la feroit mourir auant la Confeſſion, le tenant prés d'vne heure pour la faire aualler. Et en fin elle aualla auec de grandes forces, & ſe ſouuient que le Diable à ſon arriuée luy fit toucher ce verre, pour luy faire voir que s'en eſtoit ; Le Diable s'en alla, & la quitta iuſques ſur les huict heures : Quatre heures aprés qu'il luy en apporta encore d'autre vn peu plus gros eſtant auec toute ſa trouppe, la coucha tout ſon long ſur ſon lict, & prenant vne cuillier qu'elle auoit dans ſon cachot, dans laquelle il meit de l'eau claire qui eſtoit auec de ce verre, luy fit aualler de force auec des violences extrêmes, ayant eu des efforts de vomir, luy diſant, tu as tout ce qu'il te faut pour mourir, ſi mon Maiſtre ne t'en empeſche, & luy en donna ſix ou ſept fois dans la cuillier, & en ſouffrit de tres grands maux en haut de l'eſtomach bien trois heures, & cela deſcendant dans les inteſtins, penſoit les auoir tous coupez, & les Diables ne la quitterent plus, eſperans qu'elle

deuoit

deuoit mourir fur le midy, quatres heures aprés le diable auec fa troupe luy en prefenta des morceaux gros comme les bouts des doigts & larges de la largeur du petit doigt qui eftoiēt comme du verre du fonds d'vne bouteille, & chaque morceau luy demeuroit lōg temps au gofier & fut plus de deux heures ce coup là à prēdre ce que le diable luy donna luy prefentant le morceau luy faifant auparauant manier, & elle croid que ce verre eftoit d'vne bouteille de verre couuerte d'ozier, qu'elle auoit dans fon cachot & qui luy feruoit quand elle eftoit malade à mettre fon boire, parce que depuis elle l'a retrouuée dans fon cachot fans verre, n'y ayant que l'ozier à moitié couppé, & ne s'en eftoit apperceuë que lors qu'elle en fut retirée pour eftre amenée où elle eft à prefent, ce qu'elle affeure veritable fur le S. Sacrement prefent : Et quatre heures aprés fur les huict heures du foir, il luy fit prendre encore la mefme chofe, luy prefentant plufieurs morceaux de gros verre qu'il luy fit aualler, & comme il luy faifoit aualler il l'a retiroit, ce qui luy fit ietter beaucoup de fang & ce fut alors qu'elle fouhaitta plus que iamais de fe Confeffer, & enuoya à Monfieur le Promoteur pour auoir vn Confeffeur en fon abfence. Elle paffa la nuict en compagnie de Dagon & de fa trouppe, la voyant vifiblement; efperans qu'elle deuft mourir luy difant, que fi elle ne mouroit de ce coup là, qu'il l'alloit traicter d'vne autre façon : Ce qui fut commēcé le Vendredy au matin, le Diable luy ayant apporté vn coufteau luy dit, qu'il l'a falloit faigner, & qu'il vouloit la faigner luy-mefme, auquel elle fit beaucoup de refiftance difant, qu'elle auoit trop fouffert, & alors par fa trouppe elle fut prife : Dagon luy lia les bras, & prit le coufteau & luy donna deux fois dans la veine Cephalique du bras droit, & n'ayant peu auoir du fang il dit, qu'il alloit trouuer vn autre moyen, & qu'il alloit coupper la veine tout-à-fait : Et de fait, luy donna trois coups de razoir fur la veine du mefme bras, d'où il feroit forti plus de quatre poiflettes de fang, difant qu'il empefcheroit que perfonne ne vit ce coup là, & comme elle faignoit en quantité le Diable luy dit, & quoy tu vis encore ? N'emporteray-je point ton ame, mon Maiftre ne le veut-il point ? I'ay vn deffein que ie ne te diray point, & ne la quitta tout le long de la iournée, luy prochant de fois à autre qu'elle auoit la vie bien dure, & la nuict enfuiuant, il reuint & d'vn mefme coufteau luy encize la gorge : Difant, que

B

c'eſtoit par là qu'elle finiroit ſes iours, & luy fit ſeulement vne taillade : Mais auparauant il l'auoit ſollicitée de renoncer au Baptesme, elle dit qu'elle ne renonceroit point du tout, & luy dit, que le Penitentier eſtoit à Louuiers pour faire rendre la cedule : Mais qu'il ne la retireroit point là, & que luy Dagon la rapporteroit auprés de ſon corps quand elle ſeroit morte, ayant executé vn deſſein qu'il auoit. Et le Samedy luy apporta vn couſteau ſur les deux heures au matin, qui luy mit luy-meſme dans le corps, vn doigt au-deſſous du nombril, qui entra iuſqu'au manche, d'où il ſortit grāde quantité de ſang, & aprés il la coucha ſur ſon matlas, & la couurit de ſa couuerture qui faiſoit entrer le couſteau, & le Diable de fois à autre lui prenoit la main, & d'icelle faiſoit enfoncer luy diſant : C'eſt à ce coup que ie rapporteray ta cedule prés ton corps. Et de vray elle dit qu'elle croyoit mourir, elle fut bien iuſques à ſix heures au matin en cét eſtat le couſteau dans le corps, & aprés la fit leuer & luy dit, qu'il falloit qu'elle meſme oſtaſt le couſteau, & de fait preſent le Diable auec ſa trouppe elle l'oſta de ſa main : Et dit ; Ie voy bien que mon Maiſtre ne veut pas que tu meure, & ie ne rapporteray la cedule eſcrite de tō ſang qu'en ſa preſence, de laquelle choſe elle me donna communication, faiſant voir à la Concierge la playe qu'elle auoit, par la permiſſion que nous lui en donnaſmes : Ce qui nous donna ſuiet de faire des Exorciſmes dans leſquels la cedule fut renduë. Et le lendemain par Exorciſmes on fit ſortir le Diable qui ſe nōmoit Dagon, pour ne plus reuenir, comme i'en ay dreſſé le procés verbal, & depuis elle n'a veu Dagon. Elle a ſceu par les autres Diables qui l'on viſitée, que Dagon eſtoit à Louuiers au corps de Marie du S. Eſprit, d'où il ne ſortiroit qu'en ſa preſence, & lui ont dit, qu'ils eſtoient enuoyez par Dagon pour la tourmenter, ce qu'ils ont fait tous les iours, où l'vn d'içeux luy a trois fois apporté vn liure qui traicte du Deſeſpoir contre Dieu & le Sacrement, luy ont apporté un couſteau pour la tüer ; Et de fait luy auoient monſtré la place pour le ficher ſur la palpitation du cœur, luy diſant, que leur Maiſtre ſe vouloit trouuer à ſa mort, elle ne voulut prendre le couſteau & le r'emporterent. Ilz ſont venus encore depuis : Mais Dieu luy a fait la grace d'y reſiſter par noſtre aſſiſtance. Elle ſçait qu'aprés ſa Confeſſion, lors que ie voulois luy donner l'abſolution, luy ayant fait mettre la main ſur le ſainct Sacrement, pour renoncer auparauant au Diable, auoit entendu comme moy vn grand bruict dans le cachot, qui ne pouuoit souffrir cette renonciation et absolution, lui dit depuis, qu'il eust bien empéché cette action si ie n'eusse eu son Maistre : Et de fait le iour precedent au matin, estant allé pour la confesser sans le sainct Sacrement, le Diable auoit esté long temps proche d'elle, & puis aprés sur mon espaule gauche, me faisant des menaces, & taschant de l'interrompre commençant sa Confession, qui ne fut acheuée que le lendemain, elle dit que du depuis Dimanche dernier, le Diable tant qu'elle a esté dans le cachot du bas, lui a osté la moitié de son manger & quelquesfois le tout. Elle se souuient que le Mercredi le Diable pendant mon voyage à Louviers, le Diable s'est apparu à elle en forme de Monsieur Langlois Confesseur des Religieuses, qui la tenta & força l'espace de deux heures d'auoir son habitation charnelle, à quoi elle resista, & aprés changea de forme & parut vn Diable. Elle dit que Lundi dernier le Diable enuoyé de Dagon dit, qu'on auoit osté le corps de Picard de l'Eglise, & qu'on l'auoit ietté dans vne Marniere d'où il deuoit auoir du procés, & que ceux qui lui auoient tramé de la besongne d'estre lors en prison, lui trameroient encore de la peine, pour se descharger sur elle. Et dit que depuis qu'elle est çà-haut, qu'elle n'a point veu le Diable : Ce qu'elle dit pour la décharge de sa conscience. *Magdeleine renonce de tout son cœur aux Diables, & reuoque toutes les promesses cy-deuant faites, se donnant à Dieu tres-intimément.* Ce qu'elle a iuré en nostre presence la main sur le sainct Sacrement, le Ieudy vingt-huict May mil six cens quarante-trois.

Signé,   DELANGLE.

                 S. *Magdeleine de la Resurrection.*

A PARIS, Par François Beauplet, en l'Isle du Palais, 1643.

LETTRE
ADRESSEE A MONSIEVR
D. L. V. Medecin du Roy, & Doyen de la Faculté de Paris.

SVR L'APOLOGIE DV SIEVR Yuelin, Medecin.

MONSIEVR,

Ie vous enuoye deux Imprimez de la possession de Louuiers, où se voit la preuue & les raisons du rapport que nous en auons fait pour l'affirmatiue, vous en ferez tenir s'il vous plaist vn à Monsieur M. ie vous tiens tous deux assez de mes amis pour excuser les deffauts de l'Autheur & de l'Impression; ie ne doute pas que vous n'ayez leu l'Apologie que le sieur Yuelin a faite contre Monsieur de Lamperiere & contre moy, car ie croy quelle aura esté diuulguée à Paris, aussi bien comme icy, mais ie vous diray que Mercredy dernier il en addressa par la voye de la Poste trente ou quarante coppies à M^{rs} les Presidents, Conseillers & Aduocats du Parlement de Roüen, à Mrs de la Cour des Aydes & à beaucoup de Medecins. Ce libelle scandaleux, meschant & menteur a esté tres mal receu de tous les gens d'honneur & beaucoup l'ont iugé digne du feu dés la lecture des premieres pages il n'a seruy que de risée & à decrediter l'Autheur de cette imposture signalée, & monstrer la sterilité de ses productions & la fertilité de ses artifices, à corrompre & desbaucher les faux-freres qui se trouuent bien souuent dans les compagnies, & tirer d'eux les tesmoignages de leur enuie &

de leur neceſſité : Car i'aduoüe librement que bien que ie n'aye iamais bleſſé ny offencé perſonne, & qu'auec raiſon aucun ne puiſſe ſe plaindre de moy, ie ſuis pourtant comme Ioſeph parmy ſes freres, & ſçay aſſez que quelqu'vns des noſtres quelque bonne mine qu'ils faſſent ne me veulent pas tant de bien, non pas pour mauuaiſe opinion qu'ils ayent conceuë de moy (car ie donne encore cette lumiere à leur iugement) mais parce que ſi peu d'eſtime qu'on en fait, & ſi peu de vertu que ie puis auoir les porte à cette extremité de haine & de ialouſie, & ſi i'eſtois Medecin de Rome ou de Paris ſans doute ie ſerois tenu parmy eux plus honneſte homme que Médecin de Roüen, ie dis cecy ſans offencer & ſans y cōprendre pluſieurs que la vertu & la preud'homie ſepare des autres, & dont i'ay autant ſuieɮ de me loüer comme i'ay de raiſon d'accuſer & de me plaindre de ceux qui me font touſiours quelque niche cachée pour n'auoir pas le moyen de ſe preualoir par de meilleures practiques : C'eſt d'vn ou de deux au plus de ces gens là qu'Yuelin à mandié les ſuffrages & qu'il a recueilly les hiſtoires qu'il allegue, dont i'ay moins de cognoiſſance que luy, ſans en accuſer ma memoire ; Mais cela me touche bien peu, on ſçait aſſez ce que ie ſuis, & n'y a que des ſots qui ſe perſuadent que les gens d'eſprit ſe laiſſent prendre à cette pipée, ie ſerois bien marry de luy reſpondre comme indigne de ma cholere, & ce qui me fait le traitter dans mes eſcrits auec honneur, c'eſt que n'ayant iamais parlé de luy qu'en termes conuenables, ie n'ay pas deu preuoir ſa calomnie, & meſme que mon ſtile eſt bien eſloigné de ſa mediſance. Il dit de Salomon que *resſpondendum eſt ſtulto iuxta ſtultitiam ſuam ne ſibi ſapiens videatur* : Mais il oublie vn autre enſeignement du meſme ſage, *ne reſpondeas ſtulto iuxta ſtultitiam ſuam ne effiſciaris ei ſimilis*. Ie ne veux pas penſer à ruiner ce qui ſe deſtruit & ſe condamne de ſoy meſme, le meſpris & n'en eſtre point touché eſt le remede de ſon inſolence. Ie ne ſuis pas ſeul dont on parle contre toute ſorte de verité, l'enuie ſe donne cette liberté comme vn droiɮ de ſon fief & de ſa teneure. *Carmina Bibaculi, & catulli* dit Tacite, *referta Contumeliis Cæſarum leguntur*. Il y a plus de prudence de s'en taire, & de le ſouffrir que de ſatisfaction d'en parler & de s'en plaindre, *Spreta oxoleſcunt, ſi iraſcare agnita videntur*. Si vn aſne m'auoit donné vn coup de pied, il faudroit eſtre auſſi brutal que luy pour luy en donner vn autre. On n'adiouſte foy qu'aux paroles des gens d'honneur, & ſa procedure eſt bien eſloignée de cette marque *honor & gloria in ſermone ſenſati, lingua imprudentis ſubuerſio eſt ipſius,* dit l'Eccleſiaſtique : Peut eſtre aura-il creu que ie ſuis Autheur de la ſeconde reſponce qu'on a faite à ſon Examen, mais on la auſſi mal informé de cela comme du reſte, & s'il eſt ſage il en doit tirer vne pareille conſequence, il en apprendra de plus certaines nouuelles au Vaudrueil, & ce diſcours à paru à Eureux & à Louuiers premier que d'auoir eſté veu à Roüen, & le tout en mon abſcence ſans que cela ſoit dit pour ſatisfacttion. Mais que peut-on inferer de tout cela, *male de me loquuntur homines* (dit Seneque) *ſed mali, mouerer ſi Marcus Cato, ſi Lælius ſapiens, ſi duo Scipiones ita loquerentur.* Vn autre que moy pourroit en quelque ſorte ſe preſumer ſçauant & habile homme, d'eſtre peu eſtimé d'vn ignorant & d'vn homme de paille. Ce n'a pas eſté par iugement qu'il l'a fait mais par maladie, la raiſon à moins contribué à tout cela que la folie, parlant de moy de la ſorte qu'il fait il a creu que c'eſtoit de luy, & comme mes eſcrits atteſtent ma candeur & ma ſincerité, le ſien de meſme publie ſon inſolence & ſon deffaut d'eſprit : Car penſant raualler ou m'oſter la reputatiõ, il la releue & perd la ſienne, & en cela ſeul il luy reſte encore quelque ſorte de prudence, puis que n'en ayant point il ne met rien en hazard; Ie n'ay pour luy qu'vne ſeule excuſe à dire s'il auoit ſceu mieux faire ou mieux parler ſans doute il n'auroit ny fait ny dit ſi mal : Monſieur de Lamperiere medite à luy faire reſponce; mais c'eſt ſon aduantage, il ne merite pas l'honneur d'vne repartie, n'y qu'on caſſe ſeulement vne bouteille d'encre contre ſa ialouſie, comme font les Italiens aux Courtiſanes qu'ils meſpriſent, & qui ne méritent pas qu'on parle d'elles dans le Paſquin. Ie ſçay qu'il y a dans voſtre Faculté de grands hommes, des gens ſçauans & des gens d'honneur que nous honorons comme les lumieres du Royaume, mais puis que tous enſemble vous ne faites qu'vn corps il eſt comme neceſſaire qu'il y en ait quelqu'vn qui en face la partie honteuſe. Pour concluſion ie vous diray que depuis le vingtieſme du mois dernier, j'ay receu lettres de luy eſcrites & ſignées de ſa main, où il me donne quantité de tiltres d'honneur, de capacité & de merite, où il proteſte de ſuiure en tout mes ſentimens, *Firmo gradu,* dit-il, *mentem tuam aſſequor. Acute & acurate deſcripſiſti bhiſtoriam. Nullam* *aliam possum assignare causam quam &c. victus rationem pro peculiari industria iudicioque singulari institues*, entremestant ces mots *vir clarissime, vir Doctissime*. Ie vous laisse à penser où l'on doit auoir plus de creance, ou à sa lettre, ou à son Apologie, & s'il est veritable en la premiere, est-ce pas vn imposteur en la seconde. Ie finiray par cette verité de l'Escriture *super furem est confusio & pœnitentia* * *deuotatio autem pessima super bilinguem*. Ie vous demande pardon si ie vous entretiens d'vn si mauuais discours, i'ay creu que vous n'auriez pas ce diuertissement desagreable, & que vous le souffrirez de celuy qui est de toute son affection,

*Maledictio, damnatio.

MONSIEVR,

De Roüen ce 2. iour de
Ianuier 1644.

Vostre tres-humble & tres-obeyssant,
seruiteur,
MAIGNART.

TRAICTÉ
DES MARQVES
DES POSSEDEZ

ET LA PREVVE DE LA VERITABLE
Possession des Religieuses de Louuiers.

Par P. M. Esc. D. en M.

A ROVEN,
Chez CHARLES OSMONT, Libraire,
grand ruë des Carmes.

M. DC. XLIIII.

ADVIS AV LECTEVR.

IE ne suis pas de ceux qui se demengent d'escrire, ie sçay la peine qu'il y a de bien faire, & le peu de satisfaction qu'on en a, & qu'on s'expose esgalement à la censure des sçauans & des ignorans, des amis & des enuieux, & plus encore sur le suiect qui se presente, ou pour la nature & la nouueauté de la chose, chacun veut faire l'entendu & prendre party selon son caprice, au hazart le pire comme le meilleur : Mais au retour d'vn voyage que ie fis enuiron le seizième d'Octobre, ayant trouué icy l'examen de la possession des Religieuses de Louuiers fait probablement par le sieur Yuelin Docteur en Medecine, qui contenoit beaucoup de choses contre la verité de l'histoire de ces filles, & contre la reputation de beaucoup de gens d'honneur, comme ie prenois resolution d'y faire responce i'eus aduis qu'vne meilleure & plus docte plume que la mienne y auoit desia trauaillé pendant mon absence, & qu'on commençoit à mettre ses escrits sous la presse, & de fait : dix iours apres se publia la responce de cet Examen qui a esté tres bien receuë, tant pour les veritez quelle contient, que pour l'elegance & le merite de son Autheur : En suite apres parut icy vne seconde responce au mesme Examen qui a couru sous mon nom, & a esté diuulguée par toute la Prouince, dont le discours & la trop grande liberté est autant esloignée de mon stile que du dessein que i'ay de n'offencer personne; cela m'a resueillé le desir que i'auois eu d'escrire & m'a obligé non pas de contredire de suite & punctuellement le susdit Examen ou l'on à desia

ſatisfait, Mais de deſaduoüer cette production qu'on m'attribuë, & tout enſemble de monſtrer les veritables marques d'vne poſſeſ-
<small>primo ad Eūdem.</small> *ſion certaine & d'en tirer vne preuue ſuffiſante de celle de Louuiers, eſtimant ſelon le dire du Philoſophe que de prouuer & faire voir la verité, c'eſt refuter les choſes fauſſes.*

TRAICTÉ DES MARQVES DES POSSEDEZ·

Et la preuue de la veritable poffeffion des Religieufes de Louuiers.

LE fentiment & l'opinion des hommes n'eft pas toufiours la verité des chofes, de part & d'autre beaucoup de difficultez s'y rencontrent, les vnes viennent de la nature du fubiet ou l'on s'applique, les autres du defaut de celuy qui trauaille à le recognoiftre; Dieu a fait toutes fes creatures auec grande perfection, & ce que nous appellons nature n'eftant autre chofe que l'œuure de fes mains, c'eft à dire de fon vouloir, & de fon pouuoir, ou felon Proclus fur Platon, l'ordre qu'il a eftably en l'vniuers il y a peu d'apparence que luy qui eft la lumiere & la mefme fageffe y euft mis des confufions & des tenebres au lieu de clartez & de reglemens veritables, fans doute de fa part chacun demeure d'accord que comme il a donné l'eftre à toutes fes creatures, qu'il eft leur caufe & leur principe, qu'ainfi il les cognoift, il en difpofe, & il n'y a rien en elles qui luy foit caché, mais de celle des hommes il n'en eft pas de mefme, leur ignorance & la difficulté qu'ils ont de penetrer dans vne cognoiffance fi fublime ne leur permet pas de cōprendre le moindre motif de tant d'admirables effects que nos fens defcouurent & apperçoiuent tous les iours, & cela à fait dire à vn Ancien que la nature n'auoit fait aucune production, quelle ne fuft voilée & couuerte de quelque myftere fecret & incogneu, & que la verité des chofes eftoit cachée dans le plus profond des abyfmes.

Natura eft ordo vniuerf.

Democrit. apud Laertium.

A

De cette confusion & incertitude de science tant de diuers sentimens & de contraires opinions prennent leur source & leur principe, ou sans vser de violence semblent partager nos esprits les obligeant à prendre party ou chacun croit auoir raison, bien qu'il n'y ait qu'vne verité qui ne peut estre enuisagée qu'à droit & de quelque autre costé qu'on la regarde est tousiours prise de trauers.

τὸ ἀληθὲς ἐν Merc. tris. meg.

Et puis qu'il y a des choses si cachées & si difficiles à cognoistre que les sens seuls ne les peuuent apperceuoir il faut qu'ils y appellent la raison, mais le malheur est que chacun la tournant de son biais & à sa mode tel pense s'aduancer qui recule, tel croit auoir atteint la perfection de sa recherche qui en est autant ou plus esloigné qu'il n'estoit premier que d'y auoir pensé.

Et bien que l'affaire des Religieuses de Louuiers & la question qui se meut, si elles sont possedées du mauuais esprit ou non, soit d'assez grande consequence pour toute sorte de consideration pour estre tenuë du nombre de ces difficiles, il faut pourtant en esclarcir le doute, & monstrer que comme ce que l'on voit de la mer n'est pas la moindre partie de ce qu'elle est, que par semblable, ce quelles disent & ce quelles font ou plustost ce que nous en voyons, & ce que nous en sçauons n'est que le moindre effect de la verité de leur histoire.

Et puis qu'on y peut remarquer beaucoup d'accidens dont on ne doit pas iuger à la volée ny temerairement prononcer pour ou contre, n'y ayant rien d'abord si difficile & si industrieux que de deceler le Diable qui pour certaines fins qui nous sont incognuës tasche de se cacher, & ne veut point se manifester aux yeux des hommes, parmy toutes ces difficultez nous ne deuons pas trouuer estrange d'apprendre qu'aucuns ne soient pas sur ce fait de nostre sentiment, ce seroit à nous vne trop grande & trop iniuste tyrannie de vouloir captiuer tous les esprits sous nostre seruitude, &

Mens vis est cogi nescia.

puis que nostre pensée & nostre raisonnement est vne puissance qui ne se peut contraindre, laissons la liberté à chacun de croire ce qu'il voudra, permettons iusques aux moindres d'escrire ce qu'ils en pensent: Mais ne souffrons pas que la passion & l'enuie tiennent le lieu que la raison & la bien veillance y doiuent auoir, ny que ce soit auec des suppositions fausses, des calomnies & des iniures qu'on fait à des personnes d'Illustre & d'eminente qualité que la naissance, le merite & la vie exemplaire ont esleuez aux premieres dignitez de l'Eglife, ny mefme auec le mefpris de beaucoup d'au- *Ce font* tres gens d'honneur qu'on nomme *partifans de cette poffeffion,* *les termes de* *appellez & choifis par ceux qui s'eftoient defia ouuertement declarez,* *l'examen* dont toutesfois l'integrité & la capacité font auffi cogneuës comme l'aueuglement & la temerité de ceux qui les accufent font manifeftes & mal receus.

Mais auant que de particularifer aucune chofe de ce qui eft en queftion pour éuiter toute longueur. Ie pafferay par deffus vn nombre infiny de belles & curieufes queftions qui ne feroient pas entierement inutiles, fi mon deffein eftoit de faire vn liure entier & non vn petit traicté feulement & me contenteray pour eftablir les fondemens de ce que nous auons à prouuer de mettre icy certaines maximes & propofitions generales, & les plus importantes refolutions qui peuuent feruir à noftre cognoiffance, de deduire & d'examiner toutes les marques d'vne probable & veritable poffeffion, le tout felon le fentiment des Theologiens, des Philofophes & des Medecins, & fi. l'on me dit que ie mets ma faulx en la moiffon d'autruy & que ie paffe les limites de ma profeffion ; Ie refpondray que toutes ces habitudes & toutes les fciences font comme les anneaux de Platon & les chaines d'Homere quelles s'entretiennent les vnes les autres, & que dans les obfcuritez qui s'y rencontrent elles s'entr'aident & empruntent de chacune d'elles la lumiere qui les fait paroiftre, Commençons donc par ces veritez.

La premiere, Qu'il n'y à iamais eu deux principes, l'vn du bien *Manes* & l'autre du mal, Dieu & le Diable, ce fut le fentiment ou pluftoft *Pfellus in* le blafpheme d'vn impie & impertinent Philofophe, qui fut trouué *Dialog.* fi ridicule & fi extrauagant, qu'il ne fut fuiui d'aucun autre. περὶ ἐνεργ.

II. Que celuy qui vit de toute eternité a creé toutes chofes en- *Qui viuit* femble, les Anges, le monde, & les hommes : C'eft ainfi qu'en *in æternū* parle l'Ecclefiaftique. *creauit*
omnia fi-
III. Que les Anges font des fubftances intellectuelles & libres en *mul. c. 18.* leur volonté, n'ayant rien de corporel capables de la gloire & de *Damafc.* l'immortalité par grace, & non par nature. *lib. 2. de fide.*

IV. Qu'en eux il y a eu deux inftants l'vn *in via* & l'autre *in* *D. Thom.* *termino*, dans le premier ils ont ou merité ou demerité, dans le *Scotus li.* dernier les vns ont efté efleuez au Ciel, les autres releguez dans *2. diftin.* es abyfmes : De là refulte qu'il y a des intelligences & des efprits *quæft. 2.*

bien-heureux que nous nommerons Anges, & qu'il y en a d'autres comblez de malheur & d'infelicité, qui au dire de Platon president à la fourberie & à la deception que nous appellerons Demons non seulement pour les grandes & sublimes cognoissances qu'ils ont; mais en autre signification, d'autant qu'ils ont de coustume d'espouuenter & de donner terreur à ceux auec lesquels ils conuersent qui sont diables, c'est à dire, trompeurs & seducteurs, ou selon Eugubin destructeurs.

Præfecti τῇ γοητείᾳ δαιμὼν quasi.

Doctus Sciens. Ab antiquo verbo δαιμαίνω exterreo. li. Octauo. c. 19. de perenn. Philosophia.

V. Que les Anges & les diables ont eu tousiours vne inclination particuliere, & vne alliance tres estroite auec l'homme pour le seruir ou pour luy nuire, & que de cette societé faite entre deux subiets si releuez il n'en peut arriuer de bien ou de mal que l'vn & l'autre ne soit tres grand & tres considerable.

VI. Que cette familiarité des bons Anges se prouue par l'histoire d'Abraham, Loth, Isaac & Iacob, le pere de Samson & mille autres, celle des diables par l'esprit de Socrate, d'Auguste Cæsar, d'Anthoine, de Brutus, & du Demon qui plusieurs fois s'est apparu à Ruffus dans Tacite.

Socrate dæmonij arbitrium expectante Tert. in Apol.

VII. Que le Diable ne peut conuerser auec Dieu qu'il tient pour ennemy, & qu'il a abandonné, ny auec les Anges bien-heureux dont il s'est separé; & qu'il n'y a que l'homme seul qui soit le but & l'obiet de sa haine & de son enuie.

VIII. Que sa rage ne se contente pas de le trauailler d'illusions, de tentations, de spectres, mais bien souuent le bat, le moleste, & auec le pouuoir qu'il en a de Dieu, prend vne actuelle possession de son corps.

IX. Que dans cet estat ou plustost extremité de misere quoy que l'ame y reside tousiours, il peruertit ses fonctions, il y cause mille desordres & toute sorte de confusion, la priue du pouuoir d'agir en tout ou partie, se rend le Maistre & le conducteur de la barque, & substituë en la place de toutes ses facultez sa force & son actiuité.

X. Que de là s'ensuiuent d'estranges et de merueilleux effects qui pour leur cause & pour leur grandeur peuuent estre appellez surnaturels, & comme tels produisent bien souuent & decelent leur autheur donnans des marques d'vne possession veritable.

XI. Qu'il y a deux accidens inseparables de la possession que le diable soit dans le corps, & qu'en quelque sorte il y commande.

XII. Que les mouuemens, les cris, les hurlemens que fait le diable dans des organes empruntez, monſtrent qu'en quelque lieu qu'il ſoit il y ſouffre l'excez de ſon tourment, & la rigueur des peines dont le iugement de Dieu a puny ſon orgueil & ſa deſobeiſſance.

XIII. Qu'il n'y a point eu aucun ſiecle qui n'ait eſté memorable par quelque poſſeſſion, & nier cette verité eſt ne croire pas à ſes ſens & n'auoir aucune lecture de toute l'antiquité.

XIV. Que les Sybilles & les Pythoniſſes dans le Paganiſme eſtoient toutes poſſedées du mauuais eſprit qui parloit en elles & non à elles, le premier eſtant ſigne de vraye poſſeſſion, l'autre de conuerſation & de familiarité ſeulement.

XV. Qu'il y a eu plus de poſſedez du temps de Ieſus Chriſt qu'en aucun autre, & plus d'hommes que de femmes contre l'ordinaire du diable qui s'attache pluſtoſt à ce ſexe pour ſa foibleſſe & le peu de reſiſtance qu'il y trouue.

XVI. Que les poſſeſſions & le pouuoir que Dieu a donné à ſon Egliſe d'en deliurer les corps des hommes, n'a pas ſeruy de petit moyen pour ietter & pour affermir les fondemens de noſtre Religion, comme il ſe lit dans les hiſtoires de l'Egliſe. Toutes ces cõcluſions ſe prouuent par Iuſtin le Martyr, Tertulien, S. Cyprien, Arnobe, le Concile de Carthage, & de Laodicée, par S. Ambroiſe contre les Arriens, S. Hieroſme, S. Auguſtin, S. Bernard, & beaucoup d'autres, d'où l'on peut conclurre que y ayant eu des poſſeſſions de tout temps il n'y a pas de quoy s'eſtonner s'il en arriue encore du noſtre.

XVII. Que la poſſeſſion quoy qu'elle ne ſoit pas en tout vniforme, eſt ſemblable en beaucoup de choſes, ne differant que du plus ou du moins : Mais que les moyens par leſquels elle ſe fait ſont bien diſſemblables.

XVIII. Quelle ſe fait touſiours par la permiſſion & la licence que Dieu en donne, mais non pas touſiours par ſon commandement.

XIX. Que Dieu permet que cela arriue aux iuſtes, & aux enfans, qui bien ſouuent ſont obligez de ſouffrir cette perſecution du diable, il y en a des exemples dans S. Marc, dans S. Auguſtin, & chez Caſſianus.

Marc. 9. Pueruli etiam aliquando incurſus malignorũ ſpirituum patiuntur

Ie n'oſerois paſſer cét Article ſans dire mon ſentiment de la

D. Augu.
lib. 2. de
Ciuit. d. c.
14.
Sectio. 13.

possession des filles de Louuiers, que ie croy estre du nõbre & du rang de celles cy, ce qui se prouue par leur pieté, leur deuotion, leur bonne vie, & mille autres actes de vertu ou elles s'employent tous les iours, i'ose dire & adiouster à cela par le tesmoignage du diable qui, bien que pere de mensonge, mais obligé & cõtraint bien souuent de dire verité (à l'exemple de Macedonius chez Theodore, qui le força à faire preuue) ne les a iamais rendus coulpables de la moindre offense criminelle.

Claud. per-
ca. 13.
sect. 5.
Inferiores
Dæmones
à superio-
rib. agun-
tur &
impellātur
Eugub. l. 8
cap. 13.

XX. Que ceux qui meinent vne vie mauuaise sont le plus souuent possedez, & en cela il n'y a rien dequoy s'estonner puis que la possession est vne punition du crime.

XXI. Que les diables des Hierarchies superieures peuuent la commander à leurs inferieurs qui sont obligez d'obeyr & de faire la volonté des autres, & croy que s'estoit sur ce fondement & pour authoriser cette preuue que les Iuifs allegoient que Iesus Christ chassoit les diables par la puissance qu'il en auoit de Belzebuth, qui estoit leur Prince & auquel ils ne refusoient aucune sorte d'obeissance, & en effect sur la creance (quoy que tres fausse & tres impie) qu'ils auoient qu'en operant ses merueilles il deliuroit les possedez en vertu du pouuoir qu'il en auoit de ce grand Demon, leur raisonnement estoit aucunement plausible, car si le diable ne peut entrer ny sortir d'vn corps sans commandement, dire que Belzebuth pouuoit les en chasser estoit aussi aduoüer qu'il pouuoit leur y donner entrée.

Pau. 1. ad
Cor. c. 5.

XXII. Que les gens de bien & de saincte vie peuuent enuoyer le diable dans le corps des hommes : Cette pratique a esté ordinaire dans les premiers siecles, mais auiourd'huy peu vsitée ; l'Eglise ayant en cela relasché beaucoup de sa premiere seuerité, & les exemples de punition n'en estans pas si necessaires, & ne sert rien de dire que le pareil n'a point d'empire ny de commandement à faire à son esgal bien moins encore à son superieur : car nous ne considerons pas les diables pour nos superieurs comme il est vray qu'ils le sont par nature, mais nous les tenons pour nos inferieurs, raualez qu'ils sont & destituez de la grace, & releguez dans la plus malheureuse condition du monde.

XXIII. Que les Magiciens & les Sorciers peuuent contraindre les diables de posseder & d'obseder les hommes ; c'est icy le plus estrange prodige de toute la nature qui peut donner terreur & tenir tout le monde en bride; car il est vray que ces meschans & abominables officiers, des nocturnes ministeres du diable par prestiges par malefices & par caracteres, ou les Demons sont de telle sorte attachez qu'ils ne s'en peuuent separer, les contraignent le plus souuent d'assouuir leur rage & leur vengeance par la possessiõ de ceux qu'ils ont en haine : Ce qui tousiours se doit entendre par la permission & la licence d'en haut sans laquelle ils ne peuuent rien, ainsi l'hõme s'afflige soy-mesme, c'est à dire son espece & son semblable, & en cecy le dire d'Aristote se trouue veritable que l'homme est à l'homme dans l'assistance & le secours qu'il en peut esperer comme vn Dieu, & dans les peines & les maux qu'il luy fait souffrir comme vne cruelle & impitoyable beste, cela se prouue par l'histoire de Simon Magus, d'Appolonius, S. Hierosme, en la vie de S. Hilaire Theodorus, en la vie des peres, Fernel & plusieurs autres.

ἢ θηρίον ἀνθρωπὸς εστίν ἢ θεὸς. *lib.* 1. *de rep. ca.* 2. *Baron. t.* 1.

apud Phil. Fernel. de abditis rerū caufis li. 2. *c.* 16.

DES SIGNES DE LA POSSESSION,

& premierement de ceux qui ne donnent qu'vne coniecture sans asseurance.

ιατροῖς εἰδέ-
ναι τὰ θανα-
τώδη τῶν
φαρμάκων
οὐκ ἀχρήστον
Psell.

CE seroit peu de sçauoir qu'il y a des diables, & qu'ils peuuent quelquefois affliger & posseder les corps des hommes, si (cōme les Medecins doiuent cognoistre les poisons de peur qu'en les touchant ou en s'en seruant aucun ny coure fortune) nous ne pouuions recognoistre quand ce malheur arriue à l'homme, deux choses semblent nous obliger à cette recherche, l'vne pour nous en preseruer & l'autre pour y chercher le remede.

Tiberio natura & assuetudine suspensa semper & obscura verba, nitenti vt suos sensus abderet in ambiguum magis complicabantur.
Tac. ann. 1

Mais on aduoüera librement qu'il n'y a pas peu de difficulté à se tirer de ce labyrinthe & de manifester les intrigues du diable : car estant le premier des fourbes, fin, cauteleux, & caché il est tres mal aisé de sçauoir ce qu'à dessein & par artifice il veut qu'on ignore, cecy me fait ressouuenir d'vn Empereur Romain qui par habitude & par nature ne se seruoit que de termes obscurs & à double sens, & s'estant vn iour estudié de cacher ce qu'il vouloit proposer au Senat, il le fist auec tant d'obscurité qu'aucun des assistans ne fist pas mine de l'entendre, ainsi & auec meilleure raison toutes les fois que la malice du diable & ses artifices qui nous sont incogneus, s'efforcent de couurir & de voiller ses actions qui sont assez obscures & couuertes d'elles mesme, il faut de grandes & fauorables lumieres pour en auoir vne parfaite cognoissance ; ie ne laisseray pas d'en desduire icy les marques les plus ordinaires selon ce que beaucoup de graues Autheurs en ont escrit, afin de tirer des vns l'apparence & la coniecture, & des autres la certitude & la veritable preuue de la chose.

LA

LA PREMIERE MARQVE

Coniecturale, auoir opinion d'estre possedé.

PLufieurs peuuent tomber en cét erreur & font pourtāt bien esloignez de la verité du fait quoy que librement ils se soubmettent à toute peine (penfant auoir failly) ou pour s'en liberer à toute forte de remedes; ce malheur femble autant ou plus infupportable que s'il eftoit veritable & reel. A dire vray cela peut donner du foupçon, & le plus fouuent aux chofes de la nature, la feule & forte imagination fert de quelque chofe à l'effect qui s'enfuit : Mais en cecy qui eft furnaturel, cela n'eft pas femblable & ne peut eftablir aucune veritable preuue, d'autant que cette opinion eft vne deprauation de la mefme imagination, ou felon Platon vne herefie particuliere, qui ne conclud aucune verité, & qui ne fe trouue iamais feule que dans cette maladie qu'on nomme *vertigo*, ou la raifon demeure entiere, & elle feule fauffe & peruertie, mais icy elle eft bien en pire pofture, car il faut qu'elle foit iointe neceffairement auec la melancholie & phrenefie, & la manie & chercher en toutes fes indifpofitions du vray & du folide, c'eft chercher la verité dans le faux, & la raifon dans la folie, ainfi s'imaginer d'eftre Prince ce n'eft pas l'eftre, croire eftre habile homme auffi peu.

lib. 4. de rep.

Mener vne vie Mauuaife.

II. C'eft vne marque fans doute de mefchant hōme bien esloigné de Dieu & bien amy du diable, mais elle ne prouue pourtant ny poffeffion ny familiarité, & bien fouuent on voit autant & plus de gens de bien poffedez, que de mauuaife vie, mais auec cette difference que le diable a fur ceux-cy vn abfolu & fouuerain pouuoir, & nul ou bien limité fur les autres particulierement quand à l'efprit; l'exemple de Iob le iufte, & de l'Abbé Moyfe chez Caffianus, nous feruiront de tefmoignage fuffifant.

Coll. 7. ca. 27.

E

Viure hors de toute societé.

III. On ne peut pas tenir pour vray que cela vienne touſiours du diable mais pluſtoſt du vice des humeurs & du mauuais temperament de la perſonne, partant ce ſigne ne conclud rien de certain, Hypocrate en outre en rapporte la cauſe à la diuerſité de l'air, des lieux, des eaux & des alimens qui ont vn grand pouuoir pour la generation des humeurs melancoliques qui manifeſtement alterent & changent les fonctions de l'ame comme cauſes conſecutiues qui ont vne mutuelle liaiſon & dependance les vns des autres, Gallien meſme eſt de cet aduis dans le liure qu'il en a fait expres ou ie renuoye la curioſité du lecteur qui en voit l'inſtruction à la marge.

lib. de aere aquis & locis.

Quod animi mores ſequuntur corporis temperamentum.

Les maladies longues, les ſymptomes peu ordinaires, vn grand ſommeil, les vomiſſemens de choſes eſtranges.

IV. Quoy que dans les longues & faſcheuſes maladies qui ne cedent point aux remedes ordinaires & qui trauaillent auſſi bien les Medecins comme les malades, chacun ait ſoupçon de ſortilege ou de quelque autre choſe de pire, on ne peut pas pourtant aſſeurer qu'il y ait aucune poſſeſſion : mais on en peut rapporter la cauſe ou à la quantité ou à la mauuaiſe qualité des humeurs qui perſiſtent dans leur crudité, & qui ne ſont pas diſpoſez à receuoir cette maturation & perfection neceſſaire, dans Hypocrate pour l'euacuatiõ d'iceux & pour vne entiere gueriſon qui ne ſe fait que par la priuation & l'eſloignement de ces mauuaiſes qualitez : d'auantage on en peut auſſi accuſer la deprauation ou le deffaut des parties, par vne notable intemperature, par vne mauuaiſe conformation, par corruptiõ de ſubſtance ou par longue & inueterée obſtruction eſtant conſtant que toutes ces cauſes ne font point de courtes maladies ny d'accidens qui ſoient peu conſiderables.

πέπονα φαρμαχέυειν μὴ ὤμα *in Aphor* πεπασμοι τῶν απιόντων. *Hippoc*

Pour ce qui eſt de la ſtupeur & priuation de ſentiment de tous les membres ou du ſommeil plus long & plus profond qu'il ne doit eſtre, cela peut donner grand ſoupçon d'autant que beaucoup ont eſcrit de pluſieurs Sorciers & meſme des poſſedez que pendant que leurs diables alloient au Sabat, ou ſe tranſportoient en quel-

Cornel. Agri. l. 3. ca. 5o. de occulta Philoſoph.

des Possedez.

ques autres lieux, ils laissoient les corps comme immobiles & insensibles, soit qu'ils liassent le sens commun auec tous les exterieurs premier que d'en sortir, soit que lassez des precedentes vexations ils eussent inclination au repos, ou bien comme aucuns se sont persuadez (mais faussement) qu'il se fist vne separation de l'esprit & du corps, & que la priuation & l'absence de l'vn fust l'insensibilité de l'autre, & cela mesme sembleroit se confirmer par l'authorité d'Herodote en ce qu'il escrit du Philosophe Atheus homme de grande & admirable science, l'esprit duquel le plus souuent sortoit de son corps & se pourmenoit par diuers lieux bien esloignez & y rentroit plus docte & plus capable qu'il n'en estoit sorty. Pline est encore de mesme aduis ou du moins escrit vne semblable chose de l'ame de Harmon le Clazomenien, qui rapportoit la verité de beaucoup de choses de diuers pays apres auoir esté long temps absente de son corps, mais sans adiouster foy à toutes ces histoires où ie voy bien peu d'apparence, il vaut mieux recourir aux causes naturelles n'y ayant aucune raison de prendre les choses qu'au meilleur sens & dans le cours le plus ordinaire, disons donc auec Aristote que le sommeil est le repos & le lien du premier *sensoire*, c'est à dire du sens commun, & qu'il y a beaucoup de causes en la nature capables de l'exciter de le prolonger & de le porter à tel excez qu'il est bien difficile, (car le mesme Autheur ne croit pas qu'il soit impossible) de s'éueiller, & que tous ces accidens Cataphoriques & Somniferes se font par l'intemperature froide du cerueau, la generation de l'humeur pituiteux & le transport qui s'y fait, son abondance, sa lenteur, la saison de l'Hyuer, l'air humide, les eaux, les lieux, le sexe, l'aage, & tout cela peut faire vn long & tres profond dormir, qui arreste tous les sens & dedans & dehors, de sorte qu'il ne se fait plus aucune espece sensible, exterieure, ny aucune perception en l'intellect, qui lors ne peut auoir aucune action, il n'y a pas dequoy s'estonner si pendant tous ces interualles quelques longs qui puissent estre, vn corps demeure, assoupi, immobile, insensible, sans parole, sans action, & comme sans vie.

ὁ γὰρ ὕπνος πάθος τι τοῦ αἰσθητικοῦ μόριον ἐστίν οἷον δεσμὸς καὶ ἀκινησία τις *li. de somno Vigilia c. 1.*

οὐδεὶς γὰρ ὕπνος ἀνέργετος *lib. 5. de generat. animal. cap. 1.*

Quand aux vomissemens ou autres excretions de matieres estranges & de soy effroyables, comme Crapaux, Serpents, Lezards, grands Vers, de la Chanure, du Poil, des Cousteaux, des Esguilles, des Cloux, des Esplingues, nous en auons veu icy des exemples, & depuis deux ans i'ay eu communication du mal d'vne femme de Bonnieres entre Mante & Vernon, trauaillée de femblables accidents, & cét Efté dernier vn Chirurgien ayant donné vn vomitoire fait auec quelque infufion du Saffran, des metaux ou autre préparation d'Antimoine à vn ieune homme de Longueuille prés Vernon, il ietta vn grand Crapaut tout viuant, & mefme nous lifons dans Ianus Boiffardus, que depuis peu en Allemagne vne vieille demanda l'aumofne à vne feruante qui ratiffoit des naueaux auec vn Coufteau qui l'en refufa auec paroles aigres & peu courtoifes, luy commandant de fe retirer en diligence, ce que fit la vieille en menaçant celle qui l'auoit ainfi repouffée & difant qu'elle s'en repentiroit, ce qui fe trouua veritable ; Car la feruante perdit de veuë au mefme temps fon Coufteau, & commença à fe plaindre d'vne fi exceffiue & intolerable douleur de cofté, que les Medecins appelez fe trouuerent de diuers fentimens, les vns difans que c'eftoit pleurefie, les autres quelques abfés ou quelque vlcere interne, & apres y auoir fait toutes fortes de remedes inutilement, parut en fin vne tumeur à l'ouuerture de laquelle outre les matieres purulentes & fanieufes fe prefenta le Coufteau tout roüillé, que la malade recogneut eftre le mefme dont elle s'eftoit ferui. Pour y refpondre nous diftinguons & feparons les chofes naturelles d'auec les artificielles ; les naturelles font Crapaux, Serpēts, Vers, Fer, Pierre, Chanure, & autres ; & difons que bien que cela foit bien eftrange : Il n'eft pas pourtant hors de raifon, qu'il eft bien hors de l'ordre, mais non hors du pouuoir de la nature, car l'homme felon Ariftote eftant en quelque forte toute chofe ayant efgale correfpondance par l'ame auec les chofes animées, comme par le corps auec les corporels, & outre cela felon l'opinion de Platon fe trouuant des Idées de toutes chofes, foit en Dieu comme Principe & agent vniuerfel, foit en ce qu'il appeloit l'ame du monde ou la nature, Il eft à croire que quand quelque matiere fufceptible de ces formes fe rencontre en nos corps qu'auec la concurrence de l'agent vniuerfel et particulier, Il s'y peut faire des generations auffi parfaites comme elles fe font ailleurs.

Pour les artificielles, comme les Cloux, les Efpingles, &c. ne pouuant en remarquer aucune caufe en la nature, nous fommes obligez de les referer aux Magiciens & Sorciers, qui bien fouuent fe feruent d'illufions femblables pour deceuoir nos fens par des

De præfti-gus Magicis ca. 5.

Homo eft quodam modo omnia corpore corporeorum, anima animatorum.

choses apparētes, mais fausses, ou bien si elles sont veritables elles se font par l'industrie & l'assistance & non tousiours par la possession du diable.

Blasphesmer le Nom de Dieu, & auoir souuent le diable en la bouche.

V. Si l'homme n'ignoroit pas la maxime de cet ancien, que les grāds & les puissans se ressouuiennent long temps du mespris & des iniures qui leur sont faites, son insolence ou plustost son aueuglement ne le porteroit pas iusques à cet excez de folie & de rage de blasphemer le Nom de Dieu, comme s'il estoit insensible pour n'en estre point touché ou impuissant pour n'en point tirer de vengeance, d'ailleurs ie ne puis assez m'estonner d'entendre plusieurs auoir tousiours le diable en la bouche, & par ainsi pas loin du cœur, & souhaiter à tous propos qu'il les emporte, si la chose arriuoit ainsi comme elle est desirée ce seroit vn horrible spectacle, mais vn grand & memorable exemple : Le diable n'en veut pas de tels qui luy feroient perdre beaucoup plus d'autres personnes qui en seroient touchez qu'il n'auroit de satisfaction de tourmenter vn miserable, & quoy que l'vn & l'autre de ces crimes soit tres grand & donne vn notable pouuoir au diable sur celuy qui le commet, ce n'est pas pourtant vne verité qu'il faille croire qu'il le possede.

Iniuriarū apud præpotentes in longum memoria est. Tacit. ann. 3.

Faire pact auec le Diable

VI. I'aduouë que cette impieté est au delà de toute autre chose, & ne se pourroit pas seulement conceuoir si elle n'estoit ordinaire à tous les Magiciens, Sorciers, deuins & autres sortes de malheureux hommes, dont nous auons des exemples dans les Histoires, & pour ce suiet le diable ne se contentant pas de leur parole ny de leurs promesses faites auec sermens, iuremens, imprecations, abnegations, renonciations de tout ce que nous auons de sainct, il les estampe mesme de sa marque comme esclaues de la plus grande tirannie & la plus malheureuse seruitude du monde, d'inferer toutefois de cela vne possession necessaire, cela ne se peut : car le diable se tient assez asseuré de telles gens sans qu'il soit obligé qu'il en prenne vne preuue plus visible comme il feroit en les possedant.

Bodin.

Bocquet

Estre trauaillé de quelques Esprits.

VII. Quelques modernes ont fait deux fortes de poffeffion, vne en l'interieur l'autre au dehors, la premiere eft celle dont il s'agit en ce difcours ou le diable prend vne abfoluë & interieure poffeffion & refidence au corps des hommes, fe fert de fes organes, bouleuerfe & depraue toutes fes facultez & fait par fa puiffance & fon actiuité de merueilleux & d'eftranges effects, la feconde eft vne vexation continuë & extraordinaire que le diable fait à certaines perfonnes par illufions, par fpectres, vifions nocturnes, violences, coups, baftonnades & autres excez, & eft appelée obfeffion, ie ne voy pas pourtant que les Autheurs Latins faffent grande diftinction de ces deux mots *obfeffio* & *poffeffio* les confondans le plus fouuent & fe feruans efgallement de l'vn comme de l'autre fans y apporter grande difference, nous concluons toutefois que cét article donne vne veritable preuue de l'obfeffion, & ne laiffe qu'vne bien fimple coniecture de l'autre.

Non ab inhabitantibus sed ab affiftentibus fpiritibus perficitur. D. Augu.

Auoir dans le vifage quelque chofe d'affreux & d'horrible.

VIII. On ne fçauroit affez admirer toutes les merueilles qui paroiffent dés le premier abord dans le vifage de l'homme, la majefté, la beauté, le fexe, l'aage, les fignes de la vie & de la mort & beaucoup d'autres chofes ne s'y defcouurent pas feulement mais mefme toutes les paffions & les mouuemens interieurs de l'ame, la ioye, la trifteffe, la hardieffe, la crainte, l'inquietude & la tranquilité s'y remarquent fi aifément qu'il n'y a que ceux qui font priuez de la veuë qui les puiffent ignorer, & comme les gens de bien & d'honneur ont toufiours vne certaine gayeté qui leur eft comme naturelle, vn port modefte, vn gefte tranquille, & ie ne fçay quoy de fplendide & d'illuftre que Platon dit participer d'vne lumiere diuine, fignes & marques veritables d'vn contentement interieur de confidence & de fatisfaction en foy-mefme, ainfi les mefchans par certaine trifteffe & vn morne chagrin, & ie ne fçay quoy d'horrible & d'affreux, (qui bien que caché & en quelque forte inexplicable ne laiffe pas de fe manifefter deffus leur front) font voir leur finderefe, leur defefpoir & leur inquietude, & fi cela fe rencontre veritable comme il eft ordinaire à tous les Sorciers, fuiuant le Prouerbe, mine de forcier, c'eft à dire trifte, hideufe & maigre, & l'experience qu'on a qu'ils font tous laids, melancoliques, refueurs, ords & fales on peut auffi tirer quelque femblable foupçon des poffedez, le diable n'eftant iamais dans vn corps qu'il n'y donne par fa laideur quelque figne de fa prefence.

S'ennuyer de viure & fe defefperer.

IX. Il y a fans doute bien fouuent en ces actions de defefpoir quelque chofe du diable, mais c'eft pluftoft impulfion que poffeffion : car fi la poffeffion faifoit faire de femblables effects ce feroit fans crime & fans la faute de celuy qui les commettroit, d'autant que ce ne feroit pas luy qui agiroit, mais le diable qui l'y forceroit, ainfi on ne doit pas inferer que le diable foit toufiours meflé dans le defefpoir, & le peu de côtentement qu'on a de viure, il y a des caufes plus naturelles qui nous le font rapporter à la proprieté de l'humeur melancolique ou atrabilaire, qui fe remarquent en ceux qui en font trauaillez qui ne reçoiuent aucune efpece en leur imagination qui ne leur foit ennuyeufe, la ioye des autres eft leur trifteffe, tout les fait craindre, fe taire, pleurer & foupirer, la folitude recherchée, les tenebres, les fonges pleins d'horreur, les vifions imaginaires font leurs plus communs entretiens, ils craignent ce que plus ils defirent, qui eft la mort, & de melancoliques deuenus maniaques, bien fouuent ils s'y precipitent, de cela font foy Empedocles & Cleomenes le defefperé chez Plutarque, l'vn defquels fe ietta dans le feu & l'autre fe tua de fon efpée.

Eftre furieux faire des violences.

X. Il fe trouue diuerfes caufes de ces tranfports & de ces déreglemens, & quoy que bien fouuent les poffedez foient agitez de ces fureurs, il n'en faut pas pourtant tirer vne abfoluë confequence de fait & de preuue, d'autant qu'il y a des mineraux, des herbes & des racines qui foüent nous precipitent & nous font tomber dans ces accez de demence & d'infanie. Ce font effects du fang plus chaud qu'il ne doit eftre felon Paul Æginette ou d'vne bile feule *C. 16. lib. 3. lib. 6. c. 9.*

selon Aetius qui s'efchauffe, fe brufle & fe confomme, ou de quelque venin ou mauuaife qualité qui par antipathie nous trauaille, & toutes ces caufes fe portent au cerueau, deprauent l'imagination, renuerfent la raifon & toutes les facultez qui donnent à l'homme le deffus & le commandement fur tous les autres animaux, Ainfi bien que ce figne fe rencontre quelquefois dans la poffeffion il n'eft pas pourtant bien certain, mais conieƈtural comme les autres.

Faire des cris & des hurlemens comme les beftes.

XI. Le diable ne tafche pas feulement de nous nuire, mais auffi de nous effrayer, fa rage, fa malice & le foin qu'il employe à nous perdre eft tel, & de fi grand pouuoir que l'efcriture & tous les Peres en comparent l'Autheur aux plus impitoyables animaux de la terre, mefme le plus fouuent ils luy en donnent le nō l'appellant le Lion, le Tygre, le Loup, le Serpent, ou d'autant qu'autrefois il s'eft manifefté fous femblables figures felon la diuerfité des deffeins qu'il a eu de nous furprendre, ou parce qu'il retient encore les fineffes, les trahifons, les cruelles inclinations & beaucoup d'autres telles proprietez de ces fieres & impitoyables beftes, mefme les voix, les bruits, les rugiffemens, les hurlemens & mille autres fons inarticulez & cris effroyables fe trouuent ordinaires & comme couftumiers à ceux dont il a pris poffeffion, ce qui ne donneroit pas peu de foupçon ny de legere conieƈture à la recognoiftre, n'eftoit que nous remarquons beaucoup de femblables effeƈts dans les accez des Maniaques & Fanatiques ; là fans qu'il y ait rien que de naturel par vne bile noire, bruflante & non encor incinerée dont la generation ou pluftoft le tranfport fe fait de bas en haut, & par ie ne fçay quelle tacite & inexplicable qualité autre que le chaud, le froid, le fec & l'humide (qui fe rencontre affez fouuent dans ces humeurs melancoliques & atrabilaires) naiffent de grands & deplorables accidens, inquietudes, trauaux, fureurs, tranfports, cris, hurlemens, fauffes & peruerfes imaginations, ne croyant pas feulement eftre loups pour hurler, mais deuenus chiens pour abbayer & pour mordre.

Qui prendra toutes ces conieƈtures feparément n'y trouuera pas grand fondement de raifon pour tirer vne conclufion neceffaire

qu'vn

Petr. Epi. 1. cap. 5. Chriftus Leo ob fortitudinem diabolus ab ferocitem. D. Augu. ferm. 46. Tigris periit eo quod non haberes prædā De Grego. Moralium 5. ca. 16.

qu'vn homme soit veritablement possedé, mais qui conioinctement les trouuera vnies auec celle que nous allons deduire vne ou plusieurs, il formera son iugement, de sorte qu'on en pourra tirer vne certaine cognoissance, ainsi ce qui tout seul ne seruiroit d'aucune preuue, & partant seroit inutile, par rencontre se trouuera non seulement pressant mais en quelque sorte necessaire.

Les signes Vniuoques & certains d'vne veritable possession.

Il n'y a que deux moyens pour paruenir à cette cognoissance, l'vn de sçauoir ce que fait le diable dans le corps dont il a pris possession, l'autre ce qu'il y souffre, le premier ne consiste qu'aux actions qu'il y exerce dependantes de l'Esprit ou du corps, l'autre ne se peut rapporter qu'au pouuoir & à la vertu des choses saintes.

REVELER LES CHOSES SECRETES
& cachées.

I.

C'Est vn secret de grande merueille & d'importance singuliere en la nature, de sçauoir seul ce qui est incogneu à tous les autres, les yeux du corps sont trop grossiers & trop materiels, ceux de l'esprit (i'entens le discours & la raison) ne sont pas assez clair-voyans pour n'emprunter point d'ailleurs cette cognoissance admirable; toute science comme tout sentiment doit auoir son obiet, & tout obiet sa proportion; l'esprit humain n'atteint point iusques là, luy attribuer cette cognoissance qui est au delà de ce qu'il peut, c'est raisonner plus loin que la raison.

Ce que l'on dit des Chaldeens, des Pythons & autres sortes de Deuins, qui authorisoient leurs mensonges du nom de Science certaine, dont l'antiquité se vantoit d'auoir eu de beaux et d'illustres enseignemens, tout cela s'est en fin trouué menteur, l'imposture en a esté descouuerte, il ne nous en reste plus rien *Cuius antiqua & nostra ætas præclara documenta tulit. Tacit. li. 16. ann.*

Corrumpitur fides artis fallaciis ignara dicentium.
Idem.

tant par la tromperie de l'autheur que par l'ignorance de ceux qui l'exerçoient, & quand cela se pratiqueroit encor on verroit aisément que ce seroit vne reuelation du diable, mais d'vne maniere differente des possedez; car en ceux cy le diable quelquefois dit merueille sans qu'ils sçachent bien souuent ce qu'ils ont dit, & sans en auoir de souuenance: mais les Deuins outre l'intelligence qu'ils ont de leurs reuelations, eux mesmes les proferent apres en auoir consulté le diable.

Annunciate nobis quæ ventura sunt in futurum & sciemus quia dij estis.
Esaiæ 41.

Disons donc auec toute sorte de verité que publier les choses secrettes & parler de ce qui doit arriuer, ne peut appartenir qu'à Dieu seul; par vne cognoissance veritable & certaine, qui de sa part ne change point, & qui tient toutes les differentes parties des temps, comme vn instant present de son eternité: mais qu'ayant creé les Anges bons & mauuais, auec des lumieres & des perfections singulieres, & leur ayant departi vne cognoissance entiere de toute la nature, quoy que puis apres les vns se soient reuoltez, comme il n'a pas aneanti leur estre, aussi ne les a-il pas despoüillez de toutes les prerogatiues de leur nature, & tous les grands & signalez attributs d'intelligence, de science, de volonté leur sont demeurez & demeureront eternellement, pour perpetuer leur regrets & pour iuger eux mesmes auec quelle iustice il les a rendus miserables.

Ainsi Dieu & le diable peuuent cognoistre les choses secrettes & cachées, presentes, passées & à venir, mais par vne maniere bien differente: car Dieu les sçait par vn principe certain de science infinie & immuable comme nous auons dit, l'autre, par vn moyen beaucoup plus imparfait, le present par vne cognoissance intellectuelle, intuitiue ou abstractiue, intuitiue de la chose presente, comme elle est en son entier & actuelle existence sans qu'il soit de besoin qu'il en produise aucune espece, l'obiect present estant assez capable de luy en donner la notion qu'il en peut auoir, abstractiue quand l'obiect n'est pas si present, ou qu'il a quelque chose de commun & de general qui l'oblige d'en faire vne abstraction, pour par cette espece abstractiue & separée le cognoistre sans confusion, & auec toutes ses proprietez: Il sçait aussi toutes les circonstances du passé, non par excellence de memoire comme l'homme, d'autant que c'est vne des facultez de l'ame raisonnable, qui n'est pas ordinaire aux Anges & aux Demons, mais parce que de toutes les choses qui ont esté il en peut rester vne impression, c'est à dire vne espece particuliere dans l'intellect du diable, qui fait, qu'il les considere comme si elles estoient encore presentes & existantes, sans qu'il en oublie les moindres particularitez, & par ainsi il cognoist & se ressouuient, s'il faut ainsi parler, de toutes choses qui se sont iamais faites au monde, non plus qu'il n'ignore pas ce qu'y s'y fait, mesme dans les lieux les plus esloignez.

Pour le futur bien que d'abord il semble qu'il y d'eust auoir plus de difficulté, il faut toutefois aduoüer que quoy qu'il n'y soit pas sçauant en tout, il n'en ignore pas aussi la meilleure partie : car comme ainsi soit qu'il y ait des choses qui doiuent arriuer comme la conionction ou l'opposition de quelque planette, le cours reglé & mesuré des Astres dont l'Estre & l'existance depend d'vne cause entierement necessaire qui agit tousiours esgalement, & qui produit tousiours vn effect semblable, vniforme & certain, personne n'oseroit nier que le diable qui sçait toute l'actiuité de cette cause ne puisse aussi sçauoir tout ce qui doit arriuer de sa production ; d'ailleurs aussi puis qu'on rencontre beaucoup d'autres euenemens qui ne dependent d'aucune deliberation, & dont les causes ne sont non plus necessaires que libres, mais le plus souuent agissantes d'vne telle & semblable sorte, pouuons-nous pas aisément croire que luy qui est sçauant en *toute* sorte d'experience & qui pour cela est appelé *Demon* peut predire ces accidens dés le premier instant qu'il en a cognu la cause, quoy que beaucoup deuant quelle nous soit notoire, ou par soy ou par son effect. *Vt Sanitas ex tali Medicamento.*

Mesme outre cette dependance & comme necessaire suite des causes & des effects, i'oseray bien asseurer qu'il sçait & ne peut ignorer beaucoup de choses futures qui ne se font pas sans nostre volonté & nostre liberté d'agir, & n'y a pas dequoy s'en estonner puis que c'est l'ordinaire & le propre de nostre volonté de suiure les affections du corps si cognoissant comme il fait parfaitement toutes nos inclinations, & de quelle sorte nostre volonté se doit mouuoir deuant son obiect, il peut par l'approchement de l'vn & de l'autre ioindre l'actif & le passif & publier hautement ce qui peut en arriuer.

Mais comme nous auons manifesté les cognoissances du diable, il faut aussi descouurir sa nudité & faire paroistre ses deffauts, & son ignorance. Disons donc qu'il y a en la nature, des choses contingentes & fortuites, produites de caufes libres & non forcées, aufquelles il ne fçauroit rien cognoiftre, car il n'en peut pas fçauoir la caufe, puis qu'eftant libre en fon action, elle eftoit indifferente, non limitée ou determinée à cecy ou à cela, encore beaucoup moins en cognoiftre & predire les effects, puis qu'ils n'eftoient pas encore ny prefens ny exiftans, il ne peut en produire aucune espece intelligible : il faut donc dire qu'il n'y a que l'intellect de Dieu, infiny & Eternel, qui puiffe produire cette notion, tournant comme il luy plaift toutes les chofes, & difpofant felon fon vouloir de toutes les differences du temps.

Ainfi par ces raifons, il eft conftant que le diable n'a pû predire, ny la ceffation des oracles, ny la ruine de leurs temples, & mille autres femblables accidens, mais bien que peu fçauant en ces matieres, il excelle pourtant en beaucoup d'autres & en cognoift affez pour fe faire admirer par beaucoup de predictions qu'il en fait qui bien qu'elles procedent de l'autheur & du pere de menfonge ne laiffent pas pourtant de fe trouuer affez fouuent veritables pour authorifer ce qu'il dit.

Spiritu fancto infpirati loquuti funt fancti homines Dei. Epift. 2. Pet. ca. 1.

Pour conclufion de cét Article, il ne nous refte plus à fçauoir que le moyen de remarquer fi les reuelations que difent les hommes viennent de la part de Dieu ou du diable, ce qui eft non feulement raifonnable : mais abfolument neceffaire de peur de prendre (comme on difoit à Athenes la féue noire pour la blanche,) & pour cela nous affeurons que les reuelations, aduertiffemens fecrets, & myfteres du prefent ou du futur qui font icy manifeftées de la part de Dieu, de fes Anges ou de fes feruiteurs & Prophetes, font toufiours pour le bien des hommes, par eux il les illumine, les enfeigne, les refiouyt ; ils font conformes à fon vouloir, à fon pouuoir, à fon amour, fe font toufiours auec honneur, verité & modeftie, ou au contraire tout ce qui vient de l'autre part eft plein de fourbes, d'iniures, blafphemes, equiuoques, railleries, bouffonneries, impudences, paroles diffoluës & deshonneftes, à la perte & à la ruine de l'homme, & au mefpris de celuy qui l'a creé.

PARLER LES LANGVES

ou selon le Rituel Romain, les entendre.

II.

Ette marque a tousiours esté tenuë certaine & indubitée d'vne vraye possession, tant parmy le vulgaire que parmy les sçauans, d'autant que parler en toute sorte de langage ou en quelqu'vne qu'on ait point apprise, cela ne peut venir d'vne cause naturelle ains d'vne reuelation, inspiration ou enseignement de Dieu, des Anges ou du diable, de Dieu cela est tousiours sans controuerse, des Anges & des Demons cela est aussi tres certain. Car estant comme ils sont vrayes & parfaites intelligences, ils sçauent par nature & par science intuitiue & speculatiue, & en outre par la frequentation & la hantise des hommes qu'ils enuironnent, qu'ils obseruent & ne perdent point de veuë, toutes sortes d'Idiomes & de langages estranges pour esloignez & peu vsitez qu'ils puissent estre parmy nous, il n'en est pas de mesme des hommes qui n'ont pû, ne peuuent & ne pourront iamais s'exprimer que par les termes de la langue qu'ils ont apprise, ce qui se prouue tres aisément. Car comme ainsi soit que le discours ne soit que l'expression de ce que nous auons conceu dans l'intellect parlant en langage que nous n'aurions ny appris ny compris; il s'ensuiuroit que nous serions en possession & en iouyssance d'vn effect auant que sa cause eust eu aucune existence en la nature.

D'ailleurs, puis qu'en la mesme nature, il n'y a rien sans la nature, i'entens sans cause legitime & ordinaire, nous disons & chacun en demeure d'accord que le discours est vne action, que toute action est l'œuure d'vn agent, que tout agent est cause naturelle, bornée & limitée en son pouuoir, & de là concluons qu'il n'y a point d'action dont on ne puisse donner quelque cause, mais

οὐδὲν ἐστὶν ἐν φυσεῖ ἄνευ φύσεως

quelle caufe pourroit-on affigner d'vn langage incogneu & inufité en la bouche de ceux qui le parlent finon ce que l'entendement en a conceu, & dont la parole eft la feule fignification, & fi l'entendement humain n'eft pas capable de cette cognoiffance pour ne pouuoir auoir aucune notion d'vne chofe qui luy eft incogneuë, pouuons-nous pas donc en tirer vne conclufion neceffaire & veritable, que cela fe fait par vn agent externe qui n'eft pas de luy, mais qui agit en luy comme l'autheur de cette cognoiffance ? Car autrement il faudroit aduoüer que noftre efprit pourroit auoir en vn mefme inftant ce qu'il n'a pas & fçauoir ce qu'il ne fçait pas, ce qui repugne.

Leuinus Lemnius, lib. 2. de occultis nat. mirac. Et ne font en aucune forte receuables les exemples que quelques vns rapportent de certains frenetiques qui par l'ebulition du fang & de la bile efleuée iufques au cerueau, par l'agitation des efprits & autre ie ne fçay quel meflange ou confufion d'humeurs & de qualitez ont autresfois parlé certain langage pendant la violence de leurs accez, dont iamais ils n'auoient eu aucune cognoiffance, & mefme depuis aucune memoire; car comme on ne trouue aucun fondement de raifon pour deuëment authorifer ces Hiftoires, on peut auffi de mefme en reuoquer la verité en doute, où fi elle eftoit tellement auerée, on pourroit dire que comme le diable fe mefle bien fouuent dans le Foudre & dans le Tonnerre pour s'en ioüer & luy faire faire mille vireuoltes & mille tours en l'air, que par mefme raifon il peut fe mefler parmy nos refueries pour donner fuiect d'admiration aux vns, de frayeur, & d'eftonnement aux autres.

Partant ne laiffons pas de conclurre auec toute certitude, que cette cognoiffance des Idiomes invfitez foit pour parler, foit pour l'entendre, eft toufiours vn effect ou de Dieu, ou du diable, qui ne peut eftre diftingué que par foy-mefme, c'eft à dire par les circonftances alleguées au precedent article.

DIRE DES CHOSES EN QVELQVE
Langue que ce soit au delà de la suffisance de celuy qui parle.

III.

CE signe est remarqué par Abulensis que nous distinguons bien peu du precedent, aussi est-il obmis dās le Rituel Romain, & n'y faut pas chercher d'autres raisons que celles que nous auons dites cy deuant, ces deux actions *parler en langage incogneu & non appris, & dire des choses hautes & releuées en nostre langue*, estant comme semblables ou du moins bien peu differentes, & dont on peut hardiment tirer vne semblable consequence, & ce que nous disons de cecy nous l'asseurons aussi des autres sciences, l'Escriture, la Musique, la Philosophie, la Theologie, qui sans l'assistance de Dieu ou du diable ne se peuuent apprendre que par preceptes & par habitudes, si bien que quand elles se rencontrent d'autre sorte en quelqu'vn on n'en peut pas tirer vne simple conjecture, mais vne preuue certaine du pouuoir de l'vn ou de l'autre.

In octauū c. Matth. quæst. 14.

Des signes dependans des actions du corps.

On ne peut pas reduire à certain nombre determiné toutes les actions du corps, dont la deprauation nous peut seruir de preuue, d'autant qu'il n'y en a pas vne qui ne puisse souffrir quelque violence, hors & au delà de l'ordinaire des accidens humains; & partant la demande de plusieurs me semble ridicule & peu iudicieuse touchant les filles de Louuiers : Sçauoir si elles se tiennent esleuées en l'air, sans estre portées d'aucun corps solide, ou si elles volent comme des oyseaux, & de pareille agilité, comme s'il n'y auoit aucune preuue de possession sans cette marque, (que ie n'ay iamais leuë dans aucun autheur, & qu'on ne remarquera pas dans tous les poffedez que Iefus Chrift a deliurez :) ou fi le diable eftoit obligé de fuiure nos inclinations, de fatisfaire tout le monde, de contenter l'impertinente curiofité de toute forte d'efprits, par autant de differentes merueilles, comme il s'y rencontre d'extrauagances.

Le Rituel Romain ne faict que d'vne forte de ces actions, mais les autres autheurs & l'experience nous en font bien remarquer d'auantage. Et combien que chaque action porte auec foy fon tefmoignage, nous ne laifferons pas pourtant d'en tirer ce raifonnement & cette confequence generale; Que tout agent naturel eft tellement borné & limité en fon action, que mal aifément il la peut outrepaffer, fon actiuité ne pouuant produire aucun effet au delà de fon pouuoir, où il n'y a plus de caufe. Or le corps humain eftant de ce nombre des agents naturels, quelque force que puiffent auoir fes facultez, quelque temperature ou bonne conftitution qu'ayent fes organes & fes parties, il ne peut produire que des effects ou des actions ordinaires, quelquefois, auec la difference du plus ou du moins. Mais lors que cette difference n'eft pas raifonnable, & quelle furpaffe le cours, la regle, & l'ordre de la nature, ne pouuons nous pas inferer auec raifon qu'il faut qu'il y ait quelque force maieure, & quelque agent particulier dont le pouuoir & l'actiuité foit proportionné à fes grands & extraordinaires effects ? Ainfi nous concluons que neceffairement dans ces occurrences il y a quelque chofe de Dieu ou du diable, comme aux chofes qui fuiuent :

AVOIR DE LA FORCE AV
delà de la force humaine.

I.

LA force dont nous entendons parler, n'eft pas cette qualité de l'ame qui dans la neceffité des grands perils & des autres occurences, rend les hommes Magnanimes genereux, & comme

comme on appelle gens de cœur; celle-cy est vne puissance ou vertu de l'homme qui consiste à se tenir ferme, mouuoir, trainer, porter: Ie sçay que beaucoup se sont trouuez puissans & renommez en cela; l'histoire de Samson, de Milon le Crotoniate, de Marsitas, de Maxime l'Empereur & quelques autres, en est assez familiere & comme en eux on a esprouué de grandes forces, on y a veu aussi beaucoup de naturel. Comme ceux qui de tout temps cōme par degrez les auoient acquises, & partant on n'en peut pas tirer consequence ny conclusion telle que raisonnablement on pourroit prendre de quelqu'vn qui facilement briseroit des chaines de fer, romproit des portes, en arracheroit les gonds, abattroit des murailles & porteroit de trop lourds fardeaux. Car faisant comparaison de ce qu'ils font auec l'impuissance qu'ils auoient deuant, & qu'ils auront apres de le faire, on peut iuger certainement que ce pouuoir d'agir de telle sorte ne vient point d'eux, mais de l'aide & du secours d'autruy. Ainsi souuent par cette seule marque, beaucoup de Saincts ont descouuert l'assistance du diable. *Gregor. Turon. in vita S. Nicetij. Bar. ann. 530.*

Vne agilité trop grande, vne pesanteur semblable.

II.

C'Est vn axiome de Philosophie de pouuoir parler par mesme raison, & de tirer vne mesme consequence des choses contraires, l'agilité du corps & la paresse de le mouuoir sont entierement opposez, il faut donc les traicter ensemble, & pouuons dire que quand nous voyons des agilitez, des transports de lieu en autre, se leuer en l'air, friser vne muraille, aller de branche en branche d'vn arbre, passer par le destroit d'vne fenestre sans sauter cōme par esleuation simple, ne se lasser point de courir & faire autres choses semblables, comme au contraire quand on remarque vne paresse insigne, vne stupeur vniuerselle, vne priuation de tous les sens comme celle du diable, de S. Marc & de S. Luc qui estoit sourd, aueugle & muet, vne pesanteur inouye, tout cela, di-ie, apparoissant & qui que ce soit ne pouuant y remarquer aucune cause naturelle des vns ou des autres de tels accidens ou de leur vicissitude on en peut tirer vne resolution certaine de veritable possession. *ἀεὶ τὰ ἐσχατα ἐν τῷ αὐτῷ δεκτικῷ φαίνεται γινόμενα. καὶ τοῦ αὐτοῦ ὄντα. Arist. lib. de somn. c. 1.*

Vide exempla apud Thyreum cap 26. part. 2.

D

Des mouuemens extraordinaires.

III.

La posture des possedez dans la violence de leurs agitations n'est pas tousiours bien naturelle : car comme le diable quand il est en vn corps s'en rend le Maistre, & pour y faire tout ce qui luy plaist, ne prend ordre ny regle d'aucun autre que de luy, & mesme il y renuerse toute l'œconomie ordinaire pour y mettre la confusion, il est aisé de se persuader que les actiõs qui s'ensuiuent sont differentes bien souuent des vrayes & naturelles, comme faites par vn agent puissant qui les accommode à sa guise. Or il semble que comme la ligne droicte est la regle de soy & de l'oblique, que pour bien cognoistre les mouuemens qui ne sont point naturels, il faut auoir vne science certaine de ceux qui se font selon la nature, & d'autant que toute chose homonime ou douteuse doit estre distinguée premier qu'approfondie il sera bon de dire que par les mouuemens que nous appellons naturels nous n'entendons pas parler de ceux qui se rencontrent en vne bonne & parfaite santé par le commandement de la volonté, par la force de la faculté, l'actiuité des esprits et l'obeyssance du muscle, & qui se font par quatre moyens ordinaires, la contraction, la dilatation, la transposition ou la tension : Car de ceux là nous ne pouuons pas tirer ny preuue ny coniecture qui serue à nostre recherche, mais nous parlons de ces mouuemens que les Medecins, mesme par diuerses considerations disent estre contre nature (comme causez par l'intemperature des humeurs, le vice des parties ou quelque mauuaise qualité,) & quand nous les appellons icy naturels c'est par ce qu'ils se font par vn moyen de corruption ou d'intemperature sans voye extraordinaire & comme par comparaison de ceux qui se font par vn moyen surnaturel & par la puissance du diable.

Gal. 1. de motu musc. cap. 8.

Or comme nous ne trouuons que quatre sortes de ces mouuemens depràuez ou tous ceux qui se font au corps humain se peuuent & se doiuent rapporter qui sont la conuulsion, la palpitation, la concussion, & le tremblement, & que la cognoissance en appartient seulement aux Medecins, il est entierement necessaire qu'ils soient appellez pour voir les agitations & les differentes postures de ceux qu'on pretend estre possedez & pour sçauoir si en quelque façon on les doit referer aux effects de quelqu'vne de ces maladies, ou autrement y remarquer & assigner quelque notable difference, & si elle se trouue telle qu'on n'en puisse accuser aucune cause legitime, la consequence est euidente qu'on peut la rapporter à quelque chose de surnaturel & auec les distinctions que nous en auons données à Dieu ou au diable.

Des signes pris des choses Sainctes.

Outre l'enuie & l'inimitié naturelle que le diable à iurée à l'homme la cognoissance qu'il a de son pouuoir & de la foiblesse de son ennemy est cause de le mespriser & de luy faire mille insolences; iusques icy nous n'auons veu que de cette sorte d'actions par lesquelles il agit ainsi puissamment, mais insolemment & sur l'esprit & sur le corps dont on peut tirer coiecture ou preuue de sa presence. Mais il se trouue outre cela d'autres choses par lesquelles il est obligé de recognoistre comme esclaue qu'il a vn Maistre comme criminel qu'il a vn Iuge: & quoy que son dessein soit tousiours de cacher son vsurpation, & que cela luy soit assez facile, son essence estant spirituelle & sa residence inuisible, il est toutefois contraint d'obeyr, de ceder à la force, & par vne honteuse fuite se retirant, se manifester & se donner à cognoistre par la repugnance qu'il a aux choses qui le contrarient, & qu'il a en horreur, qui le font gemir, crier, hurler; grincer les dents, enrager, blasphemer & faire toute sorte d'actions de desespoir & tesmoignages de souffrance : Partant comme sans aucun droict quand à son regard & par entreprise, il nous a saisis & tourmentez il est de mesme par souuerain pouuoir, & semblable iustice obligé le plus souuent de quitter prise, & de nous laisser en patience. Et est à noter que la vertu & la puissance de choses saintes & sacrées est de telle energie par leur presence, par la prononciation, l'inuocation & l'applicatiō qui en est faite sur les possedez ou plustost sur les Demons qu'il n'y a pas auiourd'huy de plus certain moyen pour les gesner, ny de plus certaine preuue pour les cognoistre, & pour les conuaincre; voicy en quoy elles consistent & quelles elles sont.

La presence reelle & actuelle du corps de Iesus Christ au S. Sacrement de l'Autel.

L'inuocation du S. Nom de Dieu, le Pere, le Fils & le S. Esprit.

La prononciation du nom de Iesus auquel toute creature est obligée d'obeyr.

Lire quelque texte des Euangiles & particulierement le premier chapitre de S. Iean, seiziéme de S. Marc, le dix & l'onziéme de S. Luc, par cette lecture plusieurs possedez ont esté deliurez.

Faire des prieres à la Vierge pour implorer son assistance.

Faire commemoration de quelque grand Sainct & luy addresser des Prieres.

Prononcer hautement & distinctement les paroles par lesquelles Iesus Christ a donné pouuoir à ses Disciples de commander aux diables.

Appliquer les Reliques des Saincts sur la teste, sur le cœur ou autres parties du possedé.

Ietter de l'Eau ou de l'huile beniste sur le malade ou luy faire prendre du Sel benit.

Luy faire porter de la Cire beniste, que vulgairement on appelle des Agnus.

Auoir en main le Crucifix ou faire le signe de la Croix & dire ce que l'Ange dit au grand Constantin *in hoc signo vinces*.

De abditis rerū causis cap. 16. Porter des Images ou pourtraicts de Dieu, de la Vierge, de S. Michel & d'autres saincts selon le rapport mesme de Fernel.

Prononcer souuent certains versets pris du Vieil ou du Nouueau Testament comme ceux qui suiuent :

Ex cant. Moysis. *Deum qui te genuit dereliquisti & oblitus es Domini Creatoris tui.*

Psal. 67. *Exurgat Deus & dissipentur inimici eius.*

Cant. B.V. *Dispersit superbos mente cordis sui, deposuit potentes de sede.*

Psal. 67. *Dissipa gentes quæ bella volunt.*

Ibidem. *Fiat via illorum tenebræ & lubricum, & Angelus Domini persequens eos.*

Psal 30. *Erubescant impÿ & deducantur in infernum, muta fiant labia dolosa.*

Psal. 21. *Salua me Domine ex ore Leonis.*

Psal. 10. *Pluet super peccatores laqueos, ignis Sulfur & Spiritus procellarum pars Calicis eorum.*

L'experience fait voir par toutes ces choses & mille autres le pouuoir de Dieu, de l'Eglife & de fes feruiteurs, & que le diable quoy que mefchant, cauteleux & puiffant, n'eft deuant luy qu'vne bien chetiue & malheureufe creature.

CE QVE LES MEDECINS DE ROVEN, ont recogneu & veu aux Religieufes de Louuiers.

Pres auoir traicté cy deuant en general qu'il y a des diables qui poffedent les corps des hommes & donné les moyens pour recognoiftre cette poffeffion par toutes les marques qu'on en peut auoir il eft temps de particularifer ce que nous fçauons de celle des filles Religieufes de Louuiers, & de môftrer auec quelle raifon ou pluftoft quelle verité chacun a efté obligé de la croire certaine, & d'autant que la premiere partie de cette cognoiffance appartient à la Medecine pour affigner vne notable difference des mouuemens, des violences & autres actions, comme accidens du corps humain qui bien fouuent au dire de Fernel fe rencontrent prefque femblables dans les maladies naturelles comme en celles qui viennent d'ailleurs, nous auons refolu d'efcrire ce que les Medecins de Roüen en ont remarqué en la vifite qu'ils y ont faite à la priere de Meffieurs les Commiffaires Deputez par le Roy fur ce fuiect. *Qui diuinitus morbi delabuntur naturalibus quodammodo fimiles apparêt Fern. lib. 2. de abditis.*

Ils arriuerent à Louuiers le premier iour de Septembre à trois heures apres midy, & entrerent auffi toft dans le Monaftere de S. Louys ou les attendoient Meffieurs les Illuftriffimes Archeuefque de Thouloufe & l'Euefque d'Eureux, les fieurs de Morangis & de Montchal Confeillers d'Eftat, & Maiftres des Requeftes, Meffieurs Charton Docteur de Sorbonne & Penitencier de Noftre Dame de Paris, Martineau Chanoine de ladite Eglife & Docteur en la mefme Faculté, de l'Angle Penitencier d'Eureux & Docteur en Theologie, Billard Curé de Vernon, deux Peres Iefuites le Reuerend Pere Ragon Recteur de Roüen & le Pere Sigueran, deux Capucins, le Reuerend Pere Efprit du Bofcroger Gardien du Conuent de

Roüen, & le Pere Ignace & beaucoup d'autres Ecclefiaftiques & Seculiers tous gens d'honneur, de probité & de fuffifance.

On leur fift voir cinq Religieufes l'vne apres l'autre & à loifir, trois defquelles fembloient eftre hors de leurs accez & de toute forte d'agitation, & les autres non entierement libres & maiftreffes de foy, ils confidererent ces trois premieres feparément pour prendre vne plus exacte cognoiffance de leur conftitution & de l'eftat prefent de leur fanté & trouuerent à toutes la façon & le gefte modefte, l'efprit tranquille, le difcours bon & raifonnable, & apres auoir veu leur vifage, les yeux, la langue, l'habitude, touché le poulx & pris garde foigneufement à tous les fignes qui feruent à recognoiftre la fanté & les maladies, & y mettre les differences neceffaires firent dés lors vn iugement certain qu'ils ne recognoiffoient en aucunes d'elles aucun figne d'indifpofition naturelle pour legere ou peu confiderable quelle peuft eftre : Mais cette bonace ne dura pas long temps car bien toft apres deux d'entr'elles commencerent à changer de vifage tourner les yeux, foupirer, faire des grimaces, en fuite dire des iniures, des faletez, des blafphemes, puis des airs & des chanfons, fe ietter par terre, fe battre la tefte auec telle violence qu'elle euft efté capable de faire fente & contrefente, tomber en conuulfion & y faire des mouuemens, les vns d'vne forte, les autres d'vne autre, & tous eftranges & peu ordinaires elles furent chacune d'elles vn grand quart d'heure en toutes ces agitations, ou les vnes fembloient affez efmeuës en l'attouchement de leur poulx les autres peu, & toutes moins quelles ne deuoient eftre raifonnablement apres de fi grands efforts, & fi toft que par la force des exorcifmes, des Prieres des Reliques des Saincts & des autres remedes fpirituels (dont ces Meffieurs fe feruirent en cette occurrence) elles furent deliurées de cette vexation, elles parurent gayes, faines, vigoureufes fans reffentiment de laffitude, fans perte d'appetit, fans faire paroiftre aucune marque de foibleffe ou d'alteration, ce que les medecins obferuerent auec admiration.

Pendant le temps comme la troifiéme qui eftoit fœur Louyfe de Pinteruille poffedée par Arphaxat, parloit encor raifonnablement & auec toute modeftie aux Medecins prefence de Monfieur d'Eureux, ledit fieur Euefque luy ayant fait le figne de la Croix en derriere, fur l'efpaule droite fans quelle peuft ny le voir ny s'en apperceuoir, elle commença à roüiller les yeux deuenir furieufe dire quantité d'execrations & faire les mefmes ou peu diffemblables actions qu'auoient fait les autres, ce qui fut foigneufement remarqué.

Pour les deux autres qui eftoient prefque toufiours trauaillez du mauuais efprit quoy qu'inegalement & par viciffitudes differentes, & qui pour lors eftoient encore en quelque forte agitées parlans fans ceffe, & par extrauagance, d'abord qu'elles entrerent dans le reffectoire ou eftoient les Medecins quelles n'auoient iamais veus ny cognus, l'vne d'elles commença à leur dire, te voila l'Emperiere & toy Maignart, vous eftes d'habiles gens ma foy de venir pour guarir les diables, vous y gagnerez beaucoup, vous n'eftes pas affez fçauans pour cela, nargue pour vous & pour voftre medecine. Eux fans s'eftonner de cette boutade l'enuifagerent tres foigneufement (c'eftoit fœur Barbe de S. Michel poffedée par Anfitif, fille puiffante ramaffée bien colorée de bonne habitude, groffe & graffe) & recognurent par tous les fignes qu'il y peurent remarquer, qu'il n'y auoit en elle aucune apparence de maladie ordinaire, confideré mefme qu'eftant trauaillée depuis vn long temps & prefque fans interualle, il ne feroit pas poffible qu'on ne luy veift quelque accident de iauniffe de pafleur d'extenuation de foibleffe & d'autres femblables effects d'vn mal violent comme le fien, car au mefme inftant ou peu apres elle tomba dans des conuulfions violentes, & peu communes, portant tout le corps efleué en voûte & en arcade fur le derriere de la tefte, & fur l'extremité des talons, les bras tendus en l'air & les extrémitez des doigts, des mains & des pieds recourbées les vnes en dedans comme vn crampon, & les autres en derriere contre la nature de cette articulation. Et ce qui fembla de plus admirable, ce fut qu'en cette pofture elle ne laiffa pas de fe rouller fur le plancher, parler, crier, iettant en outre par les parties inferieures toute forte d'excremens tant inutils que neceffaires, & quelque temps apres comme ces efforts furent moderez & relachez, elle fe releua en vn moment, & parut comme deuant faine & gaillarde, mais pourtant toufiours, l'efprit vn peu en efcharpe.

La derniere qui eftoit fœur Marie du S. Efprit pretenduë poffedée par Dagon, grāde fille & de belle taille vn peu plus maigre, mais fans mauuais teint ny aucune forte de maladie entra dans le mefme reffectoire deuant ces Meffieurs le vifage droict fans arrefter fes yeux, & les tournans d'vn cofté & d'autre, chantant, fautant, dançant & frappant doucement, qui l'vn qui l'autre, & en fuite en fe pourmenant toufiours, parla en termes tres-elegants & fignificatifs du contentement qu'il auoit (parlant en la perfonne du diable) de fa condition & de l'excellence de fa nature qu'il eftoit Ange d'vne Hierarchie tres efleuée, qu'il eftoit Prince, qu'il commandoit & difpofoit de la plus grande partie du monde, que fes cognoiffances eftoient grandes, fublimes & profondes, & fur tout qu'il auoit l'honneur & la gloire de faire la guerre à Dieu & qu'il la luy feroit iufques à l'eternité, & difoit tout cela en marchant auec vne contenance arrogante, & le gefte femblable, en fuite il commença à entrer en furie & proferer quantité de blafphemes, puis fe prit à parler de fa petite Magdelaine, fa bonne amie, fa mignonne, & fa premiere Maiftreffe, & de là fe lança dans vn panneau de vitre la tefte la premiere fans fauter & faire aucun effort, & y paffa tout le corps fe tenant à vne barre de fer qui faifoit le milieu, & comme elle voulut repaffer de l'autre cofté de la vitre on luy fift commandement en langage Latin, *vt in nomine Iefu rediret non per aliā fed per eamdem viam*, ce qu'apres auoir longuement contefté & dit qu'elle n'y rentreroit pas, elle le fift pourtant & rentra par le mefme paffage, & auffi toft quelle fut reuenuë les Medecins l'ayant confiderée, touché le poulx & fait tirer la langue, ce quelle permit en raillant, & parlant d'autre chofe, ils ne luy trouuerent ny efmotion telle qu'ils auoient creu deuoir eftre, ny autre difpofition conforme à la violence de tout ce qu'elle auoit fait & dit ; & fortit de cette forte contant toufiours quelque bagatelle & la compagnie fe fepara.

 Le lendemain fix heures de matin chacun fe raffembla pour faire confeffer & Communier non feulement les cinq filles dont il a efté parlé, mais douze ou traize autres pretenduës obfedées ou poffedées du mauuais efprit ; là il eft certain que dans la Chapelle on veit d'eftranges chofes, car ce ne furent qu'horribles & execrables blafphemes contre Dieu, & contre la Vierge, & particulierement contre le S. Sacrement; que chanfons lafciues, mouuemens eftranges de toute forte de nature, conuulfions, concuffions, battemens des pieds & des mains, cris, hurlemens, exclamations, ris demefurez : Bref, vn tintamarre & vne telle confufion qu'on ne peut pas s'en imaginer de plus grande, chacune d'elles ioüant fon
perfonnage

des Possedez.

personnage & vn roolle particulier sans cognoissance & sans respect dans ce sainct lieu ou parmy tout & tel desordre, on ne laissa pas de dire la Messe continuellement iusques à midy.

Ce qui se passa de plus remarquable & qui fut obserué par les Medecins, fut que ladite sœur Barbe de S. Michel dont nous auons desia parlé, se battit la teste l'espace d'vn quart d'heure entre deux chaires du chœur auec telle force & telle violence que probablement on eust creu qu'elle l'eust eu toute cassée, mais il se trouua puis apres qu'elle ne s'estoit fait aucun mal.

Sœur Marie du S. Esprit fist aussi quantité de choses extrauagantes pour esuiter la Confession, & de la mesme sorte qu'elle auoit fait au reffectoire le iour precedent, elle prit sans s'efforcer ny sauter comme d'elle mesme, & par vne agilité extréme, la barre de fer de la vitre du chœur, esleuée de quatre pieds au moins au dessus d'elle, & passa dans le Iardin par le panneau de ladite vitre, puis s'y relança deux ou trois fois, & rentra en fin par la porte de la Chapelle. Toutes les deux eurent de grandes repugnances, & ce ne fut pas sans contrainte qu'elles furent obligées à se confesser, & d'auantage à Communier allans & venans sans arrest & crachans au nez du Prestre, disans en outre mille blasphemes, imprecations, iniures, faisans la mine, & se voulans à tout moment ietter sur la saincte Hostie.

Et ce que nous disons de ces deux cy nous le pouuons attester semblable & veritable de toutes les autres qui firent des peines extrémes à tous les Prestres, pour receuoir l'vn & l'autre de ces Sacremens, toute l'assistance ne remarquant en elles aucunes differences, que du plus ou du moins en toutes ces deprauations & actions desreglées.

Mais cecy donna beaucoup d'estonnement aux Medecins, que lors qu'on leur donne la saincte Communion, & que par le Commandement de Dieu fait par la bouche du Prestre, apres mille refus & mille grimaces, elles sont forcées de receuoir la saincte Hostie, elles tirent la langue hors de la bouche de trois ou quatre doigts, la tiennent sur l'extremité d'icelle, la ballotent haut & bas iusques au nez & au menton, l'espace bien souuent d'vne demie heure ou plus, sans qu'elle s'humecte ou s'altere en aucune façon, & en cette posture la langue ainsi tirée, parlent distinctement, resistent aux Commandemens qui leur sont faits de la prendre &

E

en fuite, crient, hurlent, fe renuerfent par terre, les pieds & les mains en l'air, mouuans le refte du corps, fe roullans, fe debattans, tant quelle foit rentrée & entierement confommée, en cela fe manifefte l'horreur qu'ont les diables de la prefence reelle de Dieu en ce tres fainct & Augufte Sacrement.

Comme on acheuoit de Communier ces filles, vne chofe arriua bien digne d'eftre remarquée entre les diables qui poffedent deux de ces Religieufes, Anfitif & Putifar, Monfieur d'Eureux en langage Latin & non vulgaire, fit Commandement au nom de Dieu & pour fa gloire à Putifar de paffer auec Anfitif, comme il auoit fait vne autrefois, & faire voir les mefmes accidens qui s'y eftoient rencontrez (c'eftoit afin comme ie croy que les Medecins peuffent donner iugement de cette tranfmigration) lors Putifar fe mit en pofture de morgue & d'arrogance, & dit hautement on me commande Anfitif de t'aller voir mais ie n'en feray rien, viens chez moy fi tu veux, ie te logeray bien car i'en ay le moyen : Comme elle parloit de cette forte, le diable la quitte, paffe dans le corps de l'autre, & auffi toft quelle en fut deliurée, on la veit à genoux les mains iointes, l'efprit tranquille & raifonnable qui prioit Dieu, & luy rendoit graces de fa deliurance auec cette refolution, que fa volonté fuft faite en elle, comme en toute autre chofe, & comme vn des Medecins luy euft demandé fi elle auoit quelque fouuenance de ce quelle auoit fait ou dit, elle luy repartit que non, ou de fi peu de chofe que cela n'eftoit pas confiderable.

Cependant celle qui auoit deux diables en fon corps tomba toute roide fur le plancher, les bras & les pieds eftendus, les extremitez des vns & des autres retirez, rentrez & recourbez en dedans, fans cognoiffance & fans fentiment, le poulx fort & puiffant, la face colorée, les yeux fermez, & les Medecins difoient que c'eftoit vne efgale conuulfion & diftention de toutes les parties du corps, qu'ils appelloient *tetanus* ou toutes les fibres des mufcles & leurs *apaneuurofes* ou infections de nerfs font également retirées & tenduës & partant immobiles : Mais outre cela on y remarquoit vne telle pefanteur que deux hommes à chacun pied & à chacun bras ne les purent iamais leuer de terre plus haut que l'efpeffeur d'vne fueille de papier, & le Sieur de Mombas grand Maiftre des Eaux & Forets de France homme fort, autant qu'aucun autre, ne peut iamais de toute fa force, luy leuer la tefte en quelque forte que ce fuſt, quoy qu'aidé en cette action, par vn des Medecins aſſiſtans.

Comme elle euſt eſté en cet eſtat, vn grand quart d'heure, & qu'on euſt fait commandement au diable de ſortir, qui ne s'en haſtoit pas beaucoup, on apporta le S. Sacrement enfermé dans vne boëte d'argent, qu'on poſa deſſus ſa poictrine, en vertu duquel le commandement ayant eſté reiteré, celle qui eſtoit ainſi giſante, immobile & peſante, & l'autre qui prioit Dieu auec affection humilité & grand zele, toutes deux enſemble, & en meſme temps ſe roullerent deux ou trois fois d'vne viteſſe, qui ne ſe peut conceuoir, & comme vn eſclair hurlans & crians eſpouuentablement, ſe releuerent & dirent à Monſieur d'Eureux mille iniures, & pas moins aux autres Preſtres, & entr'autres menaces que fit Putifar il proteſta que ſi iamais on luy faiſoit vn ſemblable commandement, & qu'il fuſt contrainct d'y obeyr il le feroit, mais qu'il enuoyeroit d'où il ſeroit party vne legion entiere de diables.

Cét accident fut ſuiuy d'vn autre qui fut encor bien memorable, le R. P. Ragon fiſt commandement à vne de ces filles en langage Grec d'aller querir & luy mettre en ſa main vne fueille de vigne, d'abord elle luy parla auec aſſez de raiſon, & ſans aucune apparence d'agitation ou d'alteration d'eſprit mais de bon ſens, quelle n'entendoit point ſon Grec, qu'elle eſtoit vne pauure fille ignorante & qui ne ſçauoit rien du tout, que s'il luy plaiſoit demander quelque choſe, que ce fuſt en langage quelle peuſt entendre & quelle luy ſatisfairoit ſi cela eſtoit en ſon pouuoir ; comme nonobſtant ſa reſponce, il euſt reiteré le meſme commandement, & que par exorciſmes, & en vertu du pouuoir de l'Egliſe, on la preſſaſt d'en faire le contenu, lors elle entre en rage & en furie, & ſe battit la teſte, & toutes les extrémitez auec grand effort & grand bruict, frappant des pieds & des mains contre le plancher auec toute ſorte de poſtures & teſmoignages d'vne grande confuſion interieure, & d'vne puiſſance motrice extrémement valide & agiſſante, puis dans le premier interualle quelle eut comme on recommença à luy dire quelle euſt à faire ce qu'on luy auoit dit, ou bien declarer ce que c'eſtoit, elle changea de diſcours, & commença à parler en la perſonne du diable : Tu eus hier le pouuoir de me faire faire ce que tu voulus auec ton Grec, mais auiourd'huy ie t'aſſeure qu'il n'en ſera pas de meſme, & quoy que tu faſſes ie n'en feray rien & i'en ſerois puny, tu me demandes cela pour ſçauoir ſi ie ſuis vn diable, & tu ne vois pas que i'en ay donné mille autres preuues, & que ie n'ay pas deſſein d'en donner plus auant, deſirant auec raiſon qu'on en ait encore quelque doute, car ſi cette chienne de fille que ie veille & que ie tourmente il y a ſi long temps & ſur laquelle ie n'ay pû encore rien gagner, eſtoit aſſeurée que ie fuſſe vn diable ie n'aurois qu'à ployer bagage, pour l'horreur & la crainte qu'elle en auroit, & ne pourrois iamais y eſperer aucune choſe, mais tant quelle en ſera incertaine, ie ne perdray ny le courage, ny l'eſperance que i'ay quelle ſera en fin ce que ie ſouhaitteray d'elle : Mais pour te monſtrer que tu es ignorant & que ie ſuis auſſi fin que toy, ie te dis qu'il m'eſt auſſi facile de faire ce que tu me commandes, que de te dire ce que c'eſt, n'y ayant rien en cela que i'aye à contrecœur, & qui me faſſe peine, & ſi ie t'auois dit ce que c'eſt, tu ſerois auſſi ſatisfait comme ſi ie l'auois fait, & tu pourrois tirer de l'vn comme de l'autre vne eſgale preuue & vne ſemblable cognoiſſance de ce que ie ſuis, ainſi ie ſerois bien eſloigné de ce que ie pretens, & tu aurois entierement l'effect & la fin de ta curioſité & de ta recherche ; partant ne l'eſpere pas. On fut contrainct de la quitter ſans autre ſatisfaction, car il eſtoit plus de midy, & comme la compagnie ſe ſepara, elle cria tout hautement, & dit à ceux qui ſortoient les derniers : Dites à ce bon pere que premier qu'il ſoit trois ſemaines nous mangerons du fruict de cette fueille.

Auant que finir cette hiſtoire, ie n'obmettray pas, que pendant que cette fille eſtoit le plus agitée, & quelle ſe tourmentoit auec excez, vn des Medecins luy dit à la trauerſe *Quieſcat Spiritus nec ita commoueatur ne inferat damnum ancillæ Dei*, lors en ſe retournant vers luy, & le regardant de trauers elle dit : Tu as bien du ſoucy, ſi ie luy fais mal, quelle s'en pleigne, ſi elle meurt on l'enterrera, en tout cas ce ne ſera pas grande perte, ny dequoy ſe mettre tant en peine.

Apres midy les Medecins furent à la Conciergerie faire la viſite de Magdelaine pretenduë ſorciere ou Magicienne, preſence de Meſſieurs les Maiſtres des Requeſtes & luy trouuerent quatre cicatrices d'autant de coups de couſteau quelle leur dit auoir receus du diable dans la priſon d'Eureux, trois deſquelles ſçauoir vne à la gorge & deux au bras droit n'eſtoient pas plus conſiderables que l'ouuerture d'vne ſaignée faite auec grande leuée. Mais la quatriéme qui eſtoit au bas ventre excedoit la moitié de la longueur d'un grand doigt, toute rouge encore & nouuellement refermée, le diable à ce quelle diſoit ayant laiſſé le couſteau quatre heures dedans, ſans luy permettre de l'oſter. Ils viſiterent pareillement ſon ſein, ou elle auoit porté l'eſpace de quinze à ſaize ans vn vlcere chancreux, calleux, profond, ſordide & puant, qui auoit eſté veu & traicté de pluſieurs Medecins & Chirurgiens de diuers lieux ſans gueriſon, & qui auoit eſté entierement & parfaitement guery & refermé en vne nuict par la ſeule application d'vne emplaſtre de Diapalma que luy auroit donné la Geolliere d'Eureux, ſi toſt quelle fut arriuée en la priſon, partant ils n'y trouuerent qu'vn petit trou, tel que ſi on auoit enfoncé la teſte d'vne groſſe eſpingle dans vne chair molle & naturelle, au reſte ſans playe, ſans cicatrice & ſans aucune dureté, ny dedans ny dehors ayant tout le ſein, entier, blanc, ferme & poly, & la papille petite ronde & vermeille, comme d'vne fille de quinze ans ſans apparence quelle y ait iamais eu mal, dont ils donnerent leur rapport.

En ſuite de cette action ils retournerent au Monaſtere auec toute la compagnie, ou Monſieur d'Eureux commença l'exorciſme ſur ſœur Marie, du S. Sacrement poſſedée par Putifar, qui ne s'en eſmeut pas beaucoup du commencement, mais comme peu apres on luy euſt fait commandement en termes Latins, de dire *adoro te ſancta Virgo Maria,* auec ces cõditions *genibus flexis, manibus iunctis, vultu verſus ſolum demiſſo, & lambens humum,* & que pour ce ſubiet on fit de continuelles prieres, comme on fut au verſet du Cantique de la Vierge, *Diſperſit ſuperbos mente cordis ſui, depoſuit potentes de ſede,* elle commença à roüiller les yeux, changer de viſage, faire la mine, tirer la langue, puis tout à coup tomber à terre auec des contorſions & des conuulſions, telles & plus grandes que celles dont nous auons parlé, puis apres elle fiſt toutes ſortes de grimaces & de poſtures differentes, ſans retenuë, & ſans reſpect, raillant quelque fois entre temps : Mais le plus ſouuent parlant en colere & entre les dents, puis tout à coup le diable ſe miſt ſur le ſerieux, & parla en bons termes, du peu de comparaiſon qu'il y auoit entre luy & Mariette, qu'il eſtoit Ange, qu'il eſtoit Grand, de plus Noble, & de plus excellente condition que tous les hommes, à meilleure raifon qu'vne fimple famelette, que n'ayant peu s'humilier deuant Dieu, qu'il ne le feroit pas deuant elle, que les trauerfes quelle luy donnoit l'empefchoient bien de luy rendre honneur, qu'il luy cracheroit volontiers au nez, & à Dieu auffi de bon cœur, & feroit pire encore s'il eftoit en fon pouuoir; Ce difcours acheué on continua les Prieres, & apres qu'on euft mis fur la tefte de la fille du bois de la vraye Croix, & des Reliques des Sainéts, & quelle fe veift contrainte d'obeir à ce qu'on luy auoit commandé, elle fe iette fur le dos & dit en riant & comme par mefpris, hé bien *adoro te fanéta Virgo Maria,* Monfieur d'Eureux lui repliqua toufiours en langage Latin & non vulgaire, que ce n'eftoit pas de cette forte, qu'il falloit faire fon commandement, mais auec toutes les conditions requifes qui furent repetées, *genibus flexis, manibus iunétis, &c.* Lors elle fift encore des cris & des mouuemens, difant: i'enrage, i'enrage, ie n'en feray rien; ne pouuant pas toutesfois refifter d'auantage, elle fe mift à genoux, ioignit les mains, baifa le tapis auec vne profonde humilité, & les yeux tournez vers la terre; prononça hautement, *adoro te fanéta Virgo Maria,* on luy dit *bis pari modo* (car on ne luy parloit point François) elle en fift quelque refus: mais bien toft apres elle redit les mefmes chofes, & comme elle baifoit le tapis pour la terre, quelqu'vn luy dit à la trauerfe *humum nudum,* elle releua le tapis & baifa la terre; on infifta *adhuc femel idque Gallicè,* lors elle rentra en nouuelle furie fe plaignant qu'on ne fe contentoit point de fa feruitude, & fift encore mille fottifes & dit beaucoup de blafphemes & de difcours: Ie n'entens point difoit-elle ton *Gallicè,* tu me mets au defefpoir, dy moy ce que c'eft? quelqu'vn luy dit *lingua vernacula,* en fin elle fe mift en mefme & femblable eftat que deuāt, & dit: Ie vous adore fainéte Vierge Marie.

Dans les agitations de cette fille, le diable demanda à boire, difant que les organes de cette chienne font tous deffeichez & ie ne m'en puis plus feruir fi on ne les humeéte, fon poulmon eft bien efchauffé, on luy donna quelque peu d'eau dans vn godet de terre, quelle beut, & n'en eftant pas fatisfait elle en voulut d'avantage, le Pere Ignace en alla querir dans la facriftie, & fift le figne de la Croix deffus dans le mefme lieu, puis la luy apporta dans la Chappelle, elle le prit, & comme elle l'euft mife fur fes léures elle ietta l'eau & le godet contre la muraille, & dit : le diable t'emporte chien, tu as fait la Croix deſſus, ie meurs de ſoif ; mais ſi tu veux que ie boiue donne m'en d'autre, on alla querir auſſi toſt d'autre eau, quelle beut, apres l'auoir fleurée, & recognu qu'on n'y auoit rien fait.

Toutes ces choſes & beaucoup d'autres furent tres exactement & iudicieuſement conſiderées par les Medecins, qui apres en auoir dit telles raiſons qu'ils iugerent à propos à Meſſieurs les Commiſſaires, & donné les differences de leurs cauſes ſur chacune en particulier. Selon l'occurrence de leur euenement, en firent rapport, dont la concluſion fut telle, que les cinq filles Religieuſes eſtoient veritablement poſſedées du mauuais eſprit, & que les actions qu'elles faiſoient ne pouuoient eſtre rapportées à aucune cauſe naturelle, ny procedantes d'aucune maladie, telle quelle fuſt ny ſimulées par aucun artifice. Que ſi quelqu'vn demande pourquoy ils n'ont fait mention que de cinq, veu qu'il eſt tres conſtant qu'il y en a beaucoup d'auantage, à cela on reſpond que le different, & la queſtion eſtant pluſtoſt du fait & de la verité de la choſe que du nombre, ils n'ont parlé que des cinq premieres qu'ils auoient veuës, dont les diables eſtoient cogneus par leurs noms, & qui auoient eſté deſia exorciſez & dont ils auoient fait vne recherche & vne inquiſition tres exacte & tres particuliere, & cela n'empeſcha pas qu'ils ne fiſſent verbalement vn pareil & ſemblable iugement de toutes les autres, & du moins de la plus grande partie de celles qui ſelon le plus ou le moins eſtoient deſia trauaillez des Demons.

Raiſon de l'Opinion des Medecins de Roüen, pour la poſſeſſion.

Vis que les ſentimens des hommes ne ſont en rien conſiderables, qu'en tant qu'ils ſont conformes à la verité & à la raiſon, & que la meſme raiſon qui fait le propre de l'homme, eſt la meſme regle & l'vnique moyen dont il ſe ſert pour la cognoiſſance & pour la difference de toutes choſes, il eſt iuſte que chacun cognoiſſe ſur quel fondement raiſonnable les Medecins ont *Vaneſcit Medicus ſine ratione.*

appuyé leur iugement, ny ayant au rapport d'vn grand Autheur aucune forte de gens plus obligez à rendre conte de ce qu'ils difent & de ce qu'ils font que ceux qui en tirent vne fcience, & vne confequence neceffaire des effects de la nature.

Marefcot.

Vn grand & celebre Medecin de noftre temps appellé pour vifiter Marthe Broffier, pretenduë poffedée, apres auoir diligemment confideré toutes les actions, les accidens de l'efprit & du corps, & tout ce qui eft neceffaire pour en parler & en faire vn iugement parfait fit fon rapport en peu de mots, qu'il y auoit beaucoup de feinte, peu de mal, & rien du diable.

Multa fi-cta, pauca à morbo, nulla à Dæmone.

De cette refolution importante, & qui n'eft en rien deffectueufe, chacun peut inferer que le pour ou le contre de l'affaire de Louiers, confifte feulement en trois poincts, qu'il faut fçauoir : Si c'eft impofture ou quelque chofe de fimulé ; Si c'eft maladie ou quelque accident qui en procede ; Si c'eft la refidence & le pouuoir du diable, qui foient caufe de tant de deprauations, & de defreglemens en toutes les actions de ces filles Religieufes, car de croire qu'il n'y ait rien de Dieu parmy tant de blafphemes, d'execrations, d'impieté & de paroles diffoluës cela repugne.

Que ce n'eft point Artifice.

S'il y ait en cecy de l'impofture, il n'y a pas feulement apparence de le coniecturer, bien moinz d'y trouuer de la certitude & de la raifon. Car comme ainfi foit qu'il n'y ait rien en la nature qui agiffe fans quelque fin, & qu'entre les caufes naturelles la finale fait mouuoir toutes les autres, quel deffein ou quel pretexte peut-on s'imaginer qui puiffe porter ces filles à ce defordre ? fera-ce le defir d'auoir de l'argent, du bien, des poffeffions, de la gloire & de la reputation parmy le monde ? Cette mifere peut-elle efleuer leur condition ? la ruine de cette maifon leur fortune ? tant de trauaux peuuent-ils faire quelque chofe pour leur fanté ? les croira-on plus fainctes & plus Religieufes pour eftre poffedées ? Si la poffeffion eft le plus fouuent la punition du peché, feroit-ce point peut-eftre le defir de fortir de la Religion, & le regret de fe voir Clauftrées et retenuës ? rien moins ; puis que trois d'entre elles, mefme des plus ieunes ont obtenu cette licence, & que leurs parens les en ont follicitées, mais en vain :

χρυσὸν γὰρ καὶ κτήσεις, καὶ τὸ παρ' ἀνθρώποις δοξάριον. *Pfellus. in dial.*

comme

comme celles qui par leur genereuse resolution, se disposent de souffrir toutes choses pour Dieu. Oseroit-on faire comparaison de ces filles, ie dis de ces ames sainctes & deuotes, auec toutes les fourbes & les lubriques, dont quelques histoires sont pleines, & dont l'autheur de *l'Examen* a fait mention, pourroit-on y songer seulement ? le moindre rapport qui oblige à en faire vn mesme iugement ? Mais qui les auroit enseignées & comment l'auroient-elles peu permettre, & comment auroit-il esté possible sans qu'aucun s'en fust apperceu ? Pourquoy ne se contenteroit-on pas d'vne, ou de deux, puis qu'il est tres difficile de tenir caché ce qui se communique à tant de personnes ? Pourquoy choisiroit-on plustost les ieunes que les vieilles, veu qu'au contraire celles-cy auroient plus de prudence en leur conduite & les autres moins de secret, pour en cacher la fourbe & le mystere ? Toutes les choses sont tellement hors de raison, & d'apparence de verité, que le mesme autheur de *l'Examen*, touché de sa conscience, ne les en ose pas accuser, & quoy qu'il face son pouuoir d'en faire naistre quelque doute, il s'y trouue pourtant si mal fondé qu'il est contraint de le referer à leur ignorance, & à l'erreur de l'imagination, que puis apres il appelle folie, mais il en sera parlé cy apres.

Frustra silentium & fides in multorum conscioru̅ animis speratur. Tacit. Ann. 16.

Que ce n'est point Maladie.

IL est des maladies comme de la mer, & des Medecins, comme des Pilotes, & comme ceux-cy par vne longue obseruation des Astres, des Vents & des lieux, preuoyent le mauuais temps auant qu'il leur arriue, aussi ceux là par vne longue experience, & par des signes raisonnables cognoissent bien souuent les grandes maladies long temps premier que l'euenement en paroisse. Mais cette sorte de science n'est pas telle, ny si certaine, que celle qu'on peut auoir des iugemens qu'ils font de ce qui est present, de ce qu'ils voyent, de ce qu'ils touchent, & dont en outre par vne naifue & veritable relation qu'on leur en fait, ils peuuent acquerir vne entiere & parfaite cognoissance, car c'est sur cela comme sur vn fondement de verité ou chacun doit auoir creance, & d'autant plus grande, quelle part de personnes d'experience, & qui ne sont pas nouices en leur profession que nous vous disons qu'aussi tost qu'ils furent arriuez à Louuiers on leur presenta les cinq filles dont a efté parlé : Et que leur plus grand foin parut à les confiderer, toutes en particulier ou n'ayant rien obmis de toutes les chofes neceffaires, & n'y trouuant aucun figne d'indifpofition pour petite ou legere quelle fuft auec toutes les marques & les tefmoignages d'vne bonne & loüable conftitution dirent tout hautement, qu'il n'y auoit aucune raifon de croire que toutes leurs actions fuffent effects d'aucune maladie? en cela (fouffrez cette difgreffion) il faut admirer la bonté de Dieu, & croire qu'il n'a pas délaiffé ces pauures Religieufes, mais qu'il les affifte de nouuelles graces tous les iours, puis qu'il eft manifefte, que parmy leur trauaux & la plus grande de toutes les afflictions du monde, il n'a pas permis que le diable ait ruiné leur fanté ny qu'elle paroiffe en aucune forte notablement diminuée. Et en effect, puis qu'on en peut prendre les affeurances par la validité de toutes leurs actions, par l'abfence de toute forte de douleur, par la regle & la fymmetrie des humeurs, & des excretions, par les accidens fimples, & particuliers, & quelles ont tous le vifage bon, le teint frais, l'œil blanc & net, la langue fans confufion, le poulx plein, fort & vigoureux, l'appetit bon, le dormir paffable, l'habitude peu ou point diminuée, & fur tout qu'elles ne fe pleignent d'aucune incommodité. peut-on dire legitimement qu'elles foient malades? Tous ces fignes font fi preffans qu'ayans efté recogneus par le Medecin de Paris au rapport de l'Autheur de *l'Examen* qui fe qualifie fon amy & auec raifon, car c'eft luy mefme, il a efté contrainct d'aduoüer que *toutes ces filles eftoient bien habituées & reglées dans toutes leurs fonctions naturelles, de forte qu'il ne pouuoit foupçonner aucune indifpofition en elles;* ce font fes termes.

Que ce n'eft point Folie, Melancolie, ny Manie.

EXaminons donc cecy de plus pres; puis qu'il demeure d'accord qu'il n'y a point de fourberie, ny apparence de maladie pourquoy dit-il en fuite qu'il rapporte tout ce quelles font à l'erreur de l'imagination, & plus bas à l'ignorance, & à la folie? car outre la contrarieté de ces deux affections dont l'vne confifte en la deprauation, l'autre au deffaut, l'vne dans l'excez, l'autre dans la diminution de l'action, des facultez princeffes, & qui pour cela ne peuuent produire de femblables effects en vn mefme fuiect,

des Possedez.

ie voudrois bien que quelqu'vn me dift, fi l'ignorance peut faire des conuulfions, des grimaces, des enfles de la gorge, des contorfions, des yeux tournez, des violences nompareilles ? Mais encore plus à propos fi elle leur fait faire des difcours de Theologie, de Philofophie, tirer des confequences neceffaires, parler elegamment defcouurir les malefices, deceler les chofes cachées, entendre le Grec & le Latin comme il a efté remarqué plus de mille fois, fi cela fe prend pour des effects d'ignorance, il faut au mefme temps adouër qu'eftre fçauant chez luy & eftre ignorant, n'eft qu'vne feule & femblable chofe.

Pour la folie, ce ne peut pas eftre celle que les Medecins appellent vraye ou fauffe frenefie, car l'vne ou l'autre font infeparables de la fiéure; & iamais on a veu aucune de ces filles febricitante : Nous ne pouuons donc la rapporter qu'à la Melancholie ou à la Manie, ou aux differentes efpeces qui en prouiennent, Car il eft vray que l'vn & l'autre humeur, i'entens le Melancholique & l'atrabilaire qui font ces deux fortes de maux, comme ils font fufceptibles de beaucoup de diuerfes formes, & de toutes fortes de qualitez cogneuës et incogneuës, & pour ce fubiet appellez des anciens, πολύτροποι καί πολύμορφοι, auffi font-ils capables de porter des idées differentes & des efpeces diffemblables à l'imagination & à l'entendement qui les alterent, les deprauent, & font naiftre vne infinité de diuerfes affections, d'opinions erronées, fauffes & peruerfes imaginations, à qui les Medecins donnent chacun vn nom particulier de *Mifanthropie,* de *Lycanthropie,* de *Cynanthropie,* & autres femblables.

Mais ie ne vois aucun rapport du moindre de ces accidens auec ceux des filles de Louuiers. Car puis que toute maladie eft l'effect de fa caufe, & qu'elle a fes symptomes & fes fignes qui auffi neceffairement l'accompagnent, comme l'ombre fait le corps, & qu'on ne peut tomber dans ces efpeces differentes de maladies, que par degrez d'obftruction, d'intemperature, de chaleur, d'aduftion, d'incineration, dequoy a-on entendu plaindre ces filles au commencement de tout ce malheur & deuant ? quelle partie a paru bleffée ? quelle action interrompuë ? quelle excretion naturelle retenuë ? & ou en font les fignes & les marques certaines, la trifteffe, la crainte, la folitude recherchée, la langue confufe, l'œil efgaré, le blanc tout noir, le teint liuide, l'oppreffion, la courte haleine, les vomiffemens, palpitations, rapports aigres, deprauation de coction, perpetuelle faliuation & autres femblables; que s'il ne paroift aucun de tous ces fignes, & qu'elles foient bien habituées comme il a efté dit en toutes ces chofes naturelles, Pourquoy en accufer ces maladies qui ne peuuent eftre fans cela? que fi l'on dit que comme apres vn accez de fiéure tierce ou quarte, le malade ne laiffe pas de fembler parfaitement guery, que ces filles de mefme apres leurs agitations paroiffent entierement faines, quoy que le mal ne laiffe pas d'eftre caché, à cela il eft aifé de refpondre que bien que ces maux foient periodiques & qu'il y ait deux temps vn de tempefte & l'autre de tranquilité, l'vn d'agitation & l'autre de relafche que le mal ne laiffe pas pourtant dans fa plus grande remife de produire ce qu'il a efté, ce qu'il eft & ce qu'il doit eftre, & de faire paroiftre fa violence quand elle a efté confiderable, par la maigreur, pafleur, iauniffe, foibleffe, perte d'appetit & autres fignes, or apres des frequentes agitations, des tranfports furieux, des paroles puiffantes & continuës, des conuulfions horribles, des actions violentes, que le corps n'en patiffe point, que les perfonnes foient tranquilles, guayes, libres en toutes leurs fonctions, & qu'il n'en refte aucune marque apres neuf mois en tant de foibles & delicates filles, cela ne fe peut faire naturellement.

Que ce n'eft point Conuulfion ordinaire.

CE qui fe voit de plus frequent dans les actions deprauées de ces filles ce font conuulfions, c'eft pourquoy nous ne recherchons pas s'il y en a, mais nous defirons fçauoir fi elles font naturelles telles que les autheurs les defcriuent, & fi leur caufe eft ordinaire, & fans s'arrefter aux moindres, il y en a deux qui leur font affez familieres, la premiere eft vne generale & efgale tenfion de tous les mufcles qui par leurs nerfs & leurs fibres tirant efgalement en deuant & en derriere font que tout le corps demeuré immobile, roide, tendu, fans le pouuoir tourner de cofté ny d'autre & les Grecs l'ont appellée τέτανος. L'autre confifte à fe tenir renuerfées en voûte, & en arc, appuyées feulement fur le derriere de la tefte & l'extremité des talons, tout le refte du corps efleué de deux pieds, de telle forte qu'vn enfant de fix ans y paf-feroit aifément, les mains en l'air, roides & tenduës, & les extré-

Gal. Comment. ad lib. 5. Aphor. H.

mitez des doigts, des pieds & des mains retirées & recourbées quelques fois en dedans, mais le plus souuent en derriere, & telle conuulsion est bien peu dissemblable de celle que les mesmes Autheurs ont nommée ὀπισθότονος, celle cy est commune à beaucoup de Religieuses, & ne se passe aucun iour quelle ne leur arriue, l'autre est suruenuë plusieurs fois à sœur Barbe de S. Michel & les Medecins ont veu trauaillée auec grand estonnement.

Nous ne disons pas que ces conuulsions soient entierement contre nature puis que nous remarquons leur nom & leur difference chez les bons Autheurs, sinon en tout du moins par quelque ressemblance, mais on peut dire hardiment que comme elles sont tenuës des plus grandes entre les autres qu'il faut aussi qu'elles soient excitées par vne puissante cause, si elle est naturelle. Car il n'y a rien de si raisonnable que la cause doit estre analogue & proportionnée à son effect & l'effect à sa cause.

Or nous ne pouuons apperceuoir, ny coniecturer raisonnablement quelle peut estre la cause naturelle d'aucune de ces conuulsions qui ne paroist point, & qui d'ailleurs estant si forte & si agissante ne pourroit en aucune sorte se cacher, ains se manifesteroit par les choses qui les precedent, ou celles qui la suiuent : Mais ces filles se portent bien, n'ont aucun accident de mal, point de changement au visage, nulle alteration dans le poulx, & tout à coup se trouuent prises, tombent, & sans degrez se trouuent au fort de leur trauail : Puis si tost quelles en sont libres se releuent auec promptitude, actiuité sans foiblesse, lassitude sans voix confuse ny plaintiue, sans mal de teste, rient, chantent, se pourmenent, & font toute autre chose selon leur fantasie, & de cecy la conclusion est-elle pas apparente ?

Que si ce grand genie de la nature, le plus sage & le plus prudent de tous les Philosophes est en cecy comme en tout autre chose veritable, sans qu'on le puisse contester, & qu'il nous asseure que cette perilleuse maladie se termine au quatriéme iour parce que la nature n'est pas capable de supporter plus longuement vn si grand trauail, dirons-nous que ces filles qui y recidiuent tous les iours & y persistent, se nourrissent & s'engraissent de ce poison, comme faisoit l'Athenienne de la Ciguë ? *Hipoc. Qui tetano corripiuntur intra quatuor dies pereūt Hipoc. in Aphor.*

Mais s'il n'y a aucun vice aux humeurs, nulle intemperature notable, ny aucune corruption aux parties comme il a esté desia prouué, que tout foit en elles dans l'ordre & dans la fymmetrie où fe logeront la repletion, l'inanition & (felon quelques vns) la fympathie, qui font les feules caufes de la conuulfion?

D'auantage il faut confeffer que toute forte de mouuement, & par ainfi ces actions de violence ne fe font que par le moyen & l'actiuité des efprits animaux, qui comme tres fubtils penetrent dans la cauité des nerfs quoy que bien obfcure & peu fenfible, or ces efprits portans ce qui eft dans le cerueau aux nerfs comme en l'Epilepfie, où ce qui eft dans les parties au cerueau comme aux autres conuulfions & aidant la nature à fe liberer de ce qui luy eft contraire foit humeur ou vapeur, feroit-il bien poffible qu'apres vn debat & vne contention fi forte & fi puiffante qui fe rencontre entre tant de parties qu'ils ne fuffent point laffés, efpuifés, diffipés, affoiblis, & que le corps qu'ils font obligez de faire mouuoir n'en fuft pas plus pareffeux, plus impuiffant & moins actif?

κίνησις ἀπροαίρετος τῶν προχι-ρετικῶς κινουμένων. Gal. Com. ad Aphor. 39. lib. 6. & Comm. in Prorr.

Et fi la conuulfion eft vn mouuement inuolontaire des parties qui fe mouuent par la volonté, comme les Medecins la definiffent & que celle de ces filles foit naturelle, comment la peut comman-der vn Euefque comme Monfieur d'Eureux l'a fait plufieurs fois à celle qui eft poffedée par Anfitif? car il eft neceffaire que ce foit la fille, ou les humeurs, ou le diable qui obeyffe à ce commande-ment, fi c'eft la fille il faut quelle foit fourbe & malicieufe, mais le contraire eft manifefte, où il s'enfuit que fon action depende d'elle, & qu'elle ait vn abfolu pouuoir d'agir comme & quand il luy plaift, & cela eft contre la nature de la conuulfion qui eft vne violence qui ne depend point de noftre puiffance, & qui fe fait toufiours par vne apparente caufe de mal, & contre noftre volonté; Que ce foient les humeurs, il y a auffi peu d'apparence : Car quel empire peut auoir vn Euefque fur eux? Sa puiffance peut-elle les exciter? peut-elle en determiner la quantité, la qualité, les mouue-mens & les momens qui ne fe peuuent recognoiftre & dont on ne peut rendre raifon qu'apres qu'ils ont fait leur effect? & cepen-dant quand il l'a voulu & qu'il l'a commandé la chofe eft arriuée, non vne, mais plufieurs fois, partant faut-il pas dire, qu'en cela il y a du pouuoir de Dieu à commander, & de l'exiftance du diable qui eft contraint d'obeyr, & de faire ce qu'on luy commande?

Mais que peut-on dire des pieds & des mains dont les extremitez, i'entens les articulations dernieres fe ployent & fe recourbent en

derriere? fans doute les mufcles ont bien le pouuoir de fe referrer, *Lib.* 1. *de*
de fe retirer, & de fe flefchir : & cette contraction ou flexion au *motu Mufc*
rapport de Galien, eft le mouuement le plus naturel qu'ils ayent, *cap.* 8.
mais l'extenfion ou la dilatation qui luy eft oppofite, ne va que
iufques à ce poinct de remettre la partie ou elle eftoit au precedent, & n'a pas le pouuoir de faire d'auantage, & quand par vne
deprauation inouye elle le feroit en quelque autre partie, ce ne
feroit iamais dans les entre-nœuds & les articles des pieds & des
mains ou la nature a mis les os *Sezamoïdes* non feulement pour
affermir leur actiõ, mais auffi de peur qu'à la rencontre de quelque chofe de dur & d'efleué, il ne s'y fift luxation en arriere.

Concluons donc que ces conuulfions ne font point naturelles &
que ce n'eft que par reffemblance, que nous les rapportons aux
deux efpeces alleguées, que celles cy font bien plus grandes &
toutesfois bien moins perilleufes, puis qu'elles y refiftent fans
affoibliffement, & inferons de là quelles ne fe font pas par vn
moyen interne & naturel, mais par vn agent externe & bien diffemblable, qui ne peut eftre autre que le diable.

Que ce n'eft pas fureur vterine.

C'Eft la couftume du vulgaire, & de ceux mefme qui ont
plus de cognoiffance de la nature, de rapporter à la matrice
la plus grande partie des accidens qui arriuent aux filles & αἱ ὑρέραι
aux femmes, Car outre que cela n'eft pas fans raifon, ils ont πάντων τῶν
encore pour eux l'authorité d'Hypocrate, qui croit que cette partie νοσημάτων
eft ordinairement caufe de tout le defordre, & de toute la confufion *Hipoc, lib.*
du corps. Cette confideration & la fatisfaction que l'Auteur de *homine.*
l'*Examen*, dit auoir receuë de ce que le Medecin luy auoit dit
qu'vne de ces filles eftoit malade du mal de mere, me fait traicter
cette queftion pour en ofter le doute, & faire voir que les Medecins
n'y en ont iamais recogneu aucune apparence.

Or entre les maladies qui pourroient en quelque forte reffembler aux accez des filles de Louuiers, & dont on pourroit auoir
quelque foupçon, ie n'en trouue que deux, celle qu'on appelle
Fureur vterine ou Erotique, c'eft à dire, mal d'amour : & celle
que vulgairement on appelle mal de mere, fuffocation ou paffion
hifterique. Par la premiere quoy quelle procede d'une chaleur

excefsiue de la matrice & des parties qui l'auoifinent, nous n'entendons pas pourtant parler de cette forte d'intemperature, que bien fouuent on appelle chaleur ou inflammation, quand tout le corps & la fubftance de cette partie fait flegmon & tumeur, où s'enflamme & s'efchauffe de telle forte qu'on en reffent douleur, & pefanteur vers les lombes, auec fiéure, tremblement, horripilation, & fuppreffion des excretions de la veffie, & des inteftins; Mais nous parlons de cet appetit naturel, mais defreglé, qui efguillonne & depraue le fenfitif, & qui fait perdre la raifon par vn defir infatiable de conuerfer auec les hommes ou par quelque autre femblable refuerie, ou erreur de l'imagination, & puis que la raifon fuccombe dans ce mal & quelle quitte la place au fentiment, nous fommes obligez d'aduoüer que la caufe ne confifte pas feulement en l'abondance, & en la corruption du fang efchauffé, de la femence en quelque forte pourrie, corrompuë & bruflée, ou de quelque humeur Melancholique ou Atrabilaire, retenu (comme ont efcrit quelques Arabes,) mais qu'il faut neceffairement que le cerueau foit de la partie, & par la communication & fympathie qu'ils ont enfemble, que fa temperature foit alterée, & fes fonctions peruerties par la reception des efpeces, par fumées & vapeurs qui y portent leur mauuaife qualité ou quelquefois par la tranflation de l'humeur mefme.

Là fans aucune retenuë, fans confideration de Sexe, de condition, d'honneur & de refpect, de honte & de pudeur. Celles qui en font malades s'abandonnent à toute forte de licence, proferent des difcours fales & deshonneftes, chantent des airs & des chanfons lafciues & diffoluës, ont des faillies & des mouuemens eftranges, des poftures pleines d'effronterie & de faletez & (pour ne rien obmettre en leur hiftoire) fe defefperent, fe precipitent dans les perils & dans la mort mefme, comme firent au rapport de Plutarque les filles Milefiennes, & felon quelque Moderne les femmes de Lyon.

Mais en tout cela, fi nous le comparons à ce que font ces filles, ie vois peu de rapport : Car pour aduoüer quelles difent des paroles fales & deshonneftes, quelles font des poftures femblables, que fouuent elles n'ont aucune retenuë, & que leurs mouuemens font lafcifs, que peut-on inferer de là ? Y a-il raifon de tirer vne conclufion neceffaire d'vn figne qui n'eft qu'equiuoque & commun,

où

où il n'y a rien de demonstratif, ou comme on appelle *Pathognomonique*, soit pour le mal ou pour la partie? la moindre frenesie en faira bien autant auec fiéure, la melancholie sans fiéure mais plus ordinairement la Manie, dont cette fureur vterine est vne espece chez tous les bons Autheurs, & si cela est vray comme on n'en peut douter, & qu'il ait esté cy deuant prouué que le mal de ces filles ne peut estre ny frenesie, ny Melancholie, ny Manie: comme pourra-ce estre cette fureur Erotique qui en est vne dependance?

D'ailleurs, ce qui precede ce mal doit estre l'embonpoinct la plenitude vniuerselle, la bonne chere, les compagnies, la frequentation des hommes, les ieux, les bals, les exemples, l'oisiueté, l'amour particulier, pour quelque personne, la retenuë des ordinaires, l'aage parfait, toutes ces choses ne se peuuent pas accorder auec les austeritez de ces filles, les ieusnes, leurs deuotions, les exercices de leur reigle, la solitude, l'amour pour Dieu, leur pureté, leur simplicité, & leur bas aage estans plusieurs entre elles si ieunes quelle ne sont pas capables de tous les sentimens d'vne personne parsaite.

Mais outre cela l'amas des humeurs & leur pourriture, voire mesme l'alteration qui s'en ensuit puissante pour blesser l'imagination & la raison, ne se fait que successiuement & par degrez, & pendant cét interualle il est aisé de remarquer l'inquietude de l'esprit, l'inegalité du visage, les yeux pleins de feu & mal asseurez, le teint malade, la maigreur de tout le corps & le variable mouuement du poulx: Comme fit Erasistrate Medecin de Stratonice & comme Gallien a fait en plusieurs, se glorifiant dans ses escrits *De præcognitione c. 6.* par ce seul signe d'auoir bien souuent descouuert cette maladie. Nous ne voyons pas rien de semblable, ces filles de gayes qu'elles sont estans prises tout à coup de leurs accez, & s'en releuans tout de mesme auec tranquilité, serenité de visage, le poulx bon, & mesme dans le temps ou la passion leur commande d'auantage elles ne parlent rien moins que d'amour ou si peu que ce n'est que par raillerie: Adioustons à cela toutes leurs autres actions & toute leur diablerie, l'horreur & l'aduersion quelles ont pour les choses sacrées, leurs blasphemes, l'intelligence des langues, la reuelation des choses cachées, l'elegance de leurs discours & beaucoup d'autres choses qui ne sont pas accidens, de ce mal, & qu'on ne peut legitimement rapporter à aucune cauſe naturelle & comme tels ne peuuent pas proceder d'vn mal ordinaire.

Que ce n'eſt point ſuffocation de Matrice.

Pareilles & ſemblables raiſons ſe peuuent auſſi alleguer pour ce qui eſt de l'autre eſpece de mal de mere, qu'on appelle ſuffocation, car bien quelle ne ſoit pas ſi ordinaire aux filles comme elle eſt frequente aux femmes & aux veſues pour la cognoiſſance & le deſir qui leur reſte, de ce qu'elles ont eu & dont elles ſont priuées, elles peuuent pourtant y eſtre ſuiettes et quoy que comme vn meſme vin qui enyure pluſieurs perſonnes, ne laiſſe pas de produire differents effects, de meſme la ſeule & vnique cauſe de ce mal (qui eſt vne vapeur maligne qui procede de la corruption, de la ſemence retenuë dans les veines ou eſpanduë dans la matrice qui s'eſleue en haut) faſſe voir tous les iours vne varieté de ſymptomes nous arreſtans toutefois aux principaux & plus ordinaires, nous dirons que nous ne voyons point que ces filles ſoient ſans mouuement, ſans reſpiration & ſans poulx, ny que la matrice s'enfle comme vn balon, & s'eſleue en elles de telle ſorte qu'en repouſſant les inteſtins, le ventricule & le Diaphragme, voire meſme le cœur & les poulmons en haut, elles ſemblent ſuffoquer & s'eſtrangler, ny moins encore qu'elles perdent entierement la parole, pour ne pouuoir pas attirer l'air ſuffiſamment ou pour n'auoir pas la force de la mettre dehors.

οἱ ἐν ὑπερι καταπύρως σπασμοὶ εὐχερεῖς. *Conc. c.* 14.

On ne peut pas meſme penſer que les conuulſions qu'ont les hyſteriques ſoient en rien approchantes de celles de ces filles : car quand elles arriuent ſans fiéure, elles ſont dit Hypocrate tres faciles, legeres & aiſément ſupportables, n'ayant aucune mauuaiſe qualité qui puiſſe faire violence ou celle de ces Religieuſes, bien que ſans fiéure ſont ſi puiſſantes & ſi fortes qu'elles peuuent eſgaler ou paſſer toutes celles qui ſe produiſent de la plus grande pourriture du corps.

D'auantage puis que la matrice a familiarité & commerce auec toutes les parties nobles le foye, le cœur, & le cerueau, par les veines, par les arteres & par les nerfs, & que de cette ſympathie procede vn nombre infiny d'accidents en toutes les trois œconomies du corps, reſuerie, perte d'eſprit, ſommeil, inſenſibilité, paresse, syncopes, palpitations, des ris, des larmes, des lassitudes ne pouuoir sentir les odeurs, auoir des degousts, des appetits estranges, des vomissemens, iaunisses, pasles couleurs, & sur tout vne extréme foiblesse & telle le plus souuent qu'on ne la distingue pas de la mort. Pour accuser cette espece de mal en ces filles, est-ce pas vne necessité d'y trouuer toutes ces marques ou la plus part, que si pas vn ne s'y rencontre ou du moins si peu qu'il n'est pas possible d'en tirer consequence, peut-on pas legitimement conclurre que ce n'est pas cette maladie?

Que les actions des filles de Louuiers viennent du Diable, & par possession.

Vis que tout ce que l'on voit faire ne peut venir que de feinte, de maladie ou du Diable, & qu'il a esté desia prouué que ce ne pouuoient estre les deux premieres de ces causes, ce qui s'ensuit est assez euident & monstre de soy-mesme, la necessité du troisiéme principe, & qu'on ne s'abuse point de conclurre qu'il ne peut venir que du diable, & cela est en outre si manifeste qu'aux choses mesmes qui pourroient sembler naturelles, il est aisé de voir qu'elles se font par vn moyen externe & surnaturel : Car les agents ordinaires en agissant ne le peuuent pas faire esgalement & de mesme sorte qu'il n'y ait tousiours quelque dechet, soit par la dissipation des esprits par l'indisposition des organes, & par la continuité de leur mouuement, toutes lesquelles choses comme capables d'alteration, ne peuuent pas persister dans vn corps sans le plus ou le moins, ny sans donner des marques de cette mutation aussi tost quelle y arriue, mais nous n'en voyons point encore au fait de ces filles depuis huit ou neuf mois que elles sont trauaillées, auec les excez, les peines, les violences qu'elles souffrent & le peu d'interualle ou elles ont du repos qu'il y ait aucune action affoiblie, ou aucune partie debilitée, au contraire elles persistent en leur force & leur vigueur, & n'y paroist en nulle sorte, ce qui veritablement n'est point ordinaire passant le cours & les forces de la nature & auec les horribles blasphemes quelles font ne peut proceder que du diable.

Omne agens agendo repatitur.

D'auantage parler distinctement la bouche ouuerte & comme elles font lors quelles ont receu le sainct Sacrement la langue tirée,

Agripa de occulto Phil. lib. 3. c. 23.

φωνικοὺς

Cœlius Rodig. lib. 5. c. 10. lib. 2. 3.

est vne action que qui que ce soit ne sçauroit faire naturellement, car la parole ne se fait pas seulement par le pouuoir de la faculté animale & le seruice que luy rendent les nerfs de la sixiéme coniungaison que les Autheurs appellent vocaux, mais mesme par ceux de la septiéme, qui seruent à mouuoir la langue, afin que par l'agitation & l'attouchement que fait cette partie dedans & contre le palais poussant & retenant l'air comme il luy plaist, elle forme & articule vne voix parfaite & cette marque est si certaine que tous les anciens l'ont recogneuë aux Sibilles que nous auons dit estre possedées, aux Pithonisses, Deuins & Demoniaques, & qu'ils ont pour ce suiet apellées εγγαστριμυθους, comme ayant quelque Demon dans le ventre capable d'y parler & rendre ses responces.

Les grands coups quelles se donnent à la teste, continués depuis huit mois au moins, & plusieurs fois le iour sans fente, sans playe ny contusion, furent aussi iugez des Medecins vne chose surnaturelle & contre l'ordinaire, & qu'il falloit de necessité que le diable interposast quelque corps qui ne peut comme nous croyons estre autre que l'air auec certaines qualitez & dispositions qui nous sont incogneuës qui ne peuuent pas empescher le son, mais l'effect de la violence.

Le commencement de l'accez de sœur Louyse de Pinteruille, donne aussi la mesme creance aux Medecins qui en furent les spectateurs, ayant commencé ses agitations & tout ce qu'elle fist d'extraordinaire par le seul signe de la Croix que luy fist sur l'espaule droite Monsieur d'Eureux en derriere, sans qu'elle eust pû ny le voir ny en rien sçauoir, ce qui ne peut venir que par l'auersion & la repugnance qu'à le diable à toutes les choses sainctes : Et

lib. 2. c. 3. par ce seul signe, autrefois la possession d'vn enfant fut recogneuë par vn Religieux presence de son Abbé, & du pere de l'enfant, au rapport de Surius.

Pareil iugement fut aussi fait des conuulsions qui leur arriuent, lesquelles comme il a esté desia dit n'estant pas entierement naturelles ains faites par vne autre agent que celles qui arriuent dans les maladies ordinaires, & n'ayant aucun rapport de circonstances antecedentes & consecutiues furent iugées ne venir que du diable, & n'estre excitées que par son pouuoir, & pour cette preuue fut remarqué que pendant celle ou le corps est en voûte, & toutes les extrémitez refleschies & recourbées, les filles ne laissent pas soûuent de parler comme fi les mufcles de la poictrine, les nerfs recurrens de la fixiéme fuite, & ceux de la feptiéme dans la contraction generalle de tous les autres, auoient quelque exemption particuliere de faire leur action auec liberté : Ce qui n'eft pas vray femblable.

En l'action que fift la poffedée de Dagon, tant le premier iour que le fecond, paffant auec agilité par les feneftres du chœur & du refectoire, & par le commandement qui luy fut fait de rentrer en langage Latin, fut recogneuë l'agilité du corps & l'intelligence de la langue Latine, & le difcours qu'elle fift de la nature Angelique & de fon excellence, aux termes elegants, fignificatifs & pathetiques, donna affez à cognoiftre à toute l'affiftance quelle n'eftoit point capable de toutes ces chofes, & qu'il falloit que ce fuft vn autre Docteur qui parlaft en elle qui ne peut eftre autre que le diable.

Les blafphemes horribles, les paroles iniurieufes, les infolences ou pluftoft les abominables execrations que font ces filles en Communiant, ne telmoignent pas feulement leur mefpris; mais l'horreur & la violence que fouffrent les diables pour la reelle prefence du Corps de Iefus Chrift, & à dire vray ç'a toufiours efté la plus certaine pierre de touche, pour defcouurir la poffeffion & l'vfurpation du diable, n'y ayant eu iamais aucun poffedé qui ne foit demeuré court & impuiffant contre cette preuue, car quelque effort que face le diable pour diffimuler eftant toufiours comme il a efté dit, comme vn chetif efclaue, deuant vn puiffant Maiftre, vn coulpable deuant fon Iuge; il tremble, il fremit, & fait tout ce que la rage permet de faire pour s'en efloigner : & cela eft fi puiffant que l'Autheur de *l'Examen,* confeffe qu'il en a efté eftonné & comblé d'horreur, & qu'il ne croiroit iamais rien de femblable de ces filles, fi ce n'eftoit que les liures font pleins de pareilles hiftoires, or n'en rencontrant aucune dãs l'antiquité qui approche en rien de la verité de celle cy, il s'enfuit que fon eftonnement eft fondé fur vne chofe vraye & raifonnable, & fon exception fur vne chofe fauffe, n'y ayant aucune relation entre les hiftoires qu'il allegue, & la vie & les accidens de ces Religieufes.

Le tranfport de Leuiatan auec Anfitif fait par le commandement d'vn Euefque, au nom & pour la gloire de Dieu, & leur feparation faite par la vertu & prefence du S. Sacrement, eft encore vne preuue tres certaine du pouuoir de Dieu & de la refidence du diable, pour les raifons qui en ont efté dites au Chapitre de la Conuulfion. Mais ce qui y fut de plus admirable, ce fut vne pefanteur extréme auec vne tenfion ou roideur vniuerfelle que les Medecins iugerent ne pouuoir eftre naturelle apres en auoir fait l'efpreuue, & bien que depuis dans vne femblable action elle n'ait pas paru telle à perfonnes de tres eminente condition, il n'en faut pas pourtant inferer autre chofe, puis qu'il eft au pouuoir du diable qui en eft l'autheur de l'augmenter ou la diminuer de la forte qu'il luy plaift felon l'occurrence ou le deffein qu'il en a, & afin d'eluder nos fentimens par vne viciffitude finon contraire au moins manifeftement diffemblable.

Mais ce qui femble encore plein de merueilles, fut la feparation de ces deux diables, Car cette fille qui eftoit immobile, lourde, pefante & toute roide, fe releua en fe roulant deux & trois fois d'extréme viteffe, hurlant & criant, & l'autre qui prioit Dieu tout en mefme inftant fut reprife, & fift toutes les mefmes actions auec telle legereté que perfonne n'en fçauroit faire de pareille.

Parler les langues ou les entendre eft vne des plus certaines marques de poffeffion au rapport de tous les autheurs, les Medecins en eurent plus de cent tefmoignages de la langue Latine, fur les demandes qu'on leur fift en toute forte de rencontre par termes obfcurs & non vulgaires, aufquels elles fatisfirent & refpondirent pertinemment. Pour la langue Grecque ils en eurent auffi beaucoup de preuues en plufieurs difcours & entr'autres dans le dernier commandement Grec que luy fit le Pere Ragon, ou l'intelligence du precedent (qui auoit efté fait le matin dont les Medecins arriuerent apres difner) fut encore notoire & manifefte par les paroles de l'exorcifée, hier, dit-elle, tu me fis faire ce que tu voulus auec ton Grec, mais il n'en fera pas auiourd'huy de mefme. Et en la fuite de l'exorcifme qui fut fait pour la plus grande partie en Grec, toutes les fois qu'on parloit du nom de Dieu, du pouuoir de la Vierge, de l'Inuocation des Saincts, du fang de Iefus Chrift Crucifié, on voyoit vifiblement augmenter la rage du diable par le trauail de la poffedée, ce qui n'auroit pas efté fait fi punctuellement fans intelligence de ladite langue.

Mais le raifonnement que fit la poffedée au mefme Pere, fut encor vne preuue iugée pertinente des Medecins & de toute l'affiftance quelle entendoit parfaitement le Grec, quand elle luy dit qu'il luy eftoit indifferent de faire ce qu'il luy commandoit, ou de dire ce que c'eftoit, &c. car outre l'artifice ou l'elegance dont elle fe feruit pour fe deffendre, & la cognoiffance qu'elle auoit qui ne l'obligeoit pas à faire aucune chofe que le diable euft en horreur elle tira deux ou trois confequences telles qu'aucun Logicien n'en fçauroit faire de meilleures & cela paffoit la capacité d'vne fille.

Les cicatrices des playes que les Medecins recogneurent en la Magicienne en diuerfes parties de fon corps encore toutes recentes, & le tefmoignage quelle leur rendit quelles luy auoient efté faites par le diable qui la vifitoit tous les iours en la prifon d'Eureux en forme horrible & efpouuentable, leur firent croire probablement la familiarité quelle auoit auec le Demon, & la guerifon de fon fein fut iugée par eux furnaturelle n'eftant pas poffible que la chair & la cicatrice d'vn vlcere chancreux, inueteré de quinze à feize ans, & refermé en vne nuict depuis quatre mois au plus, paruft blanche, vnie, polie, efgale, fans rougeur, fans dureté & fans aucune apparence ou alteration au cuir à la referue du petit trou qui a efté remarqué qui fe trouue toufiours ou il y a eu perte de fubftance : Et ce qui nous oblige de raconter cette hiftoire n'eft pas qu'il y ait aucun rapport entre cette criminelle & ces filles fages & deuotes pour inferer ce qui eft de fon fait particulier, auec leurs actions & les effects de leur poffeffion : Mais comme ainfi foit qu'elles foient innocentes, comme la verité nous oblige à le croire (& comme cette miferable mefme l'a recogneu) & que ce malheur ne leur foit arriué que par malefices & caracteres & autres femblables pacts & fortileges malheureux, par lefquels l'homme Sorcier engage & oblige fouuent les diables & les autres hommes, ceux là pour agir, les autres à fouffrir, quand Dieu le permet pour fa gloire & pour nôftre bien, cela ne fert pas de petite preuue pour nous le faire croire, de fçauoir qu'il y ait eu parmy elles vne malheureufe de cette fexe qui par la familiarité qu'elle a euë auec les diables n'a pas feruy de leger inftrument à la mifere de cette maifon Religieufe.

L'application qu'on fit dans l'exorcifme fur la tefte de Putifar du Bois de la vraye Croix & des autres Reliques des Saincts qui le porterent à la veuë de tous, à des excez de rage, de fureur, de contorfions & de blafphemes & qui en fuite le contraignirent trois fois de s'humilier & de rendre honneur à la Mere de Dieu fut vne preuue à toute la compagnie de la vertu & du pouuoir des chofes faintes fur les Demons, & les Medecins qui obferuerent le moyen & les circonftances de l'application, & les effects confecutifs, iugerent par eux la prefence & la refidence du diable dans le corps de la poffedée.

Mais entre toutes ces preuues la cognoiffance qu'eut la mefme fille du figne de la Croix qui auoit efté fait dans la Sacriftie par le Pere Ignace Capucin fur l'eau quelle demanda à boire (eftant comme elle difoit extrémement alterée) quoy que fecrettement & en lieu ou elle n'auoit pû ny le voir ny en rien fçauoir, donné deux chofes à cognoiftre, l'intelligence & la releuation des chofes occultes & l'auerfion des chofes faintes qui toutes deux font fignes certains & indubitables d'vne vraye poffeffion.

Ainfi par toutes ces chofes que les Medecins virent & obferuerent auec foin & diligence felon l'importance de l'affaire & par les raifons qu'ils en donnerent à Meffieurs les Commiffaires, conformes & femblables à celles que nous auons deduites, fans s'arrefter à mille autres actions qui leur furent rapportées & atteftées veritables (mais qu'ils n'auoient ny veuës, ny cognuës) dont toutefois on pouuoit tirer vne mefme preuue, & auoir vn pareil fentiment, ils donnerent leur rapport certain & veritable, que ces Religieufes eftoient poffedées des diables que les actions qu'ils auoient veuës & remarquées, tant dependantes du corps que de l'efprit, eftoient furnaturelles excedantes leur capacité & leur portée, & comme telles fe rencontrans auec mille abominations, blafphemes, impietez, menfonges & calomnies ne pouuoient pas venir de Dieu, des Anges ou des Saints, mais feulement de l'Autheur de toute malediction qui eft le diable.

FIN.

COPIE
EN FORME DE RECVEIL

De ce qui se fait de jour en jour dans le Monastere des Filles Relligieuzes Saint Louis dont la pluspart sont folles, maleficiez & tourmentez des Diables. En ceste Année 1643.

(Bibl. Ste Geneviève Mss. H. F. n° 34.)

Epuis sy peu de temps que j'ay l'honneur dentrer dans le monastere des Relligieuzes de Saint Louis de la ville de Louuiers & y auoir eu de l'entretien parmy mes intimes amis, je croy auoir veu des choses assez estranges pour pousser la curiosité des plus beaux & capables esprizt d'en entendre le récit, & aussy pour donner & admirer la puissance de Dieu & de la Sainte Vierge qui véritablement est sy grande, & a tant de force sur ces diables quelle les contraintz par le commandement qui leur est fait pour leur exorcisme d'enseingner peu a peu les maléfices qui ont esté mis dans toutte ceste maison par ce malheureux curé & ceste magicienne qui portoit l'habit de relligieuze voillée. Le premier fut trouué soubz le grand autel enuiron le lieu & place où le prestre consacre le précieux corps & sang de Nostre Seigneur Iesus Christ. Ce fut le jour de la Visitation de la bien heureuze Vierge, second jour de Iuillet, enuiron les onze heures du soir dudit jour. Ledit malefice estoit caché dans la profondeur de six à sept pieds dans terre & fut trouuée vne petite hostie auec quelque apparence d'eſcripture ſur ledit papier que l'on ne peut pas bien lire & certaine ſorte de poil cacheté de deux petites marques de cire. Ie ne parle point des effectz ny du ſubject pourquoy ilz l'auoient mis en ce lieu d'autant que je n'ay point entendu lire l'Exorciſme, bien ay-je veu & entendu les diables à la leuée dudit maléfice faire de grands bruitz, faire des actions enragéez qui durerent preſque tout le reſte de la nuit, Courant & rompant dans les jardins tout ce dequoy ilz s'auiſoient.

Vn autre fut enſeigné par vn diable nommé Putiſar qui poſede le corps d'vne de ces pauures filles, La Vigille de l'Aſſomption ſur la minuit dentre le jour de la Vigille, qui eſtoit de ſept pieds auant dans terre, où il n'y a aucune apparence que jamais on ait fouillé. Lequel eſtoit compoſé d'vne hoſtie auec du poil de dix huit relligieuzes de cedit monaſtere, & quatre petitz morceaux de linge, dont l'vn, au raport dudit Putiſar eſtoit trempé au ſang de ce grand vieillard magicien nommé Dauid;

Vn autre trempé au ſang de la plus grande partie des relligieuzes d'icelle maiſon ;

Vn autre trempé des immondices de Dauid Picard & menſtruez de ceſte magicienne ;

Le quatrieſme & dernier linge eſtoit trempé dans le lait de la bien heureuſe Vierge qu'vn Relligieux auoit par déuoſion donné comme reliquaire à ce malheureux curé d'autant qu'il eſtoit eſtimé grand homme de bien.

Ce maléfice eſtoit, ce me ſemble pour pouſſer touttes ces filles au déſir de la chair, & eſtoit pozé entre quatre portes par leſquelles il falloit paſſer tous les jours peut eſtre plus de vingt fois. Car ſeſtoit entre la porte de leur cœur & celle du réfectoire, Les deux autres allant du paué au jardin. Leſquelles quatre faiſoient vne croix, & coreſpondoient juſtement l'vne à l'autre, & ne ſont pas icy friuolles. Parce que s'il n'euſt eſté contraintz, de la part de Dieu & de la Sainte Vierge de déclarer tout cela, il n'euſt jamais parlé. Mais comme il ſe vit abatu dans ſon exorciſme qui luy fut fait dans le mois de Iuillet, ce me ſemble il enſeingna ce charme, Confeſſa de quoy il eſtoit compozé, & dit qu'il ne le bailleroit pas pluſtoſt que la Vigille de l'Aſſomption. Ie n'ay pas peu retenir toutte la compoſition de ce maléfice ny toutte la confeſſion que ce diable en a faite, non plus le ſubject pourquoy il auoit mis là.

Car je n'ay entendu qu'vne feulle fois la lecture de fon exorcifme que Monfeigneur fit faire après qu'on euſt leué ledit maléfice qui fut trouué tel qu'il auoit dit & confeſſé dont toutte la compagnie en fut fort eſtonnée. Cedit diable de Putifar dit auſſy comme ce curé feſtoit donné à eux corps & ame & dédié toutes fes actions, Et la réjouiſſance qu'il y euſt au fabat quand ceſte magicienne entra dans le conuent pour eſtre faite Relligieuze voillée. Mais je ferois trop de temps à defcrire tout cela. Ie craindrois deſtre trop ennuieux.

Il y auoit quantité de perfonnes a voir leuer ce charme, Notamment de grands feigneurs de la ville de Roüen qui paſſerent la nuit auſſy bien que nous autres dans le monaſtere où Monfeigneur d'Eureux nous permit d'entrer pour voir leurs iceux maléfices. Ie vous dirai qu'il fault que les gens de bien face beaucoup de prieres, Cependant que lon trauaille a contraindre & forcer ces diables, les defcouurir, C'eſt luy-mefme qui dit & marque le lieu & place où eſt le maléfice.

Deux hommes font preparés auſſy toſt pour piocher, fouiller la terre, & quand ilz font a peu près qu'il a dit qu'ilz eſt en fond, l'on fait commandement à la religieuze poſſedée du diable qui la enfeingné d'approcher. C'eſt auec force dautant qu'il blasfefme contre Dieu & la Vierge. Enfin on la lie dune eſtolle, & la fait-on entrer dans ledit trou. Plus on approche tant plus il fouffre des poſtures, cris enragez & imprécations abominables auant que de trauailler car c'eſt luy mefme qui le defcouure. Et quand on luy voit faire touttes ces chofes Monfeigneur en tire vn bon augure d'autant que c'eſt la puiſſance de Dieu qui le contrains de le donner. Il fault que ceux qui font dans ledit trou où eſt le charme aye bonne veue, & bien prendre garde à ce qu'il fait ; car fy le pouuoit prendre fans qu'on s'en aperceut. Monfeigneur dit que d'vn feul coup de pied il l'enfonceroit plus de fix pieds auant dans terre, ou bien il le mettroit autre part. Par ainfy on n'auroit jamais fait.

Deux autres maléfices ont eſté defcouuertz le jour de l'Aſſomption par vn diable nommé Léuiatan qui pofede vne autre de fes filles, & encor aſſiſté d'vn autre diable qui debuoit eſtre prefent pour dire la verité de ce qui fe feroit.

Le premier eſtoit compozé de dix-huit brins d'iuroys enueloppez de certaines feuilles d'arbres reſſemblantes à Olliuier qui eſt en la puiſſance des diables qui font d'horibles efforts, & enueloppoient auſſy vne hoſtie, Accompagnés d'autre petitz grains auec de la pouldre maléficiée par les ſorciers au ſabat, Le tout lié d'vn fil de chanure de viron vingt neuds, & ſans y comprendre bien d'autres meſchanſetez, mais jeſtois trop loing, & ne peux pas tout retenir ni les effectz que produiſoit ce malefice. Car on ne fit que lire aſſez viſte, deuant toute la compagnye, l'exorciſme de ce Léuiatan où tout ce qu'il auoit dit eſtoit contenu. C'eſtoit dans le cœur & dehors que ces deux diables eſtoient & furent leuez iceux maléfices ſur les dix heures & demie du ſoir. Il n'y auoit que les diables ſus mentionnez, qui eſtoient neceſſaires pour deſcouurir ces maléfices, qui y fuſſent.

Le ſecond maléfice eſtoit preſque tout poury & le diable l'auoit auſſy ainſy declaré dans l'exorciſme. Ilz diſent bien à Monſeigneur qu'il n'eſt pas encor à bout & qu'il s'imagine qu'il a vn gros bœuf à oſter, & qu'il n'en a oſter encor que la groſſeur de la pointe d'vne eſplingue.

Ilz diſent d'eſtranges chozes qui ſont encor a deſcouurir & principalement les regiſtres des ſorciers & celuy des blaſfeſmes de ce curé qu'ils appellent Picard. Monſeigneur l'a fait exhumer des le ſixieſme du moys de Mars. Et a eſté trouué au moys de May en ſuiuant, dans vne voirye ſituée dans vn petit boys apartenant à Monſeigneur l'Archeueſque de Roüen, appellé le Puis Croſnier, duquel il fut tiré de ſe ſale lieu a laſpect de plus de deux milles perſonnes apporté dans vne bière laquelle fut faite porter par vn ſergent royal pour ce ſubject juſques dans la priſon de Louuiers pour y eſtre veu & viſité par Medecins & Chirurgiens où après leur raport & viſitation faite, a eſté mis dans vn cachot où de préſent il eſt en attendant que le jugement en ſoit fait.

Il y a encor vne Bougette où il y a deſtranges choſes dedans. Ce diable, qui eſtoit là préſent, fut commandé de dire je ne ſcay quoy qu'on luy demanda mais je ne le peus entendre. Touteſfois il dit à haute vois qu'il venoit des enfers, & que le filz de Dieu y auoit paru & auoit contraintz les diables de faire je ne ſcay quoy qu'il dit après que je n'entendis point. Et pourtant qu'il falloit luy obéyr. Celuy qui trauailloit diſoit à l'autre : Tais toy, bougre, auec vne confuſion de diſcours qu'on ne pouuoit pas bien dicerner.

ner. Il dit vne fois à Monfeigneur qu'ilz eftoient venus la nuit d'auparauant pour enleuer ce charme, & qu'il y auoit vne quantité de diables & quantité d'hommes forciers pour ceft effect. Mais que cefte Mariotte a paru en hault qui les a tous foudroiez & reduitz au néant. Ilz font fans ceffe mille blaphefmes contre cefte maifon & difent que cefte putain de maifon leur porte malheur, & leur en portera encor bien dauantage auant que tout foit a bout. Il auoit confeffé à Monfeigneur qu'il donneroit ces charmes à minuit. Mais ceftoit à fait a vnze heures. Et après Monfeigneur luy dit : Tu ne nous a pas tant fait attendre comme tu difois, Diantre chien, luy dit-il, j'auois enuie de te faire perdre l'ocafion de commencer mais cefte Mariotte na pas voullu.

Or depuis ce temps là Monfeigneur d'Eureux a contynué journellement tant à la communion comme aux exorcifmes qui fe font d'ordinaire dans cefte affligée maifon après difner. Il commence le matin à neuf heures & demeure le plus fouuent jufques à vne heure après midy. Car il a bien de la peine à les faire aprocher de la fainte communion. Ilz déteftent, maugréent, jurent qu'ilz arragent en fe deteurdant, faifant des poftures horibles & efpouuentables acompagnez de grincementz de dents milles cris & blafons confus, hurlementz effroyables lefquelz donnent de l'eftonnement & apprehenfion, tant à ceux qui font dehors que dedans la maifon d'ordinaire jufques à minuit ou il fe trouue quantité de perfonnes, tant hommes que femmes, tant de la ville que dailleurs deuant cefte pauure & défolée maifon.

Ces miférables démons inuitent & conduiffent le plus fouuent ces pauures Relligieuzes pocédez daller de grand matin au defçu des autres fourrager à la defpence pour friponner & menger ce qu'ilz rencontrent & trouuent, afin que par ce moien les empefchent de communier de forte qu'il conuient bien que les officiers de ladite maifon ayent vn grand foing a bien y prendre garde. Ledit fieur Euefque demeure laprefdinée jufqu'à huit heures du foir parmy elles, à faire les exorcifmes acouftumez, accompagné de fon Pénitencier & fes Officiers, Aumofniers des Pères Capucins & autres Eccléfiafticques, lefquelz durant céfte efpace de temps ne font pas fans exorcifer.

Monfeigneur l'Archevefque de Thoulouze, enuoyé de la Reine regente pour vérifier ces défaftreuzes affaires ariua à Louuiers le

B

Lundy vingt quatriefme jour d'Aouft, ayant au précédent paffé par Eureux, où il fit venir & paroiftre deuant luy en la grande fale de l'Euefché dudit lieu Madeleine Bauant renfermée & détenue aux prifons de la Court ecléfiafticque dudit Eureux cy deuant Relligieuze en cefte dite maifon a préfent defuoillée en habit commung, appartenant a fon fexe, laquelle fut prefque quatre heures profternée à genoux deuant fa réuérence refpondant aux objections a elle impofez.

Ledit Sieur Archeuefque entra dans la clofture de la maifon & conuent defdites Relligieuzes, le Mardy vingt cinquiefme jour dudit mois acompagné de fes Officiers, Aumofniers, de Monfieur d'Eureux, de Monfieur le Pénitencier de Noftre-Dame de Paris, Doêteur, de Monfieur Martineau auffy Doêteur & Chanoine & de deux Pères Dominiquins, auffy Doêteurs de Sorbonne, Tous enuoiez pour ceft effeêt de Monfieur de Barillon, Confeiller du Roy, Maiftre des Requeftes, Commiffaire député du grand Confeil pour examiner le procédé de tout ce qui s'eft paffé touchant toutte cefte maifon, auec plufieurs autres perfonnes, notables Seigneurs, lefquels, comme dit eft ordonnez & déléguez pour procéder à l'efclairciffement des triftes éuenementz & maluerfations cauzez & ariuez en icelle. Bien eft-il vray que depuis & durand le féjour dudit Seigneur Archeuefque on n'a pas piocher ny fouiller la terre fy non vne fois quy fut le Samedy cinquiefme jour de Septembre que fut defcouuert vn charme ou maléfice, foubz les fondementz du premier pillèr du grand baftiment neuf, fur les huit heures du foir. Lequel eftoit compozé d'vne hoftie auec du poil de plufieurs des Relligieuzes de cefte maifon autour de ladite hoftie qui l'enueloppoient auec vn efcript que l'on doute eftre de l'efcripture dudit Picard, fait en cette façon

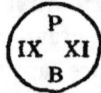

enueloppé d'vn linge trempé dans le fang de Noftre-Seigneur, en la confécration. Et dans le mortier des fondementz dudit piller pozé fur ledit maléfice y auoit de la pouldre fur femée parmy, apportée du sabat. Et quand les diables ont enfeingné dans l'exorcifme qui leur eft fait aucun maléfice ou charme, lefdits Sieurs les contraignent de dire & déclarer le jour qu'il fe debuera trouuer afin par ce moien tenir homme preſt pour cauer au lieu ou ledit maléfice eſt caché. Ce n'eſt pas pourtant ſans murmure de la part des diables, leſquels auec des extortions, hurlemens & babineries effroyables font & acompliſſent les commandementz de ces vénérables Prelatz & ce quilz promettent faire a l'aduenir.

Ladite Madeleine fut faite venir à Louuiers, le Mercredy, vingt ſeptieſme jour du moys d'Aouſt par le commandement du Sieur de Barillon & Monchal, Maiſtres des Requeſtes, Commiſſaires députez comme jay cy-deuant dit, fut enuoyée prendre pour logement la priſon de Louuiers, auquel lieu leſditz Sieurs ſus mentionnez ont eſté les vns après les autres auec elle pour l'informer & examiner touchand les malheurs ariuez en ceſte maiſon de Dieu, afin de pouuoir cognoiſtre la cauſe pourquoy a préſent ceſte dite maiſon eſt vne retraite de démons & pareillement comme des cas criminelz tant à elle imputez comme audit Picard.

Le Vendredy, vingt neufuieſme jour dudit mois, elle fut conduite dans ladicte maiſon Saint Louis, dans la chambre eſpiſcopale, es préſences des Sieurs Archeueſques & Eueſque cy-deuant nommez. Et en ce lieu fut faite venir Sœur Marie du Saint Eſprit poſédée par Dagon, qui de prime abord, la voiant, luy dit auec careſſe & mignardizes touttes garnie d'adulation & flatterie. Vous eſtes à moy petite Madelon, vous eſtes à moy des voſtre tendre jeuneſſe, vous auez renoncé à tous les miſtères diuins à voſtre Dieu & aux mérites de Iéſus-Chriſt. Vous auez recognu & adoré noſtre bouq, & noſtre prince Belzébuth, bref, Madelon, ne faite point tant la ſage ny la réformée, vous auez dès l'âge de neuf ans pactizé auec moy, renoncé à voſtre bapteſme & à tous les ouures de la religion chreſtienne. Ce que entendant Madeleine donna néance, l'appellant impoſteur, père de menſonge. Le diable répétant pluſieurs foys, prenez courage petite Madelon vous ferez deſchargée, ſoiez ferme, voſtre petit amy Picard vous attend Magdeleine pour vous conſoler. Magdeleine s'encourageant plus fort qu'auparaduant, plaine de réſolution, luy reſpond auec aultant de hardieſſe que ſi elle neuſt eſté coulpable. Ha malheureux démon, je ne te crains point, je n'ay jamais eu que faire de toy, je te renonce préſence de ſes honorables Prélats, où jay l'honneur de paroiſtre préſentement. Vous dites bien, Madelon, vous nous commandez. Tous ſommes vers vos autres Magiciens obligez fuiuant vos pachts & cédulles dexécuter en tout temps & à touttes heures vos volontez, petite Madelon, que vous efte gentille. Alors Madeleyne fefmouuant dauantage commençant de regarder autour d'elle, eftant à genoux deuant lefdits Archeuefque, Euefque, Meffieurs Charton Penitencier, & Martineau Docteurs de la Faculté de Paris & Chanoine de Noftre Dame, les fupplia comme eftans des lumières lefquelz brillent & efclairent l'Efglife vertu de lauthorité quilz auoient fur les diables, leur faire commandement qu'ilz euffent a rapporter & repréfenter en leurs mains le pacht & cédulle qu'ilz difoient auoir delle afin de faire par ce moien fin a tout le procez. Cependant que tout cela fe paffoit, Anne Sœur Marie du Saint Sacrement pocédée de Putifar, enfemble Sainte Anne de la Natiuité pofédée de Leuiatan. Lefquelz trois diables firent fy grands bruits que toute la maifon en eftoit en trouble, de forte que ceux qui eftoient dehors nen pouuoient plus rien entendre. Lefditz Sieurs firent vifiter Madelayne tant durant le jour que la nuit qu'elle paffa dans la chambre affiftée de perfonnes capables den faire la garde auec Médecins & Chirurgiens de notable & bonne réputation. Et après auoir fait leur rapport, elle fut conduite à Eureux, foubz affurée garde de Monfieur l'Euefque auec charge de ne la contraindre ny molefter à fa vollonté ains a elle permis jufques afin du procedes prendre & eflire tel confeffeur qu'elle trouuera bon eftre. Pour luy eflargir & donner les facremens & autres confeils falutaires. Le tout après auoir eu leur bénédiction comme auffy de Monfieur de Langle Pénitencier d'Eureux.

Après le départ de Monfieur l'Archeuefque de Toulouze, de tous les Meffieurs de fa fuite, comme auffy de Monfieur de Morangis Barillon, ledit Sieur Euefque d'Eureux au raport qu'auoit fait Dagon que le corps de Monfieur Pierre Dauid Prebtre, premier Père Directeur defdıtz Relligieuzes, inhumé dans l'Eglife paroiffiable Noftre Dame dudit Louuiers, ja faize annéez efpirez fe trouueroit tout entyer & fans aucun dhommage ny diminution, auffy frais que fil y euft efté tout nouuellement pozé fubject pourquoy il auoit de fa feulle authorité mandé Monfieur Jean le Gendre Preftre lun des quatre Clers dicelle Eglize fepmaynier pour lui mettre les clefs de ladite Eglize en fes mains, faire en oultre & felon fon commandement. Les parantz domefticques dudit le Gendre

Gendre l'excuſèrent autant ſagement qu'il leur fut poſſible, faiſant entendre aux officiers dudiɛt Sieur Eueſque que pour l'heure il n'auoit & ne poſſedoit leſdites clefs. Bien eſtoit-il vray qu'il les auoit portez quant luy chez le Sieur Curé de ladiɛte Eglize, où il étoit allé ſoupper. Au reffeɛt qui luy fut fait, ledit Sieur Eueſque fut mal content. Et ayant appris depuis de quelques vns que le ſonneur dicelle Eglize poſſédoit meſme & pareille clefs, l'enuoia quérir & luy ayant fait entendre ſa vollonté auec promeſſe de reſ-compence, ſe laiſſant, par ce moien chatouiller les aureilles luy promet les luy liurer touttesfoys & quantes quil luy plairoit ſe diſant eſtre ſon ſeruiteur ſans conſidérer ſoubz lappetit de ſon lucre le meſcontentement quil alloit donner au Sieur Curé théſo-rier & habitans, de ſorte que le Ieudy ſuiuant troiſieſme jour de Septembre, fut par ledit ſonneur acompagné d'vn maſſon nuiɛtam-ment leuée vne tombe dans ladite Eglize ſoubz laquelle on na rien trouué d'autant que ledit corps na point eſté mis ſous icelle, on continua le Vendredy, la nuit quatrieſme jour & on a trouué ſoubz ladite tombe vne apparence d'oſſementz ſur vne place, La teſte vers la teſte & chœur, & les pieds & jambes vers bas & entrée de ladite Eſglize, à la façon des inhumations des Prebtres, tout conſommé; on en a auſſy leué vne autre du depuis. Mais on a tout ceſſé pour cauſe que ceux qui auoient entrepris de ſatisfaire à la volonté dudit Sieur Eueſque, n'eſpéroient plus de reſcompence ny de ſallaire de ſa part pour auoir eſte eſconduits & renuoiez par pluſieurs foys ſur la demande de leurdit ſallaire de ſorte que leſ-dittes tombes ont eſté longtemps a remettre, & ſont de préſent encore a reclore & plaſtrer.

Peu de temps après ledit Sieur Eueſque ſen eſtant allé à Eureux pour conférer les Saints Ordres en ſa Cathédralle eſt venu dans ladite maiſon encor trois diables qui ont pris poceſſion de trois Relligieuzes. L'vn deſquels ſeſt nommé Syſmont qui dit que quand ſon temps ſera venu & qu'il aura le pouuoir de parler qu'il dira des choſes effroyables. A l'abſence dudit Sieur Eueſque, le Sieur Pénitencier a continué ſes viſites ordinaires tant en la fré-quence de la communion comme aux exorciſmes acouſtumez, auec continuation journallière de proceſſions, dans le Conuent jardins & cellules, acompagné des Prebtres & Capucins & Relli-gieuzes tous nuds pieds. Ledit Sieur Delangle, Pénitencier auſſy nuds pieds, portant le facré corps de Noftre Seigneur en chantant *Pange lingua gloriofy* & auec la litanie de la Vierge. Tous chacun vn cierge ardant en la main. Dagon ne voullant aller vne foys à la proceffion, faifant l'infolent & troublant tout l'ordre, ayant jetté fon cierge en terre, ledit Sieur Pénitencier lui fit commandement vertu du précieux corps de Iéfus-Chrift qu'il tenoit en fes mains, de reprendre fon cierge & de marcher fans tarder promptement deuant luy. Ce qu'il fit, ce ne fut pas fans faire des grimaces & autres jeftes d'infolences tout le long que ladite proceffion dura.

Le Samedy, vingt quatriefme jour d'Octobre, fur les dix à vnze heures du foir, vn diable appellé Grongade qui pocédoit vne fille nommée Marie Chéron n'eftant Relligieuze, mais penfionnaire, auec intention & déuotion d'eftre admize Relligieuze en cefte dite maifon, lequel fit affembler toutte la communauté en donnant charge de faire aduertir le Sieur Pénitencier. Lequel eftant ariué, luy dit que le temps de fon départ eftoit ariué, qu'il quittoit ce corps quil auoit pocédé & qu'il fen alloit abifmer pour toute éternité. Et pour tefmoignage & preuue de fon départ, qu'on allaft regarder foubz lautel de Noftre-Dame de Lorette, qu'on trouueroit vn pappier efcript au dedans, en Hébreu, Grec, Latin & Caldéen. Ce qui fut trouué, dont le contenu & fignification d'icellui efcript eftoit tel.

Par les mérites de la Sainte Vierge obtenu vn commandement par elle de toute la Sainte Trinité & en préfences de tous les Saintz de la court célefte de Paradis, pour me faire defloger de cette maifon. Par fa feulle puiffance, je déclare que je quitte ce corps pour jamais ny reuenir. Ce que je prometz deuant toute la compagnye. Et tout à l'inftant, voilla la fille libre & en repos & fur la déclaration que fit le démon. Le tout plain de fubject d'admiration pour obliger vn chacun foy mettre en la protection de la Reine du Ciel & rendre grâce à Dieu comme firent lefdits Sieurs Pénitencier, Prebtres, Capucins & Relligieuzes, en chantant le *Te Deum*.

Il eft à remarquer qu'en tous les maléfices qui ont efté defcouuerts & trouuez en cefte maifon, il y auoit toufjours des feuilles du buitz bénit au jour des Rameaux, auec de la cire du cierge pafchal. Vous voiez que ces mefchands forciers par l'inuention du diable, fe feruent en leurs charmes de ces chofes béniftes pour parfaire leurs maléfices.

Le Mardy, vingt feptiefme jour d'Octobre, enuiron les deux heures aprés midy Vigilles des bienheureux Apôtres Saint Symon & Saint Iude, la fille de Madame Graindor, Relligieuze Nouice, eftant tourmentée pocédée par le démon Scyfmond a efté délaiffée libre & quittée dudit démon, lequel a pris congé de fon corps & de toutte la maifon pour s'en retourner dans fon abifme infernalle à toutte éternité es préfence de toutte la compagnie & communauté Prebtres qui ont accouftumé d'ordinaire accompagner le Sieur Pénitencier aux exorcifmes & de deux Pères de l'Oratoire venus de Paris exprès pour voir faire lefdits exorcifmes.

Le Mercredy fuiuant, jour de la fefte des bienheureux Apôtres Saint Symon & Saint Iude, enuiron les huit heures du foir, l'vne defdites Relligieuzes appellée Marie de Iéfus, prife & pofédée par vn diable venu tout nouuellement qui s'eft nommé Accaron.

Le fecond jour de Nouembre fur le midy. Sur la réquifition des parantz de deux Relligieuzes, faite à Monfieur d'Eureux, leur fut icelles Relligieuzes profeffez en leur garde & charge, lefquelles ont efté reconduites dans vn caroffe à Paris, au logis de leurditz parants, depuis il en a efté enleué de cefte maifon d'autres, mais je ne fay au vray le nombre.

Le Vendredy troifiefme jour de Nouembre eft venu à Louuiers Monfeigneur le Prince de Longueuille, Gouuerneur de la prouince de Normandie, eftant venu à Rouen pour y tenir les Eftats, envoya l'vn de fes gentilhommes fupplier de fa part Monfieur d'Eureux en fon chafteau & manoir épifcopal de Condé, de fe rendre & trouuer à Louuiers, audit jour fus mentionné, audit Conuent pour voir & confidérer les actions faffons de faire defdites Relligieuzes tant en la communion qu'en l'exorcifme. Comme auffy donner charge au confierge de la prifon eccléfiafticque dudit Eureux, en paffant, déliurer Madeleine Bauent cy deuant Relligieuze en cefte dite maifon, entre les mains d'vn huiffier qui, pour ce fubject, eftoit enuoié pour lacconduire à Louuiers.

Ledit Sieur Euefque pour contenter & fatisfaire a la fupplication de Monfieur le Prince, ariua ledit jour de Vendredy audit Conuent fur les dix heures du matin en attendant ledit Sieur qui y entra auec toutte fa compagnie fur les quatre heures du foir ayant au précédent efté receu des Meffieurs de juftice Efcheuins, Bourgeois, Tous en habits honorables, felon leurs charges & qualitez; où parut honorable homme Monfieur Adrian Lecomte Aduocat Lieutenant général au bailliage dudit Louuiers, lequel, pour tout le corps de la ville, préfenta audit Seigneur & Prince de Longueuille, vne harangue à l'entrée de la porte appellée la porte de Paris, & par aprés fait fonner vn aduertiffement à carillon pour faire affembler le gros du Clergé ou, auec toutte la compagnie, partit de Noftre-Dame & furent deux à deux, par ordre en furplitz chacun felon fa réception marchands deuant le corps dudit Clergé, le coutre ou feruiteur de l'Eglife Noftre-Dame auec fa baguette ferrée d'argent à la main jufqu'au logis où Monfieur le Prince eftoit defcendu du caroffe & dans la chambre en laquelle il eftoit, fe préfente difcrette perfonne Monfieur Eftienne Leterrier Prebtre bachelier es faints decretz, Curé d'vne des portions de ladite Eglize lequel luy préfenta vne harangue en fon honneur & louange à la faueur tant du Clergé que de toutte la ville.

Le Samedy vingt & vniefme jour de Nouembre, jour de la Préfentation de la Sainte Vierge, fut trouué vn maléfice dans l'hofpital, au lieu & place où eftoit l'autel auparauant que l'Eglife fut baftie, lequel fut enfeingné par Leuiatan, le Dimenche au précédent quinziefme dudit mois préfence de Monfeigneur le Prince de Longueuille, lequel fut trouué tel qui l'auoit déclaré dans l'exorcifme qui luy fut fait cedit jour. Il eftoit en fondz dans terre fept pieds a toize, & fut defcouuert juftement à huit heures du foir qui eftoit l'heure que ledit Léuiathan auoit dit. Monfieur d'Eureux acompagné de tous fes domefticques, Pénitencier & autres Eccléfiafticques, comme auffy quantité de Nobleffe, de Notables, Seigneurs & Dames tant de Rouen, de Louuiers que d'ailleurs où il fut fait venir deuant toutte l'affiftance qui y eftoit dès cinq heures audit lieu attendant que l'heure de huit fut, pour voir toutte la defcouuerte dudit maléfice, qui, au dire dudit Leuiathan fut mis en ce lieu par Madeleyne Bauent a tel jour & heure il y auoit quinze ans.

L'on euft bien de la peynne à faire entrer ledit Léuiathan dans le trou, il faifoit grande réfiftance contre Monfeigneur d'Eureux difant de falles, ordés & puantes parolles, de forte que toute l'affiftance en auoit horreur. Ledit Sieur Euefque luy fit commandement

ment d'entrer, enfin ce qu'il fit contre fa vollonté auec blafphefmes exécrables contre Dieu, la Vierge & Saint Iofeph, que je n'oze réciter. Et ledit Sieur Euefque tenant en fa main vne baguette, luy en donna plufieurs coups, luy difant : Trauaille infâme, accomplis la vollonté de Dieu, difant & répétant : *Deus in adjutorium meum intende.* Les affiftans refpondoient : *Domine ad adjuuandum me feftina* auec d'autres prières conuenables pour obtenir l'aide de Dieu comme : *Domine non fecundum,* &c. *Domine ne memineris,* &c. *Adjuua nos deus falutaris nofter,* &c. Ce qui fuit auec prières tirez de la Paffion de Noftre-Seigneur Iéfus-Chrift.

Ledit Leuiatan fentant, en trauaillant au fond de cedit trou, les approches dudit malefice, difoit de villaines parolles injurieufes audit Sieur Euefque, Qui ne m'eft pas permis par honneur, incérer en ceft efcript, y adjoutant que leur enfer s'alloit remuer. Ouy chien, tu me confond, tu me fais fouffrir. Que maudit foit lheure que je fuis venu en cefte putain de maifon, & dans ce bougre de corps, ah, ah, que je t'en feray bien refentir chien, Iean, chou, je n'oze dire d'Euefque, tu n'eft pas encor au bout, car je te dis qu'en cefte place où font ces perfonnes là auec toy, il y a vn cœur auffy vermeil dans la terre que le tien, encore qu'il y a longtemps qu'il y eft. Ledit Sieur Euefque luy faifant commandement de dire de qui eftoit ce cœur, fe mit à piocher la terre, defcouurit ledit maléfice, lequel fut aperceu par les Pères Capucins auec grand acclamation & bruit du peuple qui fe leuoit & approchoit pour auoir le contentement de le voir prendre au bout du pic. Auffy toft toutte l'affiftance cria : Il la dans fa main. Cependant Monfeigneur luy fit commandement de luy rendre & mettre en fes mains, ce qu'il fit en criant comme auec furie : Chien, je m'en vay, je m'en vay, répétant ces parolles près de vingt fois & laiffa ladite Relligieuze toutte laffe. Et demeura fans parolle au fond de cedit trou. Et adjuftant, Monfeigneur le montra a toutte la compagnie. C'eftoit vn pappier viron d'vne demie feuille, plié en quatre, cacheté de deux petits ronds de cire. Dans ledit pappier eftoit vn petit morceau de linge enfenglanté des faletez ou manftrues de Madeleyne. Car c'eftoit au raport dudit Leuiatan de la chemize d'icelle. Lequel eftoit lié d'vne petite cordelette où il y auoit trois neuds. L'vn pour Dauid, l'vn pour Picard & l'autre

D

pour Magdeleine. Lequel linge enueloppoit vne hoſtie blanche comme neige, auſſy vermeille & entière comme ſy on luy euſt mize à la meſme heure préſente & eſtoit couuerte de coſté & d'autre du poil des lieux de Picard & de Madeleine que je n'oſe réſiter. Diſant cela je dis tout, l'on m'entend bien.

Ce maléfice eſtoit pour pouſſer & exiter les Relligieuzes qui feroient deſtinez d'entre la communauté pour ſeruir & miniſtrer les mallades audit hoſpital à la ſaleté. Et pour maintenir Madaleyne dans ſa malice obſtinée & dans la réputation d'eſtre touſjours vne des plus néceſſaires au ſecours des pauures mallades récéantes audit hoſpital, parmy touttes les autres Relligieuzes à cauſe de la grande connoiſſance quelle auoit pour ceſte miniſtration dhoſpitalité.

Le Samedy cinquieſme jour de Décembre audit an 1643, fut deſcouuert vn maléfice dans le Conuent, entre les deux portes de lallée où ſe fait la réception des filles qui déſirent eſtre Relligieuzes en ceſte maiſon, ſur les huit heures du ſoir, lequel eſtoit en fond dans terre de ſept à huit pieds & eſtoit juſtement pozé au mitan de ladite allée pour entrer dans le paué du monaſtère lequel fut enſeingné par Putifar, & eſtoit compozé d'vn pappier plié comme ſy ce euſt eſté vne miſſiue. Lequel fut ouuert dans le réfectoire des Relligieuzes par Monſieur d'Eureux, préſences de pluſieurs Eccléſiaſticques & notables Seigneurs tant de la ville que de diuers endroits.

Il y auoit vne moityé d'hoſtie qui auoit eſté conſacrée par Picard & l'autre moitié fut par luy préſentée au bouq qui la mengea, auec de la paſte du bouq apportée du ſabat, ladite Hoſtie fut conſacrée comme dit eſt en Nouembre, le vingt ſeptieſme de Mars & eſtoit jour de Samedy, à la meſme heure qu'il y a eſté mis qu'il a eſté troúué. Laquelle eſtoit couuerte d'vn peu de cotton auec vn petit morceau de linge marqué de ſang menſtrual, lequel enueloppoit du poil de cinq ſorciers, dont je n'ay peu retenir que les noms de quatre ſcauoir : Picard, Bauent, Eſtienne Dupont Prebtre & Iean Rollet, entourré d'vne petite chainette de fil enuiron vingt neuds chaiſnons auec poudre appellée par ledit diable Putifar pouldre de Prelinpin apportée du ſabat, pour exiter & charmer touttes les Relligieuzes qui paſſeroient par deſſus cedit maléfice pour eſtre en ceſte maiſon à la ſaleté & vilennie & pour tenir la petite Mère Antienne en amour dudit Picard.

Ledit pappier eftoit blanc comme fil y euft efté mis tout nouuellement.

Le huitiefme jour dudit mois, jour de l'Affomption de la bien heureufe Vierge Marie, fe deuoit trouuer vn maléfice à la demie après minuit. Mais il ne fut trouué que deux heures & demie après la minuit, & eftoit en fond dans terre viron neuf pieds a thoife. Il eftoit entre la corne de l'autel du cofté de l'Euangille & la grille où les Relligieuzes reçoiuent la fainte Communion. Ce maléfice eftoit le teftament de Dauid conftituant Picard en fa place auec jurement & promeffe de viure & mourir au feruice de leur dieu Belfébuth.

Ledit pappier eftoit coufu tout autour & fut trouué par ledit Sieur Euefque, non pas fy toft qu'il fut trouué dautant qu'ilz eftoient comme toute la compagnie fort ennuiez, n'efpérant pas trouuer de ce que le diable auoit tardé deux heures plus qu'il n'auoit dit dans l'exorcifme. Ledit Sieur Euefque eftoit fur le bord du trou en pontificalibus, faifant & fe feruant de l'authorité de Dieu pour contraindre le diable à liurer ledit maléfice ainfy comme il auoit dit, priant auffy la Sainte Vierge de les affifter, inuitant le peuple affiftant fe mettre tous en prières pour ceft effect.

Ledict jour après que ledit Sieur Euefque euft célébré la fainte Meffe, il fit l'ouuerture dudit pappier dedans lequel il y auoit trois hofties collez a part & féparément contre ledit pappier auec vne goutte de fang fur chacune. Et a celle du millieu, au deffous eftoit efcript ces deux lettres MP, & fous les deux autres a chacunes au deffous douze lignes efcriptes en chiffres.

Le Mardy quinziefme jour de Décembre, vn autre maléfice fut trouué dans le cœur des Relligieuzes a l'entrée proche la place de la Mère Supérieure en fonds dans terre de douze pieds, & fut enfeingné par Sœur Marie du Saint Sacrement poféfée par Putifar, eftoit vne grande hoftie auec huit moitiez de quatre hofties confacrez par Picard il ni auoit que deux ans & demis auec du poil de Madeleine & de Picard auec de la poudre prouenue du fabat faite des couillons de Dauid appellée par ledit diable fes grelots. Et eftoit ledit maléfice pour faire mourir quatre des Mères Antiennes qui ne vouloient receuoir des documents dudit Picard. Une moityé d'hoftie pour faire mourir Monfieur Langlois leur

Confeſſeur. Une moityé pour le Père Ignace Capucin Prebtre, vne moityé pour vn autre petit Preſtre qui ne fut point nommé. Et la grande hoſtie eſtoit pour charmer faire mourir Monſieur d'Eureux, & le tout alloit par grace de proceſſion. Les Mères alloient (?) mortes par ledit maléfice chacun ſelon comme ilz marchent en leur proceſſion. Et le petit Père que je n'ay point entendu nommer, Monſieur Langlois & Monſieur d'Eureux le dernier. Il y auoit vingt neuf neuds entre le maléfice de Monſieur d'Eureux & ceux des autres, & entre les autres, il y auoit trois entre chacun.

Le Mercredy, quinzieſme jour de Décembre, jour des Quatre Temps, fut trouué & deſcouuert vn maléfice extraordinairement viron les huit heures du ſoir acompagné de fourbe & entretiens enuyeux & trompeurs par Leuiatan, poceſſeur de Sœur Anne de la Natiuité, lequel maléfice ne fut deſcouuert pourtant qu'à dix heures du ſoir & fut apperceu dans la main de ceſte Relligieuze lors de ſes badineries au précédent toutte ceſte fourbe, Monſieur de Gauffre exitoit toutte l'aſſiſtance ſe tenir ſans ceſſe en prière, & Monſieur l'Eueſque fit commandement au diable de prendre vne perche de la longueur de viron douze pieds. Ce que ledit diable fit & commença en badinant à piquer la terre au fond d'icelluy trou enuiron vingtz coups diſant le voilà, ha! qu'il eſt gentil, il eſt bien riche, il a le cul terreux. Alors Monſieur d'Eureux luy dit : Trauaille, vilain infâme. Non je n'en feray rien, ne le voilà il pas. Où eſt-il dit ledit Sieur Eueſque. Il eſt aux pieds de ce jean f.... là, je le voy bien. Mais toy borgne de Eueſque, diantre chien, tu ne vois rien qui vaille. Répétant : Les voilà bien empeſchez ſy j'eſtois là bas, je l'aurois bien toſt pris, mais ces pauures abuſez ne le peuuent voir. Ledit Sieur Eueſque continuant à le preſſer de trauailler reprend ſa perche & donna quelques coups, faiſant tomber du milieu dudit trou de la terre diſant : Diantre, il eſt caché, car foy de diable je te dis qu'on ne le trouuera pas ſy on ne vide toutte la terre. Et auſſy toſt fut fait commandement à vn pauure homme qui eſtoit au fond d'icelluy trou de vider la terre auec ſon chapeau, en attendant qu'on euſt aporté de dedans le Monaſtere vn panier, il en fut tiré enuiron ſix chapellez, dont la première chappellée qui ne fut pas ſy bien examinée comme les autres qui furent tirez par après icelle fut reſpandue aux pieds de

Mon

Monsieur d'Eureux par l'aduis que donna ledit diable. Et cependant & durand tout le temps que l'on fut a curer toutte ceste terre, le diable s'en alla & quitta la fille libre qui fut près de trois quards d'heure, de sorte qu'il fut besoing que Monsieur d'Eureux fit des éuocations en son pontificat afin de faire venir le démon. Cependant tant les Ecclésiasticques que les Laïcques estoient en prières. Et voilà le diable qui reuient faisant ses postures accoustumez, criant : Chien, que tu me fais soufrir; bougre, je t'en feray bien ressentir; fault il obéir à ces petitz hommes. Et auparauant elle fit amende honorable, baisant la bouette dans laquelle estoit le sacré corps de Nostre-Seigneur pour réparer la faute des blasfemies que le diable auoit proféré par ses organes &, toute honteuze, en pleurant, ses mains jointes dans les mains dudit Sieur Euesque, luy demandoit pardon de ses faultes. Et sur ce que l'interrogeoit où pouuoit estre ledit maléfice, elle luy dit quelle croioit qu'il fut à ses pieds, Ce qui fut certain d'autant qu'après l'éuocation faite, le diable, tout en furie, sur le commandement que luy fit ledit Sieur : Trauaille donc infâme, accomplis la promesse que tu as faite, trauaille pour la gloire de Dieu. Et en se détournant se coucha tout de son long aux pieds de Monseigneur d'Eureux. Et eschefotant la chappellée de terre, laquelle estoit aux pieds dudit Sieur Euesque, jettant des poignées de terre deçà delà en badinant luy fut prins le bras & sestant saisy de sa main fut trouuée les deux petitz doigts de la main droitte clos & fermez, luy fut osté le charme lequel fut mis entre les mains dudit Sieur Euesque, & le diable faisant ses extorsions se roulans sur le dos, allant en ceste façon à la reculons, crians : que je souffre, je brusle, je viens d'auec Madeleyne qui ne vouloit pas que je donnassent ce charme, mais cette Mariette m'a contraintz le donner. Et cependant tout le temps que l'on fut tant à la lecture de l'exorcisme qu'à desploier ledit maléfice, a faire ses cris enragés se déjettant & détournant assez horiblement. C'estoit vn petit pappier plié en façon d'vn petit paquet ou seroit enueloppé pour vn double despice, tout croté, lié d'vn petit cordon de soye où estoient cinq neuds. Estant desployé, c'estoit vne demie feuille de pappier ployée, ou soubz le premier ply estoit vne marque rouge, en rond, grande comme vne pièce de trente solz, laquelle estoit faite d'vne goutte du sang de Picard, vne goutte du sang de Madeleyne, vne autre goutte du sang du bouq. Au milieu dudit rond estoit ces lettres escriptes en ceste façon [pMb] & de l'autre costé de cedit pappier estoit deux hostys, lesquelles auoient vn petit pappier entre deux. Lesquelles auoient esté portez au sabat ou Madelayne fut grandement blasmée & reprimandée deuant toùs les Sorciers par le bouq, sur la plainte qu'auoit faite Picard de ce qu'elle se descouuroit trop au Père Langlois, leur confesseur. Et luy furent donnez lesdites hostys posez sus de la gresse de quoy se frottent lesditz Sorciers, pour lorsqu'ilz vont au sabat auec de la cire offerte par Picard au bouq, en dérision & moquerie du cierge pascal. Le tout lié d'vn fil ou cordon de soye où estoient cinq neuds. Lesdites hostys estoient marquez d'vne goutte sur chacune des salletez, de Picard & de Madaleine quand ilz auoient acomply leur villennie, couuerte d'vn morceau de la chemize de Madaleine tacheté des menstrues d'icelle.

Monsieur Gauffre fut enuoié par Monsieur d'Eureux, en sa ville espiscopalle pour voir Madaleine en sa prison pour l'induire à pénitence & trauailler à sa conuersion, fit veu à Dieu auparauant que de partir, de faire dire & célesbrer tous les jours neuf messes, lesquelles furent commencez dans Nostre-Dame de Louuiers, le Ieudy saiziesme jour de Décembre & continuez de jour en jour en ladite Eglize jusques au retour dudit voiage. Ledit Sieur de Gauffre partit le Vendredy dix-septiesme jour acompagné de son seruiteur appellé par luy frère Iean auparauant au seruice de feu le Père Bernard.

Le Samedy dix-huitiesme dudit mois de Décembre, cependant que ledit Sieur Gauffre estoit auec Madaleyne, Monseigneur l'Euesque conféra les Ordres sacrez en la nef de l'Eglise des Relligieuzes affligez de la ville de Louuiers; il y ordonna saize Prebtres, douze Diacres & six Soubdiacres; il y fut dressé & orné vn autel contre le baluftre ou closture du cœur où mondit Seigneur célébra la sainte messe pour cause que le grand autel estoit renuersé pour les trous & terres des maléfices ou charmes qui y furent trouuez.

Le Samedy deuxiesme jour de Ianuier 1644 fut descouuert deux charmes ou maléfices sur les neuf & dix heures du soir dans la chapelle de Nostre-Dame de Lorette, derriere l'autel dessous l'image de la bien heureuse Vierge deuant la petite cheminée. Le trou contenoit les deux charmes. Le premier qui fut defcouuert fut celuy de Picard, il eftoit en fond dans terre de fept pieds. Et celuy de Madaleine eftoit vn pied au deffous du premier trouué. Car, difoit le démon, Madaleine eftoit au deffous du petit mignon Picard quand ilz fe jouent. C'eftoit vn papier plié, enueloppé & lié d'vn petit cordon où il y auoit quatre neus. Ledit papier fut ouuert par Monfieur d'Eureux & fut trouué, ledit pappier marqué du lait de Madaleyne, du fang de Picard, des quenilles dudit Picard & de Madaleyne, vne petite hoftie confacrée par Monfieur Iean Langloys en l'année trente deux, laquelle fut portée au fabat par icelluy Picard. Et eftoit rompue & entre les deux moitié y auoit du poil de Picard & de Madaleine auec vn petit morceau de linge trempé & couuert de leur vilennie, reliquats de leur paillardife, auec vne marque rouge du fang de Noftre-Seigneur en la confécration, deux feuilles de buits. Et au deffous, de la pafte apportée du fabat auec vn petit eftandart, Le tout eftoit pour la follennité du mariage, celesbré & fait audit fabat, préfences des diables & forciers appellé le mariage éternel de Picard & de Madaleyne deuant le bouq. Ce fut Putifar qui le renfeingna & le monftra au fond dudit trou après qu'il euft picqué la terre cinq ou fix coups d'vne gaulle.

Le diable eftoit fur le bord du trou, le monftra auec le bout de fadite gaulle faifant par après milles poftures & grimaces enragez difant d'horibles chozes à entendre touchant les malices de Picard & de la petite Madelon qui donnèrent de l'eftonnement à toute l'affiftance.

Celuy de Madaleyne fut defcouuert par Leuiathan, lequel diable dit de falles & ordes parolles, auant que les defcouurir. Ce fut fur les dix heures du foir, & eftoit femblable a celuy de Picard réferué qu'il y auoit au cordon duquel il eftoit lié quantité de neuds. Ce diable dit plufieurs injures ordes fales & vilaines à vn notable Seigneur qui y eftoit préfent. Toutte l'affiftance fut grandement contente & fatisfaite d'auoir veu la fin de toute cefte entretenue de diables difant qu'il fe trouueroit vn cœur affez vermeil dans l'hofpital de cefte maifon d'vn jeune garfon âgé de faize ans apartenant audit Picard, lequel n'auoit point efté baptifé prouenu d'vne femme du Mefnil-Iourdain lieu où il fut né. Et la nourice où il fut noury & enleué fçauoir au village de Trapé, proche de Paris, femme de

Charles Gaudion. Et par après fut au feruice d'vn honorable Seigneur de Rouen, demeurant proche la Croche, rue Dindamier & eftoit paruenu jufques à cet âge, ou affiftant auec fondit maiftre a vn fermon, & ayant apporté de l'attention au difcours du prédicateur, vn fentyment de douleur & de repentir en fon âme, d'auoir efté fait Sorcier comme auffy d'auoir efté au fabat prenant réfolution de faire banqueroutte au diable & fe mettre fous la conduite de la fainte Efglize. Ledit Picard fçachant le defdain de la conuerfion dudit jeune enffan, l'inuita d'aller au fabat où deuant toute l'affiftance des Magiciens & Sorciers, le facrifia au bouq & le defpartit en quartier. Et en donna aux Magiciens & Sorciers, & luy prit le cœur pour fa part, qu'il mit & pofa audit lieu de l'hofpital où il eft de préfent, tout remply & garny de charmes & maléfices. Cedit charme fut pozé en vn jour de Mardy en 1635 au mois de Décembre. Auffy toft que ledit démon euft dit ces chozes Monfieur d'Eureux confidérant la table de fon breuière trouue, qu'en cette année, le jour de Noël eftoit au Mardy & eft à croire que ce fut le jour de la Natiuité de Noftre-Seigneur, mais le démon ne le voullut dire.

Je laiffe à confidérer (fy cela eft véritable) l'action d'vn fy miférable père à fa propre géniture, le priuant du paradis pour vne éternité.

Ledit Seigneur Euefque a demeuré audit Monaftère acompagné de fes officiers & domefticques depuis iceluy temps jufques au jour de Saint Sébaftien, qu'il fit vn voiage à Paris, eftant acompagné de ceux de fa fuite, fuiuant que ledit Sieur eftoit mandé de fa Majefté pour donner raifon des efcriptz de contredits picquant que faifoient mettre foubz la preffe les Médecins, fcauoir d'Yuelin de Paris, Médecin de la Reine, & l'Emperiére, Médecin de Rouen. Lefquelz efcriptz ne faifoient que brouiller & entretenir les plus fages & bons efpritz & touttes les compagnies qui fe rencontrent, dans des inquiétudes douteufes & tramoient le plus fouuent des fouftiens faux & de nulle valleur.

Ledit Sieur Euefque fut le jour de la fefte de la Natiuité & touttes les feftes fuiuantes faifant faire journellement la fainte Communion aufdites Relligieuzes comme auffy les exorcifmes acouftumez en cefte dite maifon. Il eft a remarquer que par plufieurs foys *extra tempora,* lorfqu'il célébroit la fainte Meffe dans

le

le cœur d'icelles Relligieuzes, il a conféré & donné à plufieurs les Ordres tant facrez que mineures.

Ledict Seigneur Euefque eftant ariué d'icelluy voiage duquel nous auons cy-deuant parlé, dont il partit de Louuiers le vingtiefme de Ianuier mil fix centz quarante-quatre à Paris, où eftant accompagné d'honorables perfonnages, fut au Louure receuoir les commandements de leur Majefté, & fut affez bien efcouté & receu de la Reine. Laquelle dame luy a fait par plufieurs & diuerfes fois la faueur luy prefter audience pour entendre les horibles & efpouuentables éuénementz de cefte afligée maifon. Mefmes & durant le cours de fes réfections, l'obligeant de paroiftre en public dans l'Eglife des PP. Iéfuiftes, le Dimenche de la Quinquagéfime pour prefcher a lafpec de toute la Court qui fy debuoit trouuer a caufe des quarante heures où il donna vn dementir deuant toutte l'audience aux efcriptz dudit Sieur Yuelin Medecin, & vérifia d'vne fy bonne & honorable preuue le procédé qui auoit efté fait en cefte maifon de Dieu, par ceux qui y auoient efté déléguez cy-deuant que toutte la compagnie affiftante a cedit fermon, fut bien & grandement édifiée & contente.

Ledit Sieur ariua à Louuiers du retour de cedit voiage, le Dimenche au foir traiziefme jour de Mars, ayant auparauant paffé par Eureux ou il tinft les Ordres facrez en fa Cathédralle, le Samedy d'après *Letare* douziefme dudit mois.

Depuis l'arriuée dudit Sieur, il a trauaillé a la couftumé au repos & foulagement de cefte affligée maifon, comme auffy au chaffement des diables & notamment de Putifar qui poffédoit Sœur Marie du Saint-Sacrement, & d'Arfaxat qui poffédoit Sœur Louize de Pinteruille, fille du Procureur général de la Cour des Aides. Ce fut le jour du Vendredy Saint, vingt cinquiefme jour dudict mois, fur le déclin dudit jour, a l'afpect de beaucoup de peuple faifant des tours & extorfions effroyables auec des difcours confus, laiffans Dagon difoit-il & fes compagnons pour garder le refte. Cependant qu'il fe retiroit dans fon abifme infernalle où il luy auoit promis qu'il feroit chaftié par les diables, deuant Lucifer, pour auoir efté caufe de la conuerfion du greffier de Monfieur de Monbaux, qui fut acompagner fondit Maiftre à la maifon d'icelles Relligieuzes pour leur voir faire la Sainte Communion.

F

Ledit Putifar laiffa ladite fille comme toutte morte en la quittant auec vn efcript foubz la mamelle gauche & vne petite croix du fang de ladite fille efcript *viue Iefus,* Et en fortant, il dit qui laifferoit ceft efcript fort miftérieux pour marque de fon départ.

Lefdites Relligieuzes depuis tout ce temps, font demeurez grandement infirmes & ne peuuent marcher fans l'affiftance des autres leurs compagnes.

Le vingt fixiefme jour dudit mois, jour du Samedy de Pafques, Monfeigneur, en fon pontificat, conféra les faints Ordres a dix ou douze dans ladite Eglize des Relligieuzes afligez, lefquelz firent de grands bruits & infolences durand toute cet honorable office. Notamment au poinét principallement de leur Communion où ils fe debaftoient & déjeétoient auec furie difant de fales & defhonneftes parolles blafphamatoires contre la puiffance du Tout-Puiffant. Aucunes eftoient tenus par les Pères Capucins, autres par les Prebtres féculiers, autres tenoient la Sainte Hoftie fur la lèure d'embas jurant que jamais ne la recepueroit. Mais pourtant icelluy diable fut & demeura vaincu & céda au facré Corps de Iéfus-Chrift, jurant & affirmant en foy de diable qu'il eftoit tenué & ennuyé d'eftre dans ce chien de corps & qu'il s'en yroit après la Réfurreétion de forte qu'eftant examiné dans l'exorcifme, dit que fon départ feroit le Mercredy fuiuant trentiefme dudit mois entre trois & quatre heures après midy ou quantité de perfonnes d'honneur & de marques, tant de la ville que d'ailleurs fe trouuèrent pour voir l'iffue des promeffes frauduleufes dudit démon appellé & s'eft nommé Affelot, lequel pofede Ieanne de Saint-François, natifue de la ville de Rouen, fille d'vn honnefte tainturier de fa profeffion, dont fon furnom eft Pois blanc. Cefte fille fut veftue voiflée & fait profeffe par Monfieur Pierre Dauid, Direéteur defdittes Relligieuzes, pour lors, il y a desja dix-fept ans paffez.

Le Ieudy vingt & ung jour d'Auril fut enleuée Sœur Louife de l'Afcenfion par cy-deuant poffédée du démon Afphaxat, lequel fut abifmé le vingt cinquiefme jour de Mars, jour du Vendredy Saint, fut conduite acompagnée d'vne Relligieuze dans vn caroffe, en la maifon de fes parantz fur la réquifition par eux faite pour luy faire plus facilement recouurir fa fanté.

Depuis ce temps a efté de rechef fait vne neuuaine en cefte

maison, en la chapelle Noſtre-Dame de Lorette ou le gros de la communauté partoit du cœur. Monſieur le Pénitencier portoit le ſacré Corps de Noſtre Seigneur, accompagné de quelques Eccléſiaſtiques portans la croix & cierges ardants chantant la Litanie de Noſtre Seigneur. Et eſtans ariuez en ladite chapelle, faiſoient repoſer le Saint Sacrement deſſus l'autel. Cependant que l'on chantoit la Litanie de la Sainte Vierge, & eſtant finie, ilz retournoient par le meſme chemin reportant le Saint Sacrement du Tabernacle.

Le vingt troiſieſme jour de May Monſieur d'Eureux trouua bon, auec ſon conſeil, faire venir Madaleyne Bauent de ſa priſon & cachot à Louuiers. Et eſtoit jour de Lundy pour cauſe qu'elle ne voulloit pas croire que Putifar euſt quitté le corps de la Sœur Marie du Saint Sacrement & comme auſſy de ce qu'elle donnoit néance que les marques qu'elle auoit ſur ſon ſaing euſſent eſté faites par le démon. Ains ſouſtenoit qu'elle ſe les eſtoit faites elle meſme. Pour ce ſubjeƈt ledit Sieur ſe feroit deſlogé & auroit quitté ſa chambre a ladite Bauent juſques au Lundy quatrieſme de Iuillet qu'elle fut reconduite en ſadite priſon & cachot de l'officialité d'Eureux dont pendant tout ce temps qu'elle auroit eſté à Louuiers préſences dudit Eueſque, de ſon Pénitencier & diuers notables ſeigneurs & perſonnes de mérite, de jour en jour auroient eſté faites des confrontations par les diables, préſence de ladite Magicienne & principallement du démon Leuiatan qui diſoit n'eſtre point enuoié en le corps par Picard ny par elle. Comme eſtoient les autres diables ains par le ſeul commandement & préuoyance de Dieu pour la gloire & pour la vérification de toutte la maiſon. Et ſur la narration que fit ledit Leuiatan à Madaleyne des hoſtys, tant par elle prophanez que par Picard, comme auſſy du pappier de blaſfeſme qu'elle donnaſt ſon conſentement & qu'elle leua le charme qu'elle y auoit mis & qu'il les apporteroit & rendroit publiquement. Subjeƈt pour lequel mondit Sieur depuis le jour du Saint Sacrement, viron le midy qui eſtoit le vingt ſixieſme jour de May, juſques audit jour quatrieſme de Iuin il auroit fait proceſſion portant le ſacré Corps de Noſtre Seigneur Iéſus-Chriſt tant dans l'Eglize que cloiſtre, jardins, dudit Conuent, à la meſme heure, accompagné de ſes Officiers, Prebtres, Capucins & autres perfonnes, tant de la ville que d'ailleurs auec la plus grande déuofion qui leur eftoit pofible.

Le Lieutenant criminel ayant efté requis par ladite Madaleyne Bauent a eftre plufieurs jours a receuoir foh examen fe difpofant à vne conuerfion, déclarant & approuuant beaucoup de maux & crimes par elle commis en cefte maifon pendant qu'elle y a efté comme auffy de quelq'vns de fes complices.

Le Samedy fuiuant neufuiefme jour de Iuin, Monfieur Thomas Boullay Preftre Vicaire dudict Picard, viuant Curé du Mefnil-Iourdain auroit efté acconduit a Louuiers & fait prifonnier aux prifons dudit lieu fur quelques déclarations faites encontre fa perfonne, tant par le démon Leuiatan que par Madaleynne Bauent Sorcière & Magicienne, le Mardy douziefme jour dudit mois fut examiné par ledit Sieur Lieutenant criminel.

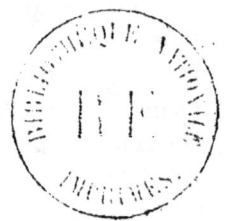

PIÈCES DÉTACHÉES[1]

EXTRAITES

Du manuscrit H. F. n° 34 de la Bibliothèque Ste Geneviève, formant suite à la pièce précédente *(Copie en forme de Recueil)*.

Premier jour d'Aoust 1643.

Marie Cheron posedée de Grongade a descouuert vn charme appellé Reliquaire, composé du cœur du enfant & la promesse faicte entre Picard, Dauid & Madelaine que jamais ce charme ne seroit descouuert, & afin que lon ne sceut jamais que les filles estoient posédées Picard eut vn enfant au sabat. Et a tiré le cœur auecq le consentement de Dauid & de Madelaine. Il sembla quil mourut dvne mort naturelle, mais elle fut auansée parce que leurs afaires pressoient, lenfant estoit âgé de 8 ans deux jours. Il y a encore deux hosties consacrées, lvne sur lautre sur le cœur lesquelles hosties ont esté adorez par le bouc au sabat en procession solennelle. Et auoient estez consacrés en deux jours par Picard en disant la Messe. Les hosties sont grandes comme celle quon ce sert a la Messe. Il ne les consomma point. Il les garda pour faire le charme. Il y a du sang de Iesu-Christ que le Picard a mis sur lvne & lautre hosties, & Dauid luy auoit donné des Relicques en son viuant quil auoit dans vne croix quil apposa audict charme. De plus il y a les consentemens des Religieuses escripts par Madelaine. Il y a encore dvne paste pour faire croire que les Religieuses sont folles & mauuaises, & que ceux qui les visiteront eussent cette

---

(1) Le manuscrit comprend 67 Exorcismes pratiqués dans les années 1643, 1644 & 1645 ; ceux qui n'offrent aucun intérêt n'ont pas été reproduits.

croiance. La paſte eſt compoſée des guenilles de Madelaine & des Relicques de S. Pierre qui ſont venues de Madelaine. Il y a encore vne bouette dans laquelle il y a vn petit papier ou il y a du poil de Picard & deſus eſcript Relicque de Picard. Il y a vn autre petit papier du poil du bouc, eſcript deſus Relíques du bouc. Vn autre papier ou le bouc a eſcript quil nariueroit point de mal a Madelaine quand elle ſeroit au diable. En vn autre papier eſt eſcript par Picard, Dauid & Madelaine : Nous renions Dieu a toutte éternité & prenons Belzebut pour noſtre Dieu & nous ſignons ce papier nous trois de franche & libre volonté. Et en vn autre la promeſſe que Belzebut leur fit que touttes les Religieuſes qui entreront en ce maudit Ordre ſeront poiurées comme celles qui y ſont. Ils ſont tous attachés auecq de la cire & en vn autre papier ſéparé, il y a : Moy Madelaine, je conſentz a tout cela & pour gaige ji préſente mon cœur. Le tout eſt dans vne bouette de carte & deſſus eſcript, Relicque de la main de Picard. Et Picard le mit il y a huict ans, le premier d'Aouſt & il eſtoit pour faire quil prétendoit.

Le quatrieſme jour d'Aouſt

Sœur Mariee du Saint-Sprict, poſédée de Dagon, a deſcouuert vn charme compoſé dvne hoſtiee conſacrée du poil des Religieuſes, du poil du Curé, du poil du &c. baillé par &c. Et ce poil eſtoit de la teſte, du laict de Madelaine & des gringuenaudes & du poil. Les gringuenaudes de Madelaine ont eſtés tranpés dans le Calice après la conſécration du laict de la Vierge donné par Monſieur le Curé &c. Le charme eſt ſept piedz dans terre poſé par Picard, Madelaine, Monſieur & les autres. Il eſtoit pour donner puiſance au demons dagir dans la maiſon, poſé il y aura ſix ans le jour de la Touſainct prochaine de cette année 1643. Leuiatant poſédant la Sœur Anne de la Natiuité ſe trouuant en ce point a dict : Vn certain pbreſtre renommé dans le monde a conſacré au ſabat la nuict du ſeptieſme jour d'Aouſt 1643 cinquante deux oſties, après quoy ils ont deliuré vne femme groſſe & du nerf qui lie le col de lenfant ont amaré & lié enſemble les cinquante deux hoſties ou ils ont ajouſté quatre gros ſerpens, & ont encore ajouſté vingt deux pacquets de poudre faicte a la Saint Iean la meſme année, de laquelle vn moindre grain eſtoit capable de renuerſer toute la maiſon.

Ils y ont encore adjouſté le cœur dvn enfant mort au ſabat. Enſuite ils ont mis du poil de lacouchée & du poil dvn corps que les diables font paroiſtre au Sorciers comme Picard, des billottes ou eſtoient les noms de pluſieurs Sorciers & Magiciens.

Le vingt ſeptieſme d'Aouſt,
Sœur Marie du Sainɥ Sacrement poſſédée de Putifar.

Monſeigneur de Toulouze aiant faiɥ les prieres ordinaires deuant l'Exorciſme, on a faiɥ mettre Putifar a genoux, quy demeura muet quelque temps comme ſy la fille eut eſté libre. Après quoy il entra dans vne rage grande, diſant quil ne parleroit poin ſy on ne faiſoit venir Magdelaine, & fiɥ après cela beaucoup de bouffonneries. Enfin eſtant preſſé de rendre le regiſtre ou de dire quand il le rendroit, il fit lenragé & diɥ : Ie nay rien a dire moy, je men vay, je ſortiray ſy tu me contrainɥ, j'accommodderay touttes les Religieuſes. Iay bien des veritez des Religieuſes. Ie renonce a Mariette. Ie renonce a lEglize, chien, ſy jauois rendu le regiſtre, je taſſure quil ny auroit plus de diables dans la maiſon. Il fauɥ que Dagon parle premier. Vn peu de temps après il tomba comme en pamoiſon, enſuitte de quoy il diɥ : Fauɥ-il que Marie nous aye reduits comme des mouches, comme des valetz, reduiɥz ſoubz ces petits hommes. Ie ne ſuis pas venu dans ce corps pour paroiſtre, je nauois pas enuie de cauſer, je ſuis enragé contre cette Mariette. Chienne de Mariette, tu es cauſe de la déſunion, & tandis quelle ſera quil y aura la diuiſion, fauɥ-il quelle nous foudroye pour fauoriſer ces petits chiens d'hommes. Et après vn ſilence de trois *Pater noſter*, il cria auec rages : Ie ne diray pas, je nay ny jour ni heure. Le premier jour meſt touſjours préſent. Chien, chien, tu ne lauras pas de longtemps. Il y a encore plus de deux mois. Cela ne ſe rend pas comme des petits paquets, on le rendra en vn jour de Mariette. Ah bougre, je te dis quil ſera rendu, mais ce ne ſera pas ſi toſt. Conjure Dieu ſi tu veu qu'il te le face rendre. Ienrage contre cette Mariette. Ah ! bougre chien, ah Mariette, elle me menace de le faire rendre par tous les quatre diables, elle ma menacé quil ſera rendu le jour de ſa chienne bougreſſe feſte de la Natiuité. Demandé quy eſtoit ces quatre diables quy debuoient rendre le regiſtre : Il y a Dagon, Leuiathan, Grongade & moy. Commandé de dire le commandement de la Vierge, il a refpondu : Il n'y a qvne menace de rendre les pièces le jour de la Natiuité, au moins vne partie. Après cecy on dit les Litanies, & a la fin le diable cria auec rages : Ie te dis, je fuis contrainct de te dire, je fuis contrainct de te dire quil eft vne créature, ah, ah, vne créature, ah, vne créature quy commande aux diables, auec vne puiffance abfolue quil femble quil ny ait poin dautre Dieu. Eft-il poin cruel auec touttes mes rages, je fuis contrainct de confeffer que ceft la plus pure & la plus admirable quy ait jamais efté & quy fera. Elle eft toufjours après nous & nous faict toufjours Exorcifme pour cette maudicte maifon, elle nous fait d'eftranges menaces. Ie te dis chien, quelle ne nous donne poin de repos, elle nous contrainct de faire paroiftre aux hommes & congnoiftre des chofes : Vne innocence d'vne maifon fy coulpable. Il n'y a jamais eu maifon plus quelle, par vne punition que nous auons voulu tant faire de mal a la maifon. Il faut rendre les papiers mais non pas tout : Les hommes ne font pas capables de voir tout. Ie feray contrainct de rendre. Ie te le dis par apréhention. Commandé de dire exactement le commandement de la Vierge, il a dict : Elle ma menacé de faire rendre les papiers le jour de la Natiuité, mais je me rebelleray. Diantre, ces petits chiens dhommes ne fe contente jamais ; au commencement ils fe contentoient dvn petit charme de deux feuilles de chefne, après il en demandent vn autre, & je leur en baille dant terre a cette heure. Ils demandent des regiftres tous entiers. Après cecy le diable fembla lauoir quitté & aufy toft que par le commandement de Monfeigneur de Toulouze on eut apliqué fur la fille les Relicques de feu Monfeigneur l'Euefque de Marceille, la fille paroiffant libre on a finy l'Exorcifme.

Le vingt neuuiefme d'Aouft.
Sœur Marie du Sainct Sacrement, Putifar.

Monfeigneur l'Archeuefque de Touloufe ayant faict les prières ordinaires, la fille poffédée approcha de Monfeigneur l'Archeuefque par vn commendement quy luy fuct faict en Latin par Monfieur Martiniau, la fille feft mis a genoux felon le commendement, protefta de nauoir rien a dire, refufe de parler. On le conjure par toutte la force que Iéfus a donné à fon Eglife. On fict

des

des prières à la Sainᶜte Vierge durant lefquelles il eſtoit nuiᶜt & diᶜt après auoir agité la fille qu'il auoit commandement; proteſta de n'auoir rien a dire. Sur quoy on redoubla ſes prières, après auoir tourmenté la fille on a faiᶜt commandement au demon, en Latin, de ne nuire à la fille; diᶜt qu'il nentendoit pas le Latin & toutte fois obéiſt ne frapant poin la fille, mais auſſy ſe mettant a bas comme il luy eſtoit commandé dit des blaphefmes & fit renonciations à la ſacrée Vierge. Au commendement quy luy eſt faiᶜt en Latin de dire ce que la Sainᶜte Vierge luy a ordonné de dire, il refpond qu'il nentend poin cela puifque il na poin de commandement, dit des parolles ſales contre la fille quil poſſède, obéit au commendement faiᶜt en Latin par lequel il luy eſt ordonné de ne ſe pas remuer, a diᶜt quil auoit eſté faiᶜt que ſe feroit le jour de la Natiuité qu'il rendroit le regiſtre diᶜt par après, quil ne le rendroit pas, dit quil nauoit poin rien à rendre fy on ne foüilloit cinquantes piedz dans terre, & quil fauᶜt desbaſtir & aller à la premiere pierre qu'il eſt deſſous; diᶜt que ce neſt poin lordinaire doſter les charmes, & que ceux que lon a oſtez ont eſté oſtez par de tres grands miracles, quil eſt deux piedz foubz cette première pierre & que ceſt vne marque infaillible quil y aura toufjours vne Sorcière dans la maiſon; a tefmoigné vne rage dauoir diᶜt cela, faiᶜt des blaphefmes contre la Sainᶜte Vierge. Diᶜt qu'il ne le rendroit pas, que les autres le rendiſſent; qu'il en auoit aſſez rendu, qu'il ſeroit tenu pour vn ſot & pour vn ignorant, diᶜt des injures a Leuiathan que ceſtoit luy quy debuoit le dire, & que cette pierre eſt la fondamentale. Quelle aparence diᶜt-il de ſouffrir tant pour ſy peu de choſe, que Marie eſt cruelle. Ce maléfice debuoit faire ſuccéder à tout le moins vne Sorcière dans la maiſon. Quils euſſent bien voulu qu'vne Religieuſe & vn petit Preſtre euſſent eſté faiᶜts Sorciers. Quil y a la dapte du temps que Picard a eſté au ſabath & quil y a vn M croifée comme au maléfice de deſſous, pourquoy nous la ton faiᶜt faire, que ce ne ſont eux quy l'ont faiᶜt & que lon demandē a Magdelaine & que ceſt elle qui la faiᶜt en partie & luy a faiᶜt vne petitte lettre quil fauᶜt demander a cette Magdelaine. Ie ny eſtois pas, jamais je nay eſté auec Magdelaine que lors quelle eſtoit dans ſa cellule auec Picard, les autres diables parlent, quil ne parleroit plus. Enquis quelle eſtoit cette lettre, Magdelaine dit quelle a faiᶜt la moytié de L. M. & lautre moitié eſt faicte par Picard. Il y a encore vn B. & vne R. dont le ſixieſme veut dire LR. le nom des Religieuſes. Enquis de quoy le charme eſt faict, dict quil eſt faict de drogues aromatiques. Que ceſt Dagon qui a fait le mal de la maiſon, & que ſans luy il ny auroit poin de charmes & quil fauct que ſoit ce Dagon quy reſponde, prenez Dagon. Il dict je my en vais. On luy deffendit de ſortir. Comme il demandoit, Monſeigneur lArcheueſque luy donne permiſſion de ſortir auec ſigne viſible & de caſſer vne lozange, & après auoir laiſſé la fille en vn eſtat tranquil mais diſſimulé, dit que ceſt Dagon quy debuoit le dire & que ſil lauoit dit luy le rendroit. Quil y a encore dautres lettres. Il y a vn A, vn I, vn E, l'I eſt en vn coſté, l'E a l'autre; l'I & l'E ſont les plus grandes lettres. Il y a vne hoſtie ſacrée ſur cela. Qu'il ny a pas vn charme dans la maiſon ou il ny aict des hoſties conſacrez : l'I ſignifie Iean, l'A Armand. Auoit dict que ces deux lettres eſtoient a vn homme, mais faiſoient deux noms; l'E faict Eſtienne du Port. Enquis quil eſtoit, a dict quil alloit a leur ſabath Ecleſiaſtique. Cela eſt couuert dvne hoſtie bien gentille & deſſus vn linge bien genty rougeaſtre, je noſerois dire de quoy, car cela feroit honte; quil y a encore vn autre linge au deſſus trempé dans le vin du Calice & ce vin eſtoit conſacré, & lautre linge rougy quy eſt deſſoubz les immondiſſes de Magdelaine. Quil y a du laict virginal & du laict putinal, ſcauoir : du laict de la Vierge Marie & du laict de Magdelaine. Quil y auoit du ſang miraculeux quy eſtoit ſorty d'vne hoſtie, puis il agitta la fille après auoir dict cela. Cette hoſtie auoit eſté picquée & le ſang eſtoit ſorty par miracle. Ceſtoit Picard quy lauoit donné auquel on lauoit donné comme Relicques. Ce charme eſt couuert de poudres rouges; quil y a de la vraye Croix mis par Picard. Il y a du poil des Sorciers dont on a deſja parlé. Il y a du poil des cheueux de touttes les Religieuſes que Magdelaine auoit prins faiſans leurs couronnes. Il y a auſſy de l'*Agnus Dei*, cela eſt mis a l'intention que cela demeure tant que la maiſon durera & quil y aura des Religieuſes & quelles ne feront poin deliurez, ſy on ne les tire de la maiſon de Marie quelle nomme auec injure; contrainct de dire où, il ſe taiſt. Les prières redoublent; a dict que l'*Agnus Dei* eſt au-deſſus de lhoſtie & quil y a vn petit papier de la grandeur de trois doits en quarré entre deux pierres plates & vnies au dedans & non pas au dehors. Il jure ſur la Saincte Croix quil ny auoit que cela dant le charme, puis jure fur le S. Sacrement cela eft foubz la premiere pierre du baftiment nouueau, que fans Leuiathan il ne leuft pas déclaré, que ce Leuiathan eft vn fot. Que pour luy il ne le rendroit pas, & quil nauoit poin de commandement. Nous auons bien enuie de faire vn eftabliffement a Rouen & a Paris. Que leur intention eftoit d'enuoier Magdelaine partout pour faire de belles merueilles, foubz prétexte daller chercher la fanté pour fon mal de fein. Et dict quil ne le rendra pas jufque a ce que Magdelaine y aye confenty; quil fauct confronter & que jamais il ne le rendra. Il a tefmoigne vne grande rage, difant : Faut-il que ie rende cela entre les mains de ceux quy me deftruifent, quil y a longtemps quil luy eft commandé de le rendre Samedy, mais que ceft toujours le Samedy a venir, que ce feroit Samedy quy vient, le premier Samedy du mois. On le conjure par prières ardantes à la Saincte Vierge, qu'il foit defcouuert aujourd'huy. Il mit la fille en vn eftat fort tranquil mais feint auquel elle fut fort long temps fans parler. Après auoir dit lEuangille *Erat Iefus diiciens demonium mutum*, & le Sainct Cyboire mis fur la tefte, il ne peut fouftenir laproche diceluy quy laccable & les punit dans les enfers. Il paroift auec agitation. Il fe taift, il diffimule la fille doucement quele croit quil eft encore en elle. Les prières continuent. Il laiffe la fille en fon teint & en la modeftie durant lefpace d'vne heure, après laquelle comme on fe mocqua de luy il paruft, puis diffimula encore longtemps, mais les prières redoublées & la préfence de l'adorable Sacrement paroiffant dans fa fureur, on redouble les prières à la Saincte Vierge & dict quil ne le rendra jamais fil nentre dans le corps de Picard, quil neft pas en liberté dans le corps où il eft ou il eft borné. On luy dict que fy Dieu commande quil y entre, il dict que fy Dieu luy commandoit, qu'il nauroit befoing de leur permiffion, mais que lon luy commande en vertu & par la puiffance de l'Eglize. Il fe taift vne heure entièrre & comme il feignoit, on lui dict neft-il pas vray que le démon eft bien malheureux de feftre éleué contre Dieu, il paroift à ce mot & dict quil a deffaing de nous faire perdre la journée. Demandé quon luy face venir Leuiathan, quil commanderoit de donner & de rendre le charme. Enquis quy auoit efcrit ces lettres quy font dedans le charme l'M. l'I. l'A. dict quelles eftoient efcrites de la main de ceux dont elle faifoient le nom; pour exemple, dict-il, l'M a efté faicte en partie de la main de Picard & lautre partie de Magdelaine, & que ceux dont le nom eft fignifié par les lettres A & E les ont efcrites; cela eftant affez explicqué on na pas voulu le faire expliquer dauantage a raifon de quelques perfonnes a quy on auoit faict ouurir la grille, lefquelles on ne vouloit pas qu'elles entendiffent; cela dict quil voudroit fort que le charme fuct rendu, quilz eftoient tous bien ennuiez deftre en cette malheureufe maifon & quil voudroit en eftre defhors. On amena Leuiathan quy dict a Putifart que luy mefme auoit receu commandement cette nuict de le rendre, quil ne pouuoit pas eftre rendu que dans huict jours. A dict a Monfeigneur lArcheuefque que fil nattendoit jufque a ce jour là que lon en donneroit vn faux. Putifar fict réparation des blafhefmes quil fict contre Dieu, la Saincte Vierge, après de grandes agitations dict que la Saincte Vierge eftoit plus pure & plus puiffante que tous les Anges.

Leuiathan conjuré en préfence de Putifar dit que le charme doit eftre rendu daujourdhuy en huict jours, à lheure de dix heures de foir, préfifement comme il a efté commandé a Putifar. Dit par après quil recogneuft que la Saincte Vierge a en protection cette maifon, dict que le charme eftoit par des voluntez libres & quil eftoit a elle, menaça Monfeigneur de fe venger fur luy & de le mener cette nuict au bouc. Dit quil ne diroit pas des chofes qui ne le regarde poin; voulut faire mordre la fille a laquelle il tourmenta puifquelle leur demandoit, mais que Dieu leur a deffendu de luy nuïre, & quil eft vray quand il a dict que Putifar auoit receu commandement de donner le charme a dix heures. Enquis fil auoit commendement de rendre le regiftre dit, après réfiftance : Marie très-faincte du hauct des cieux luy a dict que fil différe d'vn moment de le donner, elle contraindra de donner le regiftre a mefme heure. Malheureufe journée ce fuct a ce jour, malheureux jour, que Picard mourut le mefme jour. Il y a vn an, trois ou quattre jours auant fa mort, il donna à Magdelaine vn papier plein de poil auec deux cachets, quil luy deffendit douurir deuant fa mort, & quil ne falloit poin quelle le vit ny quelle en parlaft a fon Confeffeur, mais quelle le portat fur elle, & fur ce quelle dict au Père Langlois quelle auoit cela & que depuis quelle lauoit, le diable luy oftoit touttes les hofties quy luy eftoient donnez en la Communion, ce Confeffeur lobligea de le brufler,

ce

ce quelle fict dant la vieille defpence auec vn feu de mottes ou quantité de démons vinrent pour fauuer ces poils morts. Il nen peurent fauuer que deux cents de plus de huict cents, lefquels ils portèrent a leur bouc & dire que ceftoit ce quilz en auoient peu fauuer ; quil nauoit poin de commendement pour lheure auquel doibt eftre rendu le regiftre, mais que par la comprehenfion, il juge que le fera a dix ou vnze heures du foir du jour de la Natiuité. Que lors que la Sainéte Vierge luy commande, il voit clairement le commandement. Il juge de tout & quà lheure de la mort de Picard il mena Magdelaine dans le dortoir ou il la fit parler, luy Dagon & deux autres. Enquis comme il fauct auoir le charme déclaré par Putifar, dict que ceft Putifar quy le doibt dire. Preffé de dire, Il dict quil le dira vne autre fois ; quil a commandement de dire que ceft Putifar, fy Putifar y réfifte, quil le fera fcauoir par vne autre voye. Il jure quil na rien a dire dauantage, que ceft vn Exorcifme du Ciel quy le force de dire la vérité & nobéift aux Miniftres de lEglife, mais quils font malheureux deftre entrez en ces miférables corps. Quel fubjet, dit-il, mes puiffances font elles fy bornez ? Après auoir obey a vn commandement de fe mettre a genoux durant fon agitation, baifa, par commandement, les piedz de Monfeigneur ; Il dict que tous les autres diables falloient mocquer de luy comme dvn fot.

Le trentiefme d'Aouft 1643.
Sœur Marie du Sainct Efprit poffédée de Dagon.

Monfeigneur dEureux & Monfeigneur de Toulouze aiant faict les prières ordinaires deuant l'Exorcifme, Dagon commença dèslors a entrer dans des rages eftranges, criant & hurlant & difant auec rages : Il eft vray que nous nauons poin de force, fy tu fcauois les propofitions que nous auons faictes depuis vn mois, tu fcaurois des chofes eftranges. Ie nay pas fubjet de me defcourager, Magdelaine eft plus gentille que jamais, elle vit mieux que tous les hommes du monde, ceft vne Saincte. Ie prie Belzébuth quil abifme toutte la maifon ; fy jufois de ma puiffance, jen aurois affez pour labifmer. Il y a plus de puiffance que il ny a poin de diable quy ait plus de puiffance fur cette maifon comme moy, il fauct vne puiffance extraordinaire de Dieu pour conferuer cette

chienne de maifon ; je jure fur tous les attributs de Dieu, je ne
men foucie pas que cette Mariette maift faict des affronts fignalez,
moy je ne men foucie pas puifque jay Magdelaine. On luy a demandé quy le retenoit dans la maifon, de rendre ce quil deuoit ou
de fortir auec figne. Alors il fuct muet quelque temps & après il
il dict : Que Dieu me redouble mes peines tant quil voudra dans
toutte leftendue de fa puiffance, je ne men foucie pas & pour tout
cela je nobéiray pas. Et comme on luy parloit de la Croix, il
dict : Bougre, tu parle comme vn effronté, tu deburois auoir
honte de parler de cela, puifque Dieu feft faict vne ville créature
pour toy. On dict les Litanies, après quoy il cria : Moy diable,
pourquoy ne refifteray-je pas à Dieu puifque vne créature quy y
eft tant obligée luy réfifte ? Que Magdelaine obéiffe, & après jobéi-
ray ; elle feft donnée a moy de franche volunté, jay encore dix
cédules de fa main & fix font efcrit du fang de fon cœur. Tu verras ;
que ma Magdelaine renonce à moy & je parleray, pourquoy es-ce
quvn diable obeira premier qvne creature ? Demande a Magdelaine ce quy feft paffé depuis deux jours. Enfin preffé plus puiffamment, il a dict : Magdelaine fe donne encore a moy de moment
en moment, fi je veux deuant deux heures jauray encore vne cédulle delle, & comme on la commandé de fortir ou de rendre les
blaphefmes, il a refpondu : Que Magdelaine fe conuertiffe, touttes
les chiennes font enforcelez, tous les charmes ont efté pozés par
des perfonnes capables, touttes les chiennes ont leur charme &
maléfice ; nous auions enuie que lEuefque eut vn diable & le
Confeffeur auffy, mais cela na pas réuffy. Interroge Magdelaine ;
pourquoy faicts-tu plus toft brufler les diables que Magdelaine ? Ie
voudrois que tu me fiffes fortir de ce corps, je te jure quau fortir
je pofféderay Magdelaine & jamais homme ne leuft peu prendre,
& je la fauuerai ; le jour dauparauant que je debuois faire le coup,
jay efté enuoyé dans ce chien de corps. Demandé fil neftoit pas
enuoyé de Dieu, il dict : Ah bougre, je nay jamais voulu poffèder
aucun corps, mais vne Mariette eft fy cruelle quelle ma enuoyé,
moy Roy, moy habille, moy gouuerneur, à la place de Lucifer
le rebelle quy poffédoit ce corps par maléfice, par fortilége dont
cette chienne fuct morte de la mort la plus cruelle du monde, &
Mariette a abifmé mon Lucifer & ma mis en fa place & a emporté
tous les maléfices de cette chienne & ma réduit fans puiffance. On

a fubject de croire que touttes ces chiennes font folles, mais on verra. Ouy je te dis vn jour deuant que de poffeder Magdelaine touttes les éternitez, Mariette ma faict vn commandement quil fallut executter dans cette maudicte maifon quy me donne occafion de ne vouloir eftre. Faut-il que jobéiffe comme vn fot, je ne congnois q'vn Dieu cruel. Et a entré en des rages extraordinaires quand on luy a prefenté l'image de la Vierge, & après il demeura muet fort long temps & mefme fembla auoir laiffé la fille libre; mais tout dvn coup il la reprift, la menaçant de la tourmenter cruellement, & quand on luy a commandé de rendre le papier de blaphefmes, il dict : Il nen eft pas encore temps. Et tourmentant la fille beaucoup, il pourfuiuift : Iay des chofes a rendre, mais il fauct que Magdelaine foit conuertie ; je ne puis pas contraindre la volunté libre dvne fille, quand je voudrois rendre je ne puis, tandis que ma petite Magdelaine eft a moy. Après cecy, il na plus rien dict que des bouffonneries & on a efté obligé de finir l'Exorcifme.

Le dernier jour d'Aouft 1643

A efté exorcifée Sœur du Sainct Sacrement, poffédée de Putifar, par Monfeigneur dEureux, préfent le R. P. Ragon, Iefuifte.

Durant la lecture de lExorcifme que faifoit Monfeigneur dEureux le démon a commencé a faire des plainctes de ce quil auoit quitté fon pauure petit Dagon, & enfuitte a faict vne traifnée de badineries. Puis après a dict que la doctrine de Dauid dont il fe feruoit envers les Religieufes eftoit efcritte dencre, & na poin voulu dire ou. On la interrogé ou eftoit le maléfice & en quelle manière il pouuoit eftre rendu, dautant quil eftoit foubz la première pierre du premier pillier du baftiment neuf. A dict, Chien je te dis que je ne bailleray pas le charme fy ma petitte Magdelaine ni confent, car ceft le fien, lon ne baille pas comme cela des charmes, ceux quy jeufnent vn an durant nen peuuent pas auoir. Ie fuis enragé. Ie te dis que depuis que le monde eft monde, on a trouué iamais charme vifiblement ; cette Mariette eft vne putain, vne bougreffe, je fuis enragé contre elle, je te dis chien que je ne le diray poin. Magdelaine eft a nous, le petit Picard & Dauid, elle feft encore depuis peu donnée ; fy tu veux menuoier dans ce corps, tu verra ce que je pourray faire. Diantre, je ne fais pas dans le corps que

je poffède ce que je veux, *qua hora reddes maleficium die &*
quomodo. A dict je ne feray poin a vne fille ce que je nay pas
voulu faire a vn Dieu, & luy voulant faire adorer la Croix & la
Vierge Marie, & efleuant les yeux au Ciel comme fil euft veu la
Vierge, il feft efcrié : Contente-toy, Vierge, contente-toy, je te
dis que quand ces petites créatures ont quelque poinct dhonneur,
quon a plus affaire a eux qua Dieu. Chien, double chien, fors de
là, je te dis chien que je ne te rendray rien auant que ma petite
Magdelaine y confente. *Die modum & horam.* Il a faict des cris &
rages comme en pleurant, & voiant limage de la Vierge il la appellée chienne, je me vengeray fur les tiens, je te dis chien que tu
nas qua faire fouir quand tu voudras, que fil y eft tu ly trouueras,
mais que ma petitte Magdelaine me le dife, je te le rendray Samedy
a midi, chien, je te dis que tu lauras. Et après a dict : Ceft le fondement de la maifon, ceft pourquoy jamais je ne le rendray, & en
defpit de Mariette je ne le rendray poin. Et après a enragé, difant : Chien, chien, ne tattends que ce foit Samedy prochain,
chien. Diantre cette Vierge nous contrant, je le debuois rendre
Samedy paffé, mais puifque il eft paffé ie ne le rendray poin ; &
après a enragé, difant : Chien je le rendray Samedy prochain. Il
y a de la poudre de perlinpinpin. Ce fera a dix heures du foir fans
faucte Samedy, a l'*Aue Maria* fonnante a huict heures. Il fauct
fouir deux piedz au deffous de la pierre fondamentalle. Ie te dis
chien que ie fuis obligé de dire que le ciment de la premierre
pierre eft tout maleficié. Magdelaine y a mis trois trouellées de
mortier tout maleficié, & je te dis quil fauct ofter la pierre d'alentour. La nuict daprès que la pierre fondamentale fuft cimentée, tous
les Sorciers y vinrent & y donnèrent leurs bénédictions, & ce jour
la mefme nous en firent fefte a noftre fabath & voulions auoir icy
toufjours vne Sorcière & par tous les Conuents de cet Ordre, & il
debuoit naiftre lEntechrift d'vne Abeffe & dvn Euefque. Et eftant
commandé en Grec par le Père Ragon, Iéfuifte, de baifer les pieds
de Monfieur Martiniau & fe profterner en terre, il a faict après
beaucoup de réfiftances. Putifar a refpondu en Grec & en Latin le
premier commandement que le Père Ragon luy a faict en Grec, a
efté baifer les piedz de celuy quy auoit entre fes mains le Sainct
Sacrement, ce quil a faict après auoir réfifté, difant quil nentendoit
poin la langue dont il luy parloit. Le fecond commandement a
efté

esté d'adorrer le mesme Sainct Sacrement, prosterné, ce qu'il a faict auec la résistance comme au premier. Il a esté de rechef commandé en Grec par le mesme Père, & sest suspendu appuié sur sa teste & talons, & incontinent après a faict de grandes plainctes : Que ne suis-je au corps de mon petit Picard, je te ferois entendre touttes choses mieux que le Dieu du Ciel, je te respondrois en touttes langues. Ie te dis, chien, que jay chargé de te rendre le charme sans renuerser le pillier ; il fauct fouir a costé & le pillier ne tombera poin ; il fauct oster tout le ciment de la première pierre, car il est tout maléficié. A dict quil ny auoit qu'vnze piedz a fouir, ce quil a juré sur la Croix de Nostre Seigneur & sur le Sainct Sacrement de l'Autel. Aiant esté interrogé du registre & où il estoit, a respondu que Magdelaine le sauoit bien & quil estoit entre les mains de trois hommes. Le Pénitencier en a confessé vn. Il le scait bien, je veux quil me les rende, il est entre les mains de trois hommes quy ont tous les escrits de nostre sabath. On luy a commandé de les nommer, a respondu quil ne le dira poin & quil ne luy est pas permis de blasmer son prochain. Et a dict, il y a cet (Estienne) Simon & (Ioachin) quy a eu intendence céans. Il y en a vn quy est tousjours en vne place & vn autre quy est tousjours deça & delà. A juré sur le Sainct Sacrement que jamais le registre n'a esté céans & quil na poin commandement de le rendre.

Le premier jour de Septembre 1643

A esté exorcisée Sœur Anne de la Natiuité, possédée de Léuiathan.

Monseigneur d'Eureux, assisté des Prebtres ordinaires & de Monsieur le Pénitencier de Paris & Martiniau, a commandé au démon de dire ce qu'il auoit a dire. A respondu en villaines & sales parolles, quil n'auoit rien a dire. Après lon a faict les prières à la Saincte Vierge & aiant esté réitérez, a dict venant comme d'vn assoupissement, quil ne le diroit pas & quil y résisteroit, & sur ce que Monseigneur lui demanda du charme attaché au registre, a dict : Tu ne tiens rien, je ne le te diray pas. Et l'assistance aiant chanté *O gloriosa Domina*, auec de laides & horribles grimaces a dict : Pense-tu que nous voulions dire nos affaires & descouurir nos

D

secrets ? Ie ne puis rien dire que tu naye enuoyé Putiffart dans le corps de Picard ; mais il eſt vray que cette Mariette a prins en protection cette chienne de maiſon, malgré tous les diables. Monſeigneur le contrainct de dire la vérité *per virtutam vnitam Eccefiæ* & demeurant toufjours dans ſon obſtination. Le Sainct Sacrement aiant eſté tiré du Tabernacle & apoſé ſur la teſte de la fille par les mains de Monſieur Martiniau, & les Exorciſmes continuez par Monſieur le Penitencier dEureux, & preſſé par le Réuérend Père Eſprict de dire ce quy luy a eſté commandé par Noſtre Saubueur en vertu des mérites de la ſacrée Mère de Dieu, il n'a rien voulu dire, & laiſſant la fille dans vne grande debilité. Monſeigneur croiant que ce fuct ſimulation & feinte du démon, enfin a eſté renuoyé après auoir deffendu au démon de nuire à la fille, après auoir receu la bénédiction auec le Sainct Sacrement de l'Autel. Après quoy auoir receu on a finy lExorciſme.

Le deuxieſme jour de Septembre 1643

A eſté exorciſée Sœur du Sainct Sacrement par Monſeigneur dEureux & ſes Prebtres ordinaires, préſence de Meſſieurs de Lempériere & Magniar, & eſt ſuruenu Monſieur de Monbas qui a eſté auſy préſent.

Lon a leu les prieres de l'Exorciſme long temps ſans que Putifart aye dict mot, & près de demie heure après Monſieur des Botreaux luy aiant monſtré vne petitte Vierge ſur du velin, le diable ſeſt jetté deſſus & laiant arrachée en faict vn petit coffin, de quoy il ſeſt fort eſgayé diſant : I'ay faict ce que je n'auois jamais faict, a foulé aux piedz Mariette, & après ſeſt mis à babiller des choſes innutilles, & enfin a dict quil ne feroit que blapheſmer & quil ne diroit rien ; de faict après auoir blapheſmé contre la Saincte Vierge, Monſeigneur luy a commandé dadorer la Vierge *vultu (verſo) in (ſolum)* & de dire en baiſant la terre trois fois, ce quil a faict, *Adoro te Maria*. Il la dict en Latin, mais après il luy a eſté commandé de le dire en François. Il ſeſt faict fort tirer lorreille, & après de grandes contrainctes a dict en François, baiſant la terre, je tadore Marie, & après a dict : Quand on me parlera comme cela je ſeray muect. Monſeigneur luy a commandé de parler du regiſtre : Il y a vn petit liure dans noſtre ſabath quy eſt bien gentil, & pour moy je ne ſcay rien du regiſtre; & aiant eſté preſſé de dire où eſtoit le regiſtre, a dict: Il neſt poin dans la maiſon, j'ay touſjours menty & je mentiray touſjours. Et Monſeigneur luy a dict: *Tu primus dixiſty*, a reſpondu: Iay menty, ceſt mon propre que de mentir. Et en luy monſtrant vn tableau où eſtoit deſpeint la Vierge Marie, Monſieur dEureux l'a conjuré; il a commencé a regarder auec de grands yeux & a dict: Chien, je ne me ſoucie de ta puiſſance, je ſuis tout puiſſant moy, je renonce aux petits hommes. On luy a dict quil parlaſt du regiſtre, il a reſpondu quil voudroit que Dieu ne fuſt plus Dieu, ni le diable diable, & auec grandes rages a dict quil ne rendroit jamais rien & quon eſtoit bien heureux dauoir vne Mariette; pour luy il la blaphefmeroit touſjours, ce quil a dict ſortant comme d'vn long ſonge, que ſy ce neſtoit elle, il auroit renuerſé toutte la maiſon. Et a dict: Ces petits chiens dhommes, les plus cruels que jamais na eſté toutte créature; ſy le regiſtre eſtoit entre nos mains nous ne le pourrions pas brufler, mais il eſt entre les mains de trois gens quy le peuuent brufler. Et luy aiant mis le Sainct Sacrement de lAutel ſur leſtomac, a dict: Chien oſte moy cela, je ne le peux ſouffrir, je taſſeure que le jour de la Vierge le regiſtre & les autres choſes tout ſera bruſlé. Et lon a prié la Vierge auec longues prières. Dit: Tu as beau bigotter, tu nauras rien; je nay pas encore faict voir que je ſuis diable, il fauct que je réſiſte. Et a dict que ſon regiſtre eſtoit enfermé dans vn coffret a trois clefs, & quil falloit que les trois qui les ont y conſentent. Chien tu me faicts bien ſouffrir, mais tu nauras pas meilleur marché pour cela, *exurge ſummus Deus & judica cuſaam tuam*. Criant tout haut: Ie te dis que diantre a cauſe que tu es tant importun, nous auions projecté den faire vn faux pour t'elluder, & a crié à la Vierge ceſt vne Mariette, diſant chien, chien. Ie te dis que diantre, regardant en haut, que cette chienne de bougreſſe nous a faict des deffences ſy expreſſes que nous ny oſons plus penſer, & nous a menacez des rigeurs dvn Dieu rigoureux de nous faire rendre le vray regiſtre, & que tant que Mariette ſera Mariette je blaphefmeray contre elle & contre celuy là de la hauct, pour nous auoir reduictz dobéir a vne petite fille formée du limon de la terre. Chien, tu ferois bien eſtonné ſy je te diſois quon me menace dautre choſe. Ie ne le diray pas.

Le jourdhuy neufiefme de Septembre 1643

A efté confrontée Madaleine Bauant, dite de la Réfurrection, a Dagon, Sœur Marie du Sainct Efprit.

Madeleine a demandé permiffion a Monfeigneur lArcheuefque de Tolofe, & Monfeigneur lEuefque dEureux, de commander à Dagon de rendre le papier de blasfefmes. Ce qui luy a efté accordé & a commandé a Dagon, par la permiffion de Dieu, de rendre le pappier deffus dit. Dagon a refpondu : Tu eft bien effrontée, tu es bien hardie, ma petite Madaleyne, je nagis pas felon ma force, je meftonne de touyr ; tu ne vois pas les chofes a aduenir, mais je les vois bien, moy. Tu connois bien celuy que je t'enuoye, parlant d'vn diable, tu es a moy juftement, tu le fçais bien. On luy a dit : Madeleine te fait confufion, Dagon a refpondu : O Dieu éternel & Dieu du Ciel ! ô Dieu cruel, fault-il que je fois eftimé comme vn fot & vn faquin, je voudrois auoir la force, moy diable, dobéir comme toy Madaleyne, il faut pourtant que jobéiffe. Et a dit a Madelaine : Ie te dis que toy feulle tu as plus faict de péchez que tous les hommes enfembles. Madelaine a refpondu : Ie men fuis confeffée. Magdelaine a conjuré de rechef le démon de rendre le le pappier de blasfefmes. Dagon a refpondu : Sy jeuffe eu vne chienne comme toy qui euft eu commandement fur les diables, jeuffe fait autre chofe ; ce que tu dis icy, je te lay enuoié dire. Et Madelaine prenant la parolle, a dit quil na pas tenu a Dagon quelle ne foit damnée. Madelaine la encor conjuré comme deuant, de dire où eftoit le papier de blasfefmes. Dagon luy a demandé fy elle nauoit pas aydé a le faire, & Madelaine a dit que non, & que Dagon attendoit à la porte de fa celule afin quelle renonçaft au baptefme. Sur quoy elle a dit quelle renonçoit a Dagon, & quil euft a rendre le pappier de blafphefmes. Dagon a refpondu qu'il n'auoit rien delle, & que ce fut luy qui rendit la cédulle dans la conciergerie dEureux. Dagon enfuite luy a dit : Ne te fouuient-il point, Madeleine, que tu me la fis quand tu eftois dans ce petit grenier ? Madelaine ne luy a rien dit fur cela, mais elle la conjuré de rendre le pappier de blasfefmes. Il a refpondu quil na rien delle, mais quelle a renoncé à Dieu & à lEglife & quelle luy a fait dix promeffes, fix de fang & quatre dencre. Madeleine a deffié Dagon de les monftrer, & dit

& dit quelle nen a fait qvne quelle a rendue de fa main droitte, & quelle na eu affaire a aucun autre diable qu'à Dagon. Les Seigneurs Prélats voiant la conteftation de part & dautre, ont fait venir le Sainct Sacrement de l'Autel, & adjuré Madaleine & Dagon, en vertu dicelluy, de dire la verité. Alors Madaleine aiant mis la main fur le Sainct Ciboire a juré n'auoir fait aucune autre promeffe au diable que celle de fang. Dagon voiant cela a quitté la fille qu'il poffédoit, mais par les mérites de la Vierge Marie lon la évocqué, & vn peu après eft reuenu en faifant de lenragé douyr les refponces de fa chère Madaleine. difant quil vouloit que touttes les peines denfer tombaffent fur luy, au cas que Madaleine ne luy appartinft pas, difant encore quelle feftoit donnée a luy. Madaleine a conjuré Dagon auec hardieffe, & le démon a dit : Ie fuis vn diable, il eft vray, je le confeffe, mais je dis plus de veritez que toy, criant & arageant que Madaleine eft a luy de bonne vollonté & franche loyauté. Madaleine a dit quelle le renonçoit. Dagon a dit : Ma pauure Madaleine, Gonfague taueugle pour moy, je ne vous veus point confondre. Et elle luy a dit : Ie te confonds par la puiffance de Dieu, fy tu ne raporte le pappier de blasfefmes. Sur cela Dagon a dit que les diables meftront empefchement a tout ce que lon prétend, & s'adreffant a Madelaine fur quelque cajolerie quelle faifoit luy a dit : Sy tu auois toufjours fait comme cela, tu ne ferois pas en la peine ou tu eft. Criant : Ie demande pardon a vne Sainte de parler contre moy, je nay point de blafefmes de ma petite Madeleine. Lon a fait venir Sœur de Sainct Auguftin, pofédée de Gonfague, & laiant preffé de dire ce quil fcauoit de Madaleine, il na rien refpondu & Magdeleine faifant quelques fignes à Gonfague, Dagon a dit : Diantre, mon petit, elle fe mocque de toy, & moy je me mocqueray auffy de toy puifque tu es fy coüard. Dagon parlant à Madaleine luy a dit : Ne fçais-tu pas bien que je tay toufjours fuportée, double putain, & que tu as toufjours renoncé à Dieu. Et Magdeleine difant quil lauoit trompée, il luy a dit : Dieu eft jufte, tout ce qui feft paffé en toutte ta vie depuis lâge de neuf ans fera defcouuert. Magdeleine lui a dit : Prouue cela. Dagon a dit : Tu me fais enrager de touyr, le diable eft plus fidelle a Dieu que tous les hommes, tu es noftre fleau, Madaleine ; fy tu eftois damnée il nen feroit que bien ; tu las trop mérité, car jamais créature na tant offencé que toy. Dagon a encor

E

dit: elle ne veut pas ſe ſauuer. Et Madeleine a dit quelle neſtoit pas a luy. Et Dagon luy a dit: Sy tu conſiderois tous les abominables péchez que tu as faits, tu te déſeſpérerois; tu as vn diable, voire deux qui parlent en toy, tu es trop groſſe bûche pour reſpondre ainſy, & tu fais voir par là que tu neſt point conuertie.

Exorciſme faict à Sœur Marie du Sainct Sacrement, poſſédée de Putifar, ce 17 Nouembre 1643, contenant les deſſeins de Dauid & de Picard.

Le démon éuoqué par Monſeigneur dEſureux, & luy ayant eſté commandé de rendre le regiſtre dont il auoit parlé les jours précédans, il reſpondit: Quil ne ſeroit point rendu, mais pourtant quil en ſeroit rendu quelque choſe, ne ſachant pas quoi. Après a dict: Il ten ſera ſeullement rendu vne pièce, vne des premieres, mais tu ny connoiſtras rien. Et après beaucoup de réſiſtance a dit: Il te ſera rendu vng teſtament faict par Dauid & Picard, contenant le delay quil luy faut luy recommandant cette maiſon. Il a eſté eſcrict de tous les deux, parce quil y a le réciproque, il y a la promeſſe; Ie te dis, chien, que tu ny connoiſtras rien, ce ne ſont que des pataraſes; il ny a que ceux qui ſont de ce mettier là qui y cognoiſent quelque choſe, je ne le rendray jamais, ou je ne ſeray plus diable, je te dis quil ne ſera pas rendu par moy. Lon a preſſé le deſmon par lauthorité du Tout-Puiſſant, & on luy a dict: Que peut vng Dieu? Chien ne me parle point de cela, ce mot eſt capable de menuoyer au plus profond des abiſmes; doù eſt-tu venu petit homme de fange, deſpriét groſier? Contrainct de rechef de parler a dict: Il a eſté eſcript en vne chambre où demeuroit alors ma chère Magdelon, où il y auoit vne petite grille; il eſt eſcript en carathères du ſabaat, de toutes ſortes de lettres communes, Francoiſes, Eſpagnolles, Italiennes, Hebrahiques, tant y a que ceſt du meſlin meſlot; tu neſt pas preſt de lauoir, tu ne le tiens pas. Ie men veus aller le jour de la Préſentation, de peurs de voirs cela.

Lon a faict commandement au démon de dire le contenu de la dite pièce, il a dict: Il y a: Ie laiſſe mon âme a Belzebuth & mon cors aux Sorciers pour en faire ce quils voudront; moy Pierre Dauid: Ie laiſe mon âme à Lucifert, Prince des Enfers, & mon cors aux homes de noſtre aſemblée pour en faire ce quils voudront comme bon leur fenblera. Puis il y a vn petit figne & vn patarafhe & vn cachet au defus de fon figne, il y a vn petit morfeau de pain confacré; cela nous appartient, nous nauons que faire de le rendre. Preffé de nouueau de parler férieufement, a dict : Il y a efcript : Ie laife a Belzebuth & à mon cher Frère Maturin Picard le pouuoir & autorité que je peux prétendre fur cette maifon, tant du temporel que du fpirituel, pour conduire, gouuerner & paracheuer ces haultes & fublymes fondemens que jay baftis fur terre, afin quils puifent réufir pour l'éternité. Ce difant, le démon ceft efcryé a haulte voix, en difant : Cher Père Dauid ou es-tu allé? si tu euffe vefcu encor deux ans, nous vffions tout gaigné; tu vffe honoré toute noftre republicque, nous fommes deshonorez pour lefternité. Sur ces cheres amies qui me font chères comme moy mefme, je te les recommande afin que tu les conferues dans lintégrité ou je te les laife. Ceft tout le contenu ; mais il y a vn patarafe & vne hoftie confacrée foubz laquelle il y a du fang tiré du bras gauche de Dauid & de Picard. Le patarafe de Dauid eft fon figne du fabaat, ce qui eft efcript du teftament ne peut eftre leu quà la mode du fabaat.

Le reciproque eft : Moy, Mathurin, je promets fidélité fur la perte de mon âme à mon très cher Frère Pierre Dauid & a Belzebuht que je reconnois pour mon Dieu fur terre, duquel jefpère touttes fortes d'afiftances pour trauailler & agrandir fon nom fur terre, auquel je me confacre & mon corps & mon âme & tout ce que je puis eftre pour toute l'éternithé. Il y a vng figne au bout, vne hoftie & du fang de tou les deux foubz icelle hoftie auecq vn pataraffe.

Le 13 de Nouembre 1643,

En préfence de Monfeigneur de Longueuille & fa fuitte a efté exorcifé le démon Leuiatan, lequel après auoyr faift les prières acouftumées.

Sur linterrogation que luy a faiéte Monfeigneur dEureux quil eftoit venu faire a la maifon a dit : Iy fuis venu par la Prouidence de Dieu ; ne fçais-tu pas bien que cette double putain a efté deftinée deux fois? Plus a dit : Iay vn, voire deux commandements de parler, mais je ne te diray pas ; je fuis la Trinité du fabath, je ne m'humiliray pas foubz ce Dieu faiét homme, va te faire &c. Ie ne congnois point Dieu & ſi je ne le ſents pas. Monſeigneur luy a faict commandement par la Vierge de parler. Il a dit quil nobéyra pas a vne putain, femme de ce Ioſeph ; après on la contrainct par la Vierge & Sainct Ioſeph, a parlé tout dvn temps auec deux voix, vne du goſier & lautre voix naturelle, & a faict des contorſions s'eſtendant de ſon longt & tirant vne longue langue. Lon la conjuré par les merittes dudit Sainct, a dit : Si jay des commandements je ne ſuis pas obligé de les faire. Puis a crié : Maudit chien dEueſque, tu es mon ennemi en terre, je le jure ſur la Saincte Trinité, ſur Dieu Trine & vn. Et s'eſt deſtourné vers Monſeigneur de Longueuille, diſant : Ma foy, je voudrois bien eſtre capable de te rendre ſeruice ; après a dit ſur *depoſuit potentes de ſede*, jeus, chien, dimanche vn commandement. Cette ſacrée Vierge Mère de Dieu me commanda eſtant dedans vn corps qui luy eſtoit dedié, je ne ſçaurois dire cela quà ma rage, & après auoyr faict ſa volunté, elle nous réduit a rien ; elle me dit que je confondrois Belzebut & tous les plus grands Princes que moy. Elle ma dit que je ferois comme il a eſté faict a vne maiſon, quelle me confondroit comme les autres diables. Ce neſt pas que les corps qui ſont tourmentez en ſoient plus déſagréables a Dieu. Maudit ſoit lheure ou je ſuis venu en ce chien de corps. Nous auions enuie de gaigner ta maiſon par les hommes du ſabath. Ie ſuis obligé de dire vérité, moy qui ſuis vn eſprit pur. Après lon a aporté le Sainct Sacrement qui a eſté mis ſur la poittrine dé lexorciſée, en luy faiſant commandement de dire le mal de la maiſon. A dit quil ny auoit rien céans que par la Prouidence de Dieu, non pas que Dieu y aye enuoyé les diables, mais ils y ſont venus pour deſtruire des choſes abominables. Ne te dis-je pas que la Vierge auoit pris Magdeleine en ſa protection, à la rage de tous les diables affin de la conuertir ? Ie penſois bien gaigner quelque choſe en cette maiſon, mais la praticque ſaincte qui y eſt nous en a bien empeſchés. Lon a dit *Vigent te Virgo Maria*, puis s'eſt mis a crier : Dieu injuſte, je ne te veux jamais aymer, car je ne le puis pas, Dieu injuſte, chien, quaud jauray dit le commandement de cette Vierge, elle commandera encore daller bruſler. Ie ſuis tenu pour vn ſot, faut-il qu'vne Vierge nous confonde à tous moments ; jay eſchappé touttes ſortes de choſes & jay touſjours des commandements de prêts. Chien, que dirois-tu ſi lon te ruinoit comme moy ? Quel gain auons nous

dobéyr

dobéyr à ce Dieu ? Ie ne luy obéys fois que je n'endure des peines éternelles. Veux-tu que je te dife la fin de tes affaires ? Nous auons nos cornes bien plattes & a dit quantité de petittes chofes inutiles. Cependant lon a chanté les Litanies de la Vierge & la fille eft demeurée comme dans vn tranfport, les mains en croix & les yeux fermez durant ce peu de temps des Litanies. Et après a dit : Il ni a guère faict bon pour moy, je fcay bien les charmes qui empefchent la conuerfion de Magdeleine, il faut que je les rende le jour de la Préfentation de la Vierge. Ie ne puis plus toft puifqu'ils ont efté pofés ce jour là. Monfeigneur la interrogé ce quil y a dedans ce charme, il a refpondu : Comme il y auoit aux autres. On la contrainct de dire quoy. A dit ceft affez puifqu'il y a des hofties confacrez ; ce quil a répété quantité de fois : Ce que Putifar ta dit eft faux, celuy de lhofpital eft de Dauid, les autres font de Picard, il eft ou eftoit l'Autel près la cheminée ; je ne veux plus rien dire, jay dit ce quil falloit dire. Lon la interrogé fils eftoient tous trois femblables. Il a dit : Faictz y Exorcifme, ceft affez ; ils ne font point plus de conféquence que les autres. Iay eu encore commandement de confondre les diables qui font autour de Magdeleine, fils eftoient oftez, elle pouroit fe conuertir. Il y a en tous trois des hofties. Et a dit : Prends les autres diables qui font dans ta maifon pour te le dire ; il y a des hofties confacrées par Picard & Dauid. Ie ne diray point autre chofe, je men vay quitter ce corps ; fais defcendre des Anges du Ciel pour te le dire, pour moy je renonce aux commandements qui m'ont efté faicts. Après a dit : A celuy de lhofpital, il y a vne hoftie confacrée auec du fang qui eft dvne chemife de noftre Magdeleine, de fes quenilles ; Bontemps qui eftoit Sorcier la veftit & en dit Meffe au fabath, & en donna a tous les Sorciers chaqun vn petit morceau. Cette chemife nous fut donnée pour mettre l'hoftie, nous fifmes dire Meffe a Bontemps au fabath eftant veftu de la dicte chemife. Les Prebtres Sorciers difent la Meffe au fabat auec des chemifes menftruées, & y confacrent le corps & fang de Iefus-Chrift auec vne chemife enfanglantée ; auec cela il y a vn pacquet de poudre noire, grife & blancheatre recueillie à la Sainct Iean ; de laquelle chemife enfenglantée on en trempa vn morceau dans la Calice, & on en fit dégouter trois ou quatre goutes dans le papier fur lequel on mit l'hoftie ; aux deux coftez duquel pacquet il y a

F

du poil de Picard & Magdeleine, quil luy auoit coupé fur l'Autel de lhofpital, cela fe fefoit affin que les deux Magiciens fuffent du nombre pour l'vnion ; lequel poil il luy ofta eftant couchée de fon long fur l'Autel ou ils firent du mal. Ie ne puis produire des chofes fi falles, je fouffre double peine pour cela. Il y a vn morceau de cire bénifte rond & efpois, qui eft de céans paffée au dehors meflée de fang de fes infirmitez. A dit encore : Tu ne pouras pas difcerner le rouge d'auec le blanc, ledit pacquet noué d'vne fiffelle & il y a trois neuds enfanglantez qui eft la conjonction de Picard, de Dauid & de Magdeleine ; il y a auffi vn quatriefme neud fur lequel il y a de la cire, & ce a caufe de Bontemps. On la conjuré de dire ou eftoit Bontemps. Il a dit : Bontemps n'eft pas a quatorze lieues dicy, tu dirois plutoft dvn gentil homme qu'autre chofe ; il eft a deux lieux par delà Caen ; il change de nom le plus fouuent, & a juré fur le Sainct Sacrement de l'Autel ny auoyr auftre chofe dans le charme. Puis a dit : Il eft a cinq pieds dans terre, il eft tout a cofté de la muraille deux poulces pres. Ie jure cela fur la vérité de Dieu Trine & un, felon lintention de lEglife & fur les attributs de Dieu. Iay commandement de cette chafte Mère de Dieu de le rendre Samedy, & a juré fur la puiffance de la Vierge qu'il n'a point commendement de le rendre plutoft ; le jour de la Préfentation nous le donnafme au bouc par Magdeleine, il y aura quinze ans en la Préfentation prochaine, fon diable l'y mena en tel jour. Interrogé à quelle heure il rendra fon charme, il a dit : A neuf heures du foir fonnantes, fans y manquer dvn moment ; chien, jauois enuie de ne me tenir pas dans ce corps la, a cette heure la. Ce fera a huict heures fonnantes, point plus toft ni plus tard. Double chien, penfe-tu le trouver ? Iay efté feulement foudroyé du Ciel pour te le dire. Le charme de lhofpital eftoit pour endurcir Magdeleine, pour ne faire aucun bien & pour luy donner les plaifirs de lEnfer & du fabath ; fi diantre elle n'eut point tant baifé le pacquet de poil que Picard luy auoit baillé, elle n'auroit pas tant efté endurcie, mais elle aymoit bien faire plaifirs ; elle la jetté dans le feu, mais elle ne laiffe pas de lauoyr dans fon cœur. Ie jure fur le Dieu crucifié que je nay point autre chofe a dire, fans équiuoque & fans tromperie.

Après mille réfiftances a dit : Ie fuis obligé de faire des chofes que je ne feray pas ; je te dits que le regiftre ne fera pas rendu,

mais il en fera rendu quelque chofe, je ne fcay pas quoi. Il t'en fera
rendu vne pièce, vne des premières, mais tu ny congnoiftras pas
rien ; je ne fcay fil en fera rendu quelque chofe, moy je ne le fcay
pas, ce qu'il a dit par mefpris, puis a gardé le filence.

Il fera rendu, je n'en puis plus, aye aye, aye, il en fera rendu
vn teftament, ah, ah, ah, & je ne diray plus rien. Ie te le dits, il
te fera rendu vn teftament faict de Dauid, entre Dauid & Picard,
contenant le delais quil luy faict & la recommandation de cette
maifon. Il ne fera jamais rendu & il a efté efcrit de tous les deux,
parce quil y a la promeffe ; je te dits, chien, que tu ni congnoiftras
rien, que ce neft que des pataraphes. Tu ni congnoiftras rien.
Ceux qui ne font point de ce meftier ny congnoiffent rien. Ie ne
le rendray jamais ou je ne feray plus diable, je te dits quil ne fera
pas rendu par moy. Que peut vn Dieu ? Chien, ne me parle pas de
cela, ce mot eft capable de menuoyer au profond des abifmes. Doù
eft-tu venu, petit homme de fange, efprit groffier ? Ne me parle pas
de cela, il eft efcrit en vne chambre ou demeure Mr Renault, de
caractère du fabath de touttes fortes de lettres : il y a lettres communes, Françoifes, Efpagnoles, Italiques, Hébraïques, il y a du
meflin meflot. Tu neft pas pres de lauoyr, tu ne le tiens pas, il y
a dix diables qui te le diront, ceft pourquoy je men veux aller le
jour de la Préfentation. Preffé de dire le contenu, a dit ces mots :
Ie laiffe mon âme a Belzébut & mon corps aux hommes de noftre
affemblée pour en faire comme bon leur femblera. Il y a vn petit
figne & vn paraphe & vn cachet au deffus de fon figne ; il y a vn
petit morceau de pain confacré. Cela nous apartient, nous nauons
que faire de le rendre, a tout le moins cela fera coupé les dernières
lignes, je les defchiray affin que tu ne les aye pas. Et après eft
efcrit : Ie laiffe à Belzebut & a mon cher Frère Mathurin Picard ;
a demain le refte ; aye, laiffe moy, chien, que je nen dife point
dauantage. Ie te dis que ceft vne chofe faicte a plaifir, je nay faict
que mentir. Puis a dit : Ie laiffe le pouuoyr & authorité que je
peux prétendre fur cette maifon, tant de temporel que de fpirituel.
A dit : Pour enduire, gouuerner & parachcuer ces hautes, fublimes
fondements que jay baftis fur terre, affin quils puiffent réuffir pour
leternité. Cher Père Dauid, ou es-tu allé ? fi tu euffe vefcu encore
deux ans jeuffions tout gaigné, tu euffe honoré toutte noftre republique, nous fommes deshonorez pour léternité. Ce neft pas à moy

de dire cela. Ie ne peux plus dire le refte. Penfe-tu que je puiffe fcauoyr tout ce qui y eft ? Ceft tout. Et il y a vn paraphe & vne hoftie fous laquelle il y a du fang tiré du bras gauche de deux de Dauid & Picard. Il ni a que le paraphe de Dauid qui eft fon figne du fabath, ce qui eft efcrit en lettre du fabath. Il y a plufieurs lettres, touttes fortes meflées, & bien fouuent lvne dans lautre. Cela eft de toute forte de langage qui fe peut lire a leur mode du fabath. Le reciproque eft : Moy, Mathurin Picard, promets fidelité fur la perte de mon àme a mon très cher Frère Pierre Dauid. Ie ne te fcaurois dire le refte, pour vn point que je ne peux pas dire. Mais preffé de continuer : Et a Belzebuth, que je recongnois mon Dieu fur terre, duquel jefpère touttes fortes daffiftances pour trauailler a agrandir fon nom fur terre, auquel je me confacre mon corps, mon âme & tout ce que je puis eftre pour léternité. Ie te dits que voilà la première pièce, le papier de blafphemes eft la feconde. Il y a vn figne au bout & vne hoftie, & du fang de tous les deux deffous icelle, auec vn paraphe. Ie ne te le doibs rendre, je m'en vays dire pourquoy, cette Mariette nous oblige a le déclarer : C'eft quil y a vne ligature fi puiffante a caufe de la volunté que les filles auoient donné a ceft homme, que fans cela la maifon ne feroit guarie. Le don des filles eft : Mon Père, ayez foin de nous, nous vous donnons pouuoyr & nous vous obéyrons. Ie te dis qu'après cela & le papier de blafphèmes, le refte n'eft rien, & que tout le refte ne fert qu'entre Magdelaine & Picard. Ce font les confentements de Magdelaine & Picard ; ce font les recommandations de Picard & Magdelaine, ils fe promirent de ne fe laiffer lvn lautre. Les autres pièces font des réciproques de Magdelaine & de Picard, & des charmes qu'ils ont pofez dans la maifon ; ilz acceptèrent la poffeffion l'vn de lautre, & fe promirent deftre toufjours fidelles lvn a lautre. Ces promeffes furent faictes vn an deuant que Dauid mourut. Ce quil jura eftre vray fur la puiffance de Dieu, felon l'intention de lEglife.

Année 1644

Année 1644.

Ie, Iehan Billard, Curé de Noſtre Dame de Vernon, certifie que le Lundy onzieſme de Iuillet 1644, meſtant, par le commandement de Monſeigneur liluſtriſſime Eueſque dEureux, & à la prière de Magdelaine Bauant, cy-deuant Religieuſe du Monaſtere de Sainct Louys de Louuiers, & a préſent priſonniere aux priſons de lofficialité dEſureux, tranſporté es priſons, tant pour entendre ladicte Bauant de confeſſion que pour continuer les Exorſimes commanſés, pour contraindre les démons a raporter & rendre touttes promeſſes & autres pièces a cauſe deſquelles elle auoit eſté & pourroit encore eſtre engagée a eux; aiant paſſé la plus grande parti edudict jour en prières & exorſimes a cette fin, en la préſence de Monſieur de Lonchant, Archidiacre & Chanoine de la Cathedralle dEureux; de Monſieur Motte, Preſtre oficier de ladicte Eglife, & de Frère Conſtance de Mante, Religieux du tiers ordre Sainct François; ladicte Bauant, après auoir eſté le matin & après diné extraordinairement tormantée des deſmons, en fin ſur les ſix heures du ſoir fut jettée par terre en ariere, ledict Sieur de Lonchant eſtant à ſa main droite, ledict Sieur Motte, Frère Conſtance a ſa main gauche, & moy au milieu deus auecq lEtolle & le Sainct Sacrement, & a linſtant de cette cheute en ariere elle fit de grands cris & plainte comme toute extrauaguée, ſe plaignant particulièrement du bras, dans laquelle plainte elle commanſa de fermer fortement ſa main droicte; ce que voiant, japoſay le Sainct Sacrement ſur ladicte main auecq trois commandements réitérés au démon de luy laiſer ouurir la main, après leſquels la main eſtant ouuerte je trouuai & pris en icelle, en preſence deſdicts Sieurs, vn papier ployé & fort ſerré, vn peu ſalle & comme terreux, & au meſme temps nous tous enſemble, eſtant vn peu éloignés de ladicte Bauant encor toutte agitée & troublée, nous fiſme louuerture dudit papier long de huict a neuf pouces de long, large de quatre a cinq, contenant vingt cinq lignes & demie deſcriptes en ces termes :

« Ie te prie de remettre dans mon corps ce que tu me vien doſter
« par rage. Ie nen puis plus & aime mieux mourir. Tu me preſſe
« de te donner mon corps & mon ame, prens tout ce que tu vou-
« dras; ceſt grande pitié de ne permettre point que je me deſ-

« couure a perfonne. Ie te tien par le pouuoir que ma donné celuy
« qui ma faict prendre la Communion fous le murier, taiant dict tu
« verras ce qui tariuera. Voilà tu me donne ton corps & ton ame,
« après auoir tiré de ton corps cette piece par le pouuoir que tu
« me donne & que tu viuras, & après ta mort tant que nous au-
« rons cette pièce cellée par celuy a qui tu as donné ton confente-
« ment mille foys a tous les maléfices quil feroit, & ne cefferoit
« jamais que cette piece ne foit rendue, & trouue deux charmes a
« deux coins par lequel jay pouuoir de te mener au fabaat & con-
« fentir a tout ce qui fi fera, eftant auprès de celuy qui les a placés,
« moy Afcarot, qui te les ai prife après auoir refeu pouuoir de
« M P, que fi jamais tu en parle ou defcouure ce qui ce faict entre
« nous ou que nous soions obligés de rendre cette pièce fi impor-
« tante, par laquel'e nous perdons tout pouuoir fur toy, ja tafure
« que nous tetranglerons. Refpond. — Ie le veux bien : MADELAINE. »

Et au bas dudit papier font deux hofties aux deux coftés, fur
lvne defquelles il y a deux lettres efcriptes M & P, en lautre ni a
rien defcript. Après la confrontation dudict papier, laiant reployé
& mis dans ma main gauche, en tenant le Sainct Sacrement en
ma main droite, je retournai auprès de ladite Bauant, laquelle
maiant regardé tefmoigna vne grande frayeur, difant quelle ne
voioit point mon vifage, mais feullement vne figure de diable plus
hideux & épouuantable que la befte quelle auoit veue a la grange
du Menil, jour dont elle auoit parlé au procès, ce qui ma obligé
de faire quelque Exorfime pour faire commandement a tous les
diables que jauois éuoqués de quiter la fille pour la laiffer libre,
tant que je les rapelaffe pour jufte fujebt, & a mefme temp elle
ma dit quelle ne voioit plus cette forme de diable en mon vifage,
mais deux autres diables fur mes deux épaules, fur quoy aiant
redoublé les Exorfimes, aufitoft cela difparut. Ie commanday a
ladicte Bauant de me dire pourquoy elle auoit, dans le fort de
fes cris & plaintes, ferré fi fort fa main droite, a quoy elle me fit
refponce quelle ne lauoit point du tout ferrée ; ce qui nous fit
voir a tous quelle neftoit pas en elle, mais quelle eftoit extrauaguée dans le temps de fes plaintes extraordinaires. Et pour le
mieux reconnoiftre, je luy demanday où elle auoit pris ce que
jauois trouué dans fa main, a quoy elle me répondit quelle nauoit
point de connoiffance que jeufe rien pris ni trouué dans fa main ;

fur quoy je luy demandai fi elle ne fe fouuenoit point dauoir autrefoys faict vne promeffe au diable, au bas de laquelle il y eut deux hofties & charme, compofés de deux hofties & quelques lettres efcriptes fur vne des hofties, a laquelle demande elle commanfa a pleurer en abondance, me difant pourquoy, contre mon ordinaire, je luy demandois les fegrets de fa confience en préfence des perfonnes. Et moy luy aiant reparty que ce dont je l'intérogois pouuoit defja eftre connu a ceux en la préfence defquels je luy parlois, elle me dift quelle eftoit encor fi hors delle mefme quelle nauoit point de mémoire dauoir faict de pareille promeffe au diable, Et alors je la pris par la main, la faifant leuer, je la menai proche de la feneftre du cachot ou je luy fis ouuerture dudict papier, lui demandant fi elle reconnoiffoit bien cette efcripture ; a quoy elle refpondit afirmatiuement, difant que ceftoit fon faict & efcripture de fa main, & quelle ne fen fouuenoit plus ne layant point veue defpuis quelle lauoit efcripte, & que mefme elle nen auoit faict aucune mention ni déclaration tant au procès quen fa confefion pour nen auoir eu aucune connoiffance, & me demanda auecq étonnement où jauois pris ledict papier ; & luy aiant faict entendre que je lauois pris dans fa main, & elle maiant refpondu quelle nauoit prefque aucune connoiffance de tout ce qui ceftoit paffé en ladicte après dinée, je la fis conuenir au contenu de ladicte promeffe & je mis au landemain a luy faire particularifer, en préfence desdicts Sieurs, les circonftances de ladite promeffe, & le landemain fur les deux heures après midi, trenfporté auecq les fufdicts auxdictes prifons, je demandai a ladicte Bauant en quel temps elle auoit faict ladicte promeffe, laquelle me fit la refponce : huict ou dix jours après que la Communion luy fut tirée de la bouche foubs le murier par vn diable en forme de chat ; elle fut fort tormentée par les démons qui luy tirèrent du corps quelque pelicule dont elle dict auoir faict mention au procès ; après quoy lefdicts defmons layant laiffée, elle les pria de luy remettre dans le corps ce quils en auoient ofté & de mettre fa promeffe par efcript. Elle fut dans le parloir dan bas du Monaftere de Louuiers ou Picard eftoit de lautre cofté, & a linftant le diable luy apporta vne plume & de lengre & le papier ou elle efcripuit ladicte promeffe, fur le bas duquel eftoient defja les deux hofties & charme pofés, & luy dicta les chofes quelle a efcriptes, a la referue dvne M & vn P qui font efcripts fur la fin, pour lefquelles efcrire le diable fit donner a Madelaine la plume, l'encre, & le papier à Picard pour y efcrire la fufdicte lettre de fa main; Picard les aiant efcriptes rendit le tout a Madelaine, & elle acheua defcrire ladicte promeffe de fa main; laquelle eftant acheuée defcrire le diable la prit de fa main, & peu de jours après la mena au fabat. Qui eft tout ce quelle a dit fauoir touchant ladicte promeffe, & la figné de fa main auecq les fufdicts affiftans, le douziefme Iuillet 1644.

Du vingt deuxiefme Iuillet 1644
à Efureux, par Monfieur de Lengle, Pénitanfier.

Nous foubz figné Iacque de Lengle, Chanoine & Penitancier dEfureux, Iehan Villard, Curé de Vernon, & Martin Mothe, abitué en lEglife Cadredralle duy Eureux, tous Preftres, certifions a qui il apartiendra que le vingt deuxiefme de Iuillet 1644, jour & fefte de Saincte Madelaine, nous nous fommes trenfportez, fuiuant les ordres de Monfieur dEfureux, en la Confiergerie de loficialité dudit lieu, ou après auoir celebré la Saincte Meffe comme aux jours précédens, prefence de Madelaine Bauant, prifonnière, nous lauons faict venir en vne chambre haulte de ladite Confiergerie ou eftant auecq le Sainct Sacrement de lAutel, nous auons faict les prières acoutumées & prefcriptes de lEglife, & procédé a léuocation & conjuration des démons, leur commandant par hautorité de Iefus-Chrift, par la puiffance de lEglife, par la vertu de la Vierge Mère de Dieu, par les mérites des Saincts & Sainctes, & particulièrement de Sainct François & de Saincte Magdelaine, & par le très augufte & adorable nom de Iefus, deftre préfens & de nous raporter, felon lordre de la Prouidance de Dieu, le papier de blafphême, les cédulles, charmes & maléfices, & touttes autres fignatures concernantes ladite Madelaine Bauant en la maifon des Religieufes de Sainct Louys de Louuiers, pour lexcecution duquel commandement nous leur permetions foubs le plaifir de Dieu, pour le temps que nous jugerions néfefaire, lufage du corps de ladite Madelaine. Ce que nous auons continué defpuis neuf heures du matin jufque a midy, que nous lauons quitée & laifée es mains dudit Sieur Curé de Vernon. Vn de nous nous ayant dit quelle refentoit de grandes & prefentes douleurs en toutes les parties de

fon

son corps, voire mefme quelle auoit lame en vne profonde triftelfe, eftant reuenus audit lieu fur les deux heures de releuée ou continuant les pareils Exorfimes, ladite Madelaine ceft trouuée grandement agitée en fon corps & en fon efpriɑ̃t, comme elle nous la diɑ̃t & lauons apperceu par les roidilfemens de fes bras & par les plaintes que de foys en autre elle nous en a rendue. Ce qui a continué jufque vers les cinq heures du foir, que nous auons eu recours aux interfefions de bien heureufe Sainɑ̃te Vierge, metant entre fes mains le pfeaume *Miferere mei Deus,* & loraifon du *Memorare* repetée par trois foys pour eftre par elle eftre préfentée a Dieu & la Sainɑ̃te Vierge & glorieufe Marie, après laquelle prière nous auons tous de nouueau, tenant en nos mains en vn corporau le très-augufte Sacrement de lAutel fur la tefte de ladite Madelaine, commandé aux démons de rendre ce que nous leurs demandons, faire la volonté de Dieu & dobéir a lEglife. Sur quoy ladite Madelaine Bauant a diɑ̃t quelle refentoit vne douleur extreme au bras, aux reins, en la tefte & particulièrement au cœur, fur lequel y ayant pofé le Sainɑ̃t Sacrement elle ne la peu foufrir. Ce qui nous a faiɑ̃t luy commander de porter fa main dans fon feing du cofté du cœur dont elle fe plégnoit, afin de voir fil ni fy trouueroit rien, & enfuite nous lauons faiɑ̃t leuer debout, fecouer fes habits & faiɑ̃t fouiller en fes poches de lauelle elle auoit tiré vne lettre dudit Sieur Curé de Vernon, touchant la conduite de fa confience, fans que nous ayons aperfeu aucunes chofe dedans le temps dvn *Aue Maria.* Continuant les Exorcimes, nous auons veu thomber au milieu de nous, fans aucune opération humaine, a plus de trois piedz de ladite Madelaine, vn papier ployé & lié dvne petite ligature, y auons remarqué trois neudz, & ayant defployé ledit papier nous auons veu que ceftoit vne feuille de petit papier marqué d'vne licorne, au hault de laquelle il y a vne petite croix, ladite feuille efcript jufque au bas en forme de milfiue dont la teneur fenfuit : « Mon Reuérent Père, voftre benediɑ̃tion fil vous plaift;
« defpuis voftre départ je fuis extrêmement tormantée plus que
« jamais, je ne forois plus voir noftre Père Confeffeur; il me femble
« de mille diables quand je fuis deuant luy, je ne voy autre chofe
« en fa préfence, & quand il mi veut faire renoncer ceft quand je
« mi-donne; il meft auis quil me le commande par mon efpriɑ̃t, ceft
« grand pitié. La Comunion a efté prife deux foys defpuis voftre

H

« départ auecq de grands & horibles tormens, mequſitant a tout
« moment a renonſer a Dieu & a tous les ſacremens ; jaime autant
« mourir que de viure en cet etat. Ceſt pourquoy je vous prie, mon
« très-cher & Réuérent Père, de ne me denier voſtre aſſiſtance le
« plus toſt que vous pourés ; noſtre Père du Menil ma faict venir
« au parloir & ma dit qui ſent bien quil y auoit vn ſortilége jetté
« ſur noſtre Père Conſeſſeur & moy, & quil me guériroit auquel jay
« conſenty. *Ceſt moy Aſcarot a qui tu as conſenty & proche de mon*
« *maiſtre, ceſt moy qui pren tes Comunions & les y porte par ſon*
« *pouuoir pour en faire des maléfices. Tu penſe, chienne, nous*
« *échaper, renonce de ta propre main deſtre a dautre qua celuy a*
« *qui tu as donné ton cœur mille foys, & luy donnant tu mapartient*
« *& te montrer la vérité. Ienporte cette piece.* » Et enſuite de ladite
lettre, il y a trois pataraſe & vne M & vn P. Nous auons remarqué ledit feuillet de papier tout terreux dvn coſté & dautre, dans
lequel nous auons trouué vn morſeau de papier large de trois
doipts & long de demy pied, ployé en quatre, ſur lequel ſont attachés deux moitiés dvne grande hoſtie, & ſur le hault de la première moitié nous y auons remarqué vne forme d'M & de P qui
ſemble eſtre de ſang, & au milieu quatre ou cinq poins deſguilles
ou deſpingles qui nous ont ſemblé rouge ſans dautre petite marque
de couleur de ſang que nous auons veu en lvne & en lautre moitié
de ladite hoſtie, & au deſous & deſus deſdictes moitiés certains
paraphes qui nous ſont inconus. Et le tout ayant eſté par nous
montré a ladicte Madelaine Bauant, nous lauons conjuré au nom
de Dieu & pour la deſcharge de ſa conſience de dire véritablement
ce quelle ſait tant de ladicte miſſiue que ladicte hoſtie ; elle nous a
dit après en auoir comunication que la miſiue a elle repréſentée
eſt celle que, enuiron quinze jours auparauant la mort de Picard
quon apeloit le Père du Meſnil, elle reſcriuoit au Père Benoiſt,
Capuchin, qui pour lors auoit la conduite de ſon âme, & auquel
elle deſcouurit les peines quelle ſoufroit & quelle ce ſouuient que
comme elle eut eſcript ladicte miſiue juſquè a ces mots : Auquel jay
conſenty, que le diable Aſcarot en forme viſible, ayant le hault
juſque a la ſeinture comme dvn homme & le reſte comme dvne
beſte, ſe préſenta a elle & lúy fit eſcripre en continuant : *Ceſt moy*
Aſcarot, & juſque a la fin : *Ienporte cette pièce.* Et il emporta la
miſiue & ne lauoit veue du depuis ; elle ſcait que les patarafes

qui y font ont efté mis defpuis quelle luy fut oftée, & ne fcait ce quils finifient, finon Maturin Picard. Et après luy auoir montré le papier fur lequel font les deux moitiés dhoftie, elle nous a dict que ce fut vne grande hoftie que le Picard auoit confacré dans l'Eglife de Sainct Louys de Louuiers, deux ou trois jours après ladicte mifiue efcripte par elle & emportée par le démon, laquelle hoftie il auoit portée au fabat, lauoit rompue en deux comme elle eft. Et layant mife en croix, lauoit apofée fur le cœur delle Madelaine, fon feing eftant a nud & découuert, ou il lauoit tenue prefque tout le long du fabat, luy difant : Mon cœur, cette hoftie féparée en deux que je mets fur ton cœur eft vng tefmoignage que nous ne fommes q'vn cœur nous deux. Et la folicita de confentir quil perfat ladicte hoftie, parce, luy dit-il, quil falloit quil eut du fang qui en fortiroit ou de celuy qui fortiroit delle Madelaine, eftant prefque par le mefme moyen & par le mefme coup que lhoftie ; ce quelle, Madelaine, nayant voulu permettre, ledict Picard auoit retiré ladicte hoftie. Puifque tu ne veus pas confentir que jaye du fang de la forte, je fay bien comme jen auray pour faire des lettres de ma volonté. Elle nous a dit ne fauoir qui auoit faict les dictez deux lettres M & B qui paroifent de fang, ni qui auroit picqué ladicte hoftie fi Picard ne lauoit faict en fuite des parolles quil luy tint, retirant ladicte hoftie de defus fon feing comme elle la dict. Elle nous a dict de plus quelle ne connoift point les patarafes qui font au defus & defoubz defdictes moitiés dhoftie, & quelle ne fait ce quils finifient. Et fur ce que nous luy auons demandé quelle raport il y auoit de cette mifiue auecq cette hoftie renfermée dedans, elle nous a répondu que ceftoit pour confirmer la donnation quelle auoit faicte de fon cœur à Picard. Suiuant que nous le pouuons remarquer, du difcours dAfcarot, aux dernières lignes de ladicte mifiue que nous luy auons repréfentée, & de tout ce que defus ladicte Madelaine eft demeurée fort eftonnée & ceft trouuée en fin fort libre & de corps & defprict, & en a auecq nous rendu graces à Dieu, à la glorieufe Vierge & à Saincte Madelaine, après auoir figné comme nous le préfent procès verbal, ce jour & an que defus.

Coppié fur le fufdict original en papier.

Signé DE LENGLE, Penitancier dEureux; MADELAINE BAVANT; BELLARD.

(Chacun vne marque ou parafe.)

Le dix-neufuiefme Mars 1645,
Iour de Sainct Iofeph, a efté exorcifé Leuiatant par Monfieur le Pénitenfier dEureux.

Le démon a dit : De l'ayde, de l'ayde, ah ! feras-tu aujourdhuy mon Dieu, juge Dieu, fera-ce aujourdhuy que je diray le fegret quil y a long-temps que je garde ? ah ! je m'arme ! Secret, fecret, que fi tu es defcouuert touttes chofes ne feront point ; ah ! force humaine & diabolique, as-tu point aujourdhuy autant de pouuoir comme les autres jours ? Ah ! nenni, car Madelaine eft vincue de honte pour moy fi jobéis ; vne chofe quil y a fi long-temps que je cache, je la defcouurirois : je le defclare que ce fera quand je nauray plus de force, je voudrois rentrer en moy mefme pour voir combien jay encore de force, mais je ne puis.

Ie ne fens qvne injuftice de ce Sainct Iofeph, qui me faict cognoiftre ce que je veux ignorer ; il me faict cognoiftre que je luy fuis dépandant, & dans cette defpendance, il me faict cognoiftre que je doibs obéir. Ie voudrois bien ne dire point de vérité que Dieu me faict cognoiftre, mais la vérité que Dieu me faict cognoiftre je la veux ignorer, afin de neftre point obligé de defclarer mon fecret : retire-toy de moy à l'inftant, juftice, afin que je puife entreprendre vn filence plus fort que jamais ; que je ne fois point contrainct de defclarer vn fecret caché aux hommes. Il y a plus de quinze jours, mordieu, je fent cette juftice de Dieu a mes defpends, prefte dopérer ; je voudrois que tu fice le fenblable a celle qui charme les autres, & qui eft condefendante a tout ce qui ce faict contre ta gloire ; ne defcharge point ta juftice fur moy, adreffe-toy a tes créatures & je nagiray plus par ma malice ; je ne deftruiray point mes inthérefts, ni ceux de celle qui men a donné le pouuoir, elle eft conuertie. Celle eft conuertie, dit le démon en ce moquant, il durera plus de fix moys ; fi jay le pouuoir de cacher le fecret, nay-je point pouuoir de réfifter a fes forces ? Parlant à la Vierge : Ceft le procedé dvne fille, il nen eft pas pis ; as-tu point affés de force pour menpefcher dopérer ? Empefche celle qui nous donne force ; il ni a plus de fecret, ceft faict de moy, il fault quil foit defclaré ; fecret qui ferd a confondre vne créature qui a donné vn fecret aux hommes, & louuerture dopérer le charme ou il eft pofé !

Il y euſt Vendredy dernier huiɕt jours que le charme fut poſé céans, de quoy lon ne ce défie point. Ie ne le rendray point que ce ne ſoit a ſa confuſion, dautant quelle faiɕt ſenblant de deſcouurir des charmes, & quelle faiɕt de la conuertie. Lon attend la venue de cette belle putain, afin de les deſcouurir en ſa préſence a ſa confuſion; les choſes quils ont faiɕt neuſſent pas eu de pouuoir de les poſer céans, dautant quelle faiɕt ſenblant de deſcouurir les charmes & quelle fait de la conuertie, ſi elle ne leur en donne le pouuoir, encore quelle aye donné conſentement de le faire; en parlant deus on parlera delle, lon en dira des choſes plus grandes que celles quelle a dites.

Lordre de Dieu eſt ſur moy de deſclarer: les hommes neuſſent pas eu le pouuoir de poſer ce charme, ce charme céans, ſans le conſentement de Madelaine; mais il luy ſera deſclaré a ſa confuſion, a la première veue dicelle & de moy, & lon connoiſtra quelle faiɕt pis tous les jours, pis que jamais; ſi je nay point parlé, tes prières nont point eſté perdues, mais elles ont ſerui a effacer tous les pouuoirs de magie, tous ces jours icy nont pas eſté perdus. Quand on veu que lon ne pouuoit rien gaigner, lon a faiɕt tout ſon pouuoir pour tirer le conſentement dvne perſonne, afin de pouuoir dire: Ie meſtonne ſil y a de ſi belles choſes dans voſtre maiſon, il y a vne créature dedans pire que moy; pour la deliurance de ce pauure du Val lon a faiɕt des apparitions: pauure créature, tu es bien heureuſe que Dieu te tienne en ſa protection (ce que le démon a dit, parlant à la fille quil poſedde). Il ſufiſt que mon ſillence ſeruira pour la confuſion de Madelaine & luy faire voir quelle a donné ſon conſentement pour poſer le charme qui a eſté poſé dans Lorette, qui eſt compoſé de quatre choſes: de cendre, de ſel, de ſang & de poil brulé, & du ſang eſpendu que tu voulois auoir, & il arriuera que je diray a Madelaine: Tu as conſenti a me faire vng charme de ſilence pour me faire garder le ſilence, car comme les Magiciens ne pouuoient menpeſcher de parler, elle: venez, venez a moy, je ſuis ſçauante en magie, il faut faire vn charme de ſilence.

Lon voudroit bien ne rien rendre & charger le vicaire de rendre, mais ceſt a toy a commancer, pauure beſte; tu voudrois ne rien rendre, mais il faut bien que tu rende cette pièce ou je ſuis le troiſieſme nommé. Et tu veux faire de la conuertie!

I

Ie voudrois ne point connoiftre ce qui ariuera de toy & de moy a la première veue que nous aurons, la connoiffance que jen ay me faict enrager. Ah ! fault-il que je préuoye ce que je te feray ! Ouy il le faut, puifque tu tes adreffée a vn Dieu ; ah ! fais-toy mourir, fais-toy enleuer, de peur quon ne te faffe venir. Aprés le premier enuifagement fur elle : Tu minpoferas le jour que tu voudras que je rende le charme. Parlant aux exorciftes : Il y a bien eu du defordre pour menpefcher de parler, mais auffi il y a bien eu de lordre de Dieu pour la confufion de cette mefchante créature ; fçache que delpuis trois fepmaines que je te defclare fes chofes, fil ni eut eu que les hommes, le charme euft efté rendu ; mais d'autant que ça efté par linftint de cette mefchante créature, il fault quil foit defclaré en fa préfence. Touttes les prières que tu as faictes ont ferui a enpefcher les pouuoirs de la magie qui ce faifoient en grand nombre ; tu ne forois penfer en conbien de mots ils ont eftés faicts ; defpuis ce temps les hommes confefferont ce que jay dict touchant les prières. Mon fegret eftoit de ne pas defclarer que Madelaine eftoit confentente à ce charme, qui a efté pofé au milieu de la chapelle de Lorette. Ceux qui ont aporté ce charme, ça efté trois diables : lvn de Madelaine, lautre du Vicaire & lautre de Duual, car Duual eft partie pour les deux autres, il refpond pour eux. Les noms des trois diables, de trois perfonnes. Le démon du Vicaire eft le troifiefme des Afmodée. Il faut vn peu demander a Duual fil ne connoift point bien Vérin ; il faut demander à Madelaine fi elle ne connoift point bien Dagon ; le démon de Madelaine ceft Afzarot : il ne pofedde point céans, toutes fes délices & fa demeure eft en Madelaine. Ceft celuy qui ta rendu fes belles pièces dans le cachot, & qui luy donne fes belles lumières. Voilà les trois diables : Afmodée, Verin, Afzarot, qui ont faict a lafaire. Le Vicaire a eu vn diable pour luy fournir de belles femmes, pourquoy il luy a fallu vn Afmodée pour luy ayder a la paillardife ; Madelaine fcait mieux que ceft vng diable qui luy fournit touttes les belles lumières, que tu ne fcais que ceft le Sainct Sacrement qui eft la dedans. Lon a efté au défefpoir de ce que lon ne la bien efcoutée fur ces belles lumières, pourquoy on attend Monfieur de Vernon.

La fignification du charme du filence, je ne le diray point que demain. Celle qui a ordonné la quatriefme chofe qui font le charme, je luy demanderay pourquoy as-tu donné à François du Val, du fel; & au Vicaire, du poil; & toy, du fang; & aux deux autres, des cendres. Il ni a du fang que de François du Val. Ce pauure homme François du Val! Et fi il ne fcait ce que ceft, finon quil guerifoit quelquefoys de belles filles qui eftoient malades damour; lon va faire tout ce quon pourra pour le faire fortir de prifon, du moins elle y fera tout fon pouuoir; tu es fon foubmis, mais tu feras fon ennemy, tu as bien delié des efguilletes. Si je fuis fi bien foumis à ton pouuoir que je fuis contrainct de te dire, que tous nos beaux deffeings que je voulois faire auecq les volontez libres ont thombé fur moy, & quen punition jauray jour de rendre le charme par lEglife; il fuffit quil faut que je fois foubmis a vne perfonne qui mabifmera. Ie le confeffe & le confefferay follennelement que tu as pouuoir fur moy, tu en auras la fin; chien de bougre, il y va de la gloire de Dieu; & te dire que tous ceux qui ce font bendez contre la maifon, & tout ce que Madelaine a voulu faire cette année, Dieu a permis que rien na eu effect, finon les apparitions que tu fcais que Dieu a permis, afin que lon eut connoifance des perfonnes. Iay penfé faire tort à la fille que je pofedde, & Madelaine luy a pencé faire tort aufi. Mort Dieu, que feras-tu? Parlant à Madelaine: Ie nen fcay point, finon que tu tenpoifonne, que tu ne te tue, je ne fcay point dautre remede. Ie te diray ce qui menpefcha de dire les chofes: jefpérois encore vne chofe, mort Dieu, je natends qvn enpoifonnement de la créature. Ce qui ma enpefché de parler, ceft que je ne voulois pas defcouurir les deffeings de Madelaine; je tay rien dit que par lordre de Dieu. Après ce que je voy, il faut que jenploye tous mes artifices, & que la fille que je pofedde ne fera quoreur & defefpoir. Après lExorfime faict, la fille eft tombée en extafe, les mains efleuées en hault; & lon dict le *Magnificat* durant quoy la fille eft reuenue comme dvn profond fommeil.

NOTICE

SUR LA MÈRE FRANÇOISE

Supérieure des Religieuses de la Place Royale

AU SVIET DE L'HISTOIRE DES POSSÉDÉES DE LOVVIERS.

(Bibliothèque nationale, L K⁷ 4172.)

CE qui donnera beaucoup de connoiffance & de lumiere à Monfieur le Lieutenant criminel pour le jugement de la petite Mere Françoife, Supérieure des Religieufes de la Place Royale, fera premierement la confrontation de Magdelaine Bauent, laquelle eft de droict, de juftice, & abfolument neceffaire pour faire vn bon & folide jugement de cette affaire.

Comme auffi trois ou quatre tefmoins nommez par la dite Magdelaine Bauent, & defquels & d'autres Monfieur le Promoteur de l'Officialité pourra donner vn extraict.

Et pour le foulagement, & pour euiter la vifite de quatre ou cinq mille feüillets de papier efcrits,

Il faut auoir de Monfieur de Morangis, Confeiller d'Eftat, l'extraict que luy enuoya feu Monfieur l'Euefque d'Eureux, pour ce qui concerne la petite Mere, qu'il tira de toutes les informations & de tout le procez qui a efté jugé à Roüen. Lequel extraict la Reine commanda par deux diuerfes fois audit Sieur de Morangis de luy faire voir; ce qu'il ne fit pas, & dés lors la Reine le vouloit faire juger. Ce fut en 1646.

Dans la mefme année Monfieur le Chancelier Seguier en eut auffi deux extraicts tres-importants: l'vn de Monfieur le Procureur general du Parlement de Roüen; l'autre de Monfieur du Mefnil Coté, Confeiller audit Parlement, & Rapporteur du procez qui a efté jugé.

K

Que l'on tire vn efcrit particulier de Monfieur l'Official, de la depofition d'vne nommée Marie de Iefus, qui eftoit l'intime & particuliere confidente de la petite Mère, lors qu'elle eftoit Supérieure à Louuiers, qui contient toutes les actions naturelles & furnaturelles, tant des extafes que des enleuemens de corps pratiquez par la petite Mere dés fon enfance.

Si l'on veut interroger Mademoifelle de la Haye, qui a efté à la defuncte Madame la premiere Préfidente : elle dira que la mefme année ladite Dame auoit mené la petite Mere à Saint Maur où, en prefence de toute la compagnie, elle fut encore enleuée de terre.

Si encore on parle à Monfieur de la Chapelle, neueu de defuncte Madame la Préfidente d'Orfay, qui a demeuré à Paris en mefme logis que la petite Mere, en la ruë de la Verrerie, & demeure à prefent en la ruë Saint Denys, il dira des merueilles. Ce fut en 1610 ou 12.

Monfieur l'Archeuefque de Paris vous dira qu'il l'a veüe fouuent en extafe.

Bref fi l'on veut employer en cette affaire exactement & ponctuellement toutes les formes de la Iuftice, & furtout la confrontation de ladite Magdelaine Bauent, l'on découurira & apprendra des chofes étonnantes, merueilleufes & admirables.

HISTOIRE
DE MAGDELAINE BAVENT,
Religieuse du Monastere de Saint Loüis de Louviers.

Avec sa Confeffion generale & testamentaire, où elle declare les abominations, impietez, & sacrileges qu'elle a pratiqué & veu pratiquer, tant dans ledit Monastere, qu'au Sabat, & les personnes qu'elle y a remarquées.

Ensemble l'Arrest donné contre Mathurin Picard, & Thomas Boullé, brûlez pour le crime de magie, l'vn vif & l'autre mort. Et aussi trois Arrests du Conseil d'Estat donnez en faveur de la petite Mere Françoise de la Place Royale.

DEDIE'E A MADAME LA DVCHESSE
d'Orleans.

A PARIS,
Chez IACQUES LE GENTIL, ruë d'Escoffe, à l'enseigne Saint Ierôme, prés Saint Hilaire.

M. DC. LII.

A MADAME LA DVCHESSE D'ORLEANS.

ADAME,

 Ayant appris que Vôtre Alteſſe Royale n'a pas dedaigné de lire vn petit imprimé portant le tiltre d'Avis, pour détruire l'auteur de nos troubles, & découvrir les moyens dont il s'eſt servi pour monter & ſe maintenir dans cette prodigieuſe fortune, où nous le voyons; J'ay creu qu'elle n'auroit pas deſagreable que je luy preſentaſſe ce petit Diſcours, qui eſt vne ſuite, & comme l'effet de ce que le premier promettoit au public. J'avouë, MADAME, que V. A. R. y lira pluſieurs choſes étranges, & qui peut eſtre bleſſeront la pureté de ſes oreilles, & cette pieté que tout le monde admire en elle, & que perſonne ne peut imiter. Mais, MADAME, comme je vous l'offre dans le meſme ſentiment qu'étoit celle qui la publié la premiere, c'eſt à dire d'vne fille repentante, qui à l'imitation du grand S. Auguſtin, fait vne Confeſſion publique des deſordres de ſa vie, pour inciter les autres à les abhorrer, & ſuivre la vertu. J'eſpere que vous excuſerez la hardieſſe que prend celuy qui tient à gloire de porter la qualité,

MADAME de V. A. R.   Le tres-humble, tres-obeïſſant & fidele
            ſerviteur, LE GENTIL.

AV LECTEVR.

LES choses prodigieuses dont cette Histoire est remplie, me persuadant aisément que plusieurs douteront de sa fidelité, j'ay creu, cher Lecteur, te devoir donner avis d'où j'en tiens la copie, afin de lever le soupçon que tu pourrois avoir, que ce soit quelque conte fait à plaisir; Elle m'a esté donnée par vn homme de merite & de probité; lequel pendant que l'on exorcisoit les Religieuses de Louviers, eut la curiosité de s'y transporter, pour estre le témoin occulaire de tout ce qui s'y passoit, & le rediger par écrit. Depuis ce temps ayant plusieurs fois visité Magdelaine Bavent, prisonniere dans la Conciergerie du Palais de Roüen, où elle est encore à present; & l'ayant interrogée sur les particularitez de sa vie passée, elle luy dit, que par le conseil, & l'aide du R. P. des Marets, Pere de l'Oratoire, & Sous-penitencier de Roüen, son Confesseur, elle l'avoit mise par écrit, en forme de Confession publique, generale & testamentaire; laquelle Confession il obtint du mesme Pere des Marets, écrite de sa propre main, & conceuë en mesmes termes que je te la donne. Ie te diray de plus, que la qualité de la personne à qui je la dédie, par l'ordre exprés de celuy dont je la tiens, est assez suffisante pour te convaincre qu'elle ne contient rien qui ne soit veritable. Au reste, je te supplie que quand tu liras les abominations qui se treuvent dedans, tu loües Dieu de sa bonté & de sa patience à souffrir les iniquitez des hommes, & detester les ruses & les artifices dont le Diable se sert pour les attirer dans le precipice. Adieu.

RECIT

RECIT DE L'HISTOIRE DE SOEVR MAGDELAINE Bauent Religieuſe du Monaſtere de Saint Louis de Louviers, atteinte & conuaincuë du crime de Magie, & ce qu'elle a dit au Parlement de Roüen touchant les abominations qu'elle a veu pratiquer au Sabat & ailleurs : Auec ſa Confeſſion generale & teſtamentaire qu'elle a faite dans la priſon.

PREFACE.

Au Nom de Ieſus-Chriſt nôtre Seigneur, qui ſoit à jamais loüé & glorifié.

IE penſe que ce n'a point eſté ſans vne conduite ſpeciale de Dieu, dont les raiſons me ſont pourtant inconnuës, que mon Iugement a eſté differé, outre que j'avois beſoin de faire vne plus longue penitence des fautes de ma vie paſſée : Peut-eſtre que ce delay ſervira à donner davantage connoiſſance de tout le faict de la Maiſon de Louviers, dont il est tres-important pour l'honneur de Ieſus-Chriſt, de l'Egliſe & de la Cour, de rechercher la veritable ſource. Mon Confeſſeur, qui eſt vn Preſtre de l'Oratoire, que Monſieur le Penitencier de Roüen de la meſme Congregation m'a baillé, croit que je ſuis obligée en conſcience d'y cooperer de ma part, & trouve à propos pour ce ſujet que je faſſe moy-meſme vn bref narré de ma malheureuſe hiſtoire, en forme de Confeſſion derniere & teſtamentaire. Ie n'ay eu aucune repugnance à ſuivre ſon avis, encore que je n'ignore pas la confuſion qui m'en arrivera devant les hommes; & je l'ay ſeulement prié de m'y aſſiſter, puis qu'il avoit oüy par deux fois ma confeſſion generale, & qu'il eſtoit encore ſaiſi de mon interrogatoire, ſur lequel il m'avoit examinée. Sa charité, qui a eſté toûjours grande vers moy, l'y a fait conſentir, & nous priſmes reſolution d'y travailler tous deux. Il s'eſt donné la peine de m'interroger de nouveau durant quelques jours; & parce que j'écris avec difficulté fort mal, & tres-lentement, il s'eſt encore rendu à la priere que je luy ay faite de l'eſcrire ſelon mes reſponſes afin de me ſoulager, & de ne point diminuer le temps que je dois donner à mes petits exercices de pieté & de penitence. C'eſt ce que je preſente à la Cour dans ce papier, où j'ay ſeparé le vray

B

d'avec le faux pour fervir à ce qu'il plaira à Dieu; en la prefence duquel je protefte n'avoir autre chofe à dire. Si je tafche de l'accompagner de quelques fentimens de douleur & d'humiliation que Iefus-Chrift me donne, je ne fais que mon devoir, & je le prie de m'en donner davantage. Mais je fuis tres-affeurée que j'y parle le plus fincerement & fidelement qu'il m'eft poffible; & comme j'ay parlé lors que j'ay fait ma derniere confeffion, pour me preparer au fupplice. Auffi ne m'eft-il point arrivé d'ouvrir la bouche pour declarer ce qui eft icy rapporté, que je n'aye invoqué à deux genoux auparavant le faint Efprit, qui eft l'Efprit de Verité, par les interceffions de la tres-facrée Vierge, de fainte Madelaine, & de mon bien-heureux Père faint François. Ie fupplie tous ceux qui le verront de demander miféricorde à Dieu au Nom de fon Fils pour moy fur les fautes qui y font découvertes, & perfeverans jufques à la fin dans les bonnes difpofitions aufquelles on effaye de m'eftablir, qui y font representées.

CHAPITRE PREMIER.

DAns la prefente année 1647, en laquelle je fais cét abbregé de l'hiftoire de ma vie criminelle, je crois avoir prés de 40. ans, bien que je ne sçache pas precifément l'année de ma naiffance. Mes pere & mere ont efté M⁰ Guillaume Bavent & Ieanne Planterofe de cette ville de Roüen. Dieu me les retira dés mon bas âge, & je n'avois, ce me femble, que neuf ans lors qu'il les appella de ce monde. Sa Providence n'a point voulu qu'ils ayent eu leur part des déplaifirs que je donne à tous mes parens, qui craignent Dieu, et qui reffentent les offenfes que j'ay commifes contre fa Majefté. Mon oncle Sadoc me prift chez luy apres leur deceds. Ie n'y reftay pourtant que jufques à l'âge de douze ou treize ans, qu'on me mift chez dame Anne Lingere, pour apprendre la coûture. Les Religieufes de Louviers m'accufent durant les trois ans de mon féjour en la maifon de dame Anne, d'avoir efté dés le commencement de la feconde année débauchée par Bontemps Cordelier, menée tres-fouvent au Sabat avec d'autres filles; mariée au Diable Dagon fous la forme d'vn jeune homme; & rapportent quantité d'autres chofes. Ie n'en ay aucune connoiffance, & en verité certain article que j'ay avoüé à la Cour la deffus, n'eftoit qu'vn refte d'impreffion que j'avois de leurs difcours;

& je creus le devoir declarer, craignant qu'il n'en fuſt quelque choſe ; parce qu'on m'a toûjours portée icy à reſpondre naivement à mes Iuges : Mais j'ay eu le temps du depuis de m'en éclaircir mieux par diverſes voyes. Premierement j'en ay parlé à vn bon Pere Feüillant, qui me dirigeoit alors pour la conſcience, comme ayant en l'eſprit que je m'en eſtois accuſée à luy, & qu'il m'avoit aidée à me retirer tout à fait d'vne telle hantiſe. Il m'a aſſeurée, qu'il n'en eſtoit rien du tout, et qu'il ſçavoit tres bien qu'au contraire Dieu me donnoit de tres-bons ſentimens de pieté dés cet âge; que je le ſervois de grand cœur, & que j'avois déja de grands deſirs de la vie Religieuſe. De plus, quand le Pere qui entendiſt ma Confeſſion generale apres mon interrogatoire, me demanda comme eſtoit fait Bontemps ; de quel âge, de quelle hauteur, de quel poil, de quelle couleur, je ne luy ſceus que dire. Ce fut ce qui m'ouvrift les yeux, parce qu'il me repreſenta que c'eſtoit vne choſe impoſſible de hanter vn homme quinze ou ſeize mois (ſelon le rapport des filles) & de ne le pas bien connoiſtre : Mais ſur tout lors que liſant les accuſations des filles, il vinſt à m'enquerir de celuy qui avoit eu le premier ma compagnie, dautant qu'il ne devoit pas eſtre fort mal-aiſé de s'en ſouvenir, je me trouvay encore plus ſurpriſe. Ie ſuis tres-certaine que ç'a eſté Picard en vne occaſion que je déduiray ailleurs, pour ne point confondre les choſes, & obſerver quelque ordre. Cependant elles nomment Bontemps, & diſent de luy et de moy, là deſſus en vn âge aſſez tendre, d'horribles hiſtoires. Il n'en eſt rien du tout, & ſi le Demon parle par leurs bouches, comme elles pretendent, il ſe fait toûjours voir menteur, & pere du menſonge.

La Cour peut aiſément découvrir ce qui en eſt, ſans s'en fier à moy, car la pluſpart des voiſins de dame Anne ſont encore vivans; comme auſſi quelques-vnes de mes compagnes, meſmes de celles qui ſont blâmées & calomniées avec moy par le recit des filles. Il me ſemble que ce poinct n'eſt pas de legere conſequence, & qu'il merite bien vne information diligente. On doit avoir égard, que ç'a eſté vne de leurs intentions à Louviers de me décrier par cette voye, afin de me faire paſſer dans la creance des eſprits facilement credules pour vne fille qui eſt venuë en leur Monaſtere déja Sorciere ou Magicienne, & qui leur a cauſé le mal qu'elles ont. Dieu le ſçait, & fera ſçavoir quand il lui plaira ce qui en eſt. Elles n'ont pas pourtant bien pris leurs mefures. Quoy que je laiffaffes fuppofer que je fuffes pervertie de la forte dés mon entrée, il ne s'enfuit pas que je leur aye caufé le mal. Ie les prie de fe fouvenir de Charlotte Pigeon, qui entra chez elles il y a 28. ans, & en fortit à caufe que les Diables la tourmentoient & l'empefchoient de fe confeffer & communier, difant elle-mefme qu'il luy eftoit impoffible d'y faire fon falut. C'eft d'elle que je l'ay appris, non cette premiere fois ; car je n'eftois pas encore Religieufe : Mais la feconde fois qu'elle y vouluft rentrer il y a 21 .ans ; & n'y demeura que huict jours, reffortant pour le mefme fujet. Le mal eftoit donc en leur Monaftere avant que j'y vinffes, et il ne m'en faut pas faire autheure. Mais je le dis devant Dieu, & je prend à tesmoin celui qui doit eftre mon principal Iuge, que je n'eftois point gaftée lors que je leur ay demandé d'eftre receuë. Seigneur Iefus je fouhaiterois de bon cœur d'eftre dans le mefme eftat auquel j'y fuis entrée.

CHAPITRE II.

IE laiffe tout le difcours fabuleux fur le fujet de Bontemps, pour raconter comme je fuis venuë au Monaftere de Louviers. Dieu me donnoit des penfées prefque continuelles de la Religion dés mon jeune âge ; & ayant quelque devotion particuliere pour S. François, que j'ay toûjours aimé, j'appris qu'il fe commençoit vn eftabliffement de filles de fon Ordre en la fufdite ville. Ce fut là que je defiray d'eftre placée ; & mes parents firent fi bien que j'y fus receuë. I'y entray dans ma feiziéme année, non encores achevée ; & je jure fur mon ame, que ma feule intention eftoit de fervir Iefus-Chrift, & d'eftre une bonne Religieufe ; bien que les filles alleguent que tout mon deffein eftoit de perdre leur Maifon : mais mon malheur fuft d'y rencontrer David pour Confeffeur & Directeur des confciences.

On me tint fix ou fept mois en habit feculier dans la clofture, apres lefquels je fus veftuë de celuy de la Religion, pour commencer mon Noviciat, & je le portay bien prés d'vn an. David qui nous conduifoit toutes, eftoit vn horrible Preftre, & tout à fait indigne d'vn eftat fi faint & fi divin. Il nous lifoit le Livre de la volonté de Dieu, compofé par vn Religieux Capucin, qui fervoit quafi de feule & vnique regle en ce temps-là dans la Maifon : Mais il l'expliquoit d'vne façon eftrange, approuvée neantmoins

& fuivie par les Meres, qui nous gouvernoient. Ce mauvais homme & dangereux Preftre, fous pretexte d'introduire la parfaite obeïffance, qui doit aller jufques aux chofes plus difficiles & repugnantes à la Nature, introduifoit des pratiques abominables, par lefquelles Dieu a efté extraordinairement deshonoré & offenfé. Oseray-je feulement les nommer ? Il difoit, qu'il falloit faire mourir le peché par le peché, pour rentrer en innocence, & reffembler à nos premiers parents, qui eftoient fans aucune honte de leur nudité devant leur premiere coulpe. Et fous ce langage de pieté apparente que ne faifoit-il point commettre d'ordures & de faletez ? Les Religieufes paffoient pour les plus faintes, parfaites & vertueufes, qui fe dépoüilloient toutes nuës, & danfoient en cét eftat; y paroiffoient au Chœur, & alloient au Iardin. Ce n'eft pas tout : On nous accoûtumoit à nous toucher les vnes les autres impudiquement; & ce que je n'ofe dire, à commettre les plus horribles & infames pechez contre la Nature, que mon Confeffeur m'a dit avoir efté remarquez par S. Paul en fon Epître aux Romains, pour avoir efté les plus exceffifs defordres fous le regne du Prince de l'Enfer parmy les Payens. I'y ay veu mefme abufer de l'Image du Crucifié. O horreur ! j'y ay veu exercer la Circoncifion fur vne figure, ce me femble de pafte, que quelques-vnes prirent apres pour en faire ce qu'elles voulurent. I'y ay veu en outre prophaner le tres-faint Sacrement de l'Autel, qui eftoit à la difpofition des Religieufes, parce que le Tabernacle avoit vne ouverture auffi bien de leur cofté que de celuy de l'Eglife, & on me l'a voulu vne fois faire vfer, apres l'avoir mis quelques jours dans le fumier : ce que je refufay de faire. O abomination de defolation dans le lieu faint, & au regard du Saint des Saints ! En quelle penitence doit-on entrer, pour obtenir le pardon de tant & de fi horribles crimes ? Mettez nous y vous mefme, bon Iefus, & nous daignez faire miféricorde.

David fait danfer les Religieufes toutes nuës dans l'Eglife & ailleurs.

A dire vray, j'avois d'etranges contrarietez pour les exercices infames qui fe pratiquoient, & je ne voulois pas toûjours faire ce qu'on defiroit de moy. Mais auffi je paffois alors pour vne fille defobeïffante, opiniaftre, rebelle, orgueilleufe, attachée à mon fens. Pluft à Dieu que je l'euffe efté davantage, il en feroit mieux à mon ame, & je n'aurois pas commis vn fi grand nombre d'offenfes. Sur tout je refiftay beaucoup à communier vne fois dépoüillée

C

toute nuë jufques à la ceinture. Il falluft pourtant le faire : & comme je penfois me couvrir au moins de la nape de la Communion à la petite grille, Pierre David (principal autheur de toute cette action, & qui l'avoit ordonnée aux Meres pour moy) me la fit ofter : Et de plus comme je vins à me couvrir de mes mains, qui me reftoient libres, me commanda de les joindre. Voila vne effroyable procedure, & de laquelle je ne me peus contenir de me plaindre à celles qui m'y avoient forcée. Ie crois que ce fuft la principale caufe de ma fortie, laquelle ne m'apporta pas de trifteffe, mais plutoft de la joye, à raifon de l'efperance que j'avois de me bien confeffer. Ce n'eftoit pas chofe qui nous fuft permife dans la Maifon, & durant les vingt mois du fejour que j'y fis, il ne m'eftoit point arrivé d'y faire vne bonne & entiere accufation de mes fautes. David ne vouloit point qu'on s'accufaft des vilenies introduites, nous difant, qu'il n'y avoit aucune offenfe : & j'avois beau demander vn Preftre à la Maiftreffe des Novices, qui avoit fon mefme langage, & eftoit des plus fçavantes en cette efcole. Ie laiffe à penfer fi ma confcience me bourreloit fans ceffe, y reffentant de continuels reproches. Et toutesfois, ô aveuglement effroyable que meritoient mes fautes ! je ne cherchay pas affez diligemment le remede apres ma fortie ; & c'eft de quoy en particulier je me fens tres coupable.

CHAPITRE III.

SI j'avois plus de hardieffe que je n'en ay, je blâmerois ma devotion pour l'Ordre de S. François : Au moins crois-je qu'elle eftoit indifcrete, exceffive & fuperftitieufe. Ie m'obftinois à vouloir eftre de quelque Couvent qui suiviſt fa regle : Et n'ayant pas grande connoiffance pour cela, j'arreftay volontiers de demeurer au Tour du dehors de celui-cy, felon qu'il me fuft offert apres ma fortie. Voila vne des fources de mes maux, & je penfe qu'apres avoir abandonné Dieu, en agiffant contre fes infpirations, il m'abandonna à moy-mefme, pour fuivre mon indifcretion : Car malgré mes parents, & fans faire aucun eftat des avis que plufieurs perfonnes me donnoient, je voulus demeurer Touriere.

David ne vécut pas long temps, apres mes affeurances de demeurer au Tour des Externes. Il n'euft pas moyen mefme de me hanter beaucoup : car j'eftois fortie, à mon avis fur la fin de Ianvier, & il fut obligé vers la Chandeleur de faire vn voyage à Paris, d'où il ne retourna que pour le Vendredy de la Paffion. On le rapporta fort malade, car il mourut le Lundy de la femaine Sainte fur le midy. Ce n'eft pas avec luy que j'ay plus offenfé Dieu ; car il ne s'eft rien paffé de tout à fait noir entre luy & moy ; & toute la liberté qu'il a euë, confifte en quelques attouchemens lubriques reciproques, vne fois principalement.

Mais en ce dernier voyage qu'il fit à Paris, je ne dois pas obmettre, qu'il me confia vne caffette, dont il me laiffa auffi la clef ; avec defenfe de l'ouvrir, & de la bailler à qui que ce fuft. Il devoit pourtant fe fouvenir, qu'il mettoit fon depoft entre les mains d'vne fille, c'eft à dire, d'vne curieufe effectivement. Ie me laiffay emporter à la curiofité de l'ouvrir ; & entre autres chofes je fçais que j'y vis vne fueille de papier écrite de fa main de tous les côtez, laquelle je ne pus lire. A fon retour je lui rendis fa caffette avec la clef ; & apres que je l'eus foigné & affifté le peu de jours qu'il fuft malade, non pas toutesfois medicamenté d'vn vlcere vilain entre le fiege & la partie honteufe (ainfi que difent les filles) moy eftant prefente le Lundy faint, jour de fon deceds, il bailla ladite fueille de papier à Mathurin Picard, & luy dit qu'il eftoit fon frere & bon amy, qu'il fçavoit bien comme il avoit vécu, & qu'il le faifoit fon fucceffeur pour la conduite de la Maifon des Religieufes en la mefme maniere qu'il l'avoit commencée. Puis la caffette me fut remife entre les mains, pour la porter au Monaftere, luy me difant que je ne me fouciaffe point de ce qu'on en feroit, & que j'euffe à me retirer de la chambre ; parce qu'il vouloit entretenir fecretement M. Picard touchant ma perfonne, me recommander à fes foins, & luy dire quelque chofe de particulier qui me concernoit.

Cette fueille de papier écrite de tous les côtez, dont il eft icy parlé, eft le papier de blafphemes. Il eft figné de David & de Picard, & je l'ay veu du depuis au Sabat diverfes fois reprefenté par Picard. On en fait lecture durant la celebration de la Meffe en ce lieu infame, où il fert de Canon, aux Proceffions & Profeffions, dans toutes les occafions d'importance ; & tous les affiftans font obligez d'y confentir. Il ne contient que des blafphemes & imprecations horribles, contre la Tres-fainte Trinité, le faint Sacrement de l'Autel, les autres Sacremens, & les diverfes ceremonies de l'Eglife. Quatre charmes ont efté mis aux quatre coins de ladite fueille depuis le deceds de David en vn Sabat où j'eftois, & je diray ailleurs par qui. On eft extremement en peine de le trouver, & les Religieufes publient qu'il faut que je fçache où il eft prefentement : mais en la verité de Dieu je ne le fçay point, & je me fouviens feulement que Picard me dit vne fois au Sabat, qu'il le remettroit & fes regiftres dans vne armoire qui eft au côté de l'Autel, où on dit l'Epître en ce lieu là, & je ne l'ay veu en pas vn endroit, depuis la lecture qui m'en fut faite dans ma Cellule par la Sœur Anne Barré la nuict quelque temps apres la mort de Picard, dont il fera parlé ailleurs. C'eft à elle qu'il faut s'adreffer pour en apprendre des nouvelles; & il eft croyable qu'elle en fçait de certaines, puis qu'elle me l'a montré & leu pour lors, encore que ceux qui la foûtiennent veulent que ce foit vn Diable qui ait pris fa figure. Ie laiffe à d'autres efprits plus capables que le mien d'examiner le tout; & il vaut mieux que je m'applique à effayer de laver dans le fang de Iefus-Chrift, & dans mes larmes les offenfes que j'ay faites, en confentant au moins par ma prefence aux impietez contenuës en ce papier abominable, & le plus execrable qu'on fe puiffe imaginer.

CHAPITRE IIII.

David mort, je demeuray encore au Tour pour le moins l'efpace de neuf mois, & Picard eftoit eftably Confeffeur & Directeur de la Maifon en fa place. Me voila tombée en de tres-méchantes mains; & bien pires encores que celles de fon predeceffeur, au moins pour moy; car fon infolence alla bien plus avant, & je n'ay jamais pû m'en delivrer, quelque volonté que j'en aye euë. Il me tenoit par des liens d'Enfer, & je ne recourois pas à Iefus-Ch. avec ardeur & affiduité, afin de le fupplier de les rompre.

Le jour de Pafques je me prefentay à luy pour eftre ouïe en confeffion, tres-aife de la liberté que j'avois de luy dire tout ce qui s'eftoit paffé, & de luy ouvrir le fonds de ma confcience : Mais je tombay, comme on dit, de fievre en chaud mal. Dés que fus devant luy, & que je commençay de declarer mes fautes, il ne veut point m'écouter, il me parle de tout autre chofe : il me dit, que tout ce que je confeffois n'eftoit point offenfe de Dieu : Il me témoigna vn amour paffionné pour moy : Il me pria de l'aimer comme il m'aimoit; & il commença de me vouloir careffer, & mefme

mefme toucher impudiquement. Ie n'eus point d'autres fortes de confeffions prés de luy du depuis; & toutes celles que je luy ay faites ont reffemblé à la premiere, & ont efté encore plus facrileges & damnables; car elles fe paffoient en difcours d'amour, en privautez illicites, en fotifes & badineries : et d'ordinaire il me tenoit fans ceffe les mains fur fes parties honteufes, quoy que couvertes, non pas découvertes (comme difent les filles.) Bon Dieu quel abus des Sacremens ! Et quand je n'aurois fait autre peché que celuy-là, combien meritay-je d'eftre chaftiée en ce monde & en l'autre. *Confeffions damnables de Magdelaine Bavent & de Picard.*

Il eft veritable neantmoins, & je le dis devant mon Dieu, que je n'ay jamais aimé ardemment ce malheureux Preftre : Mais je ne puis dire ce qui m'attachoit à luy, ny par quel malheureux pouvoir il me retenoit. C'eft grande pitié de ne donner point de liberté aux ames pour le choix des Confeffeurs, & de les arrefter à vn feul qui les peut perdre. On n'ignoroit pas dans la Maifon les paffions de cét homme pour moy, fes privautez, mes allées & venuës en fa chambre par fa perfuafion ; & les perfonnes mefmes de dehors en murmuroient, me trouvans trop éveillée, & crians hautement quelquesfois qu'on me devoit tirer du danger où j'eftois. Mais les Religieufes faifoient les fourdes & les aveugles ; & jamais ne me voulurent permettre de m'aller confeffer ailleurs, quoy que je les en priaffe, dans les efperances qu'vn homme de bien remedieroit à ma pauvre confcience, & me diroit ce que j'aurois à faire. Si eft-ce que je ne dois, ny ne veux pas m'excufer par vne raifon fi legere & frivole : car encore qu'on m'eut accufée comme d'vn grand crime, en cas que j'euffe efté à vn autre, dautant que c'euft efté découvrir tout le fecret du Monaftere : toutesfois je devois paffer par deffus toute confideration, la chofe m'eftant permife de Dieu & de l'Eglife. Et puis n'y euft-il pas eu moyen de couvrir mon action aux Religieufes, & de la leur cacher entierement, feignant quelque autre neceffité ou employ, puis que j'allois fouvent à la ville ? C'eft moy tout de bon, foit par mon peu d'efprit, foit par mon libertinage, qui fuis la caufe de mes defordres, defquels vn prudent & charitable Confeffeur m'euft aifément tirée.

Les pourfuites de ce malheureux apres moy ont toûjours perfifté ; & fon impudence a efté telle, que dans vne maladie (de la-

D

quelle je croyois mourir) il ne laiſſoit pas de continuer ſes attouchemens lubriques, bien que je fuſſe preſque ſans ſentiment, & plus morte que vive. Iuſques à quel poinct monte vne paſſion aveugle & enragée ? Toutesfois quoy que les filles ayent dit ſur ce ſujet, je ſuis tres certaine, que pour ce qui eſt de connoître le peché dernier, & l'action conſommée, il ne l'a jamais peu faire, à cauſe de mes reſiſtances & n'en eſt venu à bout pendant ce temps qu'vne ſeule fois, lors que luy eſtant malade, ou feignant de l'eſtre, trouva l'adreſſe de faire retirer vne garde de ſa chambre où j'eſtois ; & vſant de force plus que d'amitié, me fiſt conſentir au crime. On m'a accuſée d'avoir eu ſa compagnie dans l'Egliſe & ſur l'Autel, eſtant Touriere : mais cela n'a point eſté, et je diray avec ſincerité le faict tel qu'il eſt. Comme donc je mettois le pavillon au Tabernacle, montée ſur l'Autel, il eſt vray qu'il vinſt, & me fiſt vn attouchement tres-ſale. Ie ne doute pas qu'il euſt voulu faire pis, & ſes intentions aſſeurement y alloient : mais Dieu me fiſt la grace de ſauter promptement à bas, où je luy reprochay ſa malice noire, & m'evaday de luy, avec qui je n'eſtois pas trop aſſeurée. Beny ſoit ſans fin celuy qui daigna me preſerver de l'action abominable, laquelle quelques vns m'imputent à tort.

CHAPITRE V.

CE n'eſtoit pas le ſeul & vnique deſſein de Picard de me ravir mon honneur. Il en avoit encore vn autre, dont je ne pouvois pas me défier, ne connoiſſant pas l'art Diabolique qu'il exerçoit, & je m'y conduiſoit & acheminoit peu à peu, & comme par certains degrez. Ie rapporteray icy certaines choſes, qui ne me le découvrent que trop preſentement.

Dans la maladie que j'eus au Tour, & de laquelle je m'attendois de mourir, il me preſenta vne fueille de papier pour faire Teſtament ; & comme je le priay de l'écrire lui-meſme, il n'y manqua pas, & me le fiſt ſigner ſans aucune lecture precedente. Ie le luy ay ſouvent redemandé du depuis, & jamais il ne me l'a voulu ny rendre, ny montrer : C'eſt ce qui m'a fait douter qu'il n'y ait mis pluſieurs choſes, que je ne luy aurois pas dites, apres avoir ſceu de quoy il ſe meſloit. Ie prie Dieu que mon ſeing ne ſoit pas cauſe, qu'elles me ſoient imputées en ſa preſence.

Il luy eſt arrivé quelque-fois de me faire tenir le Croiſſant du

Soleil, dans lequel se met la sainte Hostie, lors qu'on la veut exposer à l'adoration des peuples pendant l'octave du saint Sacrement, & que lui-mesme l'alloit expofer. Les filles ont ajoûté, qu'il me la bailloit entre les mains, & me la faisoit toucher & manier. Cela n'est pas, & il n'y a que ce que je rapporte.

I'avoüe pourtant, qu'il m'a mis vne fois, apres la confecration, dans les mains vne grande Hostie. La chose arriva de la forte : il me commanda d'approcher de luy prés de l'Autel, me prist la main, me mist l'Hostie dedans ; & me ferrant la main, rompit & brifa l'Hostie, jufques à en laisser tomber plusieurs fragmens & parcelles. Ie luy en fis des reproches quand il fut forty de l'Autel ; & il me dit, qu'elle n'estoit point confacrée, ainsi que je le croyois : mais j'ay bien de la peine à me perfuader, qu'il m'ait dit vray, parce qu'il venoit de prononcer les faintes, & mysterieuses paroles.

Il m'a voulu encore faire boire le fang de Iefus Christ dans le Calice, le laissant dedans tout exprés apres le saint Sacrifice de la Messe, & me conviant à n'y avoir point de peine, & à ne m'y rendre point difficile. Iamais toutesfois je ne luy ay accordé cét article, encore qu'il ait fait tous ses efforts pour m'y attirer.

Vn jour me prenant par la main, & me montrant les nouveaux bâtimens qui se faifoient pour le Monastere, il me dit ces mots : *Mon cœur, je fais bâtir cette Eglife ; aprés ma mort tu verras des merveilles ; y confens tu pas ?* Ie luy refpondis, qu'*oüy*. Mais je jure fur mon ame, que ce fust fans avoir aucune mauvaife intention en l'efprit, & fans fçavoir ce qu'il vouloit dire. Auffi n'avois-je pas encore pû deviner le métier execrable qu'il pratiquoit, & je connoissois feulement ses inclinations aux vilenies. C'est là tout le premier confentement que je luy ay donné, ne penfant pas à ce qui est arrivé par apres, et tres-éloignée d'y penser. Iesus-Christ me le pardonnera, s'il luy plaist, puis que voyant le fonds de mon cœur : Il fçait qu'en cela j'ay peché par ignorance, & non par malice. Le monde en croira ce qu'il plaira à Dieu de permettre, & en fçaura & verra la verité lors que nous paroistrons tous devant fa Majefté adorable, pour estre jugez felon nos œuvres, & felon les intentions que nous y aurons euës.

Ie ne me fouviens pas que d'autres chofes me foient arrivées avec luy lors que j'estois Touriere : mais il y en avoit affez, fi j'eusse eu de l'efprit, pour me porter à faire vne reflexion, que je ne fis pas en ce temps-là, & que j'ay faite du depuis, qu'il me vouloit perdre. Tant y-a que je n'en eus point la pensée, & je ne ressentois de la peine que pour ce qui concernoit mon honneur, estant toûjours dans l'inquietude & la crainte; luy mesme aussi en ressentit à mon avis, parce qu'on parloit en la ville de luy et de moy assez ouvertement, & qu'il apprehendoit que je ne fusse enceinte apres m'avoir forcée. Ce furent ces deux considerations qui le firent resoudre nonobstant sa passion pour moy à poursuivre pour me faire rentrer dans la Maison, à laquelle il offrist & promist vne somme d'argent à cette fin : & comme il y estoit fort consideré, l'affaire fut bien-tost arrestée.

Me voila donc pour la seconde fois Religieuse au mesme Monastere, où je trouvay les mesmes pratiques rapportées ailleurs encore plus fortement établies : car la Maistresse des Novices les aimoit avec ardeur ; & à peine estois-je rentrée, qu'on m'obligea à les suivre. Il est vray que je n'ay pas veu que Picard y entrast si familierement que David, & entrast pour aller & s'enfermer dans les chambres des Religieuses. Mais les ordures continuoient, & y avoient grande vogue. Ie ne sçay si elles sont presentement abolies : car le Noviciat estant le lieu où on les exerçoit, & en estant sortie au bout de quatre ans, pour estre parmy les Professes, je n'en ay point pris du depuis connoissance. Mois quoy qu'il en soit, je suis bien asseurée que j'ay rentré dans la Maison à mon tres-grand malheur, & que mon affection excessive pour l'Ordre de saint François m'a esté nuisible. C'estoit à moy de me souvenir de ce que j'y avois veu faire ; & je devois plûtost choisir vne vie commune dans le siecle, qu'vne si perverse & méchante vie dans la Religion : peu de personnes m'excuseront, & je ne sçay si nôtre Seigneur luy-mesme daignera m'excuser, puis que cette rentrée a esté la cause de ma ruine, & que je m'en ressens trescriminelle en sa presence.

CHAPITRE VI.

IL faut que je commence maintenant à parler de ce qui m'est arrivé de plus notable apres que Picard m'eust fait rentrer.
Quinze jours à peine s'étoient écoulez, qu'il prit quelque pretexte d'entrer au Iardin, où j'estois avec quelques-vnes des Religieuses. Pour lors j'avois l'incommodité de mes mois. Il nous suivit;

suivit ; & comme nous fufmes arreftées en certain endroit, il prit vne Hoftie dans vn Livre qu'il portoit, avec laquelle il recueillit quelques grumeaux de fang tombé en terre. Apres il l'envelopa dedans, & m'appellant à luy vers le Cimetiere, me prit le doigt pour luy aider à mettre le tout dans vn trou proche d'vn rozier. Les filles qu'on exorcife ont dit, que c'étoit vn charme, pour attirer toutes les Religieufes à lubricité. Ie n'en fçaurois que dire, parce qu'il ne m'en a jamais parlé, ny fi l'Hoftie eftoit confacrée, parce qu'il ne m'en a rien appris. Mais il eft certain que pour mon particulier, j'étois fort encline à aller en ce mefme lieu, où j'étois travaillée de tentations fales, & tombois en impureté. Le Dieu de toute pureté, & qui a choifi vne Vierge fi pure pour eftre fa Mere icy bas, daigne oublier les fautes que j'y ay commifes ; & par fa pureté adorable effacer toutes mes faletez.

Davantage prés de deux ans, ce me femble, apres mes vœux, il me demanda ma profeffion écrite, ou du moins la copie, fi je ne luy pouvois bailler l'original, qui fe garde toûjours au Monaftere, me reprefentant que cette piece luy eftoit neceffaire, puis qu'il m'avoit faite Religieufe Profeffe, encore que je ne fuffe que Sœur Laye. Ie la luy promets, fans m'enquerir davantage de fon intention, & luy mefme me la dicta fur l'heure de mot à mot : Puis avant que je la fignaffe, me dit qu'il falloit referer mes fins en cét écrit aux fiennes, & que s'il mouroit devant moy, je devois vouloir mourir bien-toft : s'il eftoit fauvé, vouloir eftre fauvée ; & s'il eftoit damné, vouloir eftre damnée. Ce difcours me donna de la terreur ; & apres beaucoup de refiftances, je ne laiffay pas d'y donner quelque forte de confentement exterieur, exceptant en mon efprit le poinct de la damnation, que je ne me fouviens pas bien fi j'exceptay dans ma refponfe, comme je fis en vne apparition apres fa mort. Sauveur du monde, j'espere en vôtre grande bonté, & vos infinis merites ; & je vous prie de fauver quelque jour la malheureufe Magdelaine, qui pleure maintenant à vos pieds fes offenfes.

Il me fouvient encore, que deux ou trois ans, comme je croy, apres l'action precedente, comme il venoit dire la Meffe à l'Hofpital, où je gardois les malades, il me donna deux graines, qui avoient façon de Sarrazin, me difant, que je les miffe en terre, & que je priffe le foin de bailler les deux fleurs qui en viendroient à

E

deux Religieuses, qu'il me nomma, & qu'elles les exciteroient à son amitié. Ie les pris, les mis en terre, & jamais n'en ay veu de fleurs. On a fait grand bruit de cét article, jusques à dire que c'étoient deux Hosties au lieu de deux graines, & qu'il y avoit vn malefice de consequence là dedans. Plust à Dieu que je fusse aussi peu coupable en tout le reste qu'en cecy. Il suffit pour manifester mon innocence, qu'on sçache que j'en parlay dés lors aux Religieuses, leur racontant ce que Picard m'avoit dit. En effet j'ignorois encore en ce temps-là sa pratique infernale qui me va bien-tost enveloper dans ses malheureuses chaisnes, & dans son maudit esclavage.

 Deux ans, ou environ, se passent encore, & voicy que mon extreme malheur s'approche. I'estois fort inquietée en ma conscience, & ne voyois pas ny si souvent ny si volontiers Picard. Vn bon Ecclesiastique, nommé Monsieur Langlois, confessoit les malades de l'Hospital ; je l'accostois quelquefois, & luy parlois du besoin que j'avois de faire vne bonne confession : C'estoit pourtant en secret, & à la dérobée. Il me dit qu'il le croyoit, parce qu'il avoit beaucoup oüy parler de Picard & de moy, & qu'il estoit mal-aisé qu'il n'y eust quelque chose de veritable dans le bruit commun, à cause de nos hantises : mais qu'il ne sçavoit encore me contenter, parce qu'il ne confessoit pas les Religieuses, & qu'il verroit comme il en pourroit venir à bout. Asseurement Picard craignit que je ne me découvrisse à luy, & se hasta d'executer sa malice. Vn jour donc qu'il me fist communier à la grille, il me toucha du doigt au seing par dessus la guimpe, en me donnant la sainte Hostie : & au lieu de prononcer les paroles vsitées en cette action sainte, il me dit : *Tu verras ce qui t'arrivera.* Ie me retiray apres en ma place au Chœur, pour faire mon action de graces selon la coûtume. Mais il n'y eust pas moyen que j'y pusse rester, & je fus contrainte par les agitations interieures que je ressentois d'aller au Iardin, où je m'assis sur vne somme de bois, sous vn mu-

Le Diable apparoît à Magdelaine Bavent apres avoir communié.

rier. Et ce fut là que le Demon m'apparut pour la premiere fois sous la figure d'vn chat de la Maison, qui mit deux de ses pates sur mes genoux, les deux autres vis à vis de mes épaules : & approchant sa gueule assez prés de ma bouche, avec vn regard affreux sembloit me vouloir tirer la communion. Ie fus en cét estat bien vne heure, sans pouvoir faire le signe de la Croix, & prononcer vne bonne parole, ny chaſſer cette beſte importune. Si la ſainte Hoſtie me fuſt tirée ou non, je n'en ſçay rien. Le Diable l'aſſeure en quelqu'vn de mes papiers rendus, & le dit encore parlant de quelques autres de mes communions; & ajoûte que c'eſtoit par le commandement de Picard. Mais ou moins eſt-il evident d'icy qu'en communiant je ne luy baillois pas moy-meſme la ſainte Hoſtie, en m'appliquant à la retirer de ma bouche, ainſi que publient les filles. Ie puis dire que par la miſericorde de Dieu je n'en ay jamais eu la penſée.

Ce meſchant Preſtre n'en demeura pas là, & il n'en avoit pas le deſſein. Delivrée du chat, ou plûtoſt du Demon ſous cette figure, Picard me vid le meſme jour, à qui je demanday ſi c'eſtoit là les merveilles qu'il avoit dit en me communiant que je devois voir. Il me fit reſponſe : *Tu en verras bien d'autres; il n'eſt pas temps de t'eſtonner.* En effet cela arriva. Ie me ſouviens que deux ou trois jours apres, il me dit avec ſes familiaritez ordinaires, *Mon cœur, nous nous ſommes veus aujourd'huy, ne veux tu pas bien que nous nous voyons encore?* Ie luy dis qu'*oüy*: & certes à ma tres-grande ruine pour mon ame. Dés la nuict prochaine, j'entendis de mon lict vne voix, comme de quelqu'vne des Religieuſes qui m'appeloit. Il pouvoit eſtre prés d'onze heures, & j'avois dormy. Ie me levay, m'en vay vers la porte de ma Cellule, & incontinent je me ſens enlevée ſans ſçavoir par qui, ny comment, perdant toute connoiſſance pour lors, juſques à ce que je me vis en certain lieu, qui m'eſt inconnu, où il y avoit pluſieurs Preſtres, & quelques Religieuſes; & me trouvay aupres de Picard. Il me parle auſſi-toſt, & me dit: *Hé bien, mou cœur, t'avois-je pas dit avec verité, que nous nous verrions encore aujourd'huy?* Ie luy repartis qu'*oüy*, *mais que je ne m'attendois pas que ce fuſt hors du Monaſtere, & que je ne ſçauois que ſignifioit cette aſſemblée.* Il ne me ſatisfit point là deſſus, & me reſpondit ſeulement, que je ne m'en miſſe point en peine; & tira de moy dés ce premier tranſport vn conſentement verbal à tout ce qui ſe faiſoit en ce lieu, & à tout ce qui devoit eſtre fait ſpecialement par luy. C'eſt la ſeule voye que je ſçache, par laquelle je puiſſe avoir part aux malefices de la Maiſon, ſi Picard les a poſez, & à l'affliction des Religieuſes, ſi le meſme les fait tourmenter. Ie n'ay jamais du depuis donné aucun conſentement particulier, ni à luy ni à d'autres, pour la Maiſon, & pour

<small>Magdelaine Bavent portée par le Diable au Sabat.</small>

quelque endroit que ce foit. Si les hommes ne le croyent point, c'eft à moy de le fouffrir humblement & patiemment, & je ne fuis pas pour cela moins obligée à rendre graces à Dieu dequoy le malheureux qui me perdoit ne m'y a pas mefme portée.

CHAPITRE VII.

Ceux qui liront cét écrit, ne manqueront jamais de juger que je fus tranfportée au Sabat; & peut-eftre me nommeront-ils Sorciere ou Magicienne : mais je les prie de fufpendre durant quelque temps leur jugement, & de confiderer les chofes fuivantes.

J'avois cela de bon, que ma confcience malade eftoit fenfible toûjours à fes maux, & me faifoit des reproches fur tout ce qui fe paffoit de la part de Picard en mon endroit : Il le fçavoit tres-bien, & c'eft la vraye raifon pour laquelle il ne s'eft point fié tout à fait à moy, ne m'a pas découvert tous fes fecrets d'iniquité; & ne s'eft pas mis en devoir de m'affocier à fes œuvres Diaboliques, difant luy mefme quelque fois, que j'eftois vne fille à tout dire, que j'avois trop de timidité, & que je me défiois de tout. Effectivement il ne fe trompoit pas, & j'en vay donner des preuves tres-evidentes. Le jour d'apres la nuict de mon tranfport, fans attendre vn plus long temps, je declaray au bon M. Langlois comme j'avois efté enlevée la nuict precedente; ce que j'avois veu pratiquer; tout ce qui m'avoit efté dit; & j'ay toûjours continué à luy manifefter mes enlevemens, qui fuivirent le premier : Mais par malheur pour moy, je ne fçay s'il eftoit intelligent ou non en ces matieres, il ne me fift point connoiftre que ce fuft au Sabat que j'eftois enlevée. Peut-eftre que Dieu permift qu'il fuft aveugle dans vne chofe qui a paru fi claire aux autres lors qu'ils l'ont apprife; mes fautes meritans qu'on euft l'efprit fermé pour moy, puis que je l'avois fermé pour luy.

De plus il fçavoit de moy le tourment que m'avoit caufé l'horrible chat; & comme il me fuivoit en divers lieux de la Maifon, fans prefque m'abandonner : & generalement je luy difois tout ce qui m'arrivoit. Cependant je reftois fans remede, comme s'il n'euft fceu que me faire. Encore s'il euft pris la peine de confulter quelqu'vn, ainfi qu'il luy eftoit facile, afin que mieux inftruit il m'euft peu apporter quelque foulagement. Mon Dieu, mon Dieu, je meritois d'eftre delaiffée de vous tres-juftement, & les

hommes

hommes fembloient imiter vers moy vôtre procedure.

I'aurois pourtant tort de dire, que Dieu que j'avois tant delaiffé, m'euft tout à fait delaiffée, puis qu'il me preffoit toûjours de rechercher fa grace, & de me remettre bien aupres de luy par vne bonne confeffion generale, de laquelle j'attendois mon remede, & j'y penfois tres-fouvent. Six mois apres l'apparition du chat, qui me pourfuivoit, & mes enlevemens qui devenoient frequens, j'en parlay de rechef au mefme M. Langlois. Il n'y avoit plus tant à craindre Picard, parce que fur quelques plaintes faites de fes déportemens peu honneftes vers les Religieufes, le Confeffionnal luy eftoit interdit, ce me femble, tout à fait, & donné à ce bon Preftre, bien que le Parloir luy fuft permis. Nous prifmes jour pour la faire, & refolumes pourtant d'empefcher que cela ne vinft à fa connoiffance, à caufe qu'il n'apprehendoit rien davantage qu'vne telle confeffion fi neceffaire à mon ame. Les trois parts de ma confeffion, à mon avis, eftoient déja vuidées, & il ne reftoit plus que la derniere à déduire pour l'achever & la rendre parfaite : Picard vient à la Maifon, & fort inquieté fur ce que je pouvois faire fi long temps avec le nouveau Confeffeur, me fit appeller, & fe mit en colere de ce que je tardois à venir. On vouluft que j'alaffe au Parloir, où il me demanda à quoy je travaillois aupres de M. Langlois : Et luy ayant refpondu, que c'eftoit à ma confeffion generale, il defira fçavoir à quelle partie j'en eftois. Ie luy dis fort fimplement, *A la derniere. Et bien,* dit-il en me touchant la main, *tu as commencé, & n'acheveras pas.* Il dit vray, le miferable, car il jetta lors vn fortilege entre le Confeffeur & moy, & il m'en affeura quelque temps devant fa mort, & promift qu'il m'en delivreroit. Du depuis je n'ay jamais peu achever. Il me fembloit que M. Langlois me fermoit la bouche, me faifoit rentrer mes pechez; qu'il eftoit environné de Diables. Pour luy, il eftoit comme vne perfonne immobile vers moy, abatuë, & toute demeurée ou percluse. On nous comparoit tous deux, pour ce qui regarde le Sacrement de confeffion, aux perfonnes mariées qui ont l'eguillette noüée. Cela commença dés l'aprefdinée, que je croyois tout achever, afin qu'il vift plus aifément dans les coins & recoins de ma confcience. Mais en outre, toutes les fois que je partois pour aller effayer de me confeffer, je n'eftois pas plûtoft au Confeffionnal, qu'on m'y tourmentois horriblement. I'y ay

Picard jette vn fortilege entre M. Langlois & Magdelaine Bavent.

F

veu affez fouvent comme vn petit cerf volant arresté fur la petite grille fort noir, qui fe jettoit fur mon bras quand je voulois commencer à parler; me pefoit autant qu'vne maifon; me frapoit la tefte contre les parois; me renverfoit par terre au Parloir. Si je changeois de place, en efperance d'eftre plus libre, je ne le voyois pas neantmoins toûjours, & cela n'empefchoit pas que je ne fuffe mal-traittée, jufques à faire compaffion, & donner de la pitié aux perfonnes. Les coups qu'on me donnoit eftoient oüis; & on me voyoit toute meurtrie & livide : toute noire & plombée; toute gâtée, & mal accommodée, fans fçavoir d'où pouvoient venir mes battures. Dieu qui eft adorable en tous fes Iugemens fur les enfans des hommes le permettoit ainfi, & me faifoit porter des effets vn peu feveres de fa Iuftice, dont mes demerites avoient attiré la pefanteur.

Me voila dorefnavant plus empefchée que jamais : Le chat me pourfuivoit, j'eftois fouvent enlevée au Sabat; je ne pouvois me confeffer; mefme en ma Cellule & dans la gallerie du Dortoir, & ailleurs, les Diables me tourmentoient & affligeoient avec vne grande cruauté; voire quelque temps apres les communions, me mettoient les pieds en haut, & me provoquoient à vomir, comme pour avoir la fainte Hoftie. Ie ne perdis point courage, & je m'avifay d'écrire mes peines au Pere Benoift Capucin, que je communiquois quelquefois, & à qui je difois bien des chofes, encore que Picard luy euft dit, qu'il ne me devoit point croire. La Lettre me fuft emportée, & je ne doute point que ce fuft par le Demon, quoy qu'il ne paruft pas vifiblement : Ie perfiftay à chercher de l'aide, & j'écrivis, & fis écrire à Monfieur l'Evefque d'Evreux. On en peut encore voir des Lettres, et je croy qu'il y en a quelques-vnes entre les mains de la Iuftice. Il n'en fit point de cas, finon à la fin je penfe de la cinq ou fixiéme année de mes tourmens, & vn an ou quinze mois avant mon devoilement, dont je parleray en fon lieu. Si les hommes apres tout cecy, me condamnent comme Sorciere & Magicienne, qui ay pris mes plaifirs avec les Diables, & les fupofts de fa religion infame : il me femble qu'ils ont vn peu de tort, & peut-eftre feroient-ils mieux de compatir à mes miferes, eu égard à l'état fâcheux & penible où j'eftois, & aux efforts que je faifois pour y trouver remede : Mais je ne fouhaite point d'eux nonobftant tout cecy, d'autre traittement que celuy qu'il plaira à mon Dieu permettre qu'ils me faffent.

Les Diables tourmentent Magdelaine Bavent.

CHAPITRE VIII.

Cause du recit que j'ay fait de mes enlevemens au Sabat, qui ont esté publiez par tout, la curiosité a porté plusieurs personnes à m'enquerir de diverses choses sur le sujet de ce lieu infame. Mon Confesseur m'a defendu absolument de leur en parler pendant ma prison en cette ville ; & m'a dit, que je ne devois respondre là dessus qu'à mes Iuges. Dieu sçait combien cette defense m'a coûté de mépris, d'humiliations, & de tourmens d'esprit, parce que le monde qui me visitoit, s'est imaginé que le Demon me fermoit la bouche, & que je n'avois garde de penser à vne conversion serieuse, puis que je ne leur voulois rien dire : mais je m'en vay presentement les contenter, & on desire que j'en parle amplement, pour le faire abhorrer, & afin qu'vn chacun connoisse mieux la grieveté de mes crimes effroyables. Toutesfois dans tout ce que je diray de ces matieres, je supplie ceux qui verront cét écrit, de n'y ajoûter qu'autant de creance qu'ils trouveront estre à propos, & de separer ce qu'ils penseront estre réel d'avec ce qui portera quelque marque d'illusion ; c'est à moy de rapporter tout en esprit de sincerité, comme je pense l'avoir veu ; & c'est aux esprits plus intelligens de faire le discernement necessaire.

Iamais je n'y ay esté enlevée que de nuict, & apres avoir dormy. On me venoit toûjours appeler, & d'ordinaire devant Matines, qui se disent à minuict chez nous ; soit vne fois la semaine, soit deux fois ; soit de plus loin à loin, sans que les jours fussent determinez. Ie me levois, éveillée comme du premier somme, pour aller respondre à la voix, qui me sembloit estre d'vne Religieuse de la Maison ; & dés que j'arrivois à la porte de ma Cellule, je me sentois transportée, sans pouvoir discerner par qui ni comment, perdant toute connoissance, jusques à ce que je me trouvasse en ce maudit lieu. Mon Confesseur m'a fait voir icy que ç'a esté vne de mes fautes de m'estre levée pour aller à ma porte, puis que je pouvois bien sçavoir ce qui m'alloit arriver, apres ce qui s'estoit passé les premieres fois. En effet je le reconnois ainsi ; mais cela ne m'est point venu pour lors en l'esprit, & je ne sçay comme je n'y ay point pensé. Tant y-a que je ne me suis servie d'aucune graisse, ni d'autre chose, pour y aller ; & personne ne doit croire que j'aye sceu la maniere de me faire enlever, car cela n'est pas, mes papiers montrent evidemment que ç'a esté par l'ordre &

Magdelaine Bavent fait vn recit des choses horribles qu'elle a veuës au Sabat.

le pouvoir de Picard. Et quand j'aurois toutes les plus grandes envies d'aller au Sabat (à quoy je n'ay jamais pensé) je le dis devant Dieu, il me feroit impossible, & je ne sçaurois par quel bout m'y prendre. Au reste on me rapportoit de mesme qu'on m'avoit emportée ; & je me retrouvois aprés vne heure et demie, deux heures, ou trois heures en ma chambre, & me remettois dans le lict.

Le lieu où se faisoit le Sabat m'est inconnu, & je ne sçay si j'étois enlevée prés ou loin du Monastere : Ie n'en ay pas mesme dicerné les particularitez, pour en pouvoir faire la description : & si j'en voulois entreprendre le dessein, je tromperois le monde, qui doit estre plus content que je parle sincerement : seulement me souvient il, qu'il est plûtost petit que grand ; qu'il n'y a point de sieges pour s'asseoir, & qu'il y fait clair, à cause des chandelles posées sur l'autel en façon de flambeaux.

L'assemblée qui y paroissoit n'est point nombreuse, & je n'y ay apperceu que des Prestres & des Religieuses, tres-rarement des personnes seculieres, & fort peu. Peut-estre que le Sabat où j'assistois n'estoit pas le leur qui est vn peu moins impie & execrable. Quelle horreur, bon Dieu ! d'ouïr que ces personnes qui devroient se rencontrer dans l'assemblée des Saints, pour chanter vos loüanges aux heures que vous avez daigné accomplir les plus grands & les plus divins mysteres de nôtre salut, se trouvent en vn tel lieu & dans l'assemblée des Diables, pour y proferer ou écouter des blasphemes horribles contre vôtre Majesté !

I'ay dit dans l'assemblée des Diables, car les Diables y sont assez souvent en demy-hommes & demy-bestes ; quelque fois seulement en figure d'hommes : & Picard (auprés de qui je me suis toûjours rencontrée) me les montroit. Ie ne les ay point veus sous la forme du bouc, dont parlent les filles, ni apperceu qu'on leur rende l'hommage de l'adoration par quelque ceremonie speciale, & jamais on ne m'en a parlé : leur place m'a semblé estre assez prés de l'autel.

On doit remarquer que j'employe souvent le mot d'Autel, parce qu'effectivement il y en a vn sur lequel les Prestres celebrent la Messe avec le papier de blasphemes ; & peut-estre les Diables sont-ils prés de l'Autel, parce qu'on la dit à leur loüange ; & je ne sçay si ce ne seroit point pour ce sujet qu'on ne leur rendroit point là d'adoration particuliere, se contentans bien de celle du sacrifice,

fice, que mon Confeffeur m'a dit eftre la plus grande, la plus magnifique, la plus folennelle adoration, & qui ne fe doit rendre qu'au feul vray Dieu. Quant à l'Hoftie, qui eft employée à la celebration de leur Meffe, elle reffemble à celles dont on fe fert en l'Eglife, finon qu'elle m'a paru toûjours rouffaftre, & fans figure ; & j'en puis parler, à caufe qu'on y communie. On en fait auffi l'élevation, & pour lors j'oyois prononcer des blafphemes execrables.

Mais outre ce facrifice étrange, plufieurs autres chofes s'y pratiquent, comme des Proceffions, renonciations, malefices, piqueure d'Hofties confacrées, égorgemens, tantoft les vnes, tantoft les autres, & quelques vnes bien moins fouvent que les autres. Ie referve le recit des plus extraordinaires à vn chapitre particulier.

Quand on y mange, c'eft de la chair humaine qu'on mange : mais cela arrive tres-rarement, & je ne fçache point l'avoir veu qu'vne ou deux fois.

I'y ay veu vne forme de regiftre : mais qu'on ne me demande point ce qu'il contient ; car il eft d'vne écriture où je ne connois rien. Le Teftament pretendu eftre de David, qui m'a efté montré en Iuftice, ou aux exorcifmes, reffemble affez à cette forme d'écriture. Ie ne fçay pas fi c'eft le mefme dont Picard m'a parlé, je ne me fouviens non plus en quel temps ce fut que Dauid et luy s'étoient fait vn Teftament reciproque ; car il ne me l'a point montré ; & je ne puis pas deviner de quelle écriture ils l'ont fait. I'affeure que je fçay tout auffi peu des nouvelles du papier ou regiftre, tant des malefices, que Sorciers & Magiciens, dont Picard m'a parlé dans le Sabat, me difant, qu'il en avoit fait & écrit vn de fa main ; & me promettant peu de temps avant fon deceds de me le faire voir, parce que cela ne s'eft point effectué, & je fuis entierement ignorante du lieu où il l'a mis : comme encore fi c'eft le mefme que j'ay veu au Sabat. Plaife à Dieu que mon nom par fon exceffive bonté foit écrit dans le Livre de vie, & aux Cieux, non pas dans ces Livres de mort, & en ces maudits lieux des tenebres.

La Iuftice m'a demandé par tout les noms des perfonnes qui eftoient au Sabat : Ie dis en verité qu'on ne les dit point en ce lieu d'horreur ; & que fi on ne les fçait d'ailleurs, on ne les apprend pas là ; & ma vie renfermée ne me permettoit pas de hanter & de connoître toutes fortes de perfonnes. I'ajoûteray mefme vne chofe, qu'on ne penferois pas facilement, à fçavoir, que chacun de ceux qui vont en ces affemblées infernales, eft tellement acharné aux actions impies, qu'il pretend faire, qu'on n'a pas beaucoup d'attention aux autres, finon lors qu'on leur a quelque affociation particuliere, comme j'avois à Picard, n'ayant jamais efté aupres d'autre que de luy. Ie pafferay encore plus avant, & me croye qui voudra, que je ne fçay quels propos fe tenoient les affiftans les vns aux autres, parce qu'ils parlent à l'oreille hors les actions communes & publiques, peut-eftre pour s'affeurer mieux du fecret, & ne fe mettre point au hazard d'eftre declarez dans ces occafions ; & il eft tres-certain que je ne fuis pas fi fçavante en ces matieres noires comme le monde penfe. Si on me juge diffimulée, artificieufe, couverte, imperieufe, à caufe que je ne dis pas tout ce qu'on defireroit fçavoir là deffus, je dois avoir patience : On ne me force & violente pas icy comme à Louviers, pour me faire parler de ce que je fçay, & de ce que je ne fçay pas, & m'obliger à le figner. D'ailleurs cét écrit eft comme vne confeffion publique que je fais à toute l'Eglife de Dieu (fi on trouve à propos de le faire voir) pour quelque reparation des fcandales de ma vie fi décriée, & je veux qu'elle ne contienne que verité, & qu'elle approche de celle que je dois faire à Iefus-Chrift, lors qu'il me jugera, & que je luy rendray compte de ma vie. Ie ne diray que ce que j'eftimeray donc vray ; & encore en le difant comme je le voy en mon efprit, je fupplie Iefus-Chrift mon Sauveur, mon Seigneur & mon Dieu, qui eft la verité mefme, de ne permettre pas qu'il en arrive dommage à perfonne, fi les chofes font illufoires, & que je porte toute feule la peine deuë à mes fautes.

Outre que j'y ay toûjours apperceu Picard, ne m'y eftant jamais trouvée fans luy, & qu'aupres de luy, j'y ay encore reconnu fon Vicaire Boullé, quoy que je ne me fouvienne pas s'il y eftoit dés le commencement, & s'il s'en eft abfenté quelque fois j'oüy bien que luy, Picard, & d'autres Preftres, que je ne connois point par leurs noms, y ont porté des Hofties & des Calices, où eftoit le fang de Iefus-Chrift : quatre Religieufes de Louviers, Catherine de la Croix, Catherine de Sainte Genevieve, Elizabeth de la Nativité, dés mon premier enlevement, qui pratiquoient avec David mort, ou plûtoft avec le Demon fous fa figure les mefmes nuditez & ordures fpecifiées de la Maifon, avec d'horribles prophanations du S. Sacrement, quoy que je ne les aye jamais veu marquer; & Anne Barré, bien que tres-peu de fois, dans le temps de mes derniers enlevemens : Et je ne m'eſtonne pas ſi apres que ma chambre fut fermée à la clef, elle ne laiſſa pas de m'y venir lire le papier dans ma chambre, lors que je n'allois plus au Sabat, parce qu'on ne me venoit plus appeler; vn nommé Des-hayes Chirurgien, qui me toucha vne fois ſur la teſte avec vn petit fer chaud, ce qui me fit promptement retirer de luy, crainte qu'il ne me marquaſt, comme pour le meſme ſujet je me retiray vne fois de Picard, qui me touchoit de la main ſur les reins au côté droit, pretendant, à mon avis, me marquer : ſi bien que je ne penſe pas avoir eſté marquée.

J'ignore les noms de tous les autres que j'y ay pû voir, & ne les connois que de viſage. Ie ne parleray que de deux en particulier, de ceux-cy, parce que j'ay remarqué qu'ils avoient vn grand pouvoir dans l'aſſemblée : L'vn eſt vn certain homme veſtu de violet, âgé de cinquante ou ſoixante ans, de poil noir meſlé de gris, de moyenne taille, aſſez fourny de corps, mais fort incommodé des jambes : L'autre eſt certaine fille ou femme, de laquelle on m'a toûjours obligée à dire tout ce que j'en ſçavois, à cauſe que les Religieuſes dans les exorciſmes ont dit, & publié, que c'eſtoit la petite Mere Françoiſe ou Simonette de Paris. Ie ne le ſçay point, puis que jamais on ne me l'a nommée au Sabat, & que je ne l'ay point veuë en ce Monaſtere qu'elle a fondé. Il faudroit que je la viſſe entre pluſieurs autres, afin d'éprouver ſi je la reconnoîtrois. Quant à celle dont je fay mention maintenant, elle eſtoit veſtuë d'vne tunique blanche, paroiſſoit plus petite, plus brune, plus âgée que moy, & marchoit avec incommodité, & comme boiteuſe. On la conſideroit & honnoroit beaucoup, & je croy qu'on luy demandoit avis de tout : au moins la faiſoit-on venir prés de l'Autel, où on luy parloit aſſez long-temps, & fort bas. Ie ne croy pas l'avoir veuë en mon premier enlevement, mais ſeulement aux autres qui ont ſuivi. Le Vicaire Boullé étoit ſon amy, la recevoit, la tenoit par la main, la conduiſoit, & ils ſe faiſoient de grandes carreſſes. Il y a pluſieurs années que Boullé ayant eſté marqué avec vn petit fer chaud au Sabat par vn Preſtre, à l'endroit où les Chirurgiens ont rencontré la marque, il le dit auparavant à celle-cy; & ajoûta, qu'il falloit qu'elle ſe fiſt

Magdelaine Bavent entre ceux qu'elle dépeint avoir veu au Sabat elle nomme la petite Mere Françoiſe de la Place Royale.

marquer le mefme jour apres luy, comme il fut fait, & on la marqua du mefme fer fur la tefte. Ie me fouviens de plus, qu'vn Ieudy faint, quantité d'Hofties ayans efté apportées là par Picard & Boullé; Picard en prit quatre, qu'il diftribua entre elle & Boullé, luy & moy pour communier, nous obligea à les retirer de nos bouches pour les piquer: puis Boullé & elle changeans d'Hoftie, en firent offrande à Picard, & Picard & moy pareillement changeafme le tout en figne d'vnion par enfemble: Apres quoy on les remift toutes fur l'Autel du Sabat, pour les prophaner davantage par les actions impures & fales tout à fait, qui furent exercées: Et enfin on en fit des charmes, fans que je fçache determinement pour quelle intention, ni qui les emporta. Picard, à qui je me fuis vne fois principalement informé d'elle en ce lieu, afin de fçavoir fi elle eftoit Religieufe, felon que je m'en doutois, m'a avoüé qu'elle l'eftoit, & me dit, qu'elle n'eftoit ni de Roüen, ni de ce canton; que la Maifon d'où elle eftoit avoit efté fondée par vn Grand; & qu'il fouhaitoit beaucoup l'vnion de la Maifon de Louviers avec la fienne. Voila tout ce qui m'en eft refté dans l'efprit, & on ne doit point m'en demander davantage. Ie voudrois de tout mon cœur ne m'eftre jamais trouvée avec elle, ni avec les autres; & tant que je vivray fur la terre, je regretteray chaque heure du jour, & s'il fe pouvoit faire de la nuict, d'avoir eu part vn fi long-temps, par l'abus malicieux de mes Confeffeurs & Directeurs impies, & par la fimplicité des autres peu experimentez & trop negligens, aux offenfes qui fe commettent dans telles affemblées des Diables & de fes principaux membres. On en va apprendre d'effroyables, & le feul narré que j'en dois faire m'épouvante. Ie fupplie tous ceux entre les mains de qui parviendra cét écrit, de ne les lire qu'avec vne actuelle deteftation, & d'en eftre excitez à implorer mon pardon vers Dieu avec plus de ferveur, de foûpirs & de larmes.

CHAPITRE IX.

Toutes les actions que j'ay veuës pratiquer dans le Sabat font infames; & il eft impoffible que j'y penfe fans horreur.
Les hommes ne fçavent pas la peine qu'ils me donnent, lors qu'ils ne me vifitent que pour les fçavoir. Mon Confeffeur mefme dit, qu'avant ma Confeffion generale, il ne m'en avoit prefque point

interrogée,

interrogée, & que la premiere fois qu'il l'oüift, il m'avoit fait les demandes feulement neceffaires, & avec tres-grande retenuë: comme en effet il eft vray, pour la hontè & la confufion qu'il voyoit que j'en avois, bien que je n'aye jamais eu de repugnance à luy declarer toute ma malheureufe vie : Neantmoins les œuvres Diaboliques que je vay icy accufer, furpaffent tout ce qui peut tomber dans l'imagination des plus grands pecheurs de l'Enfer; & il faut avoüer, que fi les faints Religieux de Dieu font des chofes extraordinaires, les maudits Religieux du Diable ne leur cedent nullement.

Ie dis donc que la malice des Preftres principalement qui fe trouvent à ces affemblées nocturnes, va jufques à ce poinct, d'y apporter fouvent de grandes Hofties confacrées à l'Eglife, lefquelles ils pofent fur vne formé d'Autel, qui y eft, puis difent leur Meffe; les reprennent apres, levent le rond du milieu de la grandeur d'vn quart d'écu; les appliquent fur vn velin ou parchemin percé et accommodé de la mefme forte, les y font tenir avec vne forte de graiffe, qui reffemble à de la poix; les paffent en fuite à leur partie honteufe jufques prés le ventre, & s'adonnent en cét état à la compagnie des femmes. Certainement telles actions meritent d'eftre oubliées plûtoft qué rememorées. Mais comme je fay icy ma Confeffion generale, je ne dois pas taire vn de mes plus enormes crimes, puis que ce malheureux Picard m'a connuë de la forte en ces lieux d'iniquité. Il eft vray que cela n'eft pas arrivé fouvent : hors le Sabat il ne m'a jamais connuë que dans l'occafion rapportée ailleurs. Dans le Sabat cinq ou fix fois au plus, de quoy mon Confeffeur s'étonne; & de la forte que je dis, vne fois ou deux feulement. Mais c'eft offenfer Dieu trop criminellement, & j'avouë qu'vn fi grand peché requiert de moy vne penitence extraordinaire. Mon Dieu me daigne faire la grace de la pratiquer.

Actions horribles commifes par Picard & Magdelaine Bavent dans le Sabat.

Vne nuict, je ne me fouviens pas en quel temps, apres avoir porté en proceffion le papier de blafphemes, & fait quantité de renonciations, fut prefentée certaine petite croix en prefence de tous où fut attachée vne grande Hoftie confacrée auffi à l'Eglife, avec de petits clouds vers la figure des mains & des pieds; & fut femblablement percée au côté figuré, chacun y donnant fon coup l'vn apres l'autre, & on m'obligea auffi d'y donner le mien. Il en

H

fortit deux ou trois gouttes de fang, qui furent recueillies de quelques-vns, & meflées avec l'Hoftie, pour en compofer des charmes. Bon Iefus, c'eft vous crucifier vne autre fois autant qu'on le peut faire; & la pitié, c'eft que fouvent on fait cét exercice de piquer des Hofties, pour renouveler vos outrages : Car j'en ay veu mefmes piquer de celles qu'on confacre au Sabat, bien qu'il n'en foit jamais forty de fang, ainfi qu'il en eft coulé des autres confacrées à l'Eglife.

Certain Preftre apporta vne fois quelque Hoftie, pour eftre brûlée. On en veut à Iefus-Chrift dans cette maudite affemblée des mefchans, & leur rage eft fpecialement contre luy : mais nôtre Seigneur paruft, qui foudroya le Preftre, dont il ne refta pas vn atome, & l'Hoftie fut enlevée en haut vifiblement. Les Demons s'enfuirent au moment de cette apparition; & tous les affiftans furent épouuentablement menacez de Iefus-Chrift. Mais ni cét exemple de châtiment, ni les menaces du Sauveur, n'empefcherent pas la continuation de leurs impies affemblées.

I'ay veu apporter à quelque autre Preftre vn Calice, où eftoit le fang de Iefus-Chrift, parce qu'il avoit confacré avant que venir au Sabat. Luy le beau premier prend vn coûteau, & en donna vn coup dedans, & le coûteau paruft tout enfanglanté : Vn fecond en fait autant, & les efpeces prirent la vraye couleur de fang : Vn troifiéme en fit de mefme, & le Calice devint tout plein de fang, qui ruiffeloit jufques à terre. Nôtre Seigneur fe montra encore cette fois accompagné de la Vierge & de deux autres Saints. Les Demons vouloient s'enfuir, & il leur fit defenfe de defemparer. Apres il reduifit les trois Preftres en cendre, & ils n'ont jamais efté veus du depuis. On vid prendre le Calice à l'vn des Saints, & l'autre recueillit le fang, & mefme la terre qui en étoit abreuvée. Tout fut porté en haut, et les affiftans furent tous difperfez par vn coup de tonnerre. Si ces chofes font réelles, dequoy je laiffe le jugement aux autres, voila de grandes abominations, & quant & quant de grands miracles; & moy tant s'en faut que j'aye le moindre doute de la prefence réelle de Iefus-Chrift au S. Sacrement, à caufe des infolens abus que les Diables & les hommes en font dans ces lieux de defolation, qu'au contraire ma foy touchant cét article en eft plus confirmée : car ce n'eft qu'à raifon de cette prefence que la Terre et l'Enfer joints enfemble en la fureur contre Iesus-Christ, abusent si meschamment du S. Sacrement, & j'ay veu dans les occasions specifiées Iesus-C. punir les mesvsages.

Le jour d'vn Vendredy saint, vne femme apporta son enfant nouueau né. On fit dessein de l'attacher en croix; & premier que de l'y attacher, ils luy appliquerent de petites Hosties par les endroits qui devoient recevoir les clouds, au travers desquelles on les perça; comme aussi on lui ficha d'autres clouds en la teste en forme de couronne; on luy perça encore le côté, & puis ils le détacherent, pour en prendre les parties principales à l'vsage de leurs malefices, & l'enfoüirent. Que de crimes enormes commis tout à la fois!

Deux hommes de condition tres-bien couverts ont paru au Sabat; mais chacun en son particulier, & non tous deux ensemble, ni en vn mesme jour. L'vn d'eux fut attaché en croix tout nud, & eut le corps percé, dont il mourut aussi tost. Il avoit refusé de pratiquer leurs maudites ceremonies, & s'en étoit moqué. L'autre fut attaché à vn poteau, & eventré. On le pressoit & violentoit de renier Dieu & les Sacremens; ce qu'il ne voulut pas faire. Peut-estre ceux-cy venoient-ils en ce lieu par curiosité, mais ils y furent tres-mal traittez. *Cruautez faites au Sabat.*

Le jour du Ieudy saint, j'ay veu faire la cene d'vne horrible maniere. On apporta vn enfant tout rôty. Il fut mangé de l'assemblée, & je ne sçaurois dire avec vne certitude evidente, si j'en ay goûté. I'ay dit à mon Confesseur, qu'il me sembloit qu'oüy, & que je cessay aussi tost, parce que cette viande étoit fade. Mais ce qui est plus à remarquer, c'est que pendant vne si detestable cene, vn Demon faisoit le tour de la table, & crioit, *Pas vn d'entre vous ne me trahira.* Ie croy mesme que sur ces paroles, ils renouvellent alors leurs intentions de ne s'accuser les vns & les autres, pour estre fideles au Diable.

Pourra-on lire sans étonnement tout ce que j'ay déduit icy? O Dieu, combien je ressens le besoin que j'ay de vôtre grande misericorde, pour obtenir le pardon de si griefs pechez! Ouy, mon Dieu, la grande misericorde m'est tout à fait necessaire: Car encore que je n'aye pas cooperé toûjours aux œuvres extraordinairement impies & meschantes, que je viens de rapporter, neantmoins j'y étois presente à toutes, & j'y ay eu part en la façon que je l'ay dit à quelques-vnes. Ayez donc pitié de moy, selon vôtre grande misericorde, laquelle seule peut effacer de si grandes iniquitez : & selon la multitude de vos miserations, daignez me pardonner le nombre innombrable de mes offenses.

Ie prie les serviteurs de Dieu qui liront ce papier, d'avoir inclination à demander pour moy le pardon de tant & de si abominables actions, qui ont esté encore accompagnées de plusieurs autres, desquelles je n'ay pas vn souvenir si certain : seulement me souvient-il des suivantes, que je deduiray avec brieveté.

On fait au Sabat quantité de malefices, composez des Hosties, du sang qui en tombe quelque fois, & des principales parties internes des corps des enfans, ou autres morts. Ie ne sçay s'il y entre quelque autre drogue. Ce sont comme de petits boulots, & je n'ay point d'autre nom à leur donner. Picard en faisoit souvent. Et je le dis en la verité de Dieu, jamais je ne me suis employée à en faire : je n'ay point sceu les fins pour lesquelles on les faisoit : je n'en ay emporté pas vn ; & Picard se défiant de moy, n'a jamais voulu ni permis qu'on m'en ait baillé.

I'ay veu tenir à Picard vne grande Hostie entre ses mains, sur laquelle il écrivit sa renonciation à Dieu.

Magdelaine Bavent est forcée par Picard de condefcendre à la paillardife de Boullé Vicaire.
Boullé, Vicaire de Picard, a eu vne fois ma compagnie en ce lieu là, par l'ordre & le commandement de Picard, qui dit qu'il falloit que cela fust ; & qui me tenoit les mains pendant que se commettoit cette ordure.

En vn Sabat j'ay veu poser quatre charmes apres le deceds de David, aux quatre coins du papier de blasphemes, & vne Hostie à chaque charme. Picard les avoit apportées, & y mit la sienne, me bailla celle qu'il m'y fit mettre. Il me semble que les deux autres furent posées par Boullé, & par sa grande amie, dont j'ay parlé. Mais en cas qu'on eust égard à ce qui s'est passé dans les Sabats, parce que je laisse le jugement de la realité de ces choses aux esprits plus discernans : Ie supplie la Iustice de ne point recevoir ce mien tesmoignage d'eux pour l'article present, puis que je n'en puis parler avec assez de certitude. Mon histoire comprend tant d'articles, qu'il est mal-aisé de me souvenir exactement de tout ce qui s'est passé en particulier dans ces lieux Diaboliques. Voila tout ce qui m'en est present, apres m'estre soigneusement examinée, & avoir esté exactement interrogée. On ne doit point s'attendre que j'en puisse rien dire davantage, car j'en écris tout
autant

autant que j'en ay dit à mon Confeſſeur lors qu'il m'a preparée à la mort; & je n'y croy pas rendre plus fidelement compte de ma vie à Ieſus-Chriſt, que je les rends maintenant à ſes ſerviteurs, dans la confiance que j'ay qu'ils tacheront de fléchir la Iuſtice pour moy, & de m'obtenir que je ſois vn des objets de ſa miſericorde.

CHAPITRE X.

APres la deduction faite de tout ce qui concerne le Sabat, où j'ay eſté toûjours enlevée juſques à la mort de Picard, il faut que je continuë de declarer ce qui s'eſt paſſé hors ce lieu execrable.

Ie commenceray par vn des principaux poincts: C'eſt celuy de mes écrits & papiers, ou de mes cedules au Diable. I'ay péché grievement en cecy; & ſi quelques-vns trouvent qu'il y a raiſon de douter de la verité & realité de mes offenſes commiſes au Sabat, perſonne n'en trouvera pour douter de la verité & realité du crime que j'ay commis contre Dieu, à qui j'appartenois comme creature, comme Chreſtienne, cõme Religieuſe, en m'obligeant & me donnant à l'ennemy de ſa gloire & de mon ſalut. Mon crime eſt meſme dautant plus enorme, qu'il a eſté diverſes fois reïteré: & quoy que ce ſoit la pure verité, que c'eſt Picard qui m'a preſſée & pouſſée à faire toutes les cedules, & qui me les a dictées de mot à mot, neantmoins je ne dois m'excuſer là deſſus, ni diminuer par cette voye la grieveté de mon crime. Ie croy pourtant que le malheureux m'avoit maleficiée: car en les écrivant je ne ſçay cõme j'eſtois. Et quand mon Confeſſeur me demande, d'où vient que dans mes papiers, apres avoir écrit ce que je veux au Diable, j'écris ce que le Demon dit; Ie n'ay point d'autre reſponſe à faire, ſinon que je ne ſçavois ce que j'écrivois, eſtant toute hors de moy, & ne me connoiſſant pas preſque moy meſme.

I'aurois grande difficulté à me ſouvenir du nombre des cedules, ſi elles n'avoient eſté renduës par les voyes que je diray ailleurs; & meſme j'ignorois les choſes qui y ſont contenuës, à cauſe de l'état où j'eſtois en les écrivant, ſi elles ne m'avoient point eſté leuës apres que Dieu euſt obligé les Demons de les rendre. Il y a premierement vne cedule écrite toute de mon ſang, qui eſt reſtée entre les mains de Monſieur Barillon, envoyé à Louviers pour prendre connoiſſance de mon affaire. Il y en a vne autre en

Cedule de Magdelaine Bavent écrite de ſon ſang au Diable.

forme de fupplication au Diable, pour remettre quelque pellicule ou autre chofe dans mon corps, qu'il m'avoit tirée & oftée en me tourmentant douloureufement, & qui fut mife fur l'autel du Sabat, où Picard me la montra, l'appelant vn nouët de chair, pour la divifer en quatre parts, & l'employer à des malefices. Il y en a vne troifiéme, qui caufe à mon ame plus de regret & de déplaifir que les precedentes ; car les mots en font horribles & étonnans : elle a efté faite apres que Monfieur d'Evreux m'avoit fait renoncer au Demon & à fes œuvres ; & je la croy fignée de mon nom, avec le fang que le Diable me tira de la veine proche du cœur. Les filles difent, qu'il y en a encore d'autres, que le Demon a retenuës. Ie ne le puis croire, & n'en ay aucun fouvenir. Mefme ce m'en eft quelque preuve, que, graces à Dieu, je ne voy & ne reffens rien de la part de l'Enfer il y a plufieurs années. Et de plus, je me confie en Iefus-Chrift, qui eft parfait en toutes fes œuvres ; & qui s'étant employé à me les faire rendre, il n'aura pas voulu faire cét œuvre à demy. Mon Confeffeur a eu les deux dernieres entre fes mains quelque temps, & en a pris la copie : il me les a fait voir, & je les mets icy, afin de me confondre davantage, & de faire mieux connoître l'horreur de ma mefchançeté.

La feconde cedule de laquelle j'ay parlé, eft écrite en ces termes, *Ie te prie de remettre dans mon corps ce que tu y viens d'ofter par rage : je n'en puis plus, & aime mieux mourir. Tu me preffe de te donner mon corps & mon ame, prens tout ce que tu voudras. C'eft grande pitié, Dieu ne veut point que je me découvre à perfonne.*

<small>Magdelaine Bavent mefle la refpôfe du Diable avec fes cedules.</small>

Ie te tiens par le pouvoir que m'a donné celuy qui m'a fait prendre la Communion fous le meurier, t'ayant dit, Tu verras ce qui t'arrivera. Voila tu me donne ton corps & ton ame, apres avoir tiré de ton corps cette piece, par le pouvoir que tu me donne tant que tu vivras, & apres ta mort, tant que nous aurons cette piece fcellée par celuy à qui tu as donné ton confentement mille fois à tous les malefices qu'il feroit, & ne cefferont jamais que cette piece ne foit renduë, & trouuez deux charmes à deux coins, par lefquels j'ay pouvoir de te mener au Sabat, & te faire confentir à tout ce qui s'y fera, eftant à côté de celuy qui les a placez. Moy Aftaroth, qui te les a prifes apres avoir receu pouvoir de M. P. que fi jamais tu en parle, ou découvre ce qui fe paffe entre nous, ou que nous foyons obligez de rendre cette piece fi importante, par laquelle nous perdons tout pouvoir fur toy, je t'affeure que nous t'étranglerons. Refpons. Ie le veux bien. Magdelaine.

    O.   O.

 Ces deux marques faites à la fin de cette cedule, font deux Hofties, que le Demon appele charmes, & qu'il dit m'avoir oftées : & dans la derniere font écrites ces deux lettres M. P. Quant à la troifiéme cedule, elle eft écrite en ces mots épouvantables : *Ie me donne à toy de tout mon cœur, mon corps & mon ame ; & t'adorant comme mon Dieu à prefent, renonce à tous les renoncemens que l'on me fait faire contre toy, & à touts ceux qui t'appartiennent. Tu m'appartiens tant que j'auray cette promeffe fignée de ton fang, que je te tire de ton cœur, par la puiffance que m'en donne celuy qui me fait te tourmenter, & me donne à tous momens de nouvelles forces. Ie ne peux rendre cette promeffe qu'apres fa mort, ayant tout pouvoir fur ton ame ; & t'empefcheray d'aimer d'autre Maiftre que moy tant que j'auray cette promeffe, felon qu'il m'eft ordonné.* 1638.   S. *Magdelaine.*

 Mon nom qui eft au bas de cette cedule eft écrit en lettres de fang : Ie ne mets point les termes de la premiere, parce que je ne m'en fouviens pas, & mon Confeffeur ne l'a point veuë. Que fi on eft curieux de fçavoir que devenoient ces cedules, apres les avoir écrites, Picard les emportoit, & c'eft luy qui les a toutes baillées au Demon avec la copie de ma Profeffion, qu'il m'avoit long-temps avant cecy demandée : & jamais le Demon n'a emporté de luy mefme qu'vne lettre dans ma Cellule, de laquelle je parleray bien toft. Le meilleur pour moy eft, que toutes ces pieces font renduës : & quoy que les Religieufes puiffent dire, ce n'eft pas mon opinion qu'il en ait d'autres : & de ma part je renonce de toute la plenitude de ma puiffance à luy & à fes fupofts, pour me donner, voüer, & confacrer toute vniquement, parfaitement, invariablement à Iefus-Chrift, & par luy à Dieu fon Pere.

CHAPITRE XI.

I'Ay parlé de tous mes papiers de cedules enfemble dans le chapitre precedent, quoy qu'ils ayët efté faits en divers temps, lefquels je ne puis marquer : Ie dois auffi découvrir les chofes qui font arrivées, au moins les plus notables entre celles qui me concernent pendant les années de tous ces temps. Qu'on n'y cherche pas beaucoup d'ordre, parce qu'il m'eſt impoſſible d'y en mettre, ne pouvant les rapporter que ſelon que je m'en ſouviens.

Picard quatre ans devant ſa mort me donna vn papier cacheté en forme de petit paquet long d'vn doigt, pour ſerrer en ma Cellule, avec promeſſe de ne l'ouvrir qu'apres ſon deceds. Ie le dis dés le lendemain à M. Langlois : & comme je le cherchay apres pour le luy donner, n'ayant fait que le mettre ſur ma table le jour de devant, jamais je n'en pû rien trouver. Il ne fut trouvé que le jour de ſon decez, qu'il paruſt ſur ma table. Mais comme je l'allois porter au meſme M. Langlois, je fus traiſnée violemment des Demons juſques dans la vieille deſpenſe, où il y avoit du feu ; & ils ne me laiſſerent point juſques à ce que je l'euſſe jetté au feu, où il fut brûlé. Ie l'ouvris neantmoins auparavant, je trouvay qu'il n'eſtoit plein que de poil noir, n'y pouvant remarquer aucune autre choſe.

Vn jour je trouvay au coin de mon chevet de lict trois petites fueilles de cheſne roulées enſemble, deſquelles ouvertes ſortirent pluſieurs petites beſtes noires, que je jettay par la feneſtre, & qui ne laiſſoient pas de rentrer toûjours par vne fente de la meſme feneſtre fermée. Elles ne parurent plus quelque temps apres, & je ne ſçay ce qu'elles devindrent, ni qui m'avoit apporté ce beau meuble.

Ie me ſouviens que Picard ayant vne fois dit la Meſſe, comme on euſt repaſſé les ornemens au dedans, en prenant le corporau, on vid tomber vne Hoſtie en la Sacriſtie qui eſt vers les Religieuſes. On l'en avertit, & il dit qu'on la luy donnaſt. Elle luy fut donc repaſſée au Parloir d'en-bas, & je vis que ſe baiſſant, il la mit le long de la grille au lieu où il eſtoit. Ie ne ſçay s'il l'y laiſſa. Mais depuis ce temps là j'ay toûjours reſſenty beaucoup de peine de m'approcher de M. Langlois pour luy dire mes peines ; & j'ay toûjours ſoupçonné que c'eſtoit quelque charme qu'il avoit fait.

C'a eſté pendant ce temps que j'écrivis au Pere Benoiſt Capucin, vne partie de mes tourmens dans certaine Lettre, qui me fut emportée du Demon avant que je l'euſſe ſignée, & le Demon ne laiſſa pas de s'y meſler luy meſme comme je l'écrivois. Mon Confeſſeur trouve bon que je la mette icy : elle eſt écrite en ces termes : *Mon reverend Pere, vôtre benediction, s'il vous plaît ; Depuis vôtre depart je ſuis extremement tourmentée, & plus que jamais :*

jamais : Ie ne sçaurois plus voir nôtre Pere Confesseur : Il me semble de voir mille Diables quand je suis devant luy : Ie ne voy autre chose en sa presence. Et quand il m'y veut faire renoncer, c'est quand je m'y donne, il m'est avis qu'il me le commande par mots exprés. C'est grande pitié. La Communion a esté prise deux fois depuis vôtre depart avec de grands & horribles tourmens, m'excitant à renoncer à Dieu, & à tous les Sacremens à tout moment. I'aime autant mourir que de vivre en cét état : C'est pourquoy je vous prie, mon tres-cher & reverend Pere, de ne me dénier point vôtre assistance le plûtost que vous pourrez. Nôtre Pere du Mesnil m'a fait venir au Parloir, & m'a dit qu'il sçavoit bien qu'il y avoit vn sortilege jetté sur nôtre Pere Confesseur & moy, & qu'il me gueriroit, auquel j'ay consenty.

* *C'est moy Astaroth à qui tu as consenty, & proche de mon maistre. C'est moy qui prens tes Communions, & les y porte par son pouvoir pour en faire des malefices. Tu pense bien nous échaper. Renonce de ta propre main d'estre à d'autre qu'à moy. à qui tu as donné ton cœur mille fois, & luy donnant, tu m'appartiens : & pour te montrer la verité, j'emporte cette piece.* * Réponse du Diable à la Lettre.

Ie vis vn jour à neuf ou dix heures du soir, comme j'estois occupée à penser mon sein, qui me faisoit beaucoup de mal, vn homme qui se nomma le frere du Vacher de Louviers, & me dit de la part de Picard, que je ne me misse point en peine pour mes confessions & communions. Tout étoit fermé dans ma chambre, & je ne sçay par où il y pust entrer.

I'ay receu vne fois certaine hostie de Picard au retour de l'Autel, pour la donner à vn Religieux, qui me visitoit quelque fois. Picard sçavoit qu'il demanderoit vne Hostie, afin de dire la Messe. Il me bailla celle-là tout exprés pour luy donner, me disant, *Il vous aime, & vous aimera davantage.* Le Religieux ne manqua pas de me demander quelque Hostie, & je luy mis celle-là dans son mouchoir ; l'avertissant que nôtre Pere du Mesnil m'avoit baillée celle que je luy baillois : mais sans luy dire les paroles qu'il m'avoit dites, non par malice, ce me semble, mais plûtost par curiosité d'éprouver ce qui en arriveroit. Ie ne sçay ce qu'il avoit fait à cette Hostie ; mais il est vray que le Religieux apres cela me tesmoignoit de grandes inclinations d'amitié, & vouloit vser de quelques privautez vers moy, jusques à s'en étonner luy-mesme, Magdelaine Bavent donne vne hostie à vn Religieux pour l'éprouver.

K

lors que je luy difois, qu'il fe fouvinft de ce qu'il eftoit. Les filles ont beaucoup ajoûté à cette hiftoire, & l'ont accufé d'avoir eu ma compagnie en ma Cellule, au temps d'vne vifite de la Maifon faite par Monfieur d'Evreux, & d'avoir porté mon bonnet, &c. Tout cét allegué eft tres-faux, & fa reputation apres fa mort luy doit eftre conferuée, non pas oftée.

Pour ce qu'on m'a interrogée fi je fçavois quelque chofe de la haine de Picard vers le fieur de la Val, il eft bon que je n'oublie point à mettre icy pendant qu'il m'en fouvient, que j'ay oüy dire effectivement à Picard, que ledit fieur luy déplaifoit a caufe de fes hantifes au Monaftere : mais jamais il ne m'a dit s'il penfoit à le faire mourir par fortilege ou autrement, & je ne puis pas fçavoir s'il y a cooperé.

Ie ne dois pas auffi obmettre, que Picard me faifoit fentir affez fouvent des bouquets de fleurs, fans que j'aye fceu à quel deffein ; & fur tout, que quelques jours avant fa mort, il me montra vne fueille de papier écrite de la main de fon fucceffeur, & me dit que c'étoit Boullé.

Mais entre les chofes principales qui me font arrivées, il y en a vne qui me donna beaucoup de peine, de douleur, & de confufion, & qui m'en donne encore, & m'en donnera tant que je vivray. Ie penfe avoir dit, que les Demons, notamment dans les dernieres années avant mon devoilement, m'affligeoient avec cruauté, me battoient en ma Cellule, & en d'autres endroits ; me jettoient en terre, & me laiffoient affez peu en repos : Mais j'étois bien plus importunée du Demon, qui me fuivoit prefque par tout fous la forme d'vn chat : Car ce chat infernal à peine me permettoit-il de manger ; & il m'oftoit tout de devant moy ; me le tiroit mefme hors de la bouche, & vouloit tout avoir. Certainement je me reprefente maintenant, qu'vne telle vie que la mienne ne meritoit pas d'eftre conferuée, & qu'étant ennemie de Dieu, je ne devois pas feulement avoir vne miette de pain. On trouva neantmoins remede à cette forte d'importunité, & depuis que M. Langlois fe fuft avifé de benir mon manger, je le prenois en paix, & n'eftois point inquietée : Mais voicy bien quelque chofe de pire ; Il m'eft arrivé par deux fois d'avoir rencontré entrant dans ma Cellule, ce maudit chat fur mon lict en vne pofture la plus lafcive qui fe puiffe dire, & portant tout le femblable des hommes. Il m'effraya, & je penſay à m'échaper ; mais en vn moment il ſaute vers moy, m'abat violemment ſur le lict, & joüit de moy par force, me faiſant ſentir des tourmens étranges. Voila ce que le Demon me reſervoit pour la fin ; & Dieu, qui eſt juſte en ſes châtimens, & terrible en certains châtimens, permit que mes pechez fuſſent punis par celui-cy, que j'eſtime le plus ſevere ; & qui ne peut proceder, à mon avis, que de ſa grande colere, voire de ſa colere changée pour la miſerable Magdelaine en fureur.

Le Diable viole le Magdelaine Bavent dans ſa chãbre.

CHAPITRE XII.

ON ne me doit pas enquerir ſi j'étois fort peinée, troublée, & inquietée dans ce malheureux état ; & d'ailleurs tres-inſuportable, où je me trouvois. Ie l'étois de telle ſorte, que M. Langlois ſe ſentit obligé d'en écrire d'vne meilleure encre que par le paſſé à Monſieur d'Evreux. Il vinſt à Louviers, fit venir devant luy M. Langlois au Chœur, où je me trouvay ; vid mes difficultez pour la confeſſion ; & à la priere du Confeſſeur ſe reſout de m'entendre luy-meſme, & de me rendre ce charitable office. Ce fut en l'année, ce me ſemble 1642.

Ie croy m'eſtre confeſſée trois ou quatre fois à luy. Il eſt bien vray que je ne luy ay pas fait de confeſſion generale : mais je proteſte que dans mes confeſſions particulieres, hors les choſes particulieres qui ſe paſſent dans le Sabat, & que j'ay déduites, il a tout ſceu ce qui étoit de moy. Ie l'informay de mes enlevemens, de mes cedules écrites, de ma lettre emportée, de mes battures, des pourſuites du chat, de mes difficultez à prier Dieu, & à faire le ſigne de la Croix ; de mes inclinations fortes à renier & blaſphemer, &c. Il me fit renoncer au Diable, & je fus ſi malheureuſe, ne quittant pas tout à fait Picard, ainſi qu'il me l'avoit commandé, que de croire derechef ce méchant homme, qui me fit faire vne nouvelle donation, comme j'ay dit ailleurs, & la plus forte que j'euſſe encore faite.

De plus, pour remedier aux pourſuites du chat, & ſpecialement aux violens efforts par leſquels il joüiſſoit de moy, bien que cette action horrible ne me ſoit jamais arrivée que deux fois, dans la crainte que j'avois qu'elle n'arrivaſt encore, il trouva que le plus ſeur ſeroit de mettre le tres-ſaint Sacrement en ma chambre. Cela fut fait trois mois je penſe apres que j'eus commencé de me confeffer à luy; & on l'y mit dans vne façon de petit Tabernacle qui fermoit à clef. Il y étoit encore quand je fus devoilée, & je louë Dieu de ce qu'à raifon de la fainte prefence de fon Fils vnique le Verbe Incarné, jamais le chat n'y parut du depuis, bien que l'on n'ait pas defifté pour lors de m'enlever au Sabat comme à l'ordinaire.

<small>Mort déplorable de Picard, & de ce qui arriva à Magdelaine Bavent.</small> Mes enlevemens pour le Sabat n'ont ceffé qu'à la mort de Picard, qui arriva dans la mefme année. Il eft bon qu'on fçache deux chofes, qui fe pafferent le jour de fa mort: L'vne eft, que comme il étoit en agonie, montant l'efcalier pour aller à la galerie du Dortoir, je vis Boullé qui entroit dans la court du dehors, comme pour aller à la Chapelle, avec vne face affreufe: & auffi-toft la vitre par où je le regardois fut caffée auprés de moy, & me fit tourmenter horriblement des Demons, qui me traifnerent par le Dortoir, & m'accommoderent d'vne façon qui n'eft pas imaginable: L'autre, que le mefme foir, comme j'étois retirée en ma Cellule, on frapa le long des ais avec grand bruit, & jouïs qu'on crioit comme d'vne voix enroüée et caffée, *Nous tenons la proye*: Ce que je racontay le lendemain au Pere Benoift Capucin, il me dit que j'avois ouy ces cris juftement à l'heure qu'il venoit d'expirer.

Depuis la mort de Picard, j'ay veu en ma Cellule de nuict vn certain Religieux, qui avoit la forme du Gardien d'vn Convent que je connois, & que je n'ay jamais veu pourtant au Sabat, non plus qu'oüy parler de luy en aucune occafion: Il me fomma de tenir mes promeffes à Picard, que je luy avois faites pendant fa vie, de mourir bien-toft apres luy, de le fuivre, & de vouloir eftre où il feroit. Comme je ne luy répondis rien, il difparut: Mais dés la nuict fuivante je fus enlevée devant le corps de Picard, qui me dit, qu'il étoit temps d'executer mes promeffes. Il étoit fur le bord d'vne foffe, & le Vicaire Boullé luy foulevoit vn peu les épaules lors qu'il me parla. Quantité de Demons étoient proches du corps. On me commanda de luy prendre les pieds, que je fentis tres-froids: & on me fit defcendre trois marches en la foffe; mais y ayant apperceu des flammes épouvantables, je remontay promptement, difant, que je ne luy avois pas promis d'eftre damnée avec luy, & que je voulois me fauver. & je me trouvay rapportée en ma chambre.

Outre

Outre cét enlevement, j'en ay eu encore vn autre : Ie reconnus le lieu, & vis bien que j'étois au Ménil-Iourdain : Boullé & fa grande amye y parurent, & nous eftions auprés du cadavre de Picard, où je vis vne befte effroyable grande comme vn cheval ; & je croy que c'eft la mefme qui parut apres en l'air vers la court de la Maifon de Louviers, & qui fit de fi horribles cris. Les filles ont dit beaucoup de chofes en fuite de cette vifion : mais elles ne contiennent pas vn mot de verité.

Ces deux enlevemens furent caufe, lors que je les rapportay en fincerité à M. Langlois, qu'il fit fermer ma chambre à la clef, & du depuis il ne m'en eft point du tout arrivé, en quelque façon que ce foit. Si ceux-cy font réels & effectifs, non pas imaginaires & illufoires, le miferable Picard eft mal traitté en l'autre monde, & il faut que fa mort ait efté conforme à celle des méchans auffi bien que fa vie. Ie prie mon Dieu qu'il me faffe vn traittement plus doux ; & qu'ayant par fa grace ceffé de luy adherer en fa vie, je ne luy reffemble pas en fa mort.

CHAPITRE XIII.

IL eft bien temps de parler du faict de mon devoilement qui s'approche, & de declarer fur quoy il eft fondé : car Picard mourut au mois de Septembre 1642. ce me femble, & je fus devoilée au mois de Mars de l'année fuivante 1643. comme chacun fçait.

Encore que mon Confeffeur m'ait toûjours dit icy que je le meritois bien, puis qu'au lieu de fervir Iefus-Chrift, je fervois fon ennemy ; & que devant eftre vne bonne Religieufe, j'étois tresméchante ; neantmoins je ne puis douter que cette affaire n'ait efté tramée contre moy avec vn peu de malice. La chofe s'eft paffée de la forte que je m'en vay tout fimplement raconter: Il faut donc fçavoir que la Mere Superieure Catherine de la Croix, la Mere Vicaire Catherine de Sainte Genevieve, & la Mere des Novices Elizabeth de la Nativité, me haïffoient beaucoup, & avoient vne grande animofité en mon endroit. Ie fçavois tout ce qui fe paffoit par elles dans la Maifon ; & en particulier j'avois toûjours abhorré ces trois creatures, à raifon des pratiques infames par où elles m'avoient fait paffer. Cela leur déplaifoit ; & fi je me fuffe liée davantage à elles, affeurément que je n'en ferois pas où j'en fuis prefentement. D'ailleurs, je croy qu'elles n'ignoroient pas qu'en me declarant à M. Langlois, à qui j'avois liberté de parler quelque fois, bien que je ne l'euſſe pas de me confeſſer Sacramentellemēt, je l'informois qu'elles ſe trouvoient au maudit lieu où j'étois enlevée. Ce qui me le fait penſer eſt, qu'aſſez ſouvent j'ay trouvé des Religieuſes qui écoutoient ce que je luy diſois. Il m'a pourtant eſté impoſſible de les dicerner; elles s'evadans aſſez promptemēt, & le lieu étant obſcur: ſeulement en ay-je reconnu vne, ▓▓ nomme Ieanne de Saint François. Il y a plus, La Mere de la Croix deſiroit que je me decouvriſſe à elle dans mes troubles & mes peines : Ie luy répondis, que mon affaire n'étoit pas pour des femmes, mais pour des hommes; & pour des hommes qui ne fuſſent pas beſtes. Elle euſt bien voulu que je me fuſſe confeſſée à certain Eccleſiaſtique de la Maiſon, puis que je n'avois pas la liberté de le faire au ſieur Langlois. Ce n'étoit point mon deſſein, parce que je ne le croyois pas capable de m'aider ſuffiſamment; outre que je luy avois veu faire quelques actions aſſez peu honneſtes vers des Religieuſes, qui me donnoient peu d'eſtime de ſa perſonne.

Toutes ces conjectures ne ſont pas ſi legeres, & meritent bien d'eſtre peſées. Mais voicy l'occaſion qu'elles prirent, pour ſe liguer contre moi : Anne Barré, dite de la Nativité, avoit eſté receuë dans la Maiſon quelques mois devant la mort de Picard. Ie ne ſçay pas comme elle a vécu eſtant au monde : Mais il eſt certain qu'aſſez toſt apres ſon entrée, & lors qu'elle n'avoit encore que

Anne Barré entre de nuit dans la châbre encore que la porte fuſt fermée à la clef.

ſon habit ſeculier, elle ſe comporta comme vne fille qui commençoit d'avoir des viſions, & ▓▓ étoit d'ordinaire hors d'elle. Cela augmenta apres le deceds de Picard. Ie diray icy deux choſes qui me ſont arrivées avec elle : L'vne eſt, que dans le mois de Decembre de l'année 1642. le S. Sacrement étant en ma Cellule, que M. Langlois avoit fait fermer à la clef, à cauſe des deux enlevemens rapportez cy-devant, elle ne laiſſa pas de paroître dedans la nuict, y apporta le papier de blâphemes, m'éveilla pour me le faire lire : & refuſant de le faire, me le luſt diſtinctement tout entier, le tenant entre ſes mains : Dequoy j'avertis dés le lendemain matin M. Langlois, qui en fut fort étonné : L'autre, qu'au mois de Ianvier enſuivant de l'année 1643. elle me joüa vn étrange trait, & qui peut donner ouverture à juger ce qu'elle peut eſtre. Ie ſortois de ma Cellule, & rencontray la Mere de Sainte Genevieve, qui me dit, *Entrez vn peu en cette chambre, pour rester avec ma Sœur Barré jusques à ce que je revienne.* Elle étoit pour lors sur vn lict, & commence de me dire en riant assez fort, *Tu n'es pas toute seule. Et qui est avec moy?* luy dis-je, Elle me répondit, *le Diable est auprés de toy.* Ie luy demanday, en faisant le signe de la Croix, *En quelle forme?* Elle me répondit, *De jeune homme, mais tout nud.* Ie luy dis, *C'est vn vilain, je le renonce. Tais toy, tais toy,* me dit-elle, *il sera bien-tost vétu.* La Mere de Sainte Genevieve étant de retour, je sors; & dés que je fus sortie la porte de la chambre, on me dépoüilla toute nuë, sans que je visse personne, & m'enfuis promptement en ma cellule, où j'appelay du monde; dis ce qui s'étoit passé, priay qu'on cherchast mon habit; lequel on trouva (selon qu'on me le fit entendre) au grenier. Ie n'estime pas ces deux choses-là de petite consequence, si on les veut approfondir. Mais quoy qu'il en soit, elle se lia extraordinairement aux Meres de la pratique, & je laisse à Dieu de faire connoître si c'est par leur moyen, ou par quelque autre voye qu'elle a esté au Sabat, où je l'ay veuë, quoy qu'assez peu, parce que je n'y ay point esté enlevée depuis la mort de Picard. Cette liaison toutefois si étroite avec des creatures si sales, & cette particularité avec la plus sale des trois, m'a toûjours esté fort en soupçon, & ne m'a rien fait juger de bon de ses pretenduës revelations. Si la Cour prenoit la peine d'examiner diligemment le tout, & que Dieu daignast benir le travail qu'on prendroit, on pourroit découvrir d'étranges mysteres. Il en sera ce qu'il luy plaira. Tout ce que j'ay à faire remarquer icy est, que le trouble de la Maison a commencé par elle. On l'a exorcifée plus de deux mois en cachete, avant la venuë de Monsieur d'Evreux : Et le bon est que si Monsieur Ravaut l'exorcisoit de jour, ces bonnes Meres, par le privilege de leur sainteté eminente, bien que tres-incapables de l'ordre & de la fonction des exorcistes, à raison de leur sexe, l'exorcisoient de nuict. Les demandes qu'elles luy faisoient estoient admirables; car elles l'interrogeoient avec grand soin sur la sublimité de leur état de grace, & sur l'excellence de leur ravissantes perfections : Mais elles n'en demeurerent pas là; leurs exorcismes tendoient à la faire principalement parler de moy : Elle leur en dit plus qu'elles n'en vouloient sçavoir; & il fut ordonné que M. d'Evreux seroit averty de tout, & qu'on le pieroit de venir. Monsieur Langlois étoit malade pendant ces belles tragedies, & il m'a dit plusieurs fois, que s'il se fust bien porté, il eust bien empesché qu'on n'eust pris cette resolution. Mais le saint Nom de Dieu soit beny de tout: ce m'est vn bien qu'il ait permis qu'on m'ait humiliée, afin que je retournasse plus serieusement & solidement à luy.

 Voila donc Monsieur d'Evreux arrivé : ce digne homme étoit, vn des plus doux & benins Prelats que la terre ait jamais porté, & que l'Eglise ait jamais veu : Il n'y a que moy seule, je pense, qui l'ait éprouvé dans les dernieres années de sa vie vn peu severe : Mais je le meritois bien, quand il n'y eust eu autre chose en moy à punir que mon consentement redonné à Picard, pour faire la nouvelle donation au Demon, dont il a esté parlé, apres la revocation que j'avois faite des autres. Il apprend tout ce qui avoit esté dit de moy dans les exorcismes secrets faits à la Sœur Barré, & peu apres me fait venir à l'Infirmerie, où elle étoit. Ie ne m'attendois à rien moins qu'à ce qui m'arriva : la Sœur Barré se met à declamer contre moy, dit que c'étoit moy qui donnois des Diables à la Maison; que j'étois cause de tout le mal, & qu'il se falloit defaire de moy. Puis se tournant vers Monsieur d'Evreux, & parlant en Demon, ajoûta que quand il m'auroit devoilée & chassée, la maison seroit guerie. Il demanda au pretendu Demon, *Mais où iras-tu apres que cela sera fait?* On lui fist réponse, *Ie m'en vay posseder la Superieure de Loudun dés que tu auras fait ce que je dis.* Sur l'heure mesme, luy qui m'avoit confessée encore pour la derniere fois dans le mois de Novembre vers les derniers jours, me fit devoiler & oster l'habit de Religion, sans autre examen ny preuve, le troisiéme jour du mois de Mars de l'année suivante. Et parce que ladite Sœur Barré avoit indiqué dans son discours que j'étois marquée, il commanda à ces bonnes Meres de la pratique, de me visiter et razer. C'étoit ce qu'elles demandoient, accoûtumées qu'elles sont à repaistre leur veuë sensuelle des nuditez des filles ; Et je puis dire que leur visite me fut aussi sensible et déplaisante que mon devoilement.

Magdelaine Bavent est dévoilée par le cômandement de Mr l'Evesque.

 On deterra Picard le mesme jour que mon devoilement, & son corps fut jetté dans vne morniere : la Sœur Barré le manda aussitost à sa Mere, & l'asseura que la Maison alloit estre guerie, puis qu'il étoit exhumé, & moy sortie. Plusieurs m'ont attribué d'avoir esté la cause de cette exhumation de Picard : Mais ils ne sont

Le corps de Picard est déterré.

pas

pas bien informez de l'affaire, & ils parlent trop precipitamment. Il eſt vray que depuis l'enterrement de Picard, je croyois voir toûjours vn Diable à l'Autel au lieu d'vn Preſttre : je voyois la grille comme pleine de Demons : je ne pouvois dicerner l'Hoſtie ſinon lors qu'on me la donnoit en la bouche. Davantage j'avois eu deux enlevements divers aupres de ſon corps, qui m'avoient extraordinairement effrayée. Tout cela m'avoit porté à demander à M. d'Evreux qu'on changeaſt le lieu du cadavre, & qu'on le miſt vn peu plus loin de la grille : Mais ce fut la Sœur Barré qui ſolicita, preſſa, & pourſuivit, qu'il fuſt abſolument exhumé, pour le jetter à la voirie, bien que le tout ſe fiſt ſecretement, & que tres-peu de perſonnes le ſceuſſent. De ſorte que nous fuſmes tous deux traittez ſelon nos demerites, ſans autre procedure. Mais il étoit mort, & n'en ſentoit rien, & moy j'étois vivante, & le ſentis vivement. Ie ne crains point de dire, que je ne ſçaurois me ramentevoir la miſere en laquelle on agiſt vers moy, ſans y eſtre ſenſible encore. C'eſt grande pitié de dire, qu'on me refuſa ſeulement vne tente & vn morceau de linge, pour mettre à mon ſein, tout gâté et pourry, qui me faiſoit des douleurs inſupportables, & que j'oüis de mes oreilles, *Qu'elle meure ſi elle veut la miſerable.* Ioignant cecy avec mon devoilement ſi prompt, & ma viſite ſi-toſt faite, je confeſſe que les larmes m'en viennent aux yeux, & les ſoûpirs au cœur. Toutefois il faut que je me ſouvienne toûjours que cette conduite bien que fâcheuſe en apparence, m'étoit la meilleure en verité. Ayant perdu ma chaſteté, que j'avois voüée, & mon ſaint habit Ieſus-Chriſt, ſa grace, ſa vertu, ſa ſainteté, qui eſt l'habit de la nouvelle creature en la Religion Chreſtienne, n'avoit-on pas droit de m'ôter le voile, & de me dépoüiller l'habit de Religion ? Puis que je n'avois pas viſité mon ame & ma conſcience ſoigneuſement, pour y reconnoître les marques criminelles de mon appartenance au Demon depuis tant d'années, par tant & de ſi grieves offenſes, ne pouvoit-on pas viſiter vn corps, pour voir s'il portoit auſſi quelques indices viſibles de ſa ſervitude ? Et comme je devois eſtre dans l'Enfer comme au lieu deu à mes fautes, où les damnez ont beſoin de tout, et n'auront jamais rien, non pas meſme vne goute d'eau pour rafraiſchir leur langue brûlante : puis-je me plaindre comme ſi on avoit mal fait, lors qu'on m'a refuſé quelque petit ſoulagement à mes maux ?

M

CHAPITRE VIX.

TRois jours apres mon devoilement, Monsieur d'Evreux fit venir la Sœur Barré, pour luy declarer elle mesme avec plus d'exactitude & davantage d'étenduë tout ce qu'elle desiroit sçavoir de ma vie, & de ma personne par revelation divine. On l'ouït comme si elle fust venuë du Ciel; & il se pourroit faire qu'elle seroit venuë de plus bas. Ses paroles étoient autant d'Oracles. Tant y-a qu'elle fust creuë en tout & par tout, & sans m'avoir oüy ni parlé : personne n'entreprenant ma defense. Ce vertueux Prelat qui avoit daigné depuis quatorze ou quinze mois estre mon Confesseur, par la facilité de son naturel trop benin & trop credule, donna Sentence contre moy, par laquelle il me condamna à demeurer prisonniere toute ma vie, & à jeûner trois jours la semaine au pain & à l'eau, sur les simples depositions d'vne fille, qui parloit tantost en Sainte, tantost en Demoniaque. Sa Sentence fut trop douce, eu égard à mes fautes precedentes, mais trop prompte, eu égard aux sujets pour lesquelles il la donna, puis que par la **grace de Dieu je croy en estre tres-innocente, & qu'en la verité de Dieu je pense n'avoir jamais causé de mal à la Maison.**

<small>Magdelaine Bavent envoiée en prison par le commandement de Mr l'Evesque.</small>

On m'envoya à la prison d'Evreux l'onzième Mars, quelques jours apres la Sentence donnée : & dés le jour que j'y arrivay on me mist dans la basse fosse seulement pour trois heures. Au mois de Mars le Fils de Dieu descendant du Ciel en terre, avoit daigné reposer non pas trois heures, mais neuf mois dans la petite prison des flancs de la tres-sacrée Vierge sa Mère, n'abhorrant point ce lieu obscur, & trois heures entieres sur la Croix. Si j'eusse eu ces pensées Chrestiennes, saintes & divines, j'aurois tiré profit de mon état : Mais je n'avois point d'homme qui m'aidast à les prendre, & je ne recourois point à Dieu pour les recevoir de luy : ne vivant point de la foy comme les Iustes, mais de la passion brutale comme les bestes : I'en ay fait vn tres-méchant vsage, & je ne le tairay pas.

Dans le mois d'Avril suivant, je fus remise pour quatre jours & quatre nuicts dans la basse fosse. En voicy l'occasion : Monsieur le Penitencier d'Evreux avoit'pris la peine de me venir confesser & communier; C'étoit vne charité qu'il me faisoit, mais jamais je n'ay esté contente qu'il me la fist, parce que je n'avois point confiance en luy. Il aida à me juger en la Sentence de Monsieur d'Evreux. C'étoit luy qui me tenoit la teſte apres mon devoilement, pour empeſcher le Diable, diſoit-il, de me faire couvrir & diſſimuler la verité de mes déportemens nuiſibles à la Maiſon, & m'exciter à accorder tout ce que la Sœur Barré declaroit. Tant y-a que le meilleur euſt eſté de m'en donner vn autre, puis que je le regardois cõme mon ennemy, & bandé tout à fait contre moy. Ce fut luy neantmoins qui vint, & qui a toûjours voulu pendant que j'ay eſté en leur pouvoir, me rendre cét office. Or apres m'avoir confeſſée & communiée, s'en allant à Louviers, il demanda à la Sœur Barré ce que j'avois fait de la Cõmunion : Elle luy dit, parlant en Demoniaque, que je l'avois envoyée par les Diables à la Maiſon de Louviers, pour les fortifier tous en leur poſſeſſion : Car pluſieurs filles apres la Sœur Barré, furent agitées diverſement, & on les prit toutes pour des poſſedées. Il pouvoit tres-bien juger que cela ne pouvoit eſtre, puis qu'il avoit paſſé plus de trois quarts d'heure aupres de moy, quand il m'euſt donné la ſainte Hoſtie, & qu'il me fiſt prendre vn verre de vin. Si eſt-ce qu'il la creut ; & on commanda de me remettre dans la baſſe foſſe, qui eſt vn lieu épouvantable.

Ce fut dans ce meſme mois, qu'étant tirée de la baſſe foſſe, je me donnay en vn déſeſpoir, trois coups de coûteau ; l'vn au bras, pour me couper les veines ; l'autre à la gorge, pour me couper le ſifflet ; & le dernier au ventre, où je le tins quatre heures enfoncé juſques au manche ; & le remuant de fois à autre pour m'achever plus promptement. Ie perdis beaucoup de ſang, & devins extremement foible. La ſeule playe du ventre s'apoſtuma, & je n'y mis pourtant qu'vn peu d'eau fraîche, n'ayant autre choſe à y mettre. I'eus beau demander vn Confeſſeur, on ne m'en voulut point accorder, & M. le Penitencier s'obſtina à me faire ſeul cét office.

Magdelaine Bavent ſe donne trois coups de coûteau étant dans la baſſe foſſe priſonniere.

Les deſeſpoirs me continuans, trois jours apres cette action noire, j'en entrepris vne, qui ne l'étoit pas moins. Ie pris du verre, le briſay, le broiay, & le pris par cuillerée, n'vſant d'autre choſe pendant quelques jours, afin d'avancer ma mort. Cela me fit vomir quantité de ſang par la bouche, & tõber ſouvent en defaillance.

On a creu que le Diable m'avoit apporté le coûteau, & donné le verre, parce que les filles interrogées là deſſus l'ont dit : Mais elles ſe trompent, & leurs Diables ne ſont pas bien ſçavans, ou ſont menteurs & peres de menſonge. I'avois trouvé le coûteau dans la baſſe foſſe, en tâtonnant par tout : car je n'y voyois point; & pour le déroüiller, je l'éguiſay quelque temps. Le verre étoit d'vne bouteille pleine de vin que M. le Penitencier m'avoit envoyée par aumoſne. Tout cecy ſe paſſa dans le cachot de la cave, qui eſt ſur le ſoupirail de la baſſe foſſe. Quand j'y repoſois, je demandois ſouvent à Dieu, *Seigneur à quoy reſervez-vous la miſerable Magdelaine, puis qu'elle ne ſçauroit mourir ?* Ie luy rends graces tres-humbles pourtant de m'avoir conſervée, quelque choſe que ce ſoit qui puiſſe arriver de moy : car ſi je fuſſe morte en cét état, j'étois perduë pour jamais, & il n'y avoit point d'eſperance de ſalut pour moy.

Quantité de perſonnes ſont en peine comment j'ay pû guerir ſans remedes, & diſent que ce ſont là de grands miracles. Il faut faire cette demande à Dieu, & non pas à moy. Ie les aſſeure d'vne choſe, ſçavoir eſt, que le Diable ne m'a point guerie en ces occaſions, non plus qu'en celle de mon ſein delaiſſée & abandonnée. Il cherchoit ma mort & non ma vie; ma perte eternelle, & non mon ſalut, & Dieu tout au contraire vouloit la vie de la pauvre pechereſſe, & non ſa mort; le ſalut & la converſion de la perverſe & pervertie, & non ſa perte. Où le ſecours des hommes m'a manqué, j'ay trouvé celuy de Dieu : Moins je le meritois, & plus je dois admirer ſa bonté, qui fait pleuvoir ſes miſerations & ſes faveurs ſur les Iuſtes & les injuſtes; & qui envoye les rayons du Soleil de ſa charité aux bons & aux méchans. Que mon ame beniſſe à jamais ſon tres-ſaint Nom, & que tout ce qui eſt en moy publie eternellement ſes miſericordes nompareilles.

I'en vay rapporter vne, pour laquelle je luy ay de tres-grandes obligations, encore que je n'en aye pas bien vſé, non plus que des precedentes. On ne ſçauroit s'imaginer ce que j'ay enduré durant ma priſon d'Evreux, qui a continué cinq ans. I'ay eſté tenuë trois ans & demy dans les cachots, tant de la cave que d'enhaut. I'y jeûnois mes trois jours preſcrits, au pain & à l'eau, ſans remiſſion; & les autres jours j'étois aſſez mal nourrie. Trois ou quatre fois on m'en a tirée plus morte que vive; & j'ay paſſé cinq fois ſept jours ſans manger ni boire, dans mes deſeſpoirs. On m'a fait viſiter par divers Medecins & Chirurgiens quatre fois au moins, avec des tourmens aſſez violens; & la teſte piquée de toutes parts, & toute en ſang, me groſſiſt comme vn boiſſeau. Durant

Magdelaine Bavent eſt viſitée des Medecins & Chirurgiens pour voir ſi elle étoit marquée.

vn tres-long temps perſonne ne me voyoit, ni parloit, & Monſieur de Longchamp gardoit meſme, par l'ordre de M. d'Evreux, la clef de mon cachot, craignans que les Concierges ne me donnaſſent vn peu d'air. I'étois dans des puanteurs & des ordures inſupportables. Tout ce que je dis eſt vray, & je ne ſçaurois tout dire. Mais ce qui me dõnoit davantage de peine, étoit ma conſcience tres-malade, à laquelle on ne remedioit point : car j'ay demandé cent fois vn Confeſſeur, & je n'en pouvois obtenir d'autre que M. le Penitencier, que je ne pouvois ſouffrir. Dans ce temps, & comme je croy bien, près de deux ans apres ma priſon, Mõſieur le Curé de Vernon vint à Evreux, & deſira me voir : Il en parla à M. d'Evreux, qui luy fit envoyer la clef de mon cachot, qui étoit pour lors celuy de la galerie. Ie n'avois beu ni mangé depuis ſix jours, quand il arriva. Il me parle de Dieu & de mes devoirs, & je l'écoute de grand cœur : Car je proteſte que tout ce qui m'a manqué n'a eſté qu'vn homme de bien, qui me miſt dans le bon chemin. Nôtre Seigneur m'envoya celui-cy : Ie commençay de m'ouvrir à luy, & de l'aſſeurer que je voulois ſauver mon ame; mais que ceux qui me detenoient, y mettoient empeſchement, & pretendoient perdre l'ame et le corps, ne me donnans perſonne en qui je me puſſe confier; & ajoûtans foy à tout ce que diſoient les filles de Louviers. Il me demanda ſi je prendrois bien confiance en luy, qui faiſoit état de ne regarder que l'intereſt de Dieu & de mon ſalut, & qui n'avoit point de part à l'affaire. Ie luy répõdis qu'oüy. Et il ſe reſolut de me donner quelques heures de ſon temps par l'eſpace de pluſieurs jours, pour oüyr ma Confeſſion generale, apres en avoir demandé la permiſſion à M. d'Evreux, m'envoyant tout le temps de ſon ſejour ma nourriture. Entre tous les poincts qui l'affligerent le plus de ma Confeſſion, furent mes cedules données à Picard, & il eut la penſée de recourir fortement & aſſiduëment à Dieu par les ſaints Sacrifices & les prieres ardentes. Dieu qui ne lui avoit pas imprimé en l'eſprit cette penſée en vain, benit ſes travaux & ſes gemiſſemens pour vne ame rachetée du ſang de ſon Fils. Vn de mes papiers fut rendu le jour de la Pentecoſte ſur l'Autel, à l'élevation du Calice, comme il celebroit la Meſſe, & M. de Longchamp preſent ne le vid pas, mais ſentit paſſer prés de ſon viſage quelque choſe de tres-chaud à l'inſtant meſme, & moy j'avois de tres-grandes douleurs. Il fut encouragé

Le Curé de Vernon confeſſe Magdelaine Bavent.

par là à continuer & redoubler fes clameurs et fes foûpirs. En
effet je croy que tous ont efté rendus : Les vns jettez en quelque
place, dans vne chambre, où quantité de perfonnes étoient en
prieres. On en a trouvé dans ma main, & les filles de Louviers
ont voulu fe fervir de cét exemple, pour fe juftifier de quelques
malefices trouvez en leur main, bien qu'il y ait beaucoup à dire;
car mes papiers font contre moy, & elles ne pretendent pas que
leurs malefices pretendus mis par moy foient contre elles ; outre
que je ne les ay pas jettez étant pour lors comme infenfible. Et on
les a prifes fur le faict lors qu'elles alloient faire femblant de les
jetter en leur profonde foffe, ou plûtoft de les recueillir : & tous
mes papiers ont efté rendus en plein jour, au lieu que tous leurs
malefices ne fe trouvent que de nuict, lors qu'on ne peut pas voir
de tous côtez facilement. Quoy qu'il en foit de leur faict, qui
merite d'eftre diligemment examiné, j'ay sujet de loüer Iefus-
Chrift du mien. Ie penfe que l'vn de mes papiers a efté rendu à
M. le Penitencier, fans que j'en fçache la maniere. Tous les autres ont efté donnez aux prieres ferventes de M. de Vernon ; & ce
m'a efté vne grande confolation de voir que Dieu a approuvé ma
Confeffion generale de la façon que je l'ay faite à fon ferviteur,
quoy que je n'y aye pas dit tous les articles des filles de Louviers
contre moy, defquels je ne me fens point coupable, & pour lefquels on m'a devoilée, & reduite au lieu & en l'état où je fuis. Que
les Anges & les Saints fupplient pour moy vers mon adorable
Liberateur, qui eft plus fort que le Tyran d'Enfer, qui luy ravit à
bon droit fes richeffes & fes dépoüilles ; qui m'a delivrée de fon
pouvoir tyrannique, & qui m'a retirée de la gueule beante de
l'Enfer, toute prefte de m'engloutir. Mon ame en magnifie le
puiffant et invincible Seigneur ; & mon efprit fe réjouït à la veuë
de fes merveilles de misericorde en Dieu fon falutaire, dautant
qu'il a regardé avec pitié l'extreme malheur de fon infidele fer-
vante. Ie prie tous ceux qui liront cecy, de l'en glorifier & benir,
parce qu'il le merite.

CHAPITRE XV.

IE n'ay point fait le denombrement de mes papiers en rapportant, comme ils me furent rendus, & il eft bon de le faire.
Il y a la copie de ma profeffion, que Picard m'avoit autrefois de-

mandée la lettre au Pere Benoiſt Capucin, qui me fut emportée auſſi toſt qu'elle fut écrite, & les trois cedules que j'ay ſpecifiées ailleurs. Voila tout : Mais il eſt encore à propos qu'on ſçache que tous ces papiers n'ont eſté rendus en la meſme façon que je les ay écrits ; car en quelques-vns on a ajoûté les deux premieres lettres du nom & ſurnom de Mathurin Picard, M. P. qui n'y étoient pas, & des lettres où on ne connoiſt rien, qui reſſemblent à celles que j'ay veuës au Sabat. Ie ne ſçay ſi Picard a fait cette addition, ou ſi ç'a eſté quelque Demon. Peut-eſtre n'importe-il pas beaucoup de s'en enquerir, & il me ſuffit que mon Dieu par ſa puiſſance m'ait tout fait rendre, ce qui ſembloit m'engager à ſon ennemy. Il faut que je parle maintenant d'autre choſe.

Entre les peines que j'ay portées pendant ma priſon d'Evreux, les tentations intérieures contre Dieu & Ieſus-Chriſt ſon Fils, m'ont eſté les plus fâcheuſes : Et parce que je n'étois pas fidele à y reſiſter, je me ſuis trouvée en des deſeſpoirs horribles, où les fautes que j'ay faites me ſemblent bien autres que celles de mes Sabats plus paſſifs qu'actifs, & plûtoſt ſoufferts que recherchez. Ie ne ſçay ſi je me trompe dans ce jugement que j'en fais ; mais je le croy ainſi, parce qu'outre que j'ay commis ces fautes apres de ſi notables & extraordinaires miſericordes de Dieu en mon endroit, je n'étois point tourmentée des Diables au corps comme en ma cellule, & aux autres endroits de la Maiſon de Louviers ; & depuis ma ſortie de Louviers je n'en ay jamais eſté perſecutée. Mais encore que j'offenſſaſſe grievement Dieu en ces occaſions, c'eſt vne choſe étonnante qu'il ne m'a jamais delaiſſée, & qu'il m'a toûjours tres-particulierement aſſiſtée, continuant ſans ceſſe à me donner des preuves de ſa volonté de me ſauver, lors que je prenois & ſuivois les moyens de me perdre : & s'il y a choſe qui m'aide à connoiſtre Dieu & moy-meſme, qui il eſt, & qui je ſuis, certainement c'eſt celle que je vay raconter. Ie diray mes offenſes & ſes faveurs, en avertiſſant neantmoins qu'on en faſſe le jugement qu'on voudra, dautant que je ne ſuis pas capable de le faire.

Il me ſemble que les tentations dont je veux faire mention, m'ont attaqué deux ans & demy apres mes coups de coûteau, & ſix ou ſept mois apres ma Confeſſion generale. I'en ay eu de deux ſortes ; les vnes de rage & de fureur à l'encõtre de nôtre Seigneur, les autres de deſeſpoir, à cauſe de mes ſouffrances & humiliations.

qui augmentoient toûjours, & me caufoient beaucoup d'ennuy & de trifteffe. Vne fois la Concierge m'ayant prefté fes heures, j'y rencontray vne Hoftie dedans : I'eus en l'efprit qu'elle pouvoit eftre confacrée, & par haine, dépit, & averfion de Iefus-Chrift, qui ne m'affiftoit point en la façon que je l'euffe fouhaitté, il me prit envie de la piquer, comme on fait au Sabat : Vne vifion me parut, comme de quelque Ange, qui me dit que cette Hoftie n'étoit point cōfacrée, mais que je ne laiffois d'eftre tres coupable, pour la méchante volonté que j'avois euë, de laquelle il me reprit & tança âprement. Si cette vifion étoit vraye ou non, d'autres l'examineront : toûjours elle me fit du bien en m'empéchant ce mal. Au refte il eft certain que l'Hoftie n'étoit point confacrée, & la Concierge l'avoit appreftée (felon qu'elle le dit) pour cōmunier à la Meffe de quelque Chapelain, à qui elle la devoit bailler, parce qu'il ne s'en rencontre pas toûjours de propre.

Vne autre occafion, peut-eftre à cinq ou six jours feulement de la precedente, fi je m'en fouviens bien, j'eus une tentation bien plus furieufe : quand tous les Diables euffent efté aupres de moy, je croy que je n'aurois pas efté davantage tourmentée en l'interieur : Il me fembloit eftre toute acharnée contre Iefus-Chrift ; que luy dis-je, mais que ne luy dis-je point ? Il m'arriva de luy faire des reproches, de luy prononcer des injures, des blafphemes, des impietez. Ie le blâmois & le tançois de me faire fouffrir pour des chofes dont il devoit fçavoir que j'étois innocente, de m'avoir mife entre les mains de gens qui ne cherchoient que la perte de mon ame ; de me vouloir damner ; de me bannir du fruict de fa Croix ; de m'exclure de fa redemption ; de n'eftre point mort pour moy ; d'avoir répandu fon fang pour qui il avoit voulu, fans m'y donner de part, &c. Aprés en dépit de luy j'invoquois les Demons, je me promettois à eux de bon cœur, & m'y donnois interieurement : Ie les conviay à prendre mon ame & mon corps, & à emporter tout : Ie les follicitois par mes poftures fales à jouïr de moy, fi cela fervoit de quelque chofe pour les attirer. Ie les priois de me vanger s'ils pouvoient : Et certainement fi j'euffe eu le pouvoir fur eux qu'on m'attribuë, ils auroient fait merveilles : Comme encore s'ils euffent eu tant de pouvoir fur moy, comme on le croit, j'aurois efté bien-toft leur proye. Ce n'eft pas tout, car ne voyant, n'oyant, ne trouvant point de Diables qui vinffent à moy,

Defefpoir de Magdelaine Bavent qui appelle les Diables à fon fecours.

à moy, ou me faire mourir, ou me tirer des mains de mes ennemis, ou m'emporter en leur Enfer avec eux, je retournay à Iesus-Chrift, pour recommencer mes blâphemes. On m'avoit donné l'Image d'vn Crucifix, qui étoit attachée à la paroy. Ie me bande contre elle, & toute enragée, je la tourne contre la paroy, au lieu qu'elle étoit tournée vers moy, parce qu'il me fembloit qu'elle me menaçoit, & retiroit fa veuë de moy, outre que j'en avois horreur. I'eus pour lors encore l'apparition du mefme Ange (fi c'étoit vn Ange) : Il me dit, que j'avois grand tort de m'en prendre à Iefus-Chrift crucifié, en qui feul je devois & pouvois efperer; & me commanda de defaire ce que j'avois fait, & de retourner vers moy l'Image : mais je luy refiftay, & n'en voulus rien faire; cela fut caufe qu'il s'en mit effectivement en devoir, la detacha & retourna. Apres il me fit mettre à genoux, & me tinft en cette pofture vne bonne heure, demeurant toûjours auprès de moy, & me faifant prononcer plufieurs paroles de devotion, par lefquelles je tâchois de reparer ma faute : je me confacrois toute à Iefus-Chrift crucifié : Ie le reconnoiffois mon Sauveur, mon Seigneur & mon Dieu; & je mettois toute mon efperance en luy : Puis il me laiffa, & je demeuray fort confolée.

Mais cette confolation ne dura pas toûjours : trois femaines apres ce que je viens de dire, il me prit des penfées de defefpoir; & pour effayer d'avancer ma fin, ne pouvant faire autre chofe, je voulus retenir mes incommoditez de mois : Cela me caufoit de grands étoufemens & je vomiffois tout par la bouche : voicy derechef la mefme apparition; l'Ange fe prefente, me commande d'ôter ce que j'avois mis autour de moy, ajoûtant que je ne m'attendiffe pas qu'il deuft faire comme il avoit fait pour le Crucifix, & qu'il ne me toucheroit point. Ie luy obeïs à la fin, & mes maux interieurs & exterieurs cefferent.

Magdelaine Bavent vfe de tous les moyens qu'elle fe peut imaginer dans fon defefpoir pour fe faire mourir.

Cecy ne fut point encore de durée, & je recommançois toûjours; laffe & ennuyée de vivre de la façon qu'on me traittoit, je pris environ quinze jours apres ce que j'ay dit prefentement des araignes : En verité j'en pris de toutes les fortes, & à toutes fauces ; de petites & de groffes; de vives & de mortes; d'entieres & de pilées. Comme j'eus veu que cela me faifoit feulement affoiblir, vomir, languir, & non pas mourir, je penfe à vn autre poifon. Sous pretexte qu'il y avoit des rats en mon cachot, j'en fais acheter

O

par vn pauvre garçon, qui cherchoit fon pain; & il ne manqua pas de m'en apporter : Ie l'apprefte, & il étoit déja tout battu & accommodé pour le prendre, quand la mefme apparition fe montre. L'Ange pred mon arfenic que je tenois déja à la main, le jette, & me defend de penfer dorefnavant à attenter fur ma vie, m'exhortant à fouffrir mes peines avec plus de patience. Ie ne croy pas apres cecy avoir eu d'autres tentations, ni de dépit contre Iefus-Chrift, ni de defefpoir, au moins qui ayent efté fortes, & qui m'ayent travaillée.

Si quelques-vns s'étonnent de ces chofes, je les prie de n'en juger que ce qu'ils trouveront à propos : ou elles font d'illufion, & toûjours j'ay receu affiftance, & dans des befoins extremes : ou elles font de realité, & certainement je fuis bien redevable à Dieu de fes foins, pour vne miferable; & je remercie vn bon Ange des affiftances qu'il m'a donné de fa part, comme je detefte ce mauvais Ange des dommages qu'il m'a apporté, par fon envie criminelle contre les hommes. Au refte, ce ne font pas, peut-eftre, là les feuls fervices que ce bon Ange m'a rendus : Il y en a que je ne puis déduire; feulement diray-je que les hômes m'ont efté cruels en vn autre fens auquel on ne fonge pas. La Iuftice doit prendre garde à qui elle nous baille à gouverner dans les prifons & dans les voyages : car affez fouvent on baille les brebis à garder aux loups. Si j'euffe efté fille à vouloir leur obeïr, il y euft eu d'étranges hiftoires : Mais Dieu qui m'a donné fa crainte de ce côté là; outre ce que j'ay dit de Picard & de Boullé, jamais homme ne m'a rien efté. Mon efprit m'a donné plus de travail que mon corps; mais les hommes en ont voulu donner à mon efprit & à mon corps. L'Ange de qui j'ay parlé m'y a affifté, & je n'en puis douter : Car bien qu'il ne fuft pas toûjours vifible, je reffentois quelqu'vn aupres de moy en certains rencontres qui m'aidoit à refifter, & il me fembloit que j'étois affez forte pour refifter à cent hommes. Certains que je connois me l'ont mefme dit, & ne fe font pas vantez de leurs efforts vicieux, & de leurs volontez malignes. Loüé foit des Anges & des hommes en la Terre & au Ciel, dans le temps & l'eternité, celuy qui eft si bon que de commander à fes Anges de garder les hommes en toutes leurs voyes, & de les porter dans leurs mains, crainte qu'ils n'intereffent leur ame contre la rude pierre des tentatiõs de cette vie prefente.

CHAPITRE XVI.

VN de mes plus grands travaux pendant ma prifon d'Evreux a efté, qu'on ne m'a prefque jamais tirée du cachot au moins dans certain temps que j'ay trouvé bien loin, pour autre fujet finon pour aller à Louviers. I'y ay fait tant de voyages, que je n'en fçay point le nombre. C'étoit afin d'affifter aux exorcifmes, & d'ouïr tout ce que les filles rapportoient contre moy, en prefence de tout le monde. Il n'y a que Dieu qui fçache ce que j'y ay enduré en l'efprit & au cœur, lors que je m'y fuis veuë l'opprobre des hommes, & le mépris des peuples, paffant pour la plus deteftable Magicienne qui euft jamais efté. Ie le dis devant Dieu, que je ne croy point avoir efté ni Magicienne, ni Sorciere. Il eft vray que j'ay efté au Sabat : mais on m'y enlevoit, & je n'y ay eu jamais aucune intelligence ni communication des malefices qui s'y faifoient, parce qu'on fe defioit de moy, & que j'y étois à regret. I'ay fait auffi des cedules de donation au Diable; mais folicitée par Picard, qui avoit un maudit pouvoir fur moy par fon art Diabolique, comme les cedules mefmes le montrent, que luy mefme m'a dictées & emportées, & je ne fçavois ce que j'écrivois, étant pour lors hors de moy-mefme : & jamais je n'ay demandé en icelles le pouvoir de mal faire à perfonne en quelque façon que ce foit : comme auffi n'en fçay-je pas les moyens. Ie me confole en la veuë du Iugement de Iefus-Chrift, où la verité paroîtra, fi elle ne paroift point plûtoft : Et je fuis bien certaine que la vallée de Iofaphat, où on dit, que tous les hommes doivent eftre jugez, découvrira les fourbes & les menfonges, fi la Iuftice de la terre ne les découvre pas auparavant.

Dans Louviers, outre les exorcifmes des filles, aufquels on me faifoit affifter, & les divers interrogatoires fur lefquels on m'a forcée de refpondre ainfi comme on a voulu, certaines chofes me font arrivées, que je ne dois pas taire : La plus importante de toutes regarde vn pauvre prifonnier, qui eft maintenant en cette mefme Conciergerie du Palais. A n'en point mentir, ma confcience a efté extremement bourelée à fon fujet : & je jure, que me preparant à la mort, il n'y a eu que fon affaire qui m'ait donné de la peine, pour ce que Meffieurs de la Cour ne m'avoient point interrogée là deffus; & fi j'euffe efté conduite au fuplice, j'avois preveu & pourveu à en décharger mon ame. Ce prifonnier fe nôme

Magdelaine Bavent eft en grande inquietude à caufe d'vn prifonnier.

Du Val. Les filles de Louviers l'ont accufé de plufieurs chofes ; comme d'eſtre marqué, & que je le ſçavois bien : d'avoir paru dans ma chambre, &c. Apres qu'elles en eurent parlé en ces termes, Monſieur le Penitencier mè vint confeſſer : Il me tourmenta deux heures la teſte; me fit vne infinité de ſignes de croix, afin que je diſſe que cela étoit. Toute ennuyée & laſſe que j'étois, je luy dis à la fin, pour demeurer en repos : *Et bien puis que vous le voule*ʒ, *cela eſt.* Il me dit : *Ce n'eſt pas tout, il le faut témoigner en public ; on vous l'amenera l'apreſdinée, c'eſt un vieillard.* Luy meſme s'y trouva dans le temps qu'on l'amenoit : Et comme il entra, il me dit, *Le voila* : & je répondis, *Oüy le voila.* Ie laiſſe à juger ſi c'eſt là vne excellente conduite, pour faire reconnoître vn homme. Tant y-a que j'ay eſté merveilleuſement inquietée de cette réponſe, parce que je ne le connois point, & ne ſçay qui il eſt, & ne l'ay jamais veu au Sabat ni ailleurs : Il ne ſçait rien de ce que j'écris, & je donne toute liberté de l'interroger contre moy : Mais je me ſens obligée devant Dieu, de prier la Iuſtice de n'avoir point d'égard au faux témoignage que j'ay rendu de luy.

Perſonne ne doit s'étonner ſi j'ay dit cecy de cét homme, apres les tourmens qu'on me faiſoit, puis que j'ay avoüé & ſigné vne infinité d'articles contre moy-meſme, qui ſont auſſi faux, comme il eſt vray qu'il n'y a qu'vn Dieu, auquel tous ceux qui m'ont ſans ceſſe tourmentée pour les avoüer & ſigner, rendront compte de leur procedure, auſſi bien que moy, de ne m'eſtre point roidie plus fortement contre la fauſſeté, & de me rendre, peut-eſtre, cauſe de ma mort. On me diſoit à tous momens, que le Diable me fermoit la bouche; me lioit la langue; m'empéchoit de m'accuſer ; Si bien que je reſſemblois à ce poſſedé de l'Evangile, qui avoit vn Diable muet : que je n'avois garde de confeſſer des choſes ſi horribles, craignant d'eſtre remiſe dans la baſſe foſſe; d'eſtre penduë, d'eſtre brûlée meſme toute vive, mais que je ne lairrois pas de l'eſtre. Là deſſus j'accordois tout; & le deſir d'eſtre hors des peines & des opprobres que je recevois en ſuite des accuſations de celles qu'on pretendoit poſſedées, & qu'on écoutoit comme l'Evangile de Ieſus-Chriſt, par vne plus prompte fin, m'en euſt fait encore accorder davantage. Il faut que je rapporte icy ce qui s'eſt paſſé en certaine occaſion. Les filles dirent, qu'vn Ieudy ſaint j'avois retiré l'Hoſtie de ma bouche apres la communion,

pour

pour la donner à Belzebuth, qui me parut, à leur compte, aſſis en vn Trône, & environné de Demons, dans le Cœur du Monaſtère; & que par apres me la rendant, j'écrivis deſſus de mon propre mouvement, que je me donnois à luy pour toutes ſes volontez, ſpecialement au regard de la Maiſon. Que ne me fit-on point de menaces, de tourmens, & de ſignes de croix, afin que je confeſſaſſe cét article, & le ſignaſſe ? Monſieur le Penitencier s'en doit ſouvenir : car apres avoir dit, que je le ſignerois comme le reſte, puis qu'ils le vouloient, & fait ce que j'avois dit : Ie le fis appeler l'apreſdinée, & luy dis, que je deſirois me confeſſer, & qu'il apportaſt le S. Sacrement, parce que je ne pretendois pas me confeſſer à luy, mais à Ieſus-Chriſt, de la faute que j'avois faite d'avoüer vne ſi horrible fauſſeté, qui ne m'étoit jamais venuë en la penſée. Il n'apporta pas le S. Sacrement, & ſe contenta de me dire qu'il feroit oſter du procés cette piece, qui n'étoit qu'vne adjonction. Cependant l'a-il fait ? Ie luy reprochay icy ſa mauvaiſe foy, & il me dit, qu'il dediroit l'article en pleine grand' Chambre, & prieroit qu'on n'y euſt point d'égard.

Il y a vn autre poinct qui m'arriva à Louviers, duquel on pourra conjecturer comme j'y ay eſté traittée. La premiere apparition que j'ay euë depuis ma priſon, ce fut là. Ie ne c'ſçay ſi c'étoit du bon Ange, ou du mauvais : ſeulement ſuis-je bien aſſeurée, qu'il ne reſſembloit pas à l'autre dont j'ay parlé, & qu'il me faiſoit quelque horreur à voir. Tant y-a qu'il me dit, qu'il étoit venu pour me dire, que j'avois oublié dans ma Confeſſion generale la plus noire de toutes les actions de ma vie, & que j'euſſe à l'accuſer, non à la Iuſtice, mais à vn Confeſſeur. C'eſt, continua-il, *qu'étant Profeſſe, & employée aux malades de l'Hoſpital, Picard vous renverſant contre les baluſtres de la Chapelle qui y eſt, & vous tenant les bras étendus, ſe mit en état, tout debout, d'avoir vôtre compagnie, apres avoir paſſé vne Hoſtie à ſes parties honteuſes, qu'il retira pour mettre dans vn Livre : & puis pendant vne telle action certain chat étoit accouplé par derriere avec luy.* Voila qui eſt horrible, & je proteſte n'avoir aucun ſouvenir que cela nous ſoit arrivé, ſinon au Sabat, comme je l'ay marqué ailleurs. Si eſt-ce que je fis ſur l'heure appeler M. de Longchamp, pour luy dire ce que je venois d'apprendre, & demander vn Confeſſeur, puis qu'on m'y avoit obligée : On peut bien voir que je n'avois pas envie de

Accuſation horrible contre Magdelaine Bavent.

P

celer mes fautes. Il me dit que c'étoit chose à confesser à Monsieur d'Evreux, qui vint bien-tost apres, & me donna en ma Confession pour penitence, ou du moins m'obligea en conscience, je ne sçay lequel c'est des deux, de le dire à la Iustice ; & on l'avoit déja fait écrire quand on vint me le faire signer. Quand cét article eust esté vray, n'y en avoit-il point assez d'autres dans le procés, sans l'y mettre ? Et falloit-il mesme se servir de ce qui m'étoit appris par cette voye, simplement pour m'en confesser dans le secret ? Et étoit-ce là le moyen de m'encourager à faire vne confession entiere & parfaite selon Dieu, si j'eusse eu d'autres choses à dire.

Ce qui suit est encore assez considerable : La Sœur Barré, qui parlant en Demoniaque, dit avoir ordre de Dieu pour la decouverte des malefices, fit grand bruit par l'espace de quelques jours de certaine boëte du Sabat, en laquelle se gardent & conservent les Hosties, disoit-elle, qu'on y porte, principalement celles de Picard & les miennes. Il y en a vn long discours dans les exorcismes. Tant y-a que la fille promit que la boëte seroit renduë dans peu de temps, & fit là dessus des exagerations nompareilles, asseurant qu'il y avoit en icelle des charmes de telle consequence, qu'aussi-tost qu'elle seroit renduë, la Maison devoit estre entierement purgée & garentie, ou du moins beaucoup soulagée : Ce que Picard apprehendant, m'avoit fait autre fois jurer de ne confesser jamais le secret, & les fins de ladite boëte. Elle ajoûtoit en ses propos, qu'en la touchant j'en dirois bien, & qu'on aurait de la peine à me faire taire. Pour moy je me suis toujours extremement defiée de la malice de la fille, à cause qu'elle m'avoit apporté autre fois le papier de blâphemes en ma chambre fermée, & m'a fait dépoüiller toute nuë par le Diable, comme il a esté dit. Ie craignois que la boëte dont elle parloit ne fust maleficiée : & ainsi lors qu'elle parut, & qu'on voulut me la faire toucher, pour reconnoître les Hosties, & tous les ingrediens qui y étoient, je resistay assez pour m'en defendre. A la fin il fallut obeïr pour les menaces qu'on me faisoit : & veritablement en la touchant, mon esprit se sentit rempli de plusieurs choses, lesquelles je produisis sur l'heure, sans qu'il m'en soit resté du depuis aucune memoire. Mais d'où pense-t'on que vienne cette boëte ? On pretend qu'elle vienne du Sabat, & elle vient du grenier où elle a traisné long temps, & quelques

Religieuſes l'y peuvent avoir veuë. On croit qu'elle a eſté jettée en la place par miracle, & la fille l'a tirée de ſa manche pour la jetter, bien que M. le Penitencier le nie, alleguant qu'il la tenoit par vn bras; & des perſonnes preſentes atteſtent l'avoir eux-meſme apperceu. I'ay toûjours dit, premier que de voir la boëte, que ce poinct là ſeul ſuffiſoit pour ſçavoir bien des nouvelles de la malicieuſe procedure des filles : Et ſi on prenoit la peine de l'approfondir, je n'en puis encore douter : Ie ne croy pas aiſément leur poſſeſſion des Diables; elles me l'attribuent, & je ſuis bien aſſeurée qu'il n'y a rien de ma part, & que je n'y ay pû, ni ne peut rien. Elles montrent des malefices en quantité, mais de nuict : c'eſt elles meſmes qui les trouvent, & on leur prend entre les mains quand elles ſont preſtes de faire ſemblant de les tirer de leur foſſe, mais qui ne gueriſſent de rien étant trouvez, mais qui ſont en trop grand nombre pour faire croire qu'vne Maiſon pour eſtre infectée en requiſt tant, cela eſt trop facile à reconnoître faux par le poil de leurs cheveux, & les filets de leurs couvertures, mais qui portent toûjours les premieres lettres de mon nom & ſurnom, que je ſçay n'avoir jamais penſé à y mettre : & en la verité de Dieu je ne doute point qu'elles ne les compoſent auſſi bien que tous les ingrediens de la boëte. Il n'y a qu'vne ſeule parole de Picard qui me faſſe ſoupçonner quelque mal en la Maiſon, ſans que je ſçache par qui ni comment il a pû eſtre cauſé. C'eſt celle que j'ay rapportée ailleurs, quand il me dit, *Tu verras des merveilles apres ma mort, y conſens-tu pas ?* Ie penſe que ſi elles ſe convertiſſoient à Dieu, & renonçoient à leurs impuretez, & ſe vouloient adonner d'vne autre façon qu'elles n'ont fait aux exercices d'vne vie vrayement Religieuſe, haïſſans le peché, & aimans la vertu, elles ſeroient gueries, & feroient vne tres-auſtere penitence, pour appaiſer l'ire de Dieu, qui a eſté tant offenſé par leurs blâphemes, leurs ſacrileges, & leurs ordures.

Outre ces articles ſpecifiez que je dédis, parce qu'ils ſont tres-faux, j'en cotteray pluſieurs autres au chapitre ſuivant. Ie n'ay plus rien à ajoûter en celui-cy que certaines choſes qui concernent Boullé. Pluſieurs me font la cauſe de ſa mort, alleguans, que mes depoſitions y ont preſque tout fait : Par la bonté de Dieu, ce ſcrupule ne m'eſt point entré dans l'eſprit. La Cour ne juge pas vn Preſtre à mort ſur les ſimples depoſitions d'une fille, & il falloit qu'il y en eut d'autres. On luy a trouvé les marques indiquées par les filles premierement, & que j'avois veu luy imprimer. I'ay toûjours dit, & tres-diſtinctement devant les Iuges, qu'on diſtinguaſt les choſes du Sabat d'avec les autres : Ma conſcience eſt en repos de ce côté : Mais j'ay icy à dire, que dans Louviers, où on me faiſoit aller ſouvent : comme j'entretenois Monſieur de Longchamp ſur mon devoilement, dans le Parloir, accommodé pour lors en Chapelle, où on avoit dreſſé vn Autel, Boullé luy apparut au deſſus de la porte ſeulement de face, mais effroyable, ſelon qu'il l'a dit; & incontinent je le vis au deſſus de l'Autel, la face ſeulement, qui étoit deux fois plus grande que la naturelle, qui avoit des yeux étincelans, & qui a côté du Crucifix ſembloit me menacer, ſans me dire mot. De plus, vne autre fois que j'étois là pour depoſer de luy en ſa preſence, prenant occaſion par quelque rencontre de me dire que je m'en repentirois : Il me toucha, & je ſentis plus de vingt-quatre heures comme vne ligature autour du corps, qui me fit grande douleur : en ſuite dequoy j'ay toûjours deſiré lors qu'on me le confrontoit, qu'il fuſt vn peu loin de moy. C'eſt pitié que le pauvre homme n'ait rien dit des choſes dont il étoit accuſé : & je voy bien que la grace de Dieu eſt neceſſaire pour accuſer en humilité, douleur, confuſion, & ſincerité, nos fautes. Ie la demande au Nom & par les merites de Ieſus-Chriſt, bien que je ſois obligée de dicerner les fauſſes d'avec les veritables.

CHAPITRE XVII.

I'Ay eſté extremement repriſe par mon Confeſſeur, d'avoir accordé & ſigné tant de choſes fauſſes, alleguées contre moy par les pretenduës poſſedées : En effet je devois davantage reſpecter Dieu, qui eſt verité, & par amour vers la verité, ne les point accorder & ſigner, nonobſtant toutes les pourſuites & violences qu'on me faiſoit, & toutes les peines & humiliations dont j'étois accablée : Neantmoins je ſuis ſi malheureuſe, que ſi je me trouvois encore dans le meſme état, & les meſmes rencontres, je ne ſçay s'il ne m'arriveroit point d'en faire tout autant que j'en ay fait. Mon Dieu ne le permettra pas, s'il luy plaiſt, ou me donnera plus de force.

Ce ſeroit bien plûtoſt fait de dire, que tout ce qui n'eſt point avoüé de moy en cét écrit eſt faux, & m'eſt imputé à tort. I'abregeois gerois beaucoup, & ceux qui ont veu le procés s'en pouvoient contenter. Mais on trouve plus à propos que je fpecifie et déduife, quoy que brievement tous les articles. Voicy les principaux dont les filles m'accufent.

Que Dagon m'a époufée, m'eft fouvent apparu, & a eu diverfes fois ma compagnie, &c.

Que j'ay procuré quantité de décharges, & abufé d'icelles en fortilege.

Que j'ay eu plufieurs enfans, morts, vivans, portez au Sabat, mangez, &c.

Que Plufieurs Diables & Sorciers ont joüy de moy, tant en ma cellule, qu'au Sabat.

Qu'à la perfuafion de Picard j'ay cooperé & contribué à la compofition de plufieurs malefices.

Que j'en ay fait neuf ou dix compofez d'ingrediens étranges, & toujours confenty en particulier à ceux que Picard compofoit.

Qu'on m'a promis au Sabat de me faire honorer comme on faifoit la grande amie de Boulé, voire de m'y établir Reine, fi j'attirois certaines Religieufes à l'amitié de Picard.

Que j'ay fait & placé divers charmes en divers endroits de la Maifon, Chapelle, Hofpital, parce que les Religieufes y logeoiẽt, paffoient, & marchoient.

Que j'ay veu compofer à Picard celuy de la Sacriftie dans le Sabat, qu'on dit avoir efté fait pour exciter à charnalité.

Que je fçay des nouvelles de la ligature compofée de huict charmes, où eft le C coupé.

Que plufieurs fois on m'a fait figner au Sabat fur vn regiftre avec plufieurs autres Magiciens & Sorciers, me donnant à entendre que c'étoit pour renouveler la promeffe du fecret au regard de ce qui fe paffoit entr'eux.

Que Picard m'a diverfes fois prefenté des Hofties, fur lefquelles luy & moy prononcions enfemble les paroles de la Confecration, afin qu'il les remportaft apres ou qu'il me les fift vfer.

Que j'ay baillé quantité d'Hofties aux Demons, confacrées au Parloir de la forte, ou tirées de mes Communions, & porté d'autres en ma cellule, pour fervir à ma fenfualité, ou pour les prophaner par autre voye, joignant mes intentions à celles de Picard, & que la boëte prefentée, comme venante du Sabat les contient, avec d'autres.

Que je fçay fi les robes de Vironceau ont efté charmées avec d'autres habits.

Que le charme appelé l'Etendard, ou Mariage fpirituel, m'eft connu.

Que l'Any donné à la Sœur de Vironneau, & la tablette de fucre donnée à la Sœur de Saint Bonaventure, ont efté portez au Sabat dans la poche de la manche de mon habit Religieux, avec lequel vn Preftre y dit la Meffe, afin de les porter à m'aimer.

Que l'écorce de citron donnée au fieur Ravaut a efté charmée par les mefmes voyes, & aux mefmes fins.

Que je fçay que Boullé a donné fon confentement à Picard pour tous les charmes de la Maifon; qu'ils les ont figné enfemble; & dit plufieurs Meffes au Sabat, afin qu'ils euffent plus de force.

Que Boullé apres la mort de Picard, en certain tranfport, m'a demandé d'avoir fur moy le mefme pouvoir de Picard: auquel apres avoir confenty, Picard mort m'a donné charge de faire avec fon Vicaire comme avec luy.

Que j'ay écrit fur vn des charmes du papier de blâphemes, *Les filles de Saint Louïs renieront à jamais la Trinité.*

Que les Demons me demandãs vne renonciation au Baptefme pareille à celle de Picard, je leur ay dit, *agiffez*: Confentant qu'ils la fiffent pour moy, afin que mon écriture ne fuft point connuë.

Que je fçay bien ce qui a efté fait d'vn enfant de Picard âgé de feize ans.

Que je me fuis fervie de charmes pour me lier aux Demons.

Que Picard & les autres Preftres ont lavé leur honte avec le fang de Iefus-Chrift dans les Calices au Sabat, devant que de venir aux actions impudiques, & que je me fuis laiffée aller à cette mefme abomination.

Que j'ay veu des femmes accoucher au Sabat, dont les enfans ont efté égorgez par les propres meres & les affiftans; déchirez & enfoüy dans terre, ou mangez avec les miens, apres en avoir pris les parties principales pour la compofition des malefices.

Que je me fuis charnellement jointe au bouc, par le defordre de mon inclination au plaifir charnel apres l'avoir adoré.

Que j'ay connu charnellement les Demons pendant ma prifon d'Evreux, apres quoy je leur ay demandé d'augmenter le mal de la Maifon, & de faire mourir M^r d'Evreux avec le fieur Ravaut, & tous ceux qui étoient caufe de ma detention.

Que j'ay envoyé, & eu tout pouvoir d'envoyer les Demons dans les corps.

Que les Demons m'ont apporté du poison, le coûteau & le verre, pour me causer ma mort moy-mesme en la prison.

Que je suis venuë au Monastere déja gâtée par Bontemps, & à dessein de le gâter.

Que Picard m'a montré vn memoire où étoient inserez les noms de ceux & de celles qu'il pretendoit attirer à luy, et dont il se servoit en l'application de leurs malefices.

Que j'ay veu vne missive de Picard écrite au bouc, pleine d'adorations & d'excuses, de ce qu'il ne pouvoit assister à vn Sabat.

Qu'vn an devant ma prison j'ay pris l'Hostie de ma Communion, l'ay portée au Parloir, luy disant avec vn regard de haine; *Ie te reconnois pour mon Dieu icy present aussi bien qu'au Ciel, & tout aussi puissant : mais pour montrer comme je te méprise je te foule aux pieds* : & puis l'ay jettée en terre, brisée, & vsée deux jours apres.

Que je connois le malefice de quelques Hosties laissées par Picard en mourant, & posées en la grange du Ménil par les Sorciers, de mon consentement & en ma présence.

Que j'étois presente aux Sabats lors que les resolutions furent prises pour les charmes de la Maison, referant mes intentions à celles du general, & consentant en particulier à vn, placé à la porte de l'Eglise.

Que mon mal de sein étoit la marque du Diable, qui me le doit avoir guery.

Que les Diables avec vne Hostie que j'ay retenuë de ma Communion, & quelque goute de mon sang tiré de la veine de dessus le cœur, m'ont fait vn charme en forme de boulot, me l'ont appliqué sur le cœur ; me l'ont laissé, pour les attirer à moy avec tous les Sorciers & Magiciens que je voudrois, prenant ledit boulot en main, pour avoir leurs accouplemens, & pour dōner mon concours à tous leurs malefices, afin de me transporter de lien en autre.

Que j'ay receu puissance au Sabat de charmer toutes les personnes que je voudrois en les touchant, en les regardant, ou en leur donnant quelque chose, soit pour me faire aimer, soit pour toute autre fin.

Que je sçay bien qu'il y a eu vn jeton destiné au Sabat pour charmer M. Langlois & celles qu'il oiroit de confeſſion, & vn autre pour Marie Cheron, & tout le Noviciat.

Que j'ay écrit ſur vne Hoſtie conſacrée en l'appliquant au papier de blâphemes pour vn des quatre charmes, les premieres lettres de mon nom, M. B. apres avoir fait ſur la meſme Hoſtie ma renonciation à Dieu.

Que j'ay ſouvent oüy parler à Picard de la poſſeſſion des Religieuſes.

Que Picard m'a fait connoitre ſon deſſein d'eſtre enterré tout auprés de la grille, quand il ſeroit decedé, & pour quelles fins.

Que j'ay reſervé vne Hoſtie de ma Communion, puis l'ay brûlée, en diſant à Ieſus-Chriſt, *Ie veux que ta puiſſance ceſſe ſur moy à meſure que les eſpeces brûleront en ce feu.*

Que j'ay appliqué au papier de blâphemes l'Hoſtie que j'avois foulée aux pieds, pour recevoir force de n'eſtre point convaincuë par Dagon, lors qu'il declareroit ma méchanceté.

Que j'ay écrit vne M ſur une Hoſtie conſacrée, qui étoit alors entre les mains de Picard.

Que les Demons retirans l'Hoſtie que j'avois jettée au feu, la rendirent à Picard ſeulement rouſſie & enfumée par vn coin, & que Picard me la bailla pour appliquer à ſon trezain, dont je ne ſçay le myſtere.

Qu'vn Religieux m'a baillé vne grande Hoſtie conſacrée, pour la donner à Picard, apres l'avoir gardée huict jours dans ma celle.

Qu'il y a eu des poudres dans ma chambre pour faire des malefices.

Que dans vne rage j'ay demandé à Picard vne Hoſtie conſacrée pour la piquer.

Que je ſçay bien (cõme y étant preſente) que le Vicaire Boullé durant ſa Meſſe au Sabat, a envoyé couper du poil des parties honteuſes à toutes les femmes qui étoient preſentes, pour le mettre dans le Calice, & le boire tous apres luy.

Que j'ay donné mon conſentement à Picard pour faire mourir trois des Religieuſes, par vn charme qui ſert à faire méchans ceux qui entreroient dans l'Hoſpital, pour luy offrir tous les malades de l'Hoſpital au moment de leur agonie, & mettre des patenôtres de Sabat ſur leurs corps morts.

Que Du Val que j'ay veu marquer au Sabat, m'a envoyé de ſon ſang par Verrine ſon Demon.

Que

Que j'ay donné vne Hoſtie de ma Communion à Belzebuth aſſis en vn Trône, &c. ſur laquelle j'écrivis, que je me donnois à luy pour toutes ſes volontez au regard de la Maiſon.

Que Picard aprés ſa mort m'a defendu de parler des maleſices, & de l'accuſer vers Monſieur d'Evreux, ſous de grieves peines.

Que j'ay oüy au bouc preſcrire & ordonner avec voix rauque les maleſices au Sabat, leurs compoſitions, leurs effets, &c :

Que je fortifie de plus en plus les Diables pour la poſſeſſion des filles; que je leur envoye mes Communions, & que je leur fais de nouvelles donations & cedules.

Bon Dieu! combien d'articles, & d'articles capables d'épouvanter tous ceux qui les liront! encore ne ſçay-je s'il n'y en a point quelques-vns d'obmis, à cauſe du grand nombre, & quelque fois de leur reſſemblance : Mais nonobſtant leur multitude, & leur enormité, je les confeſſerois tres-librement avec l'accuſation, s'ils étoient veritables : Auſſi bien ce n'eſt pas mon deſſein de penſer à ſauver ma vie, mais ſeulement mon ame; & j'ay déja enviſagé la mort & le ſupplice par pluſieurs jours, & ay tâché de me mettre en l'état auquel je veux eſtre pour aller à Dieu par la voye qu'il luy plairoit ordonner ſur moy. Il y a aſſez de crimes dans tout le cours de ma miſerable vie, ſans qu'on m'impute ceux-cy encore. Dieu n'a pas permis que j'y ſois tombée & comme j'attribuë à ſa grace la remiſſion des pechez commis, auſſi dois-je luy attribuer la preſervation des autres que je n'ay pas commis. S'il permet que les filles ſoient creuës, je l'accepte de bon cœur, afin de luy ſacrifier ma reputation avec ma vie. Ie le prie ſeulement de me pardonner la faute que j'ay faite en leur accordant & ſignant autre fois preſque tous pour me delivrer des opprobres & des tourmens, parce que je n'ay peu offenſer de la ſorte la Verité, ſans l'offenſer luy-meſme, qui eſt le Dieu de verité.

Magdelaine Bavent ſe prepare à la mort.

CHAPITRE XVIII.

Vne bonne partie du temps de ma priſon d'Evreux a eſté employée en voyages à Louviers, pour ouïr contre moy les articles rapportez, & pluſieurs autres dont je ne me ſouviens point. Sur la fin neantmoins Monſieur d'Evreux me fit traitter beaucoup plus doucement, & me donna auſſi plus de liberté en la priſon, & ſi j'euſſe voulu m'evader, je gardois aſſez ſouuent les clefs de la porte. Il prenoit mefme la peine quelque fois de m'appeler en l'Evefché, où on me donnoit à manger, & on me laiſſoit prendre l'air. Ie prenois occafion de luy parler de mon devoilement, & de ce qu'il m'avoit fait fouffrir, bien qu'en la verité de Dieu, jamais je n'euſſe cauſé de mal ni à la Maifon, ni à perfonne; toutes mes fautes étans contre Iefus-Chriſt feul, comme il eſt tres-vray, & ne prejudicians qu'à mon ame. Il me répondit, que l'affaire de Louviers étoit bien embroüillée, qu'il n'y connoiſſoit plus rien; qu'il falloit que la Barré fuſt vne grande Sainte, ou vne grande Magicienne; qu'il voudroit ne s'en eſtre jamais meſlé : & ajoutâ en fon dernier voyage de Paris, qu'à fon retour il faudroit voir ce qu'il feroit de moy, & où il me placeroit. Dieu l'appela en l'autre monde, lors qu'il fembloit commencer d'avoir quelque bonne volonté pour moy; & il voit à prefent tout ce qui eſt de l'affaire des filles, auſquelles fa trop grande bonté, douceur & facilité, ont eſté nuifibles. Cependant je fuis demeurée prifonniere, & il a fallu venir des prifons d'Evreux en celles de Roüen. I'en vay déduire le fujet.

Il a eſté dit, que le mefme jour de mon devoilement, le cadavre de Picard avoit eſté exhumé, & jetté en vne morniere : mais l'affaire s'étoit paſſée en fecret. On en ouït neantmoins parler ; car les filles ont toûjours trop de langue, & je l'ay bien éprouvé ; car celles de Louviers ont dit de moy ce qui étoit, & ce qui n'étoit pas. Là deſſus il en fut fait recherche, & des perfonnes qui cherchoient des cuirs le trouverent. Ses parents en firent plainte à la Cour de Parlement, qui ordonna qu'on fiſt enqueſte, pour découvrir l'autheur de l'exhumation. Le bruit couroit aſſez, & on appriſt bien-toſt que cela avoit eſté fait par le commandement de Monfieur d'Evreux. Ainfi les nommez Eſtienne & Roch Picard, frere & neveu, intenterent procés contre luy, pour en dire les raifons. Il evoque l'affaire à Paris au Confeil, qui apres plufieurs pourfuites de part & d'autre, donna vn Arreſt, par lequel il fut ordonné, que le corps feroit inhumé de nouveau aux frais dudit fieur Evefque. Le Promoteur d'Evreux étoit pour lors à Paris, qui prefenta requeſte, pour faire furfeoir l'Arreſt, & obtint à la fin, que le procés feroit renvoyé au Parlement de Roüen, pour juger l'affaire diffinitivement. Voila la caufe pour laquelle on me fit venir avec le cadavre de Picard, & Boullé fon Vicaire, en l'an-

Les chiffonniers trouvent le corps de Picard jetté à la voirie.

née 1647. quelque temps apres la mort de Monſieur d'Evreux.

Ce ne fut pas vne petite humiliation pour moy, qui ſuis de la ville : Le peuple me regardoit comme la plus horrible Magicienne qui ait jamais eſté au monde : mais ſa voix en cecy, non plus qu'en pluſieurs autres choſes, n'eſt pas, à mon avis, celle de Dieu. Ie ſuis grande pechereſſe, & non pas grande Magicienne. Si les perſonnes qui font profeſſion de cét art Diabolique, n'en ſçavoient point davantage que moy, la terre n'en recevroit pas de grands maux.

On me conduiſit à la priſon de l'Archeveſché, ſans m'ordonner vn morceau de pain ſeulement pour ma nourriture. Tout le monde m'y venoit voir par curioſité, & je penſe qu'on prenoit garde ſi on ne voyoit point des Diables à mes côtez. I'oyois des diſcours, qui ne me conſoloient gueres ; car on n'en diſoit pas moins qu'ailleurs : Que je meritois d'eſtre brûlée à petit feu toute vive : Qu'il falloit inventer pour moy de nouveaux ſupplices, &c. Dieu ne laiſſa pas d'inſpirer quelque perſonne de condition, de m'envoyer quelque petit ordinaire pour me ſuſtenter.

Entre les Eccleſiaſtiques qui prirent la peine de me viſiter, je ſuis grandement obligée à la charité de M. le Penitencier de Roüen : Il daigna ſe charger de la conduite de mon ame ; & parce que ſes occupations ne luy permettoient pas de me parler autant qu'il jugeoit que j'en avois beſoin, il pria vn Preſtre de la Congregation de l'Oratoire, de l'aider en ce rencontre. C'étoit tout ce que je demandois, & ma ſeule apprehenſion euſt eſté que M. le Penitencier d'Evreux me fuſt venu encor tourmenter. S'ils s'en fuſt meſlé, comme il le pretendoit bien, & m'en parloit quelques fois, j'étois mal. Il faut avoir confiance aux perſonnes qui dirigent la conſcience, & je ne ſçaurois luy en avoir. L'apparence, ſi on ſçavoit les choſes ; outre ce que j'ay deja dit de ſa procedure vers moy, mes mécontentemens s'étoient accreus contre luy par d'autres rencontres : Il m'avoit fait viſiter à Evreux deux fois au corps, à cauſe que les filles de Louviers diſoient que j'étois groſſe, bien qu'en ce temps là je ne voyois perſonne. Il avoit eſté preſent à Louviers, pour voir viſiter ma teſte : & luy-meſme, qui me confeſſoit, prenoit la peine de leur marquer divers endroits à piquer ; dequoy je le tançay âprement. Sur le rapport des filles il étoit venu autre fois me demander froidement ce que j'avois fait de mes enfans venus à terme ; & je le frapay de colere. Ie renvoyant confulter fes Oracles de Louviers. Il s'étoit amufé à me faire des exorcifmes avec le bon Monfieur Gauffre; me traittoit en poffedée, & je le trompay d'importance; car je la contrefis, pour luy donner le paffe-temps qu'il cherchoit; & j'imitay parfaitement ce que j'avois veu pratiquer aux filles & à la Sœur Barré, fa grande fainte, fans inftructions à l'oreille, ni de luy ni d'autres, devant les exorcifmes, encore que je le repriffe aigrement apres d'abufer ainfi de fon Maiftre & du mien, qui étoit au tres-faint Sacrement, lequel il tenoit en cette action; luy repetant tout ce qu'il m'avoit dit, & tout ce que je luy avois reparty, & luy difant qu'il donnoit matiere de rire aux Huguenots. Lors qu'on fit mourir Bellard, accufé de forcelerie, à Evreux, comme on m'euft fait venir devant luy, qui étoit tout preft d'aller au fupplice, & avoit deja eu les tortures, pour luy eftre Confrontée fur ce qu'il avoit dit de moy: ledit Bellard répondit, que tout ce qu'il en avoit dit n'étoit que par vn oüy dire public; & que pour ce qui concernoit le papier de blâphemes, fon Confeffeur M^r le Penitencier luy avoit dit, que s'il pouvoit parler de moy en ce faict, il luy donneroit fix fols: pour lefquels avoir (fa pauvreté étant extreme) il avoit dit à deffein de le contenter, que je l'avois mis entre Louviers & Evreux: En fuite dequoy je fis demander le Confeffeur en prefence des cinq Iuges, qui fe cacha, & ne paruft point. Mon Confeffeur vouloit abfolumēt que je ne miffe point ces chofes, & m'en a fuppliée: Mais parce que je defire que cette Confeffion teftamentaire foit mife entre les mains de la Cour, plufieurs perfonnes de condition, à qui je les ay dites, luy ont dit qu'elles étoient de confequence, & qu'il étoit obligé de me laiffer libre. Ie laiffe à penfer apres tout cecy, fi j'ay occafion d'avoir vne grande confiance en vne perfonne qui cherche ma perte entiere.

A dire vray, je reçeu vne confolation tres-particuliere de voir mon ame en d'autres mains que les fiennes: Et je le dis de bon cœur, j'ay loüé cent fois Dieu dans ma prifon de Roüen de fa providence vers la miferable Magdelaine, à la faire venir en cette ville, & à luy donner pour fa confcience les perfonnes qui la dirigent. Si je les euffe eu dans le Monaftère, je ne ferois pas ce que je fuis: & fi on m'euft conduite en leur mefme façon, j'aurois d'avantage profité de mes tourmens, & aurois évité beaucoup d'offenfes. Leur premier travail a efté de me gagner le cœur à Dieu.

Ce

Ce n'étoit pas de mes Sabats qu'ils me parloient, comme les autres qui me venoient voir à la Cour d'Eglife. Ils m'entretenoient de mes devoirs vers Dieu, & de mes infidelitez à fon fervice. Peu à peu je me fentis touchée, & leur fis le narré de ma miferable vie, ou plûtoft de ma méchante mort : car je n'ay commancé de vivre felon Dieu qu'aux prifons de Roüen, lors que je me fuis preparée à mourir.

C'euft efté mon deffein de faire bien-toft ma Confeffion; car depuis ma generale, je n'en avois pas fait vne bonne : mais ils me dirent que ce n'étoit pas où il falloit commancer, & qu'il étoit queftion auparavant de fe convertir ferieufement & folidement à Dieu par la penitence interieure du cœur humilié & contrit, & exterieure du corps affligé & mal traitté. De plus, que je devois travailler à ofter de moy toute haine, inimitié, averfion contre feu M. d'Evreux & les filles. Ce dernier poinct me déplaifoit vn peu: neantmoins apres plufieurs jours de prieres, de larmes, & de lectures devotes, Dieu me fit la grace de pouvoir tres-aifément prier pour feu M. d'Evreux, & me refoudre d'écrire aux filles. Ils virent mes lettres, & y changerent trois ou quatre mots, qui ne leur fembloient pas affez humbles. Elles étoient adreffées à la Mere Abeffe : & apres luy avoir dit, qu'on fe difpofoit à travailler bien-toft au procés pour le vuider, & que je m'apprêtois à parler à mes Iuges en toute verité & fincerité, comme à Iesus-Chrift mefme : Le refte eft exprimé en ces termes : *Ie demande pardon à toutes des fautes tres-grieves & innombrables que j'ay commifes en la Maifon de Dieu, où je ne devois faire que de tres-faintes œuvres, felon ma vocation. Il n'y en a pas vne depuis la premiere jufques à la derniere d'entre elles à qui je ne pardonne d'auffi bon cœur que je fouhaite que nôtre Seigneur me pardonne. Si j'ay eu quelque penfée qu'on ait agi trop rigoureufement contre moy; l'espere qu'elles auront toutes affez de bonté pour en faire autant à l'endroit de la miferable Magdelaine, qui eft toûjours leur pauvre, bien que tres indigne, Sœur, & qui eft prefte d'expier fes offenfes contre Dieu en la maniere qu'il luy plaira. Peut-eftre ne nous verrons nous plus elles & moy en ce monde : Ie fuplie nôtre Seigneur Iefus, que nous nous puiffions revoir devant luy. Ce fera là où nous paroîtront vrayement ce que nous fommes, n'y ayant rien de caché à fes yeux ; & où nous recevrons nôtre Iugement, qui eft beaucoup plus à craindre que celuy des hommes, puis qu'il eft à toute eternité, Priez-le par fes travaux, & par fa douloureufe mort, qu'il me foit doux & favorable.*

S

Mes Lettres leur furent renduës par vn honneste homme, qui demanda si on n'y seroit point vn petit mot de réponse. La Mere dit, que son conseil ne le trouvoit pas à propos. Il me semble pourtant qu'il est toûjours à propos de tesmoigner qu'on pardonne volontiers, quand nous en sommes suppliez. Mais chacun sçait comme je l'entend, & non pas comme l'entend Iesus-Christ. Les personnes qui me dirigioient creurent que j'avois satisfait de ma part à mon devoir, & M. le Penitencier commença d'entendre ma confession generale. Ie creus que c'étoit assez que je la fisse depuis ma derniere à M. de Vernon, puis que nôtre Seigneur sembloit l'avoir autorisée & approuvée, en me faisant rendre mes papiers fort peu apres l'avoir achevée : Ie la fis en cette sorte ; & il me differa l'absolution jusques au temps qu'il jugeoit le devoir faire, afin que je m'y disposasse mieux. Ce n'étoit pas suivre la procedure de ceux qui me confessoiët & me dõnoient l'absolution à Evreux, & puis me faisoient aller à Louviers, pour y paroître en qualité de Magicienne, & y écouter des crimes dont je n'avois garde de me confesser, n'ayans jamais eu la pensée de les commettre. Mais certes la penitence qu'il me donna, me sembla tres-rude. Sans parler du reste qui ne m'importunoit point, il voulut que j'envisageasse tous les jours la mort, & que je me tinsse vn tēps notable aux pieds de Iesus-Christ crucifié, pour luy offrir ma vie, afin que s'il le permettoit, elle luy fust sacrifiée par la voye la plus humiliante. Dieu me fortifia beaucoup en y satisfaisant, & j'avouë que cela m'a bien servi, & plus qu'on ne pense.

Ie fus changée de prison quand on fust prest à deliberer sur le procés, & on me fit mener en la Conciergerie du Palais. On me fit monter deux fois devant la Cour dans le mois d'Aoust, pour estre interrogée & ouïe, & je pense y avoir bien esté trois heures chaque fois Chacun sçait l'Arrest qui fut donné & executé contre Boullé, & le corps de Picard, dont voicy la teneur.

Arrest contre Mathurin Picard & Thomas Boullé, conuaincus de magie.

Extraict des Regiſtres de la Cour de Parlement.

VEV PAR LA COVR, les grande Chambre, Tournelle & Edict assemblées, le procez criminel extraordinairement encommancé par le Conseiller d'icelle à ce deputé : Sur la plainte d'Estienne & Roch Picard, frere & neveu de deffunt Maistre Mathurin Picard, viuant Prestre Curé du Mesnil-Iourdain, & se disans heritiers d'iceluy : Appellans comme d'abus de ce qui fait a esté par Messire François de Pericard. Evesque d'Evreux, & de la sentence par luy donnée le 12. iour de Mars 1643. portant qu'exhumation feroit faite du corps dudit Picard de l'Eglife du Monaftere des Religieufes hofpitalieres de S. Louys de Louviers, à l'inftance du Promoteur de l'Officialité d'Evreux, en fuite des procedures pour ce faites par ledit fieur Evefque; ledit procez continué & achevé tant par ledit Confeiller Commiffaire, que par le fieur Barillon, Maiftre des Requeftes de l'Hoftel du Roy, & par Maiftre Antoine Routier, Lieutenant Criminel du Bailly de Roüen, au fiege du Pont-de-larche, en execution des Arrefts & commiffions du Confeil Privé du Roy, contre la memoire dudit Picard, au Cadavre duquel Laurens Touroude auroit efté eftably Curateur : De Magdeleine Bavent cy-devant Religieufe audit Monaftere, & de Maiftre Thomas Boullé Preftre, Vicaire de ladite Parroiffe du Mefnil-Iourdain, accufez de Magie, & d'avoir donné lieu aux malefices qui ont caufé les defordres arrivez audit Monaftere de S. Louys de Louviers, ledit Boullé & ladite Bavent prifonniers en la Conciergerie du Palais : Arreft du Confeil Privé du Roy, du dernier Iuin 1645. Par lequel avoit efté ordonné que par ledit Routier, Lieutenant Criminel au Pont-de-larche, il feroit inceffamment procedé iufques à fentence diffinitiue exclufivement, pour ce fait eftre ledit procez apporté au Greffe de cette Cour, & iugé par icelle : Procez verbal dudit Evefque d'Evreux, du 2. iour de Mars 1643. tant de la reprefentation à luy faite, lors de fa vifite audit Monaftere des Religieufes y nommées, poffedées & agitées par le malin efprit, que des exorcifmes faits fur aucunes defdites filles : Audition defdites Religieufes devant ledit Evefque, du 3 dudit mois : Declarations & reconnoiffances faites par aucunes defdites Religieufes poffedées ou maleficiées de ce qui leur eftoit arrivé, & pretendu avoir efté revelé des 9. Fevrier, 4 & 5. Mars audit an : Information faite par Maiftre Pierre de Langle, Penitencier d'Evreux, Commiffaire à ce deputé, de la vie, mœurs & comportemens defdites filles poffedées & maleficiées, du 3. Mars : Procez verbal de l'exorcifme, defcouverte & enlevement des malefices des 5. fix & 7. dudit mois : Interrogatoires de ladite Bavent : Cahier de recollemens et confrontations de tefmoins à ladite Bavent : Articles baillez par le Promoteur à l'encontre dudit deffunt Picard : Information faite par ledit de Langle Commiffaire à ce deputé, fur les vies & mœurs dudit deffunt Picard, du 11. dudit mois ; Conclufions dudit Promoteur fur ledit procez dudit iour : Ladite fentence renduë par ledit Evefque le 12. Mars 1643. Par laquelle ladite Magdeleine Bavent auoit efté declarée, deuëment attainte & conuaincuë d'apoftafie, facrilege & magie, d'avoir efté au Sabat & affemblée de Sorciers & Magiciens, par plufieurs & diverfes fois, d'avoir obey aux Diables, & obtenu d'eux le pouvoir d'employer fes charmes fur telles perfonnes qu'elle voudroit, d'avoir confenty qu'il en ait efté mis, ou en avoir fait mettre en plufieurs lieux dudit Monaftere, de s'eftre donnée au Diable diverfes fois par billets & cedules, fignées de fon propre fang, voire mefme d'eftre retombée en cette abomination, apres la renonciation faite par elle entre les mains dudit Evefque, d'avoir abufé des faints Sacremens, & particulierement pris la fainte Hoftie, lors qu'elle communioit, pour eftre portée au Sabat, & employée à faire charmes & autres chofes abominables, honteufes & deteftables.

d'avoir proſtitué honteuſement ſon corps aux Diables, aux Sorciers & autres perſonnes, de la copulation deſquels eſtant devenuë groſſe par pluſieurs fois, ils luy auroient procuré pluſieurs deſcharges par elle portées au Sabat, dont vne partie auroit ſervy à faire des charmes, d'avoir voulu ſeduire pluſieurs Religieuſes dudit Monaſtere; & les attirer par ſes charmes à ſon affection démeſurée à mauvaiſe fin, d'avoir conſpiré avec Sorciers et Magiciens dans leurs aſſemblées, & dans le Sabat au deſordre & ruine generale de tout ledit Monaſtere, perdition des Religieuſes & de leurs ames; d'avoir eſté deſobeyſſante à ſes Superieurs, & montré mauvais exemple aux autres Religieuſes : Pour la reparation deſquels crimes ladite Bavent avoit eſté declarée indigne de porter à l'avenir le nom & qualité de Religieuſe, ordonné qu'elle feroit deſpoüillée du ſaint Voile & habit de Religieuſe, & reveſtuë d'habit ſeculier ; Qu'elle ſeroit confinée à perpetuité, tant qu'il plairoit à Dieu prolonger ſes iours dans la baſſe-foſſe, ou vn des cachots des priſons Eccleſiaſtiques de l'Officialité, & à ieuſner au pain & à l'eau trois iours la ſemaine tout le temps de ſa vie, ſçavoir les Mercredy, Vendredy & Samedy ; Qu'il ſeroit ſignifié au Geolier de luy faire obſerver ledit jeuſne & priſon à peine d'excommunication, & autres peines au cas appartenans. Et pour le regard dudit Picard inhumé deuant la Grille du chœur deſdites Religieuſes, à l'endroit où elles reçoivent la ſainte Communion : Veu ce qui reſultoit des exorciſmes & examens de ladite Bavent, & de l'information faite contre la memoire dudit Picard ; par leſquelles il apparoiſſoit ſuffiſamment qu'il avoit abuſé de ladite Bavent, & commis avec elle pluſieurs ſacrileges, & par ſes ſortileges, charmes & magies cauſé le deſordre arrivé aux Religieuſes dudit Monaſtere ; en conſequence deſquelles, il avoit encouru l'excommunication, & s'eſtoit rendu indigne de la ſepulture en lieu ſaint : pour reparation dequoy, & pour reſtituer le repos deſdites Religieuſes troublé par la ſepulture du corps dudit Picard, auroit eſté ordonné que pour tenir la choſe ſecrete ſans obſeruer autre formalité requiſe de droit, qui tourneroit au ſcandale, & pourroit arriver au deshonneur du Sacerdoce, Religion & prejudice dudit Monaſtere, que ſon corps ſeroit exhumé & tiré dudit lieu ſecretement, & porté en autre lieu profane eſcarté dudit Monaſtere, au moins de bruit que faire ſe pourroit, & ſans ſcandale. Procez verbal de Me. Adrian le Conte, Lieutenant general du Bailly de la haute-Iuſtice de Louviers, du 20. May 1643. de la viſitation d'vn corps mort, entier & non conſommé, trouvé dans la foſſe apellée Puis-croſnier, lieu ſervant de voyrie ordinaire, & reconneu par pluſieurs perſonnes, l'ayans veu & viſité que c'eſtoit le corps dudit Picard. Autre procez verbal de Me Antoine Routier, Lieutenant general, criminel au ſiege du Pont-de-larche, du 21. dudit mois, contenant la plainte à luy renduë par ledit Eſtienne le Picard, frere dudit deffunt, pour lui & les autres parens, afin d'eſtre informé de ladite exhumation. Information ſur ce faite dudit iour : Autre information faite par ledit Routier du 22. dudit mois, à l'inſtance du Subſtitut du Procureur general du Roy, ſur l'obſeſſion & poſſeſſion de quelques Religieuſes dudit Monaſtere S. Louys de Louviers, pretenduë eſtre arrivée par malefices. Requeſte preſentée à la Cour par leſ-

dits

dits Eſtienne & Roch le Picard, le 20. dudit mois de May, A ce qu'il leur
fuſt accordé mandement pour faire faire ouverture de ladite Egliſe de S. Louys,
afin de faire remettre ledit corps dans la terre, au lieu où il auoit eſté inhumé, ou en tel autre lieu faint, qui feroit defigné par ledit Bailly de Louviers,
& qu'il leur fuſt permis vſer des Cenfuſes Eccleſiaſtiques, pour avoir connoiſſance des perſonnes qui avoient deterré ledit corps, & jetté iceluy à la
voirie, pour l'information faite par ledit Bailly de Louviers, & raportée à la
Cour eſtre pourveu ce que de raifon : fur laquelle requeſte & concluſions du
Procureur General du Roy, auroit eſté ordonné le 22. iour dudit mois, que
par Mᵉ François Auber, Confeiller en ladite Cour, il feroit informé de ladite
exhumation, circonſtances & dependances, enfemble pourveu de l'inhuma-
tion dudit corps fi le cas y eſcheoit, & fur les occurences ainfi qu'il appar-
tiendroit. Procez verbal de la vifitation dudit corps, par Medecins & Chirurgiens, en prefence dudit Confeiller Commiſſaire, du 28. dudit mois. Auditions
& Examens preſtez par les Religieufes dudit Conuent S. Louïs de Louviers
devant ledit Confeiller Commiſſaire, du 30. dudit mois & an, & autre iours
enfuivans : Information faite par ledit Confeiller Commiſſaire, à l'inſtance
dudit Subſtitud, du 12. dudit mois de Iuillet, & autres iours : Interrogatoire
preſté devant ledit Confeiller Commiſſaire, par ladite Magdeleine Bavent,
du 16. Iuin audit an. Procez verbal dudit Confeiller Commiſſaire, de l'audition d'aucunes defdites Religieufes poſſedées & maleficiées, dudit 26. Iuin, & 1.
Iuillet enfuivant : Interrogatoire de ladite Bavent devant ledit fieur Barillon,
Mᵉ des Requeſtes, *Commiſſaire deputé par Arreſt du Confeil en cette part*,
des 27. & 31. Aouſt 1643. & autres iours : Auditions & depofitions d'aucunes
defdites Religieufes pretenduës poſſedées & maleficiées devant ledit Routier
Lieutenant, Commiſſaire deputé par le Confeil, des 1. & 2. Avril 1644. Information faite par ledit Routier Lieutenant, fur les caufes du mal arrivé audit
Monaſtere, du 12. Iuillet audit an, & autres iours : Interrogatoires & examens
preſtez par ladite Magdeleine Bavent devant ledit Routier, du 21. dudit mois
de Iuin, & autres iours enfuivant : Procez verbal de Mᵉ Iean de l'Emperiere,
& Pierre Maignard Docteurs en Medecine, de la vifitation de ladite Bavent,
du 2 Sept. 1643. Sentence dudit Routier Lieutenant, des 18. Ianvier & dernier
Mars 1645. par la derniere defquelles ledit Touroude auoit eſté nommé d'offi-
ce, pour faire ladite fonction de Curateur eſtably au Cadavre dudit le Picard :
Decret de prife de corps decerné par ledit Routier contre ledit Boullé, du 2.
Iuillet 1644. Interrogatoire, tant defdits Boullé et Magdeleine Bavent, que
dudit Touroude Curateur, Cahiers de recollemens & confrontations de teſ-
moins, rapportans charges à l'encontre defdits accufez : Procez verbal dudit
Iuge de la vifitation, faite en fa prefence dudit Boullé, par Mᵉ Iacques Breant
Docteur en Medecine, Thomas Geroult l'aifné, Pierre Gautier, & Thomas
Geroult le Ieune Chirurgiens, du 24. Ianv. 1645. portant leurs atteſtations, que
ledit Boullé eſtoit marqué de la marque aux Sorciers, reconneuë par l'infen-
fibilité dudit Boullé à l'endroit de ladite marque ; Exorcifmes de nombre
defdites Religieufes pretenduës poſſedées & maleficiées : Procez verbaux
dudit fieur Evefque d'Evreux, & autres exorcifmes de la defcouverte de plu-

fieurs malefices eftans dans ledit Monaftere lors des exorcifmes, Teftament
dudit le Picard paffé devant les Tabellions de Louviers, le 8. Septembre 1642.
Efcrits & conclufions defdits Eftienne & Roch le Picard : Procez verbal dudit Routier Lieutenant, du 21. de May dernier, de ce qui s'eftoit paffé lors de
l'enlevement dudit Cadavre des prifons de Louviers, pour aporter en cette
ville de Roüen en execution de l'Arreft de la Cour : Conclufions du Procureur General du Roy, & oüis en la Cour ledit Boullé & ladite Bavent en ce
qu'ils ont voulu dire & alleguer pour leurs défenfes, ledit Boullé iudiciaire-
ment confronté à ladite Bavent, icelle eftant fur la fellette : Et apres que les
Aduocats des heritiers dudit Picard & du Curateur, ont couclud à leurs ap-
pellations comme d'abus, en la prefence dudit Promoteur & dudit Procureur General : Le procez mis en deliberation, tout confideré. LA COVR les
Grand'Chambre, Tournelle & Edict affemblées, faifant droit fur l'apel comme d'abus : A dit, que par le Iuge d'Eglife il a efté mal, nullement & abufiue-
ment procedé à l'exhumation du corps dudit Picard : Et veu ce qui refulte des
preuves du procez ; A déclaré & declare lefdits Mathurin le Picard, & Thomas
Boullé, deüement attaints & conuaincus des crimes de Magie, Sortilege, Sacrileges & autres impietez & cas abominables, commis contre la Majefté diuine mentionnez au procez, & la memoire dudit Picard condamnée comme
impie & deteftable ; Pour punition & reparation defquels crimes, ordonne
que le corps dudit Picard & ledit Boullé, feront ce jourd'huy delivrez à l'E-
xecuteur des Sentences criminelles, pour eftre trainez fur des clais par les
ruës & lieux publics de cette ville, & eftant ledit Boullé devant la principale
porte de l'Eglife Cathedrale Noftre Dame, faire amende honorable, tefte,
pieds nuds & en chemife, ayant la corde au col, tenant vne torche ardante du
poids de deux liures, & là demander pardon à Dieu, au Roy, & à la Iuftice.
Ce fait eftre trainez en la place du Vieil Marché, & là y eftre ledit Boullé
bruflé vif, & le corps dudit Picard, mis au feu, iufques à ce que lefdits corps
foient reduits en cendres, lefquelles feront jettées au vent. Et fans auoir
égard au Teftament dudit Picard, que la Cour a annullé, a declaré & declare
tous & chacuns les biens par luy delaiffez, enfemble ceux dudit Boullé acquis & confifquez au Roy fur iceux préalablement, pris la fomme de mil
liures d'amende, qui feront employez au profit defdites filles Religieufes de
S. Louïs de Louviers, & avant l'execution dudit Boullé, ordonné qu'il fera
appliqué à la queftion ordinaire & extraordinaire pour declarer fes complices : Et à ladite Cour ordonné & ordonne, que fœur Simone Gaugain, dite la petite mere Françoife, cy-devant Superieure audit Monaftere de S.
Louïs de Louviers & depuis habituée à Paris, fera prife & apprehendée au
corps, amenée & conftituée prifonniere en la Conciergerie du Palais, pour
eftre interrogée fur les charges contr'elle rapportées par les informations &
procedé, ainfi qu'il appartiendra, & fi prife n'y recouurée ne peut-eftre,
qu'elle fera adjournée à Baon par trois briefs iours ; le premier d'vn mois du
lendemain de l'exploit, & les deux autres de quinzaine en quinzaine ; Et que
fœurs Catherine le Grand, dite de la Croix, Anne Barré, dite de la Nativité,
& fœur de fainte Geneuiefve, Religieufes audit Monaftere de S. Louïs de

Louviers, feront affignées à comparoir en la Cour, pour eftre ouïes fur aucuns points refultans du procez, le iugement de ladite Bavent differé. Et fi a la Cour ordonné, que par le Confeiller Commiffaire rapporteur du procez, en la prefence de l'Evefque d'Evreux ou fes grands Vicaires, il fera procedé à la tranflation des Religieufes dudit Monaftere en autre Monaftere, chez leurs parens, ou en telles maifons Religieufes ou Seculieres, qui fera par eux avifé, iufques à ce qu'autrement y ait efté pourueu; comme auffi à l'application des maifons dudit Monaftere de Saint Louïs, pour l'vfage d'autre Religion d'hommes de ladite ville de Louviers, par vente, échange ou autrement, les Efcheuins de ladite ville oüis & eftre les deniers qui en prouiendront, & reuenu dudit Monaftere, employez au reftabliffement du Couvent & Communauté defdites Religieufes profeffes en ladite ville de Louviers, ou autre lieu du Diocefe, ainfi qu'il appartiendra : Et au furplus, que pour éviter aux abus & inconveniens mentionnez au procez, les Evefques de la province feront exhortez & admoneftez de pouruoir foigneufement à enuoyer des Confeffeurs extraordinaires, tant Seculiers, que Reguliers, aux Superieurs des maifons Religieufes de Filles, trois ou quatre fois l'an, pour y entendre les confeffions defdites Filles, conformément aux conftitutions canoniques, & enjoint aux Superieurs defdites maifons de les y receuoir. Fait à Roüen en Parlement, le 21. iour d'Aouft mil fix cens quarante-fept,

Signé, BERTOVT.

EXPLICATION DV TESTAMENT
de Dauid.

AV nom de Belzebut. Moy ie laiffe au grand Dieu Belzebut, mon ame & mon corps à noftre venerable affemblée : Moy Dauid, & à noftre tres & bien aimé frere Arles; Ie laiffe la conduite de mes tres-cheres Filles, pour continuer iufqu'à la fin en mon premier deffein en cette Congregation, pour acroiftre la grandeur du grand Dieu trine & vn, lequel i'adore iufqu'à l'éternité, & moy voftre tres cher amy, vous laiffe tous mes pouvoirs & authoritez que ie peux pretendre; car en cette Congregation pouvons continuer ces hauts & admirables exercices & perfections; A quoy ie vous exhorte au nom de ce mefme Dieu Belzebut, à l'exaltation duquel toutes chofes reüffiront. Ie vous garderay pour iamais fidelité. Ie veux viure eternellement en vous Pierre Dauid, auec vn pataraphe.

EXPLICATION DV TESTAMENT
de Picard.

ARles Picard. Au nom du grand Dieu Belzebut, le Prince fur toute noftre venerable Congregation, auquel moy ie iure fidelité pour l'éternité, pour trauailler à l'acroiffement de fa gloire en foy, duquel ie m'oblige à mon tres-cher frere Pierre David, de continuer ces tres-faints & adorables fondemens de perfection, par luy eftablis en cette petite maifon, pour puis apres croiftre à l'avenir en cette haute & fublime pratique parfaite à la gloire du mefme Dieu Belzebut; auquel ie demande force & pouvoir de continuer en cette affaire de fi grande importance, pour lequel ie ne fouhaite autre chofe, que d'acroiftre par mon travail en fon ayde, ces hauts & fublimes exercices, à l'honneur & gloire du mefme Dieu. Fait par moy Maiftre en l'Archimagie Picard.

ARREST DV CONSEIL D'ESTAT
du Roy signifié au Parlement de Roüen, en faveur de la petite Mere Françoise Superieure des Religieuses de la Place Royale.

EXTRAICT DES REGISTRES DV CONSEIL D'ESTAT.

VEV par le Roy eſtant en ſon Conſeil, la Reine Regente ſa Mere preſente, l'Arreſt donné en iceluy le 20. Ianvier dernier, ſur la requeſte du Promoteur de la Cour Archepiſcopale, & Maiſtropolitaine de la ville de Paris, par lequel defenſes ont eſté faites au Parlement de Roüen, de prendre connoiſſance des cas concernans la Mere Françoiſe Superieure des Religieuſes Hoſpitalieres de la Place Royale de Paris, mentionnée és informations ſur ce faites, & impoſé ſilence au Procureur general dudit Parlement pour ce regard : Cependant ordonne, que ledit Archeveſque de Paris, ſon Superieur, connoiſtra deſdits cas : avec injonction au Greffier dudit Parlement d'enuoyer les charges & informations au Greffe de l'Officialité; à quoy faire ledit Greffier ſeroit contraint par corps pour proceder par ledit ſieur Archeveſque ou ſon Official, contre ladite accuſée, ainſi qu'il appartiendra par raiſon : les procés verbaux de la ſignification faite dudit Arreſt, & de la Commiſſion expediée ſur iceux par Herbin Huiſſier dudit Conſeil, les 14 & 15. Mars enſuiuant, tant audit Parlement de Roüen, en parlant au ſieur Procureur general en iceluy, qu'à Maiſtre Griſtophle de Montgoubert principal Commis au Greffe Criminel dudit Parlement en la grand'Chambre; auec commandement de porter ou enuoyer inceſſamment au Greffe de l'Officialité, ou à Maiſtre Regné Hubert Notaire Apoſtolique, & Greffier de ladite Cour Archepiſcopale, ou mettre és mains dudit Herbin les charges & informations, Autre Arreſt dudit Conſeil du 21. Iuin dernier, portant, que celuy du 25. Ianvier ſeroit executé ſelon ſa forme & teneur : Ce faiſant, que le Greffier ſera contraint par corps d'apporter ou enuoyer leſdites charges &

V

informations au Greffe de l'Officialité, fur lefquelles fera procedé par ledit Official de Paris à l'inftruction & iugement du procés, à la charge du cas priuilegié pour l'inftruction duquel le Lieutenant Criminel dudit Chaftelet de Paris affiftera, l'ayant à cét effet fa Majefté commis, fauf l'appel de la Sentence reffortira au Parlement de Paris, auquel entant que befoin feroit, Sa Majefté en auroit attribué toute Cour, Iurifdiction & connoiffance, & icelle interdite à toutes autres Cours & Iuges. Le procés verbal dudit Herbin Huiffier au Confeil, du 14. Iuillet enfuiuant, de la fignification faite dudit Arreft à la requefte de ladite Mere Françoife, audit Parlement, és perfonnes dudit Procureur general, et du fieur du Mefnil-Cofté, Confeiller en iceluy, Rapporteur du procez, & de Montgoubert Greffier; auec commandement audit de Montgoubert de mettre és mains dudit Herbin toutes les procedures, charges & informations, en ce qui concerne ladite Mere Françoife, en le payant de fes falaires raifonnables, autrement qu'il luy contraindroit par les voyes portées par ledit Arreft. Ledit procés verbal contenant la réponfe dudit de Montgoubert, qu'il n'eftoit faifi d'aucunes pieces dudit procés, qui eftoient és mains du fieur du Mefnil-Cofté Rapporteur d'iceluy; & que lors qu'il feroit faifi dudit procés, il obeïroit audit Arreft. L'Arreft du Parlement de Roüen du 21. d'Aouft 1647. par lequel entre autres chofes auroit efté ordonné, Que Sœur Simone Gaugain, dite la pétite Mere Françoife, cy-deuant Superieure au Monaftere de Saint Loüis de Louviers, & du depuis habituée à Paris, fera prife & apprehendée au corps, menée & conftituée prifonniere en la Conciergerie du Palais de Roüen, pour eftre interrogée fur lefdites charges & informations, à proceder ainfi qu'il appartiendra : & fi prife & apprehendée ne pourroit eftre, qu'elle feroit adjournée à baon par trois briefs iours, & iufques à ce, differé le Iugement de Magdelaine Bavent, accufée cy-deuant, Religieufe dudit Monaftère. Et d'autant que ledit Arreft a efté rendu par entreprife contre le Confeil, & au préjudice de ceux dudit Confeil, LE ROY ESTANT EN SON CONSEIL, la Reine Regente fa Mere prefente, A defchargé & defcharge ladite Sœur Simone Gaugain, dite la petite Mere Françoife, du decret de prife de corps contre elle decerné par ledit Arreft du Parlement de Roüen du 21. d'Aouft dernier, qu'il n'aura lieu pour ce regard feulement : Et fait defenfes à tous Preuofts des Marefchaux, fes

Lieutenants, Exempts, Archers, Huiſſiers, Sergens, & tous autres, de le mettre en execution, ny attenter à la perſonne de ladite Mere Françoiſe, à peine de perte de leurs Charges, de ſix mil liures d'amende, & tous deſpens, dommages & intereſts. Ordonne Sadite Majeſté, que les Arreſts de ſondit Conſeil des 25. Ianvier, & 21. Iuin dernier, ſeront executez ſelon leur forme & teneur : Ce faiſant, que le Greffier dudit Parlement, & tous autres qui ſe trouueront ſaiſis deſdites charges & informations, ſeront contrains par empriſonnement de leurs perſonnes, de les renuoyer inceſſamment au Greffe de l'Officialité; ſur leſquelles ſera procédé par ledit Official de Paris à l'inſtruction & Iugement dudit procés concernant la Mere Françoiſe; à la charge du cas priuilegié : Pour l'inſtruction duquel aſſiſtera le Lieutenant Criminel du Chaſtelet de Paris, auquel entant que beſoin eſt, Sa Majeſté en a d'abondant attribué toute Cour, Iuriſdiction & connoiſſance ; & en cas d'appel au Parlement de Paris, & icelle interdite au Parlement de Roüen, & à toutes autres Cours & Iuges. Fait Sadite Majeſté tres-expreſſes inhibitions & defenſes iteratiues au Parlement de Roüen de paſſer outre, ordonner ny prononcer aucune choſe, & ſon Procureur general en ladite Cour, n'en requérir ny bailler aucunes concluſions au preiudice du preſent Arreſt, pource qui concerne ladite Mere Françoiſe, à peine de deſobeïſſance, d'interdiction, reduction de leurs gages, & autres plus grandes peines, s'il eſchet. FAIT au Conſeil d'Eſtat du Roy, Sa Majeſté y eſtant, la Reine Regente ſa Mere preſente, tenu à Paris le 7. iour de Septembre 1647. Signé, PHILIPPEAVX.

LOVIS PAR LA GRACE DE DIEV ROY DE FRANCE ET DE NAVARRE. Au premier des Huiſſiers de noſtre Conſeil, ou autre Huiſſier ou Sergent premier ſur ce requis : Nous te mandons & commandons par ces preſentes ſignées de noſtre main, ſignifier à tous qu'il appartiendra l'Arreſt cy-attaché ſous le contre-ſeel de noſtre Chancellerie, ce iourd'huy donné en noſtre Conſeil d'Eſtat, Nous y eſtant en perſonne, & la Reine Régente noſtre tres-honorée Dame & Mere, faits les contraindre par les voyes y declarées, & defenſes y contenuès, ſur les peines portées par iceluy : enſemble tous autres actes & exploits requis & neceſſaires pour l'entiere execution, ſans demander autre congé, ny permiſſion, nonobſtant clameur de Haro, Chartre Normande, priſe à partie de choſes au contraire : CAR tel eſt noſtre plaiſir. DONNÉ à Paris le ſeptiéme iour de Septembre, l'an de grace mil ſix cens quarante-ſept. Et de noſtre regne le cinquiéme. Signé, LOVIS. Et plus bas, Par le Roy la Reine Regente preſente, PHILIPPEAVX. Seellé & controllé.

Achevé de réimprimer
PAR LÉON DESHAYS, IMPRIMEUR A ROUEN
Le 24 avril 1878.

www.ingramcontent.com/pod-product-compliance
Lightning Source LLC
Chambersburg PA
CBHW070208240426
43671CB00007B/584